**SEGUNDA** EDIÇÃO 20 24

# MARCELO **ABELHA** RODRIGUES

# EXECUÇÃO POR **QUANTIA** CERTA CONTRA DEVEDOR SOLVENTE

2024 © Editora Foco

**Autor:** Marcelo Abelha Rodrigues
**Diretor Acadêmico:** Leonardo Pereira
**Editor:** Roberta Densa
**Coordenadora Editorial:** Paula Morishita
**Revisora Sênior:** Georgia Renata Dias
**Capa Criação:** Leonardo Hermano
**Diagramação:** Ladislau Lima e Aparecida Lima
**Impressão miolo e capa:** FORMA CERTA

---

**Dados Internacionais de Catalogação na Publicação (CIP) de acordo com ISBD**

R696e   Rodrigues, Marcelo Abelha

       Execução por quantia certa contra devedor solvente / Marcelo Abelha Rodrigues. - 2. ed. - Indaiatuba, SP : Editora Foco, 2024.

       544 p. ; 17cm x 24cm.

       Inclui bibliografia e índice.

       ISBN: 978-65-6120-172-8

       1. Direito. 2. Direito processual. I. Título.

2024-2689                     CDD 341.46      CDU 347.9

---

**Elaborado por Odilio Hilario Moreira Junior - CRB-8/9949**

**Índices para Catálogo Sistemático:**

1. Direito processual 341.46

2. Direito processual 347.9

---

**DIREITOS AUTORAIS:** É proibida a reprodução parcial ou total desta publicação, por qualquer forma ou meio, sem a prévia autorização da Editora FOCO, com exceção do teor das questões de concursos públicos que, por serem atos oficiais, não são protegidas como Direitos Autorais, na forma do Artigo 8º, IV, da Lei 9.610/1998. Referida vedação se estende às características gráficas da obra e sua editoração. A punição para a violação dos Direitos Autorais é crime previsto no Artigo 184 do Código Penal e as sanções civis às violações dos Direitos Autorais estão previstas nos Artigos 101 a 110 da Lei 9.610/1998. Os comentários das questões são de responsabilidade dos autores.

*NOTAS DA EDITORA:*

**Atualizações e erratas:** A presente obra é vendida como está, atualizada até a data do seu fechamento, informação que consta na página II do livro. Havendo a publicação de legislação de suma relevância, a editora, de forma discricionária, se empenhará em disponibilizar atualização futura.

**Erratas:** A Editora se compromete a disponibilizar no site www.editorafoco.com.br, na seção Atualizações, eventuais erratas por razões de erros técnicos ou de conteúdo. Solicitamos, outrossim, que o leitor faça a gentileza de colaborar com a perfeição da obra, comunicando eventual erro encontrado por meio de mensagem para contato@editorafoco.com.br. O acesso será disponibilizado durante a vigência da edição da obra.

Impresso no Brasil (8.2024) – Data de Fechamento (8.2024)

**2024**
Todos os direitos reservados à
Editora Foco Jurídico Ltda.
Rua Antonio Brunetti, 593 – Jd. Morada do Sol
CEP 13348-533 – Indaiatuba – SP

E-mail: contato@editorafoco.com.br
www.editorafoco.com.br

# Nota à primeira edição

Comecei a lecionar "tutela executiva" nos idos de 1997 na Universidade Federal do Espírito Santo. A disciplina se chamava *processo de execução* e foi a que "sobrou" para mim depois que os professores mais antigos optaram pelas mais "atraentes" para lecionar.

Comemorei a "opção residual", em especial, por três motivos: primeiro, porque já me interessava muito por execução desde os tempos em que, como aluno no mestrado da PUC-SP, tive o prazer de acompanhar como ouvinte a disciplina do saudoso e inesquecível professor Donaldo Armelin que sempre foi, sem favor algum, um dos maiores conhecedores do tema da execução no país. Pena que escrevia pouco, mas o que deixou publicado são relíquias como o seu *Legitimidade Para Agir* e os *Embargos de Terceiro*. Ele dizia, sorrindo: Abelha, você é um ouvinte *falante...*

Em segundo lugar, porque a minha tese de doutoramento, orientada pelo Professor e amigo Nelson Nery Jr., também tratava do tema da execução: "suspensão da *execução* da decisão judicial proferida contra o poder público: suspensão de segurança".

Terceiro porque, naquele período de 1995/1996, nos diversos cursos de pós-graduação que dei no país (Uberlândia, Cuiabá, Campo Grande, Manaus, Belém, Florianópolis, Goiânia, Rio de Janeiro, Belo Horizonte, Natal, Recife, São Paulo etc.) a disciplina para qual sempre me convidavam para lecionar girava em torno da *execução* (teoria geral, execuções especiais etc.)

Olhando a temática de longe, pode parecer ao mais desavisado, que a "execução" seria uma *atividade meramente prática de concretização de atos* e que não estaria verdadeiramente entrosada com os temas de teoria geral do processo, que, sabemos, sempre foram normalmente pensados em torno do "processo de cognição".

O *praxismo* da atividade executiva imperou durante muito tempo, mas deixou de ter esta visão aqui no Brasil, aproximando-se da teoria geral do processo, basicamente, graças aos escritos de Pontes de Miranda (*especialmente em seus Comentários ao CPC de 1939*) e de Liebman (*Processo de Execução*; *Embargos do Executado*, esta tradução do *Le opposizioni di merito nel processo d'esecuzione*).

Nada obstante a importância destes autores e seus trabalhos[1], e de tantos outros autores estrangeiros, aqui no Brasil, foi somente com o trabalho de Candido Rangel

---

1. Tantos outros autores foram espetaculares ao tratar do tema entre os anos de 1930 e 1975, como por exemplo e de outros como Paula Baptista, Alfredo de Araújo Lopes da Costa, João Mendes Jr., Guilherme Estellita, José Carlos Barbosa Moreira, Tomás Pará Filho, Antonio Carlos de Araujo Cintra, Pedro Baptista Martins, Alfredo Buzaid, João Monteiro, José da Silva Pacheco, Amílcar de Castro, Egas Moniz Dirceu de Aragão, Luís Eulálio Bueno Vidigal, José Joaquim Calmon de Passos, Luis Antonio de Andrade, Moacyr Lobo da

Dinamarco que a execução entrou, definitivamente, aqui no país, no eixo da teoria geral do processo.

A *execução civil* no Brasil pode se dizer, tem um *antes e um depois* do trabalho acadêmico do Professor Candido Rangel Dinamarco "A execução na teoria geral do direito processual civil" com o qual obteve a Livre Docência na USP no ano de 1973. A versão comercial "Execução Civil" é uma obra prima, clara e concisa, da inserção da execução civil na teoria geral do processo em todos os seus aspectos.

Depois desse trabalho não apenas a sua geração contemporânea de processualistas que se debruçou sobre o tema, como as que se seguiram mais adiante, simplesmente não poderiam tratar o tema da execução no Brasil sem ler e estudar o referido trabalho. Poderiam até com ele não concordar, mas jamais poderia ser ignorado em um trabalho acadêmico sério.

*Não fui aluno* de Dinamarco, mas ao mesmo tempo *fui seu aluno*, porque perdi a conta de quantas vezes li e reli o seu "execução civil", seus textos nos fundamentos do processo civil moderno, e, posteriormente o seminal volume IV de suas *Instituições* que é também uma obra prima de simplicidade e profundidade em relação ao tema da execução.

Como os processualistas brasileiros que gostam de execução "cabem numa Kombi" como disse certa vez o meu amigo Heitor Sica numa banca de Mestrado da USP, não poderia deixar de citar – e homenagear – alguns autores brasileiros, pecando certamente pelo injusto lapso de não colocar algum nome importante, que foram decisivos na minha formação cultural sobre o tema, pois em algum momento, ora mais, ora menos, se debruçaram com maestria sobre a execução civil.

Além destes que já citei, preciso mencionar a importância que têm e tiveram na minha formação, o Prof. Humberto Theodoro Jr., Nelson Nery Jr., Rosa Maria de Andrade Nery, Sergio Bermudes, Ada Pellegrini, Carlos Alberto Alvaro de Oliveira, Vicente Greco Filho, João Roberto Parizatto, Araken de Assis, Paulo Furtado, Donaldo Armelin, Clovis Couto e Silva, Leonardo Greco, Luiz Füx, Teresa Arruda Alvim, Sergio Shimura, Yussef Sahid Cahali, Luiz Guilherme Marinoni, Carlos Alberto Carmona, José Rogério Cruz e Tucci, Antônio Carlos Marcato, Athos Gusmão Carneiro, Sálvio de Figueiredo Teixeira, Sidney Sanches, Adroaldo Furtado Fabrício, Ernani Fidelis dos Santos, Edson Prata, Alcides de Mendonça Lima, Hamilton Moraes de Barros, Antonio Carlos de Araujo Cintra, Wellington Moreira Pimentel, Celso Neves, Jose de Moura Rocha, Teoria Albino Zavascki, Marcelo Lima Guerra, Marcelo Bonício, Flávio Luiz Yarshell, Paulo Lucon, José Roberto dos Santos Bedaque, Pedro da Silva Dinamarco, Kazuo Watanabe, Cleanto Guimarães Siqueira, Jose Miguel Garcia Medina, Luiz Rodrigues Wambier, Sergio Cruz Arenhart, Cassio Scarpinella Bueno, Eduardo Talamini, Heitor Sica, Eduardo Alvim, Patrícia Pizzol, Guilherme Rizzo

---

Costa, José Manoel de Arruda Alvim Netto, Celso Agrícola Barbi, Ovídio Baptista, Galeno Lacerda, José Frederico Marques, Luiz de Macedo Soares Machado Guimarães, Eliezer Rosa, Gabriel José Rodrigues de Rezende Filho, Moacyr Amaral dos Santos etc.

Amaral, Hermes Zaneti, Fredie Didier Jr., Antonio do Passo Cabral, Daniel Mitidiero, William Santos Ferreira, Luiz Rodrigues Wambier, Paula Sarno Braga, Leonardo Carneiro, Luiz Dellore, Gelson Amaro de Souza, Rodrigo Mazzei, Elias Marques, Lucas Buril, Marcos Minami, Edilson Vitorelli, Lucio Grassi, Edilton Meirelles, Antonio Adonias, Rafael Alexandria, Trícia Navarro Xavier Cabral, Álvaro Manoel Rosindo Bourguignon, Augusto Passamani, Dierle Nunes, Joel Dias Figueira Jr., José Carlos Baptista Puoli, Elton Venturi, Samuel Brasil, Gilberto Bruschi, Thiago Siqueira, Olavo de Oliveira Neto, Georges Abboud, Luiz Henrique Volpe Camargo, Fernando Gajardoni, Márcio Faria, Rita Nolasco, Daniel Assumpção A. Neves, Alexandre Freitas Câmara, Paulo Cezar Pinheiro Carneiro, Aloiso de Castro Mendes, Humberto Dalla, Antonio Claudio da Costa Machado, Carolina Uzeda, Ricardo Leonel, Flávia Hill, Edilson Vitorelli, Carlos Alberto Salles, Fábio Tabosa, José Augusto Garcia de Souza, Susana Henriques da Costa, Ravi Peixoto, Lucas Buril, Marco Felix Jobim, Gisele Goes, Henrique Mouta, Luiz Paulo da Silva Araujo, entre outros grandes nomes brasileiros.

Quando em 2008 o Mestrado em Direito Processual da UFES teve início acabei sendo naturalmente impulsionado em desenvolver os temas da execução e da tutela coletiva que são as áreas do direito processual civil que mais me instigam. No que se refere ao tema da execução tive a grata oportunidade de receber e conviver com orientandos que honraram a Universidade com belíssimos trabalhos de dissertação como do Thiago Siqueira (*Responsabilidade Patrimonial*) e Rubens Tristão (*Remição da execução*) e Bianca Neves Amigo (*Resultado Prático Equivalente*).

Além destes, já mais adiante, outros orientandos que se dedicaram sobre o tema da execução civil, nutridos por um grupo de pesquisa denominado de "Execução e Estatística", todos desenvolveram seus temas enfrentando os dados processuais[2] colhidos na 1ª Vara Cível de Vitória, com a permissão e auxílio da Professora da UFES, e também juíza, Dra. Trícia Navarro. A sua contribuição foi decisiva para que os meus orientandos Rafael Oliveira (*o ´inadimplemento processual´*), Cinthia Lacerda (*adjudicação*), Vander Giuberti (*flexibilização das impenhorabilidades*), Hector Cavalcanti (*desconsideração da personalidade jurídica*). E, nesta toada, caminham para futura defesa, também de certa forma vinculados às pesquisas que foram feitas nestes trabalhos, a Tainá da Silva Moreira (*justiça multiportas na execução*) e Nathielle Zanelato (*urgência e efetividade*).

Enfim, não bastasse toda esta atmosfera acadêmica que me faz respirar execução todas as terças, quintas e quartas-feiras na graduação e mestrado da UFES, além dos inúmeros eventos pelo Brasil afora, das bancas de mestrado e doutorado, sou ainda consumido por uma advocacia combativa que há mais de 20 anos me coloca sempre em contato diário com a execução civil, ora na defesa do executado, ora do exequente.

Posso dizer que *sinto* a execução no meu dia a dia, ao vivo e a cores, e, gosto muito disso. Sou apaixonado pelo tema, todos que me conhecem sabem disso, e, confesso,

---

2. Dados que respondiam perguntas como: *quantos cumprem o adimplemento do art. 523? Quantas penhoram online são efetivas? Quantos casos de flexibilização da impenhorabilidade? Qual o percentual de adjudicações?* Etc.

humildemente, que fiquei muito feliz, honrado e emocionado quando meu nome foi indicado para integrar um seletíssimo grupo no CNJ, formado por amigos e professores e coordenado pelo Ministro Marco Aurélio Belizze, que se reúnem todos os meses com intuito de apresentar até o final de 2021, um relatório propositivo acerca de sugestões legislativas (que ao longo de muito tempo já vinha estudando) sobre o tema da execução, com intuito de contribuir para aplacar o problema da caótica situação dos números do CNJ sobre a execução no Judiciário brasileiro.

Assim, nesta nota deixo claro que este livro é dedicado a todos estes personagens aqui citados – e tantos outros que não nominei – que se debruçaram academicamente sobre a execução, e, que inegavelmente contribuíram com o desenvolvimento do tema no Brasil. Tive, e tenho, sorte de tê-los comigo em minha biblioteca.

Aqui vai também um agradecimento à Editora Foco, a todos que lá trabalham com esmero e muita dedicação. E faço esse agradecimento em nome da Roberta e do Leonardo com quem me relaciono com alguma frequência.

Agradeço ainda as dicas e sugestões, bem como a amizade construída e cultivada com a excepcional Professora Paula Costa e Silva, de quem tive a honra e o prazer de ser orientando no Pós-Doutoramento na Universidade de Lisboa.

Por fim agradeço ainda à minha família, donos dos meus sorrisos e do meu amor, (Camila, Guilherme, Dominique, João Pedro e Bento) com pedido de desculpas pelo tempo precioso que que sempre roubo deles. À Deus, pela energia, pela vida.

Tenham uma ótima leitura, e, como sempre, fica o meu e-mail aqui para que possam apresentar críticas, sugestões, observações. Sintam-se "em casa" e à vontade para me contactar. O contraditório de vocês, meus queridos leitores, é *fundamental* para mim. No fundo no fundo, sem vocês, nada disso faria sentido.

Vitória 05 de julho de 2021.

*Marcelo Abelha Rodrigues*

marceloabelha@cjar.com.br
marceloabelha1970@gmail.com
insta@marceloabelha1970

# SUMÁRIO

NOTA À PRIMEIRA EDIÇÃO .......................................................................... III

CAPÍTULO 01 – PREMISSAS FUNDAMENTAIS.......................................... 1

1. Execução que se realiza por expropriação do patrimônio do executado ............. 1

   1.1   Panorama principiológico da execução por quantia no Código de Processo Civil................................................................................................... 1

      1.1.1   Cognição e execução ..................................................................... 1

      1.1.2   Cognição plena, evidência e título executivo........................... 2

      1.1.3   Cognição e contraditório.............................................................. 5

      1.1.4   Tutela jurisdicional e tutela executiva....................................... 7

      1.1.5   A largueza de sentido do que seja "executar"........................... 7

      1.1.6   A satisfação do direito exequendo pela tutela estatal ....................... 9

      1.1.7   Retrato e miradas do sistema executivo do CPC 2015 .................... 10

         1.1.7.1   A insuficiência da compartimentação das espécies de execução a partir da tipificação do objeto da obrigação ......... 10

         1.1.7.2   A insatisfação resultante do inadimplemento como mola propulsora da execução...................................................... 12

         1.1.7.3   O retrato anacrônico do sistema procedimental executivo do CPC ................................................................................ 13

         1.1.7.4   A (in) eficácia dos meios executivos................................. 22

         1.1.7.5   O direito de realizar a tutela específica ............................. 23

         1.1.7.6   O impulso oficial na execução civil.................................. 25

   1.2   O direito do exequente expropriar o patrimônio do executado.................. 27

   1.3   Expropriação instrumental (liquidativa) e final (satisfativa) ...................... 30

   1.4   Perspectivas sobre a desjudicialização da execução civil............................ 31

      1.4.1   Descentralização e eficiência ....................................................... 31

      1.4.2   Crise do Poder Judiciário e reformas na execução ......................... 31

2. Responsabilidade patrimonial e a execução para pagamento de quantia............. 35

   2.1   Relação obrigacional, risco e responsabilidade (garantia) patrimonial........ 35

| | | |
|---|---|---|
| 2.2 | Responsabilidade patrimonial primária e secundária: uma classificação arriscada | 38 |
| 2.3 | Segue lege ferenda: responsabilidade patrimonial principal e subsidiária... | 46 |
| 2.4 | O patrimônio garantidor | 47 |
| | 2.4.1 Introito | 47 |
| | 2.4.2 Patrimônio: evolução conceitual | 49 |
| | 2.4.3 Ausência de patrimônio expropriável | 58 |
| 2.5 | Tutela específica e tutela pecuniária | 60 |
| 2.6 | Técnicas de proteção do crédito pecuniário | 61 |

3. O que significa executar por quantia certa .......................................... 62

| | | |
|---|---|---|
| 3.1 | O problema da natureza da prestação pecuniária | 62 |
| 3.2 | A autonomia da prestação de pagar quantia no CPC | 63 |
| 3.3 | A insensibilidade do CPC em relação a origem da prestação ao pagamento de quantia | 64 |
| 3.4 | A necessária sensibilidade na análise da origem do crédito pecuniário | 64 |
| 3.5 | Execução genérica ou específica | 66 |
| 3.6 | Valor da execução e valor do crédito exequendo | 66 |
| 3.7 | Valor da execução e excesso de execução | 67 |
| 3.8 | Excesso de execução e excesso de constrição patrimonial | 68 |

4. Os diferentes procedimentos executivos no CPC: as "espécies de execuções" ..... 68

| | | |
|---|---|---|
| 4.1 | Introito | 68 |
| 4.2 | O tipo da prestação | 69 |
| 4.3 | Critério da natureza da obrigação de dar quantia | 70 |
| 4.4 | Critério da pessoa do devedor que deve pagar quantia | 70 |
| 4.5 | Critério da solvabilidade do devedor para pagamento de quantia | 71 |
| 4.6 | Critério da pessoa do exequente | 71 |
| 4.7 | Critério da urgência e da evidência | 71 |
| 4.8 | Impossibilidade de escolha do procedimento executivo? | 72 |
| 4.9 | Atipicidade procedimental e de meios executivos e flexibilização da regra que impossibilita a cumulação de execuções | 73 |
| 4.10 | A histórica rigidez procedimental da execução para pagamento de quantia | 74 |

5. Sujeitos que participam da execução para pagamento de quantia ................... 76

| | | |
|---|---|---|
| 5.1 | Conflito integral e processo parcial | 76 |
| 5.2 | O ingresso de terceiros | 77 |

| | | |
|---|---|---|
| 5.3 | Sujeitos "interessados" e "desinteressados" que atuam na execução .......... | 79 |
| | 5.3.1 Introito.................................................................................................... | 79 |
| | 5.3.2 O devedor e o responsável............................................................. | 80 |
| | 5.3.3 Posições jurídicas ativas e passivas do exequente e do executado ... | 83 |
| 5.4 | Partes na execução............................................................................................ | 85 |
| 5.5 | Panorama de terceiros na execução civil com enfoque para execução por quantia certa ..................................................................................................... | 94 |
| | 5.5.1 O terceiro atingido pela desconsideração da personalidade jurídica | 94 |
| | 5.5.2 O terceiro atingido por ato judicial de processo alheio e a fraude à execução ....................................................................................... | 101 |
| | 5.5.2.1 O terceiro que é responsável pela dívida de outrem.......... | 101 |
| | 5.5.2.2 Limites subjetivos da sentença e da coisa julgada.............. | 101 |
| | 5.5.2.3 O patrimônio do terceiro atingido por ato judicial: alguns exemplos ................................................................... | 103 |
| | 5.5.2.4 Os dois matizes do problema na perspectiva do terceiro e do exequente .................................................................. | 106 |
| | 5.5.2.5 A fraude: conceito ................................................................ | 108 |
| | 5.5.2.6 Fraude à execução: conceito ............................................... | 108 |
| | 5.5.2.7 Elementos do ato ilícito de fraude à execução ................... | 110 |
| | 5.5.2.8 Os critérios para a aferição da fraude à execução.............. | 112 |
| | 5.5.2.9 O reconhecimento da fraude à execução........................... | 117 |
| | 5.5.2.10 A súmula 195 do STJ e a impossibilidade de reconhecimento da fraude contra credores nos embargos de terceiros..................................................................................... | 118 |
| | 5.5.2.11 Fraude à execução por ficção jurídica............................... | 122 |
| | 5.5.2.12 Fraude à execução X desconsideração da personalidade .. | 122 |
| | 5.5.2.13 A intimação do terceiro adquirente do bem objeto de fraude à execução no art. 792, § 4º do CPC ............................ | 125 |
| | 5.5.3 O ingresso do terceiro por meio da cessão de crédito e da assunção da dívida ....................................................................................... | 127 |
| | 5.5.4 O ingresso – como terceiro interveniente – do fiador do débito constante em título extrajudicial e do responsável titular do bem vinculado por garantia real ao pagamento do débito....................... | 129 |
| | 5.5.5 A adjudicação do bem penhorado por terceiros alheios à execução | 130 |
| | 5.5.5.1 As três modalidades de adjudicação no art. 876 do CPC... | 130 |
| | 5.5.5.2 A adjudicação-arrematação do § 5º, primeira parte, do artigo 876 do CPC.................................................................. | 133 |

5.5.5.3 A adjudicação-remição do § 5º, segunda parte, do artigo 876 do CPC ......................................................................... 135

5.5.5.3.1 Características.................................................... 135

5.5.5.3.2 Manutenção do direito de remir o bem arrematado em casos específicos............................ 136

5.5.5.4 Requisitos da intervenção dos terceiros que pretende a adjudicação do bem penhorado ......................................... 138

5.5.5.4.1 Valor mínimo .................................................. 138

5.5.5.4.2 Avaliação ........................................................ 139

5.5.5.4.3 Intimação de outros terceiros........................ 139

5.5.5.4.4 Momento.......................................................... 140

5.5.6 O terceiro arrematante ................................................................. 140

5.5.7 Terceiros exequentes e credores no concurso singular do art. 908... 143

5.5.8 O terceiro garantidor e a execução real ..................................... 143

6. Estrutura da execução para pagamento de quantia.......................................... 144

6.1 Como se apresenta no Código de Processo Civil .................................. 144

6.2 As fases da execução para pagamento de quantia.................................. 146

6.3 Atos executivos da execução para pagamento de quantia......................... 147

6.3.1 Introito...................................................................................... 147

6.3.2 Classificações ........................................................................... 148

7. Cumprimento provisório da sentença (art. 520) e efetivação da tutela provisória (art. 297) ..................................................................................................... 150

7.1 Situando a questão posta à reflexão...................................................... 150

7.2 A execução provisória da sentença......................................................... 151

7.3 A efetivação da tutela provisória............................................................ 153

7.4 Pontos de aproximação e distanciamento .............................................. 154

7.5 Efetivação da tutela provisória para pagamento de soma......................... 159

7.6 O cumprimento provisório incompleto das astreintes ............................ 162

8. O direito de remição da dívida e a remição da execução.................................... 162

9. Liberdade do exequente de desistir da execução e dos atos executivos................ 167

9.1 Liberdade do exequente......................................................................... 167

9.2 O artigo 775 do CPC: separando a desistência da execução da desistência de algumas medidas executivas ............................................................ 167

9.3 A desistência é ato voluntário e provocado pelo desistente ..................... 168

9.4 Momento da desistência ....................................................................... 169

| | | |
|---|---|---|
| 9.5 | A extinção da execução pela desistência e seu regime jurídico | 170 |
| 9.6 | Desistência de medidas ou atos executivos | 174 |

**CAPÍTULO 02 – A FASE POSTULATÓRIA DO PROCEDIMENTO PARA PAGAMENTO DE QUANTIA** ............................................................................................... 177

1. O conteúdo .............................................................................................. 177

2. Fase postulatória no cumprimento de sentença ...................................... 177

   2.1 O requerimento executivo para início do cumprimento definitivo de sentença para pagamento de quantia ....................................................... 177

       2.1.1 O requerimento executivo nos arts. 513, § 1º e 523 do CPC .......... 177

       2.1.2 A necessidade do requerimento do art. 513, § 1º e a sentença declaratória como título executivo ............................................................. 178

       2.1.3 A necessidade do requerimento do artigo 513, § 1º, para início do cumprimento provisório da decisão ..................................................... 181

       2.1.4 O início "de ofício" do cumprimento de sentença das obrigações específicas ............................................................................................. 183

       2.1.5 O início ex officio da fase executiva é uma mitigação do princípio dispositivo? ........................................................................................... 184

       2.1.6 Entendendo – e questionando – a necessidade de requerimento executivo para início do cumprimento de sentença transitada em julgado para pagamento de quantia: a fase cognitiva e fase executiva ....................................................................................................... 189

       2.1.7 Razões de ordem política/prática que justificam o início da tutela executiva por meio de requerimento do exequente ........................... 191

       2.1.8 O que significa a frase "no caso de condenação em quantia certa, ou já fixada em liquidação, e no caso de decisão sobre parcela incontroversa" do art. 523 do CPC? .................................................... 194

   2.2 O conteúdo do requerimento executivo para pagamento de quantia .......... 194

       2.2.1 A qualificação do executado .............................................................. 194

       2.2.2 O demonstrativo discriminado e atualizado do crédito ................... 196

           2.2.2.1 O vínculo entre o valor da execução e o conteúdo da sentença exequenda ............................................................. 196

           2.2.2.2 A aparência de desvinculação entre a o valor apontado no demonstrativo e os limites da condenação ........................ 197

           2.2.2.3 Dados em poder do executado e de terceiros .................... 198

       2.2.3 A causa de pedir e o pedido .............................................................. 199

       2.2.4 A indicação dos bens passíveis de penhora, sempre que possível .... 199

| | | |
|---|---|---|
| 2.2.5 | Intimação dos terceiros indicados nos incisos I à VIII e X e XI do art. 799 do CPC | 200 |
| 2.2.6 | A prova de que se verificou a condição ou ocorreu o termo | 201 |
| 2.2.7 | A prova do adimplemento da contraprestação reconhecida na sentença | 202 |
| 2.2.8 | A espécie de execução de sua preferência, quando por mais de um modo puder ser realizada, inclusive por meio de procedimento atípico do art. 139, IV do CPC | 203 |
| 2.2.9 | As medidas urgentes | 203 |

| | | |
|---|---|---|
| 2.3 | Efeitos do requerimento executivo | 204 |
| 2.3.1 | Requerimento feito antes ou depois de um ano do trânsito em julgado | 204 |
| 2.3.2 | A continuidade da litispendência (estado de pendência) | 204 |
| 2.3.3 | Prolongamento da interrupção da prescrição | 205 |
| 2.3.4 | Litigiosidade da coisa | 206 |
| 2.3.5 | Prevenção do juízo | 207 |

| | | |
|---|---|---|
| 2.4 | Controle judicial do requerimento executivo | 207 |
| 2.5 | Controle de admissibilidade e averbação premonitória | 209 |
| 2.6 | Controle de admissibilidade e apreensão eletrônica de ativos financeiros | 212 |
| 2.6.1 | Explicando o problema | 212 |
| 2.6.2 | Quando e como é realizada a penhora online de dinheiro | 212 |
| 2.6.3 | A atitude do executado que não efetua o pagamento voluntário e que sabe que os seus ativos financeiros podem ser penhorados | 213 |
| 2.6.4 | Premissa para compreensão: como é a penhora tradicional | 214 |
| 2.6.5 | Como é realizada a penhora de dinheiro no art. 854 do CPC | 215 |
| 2.6.6 | O requerimento inicial do exequente e o pedido de penhora online de dinheiro | 217 |

| | | |
|---|---|---|
| 2.7 | A intimação do executado | 219 |
| 2.8 | Intimação para "pagamento voluntário" e a inocuidade do provimento condenatório para pagamento de quantia | 221 |
| 2.9 | "Pagamento voluntário"? | 223 |
| 2.10 | A incidência dos honorários e da multa legislativa de 10% | 224 |
| 2.11 | Garantia do juízo (depósito do valor) e incidência da multa | 226 |
| 2.12 | O prazo do "pagamento voluntário" e o prazo da impugnação do executado | 227 |
| 2.13 | O arresto executivo | 228 |
| 2.14 | A execução forçada como consequência do não "pagamento voluntário" | 229 |

| | | SUMÁRIO | **XIII** |

3. Fase postulatória no processo de execução...................................................... 229

3.1 Processo de execução e cumprimento de sentença para pagamento de quantia................................................................................................................ 229

    3.1.1 Processo de execução e cumprimento de sentença ......................... 229

    3.1.2 As regras do processo de execução servem ao cumprimento de sentença e vice-versa, mas a maior parte delas (quantia) está no processo de execução ..................................................................................... 230

    3.1.3 Iniciativa da parte para dar início à execução por quantia ............... 232

    3.1.4 Petição inicial do processo de execução para pagamento de quantia 232

        3.1.4.1 Introito ..................................................................................... 232

        3.1.4.2 Efeitos materiais e processuais da postulação (requerimento executivo ou processo execução)........................... 234

            3.1.4.2.1 Introito.................................................................. 234

            3.1.4.2.2 Efeitos processuais............................................. 234

            3.1.4.2.3 Efeitos materiais................................................. 235

        3.1.4.3 Requisitos da petição inicial da ação executiva.................. 240

            3.1.4.3.1 Aplicação subsidiária do Livro I com o Livro II 240

            3.1.4.3.2 Os requisitos do art. 319 do CPC ..................... 240

                3.1.4.3.2.1 O juízo a que é dirigida............... 240

                3.1.4.3.2.2 A qualificação completa do executado ..................................................... 241

                3.1.4.3.2.3 A causa de pedir e o pedido ........ 242

                3.1.4.3.2.4 Valor da causa e indicação das provas......................................... 244

                3.1.4.3.2.5 Realização ou não de audiência de conciliação ou de mediação.... 244

            3.1.4.3.3 Os requisitos dos artigos 798, 799 e 800 .......... 244

                3.1.4.3.3.1 O que deve *instruir* e o que deve ser *indicado* na petição inicial ..... 244

                3.1.4.3.3.2 Documentos indispensáveis........ 245

                3.1.4.3.3.3 O demonstrativo do débito ......... 245

                3.1.4.3.3.4 A prova de que se verificou a condição ou ocorreu o termo, se for o caso.................................... 246

                3.1.4.3.3.5 A prova, se for o caso, de que adimpliu a contraprestação que lhe corresponde ou que lhe assegura o cumprimento, se o executado não for obrigado a satisfazer a sua prestação senão mediante a contraprestação do exequente..... 247

| | | |
|---|---|---|
| 3.1.4.3.4 | O que deve estar indicado no conteúdo da petição inicial do processo de execução ............... | 248 |
| 3.1.4.3.5 | A intimação de terceiros titulares de direitos afetados pela execução (art. 799) ..................... | 249 |

| | | | |
|---|---|---|---|
| | 3.1.4.3.5.1 | Uma miscelânea de situações ...... | 249 |
| | 3.1.4.3.5.2 | O exequente pode não saber no momento do ajuizamento da petição inicial qual bem do executado será penhorado .................... | 249 |
| | 3.1.4.3.5.3 | O fundamento jurídico para a intimação dos terceiros listados no art. 799 ......................................... | 250 |
| | 3.1.4.3.5.4 | Os três grupos de terceiros que titularizam direito real sobre a coisa alheia ................................. | 250 |
| | 3.1.4.3.5.5 | A intimação do credor pignoratício, hipotecário, anticrético ou fiduciário, quando a penhora recair sobre bens gravados por penhor, hipoteca, anticrese ou alienação fiduciária ..................... | 252 |
| | 3.1.4.3.5.6 | A intimação do titular de usufruto, uso ou habitação, quando a penhora recair sobre bem gravado por usufruto, uso ou habitação ................................................. | 253 |
| | 3.1.4.3.5.7 | Os incisos III e IV se complementam: a intimação do promitente comprador e do promitente vendedor, respectivamente, quando a penhora recair sobre bem em relação ao qual haja promessa de compra e venda registrada .......... | 254 |
| | 3.1.4.3.5.8 | Os incisos V e VI se complementam: quando a penhora recair sobre imóvel submetido ao regime do direito de superfície, enfiteuse ou concessão .............................. | 255 |
| | 3.1.4.3.5.9 | A intimação da sociedade, no caso de penhora de quota social ou de ação de sociedade anônima fechada, para o fim previsto no art. 876, § 7º ........................ | 256 |

| | | | |
|---|---|---|---|
| | | 3.1.4.3.5.10 | Os incisos X e XI se complementam: a intimação (1) do titular da construção-base, bem como, se for o caso, do titular de lajes anteriores, quando a penhora recair sobre o direito real de laje ou (2) do titular das lajes, quando a penhora recair sobre a construção-base | 257 |
| | | 3.1.4.3.5.11 | A intimação do ente público quando a penhora recair sobre o bem tombado | 257 |
| | | 3.1.4.3.5.12 | Intimação dos terceiros dos arts. 842 e 843 (coproprietário e cônjuge) | 258 |
| | | 3.1.4.3.5.13 | A intimação do exequente que já tiver penhorado o mesmo bem ... | 259 |

3.1.4.4 Controle de admissibilidade da petição inicial.................. 259

3.1.4.5 A averbação premonitória ................................................. 261

3.1.4.6 A citação do executado para integrar a relação processual e pagar a quantia no prazo de 3 dias ............................... 263

3.1.4.7 Atitudes do executado (citado) que não paga no prazo de 3 dias ................................................................................. 265

3.1.4.8 O arresto executivo ......................................................... 266

**CAPÍTULO 03 – Â FASE INSTRUTÓRIA DO PROCEDIMENTO PARA PAGAMENTO DE QUANTIA** ........................................................................................ 269

1. A penhora ......................................................................................... 269

   1.1 Advertência inicial: mesmo regime jurídico da penhora na execução por cumprimento e por processo autônomo ...................................... 269

   1.2 Propriedade, patrimônio, responsabilidade patrimonial e penhora ............ 269

   1.2.1 A propriedade do devedor sobre bens e valores que integram o seu patrimônio ................................................................ 269

   1.2.2 Inadimplemento da obrigação e sujeição do patrimônio do devedor: retirar do executado e dar para o exequente ..................... 270

   1.2.3 Os limites políticos: o que não pode ser expropriado do executado 271

   1.2.4 A imunidade patrimonial pode ser objeto de convenção processual? ........................................................................ 272

   1.2.5 Responsabilidade patrimonial e penhora .................................... 273

      1.2.5.1 Distinguindo os institutos ............................................... 273

| 1.2.5.2 | A conexão da penhora com a responsabilidade patrimonial..................................................................................... | 275 |
| 1.2.5.3 | Os bens "impenhoráveis" do art. 833 do CPC.................. | 276 |
| 1.2.5.3.1 | Introito................................................................. | 276 |
| 1.2.5.3.2 | Impenhorabilidade ou impossibilidade de expropriar judicialmente? ...................................... | 277 |
| 1.2.5.3.3 | O Patrimônio mínimo – Motivos das limitações políticas e possibilidade de flexibilização . | 278 |
| 1.2.5.3.4 | A possibilidade de disposição pelo próprio executado e a incognoscibilidade de ofício........... | 280 |
| 1.2.5.3.5 | O rol de bens do art. 833 ............................... | 282 |
| 1.2.6 | A penhora não retira a propriedade do executado ......................... | 310 |

1.3 Conceito e elementos constitutivos do ato de penhora....................... 312

1.4 O objeto da penhora ....................................................................... 312

- 1.4.1 Bens do patrimônio sujeito à execução .................................. 312
- 1.4.2 Exemplos de bens expropriáveis no CPC.............................. 313
- 1.4.3 "Tantos bens quanto bastem" e "custos da execução": os parâmetros valorativos máximo e mínimo da penhora ............................. 314
- 1.4.4 O valor do objeto penhorado pode não ser tão preciso ............. 315
- 1.4.5 Bens de qual patrimônio podem ser penhorados?...................... 316
- 1.4.6 Quando a penhora recai sobre bem de terceiro dado em garantia real ..................................................................................... 317
- 1.4.7 Penhora sobre bem que está penhorado................................. 322
- 1.4.8 Penhora sobre bem gravado com ônus real ............................ 323

1.5 A ordem de preferência da penhora e a impenhorabilidade relativa ........... 324

1.6 O meio de realização e a formalização da penhora ............................. 327

1.7 O lugar de realização da penhora ....................................................... 329

1.8 O depósito do bem apreendido............................................................ 332

1.9 A intimação da penhora...................................................................... 333

- 1.9.1 Intimação do exequente e do executado ................................. 333
- 1.9.2 Intimação de terceiros........................................................... 334
  - 1.9.2.1 Terceiro garantidor caso seu patrimônio seja atingido....... 334
  - 1.9.2.2 Execução que recai sobre o patrimônio do atingido pela desconsideração da personalidade jurídica...................... 335
  - 1.9.2.3 Intimação do Cônjuge ou companheiro...................... 336
  - 1.9.2.4 Intimação da penhora de bem indivisível pertencente a coproprietário ou do cônjuge alheio à execução............... 337

| | |
|---|---|
| 1.9.2.5 Intimação da penhora de quota social ou de ação de sociedade anônima fechada realizada em favor de exequente alheio à sociedade | 338 |
| 1.9.2.6 Outros terceiros elencados no artigo 799 | 339 |
| 1.10 Os efeitos da penhora | 340 |
| 1.11 As penhoras especiais no CPC | 343 |
| 1.11.1 Introito | 343 |
| 1.11.2 Da penhora de dinheiro em depósito ou em aplicação financeira | 344 |
| 1.11.3 Da penhora de créditos | 344 |
| 1.11.3.1 É preciso visitar o CPC de 1939 para entender o tema da forma como se encontra no atual CPC | 344 |
| 1.11.3.2 Panorama inicial | 344 |
| 1.11.3.3 A importância na identificação da natureza do crédito a ser penhorado | 345 |
| 1.11.3.4 Hipóteses de penhora de crédito descritas no CPC | 346 |
| 1.11.4 Da penhora das quotas ou das ações de sociedades personificadas | 355 |
| 1.11.4.1 Introito | 355 |
| 1.11.4.2 A sociedade de pessoas e a sociedade de capitais | 356 |
| 1.11.4.3 O problema da avaliação | 356 |
| 1.11.4.4 Affectio societatis e direito de preferência | 356 |
| 1.11.4.5 O procedimento | 357 |
| 1.11.5 Da penhora de empresa, de outros estabelecimentos e de semoventes | 360 |
| 1.11.5.1 A subsidiariedade desta penhora | 360 |
| 1.11.5.2 A complexidade do depósito (administração e gestão do bem penhorado) | 361 |
| 1.11.5.3 Penhora sobre edifícios em construção | 363 |
| 1.11.5.4 Penhora de empresa concessionária ou permissionária de serviço público | 363 |
| 1.11.5.5 Penhora de navio ou aeronave | 364 |
| 1.11.6 Da penhora de percentual de faturamento de empresa | 365 |
| 1.11.6.1 Subsidiariedade | 365 |
| 1.11.6.2 Requisitos e procedimento | 366 |
| 1.11.7 Da penhora de frutos e rendimentos de coisa móvel ou imóvel | 368 |
| 1.12 Incidentes envolvendo a penhora | 369 |
| 1.12.1 Introito | 369 |
| 1.12.2 As hipóteses | 370 |

1.12.2.1 Substituição do bem penhorado ........................................... 370

1.12.2.2 Incidente de redução ou reforço da penhora (modificação qualitativa) ........................................................................... 375

1.12.2.3 A segunda penhora ........................................................... 376

1.12.2.4 Contraditório .................................................................... 378

1.12.2.5 Alienação antecipada dos bens penhorados ..................... 379

2. A avaliação ............................................................................................. 379

2.1 Conceito ......................................................................................... 379

2.2 Avaliação no CPC ........................................................................... 380

2.3 A avaliação e a execução por quantia certa .................................... 380

2.4 Não se confunde a avaliação como ato executivo e como prova pericial ..... 381

2.5 O avaliador ..................................................................................... 382

2.6 Requisitos para a nomeação do avaliador especializado ................. 383

2.7 Prazo para a entrega do laudo ....................................................... 383

2.8 Avaliação e avaliador: desnecessidade de avaliação pelo oficial de justiça ... 384

2.8.1 Generalidades ...................................................................... 384

2.8.2 Estimativa da parte .............................................................. 384

2.8.3 Cotação do bem penhorado por órgão oficial ....................... 385

2.8.4 Veículos automotores e outros bens cujo preço médio de mercado possa ser conhecido por meio de pesquisas realizadas por órgãos oficiais ou de anúncios de venda divulgados em meios de comunicação ............................................................................... 386

2.9 Conteúdo e forma da avaliação ...................................................... 387

2.9.1 Generalidades ...................................................................... 387

2.9.2 A forma de realização da avaliação pelo oficial de justiça e pelo avaliador nomeado pelo juiz ................................................. 387

2.9.3 O conteúdo da avaliação ...................................................... 388

2.9.4 Imóvel que admitir cômoda divisão ..................................... 388

2.10 Nova avaliação .............................................................................. 389

2.10.1 Generalidades .................................................................... 389

2.10.2 Arguição do defeito da avaliação ....................................... 389

2.10.3 Tipos de incorreções arguíveis .......................................... 389

2.11 Avaliação e modificação quantitativa da penhora .......................... 391

2.11.1 Generalidades .................................................................... 391

2.12 Término da avaliação e início dos atos de expropriação ................. 392

2.12.1 Generalidades ............................................................................... 392

2.12.2 Avaliação e adjudicação ............................................................... 393

2.12.3 Avaliação, expropriação e preço vil ............................................ 393

2.12.4 Avaliação e expropriação de imóvel de incapaz............................ 394

2.12.5 Avaliação e expropriação de imóvel de coproprietário ou cônjuge alheio à execução ......................................................................... 394

2.12.6 Avaliação e o efeito suspensivo nas oposições do executado (impugnação e embargos) ................................................................. 395

2.12.7 Remição do bem penhorado pelo valor da avaliação.................... 395

3. Expropriação liquidativa – as diversas formas de alienação............................... 396

3.1 Expropriação liquidativa e satisfativa ..................................................... 396

3.2 A adjudicação e o duplo regime: liquidativa ou satisfativa...................... 397

3.3 A expropriação liquidativa por meio de leilão público............................ 398

3.4 Exceções ao leilão público (presencial ou eletrônico)............................. 398

3.5 O leilão público ...................................................................................... 399

3.5.1 Conceito e características gerais.................................................... 399

3.5.2 Tipos de leilões ........................................................................... 400

3.5.3 O leilão judicial público presencial ou eletrônico ...................... 402

3.5.4 Leilão judicial presencial: elementos necessários e dinâmica.......... 403

3.5.5 Os sujeitos participantes.............................................................. 404

3.5.5.1 O Estado-juiz................................................................. 404

3.5.5.2 O leiloeiro...................................................................... 404

3.5.5.2.1 Auxiliar da justiça (art. 149)...................... 404

3.5.5.2.2 A indicação do leiloeiro público ...................... 406

3.5.5.2.3 Deveres do leiloeiro .................................... 407

3.5.5.2.4 Remuneração do leiloeiro ............................... 409

3.5.5.2.5 O custo da remoção dos bens ......................... 411

3.5.5.3 Os licitantes................................................................... 412

3.5.5.3.1 Quem não pode participar como licitante ........ 412

3.5.5.3.2 O exequente como licitante............................. 413

3.5.5.3.3 Cientificar não é participar do leilão judicial como licitante ...................................................... 414

3.5.5.3.4 Concorrência de licitantes e preferências em caso de empate de ofertas ............................... 414

3.5.5.3.5 Licitante e arrematante: figuras distintas.......... 415

3.5.5.3.6 A participação do executado............................. 415

3.5.6 O objeto a ser leiloado.................................................................. 416

    3.5.6.1 Bens e lotes................................................................. 416

    3.5.6.2 Leilões de bens de diversas execuções .............................. 416

    3.5.6.3 Conjunto de bens e arrematação preferencial.................... 417

    3.5.6.4 Bens imóveis que admitem cômoda divisão....................... 417

    3.5.6.5 Preço de reserva: preço mínimo judicial e legal................. 418

    3.5.6.6 Bem com mais de uma penhora......................................... 419

    3.5.6.7 Bem tombado................................................................... 420

    3.5.6.8 Bem gravado com ônus real............................................. 421

    3.5.6.9 Bem de incapaz................................................................ 423

    3.5.6.10 Bem com execução embargada ou impugnada.................. 423

3.5.7 O local e a data .............................................................................. 424

3.5.8 A arrematação ................................................................................ 424

    3.5.8.1 Conceito e características.................................................. 424

    3.5.8.2 Arrematação, auto de arrematação e carta de arrematação 426

    3.5.8.3 Conteúdo.......................................................................... 429

    3.5.8.4 Efeitos da arrematação...................................................... 429

    3.5.8.5 A ineficácia, a resolução e a resilição da arrematação ........ 431

3.5.9 O leilão na perspectiva dinâmica de sua realização......................... 442

    3.5.9.1 O bem penhorado "vai" a leilão ........................................ 442

    3.5.9.2 Os primeiros passos da alienação por leilão judicial presencial: definição do leiloeiro/corretor; local; preço mínimo, as condições de pagamento e as garantias que poderão ser prestadas pelo arrematante ....................................... 442

    3.5.9.3 O Edital ............................................................................ 445

    3.5.9.4 Pessoas que devem ser obrigatoriamente cientificadas da alienação judicial, com pelo menos 5 (cinco) dias de antecedência........................................................................... 448

    3.5.9.5 O adiamento do leilão ...................................................... 450

    3.5.9.6 O leilão: do início ao fim.................................................. 450

CAPÍTULO 04 – FASE SATISFATIVA DO PROCEDIMENTO PARA PAGAMENTO DE QUANTIA.................................................................................................................... 455

1. A fase satisfativa ......................................................................................... 455

  1.1 A satisfação pela entrega do dinheiro e pela adjudicação do bem penhorado ao exequente................................................................................................. 455

| | | |
|---|---|---|
| 1.2 | Satisfação do crédito exequendo e extinção da execução | 456 |
| 1.3 | Satisfação pela entrega do dinheiro | 457 |
| 1.4 | Levantamento ou transferência da quantia | 457 |
| 1.5 | A quantia a ser entregue – atualização no momento da entrega | 457 |
| 1.6 | Entrega paulatina do dinheiro | 458 |
| 1.7 | Entrega do dinheiro e termo de quitação | 459 |
| 1.8 | Entrega do dinheiro e devolução ao executado do que sobrar | 459 |

2. O incidente processual de pluralidade de credores ou exequentes ...................... 459

| | | |
|---|---|---|
| 2.1 | Pluralidade de exequentes/credores X concurso de credores no processo de insolvência | 459 |
| 2.2 | Concursos de credores exequentes e de credores não exequentes | 461 |

| | | | |
|---|---|---|---|
| | 2.2.1 | Introito | 461 |
| | 2.2.2 | A fase satisfativa e a possibilidade de pagamento de terceiros com o dinheiro penhorado do executado | 463 |
| | 2.2.3 | Crédito preferencial e crédito garantido por direito real: a confusão das preferências? | 463 |
| | 2.2.4 | Exequentes e credores: dinâmica da intervenção na execução alheia | 467 |

| | | |
|---|---|---|
| 2.3 | Intervenção de terceiros | 471 |
| 2.4 | Situação jurídica obstativa da entrega do dinheiro | 471 |
| 2.5 | Legitimados | 472 |
| 2.6 | Fundamento e pedido | 474 |
| 2.7 | Procedimento | 474 |
| 2.8 | Competência | 476 |

| | | | |
|---|---|---|---|
| | 2.8.1 | O problema: múltiplas penhoras sobre o mesmo bem em diversos juízos com competência absoluta | 476 |
| | 2.8.2 | Primeiro, qual conexão justifica a fixação do juízo único no caso de competência relativa? | 477 |
| | 2.8.3 | Atos concertados – cooperação judiciária – realização de atos executivos num juízo único | 479 |
| | 2.8.4 | Os critérios: juízo da primeira penhora, da alienação ou do juízo do crédito mais privilegiado? | 480 |

3. Adjudicação do bem penhorado .......................... 482

| | | |
|---|---|---|
| 3.1 | O bem-instrumento e o bem-fim na execução pecuniária | 482 |
| 3.2 | O conceito de adjudicação | 483 |

| | | |
|---|---|---|
| 3.3 | A adjudicação no CPC | 484 |
| 3.4 | Adjudicação no cumprimento de sentença (provisório ou definitivo) e processo de execução | 484 |
| 3.5 | Adjudicação e satisfação do crédito exequendo (art. 904, II do CPC) | 485 |
| 3.6 | A preferência e o momento da adjudicação | 485 |
| 3.7 | Legitimidade para adjudicar | 487 |
| 3.8 | A adjudicação no CPC e a dação em pagamento no direito privado: figuras próximas, mas diferentes | 488 |
| 3.9 | As três modalidades de adjudicação do artigo 876 e ss. | 489 |

|  | 3.9.1 | As três figuras do artigo 876 e ss.: a genuína adjudicação, a adjudicação-arrematação e a adjudicação-remição | 489 |
|---|---|---|---|
|  | 3.9.2 | Adjudicação do bem penhorado pelo exequente | 490 |
|  |  | 3.9.2.1 Características | 490 |
|  |  | 3.9.2.2 Adjudicação do bem penhorado pelo exequente e sub-rogação decorrente da penhora de crédito (art. 857) | 492 |
|  |  | 3.9.2.3 Adjudicação do bem penhorado pelo exequente e apropriação de frutos e rendimentos (art. 825, III) | 492 |
|  |  | 3.9.2.4 A adjudicação pelo exequente que possui garantia real sobre o bem penhorado | 494 |
|  | 3.9.3 | A adjudicação-arrematação do § 5º, primeira parte, do artigo 876 do CPC | 494 |
|  | 3.9.4 | A adjudicação-remição do § 5º, segunda parte, do artigo 876 do CPC | 495 |
|  |  | 3.9.4.1 Características | 495 |
|  |  | 3.9.4.2 Manutenção do direito de remir o bem arrematado em casos específicos | 498 |
|  |  | 3.9.4.3 O bem remido pode responder pela dívida? | 499 |

| | | |
|---|---|---|
| 3.10 | Requisitos para adjudicar no artigo 876 do CPC | 502 |
| 3.11 | Documentação e o efeito de aquisição da propriedade pela adjudicação | 504 |
| 3.12 | Adjudicação e evicção | 506 |
| 4. | A extinção do processo ou fase executiva | 507 |
| 4.1 | Generalidades | 507 |
| 4.2 | Extinção da execução | 507 |
| BIBLIOGRAFIA | | 511 |

# Capítulo 01
## Premissas fundamentais

## 1. EXECUÇÃO QUE SE REALIZA POR EXPROPRIAÇÃO DO PATRIMÔNIO DO EXECUTADO

### 1.1 Panorama principiológico da execução por quantia no Código de Processo Civil

#### 1.1.1 Cognição e execução

Pensar, meditar, refletir, avaliar, considerar, sopesar, ponderar etc. são verbos que tem em comum o fato de que todos eles expressam múltiplos *processos de aquisição de conhecimento*, sejam eles através da percepção, do raciocínio, do juízo de valor, da linguagem, da imaginação etc.

Por outro lado, os verbos realizar, fazer, efetivar, proceder, efetuar, implementar, atuar, operar, empreender etc. expressam múltiplos *processos de concretização*, ou seja, não estão no mundo imaginário e impalpável, mas sim no mundo real, concreto, material etc.

E, conjugando estas duas noções de *cognição* e *execução*, não precisaremos muito esforço para identificar que uma das características do *homo sapiens* [*homem que sabe o que sabe*] que o distingue dos seus ancestrais é justamente o pensamento, e que, por isso mesmo, muitas vezes sem que percebamos, as nossas ações, execuções e realizações são previamente informadas por nossos pensamentos, meditações e cognições.

Conhecer primeiro para depois executar é um mantra lógico de sobrevivência do ser humano que inclusive o distingue dos irracionais.

Como a aquisição do conhecimento é um processo altamente complexo que fica registrado na nossa memória, muitas vezes nem precisamos agir como "o pensador" na escultura de bronze de Auguste Rodin, que, sentado sobre uma pedra expressa um ato de profunda meditação. É que o conhecimento já está registrado na nossa memória, e, por já o possuir, torna-se mais célere e mais rápido o nosso salto entre *pensar e depois agir*.

Até quando dissemos que "agimos totalmente sem pensar" não estamos absolutamente corretos pois, como ser racionais que somos, todo agir é precedido de um conhecimento, ainda que ele seja insuficiente para se tomar esta ou aquela atitude.

Disso resulta uma lógica sentença "antecedente-consequente" entre *pensar e agir* onde à medida que se desenvolve o pensamento e a cognição sobre alguma coisa, mais chances teremos de executar com segurança aquilo que pensamos, pois maior será o nosso conhecimento a respeito.

A segurança é intima dessa relação entre *conhecer e executar* pois, ela decorre dessa prévia calculabilidade de prós e contras, riscos e certezas, perdas e ganhos de se escolher este ou aquele caminho. Disso resulta que tende a ser mais segura, mais estável, mais confiável e bem mais coerente a *execução* de qualquer ato se for precedido de uma *cognição* mais extensa e mais profunda sobre aquilo que se pretende realizar.

Ao inverso, por motivos alheios à nossa vontade e às vezes por razões de sobre-vivência ou para evitar um dano irreparável, nem sempre temos tempo ou condições adequadas para proceder uma cognição extensa e profunda sobre as nossas escolhas, e, por isso mesmo, acabamos por executá-las sem um juízo cognitivo completo ou satisfatório. É certo que nestas hipóteses a quebra do binômio *cognição completa – execução posterior* pode levar a um certo grau de insegurança e risco, mas este é o preço que muitas vezes é preciso pagar para que o tempo da cognição não seja um fator impeditivo do usufruto dos bens.

Esse é o pêndulo com que a Justiça trabalha. Em um lado a cognição e de outro lado a execução. Ao mesmo tempo que dar razão a quem não tem razão é uma grave injustiça, também é uma negação da justiça reconhecer a razão em tempo inadequado para o usufruto do direito, daí porque a lei, sempre atrasada em relação à evolução social, cria técnicas que permitem organizar a *cognição e a execução* de modo que o *reconhecimento do direito* e a sua *efetivação* se deem da forma mais equilibrada possível.

A tutela jurisdicional executiva, como o nome mesmo já diz, corresponde à proteção jurisdicional que atua em concreto, que realiza, que efetiva, que torna real, que coloca o jurisdicionado em uso e gozo com o bem da vida, e que, como dito alhures, pressupõe cognição já existente, ainda que incompleta.

Costuma-se dizer que a tutela jurisdicional cognitiva é aquela que, num contra-ditório sobre fatos jurídicos já ocorridos, vai dos fatos ao direito, a tutela executiva é a que vai *do direito aos fatos*, justamente porque enquanto a primeira passa-se no mundo da reflexão, da meditação, da dialética, da discussão, da aquisição do conhe-cimento para no final dizer com quem está o direito, a segunda atua em concreto, porque se implementa no mundo real pressupondo um direito já revelado.

### 1.1.2 Cognição plena, evidência e título executivo

Como vimos anteriormente, é normal que no nosso agir a *cognição completa preceda a execução*. Normalmente se pensa, conhece, reflete para depois agir, atuar e realizar. Mas essa lógica pode ser invertida ou atenuada não apenas no processo, mas na nossa vida também. Muitas vezes por razões de *urgência*, para evitar um risco de dano iminente agimos antes de termos uma cognição completa dos fatos e da situação posta. Não raras vezes também se efetiva determinado ato de imediato, prescindindo da cognição [prévia] completa, tendo por base uma *situação evidente ou escancarada* e que aparentemente não suscitaria maiores dúvidas e nem justificaria uma cognição prévia à execução.

Há vários exemplos do nosso cotidiano que demonstram que não é necessário esperar uma *cognição completa* antes de se *realizar* determinado ato, até porque todo conhecimento que se adquire é armazenado e projeta-se para situações futuras sem que percebamos. Por isso, por exemplo, quando chegamos num lugar que não "conhecemos" é normal que sejamos mais cautelosos antes realizar nossos atos. Mas, se é um local que frequentamos, então o conhecimento adquirido é memorizado, e a realização de nossos atos é fruto de uma *evidente* e quase imperceptível cognição já adquirida. A rotina diária do nosso cotidiano é um exemplo disso.

E, com o processo não se passa de modo diferente. Nele também é possível que a execução seja antecipada à cognição, permitindo que se *realize determinado ato antes mesmo de se ter uma cognição completa* da situação. É claro que estas situações não são as comuns ou vulgares, mesmo assim acontecem e é importante que o ordenamento jurídico as preveja, exatamente para que esteja rente ao direito material.[1]

Além do fato [inconteste] de que as relações sociais na sociedade atual são *liquidas* e não mais tão *sólidas* quanto outrora, ou seja, contentamo-nos com um grau de cognição bem mais brando para tomar decisões e fazer escolhas sobre coisas da vida comum,[2] o legislador também reconhece que em determinados casos, pela *evidência* do direito ou pela *urgência* da situação, torna-se possível a antecipação do momento executivo à cognição judicial plena. Tateando a superfície do CPC de 2015 nós podemos identificar várias técnicas diferentes envolvendo alterações ou combinações entre o momento da cognição com o da execução.

A *regra normal* do CPC envolvendo *o momento cognitivo e executivo* está prevista no *procedimento comum* do Título I do Livro II do CPC.[3] Neste, o processo inicia por petição inicial e só "termina" com o cumprimento da sentença.[4] Mas, como já se

---

1. A observação acima não representa, de forma alguma, uma repristinação da divisão estanque de processos e ações (cognição, execução e cautelar) que durante muito tempo foi corrente no processo civil clássico quando a ciência processual sedimentava suas bases teóricas em razão do reconhecimento da sua autonomia em relação ao direito material. A respeito ver, por todos, SICA, Heitor. O conceito de ação: uma síntese da doutrina clássica à concepção atual (2020). Disponível em: https://www.youtube.com/watch?v=BLYmWO-gf4gk. Acesso em: 16 maio 2021; SICA, Heitor. Cognição do juiz na execução civil. Disponível em: https://www.youtube.com/watch?v=m0TcQt5FdFI. Acesso em: 10 maio 2021.
2. BAUMAN, Zygmunt. *Modernidade líquida*. Rio de Janeiro: Zahar. 2001, p. 07.
3. A respeito dos elementos que integrariam uma cognição exauriente ver CARRATTA, Antonio. 2012b. Struttura e funzione dei procedimenti giurisdizionali sommari, in ID. , La tutela sommaria in Europa. *Studi*, Napoli, Jovene, 1 ss.; sobre a relação entre processo justo e cognição plena ver PROTO PISANI A. 2002. Giusto processo e valore della cognizione piena. *Rivista di diritto civile*, 48, 2, 2002, 265 ss.
4. Duas observações são importantes. A primeira, de que o cumprimento de sentença para pagamento de quantia *depende* de requerimento executivo (art. 513 e 523). A segunda, de que as regras do procedimento da fase de cumprimento de sentença para pagamento de quantia *dependem* de atos executivos cuja regulamentação se encontra no Livro II dedicado ao Processo de Execução.

disse, existem diversas outras situações em que o binômio *cognição-execução* fruto da análise do conflito de interesses não segue o modelo padrão. Nessas situações *invulgares* o que acontece é uma *antecipação do momento executivo*, ou seja, antes de se ter a *cognição judicial completa* do conflito de interesses.

É a lei que aponta as situações que justificam a alteração da regra ordinária deslocando a execução para um momento anterior à cognição completa do conflito. E, frise-se, exatamente por isso, torna-se possível a existência de diferentes degraus de *cognição incompleta*, ou seja, a execução pode estar lastreada em um título (judicial ou extrajudicial) com diferentes degraus de cognição, tendo como referência o grau mais "firme", "sólido" e menos "vulnerável" que é representado pela decisão de mérito transitada em julgado, já ultrapassado dois anos do prazo da ação rescisória. A partir daí podemos até fazer uma escadinha decrescente de títulos executivos que vão se tornando mais e mais vulneráveis justamente porque sobre eles cada vez é mais incompleta a cognição prévia à execução.

Todas as vezes que a lei[5] atribui *força executiva* a um título (judicial ou extrajudicial) permitindo que ele seja efetivado antes de se ter a cognição completa sobre o conflito, pode-se dizer que houve uma *ruptura* da regra tradicional e clássica (*do ab executione non est inchoandum sed primo debet causa cognosci, et per definitivam sententiam terminari*) adotada pelos países da *civil law* já mencionada amiúde.[6]

Assim, por exemplo, razões ligadas às situações de urgência do direito material, de perigo de dano como no caso dos artigos 300 a 310 do CPC, podem justificar a alteração dessa equação. O mesmo se diga em relação ao que se denomina de *técnicas de tutela da evidência do direito* que estão espalhadas pelo CPC (art. 311, art. 332, art. 355, art. 520, art. 932, IV e V).

Também são exemplos de proteção do *direito evidente* somado a fatores econômicos, sociais e culturais tipos diversos de documentos que receberam, por lei, a eficácia executiva.

Se bem observado, o grau de cognição na formação do documento ao qual o legislador atribui força executiva não é o mesmo, embora todos eles sejam tomados como *títulos executivos extrajudiciais*. Há ainda situações em que o legislador não confere a natureza de título executivo extrajudicial para alguns documentos, mas a eles atribui uma força, chamamos assim, "quase executiva", usando uma linguagem

---

5. A respeito ver TOMMASEO. Ferruccio. *I provvedimenti d'urgenza*. Padova: Cedam.1983.
6. Isso se dá porque é preciso enxergar o processo na perspectiva policêntrica das ciências como um todo. A evolução social deve contaminar todas as ciências e não apenas o processo. Em segundo lugar é preciso colocar no eixo da ciência processual o seu papel, a sua função para que não seja obstáculo ao invés de ser um caminho. Em terceiro lugar é preciso estar cada vez mais atento à jurisprudência, ao direito vivo, pois ela é (ou deveria ser) sempre mais próxima da realidade social. A respeito ver CARRATA, Antonio. "La scienza del processo civile in italia all'inizio del XXI secolo", in Diritto e Questioni pubbliche, XIX, 2019. Disponível em: https://www.dirittoequestionipubbliche.org/page/2019_n19-1/02_mono_01_Carratta.pdf. Acesso em: 28 jun. 2024.

pouco técnica, que são as hipóteses legais que ensejam o procedimento injuncional do artigo 700 do CPC.

Todas estas situações, e, outras aqui não listadas que se encontram tanto no CPC quanto na legislação extravagante, refletem uma opção do legislador de alterar a máxima da *cognição completa com posterior execução*, admitindo que a execução seja efetivada com base numa cognição incompleta. É importante deixar claro que essas hipóteses invulgares mencionadas acima poderiam nem sequer existir, ou seja, todas elas poderiam submeter-se à máxima milenar já mencionada acima, mas, de fato, se assim fosse estaria certamente comprometida a *efetividade* e a *eficiência* da justiça. Enfim, para garantir em sua plenitude a tutela jurisdicional justa e adequada é que o legislador – por razões várias – cria técnicas processuais e procedimentos que, fugindo ao padrão, permitem que seja feita a efetivação do direito antes mesmo de se ter uma cognição completa desse mesmo direito.

### 1.1.3 Cognição e contraditório

É de se observar que *cognição* e *contraditório* não são a mesma coisa, e, nem aqui, ao tratar do binômio *cognição X execução* foi usado em igual sentido. A cognição envolve um sujeito que é o cognoscente e um objeto que é o cognoscível, e, em síntese, personificamos o primeiro na pessoa do juiz natural e o segundo do objeto do processo (pretensão e fundamentos de fato e de direito do autor e o réu).[7] Assim, quando mencionamos *cognição incompleta* queremos estabelecer justamente que essa relação entre juiz natural e o conflito de interesses não se deu de forma exauriente. Ao dizer que houve a *antecipação da execução com cognição incompleta* o que se pretende é ratificar que há casos em que se executa um título mesmo sem se ter a cognição plena ou exauriente.

É claro que o contraditório é uma peça imanente à noção de *cognição*, pois, nessa relação entre *cognoscente* e *cognoscível* não há a possibilidade de se adquirir o *conhecimento ou uma certificação de um direito* sem que seja ele adquirido a partir de um *procedimento em franco contraditório, colaborativo e construtivo entre os sujeitos do processo*. O debate democrático, e a oportunidade de expor suas defesas e argumentos é fundamental para a construção de um resultado justo – o mais próximo possível da verdade.[8]

---

7. WATANABE, Kazuo. *Da cognição no processo civil*. 2. ed. São Paulo: Saraiva. 2012, passim.
8. A respeito ver os trabalhos nacionais de CABRAL, Antonio do Passo. Il Principio del Contraddittorio come Diritto D'influenza e Dovere di Dibattito. *Rivista di Diritto Processuale*. Disponível em: http://uerj.academia. edu/AntonioCabral/Papers/144620/Il_principio_del_contraddittorio_come_diritto_dinfluenza_e_dovere_di_dibattito. Acesso em: 10 out. 2020; NUNES, Dierle José Coelho. O princípio do contraditório. *Revista Síntese de direito civil e processual civil*. v. 5, n. 29, Porto Alegre, IOB, 2004, p. 72-85. NUNES, Dierle José Coelho. Processo jurisdicional democrático: uma análise crítica das reformas processuais. Curitiba, Juruá, 2009.

O contraditório, no sentido mais democrático que se possa lhe atribuir, é a espinha dorsal do processo, o eixo no qual ele se desenvolve e se desenrola de forma sucessiva, interligando atos processuais e sujeitos processuais até chegar ao ato final do procedimento.

Não há processo sem contraditório, porque dele ele é parte imanente, de forma que também se faz presente no *cumprimento de sentença* e também no *processo de execução*. Não há execução sem contraditório, como não há execução sem *cognição*.

A execução também é marcada pelo procedimento em franco contraditório. Cada ato executivo que se sucede na cadeia processual executiva formando situações jurídicas ativas e passivas deve ser fruto de contraditório,[9] obrigando que as partes sejam ouvidas e se lhes permita opor-se às medidas executivas cujos pressupostos não sejam atendidos, ou que não sejam adequadas ou justas na perspectiva do menor sacrifício possível.[10] A diferença diz respeito justamente ao *objeto do contraditório* que na execução não se volta, a priori, à cognição do conflito deduzido em juízo, salvo quando assim o permite o legislador.[11]

> É indiscutível, ainda, que, no bojo do processo de execução, há inúmeros incidentes cognitivos, nos quais haverá atividade intelectual do magistrado, chamado que é a resolver questões – e a resolução das questões pressupõe cognição. Vejamos exemplos do incidente de nomeação de bem à penhora ou de alienação antecipada do bem penhorado, momentos em que o magistrado deverá decidir determinadas questões (Qual o bem penhorado? Justifica-se a alienação antecipada?), tarefa para a qual a atividade cognitiva é indispensável.[12]

O que quer dizer a doutrina quando afirma que *não há contraditório na execução* ou que o *contraditório é atenuado na execução* é, tomando, por lapso, *contraditório por cognição*, dizer que este tipo de processo ou procedimento, ainda que se desenvolva em franco contraditório, não é vocacionado para discutir, debater ou firmar uma convicção sobre o objeto do conflito de interesses certificado no título judicial ou extrajudicial. Exatamente por isso que reserva a discussão do direito subjacente ao título executivo para ocorrer, a priori, em *módulos cognitivos incidentais* como os embargos do executado, embargos de terceiro, impugnação ao cumprimento de sentença etc.

---

9. Neste sentido FAZZALARI, Elio. *Instituições de direito processual*. Campinas: Bookseller, 2006, p. 25.
10. A respeito ver CAPPONI, Bruno. *Manuale di diritto dell'esecuzione civile*. 6 ed. Torino: Giappichelli, 2020, p. 50.
11. Assim, por exemplo, são vários os incidentes cognitivos envolvendo o ato da penhora. A mesma coisa para a discussão cognitiva em torno da avaliação executiva. O contraditório e a cognição envolvendo os respectivos atos executivos acontecem durante todo o desenrolar do procedimento executivo. Cada ato executivo realizado, em sequência lógica, parte de uma premissa maior lógica que os ampara: a existência de uma *certificação prévia* estampada num título executivo que autoriza a realização destes atos executivos.
12. DIDIER Jr., Fredie. Esboço de uma teoria da execução civil. *Revista de Processo*. v. 118, São Paulo: Ed. RT, 2004, p. 9-28, edição eletrônica.

### 1.1.4 Tutela jurisdicional e tutela executiva

Antes de tudo é preciso compreender o alcance da expressão tutela jurisdicional.[13] Há muito adotamos um entendimento de que ela consagra tanto um viés processual, quanto material. Podemos pensar em tutela jurisdicional sob a perspectiva do conjunto de ferramentas processuais típicas ou atípicas (técnicas, provimentos e procedimentos) ofertada pelo ordenamento jurídico ao jurisdicionado, como também sob a perspectiva da proteção ofertada pelo direito material para resolução do conflito. Aqui neste trabalho cuidaremos da *tutela jurisdicional meio e fim*, ou seja, das ferramentas processuais que adormecem sob o manto alcunhado de "tutela executiva" para se alcançar o *fim* almejado que é satisfação do direito revelado no título executivo.

### 1.1.5 A largueza de sentido do que seja "executar"

Executar é realizar, é efetivar, é tornar concreto, é implementar. Logo, a tutela jurisdicional executiva deve ser compreendida como toda proteção estatal por meio do processo que tem por escopo a realização, a implementação, a concretização de uma situação jurídica. Esta é a amplitude que se deve dar à tutela jurisdicional executiva.

Normalmente se toma o conceito de tutela executiva como a atividade jurisdicional subsequente a uma cognição judicial ou extrajudicial sobre o conflito de interesses. Isso não é mentira, obviamente, até porque sabemos que atividade estatal executiva se lastreia em título executivo judicial ou extrajudicial. Contudo, o fenômeno da execução vai muito além disso. Reduzir a tutela jurisdicional executiva à *satisfação do mérito* é diminuir sensivelmente o fenômeno executivo no processo.

É que já se foi o tempo em que o processo era tomado como uma *relação jurídica* esquematizada por um Estado-juiz no vértice de um triangulo isósceles e nos dois ângulos da base as partes da demanda. Atualmente, já é por demais reconhecido que a fisionomia representativa do processo faz com que ele mais se pareça com um

---

13. A respeito ver YARSHELL, Flávio Luiz. *Tutela jurisdicional*. São Paulo: Atlas, 1999; ALVARO DE OLIVEIRA, Carlos Alberto. Os direitos fundamentais à efetividade e à segurança em perspectiva dinâmica. *Revista da Ajuris*, Porto Alegre, n. 109, mar. 2008. ALVARO DE OLIVEIRA, Carlos Alberto. *Do formalismo no processo civil*: proposta de um formalismo-valorativo. 3. ed. São Paulo: Saraiva, 2009. ALVARO DE OLIVEIRA, Carlos Alberto. Efetividade e tutela jurisdicional. In: MACHADO, Fábio Cardoso; AMARAL, Guilherme Rizzo. *Polêmica sobre a ação*: a tutela jurisdicional na perspectiva das relações entre direito e processo. Porto Alegre: Livraria do Advogado, 2006; SILVA, Ovídio Baptista. *Jurisdição e execução na tradição romano-canônica*. 3. ed. Rio de Janeiro: Forense, 2007; COMOGLIO, Luigi Paolo. Garanzie minime del "giusto processo" civile negli ordenamenti ispano-latinoamericani. *Revista de Processo*. n. 112. São Paulo, out./dez. 2003, edição eletrônica; DINAMARCO. Candido Rangel. Tutela Jurisdicional. *Fundamentos do processo civil moderno*. 5. ed. São Paulo: Malheiros, v. 2, 2002. MITIDIERO, Daniel. *Colaboração no processo civil*. São Paulo: Ed. RT, 2009. MITIDIERO, Daniel. *Direito fundamental à tutela jurisdicional adequada e efetiva, tutelas jurisdicionais diferenciadas e multa processual para o cumprimento das obrigações de pagar quantia*. Processo civil e estado constitucional. Porto Alegre: Livraria do Advogado, 2007.

novelo emaranhado de fios, ou uma teia de aranha ziguezagueada em várias direções, ou ainda uma imagem, em corte transversal, de um tecido conjuntivo humano com uma trama de estrias misturada entre si e para todas as direções.

Enfim, é o processo uma mistura complexa de situações jurídicas, objetivas e subjetivas, que envolvem os sujeitos que participam do processo, neles incluindo os atores principais (juiz e partes). Por isso que quando se observa os autos de um processo, seja ele físico ou virtual, é preciso notar que ali estão concentradas inúmeras relações jurídicas envolvendo os vários sujeitos do processo e em relação aos vários atos que se interconectam e se destinam todos ao mesmo fim.

Não é apenas o drama (principal) vivido entre o demandante e demandado o único conteúdo do processo. Em torno deste fenômeno social é que se instaura o *método de resolução de conflitos*, ou seja, ele é o seu núcleo, mas nele não se limita. Esse *método estatal* é marcado por uma sucessão de atos em cadeia, onde inúmeros sujeitos participam e cooperam entre si para que o objetivo e a razão de ser do processo seja alcançada: a paz social. Contudo, até que isso seja alcançado, e, para que isso seja alcançado, concorrem, em cadeia e de forma dinâmica, atos e mais atos processuais praticados pelos sujeitos que dele participam. Assim, sujeitos parciais e sujeitos imparciais, todos eles, participam do processo e nele estabelecem relações jurídicas relativamente aos atos que praticam. O processo é dinâmico e complexo e, definitivamente não se reduz ao esquema simplista de *pretensão resistida e insatisfeita* envolvendo três atores principais.

Nesta linha, pensar em execução apenas como a *efetivação do direito exequendo reconhecido num título executivo* é virar-se de costas para o dinamismo da relação jurídica processual em constante movimento. É pensar de forma estática um fenômeno que é naturalmente cinético. É quase como confundir *autos do processo* com o próprio *processo*. Exatamente por isso, porque o esquema processual não se reduz apenas à solução e a satisfação do conflito, é que não podemos reduzir em fenômeno executivo à esta perspectiva. Pelo contrário, dada a complexidade e dinamismo do processo é que devemos enxergar a tutela executiva como a realização de qualquer situação jurídica processual.

Ora, por exemplo, como não dizer tratar-se de "tutela executiva" quando o artigo 404, parágrafo único do CPC – que trata da exibição de documento em poder de terceiro – prescreve que

> se o terceiro descumprir a ordem, o juiz expedirá mandado de apreensão, requisitando, se necessário, força policial, sem prejuízo da responsabilidade por crime de desobediência, pagamento de multa e outras medidas indutivas, coercitivas, mandamentais ou sub-rogatórias necessárias para assegurar a efetivação da decisão.

Nesta linha, como sustentar não existir tutela executiva quando o juiz determina que a testemunha seja conduzida por deixar de comparecer em juízo sem motivo justificado [art. 455 § 5º do CPC]. Também é exemplo de tutela executiva o pronunciamento judicial que efetive a ordem judicial impeditiva ou corretiva de sanção processual por ato atentatório à dignidade da justiça [art. 139, IV]. Igualmente, como também não reconhecer a existência de tutela executiva na expropriação promovida contra o sujeito processual que tenha sido responsável pelo dano decorrente do desaparecimento dos autos nos termos do art. 718 do CPC.

Num voo rasante pelo CPC é fácil identificar uma série de situações jurídicas processuais que dependem de efetivação, mas que não podem ser enquadradas no conceito de "satisfação do conflito", muito embora, a nosso ver façam parte do fenômeno executivo visto sob uma percepção consentânea com o conceito dinâmico e complexo de processo.

Aliás, registro seja feito, rendendo-se a esta percepção de processo, mas ainda de forma tímida, o legislador disse no artigo 771 que o "Livro da Execução" regula não apenas o procedimento executivo tradicional, mas também deve ser aplicado "aos efeitos de atos ou fatos processuais a que a lei atribuir força executiva".

Soa até sarcástico o fato de que existem uma miríade de atos e fatos processuais que possuem força executiva, que seguem, que usam as técnicas executivas, mas que não são reconhecidos como tutela executiva. Seria como se admitíssemos que tem cara, sabor, cheiro, gosto de tutela executiva, mas não seria tutela executiva, apenas porque não se refere diretamente à satisfação do conflito levado a juízo. Não é como se deve pensar, data vênia. É preciso reconhecer que existem inúmeros pronunciamentos judiciais de natureza processual e que não estão diretamente relacionados com a tutela satisfativa do mérito. Tais pronunciamentos precisam ser efetivados mediante atos de execução. A adequação do conceito de tutela executiva e seus institutos fundamentais ao moderno conceito de processo é inexorável até mesmo para a teoria legitimar-se na prática, evitando um descompasso inútil entre *o que deve ser* e *o que é*.

### 1.1.6 *A satisfação do direito exequendo pela tutela estatal*

Como no Estado Democrático de Direito é vedada a autotutela, então este mesmo Estado oferta ao jurisdicionado uma *justiça multiportas*, que proporciona vários caminhos de acesso para que seja alcançada a solução do conflito, desde que neste caminho seja respeitado o devido processo legal.[14] Se alguém me perguntar eu direi, sem pestanejar, que a melhor forma de resolver os conflitos é pela mediação que, para ser justa, é preciso que as partes estejam em condições de *igualdade real* na acepção mais ampla da expressão. Por isso, na situação social existente no nosso país a melhor mediação deve ser perante órgãos estatais, judiciais ou não, que garantam esta equalização da isonomia.

---

14. Neste sentido ver XAVIER, Trícia Navarro. Análise comparativa entre a lei de mediação e o CPC/15. In: ZANETI JR., Hermes; CABRAL, Trícia Navarro Xavier. (Org.). *Justiça multiportas*: mediação, conciliação, arbitragem e outros meios de solução adequada de conflitos. Salvador: JusPodivm, 2017, v. 1, p. 463-484.

Por isso não temos dúvidas em admitir que seria maravilhoso se todos os conflitos – e, em especial os conflitos de adimplemento objeto de nossa análise – pudessem terminar por intermédio de soluções consensuais, pois é fora de dúvidas as vantagens (sociais, econômicas, psicológicas, temporais) que tais métodos possuem em detrimento de uma solução imposta pelo Poder Judiciário. Todavia, sendo bastante realista, quanto menor é a formação cultural e educacional de uma coletividade, quanto menor o respeito às diferenças dos nossos semelhantes, quanto maior o abismo e a desigualdade econômica, menores serão as chances de se obter uma solução consensual. Por isso, infelizmente, o número de conflitos que desaguam no Poder Judiciário à espera de uma decisão que pacifique o conflito ainda é elevadíssima. No CPC de 2015 existe uma forte tendência em estimular a solução consensual dos conflitos, o que parece ser uma política bastante acertada.

Assim, no âmbito da tutela estatal quando se fala em "pôr fim à pretensão insatisfeita", deve-se entender que esta *satisfação* deva se dar por todos os caminhos proporcionadas pelo Poder Judiciário, ou seja, pelo adimplemento espontâneo, por acordo entre as partes, e, *inclusive*, pela *porta* da atividade jurisdicional executiva, em torno da qual gira nosso diálogo neste livro.

Neste particular não parece adequado o arquétipo do artigo 924 que estabelece uma série de hipóteses de extinção da fase ou do processo executivo onde houve a pacificação do conflito, mas não se denomina de "satisfação do direito". A *resolução do conflito* não se dá apenas quando o Estado, à força, expropria o executado e dá ao exequente o que ele tem direito de receber. Também acontece quando as partes chegam a uma solução amigável, quando o próprio exequente renuncia ao seu crédito etc. O art. 924, II ao V deveria simplesmente usar a nomenclatura do art. 487, *caput* reconhecendo como *solução integral do mérito* todas as hipóteses em que há uma *satisfação* na mais lata acepção do termo, até para ficar coerente com a expressão do artigo 4º que diz que na *solução integral do mérito está incluída a atividade satisfativa*.

### 1.1.7    Retrato e miradas do sistema executivo do CPC 2015

#### 1.1.7.1    A insuficiência da compartimentação das espécies de execução a partir da tipificação do objeto da obrigação

Num mundo cada vez menos tolerante, com um capitalismo cada vez mais selvagem, sem respeito ao próximo, com valores morais e éticos distorcidos, com uma explosão democrática sem fim, sem espaço e bens para todos, com destruição paulatina do meio ambiente, com a reificação da coisa e a despersonalização do indivíduo, não é difícil imaginar a complexidade e enormidade dos conflitos de interesses na nossa sociedade. Seria até ingênuo, não fosse meramente didático, dividir os conflitos em quatro compartimentos como se pudéssemos isolá-los em containers hermeticamente fechados.

Definitivamente, não existe essa pureza ou esta assepsia entre os conflitos sociais. Tudo se mistura a tal ponto de não conseguirmos distinguir, senão com uma lupa, onde está o *inadimplemento*, onde está a necessidade de *certeza do direito*, qual a crise de conhecimento,[15] e onde se situa a busca por uma *nova situação jurídica*. Às vezes nem numa petição inicial o magistrado, ao recebê-la, consegue identificar a natureza constitutiva, declaratória ou condenatória da pretensão veiculada, seja por ser mal redigida, seja pela complexidade do conflito.

Frise-se, portanto, apenas por razões didáticas podemos pensar em estudar os conflitos sob uma acanhada perspectiva processual distinguindo-os, com uma ingênua pureza, como fez o Código de Processo Civil, em crises que envolvem o inadimplemento de uma obrigação ou dever de dar [pagar quantia ou de entrega de coisa] e de fazer ou não fazer.

Na verdade, sabemos que as crises jurídicas podem espelhar um conflito de qualquer natureza, seja ele pessoal ou patrimonial, disponível ou indisponível, público ou privado, individual ou coletivo etc., e, em muitas situações... tudo isso ao mesmo tempo e misturado num típico caso de litigiosidade complexa.

Por isso, não raras vezes, pela complexidade das relações sociais e jurídicas, é possível que a solução de um conflito de interesses não passe apenas pela obtenção de uma certificação da existência ou inexistência de uma relação jurídica, ou pela obtenção de uma nova situação jurídica, ou ainda pelo adimplemento de um dever ou uma obrigação. Ao inverso, é possível que, cumulativamente, todas estas pretensões se combinem e sejam necessárias para a solução da crise. A estática compartimentação de procedimentos executivos para cada tipo de obrigação ou dever tal como está descrito no CPC é realmente um primor de segurança jurídica, mas não nos parece que seja realmente a melhor solução.

Observe-se, por exemplo, que a tutela executiva expropriatória ofertada pelo Código de Processo Civil se apresenta de forma muito padronizada, com algumas ressalvas específicas para esta ou aquela situação jurídica que tenha merecido um tratamento à parte como a execução de alimentos.[16]

Por outro lado, supletiva e subsidiariamente a tutela executiva do CPC sempre se se aplica a todas as situações da vida porque o Código é o diploma básico, norma geral e fundamental de processo civil do nosso país. Assim, desde as lides ambientais às lides societárias; da briga de vizinhança às execuções da fluid recovery (art. 100 do CDC) o CPC oferta o seu sistema de procedimentos executivos como se todas as

---

15. As crises de conhecimento são aquelas onde "o sujeito carece de informações suficientes para ter segurança quanto a algum direito de que se supõe titular – ou porque não dispõe de provas satisfatórias relativamente a este possível direito ou porque lhe faltam elementos indicativos da existência ou montante deste". DINAMARCO, Candido; LOPES, Bruno; BADARÓ, Gustavo. *Teoria geral do processo*. 32. ed. São Paulo: Malheiros e Salvador: JusPodivm, 2020, p. 33.

16. Como na hipótese de execução de crédito alimentar, na execução promovida pela fazenda pública ou contra a fazenda pública.

situações que merecem satisfação pudessem se encaixar como uma luva nos rígidos modelos executivos por ele estabelecidos.

Assim, por exemplo se tiver em mãos um título executivo extrajudicial que obriga um poluidor a pagar uma quantia à título de compensação ambiental para criação de uma unidade de conservação de proteção integral (art. 36 da Lei 9895) então o procedimento ofertado pelo Código não discrepa, por exemplo, da execução para a obtenção da quantia devida pelo acidente automobilístico ou pelo dano moral aplicado pelo extravio da bagagem.

Esses exemplos servem para demonstrar que o *dinheiro é instrumento e não um fim em si mesmo*, e, como tal, deveria ser muito importante a identificação da finalidade do dinheiro – ou a sua origem – para assim se estabelecer um caminho executivo mais adequado à situação jurídica carente de tutela.

### 1.1.7.2 A insatisfação resultante do inadimplemento como mola propulsora da execução

Quando se fala em tutela executiva, quase instantaneamente ela é associada aos conflitos de interesses onde ocorre um inadimplemento de um dever ou uma obrigação, o que não é uma mentira, todavia, esta leitura do fenômeno tem se alterado para admitir que qualquer situação jurídica concreta que revele uma obrigação teria aptidão para ser executada (art. 515, I do CPC), mesmo que na sua origem ela não tenha sido motivada por uma crise de adimplemento.

Seria como dizer, por exemplo, que a decisão que julga uma pretensão que pugna pela rescisão de um contrato também poderia servir como título executivo deflagrador de uma execução *se todos os elementos da obrigação estiverem nela revelados e existir a pretensão à satisfação de um direito não cumprido*. Ainda assim, seria necessário que existisse uma pretensão, ainda que não exercitada, ao adimplemento de uma obrigação ou devedor jurídico.

Parece que fica muito claro que a eficácia executiva atribuída ao documento (decisão judicial, uma nota promissória, um instrumento público etc.) é um elemento externo, processual, que o legislador escolhe, põe e tira onde ele desejar. É possível que sentenças meramente declaratórias que respondam a uma crise de certeza jurídica instaurada em juízo, *também* revelem em seu conteúdo a existência de uma obrigação líquida, certa e exigível, mas ela só poderá servir como título executivo se em algum momento nascer a pretensão a um adimplemento que não tenha sido satisfeita espontaneamente.

> Nada impede que amanhã ou depois os títulos cambiais do artigo 784, I do CPC deixem de ter a eficácia executiva...ou que as sentenças declaratórias que reconhecem a existência de todos os elementos da obrigação simplesmente voltem a não ter essa eficácia. A eficácia executiva pode ser criada ou retirada por lei, mas a pretensão à satisfação é inerente a existência de uma situação de inadimplemento potencial ou já ocorrido.

Mas as situações acima não são comuns, já que normalmente é o inadimplemento (material) que, desde o início, motiva a busca da tutela jurisdicional que outorgue proteção à situação carente de tutela, seja pelo método da cognição seguida de execução, seja pela execução direta nos títulos extrajudiciais.

Como já se disse, normalmente o conflito levado ao Poder Judiciário não envolvendo apenas o inadimplemento de uma prestação devida, mas o reconhecimento prévio de uma rescisão, de uma invalidação, de uma declaração de um direito etc.

Para qualquer pessoa envolvida numa crise de adimplemento reputa-se como debelado o conflito quando a situação de direito material é verdadeiramente resolvida, isto é, quando se obtém a solução jurídica que elimine a crise que deu origem à provocação estatal.

A satisfação do direito pela realização de atos executivos é apenas uma das formas de extinção do conflito, e, nem sempre é a melhor ou mais eficiente e efetiva. Não se nega que todo repositório de dispositivos do Livro II contém esta expectativa, e até seria coerente sustentar que essa é a forma de *extinção normal* do procedimento executivo, mas o artigo 924, III deixa muito claro que existem outros meios de solução do conflito também hábeis para debelar o conflito. O *mérito* da execução é *"a efetivação/realização/satisfação de um direito a uma prestação (de fazer, não fazer ou dar) certificado em um título executivo"*.[17]

### 1.1.7.3   O retrato anacrônico do sistema procedimental executivo do CPC

O ordenamento jurídico oferta a possibilidade de que os *procedimentos executivos* sejam definidos pela *lei, juiz e partes (convencionais)*. O primeiro deles, mais comum, é determinado pela lei, o segundo pelo juiz, e o terceiro pelas partes.

No que concerne à atividade executiva no CPC encontramos as três modalidades, sendo a mais comum a do *procedimento executivo legal*, como veremos adiante. Aliás, é a Lei que permite, inclusive, a possibilidade de que o *procedimento seja determinado pelo juiz e pelas partes*, desde que respeitados os ditames principiológicos do devido processo.

A flexibilização do procedimento[18] é perfeitamente possível, inclusive no curso do procedimento legal executivo, ou seja, é importante frisar que *não é proibido que no curso de um procedimento legal as partes estabeleçam convenções processuais que determinem o modo pelo qual se desenvolverá a tutela executiva*, desde que atendam à clausula geral dos negócios jurídicos do art. 190 do CPC.

---

17. DIDIER, Fredie; BRAGA, Paula Sarno; ALEXANDRIA, Rafael. *Curso de Direito Processual Civil*: execução. Salvador: Ed. JusPodivm, 2017, v. 5, p. 50 e ss.
18. A respeito ver GAJARDONI, Fernando da Fonseca. *Flexibilização procedi*mental: um novo enfoque para o estudo do procedimento em matéria processual. São Paulo: Atlas, 2007; CABRAL, Trícia Navarro Xavier. *Dos limites da liberdade processual*. São Paulo: Foco, 2019.

Entretanto, seguindo uma tradição conservadora, o nosso CPC de 2015 inovou muito pouco em relação ao *procedimento executivo* que continua preso às amarras do liberalismo e é extremamente burocrático e paternalista.

O modelo político e econômico do capitalismo liberal que marcou indelevelmente os grandes diplomas do século passado projetou seus tentáculos em todas as searas do ordenamento jurídico. Também sobre os Códigos de Processo Civil de 1939 e de 1973 foram projetadas as bases principiológicas da defesa da liberdade individual, a identificação da lei como única forma capaz de garantir a proteção dos direitos individuais frente ao Estado, da igualdade de todos indivíduos perante a lei, da submissão do Estado (juiz) à Lei que por sua vez deveria proteger a liberdade e a propriedade, da liberdade para exercício da autonomia da vontade, da livre inciativa, da patrimonialização das relações jurídicas etc. Infelizmente, em matéria de execução, manteve-se essa espinha dorsal do liberalismo no CPC de 2015, revelando um descompasso entre o modelo constitucional de processo e o que o sistema executivo apresenta aos jurisdicionados. É preciso alguma ginástica interpretativa, e boa vontade dos operadores, para *adequar* o nosso sistema executivo do CPC com o modelo desejável de realização dos direitos.[19]

Não se nega aqui e alhures que existe a possibilidade de o procedimento executivo ser definido *judicialmente* diante das circunstâncias do caso concreto, mas é rara a possibilidade de sua flexibilização. Por outro lado, embora a flexibilização procedimental pela convenção das partes seja ampla e cheia de possibilidades ela não acontece na prática pela própria cultura do litígio e a desconfiança das próprias escolhas, especialmente numa situação conflitiva de execução.[20] Frise-se, conquanto

---

19. Aguda a crítica de Marinoni e Mitidiero ao apontarem a falha estrutural do CPC de 2015 em não estabelecer o seu eixo em torno das tutelas das situações carentes de tutela mantendo a estrutura das funções processuais. "*Por esta razão, para que o Projeto pudesse constituir verdadeira virada de página na disciplina do direito processual civil, o ideal é que organizasse o processo civil sob outro ângulo. NO lugar de pensarmos em Parte Geral (Livro I), Processo de Conhecimento (Livro II), Processo de Execução (Livro III), Processo nos Tribunais e Meios de Impugnação às Decisões Judiciais (Livro IV) e Disposições Finais e Transitórias (Livro V), privilegiando-se com discutível acerto teórico as funções processuais como mote para a organização formal do Projeto, melhor seria arranjá-lo a partir da perspectiva que patrocina maior coordenação entre direito e processo – a perspectiva da tutela jurisdicional. O Projeto poderia obedecer à seguinte conformação: Parte Geral (Livro I), Tutela jurisdicional comum (Livro II), Tutelas Jurisdicionais Diferenciadas (Livro III), Disposições Finais e Transitórias (Livro IV)*". MARINONI, Luiz Guilherme; MITIDIERO, Daniel. *O projeto do CPC*: críticas e propostas. São Paulo: Ed. RT, 2010.

20. Nada obstante o otimismo contagiante da doutrina com o tema, a experiência de mais de 30 anos de foro, e, em especial nos conflitos envolvendo atividade executiva, me dão segurança para afirmar que é muito pouco provável – eu diria utópico – que convenções processuais ou cooperações altruístas sejam feitas por exequente e executado depois de iniciado o cumprimento de sentença ou o processo de execução. Sobre o tema ver CABRAL, Antonio do Passo. *Convenções processuais*. Salvador: JusPodivm, 2016; BARBOSA MOREIRA, José Carlos. *Convenções das partes em matéria processual*. Temas de direito processual civil: terceira série. São Paulo, Saraiva, 1984, p. 87-98; SILVA, Paula Costa e. *Pactum de non petendo*: exclusão convencional do direito de ação e exclusão convencional da pretensão material. In: CABRAL, Antonio do Passo; NOGUEIRA, Pedro Henrique Pedrosa (Coord.). *Negócios processuais*. 3. ed. Salvador: JusPodivm, 2017; TEMER, Sofia; ANDRADE, Juliana Melazzi. Convenções processuais na execução: modificação consensual das regras relativa à penhora, avaliação e expropriação de bens. In: MARCATO, Ana et al (Co-

as inovações trazidas no artigo 190 e 191 sejam aplicáveis *in executivis* não é de se esperar que no curso da execução, ou próximo a ela, as partes decidam, por exemplo, encurtar ou elastecer a cadeia executiva. A possibilidade de flexibilização do procedimento por convenção das partes (negócio jurídico processual), como dito no parágrafo anterior, é bem mais factível *antes de existir o conflito posto em juízo do que depois de ocorrido o inadimplemento*, e, em especial, antes da posição jurídica de exequente e executado estar definida num título executivo.

De qualquer forma há a possibilidade de que as partes se valham das convenções processuais com a finalidade de encurtar o procedimento e a própria tutela jurisdicional ajustando-o às realidades da causa e assim permitir que se alcance um resultado mais rente às necessidades do direito material.[21]

A rigor, como dissemos alhures, é difícil inclusive que no curso da execução, não apenas o procedimento ou parte dele seja convencionado, mas até mesmo alguns atos executivos, justamente por causa da posição jurídica de desvantagem de um em relação ao outro, e da animosidade natural entre os litigantes, caso em que a segurança abstrata da lei acaba sendo uma forma de evitar que as suas próprias escolhas possam refletir em uma diminuição de uma situação jurídica abstratamente prevista na lei que poderia ser melhor do que a que seria negociada.

A grande verdade é que o procedimento executivo padrão para a realização dos direitos é que está estabelecido no CPC para cada modalidade de obrigação e que foi *abstratamente previsto pelo legislador* permitindo, aqui e algures, excepcionalmente, que o magistrado o flexibilize, como por exemplo deixa claro o artigo 139, IV para citar de exemplo.

Retomando, o nosso Código de Processo Civil de 2015 substituiu o Código de 1973, que possuía franca inspiração nos modelos liberais e individualistas do Código austríaco e alemão. Entretanto, em matéria de execução, não abandonou o ranço privatista e liberal que se observa pela cadeia burocrática e ainda rígida do procedimento sem estabelecer como norte a efetiva realização do direito.

Mesmo com franca inspiração nos modelos legislativos posteriores à redemocratização alemã, sendo clara e evidente a inserção da Constituição Federal (e seus valores) como lente e filtro de qualquer atividade do Estado (legislativa, judiciária e executiva), o CPC de 2015 pecou, e muito, em relação a tutela executiva. É nítido como foi tacanho o avanço do CPC de 2015 em matéria de execução quando comparados a outros temas igualmente importantes do direito processual e do direito

---

ord.). *Coletânea mulheres no processo civil brasileiro* – negócios processuais Salvador: Juspodivm, 2018, p. 551-567; GAJARDONI. Fernando da Fonseca. *Convenções processuais atípicas na execução civil.* Disponível em: http://genjuridico.com.br/2017/10/30/convencoes-atipicas-execucao-civil/. Acesso em: 03 maio 2021.

21. Gajardoni aponta uma miríade de hipóteses de convenções processuais possíveis em matéria de execução. GAJARDONI, Fernando. *Convenções processuais atípicas na execução civil.* Disponível em: https://www.e--publicacoes.uerj.br/index.php/redp/article/view/56700. Acesso em: 05 maio 2021.

material.[22] Lamentos à parte, tem-se que para entender o procedimento executivo é preciso lembrar que o CPC está dividido em duas partes: uma geral e outra especial.

A parte geral é dividida em seis Livros, a saber:

- Livro I    Das normas processuais civis
- Livro II   Da função jurisdicional
- Livro III  Dos sujeitos do processo
- Livro IV   Dos atos processuais
- Livro V    Da tutela provisória
- Livro VI   Da formação, suspensão e extinção do processo

Já a parte especial está dividida em quatro Livros:

- Livro I    Do processo de conhecimento e do cumprimento de sentença
- Livro II   Do processo de execução
- Livro III  Dos processos nos tribunais e dos meios de impugnação às decisões judiciais
- Livro Complementar – Das disposições finais e transitórias

Em nosso sentir não foi feliz a ideia de alocar a execução de títulos executivos judiciais e extrajudiciais em Livros diferentes da Parte Especial, dando-lhes nomes diferentes ao procedimento executivo iniciado com um e outro (cumprimento de sentença e processo de execução) pois isso dá a dupla falsa impressão de que os respectivos livros seriam suficientes e bastantes para cada tipo de tutela executiva, e, mais que isso, especialmente em relação ao cumprimento de sentença que o portador de um título executivo só precisaria de uma "fase" seguinte, alcunhada de cumprimento de sentença, tal como se essa *fase* fosse começar e terminar com um passe de mágica dentro do livro I. Isso não é verdade.[23] Trata-se de um embuste injusto com o operador do direito, e, principalmente com o jurisdicionado. Afastada a diferença na fase postulatória, tudo se passa da mesma forma em relação à execução forçada (atos de constrição e expropriação), seguindo a única disciplina do Livro II.

À primeira vista, ao desavisado, portanto, acredita-se que todas as regras referentes ao cumprimento de sentença estariam no Livro I da Parte II, mas isso não é verdade. Por outro lado, imagina-se que o Livro II da Parte Especial do CPC seria

---

22. Credita-se este "esquecimento da tutela executiva no CPC de 2015" ao fato de que em 2005 e 2006, respectivamente pelas Leis 11232 e 11382, portanto, recentemente o Código de 1973 já tinha sofridos significativas mudanças na execução e nos atos executivos.

23. Se é verdade que no cumprimento de sentença das obrigações específicas as regras do livro I são suficientes para a entrega da tutela específica, o mesmo não se diga com o cumprimento de sentença das obrigações de pagar quantia. Mais de 99% dos casos de cumprimento de sentença para pagamento de quantia não terminam com o adimplemento do executado no prazo do artigo 523, § 1º, caso em que será necessário seguir o procedimento expropriatório forçado valendo-se de todas as regras do Livro II dedicado ao processo de execução.

bastante e suficiente para cuidar do processo de execução. Entretanto, nada disso é verdade. Tanto o livro I quanto o livro II da Parte especial são insuficientes e incompletos, e em algum aspecto se salvam pelo cordão umbilical do art. 513 e 771.

Ademais, também se engana quem acredita que se estancam aí as regras atinentes à atividade jurisdicional executiva no CPC, pois em diversos outros dispositivos vamos encontrar princípios e regras que categorizam tal atividade, de fundamental importância, como por exemplo, os atinentes aos poderes do juiz (art. 139, IV), efetivação da tutela provisória (art. 297), como explicaremos adiante.

É certo que a maior parte de dispositivos e técnicas relativos à atividade executiva está concentrada no Livro II da Parte Especial, e certamente que deverá ser emprestada quando se mostrar necessária a sua utilização (v.g., regras relativas à penhora eletrônica) para a realização do cumprimento de sentença.

Foi, aliás, pensando nesse intercâmbio entre o Livro II com o Livro I e vice-versa que o legislador previu a mão dupla entre eles. Segundo o art. 513 do CPC, "*O cumprimento da sentença será feito segundo as regras deste Título, observando-se, no que couber e conforme a natureza da obrigação, o disposto no Livro II da Parte Especial deste Código*". E, por sua vez o art. 771 é ainda mais categórico ao iniciar o Livro II da Parte Especial (do processo de execução) ao dizer que:

> Art. 771. Este Livro regula o procedimento da execução fundada em título extrajudicial, e suas disposições aplicam-se, também, no que couber, aos procedimentos especiais de execução, aos atos executivos realizados no procedimento de cumprimento de sentença, bem como aos efeitos de atos ou fatos processuais a que a lei atribuir força executiva.
>
> Parágrafo único. Aplicam-se subsidiariamente à execução as disposições do Livro I da Parte Especial.
>
> Feita esta observação, então, no que concerne aos procedimentos da tutela jurisdicional executiva, tal como prevista no CPC, é de se notar que a lei processual estabeleceu dois modelos distintos de procedimento executivo: um para títulos judiciais e outro para títulos extrajudiciais. Ao primeiro ele deu o nome de *cumprimento de sentença*, e ao segundo de *processo de execução*. O primeiro é alardeado e festejado como uma *fase* (executiva) de um processo sincrético e o segundo como um processo autônomo.

Tanto no Livro I quanto no Livro II o legislador distinguiu os procedimentos pelo critério material, ou seja, o tipo de obrigação ou dever jurídico (fazer ou não fazer, entrega de coisa e pagar quantia) revelada no título executivo. A divisão dos procedimentos foi exatamente a mesma para o cumprimento de sentença e para o processo de execução.

No caso da obrigação de pagar quantia ele ainda estabeleceu regras especiais de execução quando se tratar de dívida de alimentos, execução contra a fazenda pública, execução pela fazenda pública, e execução contra devedor insolvente.

Para os procedimentos executivos especiais de pagar quantia mencionados acima reservou dentro do Código, tanto para o cumprimento de sentença, quanto para o processo de execução, a execução de alimentos e a execução contra a fazenda pública. Já as hipóteses especiais de execução pela fazenda pública (Lei 6.830) e a execução contra devedor insolvente (CPC de 1973), estas duas se encontram em legislação extravagante.

Vejamos a distribuição destes procedimentos executivos dentro do Código:

Parte Especial – Livro I (Do processo de conhecimento e do cumprimento de sentença):

- Do cumprimento de sentença para *pagamento de quantia*, assim dividido:
  - Do cumprimento *provisório* da sentença que reconheça a exigibilidade de obrigação de pagar quantia certa (arts. 520-522)
  - Do cumprimento *definitivo* da sentença que reconheça a exigibilidade de obrigação de pagar quantia certa (arts. 523-527)
  - Do cumprimento da sentença que reconheça a exigibilidade de obrigação de prestar alimentos (arts. 528-533)
  - Do cumprimento da sentença que reconheça a exigibilidade de obrigação de pagar quantia certa pela fazenda pública (arts. 534-535)
- Do cumprimento da sentença que reconheça a exigibilidade de *obrigação de fazer, de não fazer ou de entregar coisa*
  - Da obrigação de fazer e não fazer (arts. 536-537)
  - Da obrigação de entrega de coisa (art. 538)

Parte Especial – Livro II

Título I (da execução em geral)

Título II (das diversas espécies de execução)

- Execução para a entrega de coisa (arts. 806-813)
- Execução das obrigações de fazer e não fazer (arts. 814-823)
- Execução por quantia certa contra devedor solvente (arts. 824-909)
- Execuções especiais
  - Execução contra a Fazenda Pública (art. 910)
  - Execução de alimentos (arts. 911-913)
  - Execução por quantia certa contra devedor insolvente (art. 1.050). "*Art. 1050. Até a edição de lei específica, as execuções contra devedor insolvente, em curso ou que venham a ser propostas, permanecem reguladas pelo Livro II, Título IV, da Lei 5.869, de 11 de janeiro de 1973*".

Como já foi dito anteriormente, o *processo de execução* para pagamento de quantia e o *cumprimento de sentença* para pagamento de quantia só possuem distinção procedimental na fase postulatória, pois a partir daí, segue-se o itinerário dos atos executivos previstos no Livro II.

É preciso advertir ao leitor que o Código é extremamente detalhista e minudente no procedimento por expropriação (pagamento de quantia), e, lamentavelmente manteve a burocracia e engessamento que atrapalham demasiadamente a efetividade e eficiência desta técnica, abrindo espaço, inclusive, para a discussão legislativa em projetos de lei que tratam da terceirização de atos executivos (burocráticos) para entes extrajudiciais, como veremos em tópico próprio mais adiante.

Nem precisamos lembrar que grande parte dos conflitos envolvendo adimplemento de deveres e obrigações recaem em dar dinheiro (pagar quantia), e, não raramente, as obrigações específicas se convolam em perdas e danos e no final das contas, transformam-se em dinheiro que seguirá a execução por expropriação.

Por outro lado, bem se sabe que para lidar com a *expropriação patrimonial,* ainda que seja de um devedor, o ordenamento jurídico é cheio de cuidados, pois é enraizada na nossa cultura liberal a proteção da sacrossanta propriedade. Essa é uma dificuldade (cultural) em aceitar que a expropriação do patrimônio se dê de uma forma mais simples e direta, tal como acontece com as obrigações específicas, como por exemplo, no procedimento atípico e nas medidas atípicas do artigo 536.

A rigidez dos procedimentos executivos do Livro II do CPC contrasta com a moderna regra do artigo 139, IV do CPC. Por meio deste dispositivo permite-se enxergar a possibilidade de evolução e arejamento da rigidez dos procedimentos abstratamente concebidos pelo legislador, em especial o pagamento de quantia que é objeto deste livro.

Este artigo 139, IV constitui uma evolução neste aspecto e, sendo cláusula geral da atividade executiva serve para que, com uma nova mentalidade do operador do direito, seja permitido revisitar os carcomidos e enferrujados procedimentos expropriatórios legislados. Há permissão legal para que os operadores do direito nele enxerguem uma ferramenta que seja capaz de dar *completude* ao sistema executivo, ou seja, a *adequação dos meios executivos às situações substanciais carentes de tutela* como certeiramente disse Michele Taruffo.[24]

Obviamente que se deve interpretar o artigo 139, IV com a responsabilidade inerente ao *poder judicial de adequação do meio ao resultado,* sempre guiado pelo cumprimento do mandamento fundamental do artigo 4º do CPC que expressamente diz que *"as partes têm o direito de obter em prazo razoável a solução integral do mérito, incluída a atividade satisfativa".*

Infelizmente o *rígido procedimento expropriatório típico,* mormente quando a penhora não recai diretamente sobre o dinheiro do executado, é um palco perfeito

---

24. TARUFFO, Michele. Atuação executiva dos direitos: perfis comparatísticos. *Revista de Processo.* n. 59. São Paulo: Ed. RT. 1990, edição eletrônica.

para a ocorrência de chicanas praticadas pelo executado que desviam o foco da execução, embaraçam o procedimento e torna a satisfação do direito exequendo uma miragem num deserto. Ser escravo da rigidez procedimental executiva abstratamente concebida pelo legislador é negar vigência ao *direito fundamental do credor à satisfação do direito exequendo*,[25] prometido e garantido constitucionalmente. A possibilidade de flexibilização *judicial* do procedimento, que independe de uma convenção processual intangível na execução, é fundamental para *completar* o sistema de meios executivos, outorgando ao jurisdicionado pelo menos a chance de ter a tutela adequada do seu direito. Seria um verdadeiro truísmo imaginar que o legislador tivesse uma fórmula abstrata – ou várias delas – que pudesse servir indistinta e perfeitamente a todas as situações carentes de tutela com as miríades de variações e diversidades que os litígios possuem no plano social.

O art. 139, IV – junto com as convenções processuais que tendem a ser pouco utilizadas na execução – é o principal *poro* de arejamento e flexibilização do procedimento de forma a tornar absolutamente *adequado o meio ao resultado* pretendido.

Nas palavras do saudoso e notável jurista Michele Taruffo em análise dos meios utilizados pelos diferentes sistemas para obtenção desta colmatação das lacunas que são deixadas pelos modelos rígidos abstratamente concebidos pelo legislador:

> Eu definiria o primeiro desses aspectos como "tendência em direção à completude" da tutela executiva. A ideia fundamental, que pode ser mais ou menos "formulada", conforme cada caso, mas que, todavia, constitui-se num valor essencial colocado na base da evolução de muitos ordenamentos, é que o sistema da tutela jurisdicional deve tender a fornecer instrumentos executivos para todas as situações jurídicas tuteláveis, todas as vezes que o pronunciamento de cognição não seja, de per si, suficientemente a realizar o direito com efeito de declaração ou constituição. Este valor pode ser levado a efeito com técnicas bastante diferentes, em função das peculiaridades históricas e estruturais dos vários ordenamentos. Veja-se, por exemplo, o "princípio da adequação" que informa as Cortes norte-americanas na escolha do instrumento executivo adequado às necessidades do caso concreto, ou o caminho da generalização das astreintes seguido pelo ordenamento francês. No primeiro caso, em verdade, são as peculiaridades da situação substancial a ser atendida pelo direito que constituem o critério para a escolha do instrumento executivo, enquanto que, no segundo caso, constata-se a funcionalidade da medida coercitiva a aconselhar o emprego generalizado do instrumento executivo. É, porém, fácil de se verificar que se trata de caminhos diferentes que são seguidos para se alcançar um mesmo resultado, consistente em evitar que a aplicação do direito, reconhecido no plano da cognição, resulte impossível, em decorrência da falta de remédios executivos idôneos.[26]

Teremos oportunidade de ver com mais vagar adiante, mas, para fins didáticos, pode-se separar o procedimento comum de execução por quantia contra devedor solvente em fases:

---

25. GUERRA, Marcelo Lima. *Direitos fundamentais e a proteção do credor na execução civil*. São Paulo: Ed. RT, 2003.
26. TARUFFO, Michele. Atuação executiva dos direitos: perfis comparatísticos. *Revista de Processo*. n. 59. São Paulo: Ed. RT, 1990, edição eletrônica.

(1) a primeira, postulatória (triangularização da relação executiva e prazo para adimplemento);

(2) a segunda, instrutória, que pode sofrer enorme variação de tempo e de atos a depender do bem penhorado. Se for dinheiro, ruma-se mais rapidamente à próxima fase, mas se for um bem que precise ser convertido em dinheiro, então dependerá de uma avaliação e uma expropriação pública;

(3) a terceira é a fase de satisfação do crédito exequendo por meio da entrega do dinheiro ou da adjudicação do bem penhorado ao exequente (art. 904, I e II).

A maior parte dos dispositivos processuais estão contidos na fase 2, instrutória, sendo a maior parte deles os que são voltados às hipóteses em que o objeto da penhora não recai sobre o dinheiro, caso em que se mostra necessário, primeiro apreender e depositar o bem, em seguida avaliá-lo e depois expropriá-lo para obter o dinheiro e aí sim entrar na fase satisfativa.[27]

Por isso, deve-se fazer todos os esforços para que a penhora de dinheiro seja alcançada evitando os percalços naturais da fase instrutória e expropriatória. Considerando que as oposições do executado (embargos à execução ou impugnação ao cumprimento de sentença) não possuem efeito suspensivo *ex legge*, é fato que se a penhora recair sobre dinheiro, é certo que um enorme salto temporal será dado em direção ao fim do procedimento executivo.

Para compreender o procedimento executivo expropriatório para pagamento de quantia é preciso *nunca esquecer o que soa como óbvio: sua finalidade é entregar dinheiro ao exequente*, seja porque, originariamente, o título executivo revelava uma obrigação pecuniária, seja porque, subsidiariamente, no curso dos acontecimentos, uma obrigação específica originalmente concebida, convolou-se em pagamento de quantia. Enfim, *dinheiro* é o que o credor espera receber quando deflagra a execução forçada para expropriação do patrimônio do executado.

Logo, se é dinheiro que se espera receber, é dinheiro que se deve buscar no patrimônio do executado, ou seja, a deve-se expropriar, com o rigor do vernáculo, a *propriedade que o executado tem sobre o dinheiro*, atribuindo ao exequente a propriedade da quantia. Como o credor não pode expropriar o devedor à força, apropriando-se da quantia devida, ele necessita do *império estatal* para realizar a expropriação e satisfazer seu direito.

Em segundo plano, ou seja, não havendo dinheiro, então deve-se buscar bens que tenham valor e liquidez, isto é, que possam ser levados a leilão e transformados

---

27. A fase instrutória é apenas uma ponte simples quando o bem penhorado é dinheiro. Uma vez penhorado o dinheiro, atravessa-se a pontem, e passa-se imediatamente à fase satisfativa com a entrega da quantia para o exequente (art. 804, I do CPC). Porém quando é preciso transformar o bem penhorado em dinheiro a "ponte" se transforma em uma estrada cheia de curvas que tornam a fase instrutória demorada, tornando o procedimento executivo propício para o executado praticar atos que retardam (e as vezes impedem) a chegada da fase satisfativa (entrega para o exequente do dinheiro obtido com o leilão do bem penhorado).

em dinheiro que posteriormente é, regra geral, entregue ao exequente (art. 904, II do CPC).[28]

### 1.1.7.4 A (in) eficácia dos meios executivos

Problema sério e muito evidente em sistemas procedimentais rígidos abstratamente concebidos pelo legislador não é apenas a *incompletude de meios executivos típicos*, mas sim a *eficácia* destes meios, que não raramente são ineficazes por absoluta falta de *adequação* entre ele, o meio ofertado abstratamente, e a proteção do direito carente de tutela.

A flexibilização dos meios e do procedimento executivo, seja judicial ou por remotas convenções processuais, serve de antídoto para remediar estas duas situações, pois não apenas permite a *completude* do sistema com as *medidas atípicas*, mas especialmente porque tais medidas *necessariamente* devem ser moldadas para atender ao fim pretendido levando em consideração a concretude e particularidades dos aspectos objetivos e subjetivos do conflito.

Assim, quando um plano de saúde recusa-se a fornecer o tratamento ao paciente de câncer que esgotou todos os procedimentos reconhecidos oficialmente no país, mas tem indicações e laudos médicos embasados em estudos científicos de que é possível a utilização de remédios extremamente custosos ainda não aprovados mas igualmente existentes para outros tipos de câncer, a pergunta deve ser como não estender o direito fundamental à saúde, ou pelo menos à chance concreta de ter saúde ou bem-estar?[29] E se uma vez deferida a medida judicial o plano de saúde recusar-se

---

28. Merece elogio o legislador em relação a este aspecto, ao dizer que "é prioritária a penhora em dinheiro, podendo o juiz, nas demais hipóteses, alterar a ordem prevista no caput de acordo com as circunstâncias do caso concreto". Desse texto contido no § 1º do artigo 835 resulta claro que a penhora do dinheiro, salvo muito excepcionalmente, admite que seja substituída por algo que a ele se equipare nos termos do § 3º e depois de regular contraditório (art. 847) que demonstre fundamentadamente as razões necessárias para a substituição.

29. (...) 1. Ação ajuizada em 18.05.2015. Recurso especial interposto em 10.02.2017 e concluso ao gabinete em 16.11.2017. 2. Ação de obrigação de fazer, ajuizada devido à negativa de fornecimento da medicação Temodal para tratar neoplasia maligna do encéfalo, na qual se requer seja compelida a operadora de plano de saúde a fornecer o tratamento conforme prescrição médica. 3. O propósito recursal consiste em definir se a operadora de plano de saúde está autorizada a negar tratamento prescrito por médico, sob o fundamento de que sua utilização em favor do paciente está fora das indicações descritas na bula/manual registrado na ANVISA (uso off-label). 4. Ausentes os vícios do art. 1.022, do CPC/15, rejeitam-se os embargos de declaração. 5. O recurso especial não é a via adequada para revisão dos fatos delineados de maneira soberana pelo Tribunal de origem. Incidência da Súmula 7/STJ. 6. A Lei 9.656/98 (Lei dos Planos de Saúde) estabelece que as operadoras de plano de saúde estão autorizadas a negar tratamento clínico ou cirúrgico experimental (art. 10, I). 7. A Agência Nacional de Saúde Suplementar (ANS) editou a Resolução Normativa 338/2013, vigente ao tempo da demanda, disciplinando que consiste em tratamento experimental aquele que não possui as indicações descritas na bula/manual registrado na ANVISA (uso off-label). 8. Quem decide se a situação concreta de enfermidade do paciente está adequada ao tratamento conforme as indicações da bula/manual da ANVISA daquele específico remédio é o profissional médico. Autorizar que a operadora negue a cobertura de tratamento sob a justificativa de que a doença do paciente não está contida nas indicações da bula representa inegável ingerência na ciência médica, em odioso e inaceitável

a adquirir e entregar o referido remédio no prazo assinalado comprometendo o tempo de vida do paciente?

Ora, se o magistrado tivesse que seguir um modelo rígido de procedimento numa hipótese como esta, certamente que o engessamento das técnicas legisladas e abstratamente ofertadas ao jurisdicionado levaria a um prejuízo irreparável para aquele que está carente de tutela.

A situação carente de tutela não se debela de forma efetiva se estiver dependente de um procedimento executivo rígido de forma que a individuação de qual medida executiva mais adequada, coercitiva e/ou sub-rogatória, deve ser realizada com base nas peculiaridades dos aspectos objetivos e subjetivos do conflito. Assim, tanto pode ser útil e eficaz um ato executivo que expropria – *diretamente da conta do executado para a conta do exequente ou do hospital* – a quantia necessária para o tratamento pretendido, como também pode ser útil a proibição de que o referido plano de saúde admita a contratação de novos consumidores, ou quiçá a imposição de astreintes etc. Só o caso concreto poderá fornecer elementos[30] que indiquem qual a melhor medida executiva para eficácia da tutela, sendo certo que o modelo rígido de *penhora, avaliação e leilão* é absolutamente inadequado para atender à tutela do direito urgente à saúde.

### 1.1.7.5 O direito de realizar a tutela específica

O sistema processual deve esforçar-se para que o jurisdicionado nele encontre um resultado que seja o *mais coincidente possível* com aquele que teria caso não fosse necessário o processo.

O Estado deve preocupar-se em fornecer um resultado (tutela) o mais coincidente possível com o que originariamente esperava o jurisdicionado caso o adimplemento fosse espontâneo e nenhuma crise existisse. Sob qualquer ótica que se pretenda comparar a tutela específica com a tutela genérica – tutela pecuniária prestada quando não é possível a tutela específica –, a primeira leva vantagem sobre

---

prejuízo do paciente enfermo. 9. O caráter experimental a que faz referência o art. 10, I, da Lei 9.656 diz respeito ao tratamento clínico ou cirúrgico incompatível com as normas de controle sanitário ou, ainda, aquele não reconhecido como eficaz pela comunidade científica. 10. A ingerência da operadora, além de não ter fundamento na Lei 9.656/98, consiste em ação iníqua e abusiva na relação contratual, e coloca concretamente o consumidor em desvantagem exagerada (art. 51, IV, do CDC). 11. A recorrida detectou o ressurgimento de um problema oncológico que imaginava ter superado e recebeu recomendação médica de imediato tratamento quimioterápico, com utilização do Temodal, sob pena de comprometimento de sua saúde. Esta delicada situação em que se encontrava evidencia o agravamento de sua condição de dor de abalo psicológico e com prejuízos à saúde já debilitada, sobretudo diante de seu histórico clínico. Configurado o dano moral passível de compensação. 12. Recurso especial conhecido e não provido, com majoração dos honorários advocatícios recursais. (REsp 1721705/SP, Rel. Ministra Nancy Andrighi, Terceira Turma, julgado em 28.08.2018, DJe 06.09.2018).

30. É muito importante que o exequente municie o magistrado com todas as informações possíveis sobre o litígio, sobre o executado e seu patrimônio para que ele, o juiz, possa identificar, e definir, qual a medida executiva direta e/ou indireta que seja adequada para obter a satisfação do direito exequendo.

a segunda, tanto sob a perspectiva do jurisdicionado quanto do próprio Estado. Quanto àquele, a vantagem decorre do fato de que o processo terá correspondido às expectativas primárias do cidadão, dando-lhe um resultado coincidente – embora com atraso temporal[31] – com o que antes do processo esperava ter. Quanto ao Estado, as vantagens são ainda maiores, porque se prestará uma tutela muito mais econômica, além de legitimar a função jurisdicional que exerce. Ademais, há casos impostos pelo direito material em que a tutela específica é a única forma de prestar tutela, como no caso da proteção de direitos fundamentais a saúde, lazer, educação, meio ambiente etc. Qualquer tutela que não seja a específica não conseguirá jamais encontrar correspondente em tutela genérica.

Para que se obtenha a tutela específica, o Estado-juiz deve fazer todo o possível, inclusive a utilização de medidas executivas judiciais atípicas com o desiderato de fazer com que o próprio obrigado cumpra aquilo que já deveria ter cumprido espontaneamente. Assim, deve haver uma coincidência de resultados – e de meios também – sempre que este último aspecto for possível. Por isso, será muito comum que na execução para cumprimento de obrigações específicas o juiz se valha de meios executivos coercitivos (meios de atuação do direito revelado no título), justamente para compelir o próprio executado a satisfazer o direito exequendo.[32]

De outra banda, o desaconselhamento da tutela genérica resultante da conversão da obrigação em dinheiro (em detrimento da específica) existe também porque a tutela expropriatória para pagamento de quantia possui um procedimento (rígido) cheio de becos, nos quais o executado ardilosamente pode se esconder, sem contar que é o procedimento que tem o itinerário mais demorado, o que se justifica pela sua própria natureza (expropriação). Tudo isso sem dizer que a efetividade da expropriação depende da existência de patrimônio, o que nem sempre existe, ou, quando existe, em geral está maliciosamente escondido pelo executado.

Obviamente que é perfeitamente possível falar em *tutela específica* do pagamento de soma em dinheiro quando no plano material tenha sido inadimplido uma obrigação ou dever de pagar quantia. A tutela será específica, nada obstante o objeto da execução (dinheiro) seja inespecífico, e, não há por que afastar destas situações carentes de tutela a mesma força que se atribui à tutela de obrigações que recai sobre objeto específico.[33]

---

31. O atraso é aspecto natural porque todo processo leva tempo. Só não haverá atraso nenhum nas tutelas inibitórias puras quando se impõe ao sujeito o dever de prestar o devido (fazer ou não fazer) no exato momento previsto na lei, portanto, antes de ocorrido o ilícito. A respeito ver MARINONI, Luiz Guilherme. *Tutela inibitória*: individual e coletiva. 5. ed. São Paulo: Ed. RT, 2012, p. 20 e ss.

32. A respeito ver TALAMINI, Eduardo. *Tutela relativa aos deveres de fazer e de não fazer*: e sua extensão aos deveres de entrega de coisa (CPC, arts. 461 e 461-A; CDC, art. 84). São Paulo: Ed. RT, 2003; MARINONI, Luiz Guilherme. *Tutela específica*: arts. 461, CPC e 84, CDC. 2. ed. 220f. São Paulo: Ed. RT, 2001.

33. O cumprimento, provisório ou definitivo, de sentença que impõe uma prestação de obrigações específicas segue o regime dos arts. 536-538 do CPC. No caso do processo de execução (títulos extrajudiciais), a regra é a dos arts. 806 e ss. (entrega de coisa) e arts. 814 e ss. (fazer e não fazer). Todavia, nada impede, antes recomenda-se, que determinada técnica executiva dos arts. 536-538 seja emprestada aos arts. 806 e ss., e 814 e ss. do CPC, quando se mostrar viável e até necessário por expressa permissão o art. 771 do CPC.

CAPÍTULO 01 • PREMISSAS FUNDAMENTAIS

A rigor este poderia ser, inclusive, um critério – *obrigações pecuniárias origi-nárias ou derivadas de conversão de outra obrigação* – para definir a possibilidade de utilização de meios processuais atípicos em busca da maior coincidência possível.

O fenômeno de constitucionalização dos direitos que atingiu todos os ramos do direito levou, no direito civil a uma mudança do seu eixo, com destaque: a) *despatrimonialização,* pela substituição do patrimônio pela dignidade do indi-víduo no epicentro da tutela jurídica; b) *repersonalização,* pela revisitação do papel da pessoa nas relações jurídicas substituindo o enfoque econômico pelo humanista; c) *eficácia horizontal dos direitos fundamentais* também nas relações jurídicas entre sujeitos privados; d) *modelos abertos* de regras que permitam colmatar as situações em concreto de acordo com as peculiaridades e guiado pelos princípios regentes.[34]

Obviamente que este fenômeno reflete apenas mudanças legislativas nos direi-tos, mas também na forma de se pensar e operar a ferramenta processual ofertada às situações carentes de tutela. O processo é uma ferramenta – como todo instrumento adequado deve ser – absolutamente permeável às características do direito material pois é exatamente isso que permitirá a perfeita *adequação entre meio executivo típico ou atípico* e o *resultado,* até porque há direitos fundamentais (ex. meio ambiente ecologicamente equilibrado) que só fazem sentido se prestados na forma específica. A recolocação do indivíduo e do humanismo no eixo central das relações jurídicas, retirando o patrimônio do altar que estava posto, implica em valorização significativa da implementação da tutela específica, qual seja, aquela prevista na lei ou contrato e que deveria ter sido espontaneamente cumprida pelo executado. Não há nenhum problema, antes o contrário porque é um dever do Estado, privilegiar a realização do comando normativo primário, e, não a sua consequência (que normalmente é uma sanção reparativa). E deve fazer isso ofertando remédios (provimentos e procedimentos) que alcancem a realização do referido direito tal como previsto na regra jurídica.

### 1.1.7.6 O impulso oficial na execução civil

O artigo 2º do CPC diz que a regra é a de que "o processo começa por iniciativa da parte e se desenvolve por impulso oficial, salvo as exceções previstas em lei". Por sua vez, o artigo 4º determina que o conceito de solução integral do mérito inclui-se a atividade satisfativa.

---

34. A respeito ver FACHIN, Luiz Edson. Teoria Crítica do Direito Civil à luz do novo Código Civil Brasileiro. 3. ed. Rio de Janeiro: Renovar, 2012; SARMENTO, Daniel. A normatividade da Constituição e a constitu-cionalização do direito privado. Revista da EMERJ, v. 6, n. 23, p. 272-297, 2003; MARTINS-COSTA, Judith. A boa-fé no direito privado. São Paulo: Ed. RT, 2000; PERLINGIERI, Pietro. O direito civil na legalidade constitucional. Trad. Maria Cristina de Cicco. Rio de Janeiro: Renovar, 2008; TEPEDINO, Gustavo. Pre-missas Para uma Constitucionalização do Direito Civil. *Temas de Direito Civil.* Rio de Janeiro: Renovar, 2000.

Essas duas normas fundamentais do processo civil brasileiro deveriam levar a uma profunda revisitação do ônus de impulsionamento da execução que ainda está muito impregnada do liberalismo clássico.

Aquele que vai em juízo pleitear uma tutela jurisdicional que seja capaz de debelar uma crise de adimplemento não bate nas poder do poder judiciário para se contentar com uma *sentença condenatória*. A tutela jurisdicional que debela uma crise de adimplemento só termina quando o direito reconhecido no título executivo é satisfeito. Não faz nenhum sentido o Código dizer que o processo começa por iniciativa da parte e se desenvolve por impulso oficial, mas ao mesmo tempo impõe ao exequente o dever de requerer o início do cumprimento de sentença de pagar quantia (art. 513) sem o que a nova fase não será iniciada.

A regra do artigo 536 e 538 que permitem ao juiz de ofício à fase de cumprimento definitivo de sentença que impõe a obrigação específica não constitui nenhuma violação ao princípio da inércia jurisdicional, antes o inverso. É que quando o jurisdicionado provoca a tutela jurisdicional para debelar a crise de adimplemento ele o faz esperando que o resultado final seja a satisfação da prestação inadimplida, daí porque, a rigor, o estado-juiz já foi provocado lá no início quando do ajuizamento da petição inicial. Não se pede a *tutela condenatória*, mas sim a *tutela satisfativa* que pressupõe a obtenção da sentença que impõe o dever de prestar.

Não seria nenhum absurdo – antes o contrário – se o CPC não exigisse o requerimento executivo para deflagrar a fase de cumprimento definitivo da sentença de pagar quantia. O impulso oficial já foi dado quando ajuizou a petição inicial revelando o inadimplemento e o seu desejo de obter a tutela jurisdicional para eliminar a referida crise. A rigor, transitada em julgado a sentença de mérito condenatória que constitua título executivo judicial, deveria ser continuado, com o impulso oficial, o prosseguimento da prestação jurisdicional satisfativa. Acaso o exequente não quisesse prosseguir – esta sim uma exceção – ele poderia a qualquer tempo manifestar-se neste sentido, como, aliás, permite a qualquer tempo desistir da execução e dos atos executivos.

O encargo do impulso da tutela executiva ainda é muito preso a uma visão privatista do problema quando na verdade não deveria, já que há uma sentença de mérito condenatória transitada em julgado e o estado foi provocado não apenas para revelar o direito, mas, se necessário, satisfazê-lo. Não há violação do princípio da inercia da jurisdição ao permitir que o cumprimento de definitivo da sentença que impõe a prestação específica como determinam os arts. 536 e art. 538 porque a provocação do estado-juiz se deu com o ajuizamento da petição inicial. O mesmo raciocínio deveria se estender para o cumprimento definitivo da sentença condenatória que reconhece a obrigação de pagar quantia. Obviamente que isso não poderia acontecer em hipótese alguma nas sentenças declaratórias que reconhecem a obrigação, porque não há pedido satisfativo e tampouco nos casos de cumprimento provisório em razão do risco da instabilidade do título. Mas na *condenatória definitiva* não há razão para que não fossem regidas pelo impulso oficial.

Essa visão liberal clássica também se manifesta no próprio desenrolar dos atos executivos do procedimento expropriatório. Com o acesso eletrônico que só o estado-juiz tem, por meio dos diversos convênios públicos, para obter informações acerca do patrimônio do devedor parece-nos claro que, em respeito ao dever de colaboração processual, elas deveriam ser trazidas ao processo por impulso oficial. Deixar apenas nos ombros do exequente a tarefa de descobrir o patrimônio do executado para prosseguir numa execução frutífera é esquecer que já há um ato estatal com eficácia de título executivo e que é dever do estado prestar a tutela integral do mérito, aí incluída a satisfativa.

Não se deve perder de vista que a execução só acontece porque já existe um título executivo judicial ou extrajudicial que foi inadimplido. A atividade executiva existe porque alguém não adimpliu o que deveria ter adimplido. Não nos parece haver nenhuma violação de intimidade ou vida privada do executado se, no curso da execução, o seu patrimônio é exposto para que sobre ele possa incidir os atos executivos. Essa exposição não aconteceria se ele, o executado, no prazo para adimplir espontaneamente do art. 523 e art. 827 já apresentasse o rol de bens penhoráveis, o que definitivamente não acontece.

É inaceitável tratar o procedimento executivo como sendo um ambiente de interesse puramente privado, onde de um lado há alguém, míope em busca do patrimônio do executado, e de outro, o executado, que é o titular deste patrimônio numa cômoda posição de inércia. O ônus do impulso da execução deveria ser invertido, ou seja, deveria o Estado colaborar com todos os instrumentos que possui para desvendar o patrimônio do executado – afinal foi provocado a dar tutela jurisdicional – e ao executado caberia o dever de apresentar previamente o seu patrimônio expropriável assim que inadimplisse no prazo para o qual é intimado/citado para pagar.

Há inúmeros dispositivos do procedimento expropriatório de pagar quantia que necessitam ser revisitados para que possam ser coloridos pelo impulso oficial, atribuindo ao executado o ônus de colaborar efetivamente com a execução.

## 1.2 O direito do exequente expropriar o patrimônio do executado

O esquema mínimo da relação jurídica obrigacional não se estrutura, apenas, na existência de um vínculo pessoal entre dois sujeitos (credor e devedor) onde um deles deve satisfazer em proveito do outro uma prestação. Há ainda, por expressa disposição legal, tanto para as obrigações de origem negocial ou extranegocial, um outro vínculo entre titular do crédito e o titular do patrimônio (*responsável*) que responde pelas dívidas inadimplidas. Normalmente o "responsável" é o devedor da prestação inadimplida.

É a lei que determina que *"pelo inadimplemento das obrigações respondem todos os bens do devedor"* (art. 391 do CCB) ou ainda que *"o devedor responde com todos os seus bens presentes e futuros para o cumprimento de suas obrigações, salvo as restrições estabelecidas em lei"* (art. 789 do CPC).

É importante que fique claro que tanto a titularidade de um crédito quanto de um débito não se resume a uma única posição jurídica estática de alguém que tem um direito de exigir e o outro um dever de prestar,[35] há também uma série de outras situações jurídicas ativas e passivas envolvendo os sujeitos da relação jurídica obrigacional que se cristalizam em faculdades, ônus, poderes, deveres, sujeições etc.[36]

Assim, existem dois eixos principais sobre os quais se assenta a relação jurídica obrigacional, a despeito de existirem inúmeras outras situações jurídicas acessórias envolvendo os sujeitos da relação jurídica.

Um eixo é a relação jurídica envolvendo o *devedor e o credor* conectados pela prestação principal. O segundo eixo, intimamente conectado ao primeiro e dele instrumental, é a relação jurídica envolvendo o *credor e o sujeito cujo patrimônio será responsável por garantir os prejuízos decorrentes do inadimplemento*.

Essa relação jurídica entre *credor e responsável* coloca aquele numa posição jurídica diferente antes e depois do inadimplemento do devedor. Antes do inadimplemento o credor tem o direito de exigir a conservação da garantia patrimonial se houver indícios concretos de que há um desfalque patrimonial ilícito que comprometa este direito de garantia. Porém, depois do inadimplemento, desde que munido de título executivo contra o responsável, o credor tem o direito potestativo de realizar a garantia extraindo do patrimônio do responsável o numerário suficiente para ressarcir os prejuízos suportados pelo inadimplemento.

> Há nela dois elementos distintos, que geralmente estão juntos e na moderna obrigação estão na realidade sempre juntos, mas nem por isso deixam de se separar na análise. Por um lado, está o dever prestar o devedor, isto é: a obrigação que tem de desenvolver uma determinada actividade a favor do credor, a que corresponde o direito deste último de receber, obrigação de prestar que decorre de uma ordem do ordenamento jurídico e que é, assim, munida de coacção; que incumbe necessariamente a uma pessoa e não pode nunca incumbir a uma cousa, visto ser pessoal o dever de prestar; que considerada em si e por si não implica ainda um poder para o credor de agredir o patrimônio do devedor e de se pagar na falta de cumprimento pelos bens deste, mas que tem por correlativo só a faculdade de pedir a prestação.[37]

Obviamente que esse direito potestativo de expropriar o patrimônio do executado para obter a satisfação do crédito inadimplido, assim como tantos outros direitos potestativos, não pode ser exercido por mão própria e só pode ser efetivado/

---

35. Sobre o caráter dinâmico da obrigação *como processo encadeado de situações jurídicas* ver, com nítida inspiração em Pontes de Miranda e na doutrina alemã como ele mesmo revela na página 22, SILVA, Clovis Verissimo do Couto e. A *obrigação como processo*. Imprenta: São Paulo, J. Bushatsky, 1976.
36. "A situação chamada de débito, de resto, não se traduz em um mero dever ou obrigação de uma parte para com a outra (dita situação creditória), já que em diversas relações concretas pode-se verificar uma série de poderes a elas relacionáveis". PERLINGERI, Pietro. O *direito civil na legalidade constitucio*nal. Rio de Janeiro: Renovar, 2008, p. 673; GOMES, Orlando. *Obrigações*. 11. ed. p. 18.
37. RUGGIERO, Roberto de. *Instituições de direito civil*. Tradução da 6. edição italiana, com notas remissivas aos Códigos Civis Brasileiro e Português pelo Dr. Ary dos Santos, Livraria Acadêmica Saraiva Editores, São Paulo, 1934. v. III, p. 14.

CAPÍTULO 01 • PREMISSAS FUNDAMENTAIS    **29**

realizado, normalmente, por meio da expropriação judicial estatal, que se dá em regular procedimento executivo.[38]

Como toda e qualquer atividade executiva, a expropriação forçada é praticada pelo Estado-juiz, que manifesta o seu poder de império sobre o patrimônio do executado, o qual a ele se sujeita. Há, sem dúvida, interesse público do Estado em resolver o conflito, inclusive mediante a execução forçada, como determina o art. 4º do CPC, seguindo, à risca, a máxima constitucional de que ninguém será privado de seus bens sem o devido processo legal (art. 5º, LIV da CF/88).

A expropriação do patrimônio do executado por império do Estado se justifica pelo direito potestativo do exequente de exigir a realização da garantia patrimonial que está embutido, por expressa determinação legal em toda relação obrigacional e que incide quando ocorre o inadimplemento do devedor.

Pela *responsabilidade patrimonial*, todos os bens do executado respondem pelo inadimplemento da obrigação. É a lei que assim diz! Antes do inadimplemento, diante de determinadas circunstâncias há o direito de o credor reclamar a tutela jurisdicional conservativa do patrimônio garantidor; depois do inadimplemento o credor, munido de título executivo, tem o direito potestativo de extrair do patrimônio do responsável (ou terceiro responsável) o numerário correspondente aos prejuízos suportados pelo inadimplemento. Esse direito, regra geral, só pode ser exercido por intermédio de atos de império do Estado, a quem são reservados os poderes de coação e coerção, inerentes à tutela expropriatória. Há mitigação desta rígida regra quando o legislador admite que alguns atos executivos ou o próprio procedimento *executivo* seja processado *extrajudicialmente*.

Excluem-se do patrimônio sujeitável à execução (excluem-se da garantia patrimonial) os bens que integram o patrimônio que a lei, por razões políticas, tornam imunes à expropriação, configurando aquilo que se denomina de *limitações políticas da execução*.[39]

---

38. É importante deixar claro que o direito de expropriar o patrimonial do responsável patrimonialmente depende de esta *responsabilidade* estar revelada num título executivo judicial ou extrajudicial. A responsabilidade patrimonial é exigência do direito material, e o título executivo é exigência do direito processual. Ser "responsável patrimonialmente" não significa ter contra si um título executivo como deixa claro o art. 513, § 5º do CPC.

39. Permite-se que por convenção processual as partes excluam determinados bens que compõem o patrimônio de servirem como garantia patrimonial em relações obrigacionais. É séria a questão de saber se essa convenção processual pode esvaziar por completo a garantia patrimonial transformando a relação obrigacional em uma "obrigação natural" e sem qualquer consequência em caso de descumprimento. A regra legal da garantia patrimonial prevista nas clausulas gerais do artigo 391 do CCB e no artigo 942 do CCB para as relações jurídicas obrigacionais negociais e extranegociais, respectivamente, são regidas pelo interesse público, pois a desproteção do crédito por meio de eliminação da *garantia comum* pode afetar o sistema econômico como um todo. A respeito ver o nosso livro que é a versão comercial da nossa tese de titularidade da Universidade Federal do Espírito Santo. RODRIGUES, Marcelo Abelha. *Responsabilidade Patrimonial pelo Inadimplemento das Obrigações*. São Paulo: Editora Foco, 2023.

## 1.3 Expropriação instrumental (liquidativa) e final (satisfativa)

Numa execução cujo propósito é obter "dinheiro" o normal e racional é que o "dinheiro" seja o primeiro bem do patrimônio do executado a ser perseguido pelo exequente. Não é por acaso que o art. 835, I do CPC lista como preferencial e prioritária a penhora de dinheiro, em espécie ou em depósito ou aplicação em instituição financeira.

Acaso o bem penhorado seja dinheiro o caminho executivo é sempre muito mais simples para o exequente, pois para a concretização da *expropriação* bastará a entrega da quantia constrita em favor do exequente ou transferência bancária para conta de sua titularidade. Nestas situações há apenas *uma* expropriação judicial que é *satisfativa*.

Contudo, para desespero do exequente, mesmo com o avanço das técnicas de constrição eletrônicas e das ferramentas para desvendar o patrimônio do responsável, nem sempre é possível realizar a penhora de quantia – seja pela impenhorabilidade do valor, seja por não ser encontrado – caso em que a penhora deverá recair sobre outro bem integrante do patrimônio do executado.

Nestas hipóteses será mister que se realize *dupla expropriação*.

Primeiro é preciso transformar o bem penhorado (carro, imóvel etc.) em dinheiro, caso em que o executado é expropriado do referido bem em leilão judicial, mas ainda assim mantem-se como proprietário do dinheiro obtido com o produto da alienação judicial, embora sem poder de administração sobre ele. Troca-se a penhora do bem leiloado pela penhora do dinheiro obtido com o leilão.

Em seguida a esta expropriação (também chamada de instrumental ou liquidativa) passa-se a *expropriação final* (também chamada de satisfativa) que consiste na transferência da quantia penhorada para o exequente nos limites do que lhe for devido.

> O texto do art. 905 do CPC é muito claro em revelar este fenômeno ao dizer que "o juiz autorizará que o exequente levante, até a satisfação integral de seu crédito, o dinheiro depositado para segurar o juízo ou o produto dos bens alienados, bem como do faturamento de empresa ou de outros frutos e rendimentos de coisas ou empresas penhoradas". O dinheiro que eventualmente sobrar após a satisfação acima mencionada, será devolvido pelo Estado-juiz ao executado.

Assim, a satisfação do crédito exequendo far-se-á pela entrega do dinheiro (art. 904) do executado para o exequente. Esta é a expropriação final. Caso o dinheiro tenha sido diretamente penhorado, esta *entrega de dinheiro* será a única expropriação ocorrida. Entretanto, caso o dinheiro do executado entregue ao exequente tenha sido obtido a partir da alienação de bens, então ocorrerão duas expropriações: a primeira liquidatória (instrumental) e a segunda satisfativa ou final.

Neste passo é certeiro o art. 907 do CPC ao dizer que "pago ao exequente o principal, os juros, as custas e os honorários, *a importância que sobrar será restituída ao executado*". A restituição mencionada aí no texto é a devolução da posse da quantia (que sobrou) que *pertence* ao executado.

## 1.4 Perspectivas sobre a desjudicialização da execução civil

### 1.4.1 Descentralização e eficiência

Tomando de exemplo o escritório de advocacia no qual eu trabalho nele se identifica o que seja *atividade-fim* e *atividade-meio*.

A *atividade-fim* da sociedade de advogados é prestar serviços de consultoria jurídica, realização de petições, estudos de casos e processos, assessoria e acompanhamento de processos, reuniões com clientes, participação de audiências, realização de sustentação oral etc.

É *atividade-meio* a que fica responsável pelo agendamento de horários, protocolo de petições, alimentação e fluxo do sistema de informações internos, contratação e dispensa de funcionários, manutenção dos suprimentos etc.

Parece muito claro com o exemplo acima que se os advogados do escritório passarem a executar a atividade-meio, para a qual não possuem expertise, certamente que ou a atividade fim não será realizada ou será realizada de forma ineficiente e improdutiva o que pode comprometer a própria sobrevivência da empresa.

Neste singelo exemplo pode-se perceber o que há muito tempo já é estudado pelas ciências da administração,[40] ou seja, o aumento da produtividade e a redução dos custos de uma empresa estão diretamente relacionados com uma gestão organizada (administrada) das atividades-meio e das atividades-fim, distribuindo-as de forma adequada às pessoas que possuem expertise para uma e outra.

### 1.4.2 Crise do Poder Judiciário e reformas na execução

Este mesmo raciocínio mencionado acima pode ser projetado para o universo mínimo de uma microempresa, mas também para o universo macro do funcionamento do Poder Judiciário.

Com o advento da constituição cidadã de 1988 houve um enorme convite à judicialização de direitos que até então nem sequer eram reconhecidos pelo direito material. Esse fenômeno foi deveras importante para a inclusão social de inúmeros sujeitos que estavam à margem da lei, conferindo-lhes verdadeiro status de cidadão. Se por um lado a onda de judicialização estimulada pelo acesso à justiça trouxe ci-

---

40. PARO, Vitor H. A gestão da educação ante as exigências de qualidade e produtividade da escola pública. In: SILVA, Luiz H. da (Org.). *A escola cidadã no contexto da globalização*. Petrópolis, Rio de Janeiro: Vozes, 1998, p. 19.

dadania, por outro escancarou a inoperância e ineficiência do Poder Judiciário para realizar a sua atividade fim.

Enfim, é preciso ter em mente que a crise do Poder Judiciário deve ser vista sob várias frentes, pois direta ou indiretamente são muitas as causas às quais se pode atribuir este nefasto efeito de demora irrazoável na prestação jurisdicional.

Sem sombra de dúvidas que um desses fatores decorre da crise estrutural do Poder Judiciário, que se reflete a ausência de infraestrutura (instalação, espaço, pessoal, equipamentos etc.) para prestação do serviço jurisdicional. O número de demandas que ingressam no Judiciário é maior do que as que saem, e a estrutura existente (pessoal e equipamentos) para lidar com estes números é arcaica, limitada e insuficiente.

Outro fator considerável desta crise – também já revelado pela radiografia do Judiciário feita anualmente pelo CNJ é a ineficiência e incapacidade de autogestão administrativa do Poder Judiciário. A má administração da deficiente infraestrutura, a ausência de logística e planejamento, a inexistência de ações de administração, de resultados e metas constitui também um fator decisivo para tal fenômeno. Esse cenário de caos vem melhorando com a atuação do CNJ, mas o Poder Judiciário ainda não é capaz de exercer a gestão administrativa de si mesmo, o que não nos parece nenhum absurdo, pois esta não é sua atividade-fim e, nunca foi preparado para exercer este papel administrativo..

Outro fator é a atávica e canhestra herança cultural do litígio que assombra a maior parte dos operadores do direito, e, a retrógrada visão de que a solução adjudicada é a única ou a principal via ofertada pelo Poder Judiciário, quando na verdade sabemos que o *sistema multiportas* referido pelo Conselho Nacional de Justiça (CNJ) na Resolução 125, de 2010, amplia consideravelmente o leque de opções de métodos e técnicas de soluções de conflitos no que passou a ser visto como uma verdadeira política judiciária nacional de tratamento adequado dos conflitos.

Certamente que outros fatores podem ser identificados e até arrolados como precursores da "crise do Judiciário", neles se incluindo até a "crise de confiança" do cidadão nas instituições públicas. Se é verdade que todos estes aspectos são responsáveis pela crise da morosidade da justiça, não nos parece que todos eles contribuem de forma idêntica para tal fenômeno, de modo que para se chegar a uma conclusão segura e transparente das principais causas – e identificar os remédios possíveis – é preciso conhecer, estudar e refletir sobre os números do Poder Judiciário que são revelados pelo CNJ desde 2010 e que eriçam a pelo os principais vilões do Poder Judiciário. Sem isso não seria possível começar a cumprir a promessa constitucional expressa no art. 5º, LXXVIII, incluído pela Emenda Constitucional 45, de 2004: "a todos, no âmbito judicial e administrativo, são assegurados a razoável duração do processo e os meios que garantam a celeridade de sua tramitação."

Os dados estatísticos colhidos do CNJ anualmente têm revelado que o maior vilão do Poder Judiciário são as execuções, e, as razões disso não passam apenas pela ineficiência e mau uso dos recursos financeiros e humanos, e tampouco as vetustas regras do procedimento executivo, mas sim a inexistência de patrimônio de uma população que é totalmente desprovida dos serviços mais básicos como direito à água, direito à comida, direito à segurança etc.[41] Nenhuma execução iniciada irá terminar de modo frutífero sem patrimônio, pois toda execução termina atingindo o patrimônio do executado. Sem patrimônio, sem execução frutífera.

Mesmo assim, não se pode ignorar a possibilidade de buscarem outras soluções para reduzir a taxa de congestionamento das execuções no Brasil, seja com estímulo as soluções mediadas, inclusive no curso da execução, seja no melhoramento das técnicas de execução, seja, também identificando o que que está hoje dentro da função executiva estatal que realmente necessita ser praticado pelo poder judiciário, bem como o que poderia ser descentralizado.

É neste cenário de busca de caminhos e soluções que desafoguem o Poder Judiciário que há algum tempo se tem percebido – e dele retirado – uma série de atos e procedimentos que antes estavam sob seu crivo e que passaram a ser resolvidos por outros órgãos de forma menos burocrática e mais eficiente.

Lembra Marcio Faria[42] que:

> Isso porque, como se sabe, nos últimos 15 anos, o ordenamento jurídico brasileiro agasalhou diversas7 normas desjudicializadoras, como as que autorizam, extrajudicialmente, (i) a retificação de registro imobiliário (Lei 10.931/04 (LGL\2004\2730)), (ii) a realização de inventário, separação e divórcio consensuais (Lei 11.441/07 (LGL\2007\2626)), (iii) o reconhecimento de usucapião (art. 216-A da Lei 6.015/73 (LGL\1973\14), com redação dada pelo art. 1.071 do CPC (LGL\2015\1656), regulamentado pelo Provimento 65/17, CNJ (LGL\2017\11292)); e (iv) a retificação de registro civil (Lei 13.484/17 (LGL\2017\8266)).

> Mesmo antes disso, já era possível encontrar, como bem observa Heitor Sica, outros exemplos de desjudicialização, como a venda extrajudicial, pelo credor pignoratício, da coisa empenhada (art. 1.433, IV, do CC/02 (LGL\2002\400)), o leilão extrajudicial de cota de terreno e correspondente parte construída na incorporação pelo regime de administração (art. 63 da Lei 4.591/64 (LGL\1964\12)), a execução extrajudicial de cédula hipotecária (Decreto-lei 70/66 (LGL\1966\16)) e a venda, em bolsa de valores, das ações do acionista remisso (art. 107, II, da Lei 6.404/76 (LGL\1976\12)), entre outros.

Assim, como se observa acima, o fenômeno de desjudicialização já existe há bastante tempo e com reconhecido sucesso no país, e, considerando a boa experiência estrangeira[43] em matéria de *desjudicialização da execução*, passou-se a ventilar aqui no

---

41. A respeito ver o nosso *Fundamentos da Tutela Executiva*. Brasília: Gazeta Jurídica. 2017.
42. FARIA, Marcio. Primeiras impressões sobre o projeto de lei 6.204/2019: críticas e sugestões acerca da tentativa de se desjudicializar a execução civil brasileira (parte um). *Revista de Processo*. v. 313. São Paulo: Ed. RT, 2021, p. 393-414, edição eletrônica.
43. SILVA, Paula Costa e. A nova face da justiça: os meios extrajudiciais de resolução de controvérsias. Lisboa: Coimbra Editora, 2009; SILVA, Paula Costa e. O acesso ao sistema judicial e os meios alternativos de re-

Brasil a possibilidade de *desjudicializar a execução* ou *atos executivos* nas execuções para pagamento de quantia, já existindo o Projeto de Lei PLS 6.204/19 que retira do Poder Judiciário e coloca no Tabelionato de Protesto a execução para pagamento de quantia, bem como o Projeto de Lei 4.257/2019 que institui a "execução fiscal administrativa", e segundo sua exposição de motivos, propõe "soluções que desburocratizem os procedimentos atualmente previstos na legislação para a cobrança da dívida ativa, tornando-a mais efetiva". Tais projetos de lei ainda necessitam de consciencioso e amplo debate pela comunidade jurídica, pois o tema envolve de forma direta aspectos fundamentais do direito fundamental da população à tutela jurisdicional justa e efetiva.

Como já nos alertara o Professor Leonardo Greco[44] é necessária uma *"reforma mais profunda, que, apesar da emergência de um novo Código de Processo Civil, continua a apresentar-se absolutamente necessária"*. E emenda o notável processualista ao dizer que

> a execução civil no Brasil está excessivamente centralizada nas mãos do juiz. Essa centralização é fruto de uma concepção inteiramente anacrônica de que a justiça se reduz à pessoa do próprio juiz e que dele deve emanar o exercício de todos os poderes inerentes à jurisdição. Ora, não há no nosso tempo nenhuma instituição pública ou privada, racionalmente organizada, em que toda atividade-fim, toda atividade prática, toda atividade executiva, não no sentido de tomar as principais decisões, mas de cumpri-las, esteja concentrada na cabeça da instituição, em que aquele que decide é aquele que executa. É preciso instituir pelo menos um agente de execução com as atribuições e os meios necessários para cumprir com eficiência essa complexa atividade prática.

Os problemas envolvendo a execução no Brasil e a necessidade de formular soluções que passem por uma reforma do modelo atual, inclusive em relação ao tema da desjudicialização, motivou o então Presidente do Conselho Nacional de Justiça, Ministro Luiz Fux, a formar um Grupo de Trabalho coordenado Ministro Marco Aurélio Belizze do Superior Tribunal de Justiça. Este grupo, o qual tive a honra de integrar, que foi instituído pela Portaria CNJ 272/2020, objetivando contribuir com a modernização e efetividade da atuação do Poder Judiciário nos processos de execução e cumprimento de sentença, excluídas as execuções fiscais. Desse magnífico trabalho resultaram dois anteprojetos de lei: um que serve de projeto de desjudicialização da execução com mudanças feitas dentro do CPC e outro que trata de reformas pontuais no procedimento executivo.

---

solução de controvérsias: alternatividade efectiva e complementariedade. *Revista de Processo*. v. 158, São Paulo: Ed. RT, 2008, p. 93-106, edição eletrônica. SILVA, Paula Costa e. A constitucionalidade da execução hipotecária do decreto-lei 70, de 21 de novembro de 1966. *Revista de Processo*, v. 284, São Paulo: Ed. RT, 2018, p. 185-209, edição eletrônica.

44. GRECO, Leonardo. *Comentários ao Código de Processo Civil*: Das diversas espécies de execução – Disposições gerais até obrigação de não fazer – XVI artigos 797 a 823. São Paulo: Saraiva, 2020, edição em e-book.

Assim, o tema das reformas da execução é efervescente no Brasil,[45] mas é necessário ter cautela e prudência, principalmente em relação a temas centrais que necessitam de maior debate e contraditório democrático, tais como *desjudicializar atos executivos ou toda execução por quantia? Obrigatoriedade ou facultatividade da desjudicialização; quais seriam os entes responsáveis pelos atos ou procedimento extrajudicial? A exclusividade dos tabelionatos de protesto na realização dos atos ou do procedimento executivo é a melhor escolha como sugere o PL 6204? Como deve ser o controle desses atos e a proteção das garantias fundamentais do contraditório e ampla defesa? Como deve ser a fiscalização destes agentes? Qual o custo destas execuções para o exequente? Pode ser feita sem advogado representando o exequente e o executado? Quais medidas executivas (típicas e atípicas?) podem ser realizadas pelo agente de execução? Como deve ser a distribuição do procedimento extrajudicial? Deve estar vinculado ou não previamente a algum juízo?*

Enfim, como se pode observar são temas muito importantes e que não podem passar sem um debate social, acadêmico e absolutamente democrático de forma que todos os atores devam ser ouvidos e sugestões colhidas sejam avaliadas e sopesadas, pois de nada adianta retirar do judiciário o "problema" da morosidade da execução no Brasil se o jurisdicionado continuar a não ter o seu direito satisfeito correndo o risco de tornar ainda mais custosa a busca da justiça.

## 2. RESPONSABILIDADE PATRIMONIAL E A EXECUÇÃO PARA PAGAMENTO DE QUANTIA

### 2.1 Relação obrigacional, risco e responsabilidade (garantia) patrimonial

Entre o início e o fim de qualquer caminho que se pretenda percorrer há sempre o risco de que algo possa acontecer e que não se alcance, a contento, o resultado almejado.

---

45. Um bom panorama pode ser extraído dos trabalhos de MEDEIROS NETO, Elias Marques de. *O procedimento extrajudicial pré-executivo*: Lei n. 32 de 30 de maio de 2014: inspiração para o sistema processual do Brasil. São Paulo: Verbatim, 2015; MEDEIROS NETO, Elias Marques de; RIBEIRO, Flávia Pereira (Coord.). *Reflexões sobre a desjudicialização da execução civil*. Curitiba: Juruá, 2020; SOUSA, Miguel Teixeira de. Um novo processo civil português: à la recherche du temps perdu? *Revista De Processo*, ano 33, n. 161, p. 203-220. São Paulo: Ed. RT, 2008, edição eletrônica; SOUSA, Miguel Teixeira de. Processo executivo: a experiência de descentralização no processo civil português. *Revista de Processo Comparado*. São Paulo v. 9, 2019. p. 83-97, edição eletrônica; THEODORO JR. Humberto. Novas perspectivas para atuação da tutela executiva no direito brasileiro: autotutela executiva e "desjudicialização" da execução. *Revista de Processo*, v. 315, p. 109-158. São Paulo: Ed. RT, 2021, edição eletrônica; FARIA, Marcio. Primeiras impressões sobre o projeto de Lei 6.204/2019: críticas e sugestões acerca da tentativa de se desjudicializar a execução civil brasileira (parte um). *Revista de Processo*. v. 313. p. 393-414. São Paulo: Ed. RT, 2021, edição eletrônica; FARIA, Marcio. Primeiras impressões sobre o projeto de lei 6.204/2019: críticas e sugestões acerca da tentativa de se desjudicializar a execução civil brasileira (parte dois). *Revista de Processo*, v. 314, p. 371-391. São Paulo: Ed. RT, 2021, edição eletrônica; FARIA, Marcio. Primeiras impressões sobre o projeto de Lei 6.204/2019: críticas e sugestões acerca da tentativa de se desjudicializar a execução civil brasileira (parte três). *Revista de Processo*, v. 315, p. 395-417. São Paulo: Ed. RT, 2021, edição eletrônica.

Risco é a possibilidade de dano. Se um quadro que se pretenda fixar na parede é muito pesado, se a parede é demasiadamente fina, se o profissional é menos experiente, se as ferramentas são antigas ou novas, se o tempo dedicado é maior ou menor etc., tudo isso influencia na possibilidade de que danos possam acontecer entre o início e o fim da empreitada. O risco (de dano) é maior ou menor a depender de uma série de circunstâncias.

De igual modo se passa com a relação jurídica obrigacional que é um fenômeno que se desenvolve no tempo; ela é um processo que tem início, meio e fim. O processo obrigacional é cinético no tempo e no espaço e até pode envolver um conteúdo mínimo e resumir-se numa simples aquisição, quase instantânea, de uma bala numa padaria usando apenas uma moeda, mas também pode ser um processo extremamente complexo, com sucessivas etapas, que se perpetue por anos, com vários integrantes e múltiplas prestações, por exemplo, um contrato público com financiamento internacional para construção de uma hidrelétrica. Em qualquer caso é um "processo" que se desenvolve no tempo.

Em qualquer processo obrigacional, sempre existirá o "risco" de que o resultado da forma como foi pretendido quando da celebração do negócio possa não ser alcançado. Tanto isso é verdade que, mesmo que as partes envolvidas na relação obrigacional nada digam a respeito, a própria lei antevê e regula as múltiplas consequências para os casos de incumprimento do negócio jurídico.

Num processo obrigacional, tanto quanto for maior a sua complexidade e duração, também há o risco (incerteza) de que os resultados não sejam alcançados e, com isso, advenham prejuízos daí inerentes. Para eliminar a incerteza que o risco proporciona, é preciso encontrar meios e técnicas que proporcionem segurança, especialmente para proteger os sujeitos da relação obrigacional cujo risco de prejuízo se mostra mais acentuado, por exemplo, pelos recursos econômicos que terá de desprender antecipadamente (ex. o sujeito que paga antes pelo serviço ou mercadoria que recebe bem depois).

Para mitigar o risco é que existem os direitos (de garantia) que servem para proteger outros direitos. Assim, por exemplo, quando um banco empresta dinheiro a um cliente e exige que este preste uma garantia hipotecária, nada está fazendo senão tomando medidas de segurança e precaução para o caso de o tomador do empréstimo não devolver a quantia emprestada na forma como foi pactuada.

A insegurança que o risco causa em razão do prejuízo que pode vir no curso de um "processo obrigacional" é algo que pode ser objeto de mensuração e proteção. Ora, "pelo contrato de seguro o segurador se obriga, mediante o pagamento do prêmio, a garantir interesse legítimo do segurado, relativo à pessoa ou à coisa, contra riscos predeterminados" (art. 797 do CCB). É perfeitamente possível que, ao final do contrato de seguro, o risco não tenha passado de um estado de incerteza (risco) e nenhum dano concreto tenha acontecido, mas ninguém arguirá dizendo que, por não ter ocorrido o prejuízo, o dinheiro do seguro deveria ser devolvido. Isso porque se protegeu (proporcionou paz, segurança e tranquilidade durante determinado período) o segurado durante o estado de incerteza, pelo "risco de dano", tenha ou não ele acontecido. Quando alguém, credor, toma uma garantia real ou especial de alguém, devedor, fá-lo não porque tem certeza de que a prestação não será cumprida, mas pelo risco de que isso possa acontecer, daí porque se diz que: (a) uma coisa é a pretensão à realização da prestação e outra é a (b) pretensão à segurança de uma outra prestação.

Neste passo, o patrimônio do devedor funciona, por expressa determinação legal, como meio de garantia contra o risco de prejuízo causado pelo inadimplemento das prestações.

Considerando que a relação jurídica obrigacional é um processo formado por etapas que se sucedem no tempo, sejam elas mais ou menos demoradas ou complexas, e considerando ainda que existe sempre o risco de que uma ou mais prestações que ali estejam previstas possam não ser cumpridas causando prejuízos insuportáveis a quem aguardava o seu cumprimento, é realmente necessário que exista mecanismos que proporcionem algum tipo de segurança e proteção contra o risco de inadimplemento.

Nem sempre será possível cogitar que as partes promovam a realização de garantias especiais (reais ou fidejussórias) para fazer frente ao risco de prejuízo pelo eventual inadimplemento das obrigações. E exatamente por isso é que a própria lei estabelece a regra de que toda obrigação, legal ou convencional, é protegida por uma garantia comum: o patrimônio do sujeito responsável pelo eventual incumprimento da prestação.

A *responsabilidade patrimonial* nada mais é do que o direito de garantia comum que socorre aos credores comuns para o caso de inadimplemento da prestação pelo devedor. O patrimônio garantidor, normalmente, será o do próprio devedor, mas é possível que outras pessoas (ex. fiador) possam ser garantidores de dívida alheia.

Não tivesse a Lei fixado a regra de que o dever de prestar é garantido pelo patrimônio do devedor/responsável, certamente, o credor viveria um mundo de mera expectativa e confiança na palavra daquele que deveria cumprir a prestação devida. Nada haveria para o credor fazer, senão lamentar e absorver o prejuízo, se não existisse a relação de acessoriedade entre o patrimônio garantidor e o débito inadimplido. As obrigações se tornariam todas elas obrigações naturais e se viveria em um mundo de inseguranças e incertezas.

A expressão "responsabilidade patrimonial" é comumente tomada como fenômeno evolutivo que se apresenta como um oposto da "responsabilização pessoal" da época romana, quando se sacrificava a vida e a liberdade do devedor pelos seus débitos inadimplidos. É preciso destacar que a expressão também é tomada para descrever o fenômeno processual da própria atuação executiva estatal sobre o patrimônio do executado, confundindo-se, neste particular, o direito material de garantia com a atuação executiva dos direitos.

A rigor, sem suspense algum, a responsabilidade patrimonial nada mais é do que um direito material de garantia da obrigação devida. Um direito legalmente previsto, acessório ao "débito" e que com ele não se confunde, mas que com ele se conecta pelo vínculo de acessoriedade. Um direito de garantia que está embutido na relação obrigacional por imposição da Lei e, normalmente, envolve as próprias partes da própria relação. Uma garantia que é prestada pelo devedor, ou excepcionalmente por um terceiro, por meio de seu patrimônio.

## 2.2 Responsabilidade patrimonial primária e secundária: uma classificação arriscada

A classificação da "responsabilidade patrimonial" em *primária* e *secundária* foi feita por Liebman[46] que, por sua vez, adotava a posição de Carnelutti[47] de que a responsabilidade patrimonial teria natureza processual,[48] afastando-se da corrente privatista e dualista das obrigações que tinha como um dos maiores expoentes o notável civilista Emilio Betti[49] e, na Alemanha, essa classificação já se desenvolvia de forma robusta com os trabalhos de Brinz e Gierke.

A execução civil no Brasil é AC/DC, antes e depois de Cândido Rangel Dinamarco, por toda contribuição que este notável jurista dedicou ao estudo teórico do tema, num momento em que as bases conceituais de suas categorias fundamentais ainda estavam incipientes no país. Por sua vez, Cândido, foi um dos mais diletos pupilos de Liebman, um dos ícones mundiais da fase autonomista do direito processual tão desenvolvida na Alemanha e Itália.

Liebman, citando Carnelutti, defendeu a natureza processual da responsabilidade patrimonial não sem antes explicitar que o tema fervilhava na doutrina, mencionando inclusive a posição materialista sobre o tema (notável de Emilio Betti).[50] A posição do mestre Liebman[51] no clássico "processo de execução" (São Paulo, Saraiva, 1946) foi entre nós defendida pelo seu pupilo Dinamarco já na sua tese de livre docência na Faculdade de Direito da Universidade de São Paulo intitulada de "execução civil", que veio a se tornar logo depois um clássico na sua versão comercial.[52] Cândido é, sem qualquer favor, o maior processualista brasileiro sobre o tema da execução civil, e, todas homenagens são justas e merecidas, embora tímidas pelo acervo cientifico que nos proporciona. No entanto, em nosso sentir o direito processual civil e o direito civil amadureceram para um estágio posterior de refundação de ambos, redescobrindo o seu papel instrumental do processo

---

46. LIEBMAN, Enrico Tullio. *Processo de execução*. 3. ed. São Paulo: Saraiva, 1968, n. 41, p. 79.
47. CARNELUTTI, Francesco. *Diritto e Processo*. Napoli: Morano, 1958, p. 315-316.
48. LIEBMAN, Enrico Tullio. *Processo de execução*. 3. ed., p. 61; LIEBMAN, Enrico Tulio. *Manual de Direito Processual Civil*. Rio de Janeiro: Forense, 1984, v. 1, p. 209.
49. BETTI, Emilio. *Teoría Generalde las Obligaciones*, Editorial Revista de Derecho Privado: Madrid, 1969. t. 1.
50. C.F. *Teoria generale del negozio giuridico*. Torino, Unione Tipografico-editrice Torinese, 1943.
51. LIEBMAN, Enrico Tullio. *Processo de execução*. São Paulo, Saraiva, 1946.
52. DINAMARCO, Cândido Rangel. *Execução civil*: a execução na teoria geral do direito processual civil. São Paulo: Ed. RT, 1972.

na vida, anseios e direitos das pessoas – aqui, inclusive com trabalho hercúleo de Dinamarco.[53] Nesta lenta evolução, mas rápida transformação social, é que se insere ao nosso ver, atualmente, o reconhecimento da natureza material da garantia patrimonial. Não haveria "responsabilidade executiva" se não houvesse, antes, um direito material subjacente (garantia patrimonial) que lhe dá suporte e que legitima a sua atuação. Longe de afastar a natureza material, os argumentos da tese processualista reforça e conecta com aquela.

Para Carnelutti, a responsabilidade não teria natureza material, mas sim processual, ou seja, uma relação jurídica processual, invocando que corresponderia à ação executiva ensejadora de uma relação entre credor e estado-juiz que imporia uma "sujeição" e não uma "obrigação".[54]

Como já pontuado, não há relação jurídica de direito processual sem um direito material subjacente seja ele de que natureza for. A *tutela jurisdicional* impõe uma solução prevista e acobertada pelo direito material. O que justifica a possibilidade de excutir o patrimônio do executado, colocando-o numa posição de sujeição como acertadamente menciona Carnelutti, é justamente a existência dessa "respondência" existente no plano de direito material e contida na estrutura da relação obrigacional.

É no direito material que está descrito que "o patrimônio do devedor responde pelo inadimplemento da prestação". A questão importante a *decifrar* é o que significa, no plano de direito material, a "respondência" em caso de inadimplemento.

Coube a Emilio Betti[55] a sagaz observação de que não haveria no direito italiano uma palavra que corresponderia com absoluta precisão conceitual ao termo alemão *haftung*, ao analisar a teoria dualista de Brinz (*schuld/haftung*), para em seguida concluir que a palavra mais próxima de *haftung* seria o de "garantia" do lado ativo e do lado passivo, algo que se aproximasse de "coisa obrigada".

De fato, o que prevê a regra da "responsabilidade patrimonial" é que, desde a formação da obrigação, existe o reconhecimento de que, se acontecer o inadimplemento imputável ao devedor, o seu patrimônio atual e futuro responderá pela dívida inadimplida. Há uma situação atual regulamentando uma situação futura, incerta e possível de acontecer. Estabelece-se uma regra atual para garantir o futuro, sendo que a regra do futuro é justamente a de submissão do patrimônio garantidor.

Essa equação implica reconhecer que a "submissão do patrimônio do devedor" está posta desde a formação da relação obrigacional como uma garantia para um evento incerto e futuro, ou seja, sabem credor e devedor que se esse último inadimplir a prestação, é o patrimônio dele que se sujeitará ao pagamento dos prejuízos. Isso é a "garantia patrimonial" que concede ao credor, caso de fato ocorra o inadimplemento

---

53. C.F. A *Instrumentalidade do processo*. São Paulo: Ed. RT, 1987.
54. CARNELUTTI, Francesco. *Diritto e Processo*. Napoli: Morano, 1958, p. 315-316.
55. BETTI, Emilio. *Teoría Generalde las Obligaciones*. Editorial Revista de Derecho Privado: Madrid, 1969, t. 1, p. 254: "La palabra italiana que equivaldría mejor al concepto de "Haftung" sería la de "garantía", Pero esta palabra expresa el lado activo de la relación de responsabilidad, no el lado pasivo como la palabra alemana, o como la latina de "obligatio", en el sentido asumido por ella en la expresión "obligatio rei"".

do devedor, o direito de ele retirar deste patrimônio o numerário suficiente para cobrir o prejuízo que teve. Como isso não pode ser feito *per manus iniectio*, a tutela jurídica deste direito se realiza mediante o procedimento executivo expropriatório. Não se duvida de que o Judiciário está ali pronto para a atuação coativa dos direitos que não são cumpridos, mas nenhuma atuação coativa pode ser feita sem uma situação jurídica de direito material legitimante.

Frise-se: não é o "débito inadimplido" que legitima essa atuação, mas sim a previsão normativa de direito material de que "o patrimônio garante".

Retomando, a posição doutrinária defendida por Liebman teve forte adesão no solo brasileiro[56] e faz sentido atualmente apenas para compreender a distinção entre o *devedor (dívida)* e o *responsável (responsabilidade)*.[57] À sua época, defendendo a natureza processual com a maestria que lhe era peculiar, Liebman inclusive adjetivou a responsabilidade de *responsabilidade executiva*. No entanto, com a enorme evolução e sedimentação do conceito de obrigação a referida natureza jurídica processual da responsabilidade patrimonial nos parece superada como dito alhures, e a classificação que foi feita por Liebman de *primária e secundária* – inegavelmente importante do ponto de vista acadêmico – pode levar a falsas conclusões, se não for compreendido o contexto em que foi idealizada, pois, como dito, é majoritária a posição de que a *responsabilidade patrimonial* integra a relação jurídica obrigacional e, portanto, não seria um instituto de direito processual, ainda que no processo executivo seja concretizada.

O equívoco que a classificação pode causar é de que ela possa sugerir a existência de uma obrigatória ordem de prioridade na responsabilização patrimonial, como se sempre o patrimônio do *devedor* tivesse que ser primeiramente atingido em relação ao *responsável*, ou, inversamente, de que este só poderia sujeitar seu patrimônio se o devedor tivesse sujeitado o seu em primeiro lugar.

Entende-se que já restou muito claro neste trabalho, a "responsabilidade patrimonial" enseja um direito material de garantia previsto na lei para os credores comuns e, com o inadimplemento, a *existência da garantia* passa à necessidade de *efetivação desta garantia*.[58] Logo, se além do próprio devedor, que é naturalmente

---

56. CASTRO, Amilcar de. *Do procedimento de execução*: Código de processo civil – livro II – arts. 566 a 747, Rio de Janeiro, Forense, 2000; LIMA, Alcides de Mendonça. *Comentários ao Código de Processo Civil*. Rio de Janeiro: Forense, 1974, v. VI, t. II, n. 1.041, p. 471; ASSIS, Araken. *Manual da execução*. 18. ed. São Paulo: Ed. RT, 2016, p. 292; THEODORO Jr., Humberto. *Curso de Direito Processual Civil*. 52. ed. Rio de Janeiro: Forense (Grupo Editorial Nacional), 2019, item 221. v. III.

57. *Schuld* corresponderia ao dever de prestar (dívida), e, *haftung*, à responsabilidade patrimonial (sujeição do patrimônio para garantir a satisfação da dívida). Assim, por exemplo, o fiador não é o *devedor*, mas tem *responsabilidade* pela dívida do afiançado.

58. . "(...) às garantias especiais, que são aquelas estipuladas como um extra. Representa, pois, um reforço à garantia geral, que é o patrimônio do devedor". MENEZES CORDEIRO, António. *Tratado de Direito Civil Português*. Coimbra: Almedina, 2010, v. II, t. IV, p. 503.

*responsável garantidor*, há um outro sujeito que se responsabilizou pela dívida, é sobre ambos que incidirá a garantia da responsabilização patrimonial.

Embora intuitivamente haja inclinação para se pensar que exista uma ordem de preferência para excussão de um patrimônio do devedor em relação ao do responsável pela dívida alheia não necessariamente isso ocorrerá, pois pode, perfeitamente:

(a) não existir preferência/ordem alguma,

(b) pode existir preferência de excussão do patrimônio do devedor sobre o do responsável como também;

(c) pode existir a incomum situação de ordem de preferência de excussão do patrimônio do responsável pela dívida alheia para subsidiariamente atingir o patrimônio do próprio devedor inadimplente.

Observe-se que pelo fato de que a responsabilidade patrimonial integra a própria estrutura da relação obrigacional, então, logo se vê que não sendo o próprio devedor o garantidor de dívida alheia, este sujeito não é um *"terceiro"* que esteja fora da relação obrigacional. Reitere-se que justamente porque a relação jurídica obrigacional engloba tanto o débito quanto a responsabilidade não se pode dizer que o sujeito que é responsável pelo débito alheio *não é terceiro nesta relação obrigacional*. A distinção dos personagens no plano do débito e da responsabilidade não coloca o garantidor na condição de "terceiro".

Isso fica claro num exemplo do nosso cotidiano:

A locador contrata com B locatário a locação de imóvel X e C, fiador, assume a responsabilidade de garantir a dívida de B. O dever de pagar e o benefício da moradia serão exercidos pelo locatário. É ele quem *deve*. No entanto, se não o fizer como determina o contrato, um outro sujeito C que integra o contrato (não é um *terceiro* na relação jurídica contratual) assumiu a *responsabilidade* pela eventual dívida do locatário. Imaginando que este contrato seja um título executivo extrajudicial e que expressamente C tenha renunciado ao benefício de ordem, então, o locador A poderá cobrar/executar a quantia e retirar o numerário correspondente do patrimônio de B quanto de C, sem ordem de preferência. Pode, inclusive, optar por executar apenas C, caso entenda que suas chances de obter mais rapidamente o seu direito seja buscando a tutela apenas quanto ao fiador.

Aquele que suportará a futura expropriação do patrimônio em um procedimento executivo será o *responsável* pela dívida (devedor / garantidor), desde que, obviamente, tenha sido vencido na ação de conhecimento ou que figure no título executivo extrajudicial.

Não parece suficientemente completa a afirmação de que o patrimônio do devedor é *"o primeiro exposto aos meios executórios"*, só porque o sujeito é *devedor* e ao mesmo tempo *responsável*. Isso porque também estará igualmente exposto, sem ordem de prioridade, o patrimônio do garantidor que conste no título executivo judicial ou extrajudicial.

Isso quer dizer que tanto o *responsável primário* quanto o *secundário,* usando a terminologia de Liebman para designar o *devedor e o "terceiro" garantidor de dívida alheia,* estarão sujeitos, sem ordem de preferência, à sujeição patrimonial para satisfação da dívida inadimplida.

Alcunhar de responsável *primário* o *devedor,* porque é ele que deve adimplir a prestação, e *secundário* o garantidor da dívida por ele não assumida, não altera em absolutamente nada a ordem de sujeição patrimonial de ambos. Sendo o devedor naturalmente responsável e existindo um garantidor de dívida alheia, ambos responderão patrimonialmente, *a priori,* sem ordem de preferência como sugere a terminologia utilizada para classificar as distintas posições de quem deve e de quem é responsável sem dever.

Apenas para deixar ainda mais clara a nossa crítica, o vocábulo "primário" indica o que vem em primeiro lugar e "secundário" é o que vem em segundo. Logo, são palavras relacionais e transitivas que perpassam a noção de ordem, porque um objeto só pode ser "primário" ou "secundário" em relação a outro objeto.

Esta óbvia explicação acima serve para perceber a equivocada adjetivação da expressão "responsabilidade patrimonial" com o vocábulo "primário" ou "secundário" *com o sentido que se lhe quer emprestar.*

Ora, se a responsabilidade *primária ou secundária* serve apenas para designar, respectivamente, a responsabilidade do devedor e de outrem pelo débito alheio, então a terminologia é válida, embora conceitualmente criticável. Porém, se além disso, pretender dizer que é "primária" ou "secundária" para sustentar uma ordem de prioridade de submissão patrimonial então a classificação pode conduzir a equívocos.

Daí porque a classificação de Liebman pode gerar riscos de interpretação, pois inúmeros são os casos em que o "responsável secundário" pode ser conjuntamente demandando/executado com o "responsável primário" sem que exista qualquer ordem de prioridade de excutir primeiro o patrimônio deste e depois daquele.

Assim, só se poderia afirmar ser a responsabilidade patrimonial de A como sendo "primária" e a de B "secundária", se sempre houvesse nestas situações uma ordem preferencial de sujeição da garantia patrimonial de A em relação a B, o que definitivamente não é verdadeiro.

Por isso, não parece adequada, embora consagrada, a utilização da expressão "responsabilidade patrimonial primária e secundária" para dizer que aquela é do devedor que assumiu a dívida e a secundária seria do garantidor débito alheio, pois na estrutura da relação jurídica obrigacional há a dívida e também a responsabilidade e, embora alguém possa ser responsável pela dívida de outrem, se ambos constam no título executivo, então o exequente pode promover a execução contra o "primário" e ou conta o "secundário", de forma que não haverá uma ordem de preferência em relação à sujeição patrimonial de um ou de outro, ou excepcionalmente, haverá a possibilidade de alegar o benefício de ordem pelo secundário.

Ademais, em nada altera a conclusão acima, antes a confirma o fato de o legislador material trazer situações específicas de *ordem de prioridade de excussão do patrimônio do devedor antes do responsável* como o *benefício de ordem* na fiança.[59]

Segundo o art. 827 do CCB:

Art. 827. O fiador demandado pelo pagamento da dívida tem direito a exigir, até a contestação da lide, que sejam primeiro executados os bens do devedor.

Parágrafo único. O fiador que alegar o benefício de ordem, a que se refere este artigo, deve nomear bens do devedor, sitos no mesmo município, livres e desembargados, quantos bastem para solver o débito.

Observa-se que o dispositivo pressupõe que o fiador tenha sido demandado e, na condição de legitimado passivo da demanda, possa arguir o *benefício de ordem* como aliás determina o artigo 794 do CPC:

Art. 794. O fiador, quando executado, tem o direito de exigir que primeiro sejam executados os bens do devedor situados na mesma comarca, livres e desembargados, indicando-os pormenorizadamente à penhora.

§ 1º Os bens do fiador ficarão sujeitos à execução se os do devedor, situados na mesma comarca que os seus, forem insuficientes à satisfação do direito do credor.

§ 2º O fiador que pagar a dívida poderá executar o afiançado nos autos do mesmo processo.

§ 3º O disposto no caput não se aplica se o fiador houver renunciado ao benefício de ordem.

Como se observa acima, não há que se falar em ordem secundária de *responsabilidade* do garantidor de dívida alheia, pois o eventual *benefício de ordem* previsto pode ser renunciado expressamente ou nem sequer existir se ele se obrigou como principal pagador ou como devedor solidário. Logo, pode haver responsabilidade sem débito (garantidor de dívida alheia), que exponha o patrimônio do responsável ao mesmo tempo e em pé de igualdade (na mesma ordem) do patrimônio do devedor inadimplente sem qualquer relação de preferência de submissão patrimonial.

Observe-se que não é o fato de ser "responsável secundário", *tout court*, que dá a tal sujeito algum privilégio em relação à ordem de sujeição patrimonial. Ao assumir a responsabilidade por dívida alheia, ele é tão sujeito passivo de eventual responsabilização patrimonial, quanto o é o "devedor" tido como "responsável primário". Apenas em casos específicos é que a lei pode dar o benefício de expropriação patrimonial prioritária do devedor em relação àquele que garantiu responsabilizar-se por dívida alheia.

---

59. Art. 828. Não aproveita este benefício ao fiador:

I – se ele o renunciou expressamente;

II – se se obrigou como principal pagador, ou devedor solidário;

III – se o devedor for insolvente, ou falido.

Curiosamente, há hipóteses legais em que o garantidor de dívida alheia (alcunhado de responsável secundário), tem o seu patrimônio posto em ordem de prioridade de excussão em relação ao próprio devedor, alcunhado de responsável primário.

Prevê o artigo 928 do CCB que "*o incapaz responde pelos prejuízos que causar, se as pessoas por ele responsáveis não tiverem obrigação de fazê-lo ou não dispuserem de meios suficientes*". Aqui nesta hipótese o incapaz é o devedor e "responsável primário", mas são os patrimônios de seus pais (responsáveis secundários) que responderão prioritariamente pela dívida do filho.

A desmistificação de que a terminologia *primário responsável e secundário responsável* nada tem a ver com a ordem de preferência de excussão da garantia patrimonial pode ser colhida dos arts. 794 e 795 do CPC:

> Art. 795. Os bens particulares dos sócios não respondem pelas dívidas da sociedade, senão nos casos previstos em lei.
>
> § 1º O sócio réu, quando responsável pelo pagamento da dívida da sociedade, tem o direito de exigir que primeiro sejam excutidos os bens da sociedade.
>
> § 2º Incumbe ao sócio que alegar o benefício do § 1º nomear quantos bens da sociedade situados na mesma comarca, livres e desembargados, bastem para pagar o débito.
>
> § 3º O sócio que pagar a dívida poderá executar a sociedade nos autos do mesmo processo.
>
> § 4º Para a desconsideração da personalidade jurídica é obrigatória a observância do incidente previsto neste Código.
>
> Art. 796. O espólio responde pelas dívidas do falecido, mas, feita a partilha, cada herdeiro responde por elas dentro das forças da herança e na proporção da parte que lhe coube.

No caso do artigo 794 do CPC, o que diz o *caput* é que a regra geral é a da separação patrimonial da pessoa jurídica em relação aos bens particulares dos sócios. Contudo, o próprio dispositivo prevê que existem situações dispostas na lei em que o patrimônio do sócio responde conjuntamente pela satisfação da dívida assumida pela sociedade, ou seja, além da própria sociedade ser responsável pela sua dívida, também serão responsáveis os patrimônios dos seus sócios.

Nessas hipóteses, desde que ambos constem no título executivo, poderão ser demandados, e, seus patrimônios, atingidos. Há *responsabilidade patrimonial* destes sujeitos que não são *devedores*, de forma que, não são "terceiros", tampouco estranhos à relação obrigacional, considerando que nela estão na condição de garantidores.

É o caso da sociedade em nome coletivo e na comandita simples, respectivamente nos arts. 1039 e 1045 do CCB:

> Art. 1.039. Somente pessoas físicas podem tomar parte na sociedade em nome coletivo, respondendo todos os sócios, solidária e ilimitadamente, pelas obrigações sociais.
>
> Parágrafo único. Sem prejuízo da responsabilidade perante terceiros, podem os sócios, no ato constitutivo, ou por unânime convenção posterior, limitar entre si a responsabilidade de cada um.

Art. 1.045. Na sociedade em comandita simples tomam parte sócios de duas categorias: os comanditados, pessoas físicas, responsáveis solidária e ilimitadamente pelas obrigações sociais; e os comanditários, obrigados somente pelo valor de sua quota.

Parágrafo único. O contrato deve discriminar os comanditados e os comanditários.

Ainda se observa que o "benefício" trazido no artigo 794 do CPC é dado àqueles que seriam *responsáveis* junto com a própria pessoa jurídica. Conquanto sejam conjuntamente responsáveis, aí sim há o benefício de que *primeiro* se exproprie o patrimônio garantidor da devedora, e, residualmente, o dos sócios. Ambos são corresponsáveis, mas há preferência na ordem de expropriação patrimonial.

O que se poderia dizer para aproveitar a classificação de Liebman é que o responsável primário é quem deve, o próprio devedor, e o responsável secundário é aquele que não deve, mas se responsabiliza por garantir dívida alheia. Ambos são corresponsáveis (cogarantidores com seus respectivos patrimônios).

Já a questão da ordem de prioridade de excussão de um patrimônio em relação ao do outro sujeito é aspecto que não se prende a esta distinção. Enfim todo responsável secundário se sujeita à execução tal como o responsável primário (devedor), e apenas quando a distinção estiver prevista no direito material (na lei ou no negócio jurídico quando a lei assim permita), *normalmente* será o responsável secundário o sujeito contemplado com o "benefício da ordem" de excussão patrimonial, como no caso dos arts. 793 e 794 do CPC.

> É o caso também do artigo 134 do CPC que estabelece expressamente que determinados sujeitos descritos nos incisos do artigo respondem também com o seu patrimônio quando houver "impossibilidade de exigência do cumprimento da obrigação principal pelo contribuinte". Observe que a *responsabilidade* destas pessoas[60] só incide *quando não for possível exigir do contribuinte*. Aqui, como ali, há uma *ordem preferencial* de expropriação patrimonial do devedor, e depois do responsável.

Aqui é importante ficar atento para mais um aspecto. É preciso observar a importantíssima regra de que em todos esses casos em que a lei ou o negócio jurídico preveem a responsabilidade, jamais um desses responsáveis poderá ter o seu patrimônio atingido se contra ele não existir título executivo judicial ou extrajudicial. Não basta ser um *garantidor com patrimônio responsável* para ser atingido pela expropriação judicial, como já dito alhures. É necessário que, além disso, exista contra ele um título executivo judicial ou extrajudicial que legitime atos de execução forçada contra o seu patrimônio (Cap. 03, item 4).

---

60. I – os pais, pelos tributos devidos por seus filhos menores; II – os tutores e curadores, pelos tributos devidos por seus tutelados ou curatelados; III – os administradores de bens de terceiros, pelos tributos devidos por estes; IV – o inventariante, pelos tributos devidos pelo espólio etc.

Daí porque, no exemplo do art. 134 do CTN acima mencionado, se no curso de uma execução fiscal constatar-se que o contribuinte não possui bens, não se pode, com uma "canetada", *redirecionar* a execução contra os sujeitos descritos nos incisos do referido dispositivo, porque, embora *legalmente responsáveis secundários e subsidiários*, contra eles não há título executivo, devendo ser instaurado um incidente cognitivo dentro da execução para que o sujeito (até então um terceiro no processo)possa ter o direito de opor exceções à dívida e à responsabilidade, que, se forem rejeitadas, aí sim poderá a execução prosseguir sobre os seus patrimônios. Igualmente, é exatamente o que diz o artigo 513, § 5º do CPC ao dizer que "o cumprimento da sentença não poderá ser promovido em face do fiador, do coobrigado ou do corresponsável que não tiver participado da fase de conhecimento". Veremos isso mais adiante.

## 2.3 Segue lege ferenda: responsabilidade patrimonial principal e subsidiária

Ao invés de se considerar como "secundária" a responsabilidade apenas pelo fato de que o responsável não é o devedor (responsabilidade e débito não coincidem na mesma pessoa), melhor seria se fosse adotada a terminologia de *responsabilidade secundária, ou indireta ou subsidiária* apenas para os casos em que o *responsável por garantir a dívida alheia* tenha algum benefício legal ou convencional que lhe permita exigir que o seu patrimônio só seja expropriado depois de ter sido tentada, de modo infrutífera, a expropriação do patrimônio do devedor que inadimpliu a obrigação. Aí sim se teria uma situação de *ordem, prioridade, preferência* de excussão de um patrimônio (do devedor) em relação a outro (do responsável).

Existem inúmeros casos no direito material em que a lei estabelece a *responsabilidade subsidiária* de determinados sujeitos em razão do vínculo que mantém com o devedor (responsável primário, direto, principal). Um dos exemplos é o que se mencionou, valendo-se do artigo 134 do Código Tributário Nacional, pois apenas quando houver insuficiência patrimonial do contribuinte (devedor e responsável principal) é que poderá ser atingido o patrimônio dos sujeitos listados nos incisos do art. 134.

Exemplo bastante comum ocorre no processo trabalhista como se pode observar na Súmula 331, IV do TST:

> IV – o inadimplemento das obrigações trabalhistas, por parte do empregador, implica a responsabilidade subsidiária do tomador dos serviços quanto àquelas obrigações, desde que haja participado da relação processual e conste também do título executivo judicial.

A hipótese acima tem sido regularmente aplicada nas situações de *terceirização* de forma que a empresa que contrata a empresa terceirizada é responsável *subsidiariamente* pelas obrigações trabalhistas se estas não forem honradas.

Nestes dois exemplos, o requisito necessário para que se possa excutir o patrimônio do responsável subsidiário é que o primeiro responsável não tenha patrimônio suficiente para satisfazer a dívida inadimplida. Obviamente, em ambos os casos deve haver título executivo contra o responsável subsidiário para que este possa sofrer a expropriação de bens do seu patrimônio.[61]

## 2.4    O patrimônio garantidor

### 2.4.1    Introito

Ao tratar dos bens singulares e coletivos, o CCB, no art. 91, conceitua a universalidade de direito como "o complexo de relações jurídicas, de uma pessoa, dotadas de valor econômico". São exemplos o patrimônio geral, a massa falida, o espólio etc.

Permita-se uma rápida consulta ao CCB, usando a palavra "patrimônio" e, nas quarenta vezes em que ela aparece, enxergará a sua capital importância nas mais diversas áreas e temas, mas em especial no direito das obrigações e no direito sucessório.[62]

Assim, quando se fala em *patrimônio,* deve-se entender como se este fosse um *continente* do qual todos os direitos, pretensões, ações, direitos expectados etc. (situações jurídicas ativas) com valor econômico de uma pessoa constituem o seu conteúdo. Por se tratar de um conjunto, uma unidade em si mesma, o patrimônio pode aumentar ou diminuir sem que isso lhe altere a condição de ser um *patrimônio*. Mesmo o patrimônio que esteja sem nenhum conteúdo, continua a ser patrimônio.

Recorde-se de que não por acaso a sua etimologia está conectada com a noção de transmissibilidade de pai para filho – *patri*, pai + *monium*, recebido. Essa etimologia não afasta, antes aproxima, daqueles que enxergam o vocábulo patrimônio como a junção de *patri, pater, pai* com *omnium* dando a ideia de que se tratava de conjunto de bens e direitos que pertenciam ao chefe de família.[63] Também não discrepa do raciocínio daqueles que enxergam no vocábulo uma representação do poder do

---

61. O artigo 4º da Lei 9605 prescreve que "Poderá ser desconsiderada a pessoa jurídica sempre que sua personalidade for obstáculo ao ressarcimento de prejuízos causados à qualidade do meio ambiente". A rigor, não parece ser caso de *desconsideração da personalidade jurídica*, tratada como *teoria menor*, mas sim de hipótese de responsabilidade patrimonial subsidiária.

62. BERGER, Adolf. *Encyclopedic Dictonary of Roman Law*. Philadelphia: The American Philosophical Society, 1991, p. 622.

63. "Ainda o auctor pátrio a que alludimos, invocando G. May, Grande Encyclopedia, adverte que primitivamente, entre os romanos, a expressão patrimônio era designativa dos bens da familia e assim, que é possivel assignalar pelos vocábulos família e bona os estádios por que ella passou até crystallisar-se, sob o império, no patrimonium, com o significado que até hoje conserva. (...) Finalmente, quanto a patrimonium, si tivermos em consideração que é ao tempo do direito codificado que a expressão surge, e si attentarmos que por sua derivação ella vinha exprimir o conjuncto dos haveres do chefe da casa (pater omnia) e por extensão, mais tarde, a situação de qualquer proprietário da cidade ou do campo, concluiremos que a formação do epitheto com o alcance que lhe attribuimos, foi dictada pela mesma razão que levou os jurisconsultes a designarem a somma dos direitos do pae sobre a pessoa e bens do filho, por patria-potestas e a dos do senhor sobre o escravo, por — dominica-potestas". CLAUDIO, Affonso. Estudos de Direito Romano. II volume: Direito das cousas. Rio de Janeiro: Tap e Tvp. Marque Araújo & C – R.S. Pedro 214 e 210, 1927, p. 13.

pai – cidadão romano – sobre os bens de propriedade de sua família que devem ser passados (múnus) de geração para geração.[64]

Embora o patrimônio de um sujeito nasça com a personalidade civil, não é uma extensão desta, tanto que, mesmo depois de falecido, o patrimônio do morto ainda existe.[65] O patrimônio só se extingue quando *o fim jurídico* ao que ele se destina também extingue de forma definitiva. O *"pertencer a um só sujeito é pressuposto necessário, porém não suficiente de patrimônio. Os pressupostos necessários e suficientes são a unidade e a pluralidade potencial de elementos "direitos", "pretensões", "ações" e "exceções""*.[66]

É importante que fique claro que se denomina de "patrimônio comum" ou "patrimônio geral" o patrimônio que a pessoa com capacidade civil passa a ter e permite distingui-la de outras pessoas. O mesmo raciocínio vale para as pessoas jurídicas. Esse *patrimônio comum ou geral* vincula-se à pessoa e dela não desgruda nem mesmo depois de sua morte. É o patrimônio comum que se vincula à regra da *responsabilidade patrimonial* ou *garantia patrimonial genérica*, objeto de nosso estudo (ex. art. 391 do CCB).

A menção acima é importante porque a existência do "patrimônio comum" não afasta a possibilidade de que existam outros patrimônios, chamados de *especiais*, que possam ser criados diretamente pela lei (ou que se crie com autorização dela) para atender a finalidades específicas e, eventualmente, sejam titularizados pela mesma pessoa como se vê no caso do *patrimônio especial herdado pelo herdeiro* que é distinto do *patrimônio comum do próprio herdeiro*, ou ainda do *patrimônio especial de afetação* criado para a indenização por ato ilícito no artigo 533, § 1º do CPC[67] entre tantos outros exemplos. Esses *patrimônios especiais* certamente fazem nascer direitos, pretensões, expectativas e também, seguramente, *responderão pelas dívidas* para as quais atuem como *patrimônio garantidor*.

O art. 1997 do CCB brasileiro determina que "a herança responde pelo pagamento das dívidas do falecido; mas, feita a partilha, só respondem os herdeiros, cada

---

64. BARCIA, D. Roque. *Primer Diccionario General Etimológico de la Lengua Española*. T. cuarto. Barcelona: Seix – Editor, 1894, p. 131.

65. Com tirocínio certeiro, Mazzei e Gonçalves, em denso artigo gentilmente cedido antes da publicação, afirmam que: "A premissa de que o "herdeiro não responde por encargos superiores às forças da herança" (art. 1.792 do CC) é indissociável da dicção de que a "herança/espólio responde pelo pagamento das dívidas do falecido" (art. 1.997, caput, do CC e art. 796 do CPC). Dicção, aliás, alinhada com a ideia de que a responsabilidade patrimonial não se encerra com a morte, razão pela qual, enquanto não ultimada a partilha (ou adjudicação), são os bens do falecido que continuam respondendo pelos seus débitos (arts. 789 do CPC e 391 do CC)". MAZZEI, Rodrigo e GONÇALVES, Thiago. "A responsabilidade patrimonial do herdeiro: esboço sobre os principais pontos", In: ASSIS, Araken de; BRUSCHI, Gilberto Gomes (Org.). *Processo de execução e cumprimento da sentença*: temas atuais e controvertidos. São Paulo: Ed. RT, 2022. v. 3.

66. PONTES DE MIRANDA. *Tratado de direito privado*, v. V, p. 446.

67. Art. 533. Quando a indenização por ato ilícito incluir prestação de alimentos, caberá ao executado, a requerimento do exequente, constituir capital cuja renda assegure o pagamento do valor mensal da pensão. § 1º O capital a que se refere o caput, representado por imóveis ou por direitos reais sobre imóveis suscetíveis de alienação, títulos da dívida pública ou aplicações financeiras em banco oficial, será inalienável e impenhorável enquanto durar a obrigação do executado, além de constituir-se em patrimônio de afetação.

qual em proporção da parte que na herança lhe coube". Ora, o que significa isso senão o fato de que a lei, de forma expressa, distingue, mesmo depois de herdado, o patrimônio adquirido (valor obtido[68]) pelo herdeiro do patrimônio comum que lhe pertença.

Como se disse, a lei pode, para atender as mais diversas finalidades, criar, ou autorizar que os particulares criem, segundo as regras que ela estabelece, os *patrimônios especiais* que não passam de universalidades de direito (massa de bens [*rectius*=direitos] dotados de valor econômico) destinadas a um determinado fim.

Por meio da separação patrimonial promove-se a afetação de um conglomerado de situações jurídicas subjetivas ativas, erigido em universalidade de direito, à consecução de certo fim valorado positivamente pelo legislador. Exemplos de patrimônio segregado, no direito brasileiro, têm-se na securitização de créditos imobiliários e na incorporação imobiliária. A admissão de massas patrimoniais unificadas para a persecução de certo escopo confere ao patrimônio ampla potencialidade funcional, permitindo que possa servir para a realização das mais variadas finalidades. Tendo em vista que o patrimônio segregado pode ter por objetivo essencial tutelar interesses outros que não os de seu titular, perde relevância o suporte subjetivista para a determinação do regime jurídico que lhe é aplicável.[69]

Em seguida, passaremos a um breve contraste entre o aspecto histórico-evolutivo do conceito de patrimônio e sua relação com o incremento das relações econômicas na sociedade capitalista e a conexão com o seu papel de garantia patrimonial.

### 2.4.2    Patrimônio: evolução conceitual

O ponto de partida para compreender a real aproximação do conceito de patrimônio vinculado ao de responsabilidade patrimonial (garantia patrimonial pelas dívidas) está na sua conexão com o desenvolvimento do conceito de propriedade na Rev. Francesa, da forma como restou estampado no Código Napoleônico. A teoria subjetivista de Charles Aubry e Charles Rau só veio acontecer a partir da segunda metade do século XIX, como já dissemos alhures (capítulo 1, item 4), e percebe-se que ele se ancora e se abraça com o conceito de propriedade, este sim bastante desenvolvido no referido Código (art. 544 e ss.) a partir dos ideais liberais da Revolução Francesa. Como um dos ideais da burguesia era o acúmulo de riqueza

---

68. Cuidadosa e minudente a observação de Mazzei ao mencionar que a garantia patrimonial da herança recebida não recai sobre os bens herdados, mas sobre o *"valor patrimonial da sua cota"*, de forma que pela sub-rogação real entre os patrimônios que entram e saem, os bens que faziam parte do patrimônio comum do herdeiro podem servir para responder patrimonialmente nos limites da cota que lhe coube. MAZZEI, Rodrigo. *Comentários ao Código de Processo Civil*. In: GOUVÊA, Jose Roberto Ferreira; BONDIOLI, Luis Guilherme; FONSECA, José Francisco Naves da (Coord). São Paulo: Saraiva, 2022. v. XXII (arts. 610 a 673).

69. OLIVA, Milena Donato. "Indenização devida "ao fundo de investimento": qual quotista vai ser contemplado, o atual ou o da data do dano?" *Doutrinas Essenciais Obrigações e Contratos*. São Paulo: Ed. RT, jun. 2011, v. 6, p. 1303-1328.

para o desenvolvimento do liberalismo econômico, a propriedade passa a ocupar um papel de destaque especialmente em relação a função que viria a desempenhar no liberalismo econômico.[70]

Para atender ao liberalismo era preciso reconhecer a função econômica da propriedade, abandonando um viés sacrossanto herdado do direito romano, e assim regulamentar a aquisição e a transmissibilidade da propriedade.

Nesse passo, a transmissão contratual da propriedade passou a ser algo absolutamente legítimo, desde que emanasse da livre manifestação de vontade, vinculando aqueles que pactuaram a transmissão. Por outro lado, diante desse cenário, passa-se a admitir a acumulação patrimonial e, com o desenvolvimento das relações obrigacionais por meio dos contratos, não é por acaso que o próprio Código Napoleônico prescreveu no seu artigo 2092 a regra, tão repetida até hoje, sobre a qual se desenvolveu a teoria da responsabilização patrimonial (garantia patrimonial) de que "quem se vincula pessoalmente, é obrigado a cumprir seu compromisso com todos os seus bens móveis e imóveis, presentes e futuros".[71]

A regra implica expressa ruptura com a ideia de *responsabilização pessoal pelas dívidas* e coloca sobre o *patrimônio* a função de garantir as dívidas assumidas. O *comercio jurídico* de bens traz consigo a responsabilidade (garantia) sobre o patrimônio adquirido pelo sujeito. Esse dispositivo é a semente para que se desenvolva a teoria da responsabilização patrimonial, ou seja, tratar o patrimônio como uma emanação do direito da personalidade de cada indivíduo, portanto, uno e indivisível.

---

70. "Quem lê o Código Civil dos Franceses, mandado redigir por Napoleão em 1804 vê como a terra e a natureza viraram objeto de propriedade e, ainda mais claramente, o mais importante objeto do direito de propriedade dos quantos bens pudesse o ser humano inventar, porque a ele se agregam as coisas, seus acessórios, além do direito de usar, gozar e fruir. A leitura do artigo 544 daquela lei civil que é a primeira a dar estrutura jurídica ao capitalismo, é reveladora da mudança sofrida: "a propriedade é o direito de fazer e de dispor das coisas do modo mais absoluto, contanto que delas não se faça uso proibido pelas leis ou pelos regulamentos". Dois verbos enlaçam esse direito de propriedade, dois verbos que se combinam: fazer e dispor. Há que se notar quem tem o direito absoluto de fazer, tem também o de não fazer. (...) Nessa concepção, qual é o fundamento da propriedade, então? É o direito de dispor, isto é, o ato pelo qual, um proprietário legítimo transfere o bem a outrem. Dito tecnicamente, é a legitimidade do contrato. O contrato legítimo gera uma propriedade legítima. O problema é a propriedade originária, a que não precisou de contrato, a primeira, inicial. Para as coisas feitas, produzidas pelo ser humano é o trabalho. O trabalho origina a propriedade. No caso da terra também é o trabalho. Então voltaríamos ao uso, proprietário da terra é quem nela trabalha. Errado, para o direito capitalista! O uso da terra só gera propriedade em duas situações: 1) quando o Poder Público, o Estado, ou o Rei formalmente autorizam ou concedem o direito de uso, como no caso das sesmarias (neste sistema o uso tinha que ser mantido) ou como no cercamento inglês; 2) a usucapião, que nada mais é do que o uso continuado, como se dono fosse, de um bem, em geral é exigido pela lei que o usuário, de boa-fé, se considere proprietário". MARÉS, Carlos Frederico. "Parte III – Função social da propriedade", disponível em: https://www.iat.pr.gov.br/busca?termo=carlos-mar%25C3%25A9s. Acesso em: 05 maio 2022.

71. Art. 2092: Whosoever binds himself personally, is required to fulfil his engagement out of all his property moveable and immoveable, present and future. (Disponível em: https://www.napoleon-series.org/research/government/c_code.html. Acesso em: 05 maio 2022).

Pela teoria subjetiva, toda pessoa física ou jurídica seria dotada de um patrimônio, pois este seria uma projeção natural da personalidade de cada pessoa.[72] Como a personalidade jurídica implicaria na possibilidade de titularização de direitos e obrigações, o *patrimônio* de cada sujeito seria uma extensão desta personalidade, aí incluindo os direitos inatos à personalidade, bem como aqueles que fossem adquiridos no futuro. Essa universalidade incorpórea de *direitos* é que formaria o patrimônio, singular de cada um, e num nível de abstração de que impediria a sua cindibilidade, de modo que cada sujeito só seria titular de *um* patrimônio. Os direitos que os integrariam não se confundiriam com o patrimônio, de forma que poderiam sair e entrar na universalidade por meio do comércio jurídico e, mesmo que o sujeito não tivesse nenhum objeto de valor, ainda assim teria um patrimônio, dado o fato que os direitos da personalidade o integrariam.

Se por um lado a teoria subjetiva foi importante para o tráfego jurídico da propriedade e o desenvolvimento da teoria da responsabilização patrimonial como garantia das dívidas assumidas por uma pessoa, por outro lado trazia problemas ao próprio desenvolvimento do comércio jurídico dos direitos sobre bens que integravam o patrimônio da pessoa.

O vínculo jurídico entre o patrimônio e as dívidas assumidas acabou por servir de freio ao desenvolvimento econômico, pois trazia um engessamento ao direito de propriedade, daí porque passou-se a questionar o tratamento de patrimônio como uma universalidade incindível, ou seja, ao reverso a cindibilidade do patrimônio poderia ser um importante instrumento incentivador da circulação de riquezas, inclusive para atender e proteger finalidades sociais por meio de patrimônios de afetação. Nesse contexto, ganhou força a *teoria objetiva do patrimônio* desenvolvida inicialmente com a doutrina alemã,[73] concebendo a sua unidade não no vínculo com a pessoa, mas com a sua finalidade (objetivo) ao qual se presta. Por esta teoria, rompeu-se o vínculo com a personalidade e permitiu-se, assim, a criação de "patrimônios separados", especiais, vinculados a determinadas finalidades.

A rigor, a própria distinção entre *esfera jurídica e patrimônio* já colocava em xeque a teoria subjetivista do patrimônio como sendo uma emanação da personalidade do sujeito. É certo que o *patrimônio de* uma pessoa não se confunde com a sua *esfera jurídica,* como já alertara Pontes de Miranda.[74] Na "esfera jurídica", estão, além do seu patrimônio que é o conjunto de bens e direitos dotados de valor econômico, também os *status* jurídicos que não possuam valor econômico. Segundo ele:

---

72. "Le patrimoine est l'ensemble des biens d'une personne, envi sagé comme formant une universalité de droit."
73. Nesse sentido ver FIGUEROA, Gonzalo Yáñez. *Curso de derecho civil*: materiales para classes activas. Santiago: Juridica de Chile, 1991. v.1, p.40.
74. C.F. *Tratado de direito privado*, t. V, p. 439.; idem BEVILAQUA, Clovis. *Theoria Geral do Direito Civil*, op. cit., p. 213.

"(a) À pessoa corresponde algo como *sombra* sôbre os bens da vida, ainda que nada cubra essa sombra: é a sua esfera jurídica, como continente, na qual se hão de alojar os bens e talvez ainda não se aloje nenhum bem, exceto o que é ligado à personalidade mesma e não entra na definição de patrimônio. Patrimônio é o que seria essa sombra, menos o que não é patrimonial (vida, saúde, liberdade etc.). Os meus direitos como pai não entram no meu patrimônio. Os direitos de A, como mulher de B, não entram no seu patrimônio. É verdade que a ofensa à liberdade precisa ser indenizada; a liberdade não é, porém, direito patrimonial. Da exigência prática da vida é que resulta ter-se de dar sucedâneo patrimonial à liberdade. O valor econômico exerce esse papel de integralização das esferas jurídicas, ainda quando o dano não seja, em si, patrimonial".

Nada obstante, é importante notar que o nosso Código Civil de 2002 continuou afeto a noção subjetivista do patrimônio quando se contrasta o artigo 57 revogado[75] com o artigo 91 atual,[76] mas mesmo assim já se encontra no seu texto e, em várias legislações extravagantes de forma muito direta,[77]-[78]-[79] a adoção da teoria objetiva/finalística inclusive pela adoção do patrimônio mínimo existencial[80]), o que nos

---

75. Art. 57. O patrimônio e a herança constituem coisas universais, ou universalidade, e como tais subsistem, embora não constem de objetos materiais.
76. Art. 91. Constitui universalidade de direito o complexo de relações jurídicas, de uma pessoa, dotadas de valor econômico.
77. Art. 1.368-C. O fundo de investimento é uma comunhão de recursos, constituído sob a forma de condomínio de natureza especial, destinado à aplicação em ativos financeiros, bens e direitos de qualquer natureza. Art. 1.368-D. O regulamento do fundo de investimento poderá, observado o disposto na regulamentação a que se refere o § 2º do art. 1.368-C desta Lei, estabelecer: (...) § 3º O patrimônio segregado referido no inciso III do caput deste artigo só responderá por obrigações vinculadas à classe respectiva, nos termos do regulamento. (Incluído no CCB pela Lei nº 13.874, de 2019).
78. Lei nº 4.591/64, Art. 31-A. A critério do incorporador, a incorporação poderá ser submetida ao regime da afetação, pelo qual o terreno e as acessões objeto de incorporação imobiliária, bem como os demais bens e direitos a ela vinculados, manter-se-ão apartados do patrimônio do incorporador e constituirão patrimônio de afetação, destinado à consecução da incorporação correspondente e à entrega das unidades imobiliárias aos respectivos adquirentes. (Incluído pela Lei nº 10.931, de 2004).
79. A Lei nº 8.668, de 25 de junho de 1993 dispôs sobre a constituição e o regime tributário dos Fundos de Investimento Imobiliário, e, posteriormente recebeu nova redação pela Lei 14130/21, mas já constava na sua redação original: Art. 1º Ficam instituídos Fundos de Investimento Imobiliário, sem personalidade jurídica, caracterizados pela comunhão de recursos captados por meio do Sistema de Distribuição de Valores Mobiliários, na forma da Lei nº 6.385, de 7 de dezembro de 1976, destinados a aplicação em empeendimentos imobiliários. Art. 7º Os bens e direitos integrantes do patrimônio do Fundo de Ivestimento Imobiliário, em especial os bens imóveis mantidos sob a propriedade fiduciária da instituição administradora, bem como seus frutos e rendimentos, não se comunicam com o patrimônio desta, observadas, quanto a tais bens e direitos, as seguintes restrições: (…).
80. Art. 548. É nula a doação de todos os bens sem reserva de parte, ou renda suficiente para a subsistência do doador.; Art. 988. Os bens e dívidas sociais constituem patrimônio especial, do qual os sócios são titulares em comum.; Art. 994. A contribuição do sócio participante constitui, com a do sócio ostensivo, patrimônio especial, objeto da conta de participação relativa aos negócios sociais.; Art. 1.122. Até noventa dias após publicados os atos relativos à incorporação, fusão ou cisão, o credor anterior, por ela prejudicado, poderá promover judicialmente a anulação deles. (...) § 3 o Ocorrendo, no prazo deste artigo, a falência da sociedade incorporadora, da sociedade nova ou da cindida, qualquer credor anterior terá direito a pedir a separação dos patrimônios, para o fim de serem os créditos pagos pelos bens das respectivas massas.; Art. 1.390. O usufruto pode recair em um ou mais bens, móveis ou imóveis, em um patrimônio inteiro, ou parte deste, abrangendo-lhe, no todo ou em parte, os frutos e utilidades.; Art. 1.672. No regime de participação final nos aquestos, cada cônjuge possui patrimônio próprio, consoante disposto no artigo seguinte, e lhe cabe, à época da dissolução da sociedade conjugal, direito à metade dos bens adquiridos pelo casal, a título oneroso, na constância do casamento.; Art. 1.711. Podem os cônjuges, ou a entidade familiar, mediante

CAPÍTULO 01 • PREMISSAS FUNDAMENTAIS **53**

permite dizer que o ordenamento jurídico brasileiro adotou uma posição mista em relação ao tema.[81]

Como já assinalado, é importante que fique claro que o conceito de patrimônio resulta de uma ficção jurídica;[82] uma abstração artificialista denominada *universalidade de direito* que assim é criada para atender a finalidades específicas, como a *garantia patrimonial, a sucessão hereditária, regime matrimonial, patrimônio das empresas* etc. Não se incluiria no conteúdo do patrimônio as dívidas da pessoa, justamente porque para fim jurídico ao qual se destina o conceito desta universalidade de direito não faria sentido em falar em *patrimônio negativo*. Assim, o patrimônio é integrado apenas pelos direitos patrimoniais da pessoa: (a) porque na sucessão hereditária não se transferem dívidas, mas apenas o patrimônio que sobra depois de elas terem sido deduzidas, (b) porque pelo inadimplemento das obrigações responde o "patrimônio" do devedor o que implica em admitir apenas as situações jurídicas ativas etc.

O patrimônio do sujeito não se confunde com os direitos que o integram. Aliás, é equívoco comum dizer que determinado bem (carro, casa, fazenda etc.) integra o patrimônio do sujeito, quando, na verdade, o correto seria dizer que é o *direito de propriedade daquele bem* que integra o patrimônio;[83] ademais, pela sub-rogação real dos direitos, uns entram e outros saem do patrimônio sem que isso em nada lhe altere a sua identidade. E, por ser o patrimônio, ele mesmo, objeto das relações jurídicas, é curioso perceber que o conteúdo que dele sai, então dele se desvincula, e o que nele entra, a ele se vincula.

O princípio da unicidade patrimonial nasce a partir da teoria clássica quando se vinculava à *unicidade patrimonial* à personalidade do *sujeito* de forma que cada pessoa corresponderia a um único patrimônio. Contudo, como se disse, respeitada a regra da unicidade do patrimônio, as transformações sociais e econômicas passaram

---

escritura pública ou testamento, destinar parte de seu patrimônio para instituir bem de família, desde que não ultrapasse um terço do patrimônio líquido existente ao tempo da instituição, mantidas as regras sobre a impenhorabilidade do imóvel residencial estabelecida em lei especial. (...). Art. 1.715. O bem de família é isento de execução por dívidas posteriores à sua instituição, salvo as que provierem de tributos relativos ao prédio, ou de despesas de condomínio.

81. VENOSA, Sílvio de Salvo. *Direito civil*. 8.ed. São Paulo: Atlas, 2008. v.1. p.288; GAGLIANO, Pablo Stolze; PAMPLONA FILHO, Rodolfo. *Novo curso de direito civil*. 10.ed. rev. e atual. São Paulo: Saraiva, 2008. v.1. p.256-258; FARIAS, Christiano Chaves de. ROSENVALD, Nelson. *Curso de direito civil*. 19. ed. Salvador: JusPodivm, 2019, v. 1, p. 596 e ss. demonstram a conciliação das teorias a partir da própria aceitação de um patrimônio mínimo existencial ligado ao fenômeno de *despatrimonialização* das relações jurídicas mediante a colocação da dignidade do ser humano como um *objetivo* da própria teoria jurídica do patrimônio.

82. COLIN, De Ambroise et CAPITANT, Henri. *Traite de droit civil*. Paris, Libr. Dalloz, 1953, v. 1, n. 57, p. 38.

83. VON TUHR, Andreas. *Derecho Civil – Teoría General del Derecho Civil Aleman*. v. I, 1. Prólogo por el Professor Tullio Ascarelli; traducción directa del alemán, Der Allgemeine Teil Des Deutschen Bürgerlinchen Rechts por Tito Ravà. Buenos Aires: Editorial Depalma, 1946, § 18, p. 391.; "El patrimonio sólo se compone de derechos. Por tanto las cosas non son partes del patrimonio, sino el derechos de propiedad sobre las cosas. No es así el uso del lenguaje, pero es prácticamente inofensivo." ENNECCERUS, Ludwig; KIPP, Theodor; WOLFF, Martin. *Tratado de Derecho Civil – Parte General*. t. I, v. 1°, op. cit., § 124, nota de rodapé n. 2, p. 591.

a enxergar a possibilidade de cindir o patrimônio *comum* em patrimônios *separados*, para assim atender aos anseios do legislador.

A partir do momento que *desvinculou* a noção de *patrimônio* ao da *personalidade da pessoa*, e passou-se a enxergá-lo sob o prisma do destino/objetivo/finalidade para o qual ele existe, e percebeu-se que o patrimônio *não seria uma unidade incindível* desde então estava aberta a possibilidade para que se criassem, ou se reconhecessem, *patrimônios separados* do patrimônio principal, tendo cada um uma linha divisória isolando o que é um do outro.

Assim, considerando a evolução legislativa acerca do tema, e buscando uma conciliação sobre o conceito de patrimônio como sendo a integralidade das relações jurídicas (situações jurídicas ativas e passivas, direitos, obrigações, deveres, sujeições, poderes etc.) de uma pessoa, relações estas que sejam dotadas de valor econômico.[84] O patrimônio de uma pessoa, física ou jurídica, é a sua representação econômica, devendo-se dar relevo nesse conjunto que o integra, o que corresponda ao seu mínimo existencial sem o qual não poderia viver com dignidade.

Observe-se que, quando se fala em patrimônio, parte-se da premissa que é o conjunto de situações jurídicas ativas dotadas de valor econômico decotadas as dívidas que por ele são garantidas. Portanto, ainda que, no âmbito das ciências das finanças, fale-se em *ativo e passivo patrimonial*, não faz sentido falar em patrimônio passivo, sob pena de criar, por exemplo, uma contradição com os institutos da sucessão hereditária (dívida não se transmite) e com a responsabilidade patrimonial (o patrimônio é que garante as dívidas).[85]

Para a compreensão do estudo da *garantia patrimonial geral* – o patrimônio do devedor é garantia de suas dívidas – é preciso compreender, como explicado no tópico anterior, não apenas a existência de um patrimônio global, mas de patrimônios especiais ou separados que possam ser titularizados por um mesmo sujeito, que escapam do dever de garantia geral e, por isso mesmo, só podem ter a sua criação admitida nos casos em que e lei autoriza, evitando fraudes que poderiam transformar a regra da *garantia patrimonial geral* um *nada jurídico*.

---

84. Os temas envolvendo o conceito de patrimônio estão longe de serem pacíficos. A partir da teoria *subjetivista* contraposta pela *objetivista* existem posições controversas sobre "apenas os créditos ou também os débitos fazem parte do patrimônio"; "*patrimônio é o líquido ou o bruto desse conjunto de relações*"; "*o patrimônio é dotado ou não de personalidade*"; "*é composto só de bens ou de direitos*" etc.

85. Neste sentido ver ENNECCERUS, Ludwig; KIPP, Theodor; WOLFF, Martin. Tratado de Derecho Civil – Parte General. t. I, v. 1º, op. cit., § 124, nota de rodapé n. 11, pp. 594.; No mesmo sentido Guilherme Abelha: "Aduzimos também o seguinte argumento histórico: no direito romano, especialmente no direito clássico, o termo técnico utilizado para se referir ao patrimônio era bona. Há disputa entre os romanistas para saber se nela se incluíam somente ativos, também os passivos, ou saber se era o ativo restante da dedução dos passivos. Cabe dizer que, ao nosso ver, a controvérsia resta solucionada por ampla argumentação de Scherillo (ver nota de rodapé 197), que conclui que os passivos não faziam parte do patrimônio, nem no direito clássico como no justinianeu. Patrimônio em sentido próprio incluía somente ativo". ABELHA RODRIGUES, Guilherme Santos Neves. *Introdução ao Direito Civil*: bens. Vitória: Edição dos Organizadores, 2020, v. 2, p. 64.

No que concerne ao *objeto* (patrimônio) da garantia da responsabilidade patrimonial, esta pode ser bipartida em *irrestrita e restrita* (parcial ou total) se *todo* ou apenas *parte* do patrimônio está vinculado à "sujeitabilidade garantidora" da dívida inadimplida. A rigor, *a priori* prevalece a regra de que todos os bens presentes do devedor quando da formação da obrigação ou posteriormente a ela servem para garantir a dívida inadimplida.

Todavia, não é bem assim que funciona a máxima, porque o ordenamento jurídico leva em consideração outros aspectos para sopesar a regra da *universalidade da garantia patrimonial* com a *situação jurídica de terceiros de boa-fé* que tenham adquiridos bens do patrimônio do devedor antes do inadimplemento e até mesmo antes da execução da garantia patrimonial. Apenas quando a alienação ou oneração foi feita de forma ilícita envolvendo as partes devedor/responsável e terceiro adquirente, abre-se a possibilidade de o credor prejudicado fazer com que incida a regra da sujeitabilidade do patrimônio já desfalcado que esteja em propriedade de terceiro.

Esta preocupação do legislador está diretamente relacionada com a dificuldade de se lidar com regras que criem um engessamento patrimonial do devedor de uma garantia que talvez nem seja necessária (caso aconteça o adimplemento que é o fim natural da relação obrigacional), o que poderia restringir demasiadamente a circulação de riquezas.

Além disso, imbuído pelos critérios sociais, morais e econômicos a lei livra da garantia da responsabilidade patrimonial certos direitos que integram o patrimônio de uma pessoa, tornando-os imunes a *responsabilização de dívidas por ela inadimplidas*. São os chamados *limites políticos* da responsabilidade patrimonial que, equivocamente, são também comumente reconhecidos como *limites políticos da execução civil*. O *equívoco* reside no fato de que a imunidade não é processual, mas material como já dissemos em tópicos precedentes. A famosa objeção de ordem pública atinente à *impenhorabilidade absoluta* nas hipóteses do art. 833 do CPC nada mais é do que uma alegação, *no processo*, de um fenômeno que acontece no *plano do direito material* (garantia patrimonial).

Assim, por exemplo, desde o momento em que se instaura a relação jurídica obrigacional o bem de família integrante do patrimônio do executado já está excluído da responsabilidade patrimonial, pois não pode ser *expropriado* para garantir nenhuma dívida, salvo naquelas hipóteses específicas previstas na própria Lei n.º 8.009.

*A priori*, poder-se-ia imaginar a possibilidade de credor e devedor convencionarem a redução ou exclusão da responsabilidade patrimonial criando um *débito sem uma correlata responsabilidade*. Do ponto de vista material, não parece haver óbices, especialmente porque estamos diante de direitos patrimoniais e disponíveis, e, pelo menos em tese, aqui seria um campo fértil para o autorregramento da vontade. Todavia, mais uma vez aqui o legislador foi claro ao dizer que "o devedor responde com todos os seus bens presentes e futuros para o cumprimento de suas obrigações, *salvo as restrições estabelecidas em lei*". Para este tema, remetemos o leitor para o item 12 mais adiante.

Um outro aspecto que também reduz a regra da *universalidade da garantia patrimonial* está diretamente relacionado com a possibilidade legal, cada vez mais comum, de permitir que um mesmo sujeito tenha mais de um patrimônio, sendo que cada um deles pode estar vinculado à determinada dívida.

Isso de certa forma já acontece com o regime jurídico do patrimônio adquirido pelo herdeiro quando se lê no artigo 1997 do CCB que "*A herança responde pelo pagamento das dívidas do falecido; mas, feita a partilha, só respondem os herdeiros, cada qual em proporção da parte que na herança lhe coube*". Nitidamente aqui existem dois patrimônios na mesma pessoa (herdeiro) com uma cisão do que cada um responde, ou seja, mesmo depois de feita a partilha e distribuído o que é de cada um, ainda assim, enxerga-se o patrimônio herdado e o patrimônio do herdeiro.

Recorde-se que aberta a sucessão e instaurado o inventário do patrimônio hereditário (art. 1976 do CCB) se procederá, primeiro, a liquidação, e, antes da partilha, poderão os credores do espólio requerer ao juízo do inventário o pagamento das dívidas vencidas e exigíveis (art642 e ss. do CPC) e, se for o caso, proceder a partilha da herança.

Muito bem, dir-se-á que feita a partilha, o patrimônio herdado incorpora-se ao patrimônio do herdeiro, mas, frise-se, como uma tatuagem na pele, ainda paira sobre o patrimônio herdado a responsabilidade pelas dívidas da herança, de forma que se, por algum motivo, emergir no futuro dívida não arrolada que venha ser cobrada do espólio, é justamente dos quinhões distribuídos que será cobrado o valor como deixa claro o art. 1.997: "*a herança responde pelo pagamento das dívidas do falecido; mas, feita a partilha, só respondem os herdeiros, cada qual em proporção da parte que na herança lhe coube*".

Ora, se assim é, então, há uma linha que delimita a existência de um patrimônio herdado dentro do patrimônio original do herdeiro. Dois patrimônios para a mesma pessoa, um especial, vinculado ainda às dívidas do espólio, outro, principal e comum, do próprio herdeiro.

A tese da unidade do patrimônio confunde duas noções distintas: a de patrimônio e a de personalidade. O patrimônio seria a aptidão para ter direitos e contrair obrigações, tornando-se, assim, um conceito inútil. Contra esse subjetivismo, nascido de preocupações lógicas, levanta-se a doutrina moderna que justifica a coesão dos elementos integrantes de uma universalidade de direito pela sua destinação comum. O vínculo é objetivo. Patrimônio será, desse modo, o conjunto e bens coesos pela afetação a fim econômico determinado. Quebra-se o princípio da unidade e indivisibilidade do patrimônio, admitindo-se um *patrimônio geral e patrimônios especiais*. No patrimônio geral, os elementos unem-se pela relação subjetiva comum com a pessoa. No patrimônio especial, a unidade resulta objetivamente da unidade do fim o qual a pessoa destacou, do seu patrimônio geral, uma parte dos bens que o compõem, como o dote e o espólio. A ideia de afetação explica a possibilidade de existência de patrimônios especiais. Consiste numa restrição pela qual determinados bens se dispõem, para servir a fim desejado, limitando-se, por este modo, a ação dos credores. Na concepção moderna do patrimônio, os princípios da unidade e indivisibilidade não sobrevivem.[86]

Outro exemplo é a criação de *fundos de afetação* como acontece no *patrimônio de afetação* da incorporação imobiliária que surgiu numa medida provisória n.º 2.221 em 04 de setembro de 2001, como uma tentativa de resgatar a crise de confiança no mercado imobiliário, após a quebra da Encol S/A que trouxe enorme prejuízo para os consumidores. Posteriormente, a referida medida provisória foi revogada pela Lei nº 10.931, de 02 de agosto de 2004, que introduziu na Lei nº 4.591, de 16 de dezembro de 1964, os artigos 31-A a 31-F. A criação do instituto da *separação do patrimônio do incorporador* tem por intenção evitar que os mais vulneráveis da relação possam ser prejudicados pela concepção de patrimônio universal do incorporador. Com isso, a lei separou, e afetou à incorporação, os recursos financeiros destinados à incorporação, pois se vinculam "à consecução da incorporação correspondente e à entrega das unidades imobiliárias aos respectivos adquirentes" (art. 31-A).

A possibilidade de se constituírem patrimônios separados para uma mesma pessoa, afetando-os a uma determinada situação específica, deve ser admitida com todo cuidado pelo legislador nas situações em que ele autorizar,[87] sob pena de que a garantia comum torne-se cada vez mais inócua, prejudicando a grande massa de credores comuns, mas a rigor é possível pensar em patrimônios múltiplos com incomunicabilidade entre eles ou até mesmo uma relação de subsidiariedade, ou seja, um patrimônio pode responder pelas dívidas que o outro patrimônio afetado não foi capaz de suportar.[88]

---

86. GOMES, Orlando. *Introdução ao direito civil*. 12. ed. Rio de Janeiro: Forense, 1996, p. 205.
87. PEREIRA, Caio Mario da Silva. Instituições de Direito Civil. Rio de Janeiro: Forense, v. I, p. 341.; Segundo NORONHA, Fernando: "Considerando que o próprio patrimônio geral é constituído por bens unificados com vista a finalidades específicas, a satisfação das necessidades do seu titular e o adimplemento das suas obrigações, compreende-se que a separação de patrimônios não poderá ficar ao arbítrio dos particulares. Ela há de atender a razões de interesse público: nenhum patrimônio especial poderá ser criado pelos particulares, fora dos casos expressamente previstos na lei. A teoria clássica tinha razão quando enfatizava que o patrimônio (entendido como o geral) era a garantia comum dos credores", "Patrimônios especiais: sem titular, autônomos e coletivos", *Revista dos Tribunais*, v. 747, p. 13. Ver ainda FERRARA, Francesco. *Trattato di diritto civile italiano*. Roma, Athenaeum, 1921, v. 1, p. 826.; DE PAGE, Henri. *Traité élémentaire de droit civil belge*. Bruxelles: Émile Bruylant, 1941, t. I, p. 560.
88. O atual artigo 533, § 1º do CPC, mantendo a regra introduzida pela Lei 11232 que introduziu o art. 475-Q no Código anterior, estabelece que quando a indenização por ato ilícito incluir prestação de alimentos, caberá ao executado, a requerimento do exequente, constituir capital cuja renda assegure o pagamento do valor mensal da pensão. Para tanto, diz o dispositivo, que o referido capital será representado por imóveis ou por direitos reais sobre imóveis suscetíveis de alienação, títulos da dívida pública ou aplicações financeiras em banco oficial. Este "capital garantidor" tem regime jurídico de inalienabilidade e impenhorabilidade enquanto durar a obrigação do executado, constituindo-se em verdadeiro patrimônio de afetação em favor do credor de alimentos.

O tema, como visto, é vasto e complexo e ainda depende de uma melhor compreensão jurídica, pois tem sido cada vez mais comum no desenvolvimento das relações comerciais a prática de criação de patrimônios de afetação.[89] A liberdade de dispor do patrimônio, afetando-os às situações específicas deve encontrar freio, inclusive mediante a possibilidade de *desconsideração judicial do patrimônio de afetação*, sempre, nos atos que sejam praticados para fraudar a garantia geral da responsabilidade patrimonial em favor de credores comuns.

### 2.4.3 Ausência de patrimônio expropriável

A satisfação do direito exequendo sempre se dá sobre o patrimônio da pessoa, ainda que alguns meios executivos sejam coercitivos e atuem sobre a vontade do executado restringindo a sua liberdade. Essas atuação sob a forma de coerção só ocorre para pressionar a realização do comando judicial que, no final das contas, visa atingir o patrimônio do executado. Não é demais lembrar que é o patrimônio do executado que responde pelos prejuízos resultantes do seu inadimplemento.

Tanto no inadimplemento das obrigações de fazer ou não fazer, quando nas obrigações de entrega de coisa, se o devedor não cumprir o que é devido e se os meios executivos (coercitivos e sub-rogatórios) não forem capazes de obter a satisfação do direito, tudo se resumirá a tutela pecuniária com expropriação do patrimônio do executado, daí porque o credor jamais poderia provocar a tutela jurisdicional sem saber de antemão qual a situação patrimonial do devedor.[90]

Assim, se a pretensão do credor é obter o adimplemento da prestação inadimplida ou os prejuízos daí decorrentes, não há outro caminho senão mirar-se sempre para o patrimônio do devedor e/ou do responsável pela dívida. Nenhuma ação condenatória é ajuizada para se alcançar uma sentença que imponha o dever de pagar, entregar ou fazer, mas o resultado concreto deste comando que nunca é cumprido espontaneamente sendo sempre necessária a tutela executiva. Na construção do título executivo extrajudicial e desde a propositura da demanda condenatória o credor deve preocupar-se com o patrimônio do executado. Nada adiantará toda a tutela jurisdicional prestada se o executado não tiver patrimônio garantidor, pois se a tutela final é obter dinheiro – *seja porque a obrigação original era pagar quantia, seja porque em dinheiro foi transformada a obrigação* – e nada houver no patrimônio do executado a solução será, segundo o art. 921, III do CPC suspender a execução,

---

89. A respeito ver CASTELLAN, Alvaro Gamio Santiago. "Límites a la creación voluntaria de patrimonios de afectación para la salvaguarda de bienes", disponível em: http://revistaderecho.um.edu.uy/wp-content/uploads/2013/02/Gamio-y-Castellana-Limites-a-la-creacion-voluntaria-de-patrimonios-de-afectacion--para-la-salvaguarda-de-bienes.pdf. Acesso em: 02 abr. 2022; MACHICADO, Jorge, "La Teoría Del Patrimonio-Afectacion", Apuntes Juridicos, 2013. http://jorgemachicado.blogspot.com/2013/05/tpa.html Consulta: Lunes, 9 Mayo de 2022; MARTÍN SANTISTEBAN, Sonia. Los patrimonios de afectación como instrumento de gestión y transmisión de riqueza. Editorial Tirant lo Blanch, Valencia, Espanha, 2020.
90. Nas obrigações negociais, esta preocupação deveria estar presente na própria celebração do negócio jurídico com o devedor.

que seguirá por um período até que incida a prescrição intercorrente (cujo regime jurídico está nos §§ 1º a 7º deste mesmo dispositivo) que leve a extinção da execução (art. 924, V do CPC).

A solução adotada pelo Código para o caso de ausência de patrimônio do executado – suspensão até que incida a prescrição intercorrente – da forma como está regulada no ordenamento processual é bastante amena para o executado. Se consideramos que o Brasil é um pais com mais de 65 milhões de inadimplentes que não possuem patrimônio para garantir dívidas assumidas para bens de primeira necessidade do devedor, não será surpresa a existência de um sem número de execuções civis suspensas aguardando a incidência da prescrição. Nem precisaria dos dados do CNJ para legitimar esta obvia conclusão.

Ainda precisaríamos evoluir muito em relação ao problema da ausência de patrimônio expropriável do executado que culmine com a suspensão da execução e uma futura prescrição intercorrente. Em primeiro lugar é preciso considerar que há interesse público em saber da existência de cada processo suspenso por falta de bem penhorável, pois outros credores podem evitar estabelecer relações negociais com o referido devedor e outros credores que pretendem mover demandas contra estes devedores poderão avaliar se vale a pena a tutela jurisdicional contra alguém que não possui patrimônio. Seria preciso repensar na possibilidade de – ocorrida a suspensão pela falta de bens expropriáveis – imediatamente ser iniciada a tutela jurisdicional com vistas ao reconhecimento da insolvência/falência do devedor. É claro que poder-se-ia trabalhar no âmbito legislativo soluções melhores – inclusive levando em consideração o valor da dívida ou a sua origem – para estabelecer regras mais rígidas como a que aqui sugerimos do que simplesmente deixar o processo suspenso aguardando o prazo prescricional.

Da forma como está a situação no CPC não se pode ignorar o fato de que muitos devedores podem ser estimulados a inadimplir e ocultar o patrimônio em nome de terceiros pelo período necessário à incidência da prescrição intercorrente, ainda mais porque há uma política judiciária que estimula e privilegia sentenças de extinção nestas hipóteses como forma de desafogar os gargalos da justiça. Neste particular, também deveria ser cogitada – e já dissemos isso antes quando falamos da necessidade de incremento do impulso oficial da execução civil – a utilização de oficio todas as ferramentas eletrônicas disponíveis ao sistema judiciário de descoberta de bens do executado para se ter a certeza de que ele realmente não possui nada a expropriar.[91]

---

91. As ferramentas eletrônicas para acesso a informações sobre o patrimônio do executado permitem obter dados que: a) se encontram em órgãos públicos e que podem ser acessadas pelo credor sem intervenção judicial (ex. consulta a Detran); b) dados que são protegidos por sigilo e que se encontram tanto em órgãos públicos (ex receita federal), quanto privados (ex. instituições financeiras, corretoras de consórcio, de criptomoedas etc.). Uma execução infrutífera é uma frustação de um credor, mas não deixa de ser um abalo ao sistema de crédito como um todo, pois quanto mais execuções forem infrutíferas, mais caro será o crédito no país, com menos investimentos, com menos confiança no país, com maiores os juros de mercado, com maior a inflação e aumento do custo de vida. Enfim, é preciso enxergar a execução civil sob um prisma menos privado e mais

## 2.5 Tutela específica e tutela pecuniária

Numa sociedade que tem privilegiado a tutela específica, ou seja, a realização da exata prestação imposta pela lei ou pelo contrato que deveria ter sido cumprido espontaneamente, então só há que se falar em efetivar a *responsabilidade patrimonial* mediante a expropriação do patrimônio do executado quando, mesmo depois do inadimplemento, já não seja nem possível, ou nem mesmo útil para o titular do direito, a realização da prestação originariamente concebida.

Assim, quando se está diante de prestações de fazer ou não fazer ou de entrega de coisa – prestações com objetos específicos –, mesmo após o inadimplemento, ainda assim busca-se em primeiro lugar a *tutela específica* que corresponda exatamente a obtenção da prestação inadimplida, do preceito contido na endonorma. Mas, quando esta prestação já não for mais possível de ser realizada, ou inútil para o credor, ela se converte em perdas e danos e aí sim passa-se a realização da garantia patrimonial do devedor.

É de se notar que quando originariamente a prestação constitui-se no pagamento de soma em dinheiro e ela é inadimplida pelo devedor, então, simplesmente porque o dinheiro é bem fungível e inespecífico por excelência, não há outra solução para o credor senão expropriar o patrimônio do executado para satisfação de seu direito. Neste caso o resultado da prestação original (recebimento de quantia) coincide com o resultado obtido mediante a expropriação de bens do patrimônio do executado (recebimento de quantia).

Como se vê, a *garantia patrimonial* é íntima da execução para pagamento de quantia porque é exatamente para isso que o patrimônio se sujeita, ou seja, sempre que o credor pretender a obtenção de dinheiro do patrimônio do devedor, isso só será possível mediante a sujeição patrimonial do executado à expropriação judicial. Retira-se, por ato de império estatal, a propriedade do dinheiro de um (executado) e transfere-a para outro (exequente).

Assim, frise-se mais uma vez, se o que se pretende é o cumprimento da prestação de fazer ou de não fazer ou de entrega de coisa, então, a priori, não há a incidência da responsabilidade patrimonial pois o que se deseja é o cumprimento da *endonorma* (realização do objeto da obrigação). Não sendo útil ou inviável obter a prestação após o inadimplemento, então ela é convertida em valor pecuniário e passa-se à obtenção do referido valor mediante a expropriação do patrimônio do executado.

Isso quer dizer que a realização da responsabilidade patrimonial serve à obtenção de uma quantia – quantia esta que corresponde ao prejuízo decorrente do inadimplemento de uma prestação de pagar originária ou derivada (porque em pecúnia foi convertida uma obrigação específica).

---

público, com impulso mais oficial, especialmente naqueles casos em que o título executivo já passou pelo crivo judiciário (sentença condenatória ou improcedência dos embargos do devedor).

CAPÍTULO 01 • PREMISSAS FUNDAMENTAIS 61

Com o inadimplemento da obrigação ou do dever legal, então a *lei* (art. 390 e 942 do CCB e art. 789 do CPC) estabelece um vínculo jurídico entre o credor e o responsável (garantidor) de modo que o primeiro, sendo portador de um título executivo, poderá exigir que o estado extraia do patrimônio do segundo o valor em dinheiro correspondente aos prejuízos da prestação inadimplida.

## 2.6 Técnicas de proteção do crédito pecuniário

Existem uma série de técnicas que servem para a proteção do crédito, inclusive, e especialmente, do *crédito pecuniário*. Numa sociedade onde o dinheiro é essencial para a circulação, troca, comércio de mercadorias, bens e serviços, força de trabalho etc. é necessário que o crédito pecuniário seja protegido.

Um destes meios de proteção são as *(1) técnicas de garantia*, na qual podemos listar a *garantia geral* e as *garantias especiais*. A responsabilidade patrimonial é a *garantia geral* imposta pela lei na estrutura da relação obrigacional de forma que havendo o inadimplemento da obrigação o patrimônio do devedor responde pelo prejuízo que dali resulta. Se não existisse a *responsabilidade patrimonial* – e sendo totalmente vedada a *responsabilidade pessoal* –, nenhuma consequência existiria para o caso de o devedor inadimplir a obrigação. Ter-se-ia que confiar na honradez do devedor em cumprir a sua obrigação, o que seria um absurdo. Já as garantias especiais são assim chamadas porque constituem um *plus* em relação a garantia geral da responsabilidade patrimonial. Elas podem ser classificadas segundo o modo como são constituídas: (i) *legais* (privilégios/preferencias de determinados créditos); (ii) convencionais, porque acordadas pelas partes (cláusula penal, arras); (iii) *mistas* porque tanto podem ser derivadas de lei ou por convenção das partes (penhor, hipoteca, fiança). É possível classificá-las ainda em *reais* e *pessoais*. Do primeiro grupo fazem parte o penhor, a anticrese e a hipoteca; do segundo o aval e a fiança. Não raramente, terceiros que não possuem o dever de prestar, assumem, pessoalmente ou com bens do seu patrimônio, a responsabilidade de garantir a prestação inadimplida, em típico exemplo de *responsabilidade sem débito*.

Outra forma de proteção do crédito, e, especialmente do crédito pecuniário, são as *(2) técnicas conservativas* que atuam para preservar o patrimônio do devedor e assim garantir que a responsabilidade patrimonial possa ser realmente efetiva. Essas medidas conservativas impedem ou restauram o desfalque do patrimônio do devedor; desfalque este que comprometeria a sua *responsabilidade patrimonial*. Essas medidas podem ser (i) *conservativas preventivas*, algumas exercidas judicialmente, (v.g. arresto[92]) ou (ii) *conservativas restauradoras* (v.g. reconhecimento judicial da

---

92. Outro exemplo é a descrita no art. 477 do CCB onde se lê que "se, depois de concluído o contrato, sobrevier a uma das partes contratantes diminuição em seu patrimônio capaz de comprometer ou tornar duvidosa a prestação pela qual se obrigou, pode a outra recusar-se à prestação que lhe incumbe, até que aquela satisfaça a que lhe compete ou dê garantia bastante de satisfazê-la".

fraude contra credores, da fraude à execução, da desconsideração da personalidade jurídica[93] etc.).

Há ainda as *(3) técnicas coercitivas* cuja finalidade é estimular o devedor a realizar cumprimento da prestação pactuada. Este estímulo tanto pode ser pela outorga de um benefício, quanto pela imposição de uma perda. Além da multa coercitiva, do protesto do título, da inclusão do nome do devedor em serviços de proteção ao crédito etc., merece destaque, nas situações em que é admitida, o exercício do direito de retenção pelo credor que poderá conservar em seu poder o bem do devedor que esteja em seu poder privando-o da posse do bem, enquanto não adimplir a prestação.[94] Assim é, por exemplo, *"o mandatário tem sobre a coisa de que tenha a posse em virtude do mandato, direito de retenção, até se reembolsar do que no desempenho do encargo despendeu"* (art. 671 do CCB).[95] Não por acaso a expressa previsão da excussão preferencial da coisa retida como prevê o art. 793 do CPC.

Por fim existem ainda as *(4) técnicas coativas* que derivam do direito potestativo do credor de exigir a satisfação do seu direito retirando o numerário suficiente do patrimônio do devedor inadimplente. O inadimplemento da prestação pelo devedor é o gatilho que destrava a incidência da sua *responsabilidade patrimonial*, ou seja, seu patrimônio se sujeita ao direito do credor excuti-lo no limite do seu crédito. Todavia, as técnicas coativas de expropriação só podem ser exercidas, regra geral, por meio de um processo judicial com todas as garantias a ele inerentes.

## 3. O QUE SIGNIFICA EXECUTAR POR *QUANTIA CERTA*

### 3.1 O problema da natureza da prestação pecuniária

Indiferente às tormentosas discussões sobre a natureza jurídica da prestação de pagar quantia certa, o Código de Processo Civil Brasileiro não só a trata como

---

93. Não há desconsideração da personalidade jurídica quando a própria lei (art. 28, § 5º do CDC e art. 4º da Lei 9.605) estabelece que o requisito para atingir o patrimônio do sócio é a insuficiência patrimonial do responsável principal. Nestas hipóteses, denominada de "teoria menor da desconsideração da personalidade jurídica", o que se tem é apenas a previsão legal da responsabilidade patrimonial subsidiária, ou seja, nas dívidas da sociedade, se o seu patrimônio garantidor não for suficiente para satisfazer os prejuízos resultantes do seu inadimplemento, então é o patrimônio dos sócios que responderá subsidiariamente. A respeito ver RODRIGUES, Marcelo Abelha. *Responsabilidade patrimonial pelo inadimplemento das obrigações*. São Paulo: Foco editora, 2022.

94. SERPA LOPES, Miguel Maria. *Curso de Direito Civil*. v. III, p. 243.

95. Ver ainda Art. 527. Na segunda hipótese do artigo antecedente, é facultado ao vendedor reter as prestações pagas até o necessário para cobrir a depreciação da coisa, as despesas feitas e o mais que de direito lhe for devido. O excedente será devolvido ao comprador; e o que faltar lhe será cobrado, tudo na forma da lei processual. Art. 708. Para reembolso das despesas feitas, bem como para recebimento das comissões devidas, tem o comissário direito de retenção sobre os bens e valores em seu poder em virtude da comissão. Art. 742. O transportador, uma vez executado o transporte, tem direito de retenção sobre a bagagem de passageiro e outros objetos pessoais deste, para garantir-se do pagamento do valor da passagem que não tiver sido feito no início ou durante o percurso.

modalidade autônoma de prestação, com ainda lhe reserva a maior quantidade de dispositivos.

No direito civil a doutrina se divide, basicamente, entre aqueles que encartam a obrigação de entrega de dinheiro como sendo espécie de *obrigação de dar* com peculiaridades que merecem destaque,[96] e aqueles que a colocam como *categoria autônoma de obrigação*,[97] dado o fato de que suas características seriam tão peculiares que não se encaixariam de forma tranquila nem nas obrigações de dar coisa *certa* nem na *incerta*.

Isso porque conquanto o dinheiro – que representa o valor devido – seja um bem fungível por excelência, por outro lado o titular de um crédito de mil reais, sabe, exatamente, a quantificação do valor devido e não há que se falar em prévia individuação do objeto por meio de um incidente de concentração, sendo irrelevante se receberá a quantia devida por meio de notas de 100 ou de 50 ou ainda por transferência bancária.

## 3.2   A autonomia da prestação de pagar quantia no CPC

Como dito acima o Código de Processo Civil passou ao largo da discussão civilista sobre a natureza da prestação de pagar quantia, se seria uma modalidade autônoma ou se seria forma especial de obrigação de dar. O diploma processual deu tratamento autônomo à satisfação do crédito pecuniário não o inserindo no procedimento para entrega de coisa nem de coisa certa, nem de coisa incerta.

Sem polemizar sobre o problema, mas considerando as características peculiares do pagamento de soma em dinheiro realizada por meio de *expropriação estatal* o texto processual acertou ao tratar destacadamente do tema pois de fato o meio típico de realização da efetivação de entrega de bens móveis – a busca e apreensão – é inservível para satisfação desta modalidade de prestação inadimplida.

Apenas para apimentar a questão, nada obstante o art. 904 do Código diga que a "satisfação do crédito exequendo far-se-á: I – pela *entrega do dinheiro*", e, excepcionalmente, pela *adjudicação dos bens penhorados*, e, que uma vez recebida a quantia "*o exequente dará ao executado, por termo nos autos, quitação da quantia paga*", pare-

---

96. Ver por todos GOMES, Orlando. *Obrigações*. 11. ed. Rio de Janeiro: Forense, p. 42; GOMES, Orlando. *Transformações gerais dos direitos das obrigações*. São Paulo: Ed. RT, 1967, p. 109 e ss.; GONÇALVES, Carlos Roberto. *Direito civil brasileiro*. 6. ed. São Paulo: Saraiva, 2009, 2. v., p. 73; VENOSA, Sílvio. *Direito civil*: teoria geral das obrigações e teoria geral dos contratos. 3. ed. São Paulo: Atlas, 2003, p. 162; SERPA LOPES, Miguel Maria. *Curso de Direito Civil*. 6. ed. Rio de Janeiro: Freitas Bastos, 1995, v. II, p. 65; DINIZ, Maria Helena. *Curso de direito civil brasileiro*: teoria geral das obrigações. 23. ed. São Paulo: Saraiva, 2008, 2. v. p. 53.

97. GAGLIANO, Pablo Stolze; PAMPLONA Filho, Rodolfo. *Novo curso de direito civil*: obrigações. 10. ed. 2.v. São Paulo: Saraiva, 2009, p. 45; AZEVEDO, Álvaro Vilaça. *Teoria geral das obrigações*: responsabilidade civil. 10. ed. São Paulo: Atlas, 2004, p. 132.

ce-nos que o Código se aproxima da doutrina majoritária de que as obrigações de pagar quantia seriam manifestação especial das prestações de dar.

### 3.3 A insensibilidade do CPC em relação a origem da prestação ao pagamento de quantia

Exceção feita ao crédito pecuniário alimentar, o Código não faz nenhuma distinção procedimental sobre a execução para pagamento de quantia. Existe também a especificidade do procedimento para pagamento de quantia contra a Fazenda Pública, mas neste caso é em razão da *pessoa* que se estabeleceu um procedimento especial.

Não sendo crédito alimentar que possui uma série de regramentos próprios, os demais, seja de que natureza for, se submetem ao mesmo procedimento executivo, portanto, *comum* a todos eles. É preciso lembrar que o dinheiro é sempre um instrumento, e não um fim em si mesmo. Um pouco de sensibilidade do legislador, distinguindo técnicas especiais que levassem em conta a natureza ou a finalidade do crédito seria muito bem-vindo.

Da forma como está no Código, pouco importa se se trata de um mútuo bancário inadimplido, ou de uma indenização por ato ilícito (não alimentar), ou se é caso de conversão de uma obrigação ou dever de fazer ou não fazer que se tornou impossível, ou uma astreinte não paga etc. Fora a exceção procedimental prevista no Código para o crédito alimentar e a prerrogativa da *fazenda pública* (e não do *crédito público*) quando ela é exequente ou executada, o Código trata com indiferença a natureza do pagamento de quantia, ou seja, sendo um crédito pecuniário estampado num título executivo judicial ou extrajudicial, isso é o suficiente para que sigam o rito único da expropriação por quantia certa contra devedor solvente.

### 3.4 A necessária sensibilidade na análise da origem do crédito pecuniário

Como dissemos no item anterior, salvo a exceção do crédito alimentar, o Código é insensível à natureza ou finalidade do dinheiro que se pede na execução para pagamento de quantia. Saber a origem da obrigação ou a finalidade para o exequente deveriam ser levados em consideração pela lei. Infelizmente, o fenômeno de paulatina flexibilização dos meios e procedimentos executivos das obrigações específicas não foi experimentado para a execução pecuniária tal como ocorreu com as obrigações que recaem sobre um objeto específico. Para que a flexibilização ocorra com a utilização do art. 139, IV, tem sido exigido o esgotamento infrutífero dos meios típicos e existam circunstâncias que apontem para a existência de patrimônio ocultado pelo executado.

(...) 2. A questão concernente a saber se é possível a adoção de medidas coercitivas atípicas, a exemplo do bloqueio de cartões de crédito, da apreensão do passaporte e da Carteira Nacional de Habilitação, é unicamente de direito e configura hipótese de violação direta dos dispositivos legais que disciplinam o instituto (arts. 8º e 139, IV, ambos do NCPC), razão pela qual é cabível o recurso especial. 3. A presente execução já ultrapassou 28 anos, prazo este que ofende sobremaneira o princípio da celeridade processual, garantido constitucionalmente. 4. O Tribunal paulista afastou a aplicação das medidas coercitivas sem, contudo, analisar as especificidades da causa. 5. Esta Corte já teve a oportunidade de apontar, objetivamente, alguns requisitos para se adotar as medidas executivas atípicas, tais como: i) existência de indícios de que o devedor possua patrimônio apto a cumprir com a obrigação a ele imposta; ii) decisão devidamente fundamentada com base nas especificidades constatadas; iii) a medida atípica deve ser utilizada de forma subsidiária, dada a menção de que foram promovidas diligências à exaustão para a satisfação do crédito; e iv) observância do contraditório e o postulado da proporcionalidade (REsp 1.894.170/RS, Rel. Ministra Nancy Andrighi, Terceira Turma, julgado em 27.10.2020, DJe 12.11.2020).(...)" (AgInt no REsp 1799638/SP, Rel. Ministro Moura Ribeiro, Terceira Turma, julgado em 29.03.2021, DJe 06.04.2021).[98]

Isso porque o modelo crescente de *atipicidade* traz uma certa insegurança e riscos porque a escolha do meio executivo necessário e adequado deixa de ser definida pela lei e passa a caber ao juiz diante das circunstâncias de cada caso concreto, e, por mais que existam formas de controle judicial, até que isso venha a acontecer é possível que o executado já tenha sofrido prejuízos irrecuperáveis, especialmente quando se está diante da execução para pagamento de quantia o legislador onde pode acontecer uma desapropriação apressada e injusta, sem contar os prejuízos causados pela própria medida atípica inadequada.

Não por acaso o Código sempre tratou com reservas a adoção de um modelo de *atipicidade da tutela satisfativa pecuniária,* ainda que estivesse fundada num título executivo judicial. A proteção da *propriedade* é ainda muito forte quando contrastada com o direito de crédito.

Já se disse que, felizmente, a cláusula geral da execução inserta no art. 139, IV, do CPC quebrou esse dogma de engessamento da tutela pecuniária, permitindo que as tais medidas atípicas possam ser utilizadas também na execução por expropriação contra devedor solvente.

A tormentosa questão da possibilidade de utilizar meios executivos atípicos para assegurar o cumprimento do pagamento de quantia prescindindo do modelo abstrato legislado está longe de se acalmar, mas é inegável que o art. 139, IV deu importante passo em relação a flexibilização dos meios típicos para pagamento de quantia. É preciso olhar o dispositivo com mentalidade principiológica diversa da que governou os CPC's de 1939 e 1973.

Considerando que dinheiro é sempre instrumento para aquisição de outros bens e serviços, necessários ou voluptuários, é possível que fazendo uma análise ontológica e teleológica do crédito pretendido, o magistrado possa valer-se da técnica do art. 139, IV, para buscar caminhos mais adequados à tutela pecuniária.

---

98. Ver AgInt no AREsp n. 1.770.170/PB, relator Ministro Afrânio Vilela, Segunda Turma, julgado em 14.03.2024, DJe de 21.03.2024; REsp n. 2.043.328/SP, relatora Ministra Nancy Andrighi, Terceira Turma, julgado em 18.04.2023, DJe de 20.04.2023.

Obviamente que não somos favoráveis que *sempre* se descortinem os fundamentos e os fins da obrigação de pagar quantia, valendo-se do art. 139, IV, como forma de "fazer justiça em cada caso concreto", pois isso representaria um estado de insegurança e instabilidade que talvez se mostrasse ainda mais pernicioso ao ordenamento jurídico como um todo. Seria, inclusive, uma forma de driblar o direito legislado que é manifestação direta da democracia representativa. Na medida em que a lei estabeleceu um procedimento padrão com meios típicos, *a priori* é o que deve ser seguido, como aliás orienta a firme jurisprudência do STJ. Todavia, a cláusula geral da execução admite que este modelo padrão e abstrato possa ser flexibilizado se ele se mostrar claramente inadequado para alcançar o fim a que se destina. Há, portanto, um ônus argumentativo que o exequente deve se desincumbir para demonstrar a inadequação, inutilidade e ineficiência do meio típico caso ele viesse a ser adotado o que comprometeria a satisfação do seu direito, e, por outro lado, demonstrar que as medidas atípicas são necessárias, adequadas e eficientes para tal desiderato, além de demonstrar que existe patrimônio expropriável.

Muitas vezes, sem alterar o núcleo dos meios típicos, mas apenas modificando a forma e o modo de realizá-los, é possível valer-se dos meios executivos atípicos para alcançar o desiderato de satisfação do direito exequendo, o que implicará no cuidado maior com o respeito ao contraditório participativo e necessária e transparente fundamentação das decisões judiciais.

## 3.5 Execução genérica ou específica

Se levarmos em consideração para a classificação acima (o *objeto*), e, portanto, que o dinheiro a ser entregue ao exequente é um bem inespecífico, fungível por excelência, dir-se-á que a execução para pagamento de quantia é *genérica*. Por outro lado, se atribuirmos a classificação na *coincidência da tutela entre a execução realizada e o objeto primitivo da prestação* então a execução para pagamento de quantia tanto poderá ser uma *execução específica* (execução de um mútuo de dinheiro), quanto *genérica* (conversão de uma obrigação de entrega de fazer em pagar quantia).[99]

## 3.6 Valor da execução e valor do crédito exequendo

Em mais de uma oportunidade fica clara a relação de *continente* e *conteúdo*, respectivamente, entre o *valor da execução* e o *valor do crédito exequendo*.

Assim, por exemplo, quando o artigo 826 quando diz que "*antes de adjudicados ou alienados os bens, o executado pode, a todo tempo, remir a execução, pagando ou consignando a importância atualizada da dívida, acrescida de juros, custas e honorá-*

---

99. Em sentido diverso afirmando que toda execução em pecúnia é inespecífica, seja porque foi convertida em dinheiro, seja porque o dinheiro é sempre um bem fungível e instrumental ver DINAMARCO, Candido Rangel. *Instituições de Direito Processual Civil*. 4. ed. São Paulo: Malheiros, 2016, v. IV, p. 450.

*rios advocatícios*". De igual modo quando o artigo 907 diz que "*pago ao exequente o principal, os juros, as custas e os honorários, a importância que sobrar será restituída ao executado*".

Por se fazer necessário o desencadeamento da tutela executiva para que aconteça a *solução integral do mérito* (art. 4º) necessariamente há um "custo extra" que deverá ser suportado pelo executado que deu causa à instauração de tal procedimento executivo. O procedimento expropriatório não é feito por simples mandado judicial e é necessário cumprir um itinerário de atos procedimentais que culminam com a entrega do dinheiro. Esse custo da execução é reconhecido pela lei, inclusive, ao não permitir que se leve "*a efeito a penhora quando ficar evidente que o produto da execução dos bens encontrados será totalmente absorvido pelo pagamento das custas da execução*" (art. 836).

A expropriação do patrimônio do executado não servirá apenas para a *satisfação do direito exequendo*, mas também das *custas e despesas da execução e também dos honorários advocatícios* que são fixados em favor do patrono do exequente para atuar no procedimento executivo.

Neste passo é claro que haverá diferença entre o que suportará o executado com a execução e o valor do crédito exequendo. O CPC dá uma chance, absurda e sem sentido ao nosso ver, de o executado livrar-se de boa parte deste "custo extra causado pelo procedimento executivo" quando se lê no artigo 523 (cumprimento definitivo de sentença já instaurado), que se nos 15 dias ali previsto o executado pagar o que deve. Se assim o fizer livrar-se-á da multa de 10% e dos honorários de advogado do exequente. O mesmo raciocínio para o artigo 827 e ss. quando se trata de processo de execução para pagamento de quantia, onde reduz o valor dos honorários se ocorrer o adimplemento no prazo de três dias aludido no referido dispositivo.

## 3.7 Valor da execução e excesso de execução

Uma das modalidades de defesa mais comuns do executado é a alegação de *excesso de execução*. Esta matéria de defesa volta-se contra o suposto excesso do *crédito exequendo* e não propriamente contra o *valor da execução* consideradas as rubricas mencionadas no item anterior. Aqui, "*excesso de execução*" é "*excesso do crédito exequendo*"[100] e visa reduzir parte do valor pretendido pelo exequente quando inicia o procedimento executivo. Isso quer dizer que se o executado pretender arguir, por exemplo, que é excessiva a *elevação judicial* do percentual dos honorários na hipótese do art. 827, § 2º deve fazer por meio de alegação específica e não dentro do "excesso de execução", até porque a verba honorária pertence ao patrono do exequente.

---

100. Excesso de execução é expressão que no CPC tanto se interpreta na perspectiva quantitativa, quanto qualitativa. Na primeira (quantia superior àquela que está revelada no título judicial ou extrajudicial) tem-se o art. 525, § 4º e art. 917, § 2º, I e § 3º); na segunda tal como se observa na redação do artigo 917, § 2º, II a V do CPC.

## 3.8 Excesso de execução e excesso de constrição patrimonial

Não confundem também o *excesso de execução* com o eventual *excesso de constrição judicial* sobre o patrimônio do executado. A constrição judicial sobre o patrimônio do executado é ato necessário da execução para pagamento de quantia pois é ele que individualiza o bem do patrimônio que será expropriado para quitar a dívida e demais encargos executivos. Entretanto, por opção legal, nem todos os bens que compõem o patrimônio do executado sujeitam-se à expropriação judicial, como no caso dos *bens impenhoráveis*.

Nestas hipóteses, ainda que o valor constrito corresponda ao valor da execução é possível que tenha ocorrido excesso de constrição, quando esta recaia sobre bens imunizados por lei à responsabilidade patrimonial. Assim, quando não existir correspondência quantitativa ou qualitativa entre o valor da execução e o objeto da constrição (penhora ou indisponibilidade), então ter-se-á um excesso que é matéria de ordem pública. O próprio art. 854, § 3º fala em "indisponibilidade excessiva" como uma das matérias arguíveis por meio da mini impugnação do referido dispositivo, como também o art. 874, I que admite, após a avaliação do bem penhorado que se proceda a redução da penhora "aos bens suficientes".

## 4. OS DIFERENTES PROCEDIMENTOS EXECUTIVOS NO CPC: AS "ESPÉCIES DE EXECUÇÕES"

### 4.1 Introito

Com o rótulo "*das diversas espécies de execução*" o CPC principia o Título II do Livro II (*Do Processo de Execução*) da sua Parte Especial. Mais adiante, no seu art. 798, II, "a" ao tratar do que deve constar na petição inicial prescreve ser incumbência do exequente ao propor a execução, indicar "*a espécie de execução de sua preferência, quando por mais de um modo puder ser realizada*".

É o Código, portanto, que admite diferentes "*espécies de execuções*", o que, a rigor, são diferentes *procedimentos executivos confeccionados* de acordo com certas peculiaridades do direito material que a Lei entendeu como adequado distinguir. Peculiaridades estas que fizeram com que o legislador identificasse *meios executivos* que também lhes parecesse *adequados* para garantir a satisfação das diversas modalidades de obrigações.

Isso quer dizer que ao estabelecer *procedimentos específicos* para cada modalidade de obrigação o legislador cotejou o *tipo de prestação* com o *tipo de meio executivo* que lhe parecia adequado para obter a satisfação do direito, daí, porque, por exemplo, reserva uma enorme sequência de atos executivos como penhora, avaliação e alienação que são típicos de uma execução por expropriação do patrimônio do executado. Não por acaso o *depósito, a busca e a apreensão e a imissão de posse* são atos que tipificam o procedimento para entrega de coisa móvel ou imóvel. Portanto, há uma relação

CAPÍTULO 01 • PREMISSAS FUNDAMENTAIS 69

lógica entre o *procedimento e o meio executivo* criado pelo legislador para atender a esta ou aquela modalidade de prestação.

Não se pode dizer que exista uma homogeneidade de critérios eleitos pela Lei de forma que pudéssemos dizer que apenas um (critério) foi eleito para fazer a distinção dos procedimentos executivos, embora, repita-se, todos eles, devam estar conectados com as exigências conaturais estabelecidas no plano do direito substancial. É o direito substancial que predetermina o tipo de meio executivo *adequado* à satisfação do direito carente de tutela. É a *ferramenta* que se ajusta à *finalidade* e não o inverso.

Ademais, quer se trate de cumprimento de sentença (art. 523, art. 536 e art. 538) ou de processo de execução (art. 824, art. 806 e art. 812) o CPC distingue os procedimentos executivos nestas modalidades de prestações, muito embora em relação aos arts. 536 e 538 adote o regime jurídico único da *atipicidade procedimental* como veremos mais adiante. Entretanto, nem aí, muito pelo contrário, o juiz fica livre das amarras do direito material como deixa claro o art. 139, IV ao fixar a relação de adequação entre o *meio* escolhido e o *resultado* desejado.

O modelo rígido de *procedimentos legislativamente concebidos para cada tipo de obrigação* é reconhecidamente insuficiente – porque hermético e inflexível – para encontrar a melhor solução para o caso concreto, daí porque, em boa hora o CPC de 2015 deixou a porta aberta para que não apenas os atos e os procedimentos executivos possam ser convencionados (art. 191), mas também que o magistrado possa encontrar, sempre diante e preso às peculiaridade do caso concreto, os mais adequados e necessários atos executivos e seus respectivos procedimentos como se observa no artigo 139, IV.[101]

### 4.2 O tipo da prestação

O primeiro grande, e clássico, critério distintivo do CPC foi o *objeto da relação obrigacional*, ou seja, o *tipo de prestação que o credor pode exigir do devedor*.[102] A forma mais comum de classificar as prestações é especificá-las pelo *tipo de comportamento*

---

101. "(...) um sistema que não compreenda formas realmente eficazes de atuação executiva do direito é um sistema com grande probabilidade de ser muito incompleto e inadequado para assegurar a tutela jurisdicional efetiva das situações substanciais". TARUFFO, Michele. A atuação executiva dos direitos: perfis comparatísticos. *Revista de Processo*. v. 59. p. 72-97. São Paulo: Ed. RT, jul./set. 1990, edição eletrônica.

102. Tal critério foi concebido quando estava em pleno vigor o caráter preponderantemente patrimonial das obrigações, perfeito para atender às exigências do capitalismo. Contudo, com o fenômeno de constitucionalização dos direitos, também o direito civil se viu refém da projeção dos direitos fundamentais, e, dentre várias consequências, uma delas foi, justamente, o reconhecimento de que uma relação jurídica obrigacional não envolve apenas uma questão patrimonial, mas direitos que, inclusive, podem nem ter um conteúdo patrimonial correspondente. A respeito ver, por todos, VARELA, Antunes. Direito das obrigações: conceito, estrutura e função da relação obrigacional, fontes das obrigações, modalidades das obrigações. Rio de Janeiro: Forense, 1977, p. 92; FACHIN, Luiz Edson (Org.). *Repensando fundamentos do direito civil contemporâneo*. Rio de Janeiro: Renovar, 1998; FACHIN, Luiz Edson. *Teoria crítica do Direito Civil*. Rio de Janeiro: Renovar, 2000; ARONE, Ricardo. *Por uma nova hermenêutica dos direitos reais limitados*. Rio de Janeiro: Renovar. 2001.

*do devedor* que pode recair na realização de um *dar* ou um comportamento de *fazer/ não fazer*. As obrigações de dar se dividem ainda em *obrigações de dar coisa* (certa e incerta) e *obrigações de dar quantia*.

> Também é corrente a classificação em obrigações de prestações *positivas* e *negativas*. As obrigações de dar são sempre positivas, pois ensejam um comportamento positivo do devedor, ao passo que as obrigações de fazer e não fazer, como o nome mesmo já diz indicam um comportamento positivo e negativo do devedor, respetivamente.

Como se disse acima, não foi apenas este critério que foi utilizado pelo legislador para definir as "diversas espécies de execução". De fato este, é o primeiro, e clássico, critério que serve para distinguir os procedimentos executivos (e meios a ele inerentes) em *pagar quantia*, *entrega de coisa* (certa e incerta) e *fazer e não fazer*.

## 4.3 Critério da natureza da obrigação de dar quantia

Entretanto, como se antecipou acima, o CPC não se limita a esta tripartição procedimental, pois vai além, usando outros critérios para criar procedimentos específicos que atendam a outras peculiaridades do direito material.

Uma destas situações é justamente o *procedimento executivo para pagamento de quantia de verba alimentar*, ou seja, para estes casos específicos de pagamento de quantia o CPC estabelece forma especial de procedimento executivo justamente para contemplar a importância deste crédito a quem dele necessita. É o que se observa nos arts. 528 a 533 e no 911 a 913 do CPC.

Reconhecida a despersonalização dos direitos das obrigações e a sua aproximação e influência dos direitos fundamentais, é de se questionar a tímida opção do CPC em manter um sistema de distribuição de procedimentos legislativos absolutamente desconectados com o *fundamento e o fim* da obrigação a ser prestada em cada situação em concreto, seja para o credor ou para o devedor. É muito pouco o destaque legislativo feito apenas às obrigações de pagar alimentos, ou como veremos adiante, aos que foram feitos para atender às prerrogativas da fazenda pública quando esta é executada ou quando é exequente.

## 4.4 Critério da pessoa do devedor que deve pagar quantia

Ainda no campo das obrigações de pagar quantia o Código estabelece procedimento especial executivo para pagamento de quantia quando o devedor é a fazenda pública. Direcionado pela regra constitucional do regime de precatórios (art. 100 da CF/88), cujo pagamento deve estar subordinado à previsão em lei orçamentária, o CPC determina que o pagamento de quantia contra a fazenda pública siga o procedimento previsto nos arts. 534 a 535 e 910.

Há um nítido favorecimento à Fazenda Pública que, a rigor, não sofre qualquer constrição judicial e nenhuma "execução forçada", sob o argumento de que o credor não corre o risco de não receber quando o executado é o ente público e é necessária previsibilidade orçamentária anual para a fazenda pública realizar pagamentos .

Infortunadamente não tem sido incomum as ilícitas quebras de contrato cometidas pelo poder público contra particulares, pois sabem que tem a seu favor – e nele se amparam – o sistema procedimental de precatórios. A necessidade de prévia inserção em lei de orçamento para que no futuro seja o credor contemplado com a quantia devida seria perfeito – mas infelizmente não é – se efetivamente no "ano seguinte" o crédito fosse pago e se simples fosse a inclusão do precatório em lista.

### 4.5 Critério da solvabilidade do devedor para pagamento de quantia

O Código de Processo Civil também estabelece uma distinção procedimental caso se trate de procedimento para pagamento de quantia quando o devedor seja *solvente* ou *insolvente*. O CPC de 2015 não contém o procedimento por quantia contra o *devedor insolvente* como se tinha no CPC anterior, mas expressamente, nas suas disposições finais e transitórias determina no art. 1052 que *"até a edição de lei específica, as execuções contra devedor insolvente, em curso ou que venham a ser propostas, permanecem reguladas pelo Livro II, Título IV, da Lei 5.869, de 11 de janeiro de 1973"*.

### 4.6 Critério da pessoa do exequente

Embora não esteja no CPC, mas em lei específica, há ainda hipótese de procedimento especial para pagamento de quantia quando o exequente é a fazenda pública. O *fisco* tem a seu favor não apenas a prerrogativa de um procedimento especial quando é devedor, mas também quando é credor. A *execução fiscal* prevista na Lei 6.830 é procedimento especial judicial executivo para cobrança da Dívida Ativa da União, dos Estados, do Distrito Federal, dos Municípios e respectivas autarquias, aplicando-se supletiva e subsidiariamente o Código de Processo Civil.

### 4.7 Critério da urgência e da evidência

Um outro critério escolhido pelo Código de Processo Civil para distinguir um procedimento executivo bastante especial é a *urgência e/ou evidência* da situação tutelanda (art. 297 e 520). Assim, por exemplo, nos casos de concessão de tutelas provisórias do art. 294 do CPC há um regime jurídico específico servível para qualquer modalidade de prestação, inclusive as pecuniárias, com a ressalva, neste último caso, das regras previstas no art. 520 que contêm restrições quando a execução fundada em título executivo provisório importar em transferência de propriedade.[103]

---

103. A respeito do tema ver o item 7.5 do Capítulo 01.

## 4.8 Impossibilidade de escolha do procedimento executivo?

Está no campo da liberdade processual do exequente o direito de desistir de toda a execução ou de apenas alguma medida executiva (art. 775) pois, sabemos, a execução em realiza-se para atender ao seu interesse (art. 797). Aliás, seu campo de liberdade é tão grande que mesmo sendo portador de um título executivo extrajudicial, pode a parte de optar pelo processo de conhecimento, a fim de obter título executivo judicial (art. 785).

Nada obstante este vasto campo de liberdade processual do exequente o Código de Processo Civil não lhe faculta a possibilidade de *cumular execuções de diferentes modalidades de prestações*, simplesmente porque existem procedimentos específicos para cada uma destas modalidades.

É o que se observa tanto no teor do já citado art.798, II, "a", quanto no art. 780, cujo texto foi decalcado do art. 583 do CPC anterior, ao dizer que *"o exequente pode cumular várias execuções, ainda que fundadas em títulos diferentes, quando o executado for o mesmo e desde que para todas elas sejam competente o mesmo juízo e idêntico o procedimento".*[104]

O magistrado pode e deve, de ofício, detectar o vício de cumulação indevida de execuções em razão da inadequação procedimental, o que não impede que a parte o faça por meio de impugnação ao cumprimento de sentença (art. 525, V) ou embargos à execução (art. 917, III).

A rigor, embora seja incomum, é possível a hipótese de negócios jurídicos processuais, antes ou no curso da execução, que definam o meio executivo e o procedimento, caso em que, respeitados os limites estabelecidos no artigo 190 e 191 do CPC, poderão escapar das regras estabelecidas pelo legislador.

Por outro lado, é preciso reconhecer, em prol da instrumentalidade e efetividade do processo, que vícios desta natureza (indevida cumulação) não podem ser levados ao extremo se não for demonstrado prejuízo efetivo pelo executado.

É o caso, por exemplo, é o caso de se permitir a cumulação, em um mesmo cumprimento de sentença o pedido de obrigação de pagar alimentos atuais, sob a técnica da prisão civil, com os alimentos pretéritos, sob a técnica da penhora e da expropriação. Nesta hipótese, como bem disse o STJ "não se deve obstar, ademais, o cumprimento de sentença de alimentos pretéritos e atuais no mesmo processo ao

---

104. (...) 2. Cumulabilidade de ações executivas: A jurisprudência desta Corte, em consonância com o disposto no art. 573 do CPC/73, não reconhece a possibilidade de se cumularem execuções com base em títulos cujos procedimentos executivos são diversos, além de não serem os mesmos devedores. 3. Disparidade procedimental: Inviável imiscuir-se, no seio de execução para pagamento de quantia certa, obrigação para entrega de coisa incerta, em vista da patente disparidade procedimental. Não se pode compelir, em regra, nem o devedor, nem o credor, a pagar ou receber prestação diversa da constante no título executivo, em consonância com o princípio da especialidade da execução (REsp 1538139/SP, Rel. Ministro Paulo de Tarso Sanseverino, Terceira Turma, julgado em 05.05.2016, DJe 13.05.2016).

fundamento de risco de tumultos processuais ou de prejuízos à celeridade processual apenas genericamente supostos ou imaginados, cabendo ao credor, ao julgador e ao devedor especificar, precisamente, quais parcelas e valores se referem aos alimentos pretéritos, sobre os quais incidirá a técnica da penhora e expropriação, e quais parcelas e valores se referem aos alimentos atuais, sobre os quais incidirá a técnica da prisão civil".[105]

Assim, noutro exemplo, a priori, não vislumbramos qualquer prejuízo quando o exequente cumula, contra o mesmo executado, uma obrigação de fazer e uma obrigação de pagar lastreadas no mesmo título executivo. Basta imaginar um termo de ajustamento de conduta – com eficácia de título executivo extrajudicial – firmado pelo parquet com um poluidor e ao descumprir a avença o parquet decide promover a execução da multa devida em conjunto com a obrigação de reparar o meio ambiente. Não há, a princípio, nenhum prejuízo para o executado, as obrigações estão inseridas num título de mesma natureza, o juízo será competente para ambas e o fato de os meios executivos serem diferentes, isso não é algo tão complexo que impeça de ser cumulado no mesmo procedimento especialmente se isso ficar organizado na cadeia procedimental. Até, porque, diga-se de passagem, se propostas as execuções separadamente serão reunidas por conexão para o mesmo juízo (art. 55, § 2º, II).[106]

## 4.9 Atipicidade procedimental e de meios executivos e flexibilização da regra que impossibilita a cumulação de execuções

A atipicidade de meios executivos implica, por consequência, em atipicidade de procedimento, pois as diferentes "espécies de execução" foram concebidas pela lei para atender, a seu talante, a combinação *modo de prestação* e *meio executivo adequado*, consagrando, então procedimentos executivos típicos para cada modo de prestar a obrigação.

Nas hipóteses em que o Código admite a *atipicidade de meios executivos* há, igualmente, embora não se mencione no texto legal, a *atipicidade de procedimento executivo*.

De forma muito cartesiana pode-se dizer que há legalmente estabelecido pelo CPC, a atipicidade de meios executivos, e, por corolário de procedimento executivo, quando se tratar de *cumprimento de sentença de obrigação específica* (entrega de coisa e fazer e não fazer) previstas nos arts. 536 e art. 538, bem como na efetivação de tutelas provisórias do art. 297. Pode-se estender, por coerência lógica e aplicação do art. 771, o regime jurídico da atipicidade de meios e procedimento para as mesmas

---

105. REsp n. 2.004.516/RO, relatora Ministra Nancy Andrighi, Terceira Turma, julgado em 18.10.2022, DJe de 21.10.2022.

106. O Superior Tribunal de Justiça tem mitigado a aplicação fria e formal deste dispositivo a partir das peculiaridades de cada caso, sendo a ausência de prejuízo fator determinante para a aceitação da falta de cumulação no caso concreto. REsp n. 1.688.154/SP, relatora Ministra Nancy Andrighi, Terceira Turma, julgado em 12.03.2019, DJe de 15.03.2019.

modalidades de prestação de fazer e não fazer e de entrega de coisa quando estiverem fundadas em títulos executivos extrajudiciais, embora o Código tenha mantido o *procedimento típico* nos arts. 806 e 814.

A cláusula geral do art. 139, IV do CPC consagra a *atipicidade de meios executivos*. Essa atipicidade de meios permite que determinadas medidas executivas atípicas, coercitivas ou sub-rogatórias, instrumentais ou finais, sejam concedidas no curso de um procedimento típico ou que, dada as peculiaridades do caso, possam elas mesmas dar ensejo a um procedimento inespecífico.

Parece-nos claro que se estivermos diante de uma hipótese de efetivação de um comando judicial que é regido pela regra da atipicidade de meios e de procedimento, como na hipótese de *cumprimento de sentença de obrigação de fazer e não fazer* nada impede que este seja cumulado com um procedimento típico, flexibilizando, portanto, neste particular, a limitação do art. 780 em relação ao *"mesmo tipo de procedimento"*.

Assim, como dito no tópico anterior, não vemos óbice, a priori, quebrando a rigidez do art. 780, que no cumprimento definitivo do pagamento de quantia (astreinte) que segue o *procedimento típico do art. 824 e ss.*, possa ser cumulado o pedido principal de obrigação de fazer, já que a atipicidade deste procedimento (art. 536) e dos meios executivos nele previstos, não impede a referida cumulação. Se todos os créditos exequendos estão lastreados em título de igual natureza não será a diferença dos procedimentos – mormente se um deles é bem mais simples que o outro – que servirá de óbice para a cumulação. Se não fossem cumuladas as demandas executivas deveriam ser reunidas por conexão como dito alhures. É importante nestas hipóteses que, embora unidos formalmente num só procedimento, o magistrado faça a devida organização procedimental para adequar o procedimento – meios executivos – às respectivas pretensões às prestações devidas.

Como dissemos no tópico anterior, as convenções processuais sobre meios e procedimentos executivos, seguindo os limites do art. 190 e 191 do CPC, de certa forma reforçam a ideia de que o próprio legislador reconhece que a rigidez de suas formas previamente escolhidas, conquanto proporcionem segurança aos atores do processo, podem ficar muito longe do objetivo de satisfação tempestiva do direito (art. 4º), permitindo, portanto, que a atipicidade – judicial ou convencional – possa ser um vetor importante, às vezes decisivo, neste desiderato.

### 4.10 A histórica rigidez procedimental da execução para pagamento de quantia

Em apertada síntese a execução para pagamento de quantia implica em retirar do patrimônio do executado um valor que corresponda ao valor da execução, ou seja, pelo procedimento executivo expropria-se bem ou bens que estão legitimamente no patrimônio do devedor para quitar a dívida inadimplida. Daí porque se fala que a execução para pagamento de quantia é uma *execução por expropriação judicial*, afinal de contas o que se quer não é o recebimento de uma coisa, tampouco uma prestação de fazer ou não fazer, mas sim, como dito acima, o recebimento de uma soma em dinheiro.

Na medida em que se trata de uma *expropriação estatal* não há como negar que exista uma preocupação maior da lei com este procedimento executivo, não sendo por acaso a enorme quantidade de dispositivos que envolvem esta espécie de execução. Some-se a isso o fato de que as relações jurídicas que envolvem o pagamento de dinheiro, ou que nele se convertem, constituem a mola propulsora da sociedade capitalista que vivemos.

O procedimento expropriatório para pagamento de quantia está todo ele descrito de forma minudente e por vezes burocráticas *no Livro II da Parte Especial do CPC*, mas não há qualquer dúvida que se aplica também ao cumprimento de sentença contido no *Livro I* como determina o art. 523, § 3º ao dizer que *"não efetuado tempestivamente o pagamento voluntário, será expedido, desde logo, mandado de penhora e avaliação, seguindo-se os atos de expropriação"*.

Bem, estes atos de *expropriação*[107] estão tipificados em procedimento descrito no art. 824 e ss. do CPC e uma dúvida pode surgir em relação aos dizeres do art. 139, IV que trata da *cláusula geral da execução* quando menciona que *são poderes do juiz* "determinar todas as medidas indutivas, coercitivas, mandamentais ou sub-rogatórias necessárias para assegurar o cumprimento de ordem judicial, *inclusive nas ações que tenham por objeto prestação pecuniária"*.

Essa dúvida reside em saber se as medidas atípicas que podem ser determinadas pelo juiz *inclusive nas ações que tenham por objeto prestação pecuniária* seriam *subsidiárias* às medidas executivas típicas do procedimento para pagamento de quantia, ou seja, se só poderiam ser lançadas pelo magistrado quando as medidas típicas previstas no procedimento executivo não tivessem alcançado o seu desiderato e desde que houvesse indício de ocultação patrimonial pelo executado.

Voltaremos mais adiante ao tema quando tratarmos das medidas atípicas na execução por quantia, mas de qualquer forma antecipamos que a posição que adotamos é a de que *não há a regra da subsidiariedade*, contudo para que o magistrado possa aplicar de imediato a atipicidade de meios executivos na execução por quantia é preciso que existam elementos trazidos pelo exequente que demonstrem a potencial inoperância do modelo procedimental típico do art. 824 e ss. do CPC, ampliando consideravelmente o seu ônus argumentativo, bem como o próprio dever de fundamentação. A decisão de *prescindir de um modelo e adotar o outro* pressupõe essa dupla tarefa de *demonstrar as razões para que isso aconteça e por sua vez o juiz de justificar a escolha dos meios deferidos.*

---

107. Art. 825. A expropriação consiste em: I – adjudicação; II – alienação; III – apropriação de frutos e rendimentos de empresa ou de estabelecimentos e de outros bens.

Como já dissemos anteriormente o Superior Tribunal de Justiça tem sedimentado a posição mais cautelosa em relação aplicação do art. 139, IV do CPC nas execuções para pagamento de quantia. Segundo a referida corte "diante da existência de indícios de que o devedor possui patrimônio expropriável, ou que vem adotando subterfúgios para não quitar a dívida, ao magistrado é autorizada a adoção subsidiária de medidas executivas atípicas, tal como a apreensão de passaporte, desde que justifique, fundamentadamente, a sua adequação para a satisfação do direito do credor, considerando os princípios da proporcionalidade e razoabilidade e observado o contraditório prévio (REsp 1.782.418/RJ e REsp 1788950/MT, Rel. Ministra Nancy Andrighi, Terceira Turma, julgados em 23.04.2019, DJe 26.04.2019)".[108]

## 5. SUJEITOS QUE PARTICIPAM DA EXECUÇÃO PARA PAGAMENTO DE QUANTIA

### 5.1 Conflito integral e processo parcial

Nem sempre o processo é o retrato de todo o litígio ocorrido no plano do direito material. Dada a interconexão dos fatos da vida, da relação entre as pessoas, os conflitos de interesses no plano da realidade das pessoas não ficam restritos ao binômio "joão/josé", como se o que acontecesse entre eles não interferisse na vida de ninguém.

Como as relações sociais estão cada vez mais interconectadas não será incomum que a partir de um litígio se desenvolvam vários outros. Em razão da complexidade e conectividade das relações jurídicas no plano substancial é perfeitamente possível que a partir de um mesmo conflito possam ser extraídos diversos fatos jurídicos capazes por si só de gerarem futuros processos autônomos.

Sem polemizar com o conceito carneluttiano de lide que não é o tema aqui em discussão, o título deste tópico é uma homenagem ao jurista italiano que no primeiro quartel do século passado já dizia que nem sempre o processo judicial trará para dentro de si a resolução do conflito na sua integralidade. Sempre que o conflito não fosse deduzido em juízo na sua integralidade então falava o mestre em *lide parcial* (processo parcial) em contraposição ao *processo total*.[109]

Sabemos que "processos parciais" são bastante comuns, porque nem sempre o conflito que é deduzido em juízo corresponde à integralidade do conflito ocorrido no plano material. E, sendo isso uma verdade, é certo que existirão sujeitos que estarão de alguma forma inseridos no conflito do plano material, mas que não serão sujeitos do processo porque, em tese, não fazem parte da fatia do litígio que foi levada

---

108. (HC 558.313/SP, Rel. Ministro Paulo de Tarso Sanseverino, Terceira Turma, julgado em 23.06.2020, DJe 1º.07.2020).

109. CARNELUTTI, Francesco. *Sistema di diritto processuale civile*. Imprenta: Padova, Cedam, 1936, p. 907. v. 1 (Funzione e composizione del processo).

em juízo. Contudo, ainda que não façam parte da relação jurídica processual, terão algum vínculo material com a *res in iuditium deducta*.[110-111]

Portanto, de uma forma ou de outra, o terceiro só poderá intervir em processo alheio se o seu ingresso estiver amparado num *interesse jurídico* que justifique o seu ingresso.

É, preciso, pois, "*sempre na perspectiva do direito material*",[112] identificar os terceiros que são juridicamente interessados na causa da qual não participam aqueloutros que não possuam nenhum vínculo com a relação controvertida em juízo.

Ainda que se possa – e verdadeiramente se deva como colocou Sofia Temer em excelente monografia sobre a participação de sujeitos no processo[113] – ampliar a noção de interesse jurídico para que também se possa abraçar uma série de situações jurídicas legitimantes (*legitimatio ad actum*) que justificam a intervenção de terceiros e que não se encaixam no arquétipo clássico de interesse jurídico como a afetação direta ou indireta na relação jurídica material do terceiro,[114] é preciso ficar claro que sempre haverá, por trás da intervenção, uma situação jurídica de direito material (econômica, política, lógica ou jurídica, pública ou privada), subjacente ao processo, que motivará a intervenção para integração e/ou participação do terceiro. Não apenas o conteúdo do processo relativamente ao autor e réu (res in iuditium deducta) é que justifica (ou legitima) o ingresso de terceiros, mas também os próprios escopos processuais, informados pelo interesse público, podem motivar formas incomuns de intervenção. Sem descurar dessas diversas facetas da reconstrução do conceito de interesse jurídico, apenas por comodidade acadêmica seguiremos aqui o tratamento dogmático e clássico do CPC para o tema com enfoque exclusivo na execução.

## 5.2 O ingresso de terceiros

A própria expressão "intervenção de terceiros" define o fenômeno.

Todo sujeito que não faz parte de um processo é um *terceiro* em relação a ele. Bem se sabe que numa sociedade globalizada e com enorme interatividade social,

---

110. MARINONI, Luiz Guilherme; ARENHART, Sérgio Cruz; MITIDIERO, Daniel. *Novo curso de processo civil*: tutela dos direitos mediante procedimento comum. São Paulo: Ed. RT, 2015. v. II, p. 92.
111. Contudo, a complexidade do fenômeno processual é tão grande que muitas vezes é possível que um terceiro não possua nenhuma relação preestabelecida no plano do direito material com o conflito ou com as pessoas que estão em juízo, mesmo assim se encontre credenciado a ingressar em litígio que a princípio não lhe toca. É o caso, por exemplo, quando um terceiro tem seu patrimônio erroneamente afetado por um ato processual que não deveria lhe dizer respeito.
112. BUENO, Cassio Scarpinella. *Manual de direito processual civil*: inteiramente estruturado à luz do novo CPC, de acordo com a Lei n. 13.256, de 04.02.2016. 2. ed. rev., atual. e ampl. São Paulo: Saraiva, 2016, p. 165.
113. TEMER, Sofia. *Participação no processo civil*: repensando litisconsórcio, intervenção de terceiros e outras formas de atuação. Salvador: JusPodivm, 2020, p. 233 e ss.
114. Cássio Scarpinella Bueno, em 2006, em trabalho seminal sobre o amicus curiae no processo civil brasileiro já tinha apontado a necessidade de se perceber que as diversas mutações do Direito impunham a revisitação das razões pelas quais os terceiros poderiam intervir em processos alheios. BUENO, Cássio Scarpinella. *Amicus curiae no processo civil brasileiro*: um terceiro enigmático. 3. ed. São Paulo, Saraiva, 2012, p. 451.

é natural que as relações jurídicas tenham ramificações e conexões com diversas pessoas além daquelas que compõem o núcleo da relação jurídica, ou seja, é possível que relações jurídicas de pessoas estranhas a um conflito de interesse possam ser afetadas pelo que se decide nesta relação jurídica processual da qual ela não faça parte. Essa "afetação" é que precisa ser reconstruída sob uma perspectiva menos privatista, menos restrita ao vínculo direto ou indireto da relação jurídica deduzida em juízo com a relação jurídica do terceiro, e mais próxima da noção de impacto concreto (econômico, moral, ético etc.) que determinada situação do processo causa fora dele e gerando com isso a possibilidade de que terceiros possam dele participar.

A palavra intervenção (inter + venire) pressupõe entrar, vir para dentro de algo que já esteja em curso.

É claro que se "terceiro é quem não é a parte", certamente que no universo infinito de "terceiros" não será qualquer um que poderá intervir numa causa em curso, do contrário haveria uma enorme e injustificada intromissão em relações jurídicas processuais alheias; enfim, apenas aqueles terceiros que possuem *interesse jurídico*, ou seja, porque possuem uma conexão com o objeto do litígio debatido em processo do qual ele não faz parte ou por ele serão de alguma forma impactados e por isso mesmo nele possam democraticamente participar e exercer o contraditório.

Apenas razões jurídicas, lógicas, econômicas é que justificam o seu ingresso em juízo, seja de forma espontânea ou provocada. É preciso que exista uma situação processual que projete impactos potenciais ou atuais fora do processo afetando terceiros. Neste passo, tradicionalmente, tanto existem casos em que o terceiro espontaneamente ingressa em juízo para exercer um direito (v.g. embargos de terceiros), quanto também há casos em que ele é literalmente trazido para dentro do processo (v.g. desconsideração da personalidade).

É curioso notar que o terceiro é "terceiro" até que efetivamente ingresse em juízo, pois a partir deste momento, ou seja, admitida a intervenção, então passará o terceiro à condição de parte, principal ou não principal daquele processo no qual interveio, sendo, pois um dos sujeitos interessados na demanda, podendo, inclusive, ser condenado por litigância de má-fé como expressamente determina o artigo 80 e 81 do CPC.[115]

O CPC dedicou o Título III do Livro III da Parte Geral para tratar das intervenções de terceiros, incluindo no referido rol a assistência, o chamamento ao processo, a denunciação da lide, o incidente de desconsideração da personalidade jurídica etc.

Estas são as modalidades de intervenção de terceiro que poderiam ser chamadas de típicas porque arroladas como tal no referido tópico do CPC. Mas está

---

115. Não há dúvida de que "todo o terceiro que intervém deixa de ser terceiro e torna-se parte" (DINAMARCO, Cândido Rangel. *Instituições de Direito Processual Civil*. 3. ed. São Paulo: Malheiros, 2003, p. 377). Contudo, as razões pelas quais a nova parte ocupará uma posição jurídica ativa ou passiva dependerá dos motivos pelos quais a sua intervenção se justifica.

CAPÍTULO 01 • PREMISSAS FUNDAMENTAIS **79**

redondamente enganado aquele que pensa que estas seriam as únicas modalidades de intervenção de terceiro descritas no próprio Código. A rigor, existem inúmeras outras modalidades de intervenção em outros locais do Código sem que tenham sido identificadas como tal.

Esses tantos outros casos de intervenções de terceiro que não estão no Título III do Livro III da Parte Geral do CPC podem ser denominadas de atípicas, exatamente por esta razão. Assim, por exemplo, a oposição (art. 682) que antes era tratada como intervenção de terceiro, foi deslocada para as ações com procedimentos especiais, assim como sob este rótulo manteve os embargos de terceiros (art.674).

No procedimento executivo, objeto deste trabalho, são inúmeros os casos de incidentes processuais ou processos incidentais que configuram modalidades de participação de terceiros que denominaremos de atípicas pelas razões comentadas alhures. Como veremos adiante, o procedimento executivo (processo de execução ou cumprimento de sentença) é um mar exuberante de hipóteses de participação de terceiros que, ora se encaixam (v.g. *embargos de terceiro*), ora não (v.g. *terceiro arrematante*[116] *e reflexos na execução*), no conceito clássico e privatista de intervenção de terceiros.

## 5.3 Sujeitos "interessados" e "desinteressados" que atuam na execução

### 5.3.1 Introito

Está enganado aquele que, a partir da leitura estática dos artigos 778 e 779 do CPC, imagina um procedimento executivo tendo apenas como atores o exequente, o Estado-juiz e o executado. Este é apenas o esquema mínimo da execução envolvendo os personagens principais da atividade executiva. Contudo, nele não se resume de forma alguma.

Assim, por exemplo, a simples leitura do artigo 782 do CPC deixa evidente a importância do oficial de justiça quando diz que *"não dispondo a lei de modo diverso, o juiz determinará os atos executivos, e o oficial de justiça os cumprirá"*. Obviamente que não é o juiz que realiza em concreto os atos de execução, senão porque apenas emite as ordens contra o executado e que devem ser cumpridas pelos agentes estatais.

---

116. Além do exequente que é parte na causa (art. 892), podem ser arrematantes todos aqueles que estiverem na livre administração dos seus bens e não fazerem parte do rol não estiverem no rol do artigo 890 do CPC. O arrematante é um terceiro fundamental ao processo executivo porque quando é necessária uma expropriação liquidativa é do produto da aquisição do bem que servirá para pagar o exequente. Este é um terceiro *bem-vindo* na execução e o seu "interesse jurídico" não é outro senão o desejo de adquirir um bem em leilão. A arrematação feita por "C" é um negócio jurídico público firmado entre ele e o Estado e que passa a integrar a execução movida por "A" contra "B". Como diz o artigo 903 qualquer que seja a modalidade de leilão, assinado o auto pelo juiz, pelo arrematante e pelo leiloeiro (aqui no papel de serventuário da justiça que realiza o ato), a arrematação será considerada perfeita, acabada e irretratável. Nem o exequente e nem o executado assinam o auto de arrematação, mas ainda assim na execução movida por A contra B que ela se realiza.

Aliás, diga-se de passagem, nem sempre o oficial de justiça consegue impor a sua autoridade, e ante a resistência [às vezes física do devedor], ou até para prevenir situações que se antevejam conflituosas, se for necessário o emprego de força policial para efetivar a execução, o juiz a requisitará, tal como determina o art. 782, § 2º, 536, §§ 1º 2º do CPC.

Curiosamente, ratificando o que foi dito acima e dando o tom dramático que cerca toda atividade executiva, e já antevendo o problema da "resistência do executado" o legislador processual manteve uma regra processual secular ao dispor no artigo 846 que "se o executado fechar as portas da casa a fim de obstar a penhora dos bens, o oficial de justiça comunicará o fato ao juiz, solicitando-lhe ordem de arrombamento".

E, em seguida diz esse mesmo dispositivo que "*deferido o pedido, 2 (dois) oficiais de justiça cumprirão o mandado, arrombando cômodos e móveis em que se presuma estarem os bens, e lavrarão de tudo auto circunstanciado, que será assinado por 2 (duas) testemunhas presentes à diligência*". Nesta situação, além de policiais, podem ser requisitadas a presença de "*duas testemunhas do ato processual*", aumentando ainda mais o rol de participantes do procedimento executivo.

Note-se que nesta cena dramática mencionada acima, a tal "testemunha", pode ser encontrada ali no momento de realização do ato, e é apenas *testemunha do ato executivo*, o que é exigido no CPC como medida de precaução, tanto para que se evite excesso na realização do ato, quanto para salvaguardar o oficial caso adiante o executado alegue excesso por parte do agente oficial, nada obstante ele, o oficial, tenha fé pública.

São inúmeros os *sujeitos interessados e desinteressados* que atuam na *execução* e aqui citamos os oficiais de justiça e até testemunhas de atos executivos. Mas há ainda outros personagens como o "*administrador-depositário*" nos casos de penhora de percentual de faturamento de empresa, o "*perito-avaliador*" quando o oficial de justiça não possua conhecimento técnico para tanto, o *leiloeiro público* na alienação de bens em leilão público, o *arrematante* que pretenda o bem penhorado levado a leilão, o *fiador* do arrematante quando este esta for a garantia prestada nas aquisições em parcelas, o *adjudicante-remidor*, o *credor preferencial* no concurso de preferências, o *terceiro* intimado pelo cometimento de fraude à execução etc.

Realmente a execução é uma verdadeira festa de personagens, especialmente nas execuções para pagamento de quantia objeto deste trabalho, sendo que uns deles são "interessados" e outros "desinteressados", mas os principais sujeitos são, realmente o exequente e o executado, além do juiz é claro.

### 5.3.2 O devedor e o responsável

Normalmente dois personagens, exequente e executado, correspondem, respectivamente, àqueles que se qualificam como credor e devedor.

É claro que credor e devedor é terminologia empregada no plano do direito material e às vezes somos tentados em utilizá-las no plano do processo. Aliás, esse vício era bastante comum no CPC de 1939 e 1973, mas não se repetiu com a demasia de antes no CPC de 2015. Aqui e ali ainda se observa o equívoco, mas que em nada atrapalha a compreensão dos dispositivos.

A preocupação em se denominar corretamente o requerente da execução de exequente e o requerido de *executado* é que nem sempre os titulares da relação jurídica material, credor e devedor, são as mesmas pessoas. Tanto que o legislador, de modo muito singelo, como deve ser mesmo, diz nos arts. 778 e 779 quais seriam aqueles que devem promover e em face de quem deve ser promovida a execução e dentre os sujeitos ali descritos estão, entre vários, o credor e o devedor.

Se por um lado o exequente será aquele sujeito a quem a lei confere título executivo [independentemente de ser ele o credor primitivo ou o secundário ou até mesmo um legitimado extraordinário], o executado é aquele cuja reponsabilidade patrimonial está revelada no título executivo; responsabilidade esta que implica em sujeitabilidade patrimonial à tutela executiva.

É bastante interessante observar que [exceções feitas à legitimidade extraordinária] – o vínculo jurídico que faz com que a mesma pessoa assuma esse duplo papel de exequente e de credor não é o mesmo de executado e devedor, simplesmente porque há que se distinguir a *dívida da responsabilidade*. O executado é o sujeito descrito no título executivo como responsável patrimonialmente.

É preciso entender que a estrutura da relação jurídica obrigacional não se limita a prever a norma primária com o vínculo entre sujeitos em torno de um objeto [ou de uma prestação], mas também a norma secundária que fica escondida e que só incide se a norma primária [os deveres e obrigações primários] não forem cumpridos.[117] Quando é descumprido o comando primário incide objetivamente a norma secundária que nada mais é do que uma "garantia geral" de toda relação jurídica obrigacional. Aliás, um direito de garantia que está prevista na lei e sem a qual "le obbligazioni risulterebbero un nome vano senza contenuto pratico" (a obrigação resultaria num nome vão e sem qualquer conteúdo prático).[118]

Como vimos anteriormente, o artigo 391 do CCB expressamente diz que "*pelo inadimplemento das obrigações respondem todos os bens do devedor*". Igualmente o

---

117. Reconhecendo o perfil material da responsabilidade patrimonial inserida na relação obrigacional ver GANGI C. Debito e responsabilità nel diritto nostro vigente, *Riv. dir. civ.*,1927, pp. 521 ss.; BETTI E., *Teoria generale delle obbligazioni*, III, 2, Milano, 1955, pp. 262 ss.; MONTELEONE, Girolamo Alessandro. *Profili sostanziali e processuali dell'azione surrogatoria*. Imprenta: Milano: A. Giuffre, 1975, p. 23 e ss.; em sentido contrário, vendo na responsabilidade patrimonial uma natureza processual ver por todos SIQUEIRA, Thiago Ferreira. *A responsabilidade patrimonial no novo sistema processual civil*. São Paulo: Ed. RT, 2016.

118. D'AMELIO M. Della responsabilità patrimoniale, delle cause di prelazione e della conservazione della garanzia patrimoniale: disposizioni generali. Libro della tutela dei diritti. *Commentario del Codice civile*, diretto da D'Amelio-Finzi, Firenze, 1943, p. 430.

art. 942 do CCB "*art. 942. Os bens do responsável pela ofensa ou violação do direito de outrem ficam sujeitos à reparação do dano causado; e, se a ofensa tiver mais de um autor, todos responderão solidariamente pela reparação*". Da mesma forma o artigo 789 do CPC diz que "*o devedor responde com todos os seus bens presentes e futuros para o cumprimento de suas obrigações, salvo as restrições estabelecidas em lei*".[119]

Os dispositivos legais mencionados acima se completam e revelam que o inadimplemento da obrigação é o gatilho, é o fato objetivo para que incida o direito de o credor, munido de título executivo, requerer seja expropriado o patrimônio do responsável (devedor ou de outro sujeito que seja responsável pela lei ou pelo contrato) para garantir os prejuízos suportados pelo incumprimento das obrigações. Esse "gatilho" é disparado com o inadimplemento, mas a responsabilidade patrimonial nasce desde o nascimento da relação obrigacional,[120]-[121] inclusive facultando ao credor o direito de conservar a garantia patrimonial quando existir sérios indícios de que haverá o inadimplemento Este, o inadimplemento, permite que o credor, munido de título executivo, "realize a garantia" por meio de expropriação judicial do numerário que corresponda aos prejuízos causados pelo inadimplemento.

Assim, a relação jurídica que se projeta na execução para pagamento de quantia não é a "primária", mas a "secundária", sendo que de um lado está o titular do direito violado (futuro exequente) e de outro o sujeito que terá seu patrimônio responsabilizado pelo inadimplemento (futuro executado). Esse "sujeito" normalmente é o devedor, mas pode ser que a lei ou o contrato imponha essa responsabilidade a outrem. Se bem observada a distinção entre débito e responsabilidade, pode ser percebido que o *responsável* pode ser um "terceiro" em relação à prestação devida (por exemplo um fiador), mas em relação à relação jurídica da responsabilidade patrimonial, que também integra a obrigação, ele não é terceiro, mas parte, pois sujeita seu patrimônio tanto quanto o devedor. Eis porque o Código Civil fala em pagamento por "terceiro interessado". O "interessado" advém justamente do fato de que tal sujeito é terceiro na relação débito-crédito, mas parte que suportará a responsabilidade patrimonial junto com o devedor.

> Art. 346. A sub-rogação opera-se, de pleno direito, em favor:
>
> III – do terceiro interessado, que paga a dívida pela qual era ou podia ser obrigado, no todo ou em parte.

É claro que normalmente a relação jurídica obrigacional projeta-se no processo colocando como exequente o próprio titular do crédito e na condição de executado

---

119. A *sanção* reparativa pelo descumprimento da obrigação não recai mais sobre a pessoa, mas sim sobre o seu patrimônio. A responsabilidade patrimonial é o modo pelo qual a sanção civil reparativa se perfectibiliza.
120. BETTI, E. *Teoria generale delle obbligazioni*. Milano: Giuffré, 1953, v. II, Struttura dei rapporti di obbligazione, p. 23 e ss.
121. Tanto isso é verdade que a lei permite ao credor usar de medidas conservativas antecedentes ao momento do adimplemento para proteger o patrimônio do devedor por haver indícios de dilapidação. Prevê, também medidas repressivas como a fraude à execução e a fraude contra credores.

CAPÍTULO 01 • PREMISSAS FUNDAMENTAIS 83

o próprio devedor, mas nem sempre esta regra acontece, já que a mesma relação jurídica obrigacional poderá projetar o *responsável patrimonialmente* como executado, mesmo não sendo ele o devedor da prestação como nos alerta o artigo 789, VI do CPC.

Aliás, embora ambas integrem a mesma relação jurídica obrigacional, no dia que se percebeu a diferença entre a dívida e a responsabilidade patrimonial tornou possível um incremento muito grande das relações negociais, permitindo que garantias reais e pessoais pudessem ser prestadas por sujeito diverso do devedor ("terceiros") como no caso da hipoteca e da fiança, caso em que numa relação obrigacional pode existir um credor (futuro exequente), um devedor e um outro sujeito também responsável, sendo que estes dois últimos poderão figurar futuramente como "executados".

### 5.3.3    Posições jurídicas ativas e passivas do exequente e do executado

O processo, método de solução de conflitos, inclusive o de execução, é uma soma complexa e encadeada de relações jurídicas envolvendo diversos atores do processo. Cada ato processual revela uma situação jurídica objetiva e subjetiva diversa e assim sucessivamente.

No entanto, ainda que exista esse dinamismo e esse conjunto de atos processuais com essa miríade de situações jurídicas, é possível identificar um núcleo base que é a situação jurídica do exequente e do executado em relação à própria razão de ser do próprio procedimento executivo em contraditório.

Como diz o artigo 787 do CPC "*realiza-se a execução no interesse do exequente*", ou seja, a tutela executiva existe para que o Estado cumpra coativamente a promessa de prestar uma tutela jurídica justa ao jurisdicionado que se apresente como titular de um direito revelado num título executivo. Por sua vez, em relação à tutela executiva o executado se apresenta como alguém que, independentemente da sua vontade, se sujeita à coação do Estado. O núcleo do "direito do executado" gravita em torno do fato de que essa sujeição estatal seja feita dentro dos limites da legais que lhe garantam a menor gravosidade possível como preceitua o art. 805 do CPC segundo os ditames constitucionais de que ninguém será *privado dos seus bens* sem o devido processo legal.

Esse *quid* que move a tutela executiva não se confunde com o *contraditório* que é inerente a qualquer atividade processual. Não há processo sem contraditório e é importante que isso fique claro. O que acontece é que a atividade executiva existe para atingir um objetivo que é a satisfação do direito exequendo, e, definitivamente, raríssima será a obtenção da satisfação no limiar da execução, antes dos atos de execução forçada, por meio do *pagamento voluntário* previsto no artigo 523 e 827 do CPC, já que neste livro cuidamos apenas das obrigações de pagar quantia.[122] Neste

---

122.    Sobre a autonomia da função executiva e sua relativização ver por todos ASSIS, Araken de. *Manual do processo de execução*. 10. ed. São Paulo: Ed. RT, 2006, p. 111; MEDINA, José Miguel Garcia. *Execução*

particular, então, o contraditório na execução volta-se ao controle da regularidade, legalidade e adequação dos atos e do procedimento executivo e não propriamente do direito subjacente revelado no título executivo que deve ser objeto de contraditório por meio dos meios típicos de oposição à execução como a impugnação ao cumprimento de sentença e os embargos do devedor.

Se se mostrou necessária a instauração da tutela executiva pelo titular do crédito inadimplido, então é porque o devedor não cumpriu espontaneamente o que estaria revelado no título executivo. Por isso, é preciso ter clara a realidade de que a tutela executiva existe *para satisfazer o direito do exequente mesmo contra a vontade do executado*, e, a partir desta *posição jurídica diferenciada* de um e outro sujeito é que se desenvolve a sucessão de atos processuais da cadeia executiva. Frise-se que esta posição jurídica ativa e passiva na execução, de exequente e executado, não nega e nem esconde, ante o dinamismo do procedimento executivo, a existência de uma miríade de posições jurídicas ativas e passivas assumidas por estes atores ao longo da sequência procedimental.

Não esqueçamos que tudo isso que estamos falando é justamente para firmar a premissa de que há no procedimento executivo, além deste esquema mínimo de sujeitos parciais (exequente e executado), uma série de outros personagens igualmente interessados[123] que eventualmente possam nele ingressar, seja por imposição e a seu contragosto, seja por livre e espontânea vontade.

São partes na execução, portanto, os litigantes, que ocupem as diversas situações jurídicas subjetivas no feito, ativas e passivas com parcialidade,[124] enfim, "os sujeitos do contraditório instituído perante o Juiz",[125] sejam eles litigantes iniciais ou que tenham ingressado no feito a posteriori por meio de "fato jurídico processual"[126] que regra geral tem o condão de gerar uma modificação objetiva e/ou subjetiva da demanda.

---

civil: teoria geral e princípios fundamentais. 2. ed. São Paulo: Ed. RT, 2004, p.262-3. Observe-se que essa autonomia é *procedimental* que nos casos dos embargos à execução atinge pureza máxima com *processos diversos para cada procedimento* (executivo e cognitivo); mas no caso da impugnação do executado num mesmo processo (nos próprios "autos" como diz o artigo 525, *caput*) convivem dois procedimentos com funções absolutamente distintas.

123. Interessados ou parciais porque não são "isentos ou neutros ou indiferentes" ao que está sendo deduzido em juízo, antes o contrário, ou seja, porque com ela possuem algum vínculo é que justificam o seu ingresso no processo do qual não participavam até então.

124. Na mesma linha Dinamarco "ao dizer que são todos aqueles que, tendo proposto uma demanda em juízo (inclusive em processo pendente), tendo sido citados, sucedendo a parte primitiva ou ingressando em auxílio da parte, figuram como titulares das diversas situações jurídicas ativas e passivas inseridas na dinâmica da relação jurídica processual (poderes, faculdades, ônus, deveres, sujeição)". DINAMARCO, Cândido Rangel. *Instituições de Direito Processual Civil*. 3. ed. São Paulo: Malheiros, 2003, p. 17.

125. LIEBMAN, Enrico Tullio. *Manual de direito processual civil*. Rio de Janeiro: Forense, 1984, v. I, p. 88.

126. DIDIER JR., Fredie; BRAGA, Paula Sarno; OLIVEIRA, Rafael. *Curso de direito processual civil*. Bahia: Jus-Podivm, 2009, p. 341, v. 1, p. 476.

## 5.4 Partes na execução

O sujeito que ocupa a posição jurídica ativa na execução é denominado de exequente e normalmente coincide com o credor,[127] reconhecido como tal no título executivo. Excepcionalmente, podem promover a execução ou nela prosseguir, em sucessão ao exequente originário, o Ministério Público; o espólio, os herdeiros ou os sucessores do credor, sempre que, por morte deste, lhes for transmitido o direito resultante do título executivo; o cessionário, quando o direito resultante do título executivo lhe for transferido por ato entre vivos; o sub-rogado, nos casos de sub-rogação legal ou convencional.

Já o sujeito que ocupa a posição jurídica passiva na execução é denominado de executado e normalmente coincide com o devedor, reconhecido como tal no título executivo. Entretanto, é possível ainda esta posição seja ocupada pelo espólio, herdeiros ou os sucessores do devedor; pelo novo devedor que assumiu, com o consentimento do credor, a obrigação resultante do título executivo; pelo fiador, responsável pelo débito constante em título extrajudicial; pelo sujeito que não é o devedor originário, mas é responsável patrimonialmente por ser titular do bem vinculado por garantia real ao pagamento do débito; e também o responsável tributário, mesmo não sendo o devedor originário, assim definido em lei.

É fundamental perceber que embora a relação jurídica obrigacional seja uma só, nela se identificam duas relações jurídicas que se projetam na execução. A primeira relação jurídica *débito/crédito* envolvem os sujeitos que *devem adimplir* e que *se beneficiam deste adimplemento* (credor e devedor). Já a segunda relação jurídica é a da *responsabilidade patrimonial* (credor e garantidor responsável) onde o sujeito responsável pelo inadimplemento pode não coincidir com aquele sujeito que deveria adimplir a obrigação, como no caso do fiador ou do avalista.

> Como diz Dinamarco: "Estão nessa situação aqueles que, não figurando em um negócio como beneficiários da contraprestação devida pela outra parte e não assumindo dever algum de adimplir, suportam sobre seu patrimônio, ou sobre algum bem específico, o ônus consistente na garantia do cumprimento da obrigação por outra pessoa".[128]

Nesta situação peculiar (de descoincidência entre o *responsável* e o *devedor*) de *responsabilidade de dívida alheio* é possível que o *executado responsável* se oponha à execução alegando não apenas matérias que se relacionam diretamente à sua responsabilidade patrimonial (ex: impenhorabilidade de determinado bem do seu patrimônio), mas também poderá deduzir exceções que se referem à dívida propria-

---

127. Sobre a distinção da parte em sentido material e processual ver LIEBMAN, Enrico Tullio. *Manual de direito processual civil*. Rio de Janeiro: Forense, 1984. p. 90.
128. DINAMARCO, Cândido Rangel. *Instituições de Direito Processual Civil*. 3. ed. São Paulo: Malheiros Editores, 2009, p. 155.

mente dita que estão diretamente relacionadas ao devedor.[129] Há interesse jurídico do garantidor que terá seu patrimônio atingido em alegar matérias de defesa que sejam atinentes à relação de débito-crédito, pois se inexistir a dívida cessará a sua responsabilidade.

A questão é deveras interessante porque embora esteja ali na condição de responsável, porque seu patrimônio deve ser expropriado, por outro lado, pode deduzir matérias relativas à dívida tais como a prescrição, o pagamento, a exceção de contrato não cumprido que, se forem acolhidas afastarão a sua responsabilidade patrimonial.[130] Atente-se para o fato de que o *responsável executivo* é legitimado ordinário porque está ali protegendo o seu patrimônio, mas tem legitimidade extraordinária para opor-se à execução alegando matérias que são afetas ao devedor que inadimpliu a obrigação por ele assumida.[131]

> Não fosse assim seria uma temeridade para o executado responsável, porque o executado poderia, de forma velada, "deixar" de se defender a contento, ocultar seu patrimônio, justamente para que o responsável tenha que suportar sozinho as consequências do inadimplemento. Para *defender e proteger o seu patrimônio o responsável* pode valer-se de todos os remédios (ações, defesas e incidentes), preventivos e repressivos, e neles veicular todas as matérias que visem afastar total ou parcialmente a dívida inadimplida; matérias estas que em tese deveriam ser utilizadas pelo devedor. Dado o elo entre a dívida e responsabilidade, sendo esta uma garantia daquela, é certo que não há o que se garantir o que não for devido.[132]

Como visto nem sempre o credor e o devedor originários serão exatamente as pessoas que irão figurar como exequente e executado. É importante destacar na

---

129. Por exemplo o Art. 837 do CCB: "O fiador pode opor ao credor as exceções que lhe forem pessoais, e as extintivas da obrigação que competem ao devedor principal, se não provierem simplesmente de incapacidade pessoal, salvo o caso do mútuo feito a pessoa menor".

130. Segundo o art. 776, IV a execução pode ser promovida contra "o fiador do débito constante em título extrajudicial". Por sua vez diz o artigo 513, § 5º diz que "o cumprimento da sentença não poderá ser promovido em face do fiador, do coobrigado ou do corresponsável que não tiver participado da fase de conhecimento". Parece claro que os dispositivos estão em fina sintonia e querem dizer que o fiador (ou qualquer responsável patrimonialmente que não seja o tomador da dívida) que figura no título executivo, judicial ou extrajudicial, é que poderá ser *executado*. Assim, se com base num documento sem eficácia de título extrajudicial, o credor ajuíza a ação condenatória apenas contra o devedor, mas não contra o responsável, é nítido que contra este não será formado o título executivo e não poderá ser inserido como parte na execução.

131. Esta questão é importantíssima porque, por exemplo, nos casos de desconsideração da personalidade jurídica ocorrida na fase de cumprimento de sentença, o sujeito atingido pela desconsideração que passa a integrar o polo passivo da execução tem o direito de arguir *todas as matérias* atinentes à dívida e à responsabilidade, sob pena de violação crassa do contraditório e ampla defesa, pois a eficácia preclusiva aludida no art. 508 a ele não se aplica porque ingressou no feito depois de ter sido oportunizada a chance de defesa. Poderá ele, portanto, impugnar o cumprimento da sentença, ainda que tenha integrado a relação processual após esta fase ter sido superada.

132. Aguda e nesta mesma linha a posição de Daniel Neves: "Sendo o sujeito responsável por dívida que não é sua – responsabilidade patrimonial secundária –, é natural que seja considerado parte na demanda executiva, visto que será o maior interessado em apresentar defesa para evitar a expropriação de seu bem.

O devedor, que também deverá estar na demanda como litisconsórcio passivo, poderá não ter tanto interesse assim na apresentação da defesa, imaginando que, em razão da propriedade do bem penhorado, naquele momento o maior prejudicado será o responsável secundário e não ele". NEVES, Daniel Amorim Assumpção. *Manual de direito processual civil*. 8. ed. Salvador: JusPodivm, 2016, volume único, p. 1002.

análise dos arts. 778 e 779 do CPC a figura do responsável patrimonialmente que nem sempre recai na pessoa do devedor. Já dissemos que é possível que um sujeito não seja aquele que titulariza o débito, mas que assume também – pela lei ou pelo contrato – a responsabilidade patrimonial pelo inadimplemento do devedor.

Assim, se terceiro é todo aquele que não é parte no processo veremos que no processo executivo há um sem-número de ingressos de atuação de terceiros no curso de procedimento não se podendo afirmar que com este ingresso se tornarão parte em toda execução, pois o ingresso pode se referir apenas sobre determinado ato executivo.

A legitimidade para postular a tutela executiva acomoda-se nos mesmos conceitos e regras da teoria geral do processo. Figura a legitimidade para agir, ativa e passiva, como condição necessária, mas não suficiente, para a obtenção da satisfação pretendida. A ilegitimidade implica em extinção do processo ou da fase executiva (art. 485, VI).

Caso o titular ativo do direito exequendo postule, ele mesmo, a tutela executiva, estaremos diante da legitimidade ordinária, aplicando-se o mesmo raciocínio para o titular passivo do dever ou da obrigação. Diz ainda que a legitimidade ordinária pode ser dividida em originária e independente, quando adquirida, respectivamente, de forma contemporânea ou superveniente da formação do título. Aliás, a superveniência implica em ingresso de um terceiro (ex. cessionário do crédito) que até então não atuava no processo.

Enfim, se o título executivo espelha, no momento da propositura da demanda executiva, o verdadeiro titular do direito exequendo (e, igualmente, o titular passivo), que ora atua em juízo, então se tem aí que o "credor" e o "devedor" são legitimados ordinários "originários".

Todavia, se o título representa alguém que no plano do direito material já não é mais o credor, e esse alguém persegue em juízo o seu próprio direito, tem-se aí uma situação jurídica onde o título não se presta, nesse caso, para identificar o titular da relação jurídica material, pois no plano material houve transferência dessa titularidade, e, por isso mesmo, não haverá coincidência entre o sujeito discriminado no título e o titular do direito que postula em juízo. Nesse caso, tem-se a "legitimidade ordinária independente", porque haurida após a formação do título.

Entretanto, não só a legitimidade ordinária (originária ou independente) está presente na tutela executiva, uma vez que a figura da legitimidade extraordinária também sói acontecer. Assim, sempre que o titular, ativo ou passivo, da tutela executiva não corresponda àquele que se beneficiará ou se prejudicará, no plano do direito material, com o resultado da execução (por não ser titular do direito ou da obrigação), então se terá a denominada legitimidade extraordinária. Os mesmos conceitos de teoria geral do processo também são espraiados para a tutela executiva.

Em relação à legitimidade na tutela executiva, o CPC traz algumas regras relativas às partes no Capítulo II do Livro II, reservando os arts. 778 e 779[133] para algumas situações de legitimação ativa e passiva na execução, respectivamente. As hipóteses ali descritas, na verdade, exemplificam o que foi dito anteriormente.

No art. 778, o *caput* enuncia que o credor terá legitimidade ativa para a propositura da ação executiva. Trata-se de regra típica de legitimidade ordinária primária, porque o artigo diz que tem legitimidade o "credor" (titular no plano substancial) para ajuizar a demanda executiva.

A identificação da legitimidade ativa fica bastante facilitada nessa hipótese – que é a mais tradicional –, pois no próprio título se identifica aquele que é o credor da obrigação ou direito exequendo. Já no inc. I do § 1º do mesmo dispositivo, o CPC alude à legitimidade ativa do Ministério Público para a propositura de demandas executivas, que, segundo afirma, será nos casos expressos na lei.[134]

De fato, tratando-se de legitimação extraordinária, ela deve estar prevista no ordenamento jurídico, sendo incomum a sua ocorrência, já que a função do *Parquet* não é a proteção de direitos disponíveis e patrimoniais, que normalmente é o que se reclama por via da tutela executiva. Assim, são exemplos de legitimidade extraordinária do *Parquet* a execução promovida na ação civil pública (art. 15 da Lei 7.347/1985), a execução promovida em caráter subsidiário na ação popular (art. 16 da Lei 4.717/1965) etc.

A previsão de legitimidade do espólio (inc. II) está em perfeita consonância com o art. 110 do CPC,[135] em que alude à sucessão processual *causa mortis*. Falecendo o credor, este será sucedido pelo seu espólio, pelos seus herdeiros ou seus

---

133. Art. 778. Pode promover a execução forçada o credor a quem a lei confere título executivo.

§ 1º Podem promover a execução forçada ou nela prosseguir, em sucessão ao exequente originário:

I – o Ministério Público, nos casos previstos em lei;

II – o espólio, os herdeiros ou os sucessores do credor, sempre que, por morte deste, lhes for transmitido o direito resultante do título executivo;

III – o cessionário, quando o direito resultante do título executivo lhe for transferido por ato entre vivos;

IV – o sub-rogado, nos casos de sub-rogação legal ou convencional.

§ 2º A sucessão prevista no § 1º independe de consentimento do executado.

Art. 779. A execução pode ser promovida contra:

I – o devedor, reconhecido como tal no título executivo;

II – o espólio, os herdeiros ou os sucessores do devedor;

III – o novo devedor que assumiu, com o consentimento do credor, a obrigação resultante do título executivo;

IV – o fiador do débito constante em título extrajudicial;

V – o responsável titular do bem vinculado por garantia real ao pagamento do débito;

VI – o responsável tributário, assim definido em lei.

134. Deveria ter o legislador ter compatibilizado o art. 778, § 1º, I à redação do art. 18, bem mais adequada.

135. Art. 110. Ocorrendo a morte de qualquer das partes, dar-se-á a sucessão pelo seu espólio ou pelos seus sucessores, observado o disposto no art. 313, §§ 1º e 2º.

sucessores em geral, desde que estes sejam os novos titulares do direito resultante do título executivo.

No inc. III, o CPC identifica outras hipóteses de legitimidade ativa à propositura ou à sucessão processual na demanda executiva já instaurada. Trata-se, na hipótese, de "legitimidade ordinária derivada ou superveniente", pois o titular originário do direito exequendo e/ou da demanda executiva (que a instaura ou nela prossegue) não é aquele que está representado no título executivo. Aqui tem nítida hipótese de intervenção de terceiro que, uma vez admitida, assume a condição de parte em substituição ao exequente originário. O inc. III cuida da titularidade ativa do cessionário, enfim, daquele sujeito que adquiriu, a título oneroso ou gratuito, o direito exequendo (arts. 287-289 do CC). Nesse caso, sendo o titular do direito objeto da execução, mas não a parte ativa da execução, permite o Código que ele, cessionário, prossiga na execução, sucedendo o cedente.

Há similitude dessa figura com a que está prevista no art. 109 do CPC,[136] com ressalvas e dessemelhanças importantes com a figura ali prevista. É que a alienação do bem litigioso prevista no art. 109 se dá no curso do procedimento cognitivo, cujo desfecho normal é duplo, qual seja, de procedência ou de improcedência, e por isso mesmo é necessária a cautela de proteger o adversário do cedente (a contraparte), evitando que ela seja prejudicada pela alienação do bem litigioso.

No presente caso, tratando-se de cumprimento de sentença definitivo ou de processo de execução, tem-se um processo ou módulo executivo para satisfação do crédito corporificado no título executivo, cujo procedimento é desfecho único, não havendo, em tese, prejuízo para o executado caso ocorra a alteração subjetiva da demanda. Assim, por isso incide neste particular a regra do art. 778, § 2º, que assim diz: "a sucessão prevista no § 1º independe de consentimento do executado". Não se aplica esta regra se se tratar de cumprimento de sentença provisório, pela óbvia razão de que a condição de credor ainda está sedimentada.

Portanto, a sucessão *inter-vivos* deve acontecer, e mesmo sem a anuência do executado, que em tese não tem prejuízo com a alteração subjetiva da demanda executiva, sendo, portanto, irrelevante a sua aquiescência na sucessão processual ocorrida no polo ativo –, fazendo com que essa regra se distancie da insculpida no art. 109 do CPC.

A hipótese descrita no art. 778, § 1º, IV, do CPC também é de legitimidade ordinária superveniente, nos casos em que assume a titularidade ativa, após a formação

---

136. Art. 109. A alienação da coisa ou do direito litigioso por ato entre vivos, a título particular, não altera a legitimidade das partes. § 1º O adquirente ou cessionário não poderá ingressar em juízo, sucedendo o alienante ou cedente, sem que o consinta a parte contrária. § 2º O adquirente ou cessionário poderá intervir no processo como assistente litisconsorcial do alienante ou cedente. § 3º Estendem-se os efeitos da sentença proferida entre as partes originárias ao adquirente ou cessionário.

do título executivo, o sub-rogado[137] (legal ou convencional) que sucederá processualmente, na condição de credor, o antigo titular (possivelmente também exequente) do crédito exequendo. Valem aqui as mesmas considerações feitas anteriormente para a sucessão processual ativa prevista no inciso anterior.[138]

O art. 779 foi reservado pelo CPC para exemplificar os sujeitos passivos da execução, elencando seis incisos, que dispõem acerca de hipóteses de legitimação ordinária e extraordinária.

O inc. I apresenta correspondência biunívoca com o art. 778, *caput*, e corresponde às hipóteses em que o titular passivo da execução é aquele que se encontra representado no título na condição de devedor, em um típico exemplo de legitimação ordinária primária.

Na hipótese do inc. II do art. 779, verifica-se correspondência com o art. 778, II, posto que se trata de legitimação ordinária superveniente decorrente de transmissão (antes ou depois de iniciado o processo executivo) *causa mortis* do patrimônio do primitivo devedor. Certamente, os sucessores só responderão pela quota-parte do que lhes for transferido.[139]

O inc. III do art. 779 cuida da hipótese de assunção de dívida, figura que corresponde, com diferenças, obviamente, à cessão de crédito já comentada anteriormente. Esse dispositivo não encontra correspondente no Código Civil, e por isso é, ao mesmo tempo, uma regra de direito processual e material, pois é nele que está prevista genericamente a permissão do devedor de transferir os seus encargos obrigacionais, seja antes ou posteriormente ao processo (art. 109 do CPC).

Observe-se que, nessa hipótese, é condição *sine qua non* a aceitação expressa do credor/exequente para que se operem os efeitos processuais do referido negócio jurídico (sucessão processual). Se a assunção de dívida for realizada sem a sua aquiescência, nenhuma mudança importará na situação jurídica de vantagem do credor, sendo contra si ineficaz o negócio jurídico praticado pelo devedor primitivo e atual. Não fosse assim, tal dispositivo seria utilizado sempre pelo devedor inescrupuloso com a finalidade de fugir à sua responsabilidade patrimonial, colocando no seu lugar alguém insolvente para quitar a dívida contraída. Todavia, havendo a assunção no plano material e com ela concordando o credor, livra-se o devedor

---

137. Segundo o *Dicionário Aurélio*, sub-rogar é: "Pôr em lugar de alguém; substituir. 2. Transferir direito ou encargo a. 3. Assumir, tomar o lugar de outrem". A sub-rogação, segundo o CC, art. 349, implica a transferência "ao novo credor de todos os direitos, ações, privilégios e garantias do primitivo em relação à dívida, contra o devedor principal e os fiadores".

138. Desde que ocorra o pagamento com sub-rogação no curso do processo ou módulo executivo, o sub-rogado imediatamente ocupará o polo ativo da demanda, prosseguindo a execução contra o devedor. É o que se observa no art. 794, § 2º, do próprio CPC.

139. No caso de procedência do incidente de desconsideração da personalidade previsto no art. 133 do CPC amplia-se o rol dos responsáveis patrimonialmente pelo adimplemento da obrigação no típico caso de legitimação passiva superveniente. A procedência do incidente amplia o polo passivo e permite que o patrimônio da pessoa atingida pela desconsideração seja atingido.

primitivo da responsabilidade patrimonial, e, estando em curso o processo, esses mesmos efeitos aí se operarão.

O inc. IV do art. 779 prevê o "fiador judicial" como sujeito passivo da obrigação. Antes de comentar essa hipótese de legitimidade ordinária (originária ou superveniente), cumpre esclarecer que a fiança é uma espécie de garantia fidejussória em que "uma pessoa garante satisfazer ao credor uma obrigação assumida pelo devedor caso este não a cumpra" (art. 818 do CC). Essa relação jurídica substancial de garantia entre o fiador (garantidor) e o afiançado poderá nascer por convenção das partes, e, nesse caso – que é o mais comum –, será denominada "fiança convencional", que poderá referir-se à totalidade ou à parte da obrigação. A fiança poderá também nascer no curso de uma relação jurídica processual para garantir o adimplemento de algum ato ou comportamento processual (v.g., art. 520, IV, do CPC). Verifica-se que tal fiador (judicial) é garantidor do cumprimento de uma situação processual assumida pelo afiançado (parte) no processo.

Feitas essas considerações, retornamos ao tema da legitimidade passiva na execução. Pelo que se viu, quando o inc. IV do art. 779 do CPC menciona a legitimidade passiva do fiador "judicial" é porque fez a referência específica a essa modalidade de fiança de forma proposital, pois quer dizer que, tendo surgido a relação de fiança (fiador e afiançado) no curso do processo, seja ele executivo ou não, o referido fiador poderá, em relação à garantia prestada, ter de suportar a atuação executiva sobre o seu patrimônio.

Os casos de "fiança convencional" são regulados, normalmente, pelo inc. I do art. 779, desde que contra esse fiador exista título executivo judicial ou extrajudicial. Ora, não seria lícito imaginar a propositura de uma ação executiva contra o fiador sem que contra ele se tenha título executivo líquido, certo e exigível.

Assim, se foi proposta a demanda cognitiva apenas contra o devedor principal e dessa relação jurídica o fiador ficou fora não sendo nem citado nem chamado ao processo, não seria lícito admitir que ele pudesse ser executado, pois contra ele não existiria título executivo (art. 513, § 5º). Havendo título executivo contra o fiador e sendo contra ele também proposta a execução, é certo que, se não houver renunciado ao benefício de ordem (art. 827 do CC), ele (o fiador) poderá argui-lo para exigir que a responsabilidade patrimonial do devedor principal responda primeiro pela execução da dívida.[140-141]

---

140. A existência do instituto do "benefício de ordem" em favor do fiador não lhe retira a legitimidade passiva para a causa executiva, desde que contra ele exista título executivo, apenas lhe assegura o direito de que a execução primeiro recaia sobre o patrimônio do devedor principal. Já a sua obrigação (do fiador) é de garantia, portanto acessória, o que lhe confere o direito de só ter o seu patrimônio atingido se e quando não houver patrimônio suficiente do devedor principal.

141. O regime jurídico do avalista é semelhante ao do fiador no tocante à legitimidade ativa para executar, já que se lhe aplica a regra da sub-rogação caso tenha suportado a responsabilidade executiva ou pago o débito exigido do devedor. Todavia, no plano processual passivo da execução aponta-se muita dessemelhança, justificada pela diferença de regime jurídico entre os institutos no plano substancial. A fiança é regida pelo

O inc. V do art. 779 trata da legitimidade passiva do *"responsável titular do bem vinculado por garantia real ao pagamento do débito"*, portanto, do sujeito que é titular do bem que foi dado em garantia. Ao oferecer o bem em garantia, vinculando-o ao pagamento do débito, o titular do bem anuiu com o negócio jurídico do qual não é o devedor principal, mas apenas o garantidor. O limite da sua garantia é o bem respectivo, devendo ser lembrado ainda que qualquer alteração do negócio jurídico que constitua novação implique necessária aquiescência do garantidor cujo bem está vinculado ao pagamento do débito, sob pena de cessação da garantia (responsabilidade).[142]

Já o inc. VI do art. 779 alude à legitimidade passiva do *"responsável tributário"*, assim definido na legislação tributária. A legitimidade do responsável tributário pode ser ordinária ou extraordinária, e a definição de uma ou outra se dará em razão da situação jurídica substancial definida pelo direito tributário. Assim, em relação ao "responsável tributário" é importante considerar os arts. 134[143] e 135[144] do Código Tributário Nacional, que cuida da "responsabilidade de terceiros".

---

direito civil, e o aval é regido pelo direito cambiário. Assim, o avalista assume em relação ao beneficiário uma obrigação autônoma em relação à obrigação do avalizado (emitente ou aceitante da cambial). Por isso, sua responsabilidade executiva não se condiciona à eventual propositura de ação contra o avalizado, nem mesmo goza de benefício de ordem caso esteja na condição de coexecutado com o avalizado.

142. "1. A novação prevista na lei civil é bem diversa daquela disciplinada na Lei 11.101/2005. Se a novação civil faz, como regra, extinguir as garantias da dívida, inclusive as reais prestadas por terceiros estranhos ao pacto (art. 364 do Código Civil), a novação decorrente do plano de recuperação traz como regra, ao reverso, a manutenção das garantias (art. 59, *caput*, da Lei 11.101/2005), sobretudo as reais, as quais só serão suprimidas ou substituídas 'mediante aprovação expressa do credor titular da respectiva garantia', por ocasião da alienação do bem gravado (art. 50, § 1º). Assim, o plano de recuperação judicial opera uma novação *sui generis* e sempre sujeita a uma condição resolutiva, que é o eventual descumprimento do que ficou acertado no plano (art. 61, § 2º, da Lei 11.101/2005). 2. Portanto, muito embora o plano de recuperação judicial opere novação das dívidas a ele submetidas, as garantias reais ou fidejussórias, de regra, são preservadas, circunstância que possibilita ao credor exercer seus direitos contra terceiros garantidores e impõe a manutenção das ações e execuções aforadas em face de fiadores, avalistas ou coobrigados em geral. 3. Deveras, não haveria lógica no sistema se a conservação dos direitos e privilégios dos credores contra coobrigados, fiadores e obrigados de regresso (art. 49, § 1º, da Lei 11.101/2005) dissesse respeito apenas ao interregno temporal que medeia o deferimento da recuperação e a aprovação do plano, cessando tais direitos após a concessão definitiva com a homologação judicial. 4. Recurso especial não provido" (REsp 1.326.888/RS, Rel. Min. Luis Felipe Salomão, Quarta Turma, j. 08.04.2014, *DJe* 05.05.2014).

143. "Art. 134. Nos casos de impossibilidade de exigência do cumprimento da obrigação principal pelo contribuinte, respondem solidariamente com este nos atos em que intervierem ou pelas omissões de que forem responsáveis: I– os pais, pelos tributos devidos por seus filhos menores; II – os tutores e curadores, pelos tributos devidos por seus tutelados ou curatelados; III – os administradores de bens de terceiros, pelos tributos devidos por estes; IV – o inventariante, pelos tributos devidos pelo espólio; V – o síndico e o comissário, pelos tributos devidos pela massa falida ou pelo concordatário; VI – os tabeliães, escrivães e demais serventuários de ofício, pelos tributos devidos sobre os atos praticados por eles, ou perante eles, em razão do seu ofício; VII – os sócios, no caso de liquidação de sociedade de pessoas. Parágrafo único. O disposto neste artigo só se aplica, em matéria de penalidades, às de caráter moratório."

144. "São pessoalmente responsáveis pelos créditos correspondentes a obrigações tributárias resultantes de atos praticados com excesso de poderes ou infração de lei, contrato social ou estatutos: I – as pessoas referidas no artigo anterior; II – os mandatários, prepostos e empregados; III – os diretores, gerentes ou representantes de pessoas jurídicas de direito privado."

Nos casos do art. 134 do CTN, a legitimação passiva para a execução nasce em razão de solidariedade legal, e bem se poderia utilizar a regra do art. 779, I, para incluí-los na demanda executiva. Assim, a regra do art. 779, V, tem incidência nos casos do art. 135 do CTN. Dessa forma, por expressa determinação legal, são *"responsáveis" tributários, e, mesmo que não estejam eles na certidão de inscrição em dívida ativa, poderão ser demandados em ação executiva.*[145]

O que o dispositivo citado prevê é a hipótese de legitimidade passiva para a demanda executiva de alguém que, não sendo o contribuinte, seja *responsável patrimonialmente* pelo pagamento do tributo por ele (contribuinte) é devido. No entanto, há casos em que por razões de segurança, economia etc., a lei estabelece que aquele que recolhe o tributo não o contribuinte direto, enfim, aquele sobre o qual incidiu imediatamente a tributação devida.

É, portanto, o "responsável tributário". Tal responsabilidade tributária poderá ser configuradora de uma legitimidade ordinária ou extraordinária para figurar no polo passivo da demanda executiva. Será ordinária toda vez que a responsabilidade tributária decorrer de uma situação legitimante no plano de direito material decorrente de um fato novo posterior ao nascimento da obrigação tributária (em razão de responsabilidade subsidiária, solidariedade ou sucessão). Já a legitimidade extraordinária do responsável tributário ocorrerá nas hipóteses de "substituição tributária", em que a lei tributária determina que o sujeito responsável pela obrigação tributária sempre foi pessoa diversa daquela que auferiu a vantagem do negócio tributário.

Ainda é importante dizer que o artigo 526 do CPC trata do que se convencionou de *execução às avessas*, onde se permite que o devedor dê início à "execução" para livrar-se da dívida que possui. Segundo este dispositivo:

> Art. 526. É lícito ao réu, antes de ser intimado para o cumprimento da sentença, comparecer em juízo e oferecer em pagamento o valor que entender devido, apresentando memória discriminada do cálculo.

---

145. "1. A Primeira Seção do STJ orienta-se no sentido de que, ainda que a citação válida da pessoa jurídica interrompa a prescrição em relação aos responsáveis solidários, no caso de redirecionamento da execução fiscal, há prescrição se decorridos mais de cinco anos entre a citação da empresa e a citação dos sócios, de modo a não tornar imprescritível a dívida fiscal. 2. É pacífico o entendimento no STJ de que, escolhido Recurso Especial para ser julgado no rito dos Recursos Repetitivos, art. 543-C do CPC, não haverá sobrestamento dos recursos que tramitam no STJ. 3. Agravo regimental não provido" (AgRg no REsp 1477468/RS, Rel. Min. Herman Benjamin, Segunda Turma, j. 20.11.2014, *DJe* 28.11.2014); "Ajuizada execução fiscal contra sociedade por quotas de responsabilidade limitada, e não localizados bens desta suficientes para o adimplemento da obrigação, pode o processo ser redirecionado contra o sócio-gerente, hipótese em que este deve ser preliminarmente citado em nome próprio para se defender da responsabilidade imputada, cuja causa o credor deve traduzir em petição clara e precisa. Caberá à Fazenda Pública, ademais, o ônus de provar a ocorrência de fatos típicos da responsabilidade, na própria execução ou nos embargos. Precedentes: REsp 738.513/SC, deste relator, *DJ* 18.10.2005; REsp 513.912/MG, *DJ* de 01.08.2005; REsp 704.502/RS, *DJ* 02.05.2005; EREsp 422.732/RS, *DJ* 09.05.2005; e AgRg nos EREsp 471.107/MG, deste relator, *DJ* 25.10.2004. [...]" (AgRg no REsp 1.200.879/SC, Rel. Min. Luiz Fux, Primeira Turma, j. 05.10.2010, *DJe* 21.10.2010).

§ 1º O autor será ouvido no prazo de 5 (cinco) dias, podendo impugnar o valor depositado, sem prejuízo do levantamento do depósito a título de parcela incontroversa.

§ 2º Concluindo o juiz pela insuficiência do depósito, sobre a diferença incidirão multa de dez por cento e honorários advocatícios, também fixados em dez por cento, seguindo-se a execução com penhora e atos subsequentes.

§ 3º Se o autor não se opuser, o juiz declarará satisfeita a obrigação e extinguirá o processo.

Obviamente que não se espera que este tipo de demanda seja algo comum de acontecer, contudo é importante que se registre o direito que o devedor possui de livrar-se da dívida, inclusive propondo a execução às avessas. O legislador dá a entender que apenas seria possível valer-se dessa técnica para obrigações de quantia (consignação), mas nada impede que seja utilizada para as obrigações de entrega de coisa (depósito) ou a prestação de deveres. Não há porque não elastecer a regra acima para os títulos executivos extrajudiciais.

## 5.5 Panorama de terceiros na execução civil com enfoque para execução por quantia certa

### 5.5.1 *O terceiro atingido pela desconsideração da personalidade jurídica*

Começamos este voo rasante pelos terceiros interessados que podem adentrar no procedimento executivo analisando a hipótese do art. 133 e ss. do CPC em que o sujeito que é atingido pela desconsideração da personalidade jurídica.

A desconsideração da personalidade é a consequência jurídica (sanção) que se impõe àquele que incide nos ilícitos tipificados pelo direito material (consumidor, civil, fiscal, administrativo, ambiental etc.).[146]

Por meio da demanda de desconsideração da personalidade jurídica pretende-se a proteção da garantia patrimonial de um crédito o que será feito por meio da repressão do ilícito que desfalcou o patrimônio (seja porque reduziu, seja porque não permitiu seu aumento).

Por meio desta sanção de desconsideração um sujeito que até então não integrava a relação jurídica processual (um terceiro) passa a dela fazer parte e ter o seu patrimônio sujeitável à execução. Logo, a decisão que decreta a desconsideração proporciona uma *soma de patrimônios sujeitáveis à futura execução*, na medida em

---

146. Os requisitos e a sanção de desconsideração da personalidade estão previstos em diversas leis materiais como o artigo 28 do Código de Defesa do Consumidor, o artigo 50 do Código Civil brasileiro etc. No art. 133 a 137 do CPC há apenas a regulamentação processual, ou seja, é o direito material que fornecerá as situações que justificam a sua concessão. É importante observar que os artigos 133-137 do CPC regulam apenas a técnica processual de desconsideração da personalidade jurídica (inclusive a desconsideração inversa), mas nele não estão contidos os requisitos materiais para que tal desconsideração aconteça. Isso quer dizer que ao julgar o incidente devem estar presentes e provados os requisitos de direito material – e que não são os mesmos nas leis substantivas – que ensejam o ingresso do terceiro na lide e a ampliação da responsabilidade patrimonial sujeita à futura expropriação.

CAPÍTULO 01 • PREMISSAS FUNDAMENTAIS **95**

que, com a referida sanção, tanto o patrimônio do "desconsiderado" quanto o do "atingido pela desconsideração" ficam sujeitam à execução.

Observe com cuidado que o *terceiro* só passa a integrar a relação jurídica processual *originária* caso incida a desconsideração, nada obstante já seja considerado *parte* na demanda incidental instaurada para este fim. É ele *parte exclusivamente no incidente processual cognitivo* e passará a *ser parte também na relação processual originária* quando e se for imposta a desconsideração da personalidade. Se for improcedente o incidente de desconsideração, o patrimônio do *terceiro* não se sujeitará à futura execução na relação jurídica principal e nem sequer integrará a relação jurídica principal.

Num flerte rápido aos artigos 133 ao 137 do CPC, bem se percebe que nem sempre o ingresso do atingido pela desconsideração será uma modalidade de *intervenção* de terceiro como faz crer o dispositivo.

Basta imaginar a hipótese admitida pelo artigo 134, § 2º que *dispensa a instauração do incidente* se a desconsideração da personalidade for requerida na *petição inicial do processo de conhecimento*, hipótese em que será citado o sócio ou a pessoa jurídica.

Nesta hipótese – *salvo se tomarmos o conceito de terceiro a partir do conceito de parte em sentido material o que não é o caso* – não teremos aí um terceiro propriamente dito, tampouco uma *intervenção*. Nesta hipótese o autor da ação que pede o ressarcimento em quantia dirige a sua pretensão contra o devedor e também contra aquele que se pretende sujeitar a responsabilidade patrimonial (ser também responsável pela dívida).

Assim como o devedor é citado, também o é o sócio ou a pessoa jurídica, dependendo tratar-se, respectivamente de desconsideração da personalidade jurídica ou inversa. Em nenhum momento o sujeito citado para responder ao pedido de desconsideração contido na petição inicial (do processo condenatório) do autor será considerado um terceiro em relação a este processo concretamente considerado. Será, antes, um litisconsorte do devedor. Caso ao final seja procedente a demanda condenatória e também reconhecida a desconsideração então haverá título executivo judicial contra o devedor e também contra o responsável, sendo que ambos foram partes no processo desde o início.

Fizemos questão de realçar acima *petição inicial do processo condenatório*, porque, a rigor, embora o Código não dê maiores explicações sobre o tema, quando se pensa na desconsideração da personalidade jurídica no procedimento executivo de cumprimento de sentença ou de processo de execução, *ela sempre será feita por meio de instauração de um incidente*, e, ainda que seja parte no incidente, só será efetivamente mais um "executado" na relação jurídica principal (executiva) caso seja decretada a desconsideração da personalidade jurídica. A relação jurídica executiva pressupõe título executivo contra o executado, e, é preciso que primeiro se decrete a desconsideração no incidente cognitivo para depois inseri-lo no polo passivo da relação processual executiva. E mais, independentemente do momento em que seja ele inserido deve lhe ser garantido o sagrado direito de contraditório podendo opor-se contra a dívida ou à responsabilidade patrimonial, ou ambas. O eventual efeito preclusivo da coisa julgada sobre questões que poderiam ser opostas pelo devedor – ou que até foram como prescrição, novação etc. – não pode se espraiar para o *terceiro* que até então não era parte, e, ao contrário do assistente que ingressa espontaneamente, o desconsiderado não assume o processo no estado em que se encontra. Deve lhe ser garantido o direito ao contraditório pleno e efetivo sob pena de o incidente ser uma verdadeira armadilha contra o sujeito que pode ser alcançado pela desconsideração.

Recorde-se que a execução fundada em título executivo extrajudicial é instaurada por meio de uma *demanda executiva* que dá início a um *processo de execução*. Pela regra do artigo 778, caput *"pode promover a execução forçada o credor a quem a lei confere título executivo"* e regra geral *"será promovida contra o devedor, reconhecido como tal no título executivo"* (art. 779, I).

Como toda e qualquer demanda, esta também se inicia por meio do ajuizamento de uma *petição inicial* que, na execução, tem disciplina particular nos artigos 798 (o que nela deve indicar e instruir) e 799 (quem deve intimar), sujeitando-se ao controle da sua regularidade pelo juiz que *"verificando que a petição inicial está incompleta ou que não está acompanhada dos documentos indispensáveis à propositura da execução"*, terá o dever de, em respeito às diretrizes do art. 4º, determinar que *"o exequente a corrija, no prazo de 15 (quinze) dias, sob pena de indeferimento"*. Uma vez admitida a petição, então, por despacho é determinada a citação do executado e, desde que realizada em observância ao disposto no § 2º do art. 240, ela interrompe a prescrição mesmo que tenha sido proferido por juízo incompetente (art. 802).

Feito este esclarecimento, voltemos à regra do artigo 134, § 2º do CPC:

- ou (1) a desconsideração enseja a instauração de um incidente

- ou (2) dispensa-se a instauração do incidente se a desconsideração da personalidade jurídica for requerida na petição inicial, hipótese em que será citado o sócio ou a pessoa jurídica.

Então vamos imaginar, primeiro, a hipótese de ser requerida a citação da pessoa que se quer atingir na mesma *petição inicial da execução* (processo de execução) para pagamento de quantia junto com o pedido de citação do devedor para pagar o que deve em três dias (art. 829), ou seja, tornando "dispensável" o incidente de desconsideração.

Para admitir como viável esta hipótese, seria preciso considerar a petição inicial como uma peça processual objetivamente complexa, porque conteria o fundamento o jurídico para pedir a satisfação do direito exequendo contra o executado (devedor que consta no título executivo), e, também o fundamento jurídico justificador do pedido de desconsideração voltado contra o sujeito que se pretende atingir e contra o qual não se tem título executivo. No primeiro, tutela e procedimento executivo; no segundo, tutela cognitiva que decide sobre a pretensão à desconsideração que se for procedente promove o ingresso do terceiro à condição de executado.

No primeiro caso, o comando voltado contra o devedor que consta no título executivo, pretende-se que este, no tríduo legal do art. 829, efetue o pagamento sob pena da sanção prevista no artigo 827. Este, citado, será o executado.

Por sua vez, o comando para o sócio ou para a pessoa jurídica que se pretende atingir com a desconsideração não é, e nem poderia ser, para que *pague em três dias,* mas para que este impugne o pedido formulado exercendo defesa processual ou de mérito requerendo as provas cabíveis no prazo de 15 (quinze) dias (art. 135). Este, portanto, uma vez citado, será réu (mas não um executado), pois ainda não terá integrado – e talvez nem mesmo venha integrar – a relação executiva propriamente dita.

Bem, claramente há aqui um problema. Estamos diante de um cúmulo de pedidos de natureza procedimental diversa: um cognitivo (desconsideração) e outro executivo (execução para pagamento de quantia). Analisando os incisos do art. 327, § 1º, logo veremos que pelo menos o inciso III possui uma complicação, qual seja, só se admite a cumulação quando seja adequado para todos os pedidos o tipo de procedimento, o que, neste exemplo, definitivamente não é. Nem o parágrafo segundo nos socorre porque ele pressupõe que os procedimentos diferentes – todos cognitivos – se convertam em procedimento comum, o que não é o caso.

Relembre-se que nesta hipótese não se aplica a *suspensão do processo* justamente porque o pedido de desconsideração foi requerido na petição inicial por expressa dicção do § 3º do art. 134.

Para não parecermos "intransigentes" ou "engessados à dogmática", mesmo estando tudo cumulado na mesma petição inicial com procedimentos distintos, o que não nos parece recomendável, deve o juiz proceder com dobrada atenção e espírito de organização do processo. Ao receber a petição deve identificar imediatamente o pedido de desconsideração e suspender o procedimento executivo,[147] mas mantendo, obviamente, o procedimento da desconsideração.[148]

Nesta hipótese, pode surgir alguns questionamentos, como por exemplo, saber se inicia o prazo para o devedor pagar nos três dias, ou se suspende a execução após este prazo, afinal de contas se o executado efetuar o pagamento extinta estará a execução e desnecessário o pedido de desconsideração.

Não é recomendável fazer os dois pedidos na mesma petição inicial pois inauguram uma relação executiva e a outra cognitiva, mas se isso ocorrer, não será o

---

147. Aplica-se em parte a regra do art. 134, § 3º, pois a ressalva de não suspensão só se aplica quando se tratar de petição inicial da ação cognitiva.

148. Quando, por exemplo, no cumprimento de sentença o executado apresenta a impugnação (art. 525) no bojo do procedimento executivo há peças processuais distintas e posições jurídico-processuais distintas admitindo que se estabeleça uma sequência procedimental diversa para cada uma das postulações.

caso obstar a tutela pretendida. Neste caso, deve-se identificar na petição inicial da execução os dois objetos distintos, num típico caso de *cumulo objetivo* e *subjetivo* envolvendo dois procedimentos absolutamente diferentes. É importante que esses procedimentos sejam respeitados e não baralhados, afinal de contas um é cognitivo e outro é executivo.

Ao que parece pode ser recomendável (só o caso concreto poderá dizer com precisão) que a sequência executiva espere e prossiga com o procedimento cognitivo de desconsideração onde o sócio ou a pessoa jurídica será citado para manifestar-se e requerer as provas cabíveis no prazo de 15 (quinze) dias, e, concluída a instrução, se for necessária, será resolvido por decisão interlocutória. Em caso de acolhimento da desconsideração retoma-se a execução contra os "dois" executados que terão três dias para pagar seguindo a sequência do art. 829 do CPC.

Uma outra questão bem séria envolvendo este tema é saber quais os limites de eventual defesa que o sujeito que foi atingido pela desconsideração poderá ofertar. Observe que o que restou decidido na desconsideração é que existem razões que justificam este sujeito – antes um terceiro – a responder patrimonialmente pela dívida de outrem.

Ora, se assim é, então nos parece claro que em relação aos atos que impõem à sua sujeição patrimonial é certo que o atingido pela desconsideração poderá opor-se com os mesmos meios disponíveis para o executado original, porque desde o momento que foi decretada a desconsideração ele passa a ser seu litisconsorte. Poderá oferecer impugnação ou embargos, ofertar incidentes relativos à penhora e à avaliação, afinal visa a proteção do *seu patrimônio*.

Já com relação à dívida, embora não seja ele titular da relação crédito e débito, terá sim legitimidade para opor matérias de mérito, em razão do fato de que ao afastar a dívida, afastará também a sanção patrimonial a qual passou a se sujeitar. E, bem sabemos que dependendo do caso concreto, é bem possível que o sujeito que teve a personalidade desconsiderada, certamente sem patrimônio algum, acomode-se e passe a não mais combater a execução como deveria justamente pois sabe que o patrimônio atingido será do então *desconsiderado*, como dissemos alhures.

Como a desconsideração da personalidade é uma consequência decorrente da comprovação da ocorrência de pressupostos materiais (fatos jurídicos),[149] ela não

---

149. Tema dos mais relevantes diz respeito aos aspectos probatórios da demonstração dos pressupostos fáticos da desconsideração da personalidade jurídica. A desconsideração da personalidade se dá em razão da prática de ilícito que desfalca uma garantia patrimonial. Esses fatos praticados normalmente são realizados de forma sorrateira, adredemente preparados para não serem descobertos, possuindo às vezes, até mesmo um verniz de legalidade. Dificilmente a prova dos fatos que revelam o ilícito cometido à garantia patrimonial serão fáceis de serem encontradas pelo credor prejudicado. Seria um ônus impossível de ser superado se a demonstração desses fatos tivesse que ser feita por meio de provas diretas dos ilícitos, motivo pelo qual deve-se admitir o conjunto de provas indiciárias que revelem a referida ilicitude. Sobre o tema ver o ótimo trabalho de PEREIRA, Carlos Frederico Bastos. Sobre a eficácia probatória da sentença. *Revista de Processo*, v. 299, São Paulo: Ed. RT, p. 93-121, 2020.

se confunde com o procedimento cognitivo que a impõe, e, considerando ainda que tal sanção pode ser imposta em qualquer fase do processo, é importante destacar que a plenitude da defesa do atingido pela desconsideração não pode ficar à mercê do momento que ele passa a ser litisconsorte do executado, sob pena de que nas hipóteses em que a desconsideração seja instaurada quando não se encontram bens do devedor, todas as matérias de mérito já tenham sido alegadas, debatidas e rechaçadas, e, nas hipóteses de cumprimento de sentença ainda por cima acobertadas pela coisa julgada e seu efeito preclusivo. Não parece justo e legal que seja tolhido do novo litisconsorte o direito de opor-se não apenas à sua responsabilidade, mas à dívida que ela visa garantir.

Outrossim, como dito alhures, há uma causa de pedir e um pedido, contraditório, instrução e decisão na *demanda de desconsideração da personalidade jurídica*, seja ela formulada cumulativamente na petição inicial do processo condenatório, seja ela requerida avulsamente quando instaurando um incidente processual.

É certo que o objeto do debate tem (ou deveria ter) cognição horizontal limitada ao tema da desconsideração, mas verticalmente exauriente sobre este tema, de forma que uma vez resolvido o mérito do incidente este se estabiliza objetiva e subjetivamente, como aliás, deixa evidente o art. 674, § 2º ao autorizar a utilização de embargos de terceiro pelo sujeito que sofreu a constrição judicial de seus bens por força de desconsideração da personalidade jurídica, de cujo incidente não fez parte. Entretanto, se foi parte do incidente, ou da demanda principal onde foi requerido, estabilizada estará a situação jurídica e em relação àquele credor o patrimônio do sujeito atingido sujeitar-se também à responsabilidade patrimonial.

Como dissemos, uma vez decretada a desconsideração o atingido fica, perante o credor, em pé de igualdade com o devedor originário como expressamente expressa o artigo 791, VII ao dizer que *"são sujeitos à execução os bens do responsável, nos casos de desconsideração da personalidade jurídica"*. Por outro lado, dá a entender o artigo 795, §§ 1º e 4º que o responsável cujo patrimônio passou a ser agredido após a desconsideração, possa alegar em seu favor o benefício de ordem, equiparando-o àquele que já era responsável pela dívida de outrem (fiador, art. 794) com a peculiar diferença de que ao contrário do contrato de fiança que pode ser excluído o referido benefício por vontade das partes, aqui no artigo 795 para o sócio responsável após a desconsideração da personalidade jurídica é a própria lei que concede o benefício.

É interessante notar que o terceiro que ingressa na relação jurídica principal por meio da desconsideração da personalidade jurídica não integrava o polo passivo da demanda porque nem era *devedor* e nem *responsável*, até então. Não é ele, *vg.* um fiador e nem a desconsideração cria uma espécie de fiança, senão porque apenas decreta, com fulcro no material probatório acerca dos tipos descritos no direito material, que o sujeito atingido tem o seu patrimônio sujeitável à eventual execução para satisfação de direito do autor. Mesmo assim a lei lhe concede o *be-*

*nefício de ordem* de que primeiro sejam executivos bens do patrimônio do devedor (ou responsável) primário.

Tem-se observado na prática processual a utilização do procedimento do incidente de desconsideração da personalidade jurídica como se fosse um "procedimento modelo" para a hipótese de "incidente de corresponsabilização", ou seja, utilizando-o para casos em que se pretende trazer para o processo um terceiro que já seria responsável patrimonialmente (solidário ou subsidiário), mas que por opção do credor não foi colocado no polo passivo da ação condenatória (ex. fiador do contrato). Nestas hipóteses não há uma "desconsideração da personalidade jurídica". A rigor, não parece tecnicamente correto – e nem justo – permitir ao credor que *opte pela estratégia* de ajuizar ação condenatória apenas contra um dos responsáveis pela dívida, e, depois, já na fase de cumprimento de sentença, decida trazer para o processo por meio deste incidente processual um sujeito que sempre teve a responsabilidade patrimonial e já poderia/deveria ter sido demandado desde o processo cognitivo. O art. 513, § 5º do CPC deixa isso muito claro.[150]

Neste compasso, retornando ao tema da desconsideração, é de se dizer que uma vez estabilizada a decisão que decreta a desconsideração da personalidade ela fica presa aos estritos limites objetivos e subjetivos da lide em que ela foi instaurada, ou seja apenas para aquele credor e naquele processo é que houve uma ampliação da responsabilidade patrimonial não sendo lícito que outros credores preferenciais do devedor originário se habilitem para receber os créditos obtidos da alienação do patrimônio do sujeito que teve seu patrimônio atingido a partir da desconsideração. Se a satisfação do direito do credor se deu por meio de expropriação do patrimônio do sujeito atingido pela desconsideração, não podem outros credores *aproveitarem* porque a desconsideração aproveita apenas ao processo no qual foi deferida. Não há, por assim dizer, uma "eficácia *erga omnes*" da decisão de desconsideração proferida no processo "X", de forma não se permite que se espraie para outros processos esta mesma situação; nem sequer se admite, obviamente, que outros credores ou exequentes do devedor original possam se habilitar para receber os créditos oriundos da expropriação do patrimônio daquele sujeito que teve a desconsideração decretada no processo "x", pois o executado expropriado não é comum aos demais processos.

Pode-se até cogitar – numa espécie de "*colateral stoppel*" – de espraiar os efeitos da desconsideração caso existam, por exemplo, outros créditos do mesmo credor e devedor, mas não quando se tratar de credores diferentes. Não se descarta, obvia-

---

150. É exatamente essa a situação jurídica que deu origem ao TEMA 1232 do STF. Na prática é muito mais fácil demandar contra um responsável, e depois no curso da execução, "formar título judicial" contra os demais em um incidente processual cognitivo numa pseudodesconsideração da personalidade jurídica. O art. 513, § 5º é regra que se opõe frontalmente a possibilidade de se inserir, por incidente de corresponsabilização, sujeitos que por opção do autor, não foram demandados no processo de cognição onde foi formado o título executivo judicial.

mente, que todos os elementos integrantes no incidente possam vir a ser utilizados por outro credor como *prova emprestada* em outro processo contra o mesmo devedor.

### 5.5.2 O terceiro atingido por ato judicial de processo alheio e a fraude à execução

#### 5.5.2.1 O terceiro que é responsável pela dívida de outrem

O sujeito passivo da responsabilidade patrimonial não é, necessariamente, o devedor, mas qualquer pessoa, inclusive ele, o devedor, que pode estar na condição de titular do patrimônio responsável pelos prejuízos decorrentes do inadimplemento.

É claro que será típico, normal e vulgar que o sujeito passivo da responsabilidade patrimonial seja o próprio devedor, enfim, aquele que ostenta a condição de sujeito da obrigação de direito material também seja aquele que esteja revelado como responsável no título executivo extrajudicial e cujo patrimônio suportará a expropriação judicial. O normal é que os sujeitos da norma primária sejam também os da norma secundária.

Entretanto, dada a distinção entre os institutos do débito e da responsabilidade, é possível que numa única obrigação a dívida recaia sobre uma pessoa, o devedor, e a responsabilidade patrimonial recaia sobre outra, um "terceiro" alheio à relação débito/crédito, mas que por razões convencionais ou legais o seu patrimônio ou parte dele sirva de garantia do adimplemento da obrigação.

Assim, por exemplo, quando um terceiro espontaneamente oferta um bem seu em hipoteca para garantir uma dívida feita por um amigo, estará ele se responsabilizando, com uma garantia real (hipoteca), pelo eventual inadimplemento do amigo. É o clássico exemplo de um sujeito responsável por uma dívida de outro. Contudo, às vezes essa condição de responsável pela dívida de outro não se dá de forma espontânea ou desejada pelo terceiro, por exemplo, como no caso da imposição da sanção judicial da desconsideração da personalidade que vimos no tópico anterior.

Fora destas situações do responsável pela dívida alheia estão aqueles terceiros que verdadeiramente não integram a relação jurídica obrigacional, nem o débito e nem a responsabilidade, e também nem fazem parte do processo judicial de onde emanam atos processuais de constrição do seu patrimônio. Há casos em que o patrimônio deste terceiro responderá pela dívida quando a aquisição do bem tenha sido fraudulenta, mas há outros onde a constrição judicial mostra-se ilícita (esbulho judicial) e deve ser impedida ou removida pois ofende o direito do terceiro (posse, propriedade etc.)

#### 5.5.2.2 Limites subjetivos da sentença e da coisa julgada

A premissa lógica que deve governar todo e qualquer processo é que o seu resultado deveria projetar-se apenas sobre a esfera jurídica de quem nele atuou como parte, mas nem sempre as coisas acontecem dessa forma.

Não se desconhece que há uma diferença historicamente trabalhada por Liebman entre os limites subjetivos da sentença e os limites subjetivos da coisa julgada e que naturalmente podem não coincidir.

> (...)Torna-se natural a possibilidade de que a extensão subjetiva da eficácia da sentença não coincida com a da autoridade da coisa julgada: pode ocorrer que tenham limites subjetivos diversos.[151]

É cediço que toda decisão judicial, por ser um ato público, é dotado de uma eficácia natural que atinge diretamente a todos, mesmo os que não participaram do feito, no sentido de que devem reconhecer tal julgamento como um ato público. A eficácia natural da sentença de qualquer processo como ato público é *erga omnes*. Coisa diversa é a estabilidade (imutabilidade) que se empresta àquilo que foi decidido, e das questões em torno do que foi decidido, que se restringe apenas às partes

> A sentença como ato autorizativo ditado por um órgão do Estado, reivindica naturalmente, perante todos, seu ofício de formular qual seja o *comando* concreto da lei ou, mais genericamente, a vontade do Estado para um caso determinado. As partes como sujeitos da relação a que se refere a decisão, são certamente as primeiras que sofrem a sua eficácia, mas não há motivo que exima os terceiros de sofrê-la igualmente.[152]

No entanto, nem sempre a *eficácia natural da sentença* decorrente da sua condição de *ato estatal público* atinge de forma indistinta a todos que não foram partes, pois nem sempre estes *terceiros* são indiferentes ao que ali foi decidido, pelo simples fato de que possuem algum tipo de conexão jurídica com o que ali foi decidido, de modo que, nesta hipótese, os efeitos da sentença lhes atingem de modo particular, muito embora não sejam atingidos pela coisa julgada.[153]

Nada obstante a extensão subjetiva da sentença ter uma eficácia natural expansiva *além das partes*, não se pode admitir que essa expansão coloque certos terceiros específicos em posição distinta no tocante a esses efeitos naturais da sentença. Explica-se. Todos os terceiros são atingidos de modo indistinto pelo fato de que a sentença é um ato de autoridade púbica, mas se apenas alguns deles são afetados porque possuem alguma relação jurídica com o objeto da causa, então é necessário que tais terceiros sejam dotados de remédios hábeis para proteger seus direitos. As modalidades de terceiros como a assistência, a oposição, o recurso de terceiro prejudicado e os embargos de terceiro são bons exemplos disso.

A Súmula 202 do STJ estabelece que "a impetração de segurança por terceiro, contra ato judicial, não se condiciona à interposição de recurso". Conquanto os precedentes que deram origem à sumula não revelem a *excepcionalidade* do man-

---

151. LIEBMAN, Enrico Tullio. *Eficácia e autoridade da sentença e outros escritos sobre a coisa julgada*. 3. ed. Rio de Janeiro: Forense. 1984, p. 120.
152. Idem, ibidem, p. 123.
153. "Entre partes e terceiros só há esta grande diferença: *que para as partes, quando a sentença passa em julgado, os seus efeitos se tornam imutáveis, ao passo que para os terceiros isso não acontece*". LIEBMAN, Enrico Tullio. *Eficácia e autoridade da sentença*, p. 126.

CAPÍTULO 01 • PREMISSAS FUNDAMENTAIS **103**

dado de segurança contra ato judicial, e ela mesma expressamente não condiciona a utilização prévia do recurso de terceiro prejudicado para impetração do writ, pensamos que apenas nas situações teratológicas onde o terceiro atingido não tenha absolutamente nenhum vínculo com a causa ou com o bem litigioso é que deveria ser lançado mão do mandado de segurança, ou, quando nenhum remédio *menos excepcional* não possa ser utilizado. O exemplo do RMS 49265-MG relatado pelo Ministro Belizze é um paradigma importante para reservar o mandado de segurança para situações excepcionalíssimas:

"1. O propósito recursal é definir se é ilegal a decisão judicial que determina a penhora de valores de instituição financeira, no âmbito de processo do qual não era parte, mas funcionou como auxiliar da justiça. 2. É admissível, em tese, a impetração de mandado de segurança por terceiro prejudicado, ainda que não tenha sido interposto o respectivo recurso na qualidade de terceiro juridicamente prejudicado. Súmula 202/STJ. 3. A instituição financeira que cumpre ordem de judicial de indisponibilização de saldos encontrados em contas bancárias atua como auxiliar da Justiça.4. A atuação dos auxiliares da Justiça é dirigida e orientada pelo Juízo da causa, a quem subordinam-se e submetem-se, mediante regime administrativo, e, por isso, os auxiliares não detém nenhuma faculdade ou ônus processual, devendo, entretanto, observar os deveres estabelecidos no art. 14 do CPC/1973 (correspondente ao art.77 do Código de Processo Civil atual) e podendo ser responsabilizado civil, administrativa ou penalmente pelos danos que causar, em razão de dolo ou culpa. 5. A responsabilidade civil dos auxiliares da Justiça deve ser apurada mediante observância dos princípios do contraditório e ampla defesa, em via processual adequada para sua inclusão como parte. 6. Recurso ordinário em mandado de segurança provido" (RMS 49.265/MG, Rel. Ministro Marco Aurélio Bellizze, Terceira Turma, julgado em 10.12.2019, DJe 13.12.2019).

### 5.5.2.3 *O patrimônio do terceiro atingido por ato judicial: alguns exemplos*

A rigor, apenas o patrimônio do executado é que pode ser objeto de constrição e expropriação, pois ninguém pode ser privado dos seus bens sem o *devido processo legal expropriatório.*

Assim, quando um ato judicial emanado de um processo envolvendo apenas A e B atinge o patrimônio de C este pode voltar-se contra o esbulho judicial supostamente indevido.

Tomemos de exemplo as seguintes situações julgadas pelo Superior Tribunal de Justiça. Comecemos pelo RMS 64.749/PB para compreender a possibilidade de que o patrimônio de alguém pode ser atingido por ato judicial emanado de processo (penal ou cível) do qual não faz parte:

(...) 1. Como regra geral, a restituição das coisas apreendidas, mesmo após o trânsito em julgado da ação penal, está condicionada tanto à ausência de dúvida de que o requerente é seu legítimo proprietário, quanto à licitude de sua origem e à demonstração de que não foi usado como instrumento do crime, conforme as exigências postas nos arts. 120, 121 e 124 do Código de Processo Penal, c/c o art. 91, II, do Código Penal.

2. Esta Corte tem entendido necessária a demonstração de que o bem apreendido fosse utilizado habitualmente ou tivesse sido preparado especificamente para a prática do tráfico de entorpecentes, para que se possa declarar a perda do perdimento do bem relacionado a tal delito. Precedentes: RMS 61.879/RS, Rel. Ministro Reynaldo Soares da Fonseca, Quinta Turma, julgado em 17.12.2019, DJe 19.12.2019; AgRg no REsp 1.185.761/MT, Rel. Ministro Nefi Cordeiro, Sexta Turma, julgado em 14.10.2014, DJe 30.10.2014; AgRg no AREsp 175.758/MG, Rel. Ministro Marco Aurélio Bellizze, Quinta Turma, julgado em 06.11.2012, DJe 14.11.2012 e AgRg no REsp 1.053.519/PR, Rel. Ministro Jorge Mussi, Quinta Turma, julgado em 21.06.2011, DJe 1º.08.2011.

3. Se, por um lado, o art. 118 do Código de Processo Penal veda a restituição de coisas apreendidas em ações/inquéritos penais antes do trânsito em julgado da sentença, por outro lado, ele também ressalva que tais coisas devem ser mantidas em poder do Juízo "enquanto interessarem ao processo". Precedente.

4. Não havendo evidências ou alegação, na denúncia, de que o veículo sobre o qual pesa restrição imposta pelo Juízo penal tenha sido adquirido com produto do crime, nem dúvidas de que o proprietário legal do bem é terceiro de boa-fé, a ausência de provas de que o automóvel em questão foi utilizado pelos réus da ação penal para o transporte de drogas, ou de que tivesse sido especialmente preparado para tal finalidade constituem fatores que revelam o desinteresse da manutenção da restrição para o deslinde da controvérsia penal, sobretudo quando a ação penal está instruída com interceptações telefônicas, depoimento de relator e vários outros documentos hábeis a demonstrar o envolvimento dos réus com o tráfico de entorpecentes.

5. Situação em que a empresa impetrante celebrou contrato de cessão de direitos aquisitivos de veículo alienado fiduciariamente com cessionário comprador que não honrou seu compromisso, o que a levou a impetrante a ajuizar ação civil de busca e apreensão, obtendo tutela de urgência, após o que o veículo lhe foi devolvido pelo cessionário. Nesse meio tempo, entretanto, o automóvel foi encontrado, em operação de busca policial, na residência de réu de ação penal, acusado de participar de organização criminosa destinada ao tráfico de drogas, o que motivou a imposição de restrição judicial sobre o veículo junto ao DETRAN. No entanto, exceção feita aos comprovantes de cartões de crédito e transações financeiras, em nome de um dos réus, encontrados no automóvel da recorrente, não há nada na denúncia que relacione o veículo em questão com o transporte de entorpecentes. Ademais, tanto o depoimento do colaborador quanto as interceptações telefônicas explicitam que a organização criminosa realizava o transporte da mercadoria ilícita por meio de avião, barco, ônibus e veículos de outras marcas descritos na denúncia. Além disso, o próprio Ministério Público Estadual, no primeiro grau de jurisdição, concordou com o pedido de levantamento da restrição imposta sob o veículo da recorrente. Alegação do réu colaborador de que o veículo em questão seria de propriedade do pai de um dos líderes da organização criminosa que se revelou infundada.

6. Recurso ordinário a que se dá provimento, para que seja determinado o levantamento da restrição existente sobre o veículo da recorrente, restituindo-se-lhe o bem.

(RMS 64.749/PB, Rel. Ministro Reynaldo Soares da Fonseca, Quinta Turma, julgado em 09.03.2021, Dje 15.03.2021)

Noutra hipótese também fica evidente que o patrimônio de terceiro pode ser afetado por decisão judicial proferida em processo do qual ele não integra:

1. Provendo Apelação, o Tribunal de origem reconheceu a improcedência de pedido feito em Embargos de Terceiro, opostos com o fim de afastar medida constritiva deferida no curso de apuração de crime de peculato.

2. Consignou o acórdão recorrido que os então embargantes "adquiriram o imóvel em outubro de 1988, data em que já havia investigação penal em face dos servidores que posteriormente foram condenados pela prática de peculato, com notícia na imprensa de São Caetano do Sul [...] Cientes deste fato não se pode ter como de boa-fé a aquisição [...]" (fls. 117-118, e-STJ).

3. Embora os agravantes digam que não pretenderam revisar fatos afirmados pelas instâncias ordinárias, extrai-se do Recurso Especial a alegação de que "os Recorrentes são legítimos senhores e possuidores do bem, de boa-fé, e inexiste qualquer indício nos autos em sentido contrário." (fl. 169, e-STJ). Incide, nesse ponto, a Súmula 7/STJ.

4. De outro lado, a decisão está em conformidade com a jurisprudência do STJ, pois, "se nos embargos de terceiro, o interessado deixar de comprovar que o bem reclamado foi adquirido de boa-fé e a título oneroso por pessoa estranha ao processo (art. 130, II, do CPP), não há como ser determinado o levantamento do sequestro. (AgRg na Pet 9490/DF, Relator Min. João Otávio de Noronha, Corte Especial, DJ 15.8.2013).

5. Agravo Interno não provido.

(AgInt no AREsp 1177847/SP, Rel. Ministro Herman Benjamin, Segunda Turma, julgado em 08.03.2021, DJe 16.03.2021)

Nas duas hipóteses acima trouxemos situações de atos judiciais emanados em processo penal que afetaram o direito de posse ou propriedade do terceiro sobre determinado bem. No primeiro caso, entendeu-se pela restituição do bem ao terceiro por reconhecer a sua boa-fé na aquisição do bem, no segundo caso não.[154]

Noutro caso foi conferido o direito de manutenção da posse do terceiro embargante que teria adquirido de boa-fé um veículo sobre o qual não constava nenhuma restrição ou averbação registrada no DETRAN, não tendo sido demonstrado no processo de embargos o prévio conhecimento da embargante da pendência da ação capaz de levar o devedor (vendedor do veículo) à insolvência.[155]

Em outro exemplo deveras interessante uma instituição financeira impetrou mandado de segurança contra ato judicial que determinou bloqueio de vultuosa quantia[156] em processo que não funcionava como parte, mas sim como mero depositário judicial (auxiliar da justiça). Decidiu-se neste aresto que:

---

154. Importante lembrar que quando se trata de demanda em que se contesta o sequestro cautelar de imóvel que foi objeto de negócio jurídico firmado com o réu de ação penal, tem-se firme no STJ, com fulcro no art. 130, II do CPP que: "(...) 3. No sequestro cautelar penal, quando os embargos são opostos pelo terceiro que é, alegadamente, proprietário de boa-fé de bem que efetivamente pertenceu ao réu ou que esteve envolvido nos supostos fatos criminosos, a defesa é pautada na medida do art. 130, II, do CPP, cujo eventual julgamento de procedência somente pode ocorrer após o trânsito em julgado da ação penal principal. (...)" (AgRg na Pet 9.810/PB, Rel. Ministra Nancy Andrighi, Corte Especial, julgado em 18.11.2020, DJe 18.12.2020).

155. (AgInt no AREsp 1584992/SP, Rel. Ministro Raul Araújo, Quarta Turma, julgado em 28.09.2020, DJe 20.10.2020).

156. O juízo que determinou o bloqueio entendeu que teria sido indevida a liberação pela instituição financeira dos recursos que já estavam apreendidos e que foram retirados por decisões de outros juízos onde tramitavam execuções trabalhistas e fiscais contra o mesmo réu.

3. A instituição financeira que cumpre ordem de judicial de indisponibilização de saldos encontrados em contas bancárias atua como auxiliar da Justiça.

4. A atuação dos auxiliares da Justiça é dirigida e orientada pelo Juízo da causa, a quem subordinam-se e submetem-se, mediante regime administrativo, e, por isso, os auxiliares não detém nenhuma faculdade ou ônus processual, devendo, entretanto, observar os deveres estabelecidos no art. 14 do CPC/1973 (correspondente ao art.

77 do Código de Processo Civil atual) e podendo ser responsabilizado civil, administrativa ou penalmente pelos danos que causar, em razão de dolo ou culpa.

5. A responsabilidade civil dos auxiliares da Justiça deve ser apurada mediante observância dos princípios do contraditório e ampla defesa, em via processual adequada para sua inclusão como parte.

6. Recurso ordinário em mandado de segurança provido.

(RMS 49.265/MG, Rel. Ministro Marco Aurélio Bellizze, Terceira Turma, julgado em 10.12.2019, DJe 13.12.2019)

Enfim, todos estes exemplos servem para demonstrar que há uma miríade de situações em que os mais diversos tipos de terceiros são afetados por atos judiciais, normalmente de constrição patrimonial, emanados de processos que não atuam como parte.

É justamente por isso – quando o bem de terceiro estranho ao processo é atingido pela constrição judicial – que o terceiro promove a demanda (sendo comum o mandado de segurança[157] e os embargos de terceiro) com intuito de proteger a sua posse ou propriedade sobre o referido bem.

### 5.5.2.4 *Os dois matizes do problema na perspectiva do terceiro e do exequente*

Dissemos anteriormente que o procedimento executivo é um palco recheado de terceiros que tanto podem ser exortados a ingressar na execução, como aqueles que surgem para embaraçar (embargar) o objeto da constrição executiva.

O *terceiro* a que alude o artigo 792, § 4º que trata da *fraude à execução* é justamente o sujeito que normalmente oferece *embargos de terceiro* para proteger – inibindo ou afastando – a constrição judicial supostamente ilícita ocorrida na execução da qual não é parte. Se contra ele não há título executivo, por que seu patrimônio se responsabilizaria por dívida de outrem? A questão se fecha no problema de saber se o patrimônio adquirido pelo terceiro foi em *fraude* à execução, como tratada no dispositivo, ou em fraude contra credores como tratada no art. 158 e ss. do CCB.

Art. 792.

§ 4º Antes de declarar a fraude à execução, o juiz deverá intimar o terceiro adquirente, que, se quiser, poderá opor embargos de terceiro, no prazo de 15 (quinze) dias.

---

157. Súmula 202 do STJ: A impetração de segurança por terceiro, contra ato judicial, não se condiciona à interposição de recurso.

O interesse que move este terceiro a investir com um *processo incidental* à execução em curso é a suposta relação que possui com o bem que foi, ou está em vias de ser, constrito judicialmente.

Esse é o cerne do problema. Será ou não legítima a intervenção do terceiro mediante processo incidental de embargos de terceiro?

Teria ele adquirido a posse ou a propriedade do referido bem que visa proteger com boa-fé ou, pelo contrário, adquiriu um bem do executado tendo ciência de que contra ele corria demanda capaz de levá-lo a insolvência?

Se aquisição do bem foi feita pelo terceiro junto ao devedor em data posterior à demanda proposta contra o devedor a discussão gira em torno de saber se houve ou não fraude à execução.

Se a aquisição ou oneração do bem é anterior então o problema é de fraude contra credores e deve ser debatido em ação própria (art. 158 do CCB).

> Observe que o ato de fraudar é um só e o que se espera em ambos os casos é o reconhecimento da ineficácia do ato fraudulento em relação ao credor ou exequente; por outro lado o que será diferente nas duas modalidades de fraude não são os requisitos (insolvência e consilium fraudis), mas a distribuição dos ônus, presunções e cargas probatórias porque na fraude à execução, supostamente mais simples de ser reconhecida, há um personagem que também foi prejudicado que dá natureza de ordem pública à situação de fraude. Não se prejudica apenas o exequente, mas também a própria jurisdição.

Enfim, é preciso identificar o elo de contato entre (1) o exequente frustrado porque não encontra patrimônio penhorável do devedor e sabe que ele foi alienado para um terceiro depois da demanda proposta e: (b) o terceiro que se afirma legítimo possuidor ou proprietário do referido bem porque nem ele e nem qualquer outra pessoa poderia supor a existência de algum impedimento ou advertência jurídica na referida aquisição.

Ainda que o binômio *lesão* e *concerto fraudulento* possa ser atestado, respectivamente, pela demonstração da ausência de bens penhoráveis e da mera ciência inequívoca do terceiro desta condição financeira do devedor que lhe alienou o bem, é importante deixar claro que é perfeitamente possível que o legislador possa criar presunções sobre estes fatos e além de poder distribuir adequadamente, entre o terceiro e o exequente, o ônus probatório na demonstração destes elementos.

Parece-nos tranquilo reconhecer que o *estado de insolvência* do executado revela-se pela ausência de patrimônio penhorável, mas a ciência inequívoca do terceiro desta condição já é tarefa mais complicada, pois, a priori talvez seja ele, o terceiro, que tenha maiores condições de demonstrar que não tinha conhecimento da situação do réu/executado quando adquiriu o bem.

### 5.5.2.5 A fraude: conceito

O vocábulo fraude é oriundo do latim *fraus* e significa engano, mentira, falsidade, burla e a rigor corresponde a uma ação impulsionada pela má-fé que é praticada por um ou mais sujeitos contra uma ou mais vítimas.

Esta ação é realizada por meio de *métodos (meios)* que impõem à vítima uma falsa percepção da realidade e tem por finalidade trazer algum prejuízo às vítimas e/ou algum benefício ao ofensor. A fraude é, portanto, uma ação enganosa, realizada das mais diferentes formas, com intuito de beneficiar o fraudador e/ou prejudicar terceiros.

A fraude está presente em toda a sociedade, aliás, já na Bíblia, em gênesis 3.13, ao se explicar a Deus porque teria colhido e comido o fruto da árvore proibida, Eva diz "a serpente me enganou".

É famosa a narrativa de Homero em "Odisseia" (VIII A.C) do "cavalo de troia" – um enorme cavalo oco feito de madeira – que foi construído pelos gregos para conseguirem entrar na cidade fortificada de Troia. Estes, pensando ter vencido a batalha, tomaram o cavalo como símbolo da vitória e o levaram para dentro da cidade. Eis que de noite, quando a cidade de troia adormecia, os soldados gregos que estavam escondidos dentro do cavalo saíram e conquistaram a cidade.

A fraude esteve personificada também na mitologia grega, na figura de Dolos, um espírito que personificava o engano, a astucia, a ardilosidade e a fraude. Há inúmeras histórias da mitologia que envolvem a fraude como por exemplo o rapto de Europa por Zeus que se transforma em um touro branco para seduzir Europa (neta de Poseidon), consegue fazer com que ela suba no touro e a carrega para a ilha de Creta onde lá deu à luz a Radamanto e a Minos.

Até na natureza a fraude está presente por meio do mimetismo e da camuflagem. A camuflagem é a capacidade que alguns animais possuem de fazer com que a sua aparência seja praticamente a mesma do meio e assim ser-lhes útil tanto para evitar ser a presa de algum predador, como também para enganar a sua presa. Já o mimetismo – análogo à camuflagem – é a propriedade que os animais têm de se parecerem com outros animais, normalmente temidos pelos seus predadores.

Aliás, o próprio crime de fraude previsto no artigo 171 do Código Penal brasileiro, alcunhado de *estelionato*, tem sua origem num réptil muito comum na região da Grécia, conhecido como *stellio* (coberto de pintas – stella = estrela – sobre o corpo) que se camuflava enganando seus predadores e suas presas.

### 5.5.2.6 Fraude à execução: conceito

A fraude está em todas as áreas das relações humanas, e, no Direito, particularmente, está presente em todas as ciências, a saber: estelionato, fraude em licitações,

CAPÍTULO 01 • PREMISSAS FUNDAMENTAIS **109**

fraude nos contratos, fraude à execução, fraude fiscal, fraude econômica, fraude eleitoral etc.

Em todos estes casos o *núcleo comum*, mínimo, é (i) a *existência de um sujeito que frauda e um sujeito que é fraudado*; (ii) a *intenção de enganosidade do primeiro em relação ao segundo*; (iii) *a existência de um benefício para o primeiro ou de prejuízo para o segundo ou para terceiros*; (iv) *a existência de meios para a enganosidade ser realizada.* No ato fraudulento o fraudado crê que em algo aparente, mas surpreende-se com o que está escondido no ato do fraudador como na camuflagem do animal para pegar a sua presa ou fugir do seu predador.

Não se confunde o *meio* que a fraude se instrumentaliza com a *fraude em si mesma*. Também não se reduz a fraude à *intenção* de fraudar. A só intenção, a má-fé, não é fraude, pois é necessário que se tenha outros elementos.

Para entender o que seja *fraude à execução* é preciso lembrar da regra contida no art. 391 do CCB *"pelo inadimplemento das obrigações respondem todos os bens do devedor"*, cuja redação é bem parecida com o art. 789 do CPC: *"o devedor responde com todos os seus bens presentes e futuros para o cumprimento de suas obrigações, salvo as restrições estabelecidas em lei"*.

Todo devedor sabe que se inadimplir suas obrigações, sejam elas legais ou contratuais, o *seu patrimônio responderá pela dívida inadimplida*. Eis aí a chave para entender o que seja a *fraude à execução*. Considerando aqueles elementos que compõem o núcleo comum da fraude *tout court*[158] então podemos defini-la como o desfalque patrimonial praticado pelo sujeito cujo patrimônio é responsável pela dívida inadimplida no curso de uma demanda que seria capaz de levá-lo a uma situação de insolvência frustrando a satisfação da futura execução.

Observe que esse desfalque (oneração ou alienação) do patrimônio lesa não apenas o *titular do crédito inadimplido*, mas também a *jurisdição* porque frustra o resultado da demanda já instaurada. Nos dizeres de José Frederico Marques a fraude à execução *"constitui verdadeiro atentado contra o eficaz desenvolvimento da função jurisdicional já em curso, porque lhe subtrai o objeto sobre o qual a execução deverá recair"*.[159]

Parece uma questiúncula – e talvez o seja – mas a redação do 593, caput do CPC de 1973 e também do artigo 895 do CPC de 1939 tinham um rigor vernacular que não foi mantido pelo CPC de 2015. Observemos a redação de cada um deles:

Art. 895. A alienação de bens considerar-se-á *em* fraude de execução:

Art. 593. Considera-se *em* fraude de execução a alienação ou oneração de bens:

Art. 792. A alienação ou a oneração de bem é considerada fraude à execução:

---

158. Sujeito que frauda e sujeito fraudado, meio para realizar a fraude, intenção maliciosa, prejuízo do fraudado e/ou benefício do fraudador.

159. MARQUES, José Frederico. *Instituições de direito processual civil.* 4. ed. Rio de Janeiro, Forense, 1971. v. V.

Ao colocar a preposição "em" antes da expressão "fraude à execução" ela perpassa a noção dinâmica de tempo permitindo que se compreenda que a *fraude em questão* é aquela em que o ilícito acontece com processo em curso.

Esse aspecto é fundamental para se compreender que a *fraude à execução* pressupõe *processo em curso* como se observa nas hipóteses descritas nos incisos dos respectivos artigos citados acima. Aliás, este é o *quid*, o *plus* que – por ser dirigida também contra a atividade jurisdicional – assume uma gravidade tal que permite que o seu reconhecimento seja feito de forma mais simples do que a fraude contra credores (ocorrida sem processo judicial em curso).

Nada obstante o nome que se dê seja fraude *à execução* não é preciso que a execução propriamente dita esteja em curso para que ela se configure, bastando que ao tempo da alienação ou da oneração, tramitava contra o devedor ação capaz de reduzi-lo à insolvência.[160] A expressão "à execução" que qualifica a fraude está aí apenas para demonstrar que o desfalque praticado frustrará a execução, seja ela futura ou contemporânea.[161] Observe-se com cuidado que o *ilícito de fraude de desfalque patrimonial* deve ter sido praticado com a demanda instaurada (executiva ou condenatória ou preparatória de alguma delas). Não se confunde o ilícito com o seu futuro reconhecimento judicial.

### 5.5.2.7 *Elementos do ato ilícito de fraude à execução*

A fraude à execução nasce com quem é *parte* no processo judicial, e assim ocupa esta situação jurídica porque é, no plano material, o responsável pela dívida inadimplida (devedor ou garantidor). É ele que terá o seu patrimônio sujeito à execução por expropriação. Portanto, o sujeito que começa a fraudar a execução é parte e não um terceiro na causa.

É verdade que o ato ilícito de fraude à execução pode ser, e quase sempre é feito em conluio aparente ou presumido com um (ou alguns) terceiro (s) em favor de quem é feita a alienação ou oneração do bem que até então integrava o patrimônio de responsável.

A fraude à execução agride diretamente dois sujeitos: o titular do crédito inadimplido que pretende a sua satisfação em juízo, e a própria jurisdição que vê comprometido o resultado do processo (satisfação do direito) pelo ato fraudatório.

---

160. "(...) 2. É firme a orientação do Superior Tribunal de Justiça no sentido de que a doação de bem imóvel pelos pais a descendente, quando em trâmite demanda capaz de reduzi-los à insolvência, configura fraude à execução. Precedentes. 3. A reforma do julgado demandaria o reexame do contexto fático-probatório, procedimento vedado na estreita via do recurso especial, a teor da Súmula 7/STJ. 4. Agravo interno não provido. (AgInt no REsp 1576822/SP, Rel. Ministro Ricardo Villas Bôas Cueva, Terceira Turma, julgado em 22.05.2018, DJe 1º.06.2018).

161. Não é necessário que a *situação de insolvência* do executado se revele quando não se encontram bens penhoráveis, ou seja, pode o exequente, antes mesmo deste momento, já percebendo que houve a alienação fraudulenta promova o incidente de fraude à execução.

O ato de fraude à execução consiste em desfalcar o patrimônio responsável pela satisfação do direito pretendido em juízo. Esse desfalque tanto pode ser praticado por uma conduta comissiva, quanto omissiva. Assim, por exemplo quando aliena bem a terceiro no curso do processo ou quando deixa de receber crédito que integraria o seu patrimônio como no caso de não abrir inventário de ascendente falecido para evitar que o patrimônio herdado possa ser excutido.

O elemento intencional da fraude é normalmente um aspecto complicado de ser demonstrado, até porque em um desfalque patrimonial sempre há aquele que aliena ou onera o seu patrimônio e um outro, ou outros, em favor de quem este patrimônio é desfalcado, e, especialmente quanto a este último, é que reside o problema do elemento anímico, afinal de contas o devedor, desde que firmou a obrigação, sabe o patrimônio que tem e que ele responde pelo inadimplemento da obrigação.

Justamente por causa das dificuldades de prova em relação ao terceiro o legislador estabelece presunções que tornam objetiva a verificação do elemento intencional. Assim, se o bem é sujeito a qualquer tipo de registro oficial (v.g. ações, cotas, veículos, imóveis etc.) e houver qualquer averbação (anotação à margem do registro) emanada de processo judicial (penhora, medida de arresto ou indisponibilidade, hipoteca judiciária, averbação premonitória etc.) então há uma presunção absoluta de fraude.

O terceiro que adquire um bem que se sujeita a registro (cuja finalidade é justamente proteger terceiros e trazer segurança jurídica) e não procede uma consulta prévia no órgão registral, então não pode invocar a sua inocência na aquisição. Mas, existem casos em que o desfalque patrimonial ocorre depois de iniciado o processo, mas antes de ser possível qualquer tipo de averbação sobre qualquer bem registrado do patrimônio do executado, como por exemplo a demanda condenatória esteja ainda na fase de saneamento e nenhum ato constritivo tenha sido deferido até então.

Nesta hipótese pensamos que é necessário verificar as circunstâncias do caso concreto, ponderando de um lado que o terceiro adquiriu um bem em um momento que não tinha nenhuma restrição averbada e de outro lado que a redução patrimonial se deu em momento do processo que se tornava impossível qualquer averbação no registro pelo autor da demanda.

Ao nosso ver deve ser aplicado a esta situação a mesma regra prevista para casos de bens não sujeitos a qualquer tipo de registro, com ônus do terceiro demonstrar a normalidade da aquisição. É, pois, a solução prevista no art. 792, § 2º do CPC que diz "no caso de aquisição de bem não sujeito a registro, o terceiro adquirente tem o ônus de provar que adotou as cautelas necessárias para a aquisição, mediante a exibição das certidões pertinentes, obtidas no domicílio do vendedor e no local onde se encontra o bem".

No que concerne aos meios utilizados para realizar a fraude existem os mais diversos tipos, sendo impossível qualquer tentativa de catalogá-los. A criatividade do fraudador é ilimitada. São comuns por exemplo, o divórcio simulado para partilhar o patrimônio, o desmembramento da família colocando os filhos em imóveis sozinhos para alegar ser bem de família, a doação de bem não onerosa para parente ou amigo etc.

### 5.5.2.8 Os critérios para a aferição da fraude à execução

Durante muito tempo o ordenamento jurídico processual foi muito complacente com tais sujeitos estranhos à relação executiva, privilegiando a sua boa-fé e tornando a tarefa do exequente extremamente árdua em relação a demonstração de que a aquisição do bem constrito teria sido fraudulenta.

Nesta linha chegou a ser editada a Súmula 84 do STJ:

> É admissível a oposição de embargos de terceiro fundados em alegação de posse advinda do compromisso de compra e venda de imóvel, ainda que desprovido do registro

Com base nela permitia-se que um terceiro valesse dos embargos de terceiro para afastar a constrição judicial embasado muitas vezes num "ingênuo contrato de gaveta" que nem precisava estar devidamente registrado quando da aquisição do bem. Nem mesmo se exigia um reconhecimento de firma da época em que o negócio teria sido supostamente realizado.

Munidos de uma "presunção de boa-fé" na aquisição do bem atingido (ou em vias de ser atingido) pela constrição judicial, esses terceiros normalmente promoviam a demanda que atualmente se encontra no art. 674 do CPC e durante muito tempo conseguiam libertar o bem constrito, e, não raramente, ainda obtinham a vantagem da sucumbência nos embargos de terceiro.

Nesta mesma linha nova Súmula do STJ, mais recente (2009), a n. 375 corroborava tal entendimento:

> O reconhecimento da fraude à execução depende do registro da penhora do bem alienado ou da prova de má-fé do terceiro adquirente.

Eis um exemplo do que, ao nosso ver, corrobora a superproteção do executado e do terceiro e, de outro lado, a desproteção do exequente:

> 1. O Colegiado estadual consignou a presunção de boa-fé do terceiro adquirente do veículo automotor diante da ausência do registro de penhora junto ao Detran. Incidência da Súmula 83/STJ. 2. O acolhimento da pretensão recursal demandaria a alteração das premissas fático-probatórias estabelecidas pelo acórdão recorrido, com o revolvimento das provas carreadas aos autos, o que é vedado no âmbito do recurso especial, nos termos do enunciado da Súmula 7 do STJ. 3. Agravo interno improvido.
>
> (AgInt nos EDcl no AREsp 1109304/RS, Rel. Ministro Marco Aurélio Bellizze, Terceira Turma, julgado em 06.02.2018, DJe 23.02.2018)
>
> 1. Embora a constrição tenha ocorrido antes do registro da alienação, o exequente tomou ciência da transmissão do bem quando do ajuizamento dos embargos de terceiro e ofereceu contestação, impondo resistência aos fundamentos da embargante, a fim de manter a penhora sobre o

CAPÍTULO 01 • PREMISSAS FUNDAMENTAIS | **113**

bem cujo domínio foi transferido, de modo que lhe é imputável o ônus da sucumbência. 2. Nos termos da jurisprudência do STJ, prevaleceria o princípio da causalidade se o exequente, diante da propositura dos embargos de terceiro, não tivesse contestado o feito, quando seria, então, sustentável a tese da condenação da embargante na verba honorária. 3. Ao revés, aplica-se o princípio da sucumbência, mostrando-se viável a condenação do embargado nos ônus sucumbenciais, quando configurada pretensão resistida nos embargos de terceiro, ou seja, quando for contestada a ação pelo credor embargado que insiste na manutenção da penhora. Nesse sentido: AgInt no AREsp 782.290/PR, Rel. Ministro Raul Araújo, Quarta Turma, julgado em 22.08.2017, DJe de 13.09.2017; AgRg no REsp 827.791/SC, Rel. Ministra Eliana Calmon, Segunda Turma, DJ de 17.08.2007; REsp 441.790/PR, Rel. Ministro João Otávio de Noronha, Segunda Turma, DJ de 1°.08.2006. 4. Agravo interno não provido.

(AgInt no REsp 1278007/SP, Rel. Ministro Lázaro Guimarães (Desembargador Convocado Do TRF 5ª Região), Quarta Turma, julgado em 06.02.2018, DJe 09.02.2018)

Estes dois exemplos, não tão antigos, demonstram a preocupação em proteger o direito de posse ou propriedade do terceiro. Perceba-se que nos dois exemplos o terceiro simplesmente adquiriu um bem e não procedeu o registro nos órgãos competentes.

No primeiro caso não foi ao DETRAN e não transferiu para si a titularidade do trator que adquiriu do devedor. Por isso, estando em nome do devedor o exequente penhorou o bem, adotando o único comportamento que lhe seria possível e adequado tomar quando consultou o registro no DETRAN.

No segundo caso, depois de sucessivas alienações do bem, sem que ninguém tivesse recolhido os impostos, sem que ninguém tivesse feito o registro, o terceiro invoca a sua boa-fé, e, no final das contas o exequente é que, por ter lutado para manter o bem que legalmente poderia pedir a constrição, acaba tendo que pagar honorários advocatícios com a sucumbência nos embargos de terceiros.

Entretanto, embora estas decisões tenham sido proferidas após a vigência do CPC de 2015, há, nítida mudança de paradigma em relação a tais situações,[162] por-

---

162. Isso fica evidenciado na posição firmada pela Ministra Fatima Nancy Andrighi no RMS 27358RJ, ainda em 2010 e logo após a Sumula 375, onde apreciando a existência ou não de boa-fé do terceiro impetrante do mandamus trouxe nas suas razões de decidir a invocação da necessidade de que o terceiro tenha um mínimo de cautela na aquisição do bem. "1. A regra do art. 42, § 3°, do CPC, que estende ao terceiro adquirente os efeitos da coisa julgada, somente deve ser mitigada quando for evidenciado que a conduta daquele tendeu à efetiva apuração da eventual litigiosidade da coisa adquirida. Há uma presunção relativa de ciência do terceiro adquirente acerca da litispendência, cumprindo a ele demonstrar que adotou todos os cuidados que dele se esperavam para a concretização do negócio, notadamente a verificação de que, sobre a coisa, não pendiam ônus judiciais ou extrajudiciais capazes de invalidar a alienação.2. Na alienação de imóveis litigiosos, ainda que não haja averbação dessa circunstância na matrícula, subsiste presunção relativa de ciência do terceiro adquirente acerca da litispendência, pois é impossível ignorar a publicidade do processo, gerada pelo seu registro e pela distribuição da petição inicial, nos termos dos arts. 251 e 263 do CPC. Diante dessa publicidade, o adquirente de qualquer imóvel deve acautelar-se, obtendo certidões dos cartórios distribuidores judiciais que lhe permitam verificar a existência de processos envolvendo o comprador, dos quais possam decorrer ônus (ainda que potenciais) sobre o imóvel negociado.3. Cabe ao adquirente provar que desconhece a existência de ação envolvendo o imóvel, não apenas porque o art. 1°, da Lei 7.433/85, exige a apresentação das certidões dos feitos ajuizados em nome do vendedor para lavratura da escritura

que, antes mesmo de o Código entrar em vigor, surgiu o art. 54 da Lei 13.097 que fixou um critério objetivo para definir se o terceiro tem ou não a boa-fé (ciência da condição de insolvência) na aquisição anterior do bem do devedor. Conquanto seja uma lei que se refira a bens imóveis – normalmente sobre os quais recaem os problemas envolvendo terceiros – ela passa a constituir um norte em relação ao tema:

Segundo o art. 54:

> Art. 54. Os negócios jurídicos que tenham por fim constituir, transferir ou modificar direitos reais sobre imóveis são eficazes em relação a atos jurídicos precedentes, nas hipóteses em que não tenham sido registradas ou averbadas na matrícula do imóvel as seguintes informações: (Vigência)
>
> I – registro de citação de ações reais ou pessoais reipersecutórias;
>
> II – averbação, por solicitação do interessado, de constrição judicial, do ajuizamento de ação de execução ou de fase de cumprimento de sentença, procedendo-se nos termos previstos do art. 615-A da Lei 5.869, de 11 de janeiro de 1973 – Código de Processo Civil;
>
> III – averbação de restrição administrativa ou convencional ao gozo de direitos registrados, de indisponibilidade ou de outros ônus quando previstos em lei; e
>
> IV – averbação, mediante decisão judicial, da existência de outro tipo de ação cujos resultados ou responsabilidade patrimonial possam reduzir seu proprietário à insolvência, nos termos do inciso II do art. 593 da Lei 5.869, de 11 de janeiro de 1973 – Código de Processo Civil.
>
> Parágrafo único. Não poderão ser opostas situações jurídicas não constantes da matrícula no Registro de Imóveis, inclusive para fins de evicção, ao terceiro de boa-fé que adquirir ou receber em garantia direitos reais sobre o imóvel, ressalvados o disposto nos arts. 129 e 130 da Lei 11.101, de 9 de fevereiro de 2005, e as hipóteses de aquisição e extinção da propriedade que independam de registro de título de imóvel.

Este dispositivo deixou muito clara a regra de que o *registro* é que deve dar segurança ao exequente, ao terceiro e a jurisdição, de forma que se na matrícula do imóvel não constar registro de que o bem foi adquirido pelo terceiro então o bem pode ser penhorado e expropriado porque se encontra ainda no patrimônio do devedor. Incauto teria sido o terceiro que supostamente adquiriu o bem, mas optou por não proceder o registro. Por outro lado, se quando o terceiro adquiriu o bem não existia nenhum registro vinculando-o a determinado processo, então a aquisição teria sido de boa-fé.

Seguindo a linha do artigo 54 citado acima o CPC deu novas cores ao tema, não se vinculando aos registros e averbações em bens imóveis, mas também sobre bens móveis que se sujeitam a algum tipo de registro como veículos, semoventes, cotas de sociedade etc.

Segundo o art. 792 do CPC:

---

pública de alienação, mas, sobretudo, porque só se pode considerar, objetivamente, de boa-fé o comprador que toma mínimas cautelas para a segurança jurídica da sua aquisição.4. Recurso ordinário em mandado de segurança a que se nega provimento. (RMS 27.358/RJ, Rel. Ministra Nancy Andrighi, Terceira Turma, julgado em 05.10.2010, DJe 25.10.2010.

Art. 792. A alienação ou a oneração de bem é considerada fraude à execução:

I – quando sobre o bem pender ação fundada em direito real ou com pretensão reipersecutória, desde que a pendência do processo tenha sido averbada no respectivo registro público, se houver;

II – quando tiver sido averbada, no registro do bem, a pendência do processo de execução, na forma do art. 828;

III – quando tiver sido averbado, no registro do bem, hipoteca judiciária ou outro ato de constrição judicial originário do processo onde foi arguida a fraude;

Nitidamente os três primeiros incisos do artigo 792 evidenciam a importância do *registro* para trazer segurança jurídica *fora* e *dentro* do processo, ou seja, afirma-se que se havia sido averbado no local de registro do bem a existência do processo, então presume-se absolutamente o conhecimento do terceiro.

E, para os bens que *não estão sujeitos a registro* a regra também não é mais a da *presunção de boa-fé* do terceiro já que o § 2º prescreve que:

§ 2º No caso de aquisição de bem não sujeito a registro, o terceiro adquirente tem o ônus de provar que adotou as cautelas necessárias para a aquisição, mediante a exibição das certidões pertinentes, obtidas no domicílio do vendedor e no local onde se encontra o bem.

Mas o problema não para aqui, afinal de contas se por um lado é fato que havendo algum tipo de averbação no local onde está registrado o bem presume-se a ciência do terceiro adquirente, afastando a sua boa-fé, por outro lado o dispositivo não fecha a possibilidade de que *não havendo nenhuma averbação no registro* não possa ser reconhecida a fraude à execução. O registro é um critério objetivo para presumir a ciência, mas a ausência do registro não significa que essa ciência não possa ser demonstrada de outra forma.

Não se discute ainda que nem mesmo a segurança do registro (nas hipóteses de aquisição de bens que se registram) conseguirá abarcar todas as situações de *fraude à* execução o que facilmente se percebe no inciso IV quando se diz que a alienação ou a oneração de bem é considerada em fraude à execução "*quando, ao tempo da alienação ou da oneração, tramitava contra o devedor ação capaz de reduzi-lo à insolvência*".

Daí porque pensamos que a existência de averbação no registro do bem móvel, imóvel ou semovente deve ser tomada como uma presunção de ciência do adquirente configurando o consilium fraudis, mas por outro lado a *ausência de qualquer averbação vinculando o bem a algum processo*, não implica a impossibilidade de que seja reconhecida a fraude à execução, o que deve ser sopesado de acordo com as circunstâncias do caso concreto.

Observe que os três primeiros incisos citados acima são categóricos ao afirmar que há fraude à execução quando penda registro da demanda sobre o bem, mas não diz que não há fraude quando não exista a tal averbação no registro, ou seja, ainda assim poderá existir fraude à execução.

Basta imaginar a hipótese de A ter proposto ação condenatória contra B em março de 2017 com sentença de procedência transitada em julgado em março de 2019 e cumprimento de sentença iniciado sem que se encontrem bens no patrimônio do devedor para serem penhorados. Imaginemos que B alienou seu único bem disponível para responder pela obrigação para terceiro um mês antes da sentença condenatória. Observe que naquele momento em que o bem foi retirado do patrimônio do devedor o autor A não poderia fazer nenhum tipo de registro constritivo, a não ser que tivesse razões evidentes que lhe permitissem fazer uma constrição antecipada por meio de tutela provisória urgente. Neste caso a discussão da *fraude à execução* relativamente a um bem imóvel não se resolve pela existência ou inexistência de algum registro sobre o bem no momento em que ele foi alienado (art. 792, IV).

Também não nos parece que seja correto impor ao credor que obtém uma sentença condenatória que seja ele obrigado a proceder uma hipoteca judiciária para evitar que numa eventual discussão futura de fraude esteja protegido por este registro. A sentença pode ser um título provisório e o vencedor momentâneo pode não querer correr o risco pois teme ser vencido no tribunal.

Ora, por que não fez a hipoteca judiciária não poderá discutir a fraude à execução futuramente caso o executado seja insolvente e tenha alienado seu bem para um terceiro enquanto sua apelação pendia de julgamento? Como dissemos, o artigo 792 não pode ser lido ao contrário, ou seja, naqueles casos há fraude presumida, mas se não foi feito nenhuma averbação emanada de algum processo no registro do bem, parece-nos que poderá ser reconhecida a eventual alienação em fraude à execução com análise das peculiaridades e provas existentes no caso concreto, inclusive admitindo que o magistrado distribua os ônus probatórios de acordo com a situação que se apresenta nos autos.

Por outro lado, é possível também raciocinar em favor do terceiro, afastando, por exemplo a regra do artigo 54, caput da Lei 13097. Assim, tomemos de exemplo o terceiro incauto que não procedeu o registro do bem quando da sua aquisição, sendo posteriormente surpreendido com uma penhora sobre o bem que ainda estava em nome do executado, mas que já lhe pertencia, às vezes, muito antes da própria demanda instaurada contra o devedor.

Imaginemos, por exemplo, uma promessa de compra e venda de imóvel que não foi registrada pelo adquirente (terceiro) em data muito anterior ao processo, mas todas as páginas do contrato foram assinadas e com firma reconhecida na data da aquisição. Seria difícil negar a veracidade da aquisição e o tempo em que ela foi feita para descobrir se foi antes ou depois de iniciado o processo contra o devedor alienante. Ainda, imaginemos neste mesmo contrato a existência de cláusula que faça menção a fato ocorrido deixando nítida a sua contemporaneidade.

Enfim, nos bens que se sujeitam a algum tipo de registro são as averbações que nele são feitas que deve servir de guia seguro para o magistrado, que por outro lado *não pode descurar ou ignorar as circunstâncias do caso concreto* onde fique evidente uma situação favorável ou ao exequente ou ao terceiro.

Neste particular, e para seguir esta orientação o CPC oferta uma interpretação adequada à questão que é a descrita no § 2º e que ali serve apenas para os bens que não se sujeitam a registro, mas que segundo pensamos pode ser sim utilizada para casos de bens que se sujeitam a registro, mas nenhum registro tenha sido feito. Pedimos licença para repetir a transcrição do dispositivo já citado antes:

> Art. 792. A alienação ou a oneração de bem é considerada fraude à execução:
>
> § 2º No caso de aquisição de bem não sujeito a registro, o terceiro adquirente tem o ônus de provar que adotou as cautelas necessárias para a aquisição, mediante a exibição das certidões pertinentes, obtidas no domicílio do vendedor e no local onde se encontra o bem.

Ora, se no caso de bem não sujeito a registro (*uma bicicleta caríssima como tantas que existem por aí*) o terceiro deve demonstrar (é dele o ônus) que tomou as medidas e cautelas para a aquisição do bem como forma de demonstrar a sua boa-fé, por outro lado, isso não quer dizer que se o bem era sujeito a registro (imóvel, carro, ações etc.) e nenhum tipo de averbação existia quando foi feita a alienação do bem, então que este fato deva ser enxergado em favor do exequente (quando o terceiro adquirente não registra o bem adquirido) ou do terceiro (quando o exequente não averba no registro alguma situação processual que poderia ter obtido). É preciso nestas hipóteses verificar as situações jurídicas ativas e passivas de cada uma das partes, identificar quais fatos serão mais facilmente provados por elas, e, distribuir os encargos probatórios para as partes que no caso concreto se apresentem com maior capacidade de demonstrá-los. Assim, por exemplo, além do próprio contrato de aquisição do bem, por exemplo a apresentação do imposto de renda para verificar em que data teria sido adquirido, as certidões que teriam sido consultadas sobre o devedor, os corretores que participaram do negócio, a verificação do valor pago para saber se corresponderia ao valor de mercado, a forma de pagamento, o recolhimento dos impostos etc.

### 5.5.2.9 O reconhecimento da fraude à execução

O ato jurídico de desfalque patrimonial praticado pelo réu/executado com um terceiro é válido entre eles, mas absolutamente *ineficaz* em relação ao autor/exequente se feito em *fraude à execução*. Por isso mesmo, na fraude à execução não se pretenderá obter nenhuma anulação do ato jurídico, mas para que a execução incida sobre bem que não integra mais formalmente o patrimônio do alienante/réu/executado é preciso que essa ineficácia perante o exequente decorrente da fraude à execução seja reconhecida em juízo.

> Tanto na fraude contra credores, quanto na fraude à execução o que o credor ou exequente desejam é que seja reconhecida judicialmente, em relação a eles, a ineficácia do ato. Não se pretende anular o negócio jurídico firmado entre o devedor e o terceiro, mas apenas obter uma

declaração de que um dos efeitos jurídicos do negócio jurídico firmado entre o devedor e o terceiro não foi eficaz em relação ao referido credor exequente. O *efeito jurídico* que se pretende reconhecer como ineficaz é justamente o de que conquanto o bem seja do terceiro, ele ainda se vincula à responsabilidade patrimonial do devedor alienante. Portanto, tem-se aí um típico caso de *responsabilidade patrimonial* sobre bem que pertence ao terceiro.

É certo que por envolver um terceiro alheio a relação jurídica processual, por maior que possa a ser a presunção de fraude no caso concreto, antes de declará-la, o juiz deverá intimar o terceiro adquirente, que, se quiser, poderá opor embargos de terceiro, no prazo de 15 (quinze) dias como determina o artigo 792, § 4º.[163]

É sempre de bom alvitre, portanto, para evitar um reconhecimento *incidenter tantum* sem oportunização de contraditório pleno e produção de provas, e para não haver deslizes no devido processo legal, que o magistrado instaure um incidente processual cognitivo que verse apenas sobre a questão da fraude à execução, dele fazendo parte, de um lado o autor/exequente e de outro, em litisconsórcio necessário o terceiro e o réu/executado.

Tal medida certamente implicará no esvaziamento de qualquer discussão posterior – em embargos de terceiro por exemplo – acerca da fraude cometida e da possibilidade de incidência da execução sobre o bem que, a rigor, em relação ao autor/exequente não teria saído do vínculo de sujeitabilidade patrimonial do réu/executado, dada a natureza declaratória da decisão que reconhece a ineficácia. Não vemos nenhum óbice que a *fraude à execução* seja arguida como *exceção* em contestação do credor (exequente) aos embargos de terceiro. O reconhecimento da *fraude à execução* não precisa ser feito por *ação*, e, mais que isso, o debate em torno da fraude é absolutamente conexo com o suposto título de posse ou propriedade que legitima o terceiro a embargar.

### 5.5.2.10 A súmula 195 do STJ e a impossibilidade de reconhecimento da fraude contra credores nos embargos de terceiros

A *fraude contra credores* tem o seu regime jurídico estabelecido no art. 158 e ss. do CCB, mas aqui, para o nosso propósito basta a citação dos artigos 158, 161 e 165:

Art. 158. Os negócios de transmissão gratuita de bens ou remissão de dívida, se os praticar o devedor já insolvente, ou por eles reduzido à insolvência, ainda quando o ignore, poderão ser anulados pelos credores quirografários, como lesivos dos seus direitos.

---

163. O inverso também é possível, ou seja, se for constrito judicialmente o bem, então o terceiro adquirente pode opor embargos de terceiros, caso em que em sua contestação poderá o exequente deduzir a alegação de que a alienação foi feita em fraude à execução, de forma que se for procedente os embargos afastar-se-á a constrição indevida, mas se for improcedente, porque acolhida a tese de defesa, o bem estará livre para servir à responsabilidade patrimonial, sem que isso implique em qualquer anulação do negócio jurídico firmado entre o terceiro e o devedor.

Art. 161. A ação, nos casos dos arts. 158 e 159, poderá ser intentada contra o devedor insolvente, a pessoa que com ele celebrou a estipulação considerada fraudulenta, ou terceiros adquirentes que hajam procedido de má-fé.

Art. 165. Anulados os negócios fraudulentos, a vantagem resultante reverterá em proveito do acervo sobre que se tenha de efetuar o concurso de credores.

O Código Civil diz, claramente, que a *fraude contra credores* só pode ser alcançada por meio de ação autônoma (pauliana) com a finalidade de reconhecer que a alienação do bem do devedor para o terceiro não teve o condão de "*subtrair o bem à responsabilidade pelas obrigações daquele*".[164] Isso quer dizer, na linha do artigo 790, VI do CPC que *sujeita-se à execução os bens cuja alienação ou gravação com ônus real tenha sido anulada em razão do reconhecimento, em ação autônoma, de fraude contra credores*.

Nada obstante a utilização do termo *anulação* pelo Código Civil e pelo Código de Processo Civil é corrente a posição doutrinária[165] de que não é exatamente isso que que se obtém com a procedência da ação pauliana, que apenas reconhece que, em relação ao credor (demandante), que a transação feita pelo devedor com o terceiro, conquanto tenha atendido os requisitos de validade do negócio jurídico, não produziu a eficácia de retirar o bem alienado da responsabilidade patrimonial do devedor.

A despeito da celeuma sobre a *natureza* da sentença que reconhece a ineficácia (se constitutiva ou declaratória) importa-nos dizer que não há discussão de que, para se obter o provimento que restaure o vínculo de sujeitabilidade patrimonial do bem alienado para terceiro, é necessário um processo ou módulo de cognição onde se discutirá a *insolvência do devedor* e o seu *consilium fraudis* com o terceiro culminando com um pronunciamento judicial que, se for procedente, reconhecerá a ineficácia do ato.

Assim, firme nesta orientação foi proclamada a Súmula 195 do STJ, *in verbis*:

em embargos de terceiro não se anula ato jurídico, por fraude contra credores.

Com esta súmula do ano 1997 o Superior Tribunal de Justiça pôs fim a discussão sobre a possibilidade de o exequente/embargado trazer para o bojo dos embargos de terceiros a discussão e o debate sobre a *fraude contra credores* e assim obter com a improcedência da demanda aquilo que deveria obter por meio de uma demanda autônoma.

Trocando em miúdos, seja porque seria uma matéria de *defesa*, seja porque os embargos de terceiro teriam um *procedimento especial com uma cognição horizontal*

---

164. DINAMARCO, Candido Rangel. *Instituições de direito processual civil*, v. IV, p. 406.
165. Ver por todos DINAMARCO, Candido Rangel. *Instituições de direito processual civil*, v. IV, p. 406; THEODORO Jr., Humberto. *Fraude contra credores*. Belo Horizonte: Del Rey, 1997, p. 173.

*limitada*,[166] o Superior Tribunal de Justiça rechaçou a possibilidade de transformar uma improcedência (acolhimento de uma *defesa*) em um provimento *"anulatório"*. Todavia, não nos parece que esta situação continue sedimentada com o advento do CPC de 2015, e, passamos a analisá-la.

Ora, quando o terceiro propõe demanda de embargos de terceiro (C) visando afastar constrição judicial já ocorrida ou na iminência de ocorrer sobre determinado bem (que se afirma titular de posse ou propriedade) em uma ação proposta pelo credor A contra o devedor B, então a questão que surge é se poderia o embargado/exequente trazer em sua contestação a alegação de *fraude contra credores*, mesmo sabendo que a ineficácia do ato de alienação se obtém por meio de *demanda autônoma* tal como prevista no artigo 158 do CCB e 790, VI do CPC.

Conquanto ação de embargos de terceiro tenha por pretensão a obtenção de provimento judicial que impeça ou afaste o esbulho judicial do bem sobre o qual se afirme possuidor ou proprietário ou credor com garantia real, portanto, uma lide que deveria ser julgada por sentença (art. 674 e ss.) não nos parece que seja inviável travar nesta demanda a discussão acerca da aquisição (fraudulenta) do bem que o embargante afirma ser titular, ainda que ela (a alienação) tenha ocorrido antes (fraude contra credores) de iniciada a demanda (fraude à execução) contra o devedor.

Não se discute que os embargos de terceiro possuem cognição horizontal limitada, mas o CPC de 2015 (ao contrário do CPC de 1973[167] e do CPC de 1939[168]), admite que o seu rito especial se convole em rito comum com a apresentação da contestação, como se observa no artigo 679:

> Art. 679. Os embargos poderão ser contestados no prazo de 15 (quinze) dias, findo o qual se seguirá o procedimento comum.

Com isso é fora de dúvidas que o embargado/exequente pode não apenas *resistir* – para aqueles que não enxergam a função dúplice da própria contestação[169]-[170] –, mas demandar o terceiro por meio de reconvenção trazendo a discussão – tão intima e tão conexa – sobre a ineficácia do fraudulento negócio jurídico que inclusive deu ao terceiro o título que lhe confere a legitimidade para ajuizar a demanda de embargos.

---

166. Limitada ao pedido de retirada do esbulho judicial com fundamento na posse ou propriedade do terceiro sobre o bem esbulhado.
167. Art. 1.053. Os embargos poderão ser contestados no prazo de 10 (dez) dias, findo o qual proceder-se-á de acordo com o disposto no art. 803.
168. Art. 710. Recebidos os embargos, conceder-se-á ao embargado, para contestá-los, o prazo de cinco (5) dias, findo o qual se procederá de acordo com o disposto no art. 685. Parágrafo único. Julgar-se-ão desde logo os embargos, se não forem contestados.
169. Sobre o tema ver a belíssima monografia de SICA, Heitor. *O direito de defesa no processo civil brasileiro*: um estudo sobre a posição do réu. São Paulo: Atlas, 2011.
170. Pode-se também dizer que não foi por acaso o fato de que a lei processual expressamente restringiu a matéria de defesa do embargado na hipótese de *embargante credor com garantia real*. O artigo 680 diz que: "Art. 680. Contra os embargos do credor com garantia real, o embargado somente poderá alegar que: I – o devedor comum é insolvente; II – o título é nulo ou não obriga a terceiro; III – outra é a coisa dada em garantia".

CAPÍTULO 01 • PREMISSAS FUNDAMENTAIS **121**

Não se confunde como bem anotou o Superior Tribunal de Justiça o *reconhecimento da inefi-cácia do ato fraudulento que permite atingir o bem do terceiro* com a inserção subjetiva desse terceiro (e do *seu* patrimônio) na lide por meio de *desconsideração da personalidade jurídica*. No reconhecimento da fraude contra credores ou à execução, o bem a ser atingido pela constrição judicial continua a ser do terceiro alheio à execução; na desconsideração da personalidade jurídica o sujeito atingido pela desconsideração deixa de ser um *terceiro* e passa a integrar a relação jurídica como *parte*, sujeitando não apenas um bem, mas todo o seu patrimônio à execução.[171]

Nos termos do artigo 343 do CPC "*na contestação, é lícito ao réu propor reconvenção para manifestar pretensão própria, conexa com a ação principal ou com o fundamento da defesa*", e, ainda que os embargos de terceiros não tenham sido propostos, embora devessem ser, contra o devedor/executado, também permite o § 3º do art. 343 que "*a reconvenção pode ser proposta contra o autor e terceiro*".

O dogma do procedimento especial limitado materialmente dos embargos de terceiro, bem como da impossibilidade de atribuir a improcedência da demanda o mesmo efeito que só se pode obter mediante uma ação autônoma cai por terra com a possibilidade de o exequente/embargado *reconvir* contra o autor dos embargos de terceiro (adquirente) e contra o devedor (alienante).

Nada impede a cumulação objetiva[172] e alargamento do objeto do processo (e, não apenas da cognição judicial), sobre os dois temas que são, aliás, muito íntimos como dissemos alhures.[173]

Dessa forma não vemos óbice que a demanda autônoma a que alude o artigo 790, VI do CPC seja a reconvenção proposta em resposta aos embargos de terceiro pelo exequente contra o autor da ação de embargos de terceiros (adquirente) e também

---

171. "(...) 2. Outrossim, os embargos de terceiro foram extintos sem julgamento de mérito, por ilegitimidade de parte, de sorte que a alegação de impenhorabilidade do bem de família não poderia ser, de fato, apreciada na aludida via, mas pode ser objeto de insurgência no processo de execução. 3. Se o Tribunal de origem, com base no acervo fático-probatório dos autos, consignou o abuso de direito, a confusão patrimonial e o uso ilegítimo da sociedade empresária para fraudar credores, de molde a desconsiderar a personalidade jurídica, chegar a conclusão diversa demandaria o reexame de fatos e provas, o que é vedado na via especial, a teor da Súmula 07 do STJ. 4. Não há falar em incidência da Súmula 195 do STJ, porquanto, em momento algum, anulou-se, em embargos de terceiro, ato jurídico por fraude contra credores; tão somente desconsiderou-se, para o caso concreto, a personalidade jurídica da recorrente, assentando sua ilegitimidade ativa ad causam. 5. Agravo regimental a que se nega provimento". (AgRg no REsp 27.473/MS, Rel. Ministro Vasco Della Giustina (Desembargador Convocado DO TJ/RS), Terceira Turma, julgado em 27.10.2009, DJe 18.11.2009).

172. Art. 327. É lícita a cumulação, em um único processo, contra o mesmo réu, de vários pedidos, ainda que entre eles não haja conexão. § 1º São requisitos de admissibilidade da cumulação que:
I – os pedidos sejam compatíveis entre si; II – seja competente para conhecer deles o mesmo juízo;
III – seja adequado para todos os pedidos o tipo de procedimento. § 2º Quando, para cada pedido, corresponder tipo diverso de procedimento, será admitida a cumulação se o autor empregar o procedimento comum, sem prejuízo do emprego das técnicas processuais diferenciadas previstas nos procedimentos especiais a que se sujeitam um ou mais pedidos cumulados, que não forem incompatíveis com as disposições sobre o procedimento comum. § 3º O inciso I do § 1º não se aplica às cumulações de pedidos de que trata o art. 326.

173. Íntimo porque o que se questiona é a eficácia do ato jurídico que conferiu o título de possuidor ou proprietário ao terceiro.

contra o executado (alienante). A sentença que decidir as demandas cumuladas – conexas geneticamente – deve ser objetivamente complexa enfrentando as duas pretensões formuladas.

### 5.5.2.11 Fraude à execução por ficção jurídica

A fraude à execução pressupõe a pendência de um processo que tenha por finalidade um ressarcimento em pecúnia onde o patrimônio do responsável pelo inadimplemento se sujeita à futura execução por expropriação. Assim, no curso deste processo, o responsável desfalca propositadamente o patrimônio, onerando ou alienando bens que, seriam essenciais para a satisfação do direito exequendo.

Todas as hipóteses do artigo 792, exceto o inciso I, são genuinamente fraude à execução pois tratam de hipóteses que se encaixam no conceito acima. Observe que o legislador, desde 1939, diz que "a alienação ou a oneração de bem *é considerada fraude à execução*". A expressão "é considerada" significa que mesmo aquela que genuinamente não seja uma hipótese de *fraude à execução* assim será considerada como tal.

### 5.5.2.12 Fraude à execução X desconsideração da personalidade

A garantia patrimonial (patrimônio responsável) é fundamental para a proteção das relações de crédito, e, como tal o sistema jurídico prevê vários remédios que podem ser utilizados para a sua tutela preventiva (ex: arresto) e repressiva (ex. ação pauliana, fraude à execução, desconsideração da personalidade jurídica etc.).

Como se observou acima a fraude à execução é resultado do reconhecimento da ineficácia de ato jurídico praticado pelo réu/executado em relação ao processo cujo propósito poderá ser impossível sem esse bem objeto da fraude.[174]

A desconsideração da personalidade é a consequência jurídica (sanção) que se impõe àquele que incide nos ilícitos civis previstos pelo direito material (consumidor, civil, fiscal, administrativo, ambiental etc.). Por meio desta figura jurídica um terceiro que até então não integrava a relação jurídica nem material e muito menos processual passa a ter, com a desconsideração da personalidade, todo o seu patrimônio sujeitável à garantia do crédito. Logo, com a desconsideração constitui-se uma *soma de patrimônios sujeitáveis* e não apenas um bem específico do patrimônio, a não ser que todo o patrimônio se resuma num único bem expropriável. Observe que, além disso, o *terceiro* passa a integrar a relação jurídica processual caso incida a sanção de desconsideração.

---

174. DINAMARCO, Candido Rangel. *Instituições de direito processual civil*. 2. ed. São Paulo: Malheiros, 2003, v. IV, p. 389.

É claro que a desconsideração pode ser decretada, por exemplo, porque *fraudulentamente* o devedor (réu, requerido ou executado) ocultou o seu patrimônio em nome de outra pessoa, pois esta é *uma das várias hipóteses do direito material* que justificam a superação da personalidade para atingir tal sujeito. Mas, observe, ao desconsiderar a personalidade não se trata de *reconhecer a ineficácia de uma alienação ou oneração de bem no curso do processo*, mas sim de *decretar* uma situação jurídica nova para aquele terceiro que passa não só a integrar a relação jurídica processual, mas também submete o seu *patrimônio inteiro* à responsabilidade executiva.

Acerca da comunicação dos institutos o CPC diz que:

> Art. 137. Acolhido o pedido de desconsideração, a alienação ou a oneração de bens, havida em fraude de execução, será ineficaz em relação ao requerente.
>
> Art. 792. A alienação ou a oneração de bem é considerada fraude à execução
>
> (...)
>
> § 3º Nos casos de desconsideração da personalidade jurídica, a fraude à execução verifica-se a partir da citação da parte cuja personalidade se pretende desconsiderar.

Para entender a hipótese do artigo 137 do CPC tomemos de exemplo a seguinte situação: A promove ação condenatória contra B e no curso desta A requer instauração de incidente para que seja desconsiderada a personalidade de B e assim sujeitar o patrimônio de C à responsabilidade executiva.

Assim, se for decretada em favor de "A" a desconsideração da personalidade de B (pessoa jurídica) para que o patrimônio de C (sócio) também integre a responsabilidade patrimonial, então, aí entra o art. 137 e diz que toda alienação ou oneração de bens praticada por C havida em fraude à execução será ineficaz em relação a "A".

> Na verdade, o Código reconhece que o "C", sujeito que será atingido pela desconsideração possa, antevendo o risco de que seja instaurada o incidente e que seu patrimônio passe a ser sujeitável à futura execução, aliene fraudulentamente seu patrimônio para que quando seja incluído na relação jurídica nada tenha em seu nome. É disso que cuida o artigo 792, § 3º.

O dispositivo é ótimo, porque C (sócio), sabendo que B (pessoa jurídica) foi citado e que possivelmente poderá ser atingido em eventual desconsideração que vier a ser instaurada, pode resolver desfalcar o seu patrimônio tornando inócua a sanção de desconsideração pois infrutífera será a futura execução. Nesta hipótese, frise-se, o que diz o texto é que se C, atingido pela desconsideração, tiver alienado ou onerado bens de seu patrimônio em alguma das hipóteses de fraude à execução, então essa alienação será ineficaz para A, caso em que o bem ou os bens que tenham sido formalmente desviados para o patrimônio de D, será atingido no limite da fraude cometida. Nesta hipótese haverá ainda um *terceiro* adquirente do bem do sujeito que foi atingido pela desconsideração em fraude à execução.[175]

---

175. A situação é peculiar e a fraude à execução deve estar plenamente caracterizada sob pena de engessamento indevido do direito do sócio sobre seus próprios bens que não respondem pela dívida da sociedade. O

Já o artigo 792, § 3º reforça exatamente o que se disse anteriormente, ou seja, tomando o mesmo exemplo acima, como C é atingido pela desconsideração o seu patrimônio se submete à eventual execução promovida por A, mas ratifica o artigo 137 dizendo que, mesmo que a sanção constitutiva de desconsideração tenha se dado no curso do feito, para fins de fraude à execução, o legislador retroage o momento de sujeitabilidade do patrimônio de C à mesma data em que B foi citado.

Logo, não se confundem *fraude à execução* e *superação da personalidade*. Nesta um terceiro passa a ser parte no processo e seu patrimônio sujeita-se à futura execução. Passa-se a ter um litisconsórcio passivo entre a pessoa desconsiderada e o atingido pela desconsideração. A sujeitabilidade do patrimônio do sujeito atingido pela desconsideração permite que a execução seja contra ele movida ou também direcionada. A *desconsideração* é a sanção jurídica prevista nas mais variadas situações previstas pelo direito material como abuso de direito, má administração, confusão patrimonial etc.[176]

Já a *fraude à execução* é uma situação jurídica processual onde o réu ou executado aliena ou onera bem para desfalcar o patrimônio de forma que a satisfação por meio do processo executivo seja infrutífera. Nesta hipótese, o adquirente do bem em fraude à execução não integrará a relação jurídica processual executiva e tampouco o resto do seu patrimônio responderá pela execução. Ademais, a sanção jurídico--processual pelo reconhecimento da fraude e a ineficácia da alienação ou oneração, ou seja, a execução poderá incidir sobre o patrimônio do executado aí incluído o tal bem alienado em fraude. A fraude à execução não é espécie de desconsideração e nem a desconsideração é espécie de fraude.

São institutos diversos, embora se comuniquem pelo fato de que são técnicas protetoras do crédito que se mostram essenciais para a efetividade da execução por expropriação. Uma *restabelece* o vínculo de sujeitabilidade à responsabilidade executiva do bem alienado em fraude à execução sem nenhum acréscimo objetivo ou subjetivo da demanda; a outra amplia *objetivamente* o *patrimônio executável* em razão de igual *ampliação do polo subjetivo* com a decretação da desconsideração da personalidade. Com a desconsideração passa-se a atingir o patrimônio (inteiro) do sujeito atingido que passa a ser parte da demanda; na fraude à execução permite-se

---

sócio não é parte nem em sentido material e nem processual na execução e passa a integrar a demanda se e quando for decretada a desconsideração da personalidade. Esta decisão é constitutiva e só não é apenas a partir daí que poderia falar que tal executado cometeu desfalque fraudulento do seu patrimônio, porque é perfeitamente possível que sabendo da insolvência da empresa se antecipou a uma eventual desconsideração e alienou o seu patrimônio. Para o terceiro adquirente é dificílimo lidar com esta situação porque ao consultar o registro dos bens eles estarão livres e desembargados e é bem possível que não exista demanda contra o alienante e que nem mesmo saiba que ele é dono de uma empresa que está sendo demandada e que nesta demanda pode ser desconsiderada a sua personalidade. Enfim, são as circunstâncias do caso concreto que devem demonstrar a incidência do artigo 792, § 3º.

176. Sobre a hipótese da "desconsideração no direito ambiental" (art. 4º da Lei 9605), típico caso de teoria menor da desconsideração, pensamos que se trata de *responsabilidade patrimonial subsidiária* e não propriamente um mecanismo de *quebra* de uma personalidade para preservação da pessoa jurídica.

CAPÍTULO 01 • PREMISSAS FUNDAMENTAIS **125**

a constrição judicial sobre um bem (e não todo patrimônio) do terceiro que não integra a relação processual.

Aliás, registre-se, embora isso seja incomum, é possível que o titular do crédito perceba, antes da data do inadimplemento, que o devedor já dê sinais de que não irá adimplir a obrigação e ainda por cima começa a dilapidar temerosamente o seu patrimônio justamente para comprometer a sua responsabilidade patrimonial. Nesta hipótese não há processo em curso e ainda não foi cometida a *fraude ao patrimônio*, mas está em vias de isso acontecer. Ora, é claro que o titular do crédito[177] pode, ante a *ameaça de lesão*, promover demanda que conserve o patrimônio do devedor *inibindo o ilícito* que está em vias de ser cometido. Conhecíamos esta demanda como *arresto* no art. 813 e ss. do CPC de 1973, mas nada mais é do que uma demanda inibitória contra o ilícito de *desfalque patrimonial*.

Entretanto, sabemos, que a maior parte dos casos o que se tem é justamente a tutela *repressiva* de remoção do ilícito de fraude já cometido, ou seja, se pretende o reconhecimento da fraude quando ao tentar realizar a penhora o exequente já não encontra bens do executado

### 5.5.2.13 A intimação do terceiro adquirente do bem objeto de fraude à execução no art. 792, § 4° do CPC

O ato jurídico de oneração/alienação praticado pelo executado em fraude à execução sempre envolverá um terceiro em favor de quem foi onerado ou alienado o bem sem o qual a execução seria infrutífera.

Não é possível admitir que num modelo democrático e participativo de processo possa ser declarada a ineficácia de uma alienação/oneração considerada como se tivesse ocorrido em fraude à execução sem que se oportunize o contraditório aos sujeitos que suportarão os efeitos dessa decisão, por mais evidente que possa se apresentar a situação fraudulenta.

Daí porque os incisos do artigo 792 estabelecem as *hipóteses de fraude* à execução, e, o parágrafo quarto determina que *antes de declará-la*, o juiz deverá *intimar o terceiro adquirente*, que, se quiser, poderá opor embargos de terceiro, no prazo de 15 (quinze) dias.

O Código silencia sobre como se dará a atividade cognitiva que culminará com o reconhecimento da fraude à execução. Este silêncio faz com que se crie uma falsa ideia de que o juiz, *de ofício* ou *provocado pelo exequente por uma petição simples*, sem qualquer contraditório, possa reconhecer a fraude à execução da alienação/oneração sobre o referido bem.

---

177. Também tem legitimidade o responsável secundário ao perceber que ele arcará com o prejuízo e não poderá alegar o benefício de ordem a seu favor.

Para que se declare a ineficácia do desfalque patrimonial fraudulento é preciso que estejam presentes os fatos jurídicos descritos nas hipóteses descritas no artigo 792, o que certamente deve ser objeto de prévio contraditório entre exequente, executado e terceiro, que deve ser *intimado* para, caso queira, opor-se mediante embargos de terceiro. O terceiro é intimado pelo juiz para exercer o seu contraditório previamente à declaração da ineficácia do ato/fato jurídico fraudulento por meio da ação e embargos de terceiro no prazo de 15 dias.

Esta hipótese descrita no artigo 792, § 4º coaduna-se com os embargos de terceiro *inibitórios* previstos no caput do art. 674 do CPC. Observe-se que *antes de declarar a fraude à execução* o terceiro deve ser intimado para se quiser, opor-se à execução por meio de embargos de terceiro justamente para *evitar* que o bem que se encontra em seu patrimônio seja esbulhado judicialmente e que a alienação/oneração não teria sido *em fraude à execução*. Os embargos ofertados nos 15 dias mencionados no referido dispositivo são *inibitórios*

O fato de o Código criar um sistema de presunções legais que servem à demonstração mais simplificada da alienação/oneração em fraude à execução – como por exemplo, a aquisição de bens sujeitos a registro sobre os quais já constavam algum tipo de averbação de demanda que estava em curso – isso não quer dizer que a solução de tal questão será feita sem contraditório real e efetivo dos sujeitos envolvidos.

Por isso mesmo é dever do juiz instaurar, por meio de um incidente cognitivo restrito ao tema, o contraditório prévio do exequente, do executado e do terceiro antes de decidir sobre a ineficácia do ato praticado entre os dois últimos, sem descartar obviamente que seja deferida liminarmente alguma medida de segurança constritiva sobre o bem para evitar a proliferação de novos atos de alienação envolvendo novos terceiros.

O artigo 792, § 4º do CPC está em consonância com o artigo 674 que cuida do procedimento especial da ação de embargos de terceiro. Segundo este dispositivo: "*quem, não sendo parte no processo, sofrer constrição ou ameaça de constrição sobre bens que possua ou sobre os quais tenha direito incompatível com o ato constritivo, poderá requerer seu desfazimento ou sua inibição por meio de embargos de terceiro*". E, emenda o parágrafo segundo inciso II que "considera-se terceiro, para ajuizamento dos embargos "o adquirente de bens cuja constrição decorreu de decisão que declara a ineficácia da alienação realizada em fraude à execução".

Diante da hipótese acima, uma de duas: ou o terceiro foi intimado ou não foi intimado (por não ser encontrado, por exemplo). Nesta hipótese não fluirá contra ele o prazo e poderá valer-se da intervenção de terceiro (embargos de terceiro) do art. 674, § 2º, II citado acima, só que nesta hipótese não serão mais *inibitórios,* mas sim voltados ao *desfazimento* da constrição judicial realizada no processo do qual não é parte. Caso seja intimado e não intervenha por meio de embargos de terceiro no prazo de 15 dias mencionado no artigo 792, § 4º, restará a possibilidade de va-

CAPÍTULO 01 • PREMISSAS FUNDAMENTAIS **127**

ler-se de ação autônoma sem os benefícios do procedimento especial que prevê a intervenção por meio dos embargos de terceiro.

### 5.5.3 O ingresso do terceiro por meio da cessão de crédito e da assunção da dívida

Nos artigos 286 a 303 do Código Civil Brasileiro estão descritas as hipóteses de *transmissões das obrigações* representadas pela *cessão de crédito* e *assunção da dívida*.

Por meio da primeira, tem-se um negócio jurídico bilateral, por meio do qual o credor da obrigação (cedente) transfere a um terceiro (cessionário) a sua situação jurídica subjetiva e objetiva existente na relação obrigacional que se mantem inalterada em relação aos demais aspectos.[178] O negócio jurídico é *bilateral* e dele não participa o devedor que é chamado, inadequadamente, de *cedido*.

Certamente que uma vez ocorrida a alteração da situação jurídica subjetiva no plano material, seja pela cessão do crédito, seja pela assunção da dívida é perfeitamente possível que esta modificação subjetiva se projete no plano do processo caso o crédito esteja sendo executado.

Não por acaso o art. 778 determina que *"pode promover a execução forçada o credor a quem a lei confere título executivo"*, e, no inciso três encaixa nesta proposição *"o cessionário, quando o direito resultante do título executivo lhe for transferido por ato entre vivos"*. Por sua vez o artigo 779, III diz que a execução pode ser promovida contra *"o novo devedor que assumiu, com o consentimento do credor, a obrigação resultante do título executivo"*.

Contudo, fácil de perceber que o regime jurídico da cessão de crédito é diverso da assunção de dívida. Basta a leitura do artigo 286 do CCB e compará-lo com o art. 299 do CCB. Na assunção de dívida, não é suficiente a bilateralidade da avença formulada pelo terceiro com o devedor, pois é preciso ter a anuência expressa do credor da obrigação.

O próprio CPC repete o texto do Código Civil quando diz que a sucessão processual que permite a substituição do cedente (exequente originário) pelo cessionário (novo exequente) independe de consentimento do executado. E, determina o inciso III do artigo 779 que a execução pode recair sobre o novo devedor (assuntor) que assumiu, com o consentimento do credor, a obrigação resultante do título executivo.

Como visto, esta diferença substancial se projeta para o âmbito do processo, caso o terceiro adquirente do crédito ou assuntor da dívida pretendam suceder processualmente o exequente e o executado, respectivamente. O fato de ter ocorrido a transmissão da obrigação no plano material não implica em alteração das partes da execução que eventualmente já esteja em curso. Se a execução ainda não foi inicia-

---

178. FARIAS, Cristiano Chaves de Farias. *Direito das Obrigações*. 4. ed. Rio de Janeiro: Lumen Juris, 2009, p. 290.

da, tudo se torna mais fácil porque o novo credor, ou o novo devedor, serão desde o início aquele que promoverá, e em face de quem será promovida, a execução. Mas se o processo de execução já estiver em curso, então o terceiro (cessionário ou assuntor) não irá adentrar no processo de forma imediata como consequência do negócio jurídico firmado pelas partes. É preciso que esse fato seja trazido ao processo e após o regular contraditório seja admitido ou não o ingresso do terceiro na condição de novo exequente ou novo executado. O contraditório aqui não se relaciona com qualquer tipo de anuência do devedor, porque isso não é necessário como revela o art. 778, § 3º, do CPC.

Eis que, nesta hipótese, de transmissão da obrigação quando a execução esteja em curso, ter-se-á a possibilidade de que venha ocorrer a intervenção do terceiro (cessionário ou assuntor) na relação jurídica executiva deduzida em juízo. Este ingresso pode não ser tão simples, afinal de contas existem vedações à cessão e a assunção da dívida no plano material, pode haver discussões sobre a anuência etc. que poderão ser objetadas no incidente aberto para admitir ou não a substituição da parte.

Isso não quer dizer que a *substituição da parte* pela transmissão da obrigação no curso da execução se assemelhe à hipótese do art. 109 do CPC onde expressamente diz o dispositivo que "a alienação da coisa ou do direito litigioso por ato entre vivos, a título particular, não altera a legitimidade das partes", admitindo a substituição de acordo com as exigências dos parágrafos 1º à terceiro. É que havendo um direito reconhecido em um título executivo presume-se a sua existência e nisso diverge da regra do artigo 778, III do CPC.

Curiosamente, o ingresso desse terceiro tanto pode ser provocado pelo sujeito processual que transmitiu a obrigação no plano material, quanto pelo terceiro para o qual foi transmitida a obrigação. Em qualquer hipótese haverá um incidente processual aberto para resolver tal situação antes de ocorrer definitivamente a substituição da parte.

Recorde-se que uma vez ocorrida a substituição da parte, v.g., com a saída do cedente e a ocupação do polo ativo da execução pelo exequente é do cessionário a eventual responsabilidade pela execução que venha ser considerada injusta após o oferecimento dos embargos ou da impugnação do executado (art.776). Ocorrida a substituição da parte, o exequente primitivo passa a ser terceiro e o terceiro (cessionário) passa a ser o exequente, assumindo os ônus e bônus de uma cessão de direito litigioso.[179]

---

179. "(...) 5. No caso ora em foco, o banco cedente, no curso da execução por ele promovida (e dos embargos à execução), cedeu o suposto crédito objeto da execução, procedendo-se as partes integrantes da cessão à sucessão processual, sendo apurado, em cumprimento de sentença dos embargos à execução procedentes, um débito em desfavor da parte cessionária, ao invés de um crédito.6. Favorecendo-se a parte cessionária da sentença relativa ao negócio jurídico sobre direito que sabidamente era litigioso, independentemente da sua participação na causa sub judice, igualmente deve sujeitar-se aos encargos provenientes desse negócio, visto que assumiu o risco, sobretudo quando procederam as partes à sucessão no processo do cedente pelo

## CAPÍTULO 01 • PREMISSAS FUNDAMENTAIS

O fato é que uma vez decidido o incidente de intervenção de terceiro (o cessionário ou do assuntor) na execução esta decisão será interlocutória e seja pela hipótese do artigo 1015, IX ou parágrafo único do CPC estará sujeita à impugnação pelo recurso de agravo de instrumento, situação que pode elastecer, e, complicar, o andamento da demanda executiva.

### 5.5.4 O ingresso – como terceiro interveniente – do fiador do débito constante em título extrajudicial e do responsável titular do bem vinculado por garantia real ao pagamento do débito

O artigo 779 é claro ao dizer que a execução pode ser promovida contra "*o fiador do débito constante em título extrajudicial*" e contra o "*o responsável titular do bem vinculado por garantia real ao pagamento do débito*".

Aquele que se responsabiliza por dívida alheia, seja por garantia fiduciária ou real, possui em tese alguma relação com o devedor principal, seja de amizade, parentesco, econômica etc. É o vínculo entre garantidor e devedor que justifica alguém assumir a responsabilidade pelo eventual inadimplemento de outra pessoa.

É opção do exequente promover a execução contra os sujeitos descritos nos incisos IV e V do art. 779 do CPC. Cabe ao credor definir se propõe a demanda contra o devedor originário ou contra o fiador, ou contra ambos, *se tais sujeitos constarem no título executivo*, seja ele judicial (art. 513, § 5º) ou extrajudicial. Lembre-se do que já foi dito: uma coisa é o sujeito ser o garantidor patrimonial da dívida inadimplida; isso está no plano do direito material convencional ou legal. Coisa distinta é ter título executivo, requisito processual, contra os tais sujeitos cujo patrimônio garante os prejuízos resultantes do inadimplemento. Para que a execução seja instaurada contra quem quer que seja é preciso preencher o requisito do direito material e o segundo requisito de direito processual.

Conquanto o usual seja promover a demanda executiva contra todos que se sujeitam patrimonialmente à excussão judicial, é perfeitamente possível que o credor, mesmo portando título executivo contra todos, avalie ser desperdício de tempo e dinheiro inserir o fiador na demanda executiva se entender que a execução contra o devedor principal será mais lépida e frutífera.

> Parece-nos relevante mencionar que conquanto o credor possa exigir de um dos devedores solidários a integralidade da dívida, pois esta é uma vantagem que a solidariedade passiva propicia à proteção do crédito, por outro lado, não se admite o *abuso do direito* por parte do credor, dado

---

cessionário, como na hipótese.7. Desse modo, não mais integrando o banco a relação jurídica de direito material e processual constante dos feitos executivos, em que se reconheceu serem credores os primitivos executados, e não devedores, ostenta a casa bancária, de fato, condição de terceiro, revelando-se indevida a constrição efetivada sobre os valores constantes de sua conta bancária, a ensejar a procedência dos embargos de terceiro, conforme assentado no acórdão recorrido.8. Recursos especiais desprovidos (REsp 1837413/PR, Rel. Ministro Marco Aurélio Bellizze, Terceira Turma, julgado em 10.03.2020, DJe 13.03.2020).

que, como lembra Cristiano Chaves de Faria, sempre deve ser "levado em consideração a necessidade da preservação do princípio da boa-fé objetiva. O credor não poderá exercer o seu direito subjetivo de agir em face de qualquer devedor, de maneira desproporcional, excessiva e caprichosa, pois incidirá abuso de direito (art. 187 do CC). Cabe ao magistrado avaliar com precisão se o exercício de lides diversas em face dos codevedores não representa uma violação de lealdade e uma infração ao dever lateral de cooperação entre as partes da relação obrigacional".[180] E, ante a certeira colocação do festejado civilista, é preciso também identificar as situações em que a demanda executiva é efetivamente proposta contra todos os devedores solidários, mas apenas em relação a um ou alguns, sem qualquer razão, incidem os atos de execução forçada. Não se deve perder de vista que a figura da solidariedade passiva é importante garantia para a tutela do crédito, pois amplia a responsabilidade patrimonial, e, não meio de se perseguir ou prejudicar um devedor em detrimento dos outros por meio da solidariedade de todos eles.

Outrossim, o mesmo se diga em relação ao responsável titular do bem vinculado por garantia real ao pagamento do débito. Ao contrário da obrigatoriedade sugerida pelo § 3º do art. 835, pode o credor optar por promover a demanda executiva contra o devedor somente e/ou contra o tal responsável patrimonialmente pelo bem dado em garantia, neste último caso, uma execução fundada em um direito com eficácia real. A garantia serve para ampliar a proteção do seu crédito e não para reduzi-la ou limitá-la.

Admitindo, por hipótese, que a ação executiva seja promovida apenas contra o devedor, surge a pergunta se poderia o fiador (ou qualquer garantidor/responsável primário ou subsidiário) intervir na execução para, eventualmente, desocultar o patrimônio do executado, e, até se for o caso instaurar um incidente de desconsideração da personalidade jurídica se os pressupostos estiverem presentes, para assim evitar que futuramente possa ter contra si uma execução que se volte contra o seu patrimônio. Parece-nos que o art. 834 do CCB indica qual o caminho interpretativo a ser seguido.

> Art. 834. Quando o credor, sem justa causa, demorar a execução iniciada contra o devedor, poderá o fiador promover-lhe o andamento.

Obviamente que não se cogita em intervenção por meio de assistência do fiador ou responsável junto ao exequente, já que o instituto do art. 119 finca-se na premissa de que a sentença seja favorável ao assistido. O que ele, fiador, está protegendo é o seu patrimônio.

### 5.5.5 *A adjudicação do bem penhorado por terceiros alheios à execução*

### 5.5.5.1 *As três modalidades de adjudicação no art. 876 do CPC*

O Código de Processo Civil trata a adjudicação do bem penhorado de formas distintas.

---

180. FARIAS, Cristiano Chaves de; ROSENVALD, Nelson. *Curso de direito civil*. 15. ed. Salvador: JusPodivm, 2021, v. 2, obrigações, p. 342.

CAPÍTULO 01 • PREMISSAS FUNDAMENTAIS **131**

A primeira, que via de regra é como deve ser conceituado o instituto, ela é medida executiva expropriatória da execução por quantia certa contra devedor solvente (art. 825, I c/c o art. 876, caput e art. 904, II) em que o órgão jurisdicional transfere o bem penhorado do patrimônio do executado diretamente para o exequente por expressa vontade deste último que aceita receber o bem como forma de pagamento total ou parcial do crédito exequendo.[181]

Contudo, por ficção jurídica o § 5º do art. 876 trata como adjudicação do bem penhorado duas situações jurídicas distintas que não se igualam à situação anterior, seja sob uma perspectiva ontológica ou teleológica. A rigor, o que existe em comum é o fato de que o *órgão judicial transfere o bem penhorado*, só que o faz por razões que não se assemelham à adjudicação satisfativa (art. 904), pois essa transferência não é para o exequente, mas para terceiros alheios à relação jurídica processual executiva.

Isso implica reconhecer que a adjudicação prevista no § 5º do art. 876 não é uma *medida executiva expropriatória final do procedimento executivo para pagamento de quantia*. Neste dispositivo existem duas modalidades de intervenção de terceiros, a saber: (1) o direito de arrematar preferencialmente ou (2) o direito de resgatar o bem penhorado.

Portanto, quando o artigo 876, § 5º diz que *"idêntico direito pode ser exercido por aqueles indicados no art. 889, incisos II a VIII, pelos credores concorrentes que hajam (sic) penhorado o mesmo bem, pelo cônjuge, pelo companheiro, pelos descendentes ou pelos ascendentes do executado"* ele nada mais faz do que emprestar o regime jurídico da técnica da expropriação à duas outras figuras completamente distintas da medida executiva.

Não é possível fixar a premissa de que a adjudicação é um ato processual reservado ao exequente, porque *"idêntico direito pode ser exercido por aqueles indicados no art. 889, incisos II a VIII"* do CPC, ou seja, tanto o exequente (876, caput), quanto terceiros que não fazem parte da execução (art. 876, § 5º), podem proceder a adjudicação do bem penhorado.

Dito de forma mais clara o legislador coloca na vala comum três figuras absolutamente diferentes apenas porque em todas elas existe uma *transferência do bem penhorado*, sem se importar em discernir os fundamentos e os fins pelos quais esta transferência acontece em favor de quem ela ocorre.

---

181. A regra do artigo 889 (ciência da alienação judicial, com pelo menos 5 (cinco) dias de antecedência) e do artigo 903 (formalização do ato e limites para sua impugnação) se aplicam integralmente para a adjudicação. A intimação prévia dos interessados permite, por exemplo, que impugnem a avaliação, que exerçam as preferencias etc. O não cumprimento deste prazo de ciência prévia é causa de nulidade que deve ser arguida por meio dos remédios do artigo 902 desde que seja demonstrado o efetivo prejuízo pela falta de prévia intimação.

Uma coisa é a adjudicação do bem penhorado em prol do exequente e outra é a realizada para terceiros alheios à execução. Nesta hipótese tem-se a intervenção de terceiros que pretendem o bem penhorado por razões também diversas.

Na hipótese clássica, exercida pelo exequente, a adjudicação é ato processual expropriatório que lhe concede, de modo imediato, e por vontade sua expressamente manifestada nos autos, um *resultado prático equivalente* àquele que pretendia (receber o bem penhorado ao invés da quantia). Neste aspecto, é absolutamente harmônico com o artigo 904, II quando diz que a satisfação do crédito exequendo se dá pela "adjudicação do bem penhorado".

Frise-se, só é válida a afirmação do artigo 904, II do CPC quando a adjudicação é requerida pelo exequente que pretende o recebimento do bem penhorado em substituição (total ou parcial) do crédito exequendo. Portanto, *contrario sensu*, quando a adjudicação do bem penhorado é feita por terceiros (art. 876, § 5º) a satisfação do crédito exequendo se dará pela entrega do dinheiro ao exequente, portanto, incide a hipótese do artigo 904, II do CPC.

Sendo mais enfático se a adjudicação do bem penhorado é requerida pelo exequente e deferida pelo juízo, então dá-se um fenômeno de conversão do bem--instrumento que estava penhorado para ser liquidado em um bem-fim que levará a satisfação imediata, ou seja, ao invés de aguardar a alienação judicial do bem para receber o dinheiro obtido com o leilão o que faz o exequente é dar-se por "satisfeito" com a obtenção deste próprio bem, ou seja, troca o recebimento do dinheiro pelo bem que seria leiloado, evitando todo o procedimento de alienação judicial e encurtando o itinerário executivo. Não por acaso o artigo 904, II do CPC diz que "a satisfação do crédito exequendo far-se-á: (...) II – pela adjudicação dos bens penhorados".

Por outro lado, se a adjudicação do bem penhorado não é requerida pelo exequente, mas sim por terceiros (que não fazem parte da execução) esta modalidade de adjudicação configura uma intervenção de terceiros e em nada se assemelha à hipótese anterior, pois o exequente continuará aguardando o recebimento do dinheiro advindo justamente da aquisição do bem penhorado pelos terceiros.

Assim, pode-se distinguir no artigo 876 e ss. do CPC as seguintes figuras:

- adjudicação do bem penhorado pelo *exequente*, ou seja, a genuína adjudicação expropriatória que leva à situação do artigo 904, II do CPC;

- adjudicação-arrematação por *terceiros* que possuem vínculo jurídico com o bem penhorado o que lhes garante um direito de preferência à aquisição do bem;

- adjudicação-remição do bem penhorado por membros da família do executado.

A genuína adjudicação aludida no art. 904, II do CPC é a que constitui medida executiva típica, sub-rogatória, final, expropriatória na execução por quantia contra

CAPÍTULO 01 • PREMISSAS FUNDAMENTAIS **133**

devedor solvente em que o *exequente* manifesta seu desejo de ter o bem penhorado como forma de satisfação total ou parcial do seu direito exequendo.

### 5.5.5.2 A adjudicação-arrematação do § 5°, primeira parte, do artigo 876 do CPC

Como já dito acima, além do exequente, outras pessoas podem *adjudicar o bem penhorado*. Por não serem parte da relação jurídica processual executiva, são considerados *terceiros juridicamente interessados*. A rigor, tais sujeitos não possuem vínculo jurídico com o exequente, mas sim o bem objeto da penhora, e, por isso mesmo que a lei processual os legitimou à adjudicação do bem.

Deste rol de terceiros legitimados é possível fazer uma distinção entre os *terceiros familiares do executado*, que constam na segunda parte do parágrafo quinto e os demais casos, daí porque fizemos a distinção neste tópico e no tópico seguinte.

É que a possibilidade de os *terceiros familiares adjudicarem* (arrematarem preferencialmente) o bem penhorado nada mais é do que, para quem estudou pelo Código de 1939 e de 1973, a antiga figura da *remição do bem* por membros da família do executado.

Nos termos do antigo artigo 787 do CPC de 1973 tinha-se que era "lícito ao cônjuge, ao descendente, ou ao ascendente do devedor remir todos ou quaisquer bens penhorados, ou arrecadados no processo de insolvência, depositando o preço por que foram alienados ou adjudicados", o que poderia ser feito nas 24 horas subsequentes à adjudicação ou arrematação, mas antes da assinatura do respectivo auto que sacramentasse esses atos. Era, literalmente, um *salvamento* de um bem que já havia sido arrematado. A previsão do prazo em horas aumentava ainda mais essa noção de resgate – no apagar das luzes – do bem.

Por sua vez, as outras hipóteses de terceiros legitimados à adjudicação do bem penhorado consagram situações jurídicas onde existe, à toda evidência, um *vínculo jurídico*, e, não simplesmente afetivo, entre o terceiro e o bem objeto da penhora. Esse vínculo é tão proeminente que se lhes é permitido realizar uma *arrematação travestida de adjudicação*, justamente para permitir que adquiram preferencialmente o bem antes de ser levado a leilão judicial. Em tese, pelo menos no plano teórico, possuem um interesse jurídico singular que lhes concede um direito de preferência.

A ideia do legislador não foi ruim, pois, inegavelmente, os legitimados ali descritos[182] presumem-se interessados em adquirir preferencialmente o referido

---

182. São eles: (a) os credores concorrentes que haja penhorado o mesmo bem respeitada a ordem de registro da constrição, (b) o coproprietário de bem indivisível do qual tenha sido penhorada fração ideal; (c) o titular de usufruto, uso, habitação, enfiteuse, direito de superfície, concessão de uso especial para fins de moradia ou concessão de direito real de uso, quando a penhora recair sobre bem gravado com tais direitos reais; (d) o proprietário do terreno submetido ao regime de direito de superfície, enfiteuse, concessão de uso especial para fins de moradia ou concessão de direito real de uso, quando a penhora recair sobre tais

bem, aquiescendo com o preço fixado na avaliação judicial. Justamente por isso o legislador lhes concedeu um momento especial para exercer o direito preferencial de arrematação travestido em adjudicação. Se por um lado tem o bônus da preferência, por outro o ônus de ter que adquirir pelo preço fixado na avaliação. Nesta hipótese, por óbvio, a "adjudicação" não levará a extinção da execução (art. 904, II), justamente porque de *arrematação preferencial* se trata. O que será entregue ao exequente, se for o caso, é o dinheiro daí resultante (art. 904, I).

Para que a referida regra da *adjudicação-remição* tivesse alguma efetividade seria necessário que o CPC tivesse excluído a regra do artigo 892, § 2º que trata da arrematação do bem penhorado em leilão público que diz que "*se houver mais de um pretendente, proceder-se-á entre eles à licitação, e, no caso de igualdade de oferta, terá preferência o cônjuge, o companheiro, o descendente ou o ascendente do executado, nessa ordem*". Para bom entendedor fica claro que para os membros da família há um risco muito baixo em deixar o bem ir para o leilão e aguardar a oportunidade para arrematá-lo porque têm preferência em igualdade de condições. Só haveria vantagem em adquirir pelo preço da avaliação por meio da adjudicação-remissão do artigo 876, § 5º se a disputa pelo bem no leilão for tão grande que o valor da arrematação seja maior do que o da avaliação, coisa que nesses mais de 30 anos de advocacia poucas vezes vi acontecer. O normal é que o bem leiloado seja arrematado por preço inferior ao da avaliação (menor preço fixado pelo juiz ou 50% do preço da avaliação, art. 891).

É de se observar que de certa forma esta "*adjudicação disfarçada de arrematação*" pode acabar se tornando uma antecipação do *concurso de credores e exequentes* previsto na hipótese do artigo 908 e 909 do CPC, só que ao invés de *concorrerem para obter o dinheiro* obtido com o leilão judicial, concorrerão pelo bem propriamente dito.

E, é de se notar que desta operação poderá não resultar dinheiro nenhum para o exequente já que o terceiro adjudicante poderá usar o seu crédito preferencial para adjudicar o referido bem. Se o valor do bem for maior do que o crédito, aí sim deverá o adjudicante depositar a diferença para obter o bem que estava penhorado em execução alheia. Não se descarta a possibilidade, ainda mais remota do que a própria a adjudicação por terceiro, de que exista um concurso de adjudicantes como preveem o § 6º aplicável à adjudicação-remição e o artigo 908 aplicável analogicamente.

---

direitos reais; (e) o credor pignoratício, hipotecário, anticrético, fiduciário ou com penhora anteriormente averbada, quando a penhora recair sobre bens com tais gravames, caso não seja o credor, de qualquer modo, parte na execução; (f) o promitente comprador, quando a penhora recair sobre bem em relação ao qual haja promessa de compra e venda registrada; (g) o promitente vendedor, quando a penhora recair sobre direito aquisitivo derivado de promessa de compra e venda registrada; (h) a União, o Estado e o Município, no caso de alienação de bem tombado.

## 5.5.5.3 A adjudicação-remição do § 5°, segunda parte, do artigo 876 do CPC

### 5.5.5.3.1 Características

A terceira modalidade de "adjudicação" prevista no artigo 876 do CPC é denominada de *adjudicação-remição*, assim chamada, obviamente, porque corresponde, exatamente, à antiga remição do bem arrematado ou adjudicado por membros da família do executado, tal como constava no artigo 546 do Regulamento 737 de 1850,[183] art. 986 do CPC de 1939,[184] art. 787 do CPC de 1973.[185] Antes da Lei 11382/2006 que alterou o CPC de 1973 a remição do bem penhorado tinha tratamento autônomo e próprio no CPC e não se confundia com a "adjudicação do bem penhorado".

Todavia, após a Lei 11382 de 2006 a remição do bem arrematado ou adjudicado por membros da família deslocou-se para a figura da *adjudicação do bem penhorado*, trazendo não apenas alterações no nome do instituto, mas especialmente nos requisitos para que possa ser exercido. O CPC de 2015 manteve a alteração de 2006 deixando o instituto da remição do bem pela família do executado dentro do instituto da *adjudicação do bem penhorado*.

É questionável a razão pela qual ainda se sustenta em dias de hoje a possiblidade de que membros da família possam ter e exercer um direito potestativo de resgatar o bem penhorado, tal como um dia isso tinha alguma razão de ser. Ao nosso ver, não há mais razão para se manter esta preferência.

Na sua origem, o instituto fincava-se no elo quase espiritual que ligava a família ao bem (imóvel) penhorado e por isso mesmo, para proteção desta célula da sociedade se permitia que qualquer membro da mesma pudesse livrar o bem (imóvel) arrematado ou adjudicado nas 24 horas subsequentes à sua arrematação ou adjudicação, desde que oferecesse preço igual ao da avaliação, se não tiver havido licitantes, ou ao do maior lanço oferecido no caso de adjudicação ou arrematação.

---

183. Art. 546. E' licito não só ao executado mas também a sua mulher, ascendentes e descendentes remir, ou dar lançador a todos ou a algum dos bens penhorados até a assinatura do auto da arrematação ou publicação da sentença de adjudicação, sem que seja necessária citação do executado para dar lançador.

184. Art. 986. Realizada a praça, o executado poderá, até a assinatura do auto de arrematação ou até que seja publicada a sentença de adjudicação, remir todos os bens penhorados ou qualquer deles, oferecendo preço igual ao da avaliação, si não tiver havido licitantes, ou ao do maior lanço oferecido.
    § 1° Igual direito caberá ao cônjuge, aos descendentes ou ascendentes do executado.
    § 2° Na falência do devedor hipotecário, o direito de remissão transferir-se-á à massa.

185. Art. 787. É lícito ao cônjuge, ao descendente, ou ao ascendente do devedor remir todos ou quaisquer bens penhorados, ou arrecadados no processo de insolvência, depositando o preço porque foram alienados ou adjudicados.
    Parágrafo único. A remição não pode ser parcial, quando há licitante para todos os bens.
    Art. 788. O direito a remir será exercido no prazo de 24 (vinte e quatro) horas, que mediar:
    I – entre a arrematação dos bens em praça ou leilão e a assinatura do auto (art. 693);
    II – entre o pedido de adjudicação e a assinatura do auto, havendo um só pretendente (art. 715, § 1°); ou entre o pedido de adjudicação e a publicação da sentença, havendo vários pretendentes (art. 715, § 2°).

Não nos parece crível que ainda se sustente na sociedade atual esse *elo da família com o bem penhorado a ponto de permitir que se possa resgatá-lo*, ainda que o faça por meio de adjudicação anterior à arrematação o bem em leilão e mesmo que seja depositando o preço fixado na avaliação. Considerando que o imóvel da entidade familiar é impenhorável, e, considerando ainda que o instituto foi pensado para proteger a propriedade imóvel da família, o instituto mostra-se obsoleto, mesmo que esteja sob a veste da "adjudicação".

De qualquer forma a técnica da "adjudicação-remição" não tem mais, desde 2006, a regalia de ser feita no prazo de 24 horas, que mediar:

I – entre a arrematação dos bens em praça ou leilão e a assinatura do auto;

II – entre o pedido de adjudicação e a assinatura do auto, havendo um só pretendente; ou entre o pedido de adjudicação e a publicação da sentença, havendo vários pretendentes.

Da forma como previa o CPC de 1973 a remição do bem por membros da família era quase que uma "condição" para que se aperfeiçoasse a arrematação ou a adjudicação do bem penhorado, pois, era preciso aguardar as tais 24 horas para dar como certo o ato expropriatório.

Atualmente, a adjudicação-remição pela família do executado é uma espécie de arrematação preferencial e deve ser feita antes do leilão judicial sob a forma de *adjudicação* do artigo 876 e ss., devendo o remidor-adjudicante pagar o preço estabelecido pela avaliação judicial. Logo, se não há mais um resgate ou salvamento do bem, nem seria adequado o uso da palavra *remição*. Se o direito potestativo de adjudicar (arrematar preferencialmente) é anterior ao leilão judicial, não há um "salvamento" nem um "resgate" propriamente dito.

Curiosamente, nada obstante a antiga remição do bem penhorado por membros da família do executado ter se deslocado para o tópico da adjudicação (art. 876, § 5º, segunda parte) ainda sobrevivem duas hipóteses de remição do bem arrematado que estão previstas no artigo 902 do CPC (com redação idêntica ao art. 877, §§ 3º e 4º).

Segundo este dispositivo "*no caso de leilão de bem hipotecado, o executado poderá remi-lo até a assinatura do auto de arrematação, oferecendo preço igual ao do maior lance oferecido*" e ainda, no parágrafo único do mesmo dispositivo, só que no parágrafo único, tem-se que "*no caso de falência ou insolvência do devedor hipotecário, o direito de remição previsto no caput defere-se à massa ou aos credores em concurso, não podendo o exequente recusar o preço da avaliação do imóvel*".

### 5.5.5.3.2 Manutenção do direito de remir o bem arrematado em casos específicos

Os artigos 1882 e 1483 do Código Civil brasileiro, revogados pelo artigo 1072, II do CPC de 2015, tinham a seguinte redação:

CAPÍTULO 01 • PREMISSAS FUNDAMENTAIS

Art. 1.482. Realizada a praça, o executado poderá, até a assinatura do auto de arrematação ou até que seja publicada a sentença de adjudicação, remir o imóvel hipotecado, oferecendo preço igual ao da avaliação, se não tiver havido licitantes, ou ao do maior lance oferecido. Igual direito caberá ao cônjuge, aos descendentes ou ascendentes do executado. (Revogado pela Lei nº 13.105, de 2015).

Art. 1.483. No caso de falência, ou insolvência, do devedor hipotecário, o direito de remição defere-se à massa, ou aos credores em concurso, não podendo o credor recusar o preço da avaliação do imóvel. (Revogado pela Lei 13.105, de 2015)

Parágrafo único. Pode o credor hipotecário, para pagamento de seu crédito, requerer a adjudicação do imóvel avaliado em quantia inferior àquele, desde que dê quitação pela sua totalidade.

Embora tenham sido revogados os dispositivos acima, os seus conteúdos passaram a constar nos §§ 3º e 4º do artigo 877 do CPC, *in verbis*:

§ 3º No caso de penhora de bem hipotecado, o executado poderá remi-lo até a assinatura do auto de adjudicação, oferecendo preço igual ao da avaliação, se não tiver havido licitantes, ou ao do maior lance oferecido.

§ 4º Na hipótese de falência ou de insolvência do devedor hipotecário, o direito de remição previsto no § 3º será deferido à massa ou aos credores em concurso, não podendo o exequente recusar o preço da avaliação do imóvel.

Portanto, remanesce ao devedor hipotecário executado (e à massa ou aos credores em concurso no caso de falência ou insolvência) o direito potestativo de *resgatar* o bem hipotecado até a assinatura do auto de adjudicação.

Aí sim se tem um genuíno "salvamento", e, ao contrário da hipótese do artigo 876, § 5º, segunda parte, não se confunde com a *adjudicação do bem penhorado pelos familiares* que veio substituir a antiga remição do artigo 787 do CPC de 1973. Observe-se que *adjudica-se um bem penhorado* e *redime-se o bem hipotecado que tenha sido adjudicado ou arrematado* (art. 902).

A remição do bem hipotecado pelo próprio executado até a assinatura do auto de adjudicação (ou auto de arrematação no artigo 902) nada mais é do que a substituição do bem penhorado, tardiamente, pelo dinheiro correspondente ao valor da avaliação do bem penhorado.

A justificativa "pietatis causa" de proteção do bem familiar que justifica o instituto do artigo 876, § 5º, segunda parte do CPC é absolutamente irrelevante quando a remição do bem é feita pelo executado como na hipótese do artigo 877, §§ 3º e 4º do CPC. Trata-se de exercício de direito potestativo de *resgate do bem penhorado em troca do valor em dinheiro estabelecido na avaliação judicial*, afinal de contas, enquanto não assinado o auto de adjudicação (e de arrematação) tal ato (ainda em potência) não se considera perfeito e acabado.

A rigor, não deixa de ser este dispositivo uma forma peculiar e especializada da remição prevista no artigo 826 (remição do valor integral da execução) onde se lê que: "*antes de adjudicados ou alienados os bens, o executado pode, a todo tempo, remir a execução, pagando ou consignando a importância atualizada da dívida, acrescida de juros, custas e honorários advocatícios".*

### 5.5.5.4 Requisitos da intervenção dos terceiros que pretende a adjudicação do bem penhorado

#### 5.5.5.4.1 Valor mínimo

Existem requisitos que devem ser cumpridos para que se possa exercer o direito à adjudicação, seja pelo exequente, seja pelos terceiros legitimados no dispositivo.

O primeiro deles é diz respeito ao valor pelo qual se pode adjudicar o bem penhorado. O Art. 876 é claro ao estabelecer o valor mínimo, mas não máximo para a adjudicação. Diz o Código que "é lícito ao exequente, oferecendo preço não inferior ao da avaliação, requerer que lhe sejam adjudicados os bens penhorados". A regra do preço serve também para os demais legitimados como expressamente menciona o § 5º do mesmo dispositivo.

É de observar que nem sequer poderá ser *ofertado* um preço inferior ao da avaliação, ou seja, deve ser indeferida de plano qualquer petição dos legitimados a adjudicar que pretenda a adjudicação sem ofertar, no mínimo, o preço já fixado na avaliação. Há, portanto, o piso valorativo para a adjudicação, mas não o teto, pois, bem sabemos que, embora improvável, pode haver concorrência em aquisição e neste caso o valor da adjudicação pode ser maior do que o da avaliação.

Ainda sobre este preço mínimo para adjudicar é preciso fazer uma crítica ao Código porque nada impediria que tivesse adotado a regra do antigo artigo 981 do CPC de 1939 que assim dizia: *"realizada a praça, ou o leilão, poderá o exequente requerer lhe sejam adjudicados os bens, devendo oferecer prego igual ao da avaliação, si não tiver havido licitante, ou ao do maior lanço".* Fugindo à tradição e a sua origem lusitana, que oferece vantagens para o exequente proceder a adjudicação, o legislador brasileiro filiou-se ao modelo italiano fixando uma correspondência entre o valor mínimo para adjudicar e o valor fixado pela avaliação.

Da forma como se encontra no Código, dificilmente algum exequente se convencerá de que vale a pena requerer a adjudicação do bem penhorado, pois, poderá arrematá-lo, posteriormente, em leilão judicial, pelo preço mínimo fixado pelo juiz ou até por metade do valor da avaliação (art. 891, parágrafo único). Portanto, não sendo um sujeito ansioso ou afoito, ou não exista o risco de uma futura insolvência do executado, ainda que o exequente tenha interesse no bem penhorado, é fato que poderá obter uma vantagem considerável em participar do leilão como arrematante (arts. 890 e 892). Se a opção do legislador foi a de manter uma correspondência, no mínimo, entre a adjudicação e o valor da avaliação, poderia ao menos ter permitido que ela fosse feita com abatimento mínimo após um leilão fracassado e sem licitantes, mas nem isso é permitido no Código.

### 5.5.5.4.2   Avaliação

A partir desse requisito – valor mínimo para adjudicar fixado na avaliação – é preciso então perceber que sem uma *avaliação judicial* não é possível proceder a adjudicação. Apenas para recordar, a regra estabelecida no Código é de que "*avaliação será feita pelo oficial de justiça*" (art. 870) e "*se forem necessários conhecimentos especializados e o valor da execução o comportar, o juiz nomeará avaliador, fixando-lhe prazo não superior a 10 (dez) dias para entrega do laudo*" (870, parágrafo único).

O artigo 876, caput ao falar em "avaliação" refere-se à avaliação judicial. É preciso deixar isso claro para evitar que a adjudicação seja instrumento de simulação, fraude e prejuízo para terceiros, pois, admitida a hipótese do artigo 871, I (uma das partes aceitar a estimativa feita pela outra), tem-se uma porta aberta para o exequente e o executado possam, por exemplo, em conluio, fixar um preço baixo para o bem imóvel, com o fim de burlar terceiros credores com vínculo sobre o mesmo bem,[186] ou até mesmo a fazenda pública, reduzindo o valor de recolhimento de impostos de transmissão de bens. Portanto, deve-se tomar a regra do artigo 876, caput do CPC como avaliação judicial. É preciso que a avaliação do bem tenha passado pelo crivo do magistrado.

### 5.5.5.4.3   Intimação de outros terceiros

Outro requisito para que a adjudicação seja um ato válido e eficaz é que além do executado (art. 876, §§ 1º a 3º), também sejam intimados do pedido de adjudicação todos aqueles que têm algum tipo de preferência em resgatar o referido bem, ou seja, os legitimados do artigo 889, II a VIII, porque possuem um vínculo de direito material com o bem penhorado. Igualmente, o coproprietário do bem indivisível (art. 843, § 1º) e aos sócios da sociedade quando suas cotas forem penhoradas por exequente alheio à sociedade (art. 876, § 7º e 861). Aplica-se, portanto, a regra do artigo 889 para a adjudicação, ou seja "serão cientificados da alienação judicial, com pelo menos 5 (cinco) dias de antecedência: I – o executado, por meio de seu advogado ou, se não tiver procurador constituído nos autos, por carta registrada, mandado, edital ou outro meio idôneo; II – o coproprietário de bem indivisível do qual tenha sido penhorada fração ideal; III – o titular de usufruto, uso, habitação, enfiteuse, direito de superfície, concessão de uso especial para fins de moradia ou concessão de direito real de uso, quando a penhora recair sobre bem gravado com tais direitos reais; IV – o proprietário do terreno submetido ao regime de direito de superfície, enfiteuse, concessão de uso especial para fins de moradia ou concessão de direito real de uso, quando a penhora recair sobre tais direitos reais; V – o credor pignoratício, hipotecário, anticrético, fiduciário ou com penhora anteriormente averbada, quando

---

186. Daí a importância de se aplicar a regra do artigo 889 à adjudicação, permitindo que tais sujeitos previamente intimados possam, por exemplo, impugnar a avaliação feita, pois poderão ser seriamente prejudicados pelo preço equivocado da avaliação.

a penhora recair sobre bens com tais gravames, caso não seja o credor, de qualquer modo, parte na execução; VI – o promitente comprador, quando a penhora recair sobre bem em relação ao qual haja promessa de compra e venda registrada; VII – o promitente vendedor, quando a penhora recair sobre direito aquisitivo derivado de promessa de compra e venda registrada; VIII – a União, o Estado e o Município, no caso de alienação de bem tombado".

Observe que no inciso V só determina a intimação prévia do credor quirografário que seja exequente em outro processo se houver registro de penhora anterior por ele efetivado, pois do contrário a preferência é justamente do exequente da execução onde o bem será adjudicado que tenha penhora anteriormente registrada. Esta intimação prévia permite que tais sujeitos não apenas possam exercer suas preferencias legais, mas também impugnar a própria avaliação judicial do referido bem a ser expropriado.[187]

### 5.5.5.4.4 Momento

Também é verdadeira condição para a adjudicação que ela seja feita enquanto não tenha acontecido outra forma de expropriação ou que o executado não tenha remido a própria execução (art. 826).

Embora a adjudicação do bem penhorado, pelo exequente ou por terceiros, seja preferencial em relação à alienação em leilão ou por iniciativa particular, o Código não fixa um prazo fatal específico para que seja feita a adjudicação, permitindo que seja realizada enquanto o bem não tiver sido alienado. Isso quer dizer que nada impede, por exemplo, que seja procedida a adjudicação após a infrutífera tentativa de expropriação em leilão judicial.

Nas hipóteses em que o valor do crédito do requerente é inferior ao do (s) bem (ns) penhorado (s), é necessário que o requerente da adjudicação deposite de imediato a diferença, que ficará à disposição do executado. Se, porventura, ao inverso, o valor do crédito for superior ao dos bens, então a execução prosseguirá pelo saldo remanescente.

### 5.5.6 O terceiro arrematante

Para que aconteça a arrematação em um procedimento executivo é preciso que o bem penhorado não seja dinheiro e que não tenha ocorrido nem a adjudicação pelo exequente ou terceiros com igual poder (art. 876, V) e nem a remição da execução pelo executado (art. 826). Além disso, é necessário que algum *terceiro* participe do

---

187. Não ocorrida a intimação prévia recomenda-se ao juiz que não permita o levantamento do dinheiro obtido com a adjudicação arrematação/remição antes de ouvir os interessados que deveriam ter sido previamente comunicados do referido ato. É que com o dinheiro depositado em juízo é possível evitar o prejuízo processual caso se demonstre, por exemplo, que a avaliação foi equivocada e que o valor do bem deveria ser maior do que aquele que foi objeto da adjudicação.

leilão judicial e efetivamente arremate o bem leiloado firmando um negócio jurídico de direito público junto ao Estado – juiz.[188]

Sustenta Liebman que a "transferência da propriedade ou titularidade ao exequente recebe o nome técnico de adjudicação; a transferência a terceiro chama-se arrematação".[189]

Por sua vez, Celso Neves, na mesma linha de Marco Tullio Zanzucchi,[190] chega a dizer que a arrematação corresponde ao *"procedimento jurisintegrativo de ação incidental de transferência coativa de bens penhorados ao terceiro interveniente que melhor lance oferecer, inserido no processo executório, a cuja finalidade juris-satisfativa serve"*.[191]

Ainda que a identificação da natureza jurídica da arrematação constitua um *"problema dos mais difíceis, no contexto da tutela executiva"* como já alertara Araken de Assis[192] e pode ser notado na densa explanação sobre o tema feita por Pontes de Miranda[193] e também em Giuseppe Chiovenda,[194] não parece haver dúvida que que a arrematação pressupõe a participação de um *terceiro* sem o qual ela não se perfectibiliza.

É o *terceiro* que adquire o bem alienado em oferta pública que passará a ser dono do bem adquirido no leilão e o preço que pagou por ele ficará à disposição do juízo para ser futuramente entregue ao exequente ou aos demais credores e exequentes do executado que venham ingressar na execução mediante o concurso especial do art. 908 do CPC.

Sob a perspectiva da execução, a arrematação é ato processual complexo que integra a cadeia executiva, mas sob o prisma do arrematante é um negócio jurídico público firmado com o Estado numa oferta pública destinada à alienação do referido bem.

São esses dois flancos pelos quais se pode enxergar a arrematação é que traz a dificuldade em identificar a sua natureza jurídica, pois há aqueles autores que atribuem maior relevância ao prisma executivo e outros que enxergam sob a perspectiva do arrematante.

Daí porque em nosso sentir é preciso o ensinamento de Pontes de Miranda ao dizer que:

> em sentido de movimento processual, é a submissão do bem penhorado ao procedimento da alienação ao público e em sentido de estática processual é assinação do bem, que foi posto em hasta pública, ao lançador que ofereceu maior lanço.[195]

---

188. Sobre o tema da arrematação ver o item 3.5 do capítulo 03.
189. LIEBMAN, Enrico Tullio. *Processo de execução*. 4. ed. São Paulo: Saraiva. 1980, p. 128.
190. ZANZUCCHI, Marco Tullio. *Diritto processuale civile*. Milano: A. Giuffre, 1964.
191. NEVES, Celso. *Comentários ao Código de Processo Civil*. 7. ed. Rio de Janeiro: Forense, 1999, v. VII, p. 92.
192. ASSIS, Araken de. *Manual do processo de execução*. 5. ed. São Paulo: Ed. RT, 1998, p. 570.
193. PONTES DE MIRANDA, Francisco Cavalcanti. *Comentários ao Código de Processo civil* (Arts. 612 a 735). Rio de Janeiro: Forense, 1976, t. X, p. 345.
194. CHIOVENDA, Giuseppe. *Instituições de direito processual civil*. 3. ed. São Paulo: Saraiva, 1969, v.1, p. 291.
195. MIRANDA, Pontes de. *Comentários ao Código de Processo Civil*. Rio de Janeiro: Forense, 1976, t. X, (Arts. 612 a 735), p. 345.

Assim, sob o prisma do *terceiro* a arrematação é um negócio jurídico de direito público firmado entre ele e Estado que é realizado mediante um procedimento licitatório de oferta pública de um bem que o arrematante manifesta sua intenção em adquiri-lo por meio de um lance.

A rigor, portanto, até que se realize a arrematação e o auto de arrematação seja assinado por ele, pelo leiloeiro e pelo juiz[196] (art. 903) o arrematante é um sujeito estranho ao processo executivo, e, se tudo correr bem após a arrematação, continuará a sê-lo pois o que importa para a execução é o valor que ele pagou para adquirir em oferta pública.

Conquanto se possa sustentar que o arrematante é sempre um terceiro em relação à execução, há pelo menos uma hipótese em que ele tem íntima relação com a execução que é quando o *exequente* decide participar do leilão público com intenção de arrematar o bem.

O artigo 890 do CPC não diz quem pode assumir o papel de arrematante, mas simplesmente quem *não pode participar* como tal, *in verbis*:

> Art. 890. Pode oferecer lance quem estiver na livre administração de seus bens, com exceção:
>
> I – dos tutores, dos curadores, dos testamenteiros, dos administradores ou dos liquidantes, quanto aos bens confiados à sua guarda e à sua responsabilidade;
>
> II – dos mandatários, quanto aos bens de cuja administração ou alienação estejam encarregados;
>
> III – do juiz, do membro do Ministério Público e da Defensoria Pública, do escrivão, do chefe de secretaria e dos demais servidores e auxiliares da justiça, em relação aos bens e direitos objeto de alienação na localidade onde servirem ou a que se estender a sua autoridade;
>
> IV – dos servidores públicos em geral, quanto aos bens ou aos direitos da pessoa jurídica a que servirem ou que estejam sob sua administração direta ou indireta;
>
> V – dos leiloeiros e seus prepostos, quanto aos bens de cuja venda estejam encarregados;
>
> VI – dos advogados de qualquer das partes.

Além de não constar neste rol, diz mais adiante o artigo 892, § 1º que "*se o exequente arrematar os bens e for o único credor, não estará obrigado a exibir o preço, mas, se o valor dos bens exceder ao seu crédito, depositará, dentro de 3 (três) dias, a diferença, sob pena de tornar-se sem efeito a arrematação, e, nesse caso, realizar-se-á novo leilão, à custa do exequente*".

Apenas na hipótese de o exequente figurar como arrematante é que não haverá uma intervenção de terceiro por meio da arrematação, até porque poderá o exequente usar o crédito exequendo para arrematar o bem.

---

196. Não se exige no art. 903 a assinatura do executado, proprietário do bem penhorado que é coativamente ofertado em leilão público pelo Estado, sendo bastante a assinatura do arrematante, do leiloeiro e do juiz. Por sua vez, tratando-se de alienação por iniciativa particular determina o artigo 880, § 2º que a "alienação será formalizada por termo nos autos, com a assinatura do juiz, do exequente, do adquirente e, se estiver presente, do executado". Observe que é despicienda a assinatura do executado, inclusive porque pode se recusar a assinar.

CAPÍTULO 01 • PREMISSAS FUNDAMENTAIS **143**

Nas hipóteses em que se pretenda adquirir o bem penhorado em prestações (art. 895) é necessário que o arrematante apresente garantias e na hipótese de fiança o fiador é mais um terceiro que integra este negócio jurídico público. (arts. 897 e 898).

É possível que após a formalização da arrematação (perfeita, acabada e irretratável nos termos do art. 903, *caput*), este negócio jurídico de direito público venha a ser invalidado, ou reconhecido a sua ineficácia ou ainda resolvido, seja pelo acolhimento da impugnação mencionada no art. 903, § 1º, seja por meio da ação anulatória do § 4º deste dispositivo.

### 5.5.7  Terceiros exequentes e credores no concurso singular do art. 908

Outra modalidade de ingresso (intervenção) de terceiros na execução ocorre na fase derradeira do procedimento executivo, logo após a expropriação liquidativa e antes de se entregar o dinheiro ao exequente.[197]

Por meio deste incidente processual permite-se que o produto da arrematação seja entregue, prioritariamente, a determinados credores do mesmo executado que possuam algum tipo de privilégio estabelecido pelo direito material. Basicamente, se todos os diferentes *exequentes* penhoraram o mesmo bem do executado, então deverão se habilitar no juízo onde está penhorado o dinheiro obtido com a arrematação solicitando que lhes sejam pagos os valores dos seus créditos justificando a preferência legal. Não havendo nenhum tipo de privilégio estabelecido pelo direito material, então privilegia-se o exequente que penhorou em primeiro lugar. Há ainda, a possibilidade de que determinados credores, como o *credor hipotecário* que nem sequer precisam ser exequentes, possam se habilitar diretamente na execução para recebimento do preço obtido com a arrematação, simplesmente porque o bem alienado estava com vínculo real em favor do credor e com a sua alienação sub-roga-se o bem sobre o preço. É o direito de preferência inerente das garantias reais que autoriza o credor titular de tal garantia, ainda que não seja exequente, a exercer sua preferência sobre o preço obtido com a alienação do bem gravado com a referida garantia.

### 5.5.8  O terceiro garantidor e a execução real

O proprietário de bem ofertado em garantia real (hipoteca) em favor do devedor deve ser considerado *terceiro* apenas em relação a relação débito/crédito, mas não em relação à responsabilidade patrimonial. É ele *responsável patrimonialmente* no limite do bem hipotecado. Seu patrimônio inteiro não se *sujeita à execução* como o do devedor se sujeita, mas apenas o bem dado em garantia real.

---

197.  A respeito do concurso de exequente e credores ver o item 2 do Capítulo 4 deste livro.

Como bem lembra Pontes de Miranda "o terceiro proprietário do bem sujeito a direito real de garantia, inclusive hipoteca judiciária, não é terceiro, no sentido próprio: prestou garantia real a favor de outrem".[198]

Posta as coisas neste sentido é absurdo admitir que tendo título executivo contra o *devedor* e o *garantidor,* o exequente promova demanda executiva apenas contra o devedor, mas pretenda excutir o bem do garantidor hipotecário.

Este *garantidor* é no direito material um *terceiro* em relação à dívida, mas não em relação à *responsabilidade.* Não deve ser *terceiro* no processo executivo porque na condição de *responsável patrimonialmente* (no limite da garantia) deve ser demandado como parte, sendo inadmissível que alguém possa ser expropriado tendo sido apenas *intimado* de ato de constrição, como sugere o péssimo § 3º do art. 835 do CPC.[199]

## 6. ESTRUTURA DA EXECUÇÃO PARA PAGAMENTO DE QUANTIA

### 6.1 Como se apresenta no Código de Processo Civil

A execução por quantia certa é a modalidade de execução que concentra o maior número de dispositivos do Código, e isso se dá, basicamente, devido ao fato de que:

1. é modalidade sempre subsidiária de outras espécies de execução específicas;

2. e mesmo nestas execuções específicas de fazer e não fazer e entrega de coisa há um capítulo destinado ao pagamento de honorários e sucumbência que poderá ensejar uma execução para pagamento de quantia;

3. o dinheiro é o meio mais comum de valoração dos bens na nossa sociedade;

4. a execução para pagamento de quantia se efetiva mediante técnicas de expropriação que são sempre mais complexas do que as que impõem uma prestação positiva de fazer ou de entrega de coisa ou uma negativa de não fazer.

A execução para pagamento de quantia tanto pode ser instaurada mediante *cumprimento de sentença* como também por *processo autônomo.* No primeiro caso será lastreada em título executivo judicial, no segundo em título executivo extrajudicial.

Há casos, contudo que mesmo havendo um título executivo judicial, ainda assim será necessário instaurar um processo autônomo como nas hipóteses de execução de títulos executivos judiciais previstos nos incisos VI à IX do art. 515.[200] Nestas situações, razões ligadas ao exercício da função jurisdicional é que justificam a veiculação por processo autônomo, muito embora isso em nada altere as carac-

---

198. PONTES DE MIRANDA, Francisco Cavalcanti. *Comentários ao Código de processo civil,* t. IX, p. 106.

199. A respeito ver o Capítulo 3, item 1.4.7

200. "VI – a sentença penal condenatória transitada em julgado; VII – a sentença arbitral; VIII – a sentença estrangeira homologada pelo Superior Tribunal de Justiça; IX – a decisão interlocutória estrangeira, após a concessão do *exequatur* à carta rogatória pelo Superior Tribunal de Justiça".

CAPÍTULO 01 • PREMISSAS FUNDAMENTAIS **145**

terísticas e eficácia do título executivo judicial, como também não se altera o seu grau de vulnerabilidade.

A execução fundada em título judicial é denominada de cumprimento de sentença e está assim configurada na Parte Especial – Livro I (Do processo de conhecimento e do cumprimento de sentença):

- Da obrigação de fazer e não fazer (arts. 536-537)
- Da obrigação de entrega de coisa (art. 538)
- Do cumprimento de sentença para *pagamento de quantia*, assim dividido:
  - Do cumprimento *provisório* da sentença que reconheça a exigibilidade de obrigação de pagar quantia certa (arts. 520-522)
  - Do cumprimento *definitivo* da sentença que reconheça a exigibilidade de obrigação de pagar quantia certa

Por sua vez, o cumprimento definitivo de sentença (obrigação de pagar quantia) assim se configura:

- Do cumprimento de sentença de obrigação de pagar quantia contra devedor solvente comum (arts. 523-527)
- Do cumprimento da sentença que reconheça a exigibilidade da obrigação de prestar alimentos (arts. 528-533)
- Do cumprimento da sentença que reconheça a exigibilidade de obrigação de pagar quantia certa pela fazenda pública (arts. 534-535)

A execução para pagamento de quantia fundada em título extrajudicial realiza-se mediante *processo de execução* (autônomo), nos termos do Livro II da Parte Especial do CPC, aplicando, sempre que necessário e de ofício pelo juiz, as regras técnicas executivas previstas no Livro I da Parte Especial destinada ao cumprimento de sentença. Ela se apresenta da seguinte forma:

Parte Especial – Livro II

- Título I (da execução em geral)
- Título II (das diversas espécies de execução)
  - Execução por quantia certa contra devedor solvente (arts. 824-909)
  - Execuções especiais:
    - Execução contra a Fazenda Pública (art. 910)
    - Execução de alimentos (arts. 911-913)
    - Execução por quantia certa contra devedor insolvente (art. 1.052).

Como será observado mais adiante, salvo diferenças na fase postulatória justificadas pela adoção do sincretismo processual na execução de títulos judiciais, tanto o *cumprimento de sentença*, quanto o *processo de execução* para pagamento de quantia seguem, a partir da penhora, o mesmo procedimento expropriatório.

## 6.2    As fases da execução para pagamento de quantia

A execução para pagamento de quantia pode ser didaticamente estruturada em três fases distintas: (i) postulatória; (ii) instrutória ou preparatória e (iii) satisfativa.

O cumprimento de sentença e o processo de execução para pagamento de quantia possuem fase postulatória distinta, mas tanto a fase instrutória quando a fase satisfativa são as mesmas para ambos.

A fase postulatória na execução por quantia é marcada pela demanda executiva (requerimento executivo/ajuizamento da petição inicial), pelo controle de admissibilidade realizado pelo juiz, pela citação/intimação do executado e prazo para *cumprimento espontâneo* da ordem de pagamento.

A segunda fase – instrutória/preparatória – é o recheio do procedimento de execução para pagamento de quantia; nela acontece a maior parte dos atos executivos e seus incidentes. Isso ocorre porque é nesta fase que se individualiza o bem do patrimônio do executado que será expropriado entregando-o na forma de dinheiro para a fase seguinte. Essa tarefa pode ser mais simples ou mais complexa a depender de qual bem for penhorado do patrimônio do executado, pois se o bem apreendido for dinheiro, então tudo se torna mais simples e reduz-se significativamente o conteúdo desta fase, que salta imediatamente para a fase satisfativa. Contudo, não sendo penhorado dinheiro, mas sim outro bem qualquer, será necessário avaliá-lo antes de tentar convertê-lo em dinheiro por meio de um leilão público onde algum interessado deve apresentar proposta de arrematá-lo. Só depois de obtido o dinheiro desta alienação judicial é que se passa a fase seguinte.

> Como se vê, nas hipóteses em que a penhora não recai sobre dinheiro o itinerário executivo passa a ser muito mais cheio de obstáculos, com muitos mais atos executivos e a fase instrutória ganha enorme complexidade e burocracia pois será necessário transformar um bem do patrimônio do executado em dinheiro para só depois seguir à fase seguinte.

A terceira fase é a *satisfativa* e compreende os atos executivos de satisfação do direito exequendo, como a *entrega do dinheiro* ao exequente e a *adjudicação* do bem penhorado ao exequente (art. 904). Durante esta fase podem acontecer incidentes executivos como por exemplo o concurso de credores e exequentes, e, o fim da fase satisfativa implica em *extinção* do processo ou da *fase executiva* por meio de sentença normal (art. 924, II) ou anormal (art. 924, I, III, IV e V).

Obviamente que esta classificação em fases é absolutamente didática e existem casos ou situações em que não é tão simples assim isolar uma fase da outra.

> Assim, por exemplo, quando ocorre a adjudicação do bem penhorado. Existem 3 tipos de adjudicação do bem penhorado no Código de Processo Civil. Apenas na adjudicação do bem penhorado

ao exequente – ao invés de receber o produto da venda do bem penhorado o exequente deseja receber o próprio bem penhorado (art. 976, caput) – é que se tem um ato jurídico executivo que integra a fase satisfativa. As demais formas de adjudicação (para terceiros, art. 976, V) são modalidade especial de arrematação, e, portanto, integram a fase instrutória, pois o que irá satisfazer o exequente é a entrega do dinheiro dali obtido.

## 6.3    Atos executivos da execução para pagamento de quantia

### 6.3.1    Introito

O procedimento executivo para pagamento de quantia certa contra devedor solvente, aplicável tanto à execução fundada em título extrajudicial como ao cumprimento de sentença, consiste na realização da expropriação judicial de bens que compõem o patrimônio do executado e que respondem pelo inadimplemento da dívida.

Essa expropriação caracteriza-se pela finalidade de se transferir bens ou valores do patrimônio do executado para o patrimônio do exequente nos limites do crédito exequendo. Expropria-se o devedor para apropriar-se o exequente. Transfere-se dinheiro do patrimônio de um para o outro. O credor não poderia fazer isso de mão própria, em autotutela, só podendo exercer seu direito de excutir o dinheiro do patrimônio do executado nos limites do crédito exequendo revelado no título executivo por meio de uma autoridade judicial e em um processo destinado a este fim.

Esse fenômeno se dá por meio de um longo procedimento judicial, cercado de garantias para o executado para que tal expropriação não seja injusta.[201]No curso deste procedimento existem atos executivos que são marcantes como aquele que *identifica e vincula o bem do patrimônio do executado* que se sujeitará a futura expropriação, bem como aqueles que efetivamente realizam a transferência do patrimônio do executado para o exequente como a *transferência do dinheiro* ou a *adjudicação do bem penhorado*. Entretanto, infelizmente, há casos em que no patrimônio do executado não se consegue penhorar o dinheiro, o que facilitaria muito o procedimento executivo, mas sim bens móveis ou imóveis que devem ser convertidos em dinheiro mediante uma *expropriação liquidativa* em que terceiros participarão de leilão judicial para arrematá-lo e assim, com o produto desta alienação obter o dinheiro que será entregue ao exequente. Neste cenário mais tortuoso surgem outros atos executivos (arrematação, adjudicação-remição etc.) que não apareceriam se o bem penhorado fosse dinheiro.

---

201.  Art. 776. O exequente ressarcirá ao executado os danos que este sofreu, quando a sentença, transitada em julgado, declarar inexistente, no todo ou em parte, a obrigação que ensejou a execução.

### 6.3.2 Classificações

Vários são os critérios para classificar os atos executivos. Usaremos aqui as principais classificações: (i) quanto a tipicidade de forma e conteúdo; (ii) quanto a finalidade satisfativa ou instrumental; (iii) quanto a função coercitiva ou sub-rogatória.

Primeiro eles podem ser *típicos* ou *atípicos*. Típicos são os atos executivos previstos pela lei processual, seja no Código ou em legislação extravagante. Atípicos são os atos executivos *judiciais ou convencionais*, não previstos em moldura legal. Nestes casos, a lei apenas prevê, em quais condições eles podem nascer da convenção das partes ou da atuação judicial.

Obviamente que no procedimento executivo para pagamento de quantia existem os atos executivos que foram abstratamente previstos pela lei, com forma e conteúdo típicos (penhora, arrematação etc.), mas também podem existir outros atos executivos, só que atípicos, que podem ser determinados pelo juiz quando necessários e com a finalidade de assegurar o cumprimento da ordem judicial.[202] Os atos executivos atípicos judiciais têm como cláusula geral o art. 139, IV do CPC e podem ser empregados no procedimento executivo, lembrando que a atipicidade tanto pode residir na *forma* do ato ou no *seu conteúdo*. Os atos executivos atípicos convencionais têm como cláusula geral o art. 190 do CPC.

Segundo a função processual que assumem, os atos executivos podem ser *sub-rogatórios ou coercitivos*. Para facilitar a compreensão recorremos ao dicionário eletrônico para identificar os vocábulos *sub-rogação e coerção* que servem para adjetivar os dois tipos de atos executivos. A sub-rogação é a "substituição de uma coisa por outra", "ato de substituir algo ou alguém por outra coisa ou pessoa", de forma que fica fácil compreender que os atos sub-rogatórios são aqueles que *substituem* o objeto da obrigação (conduta do devedor) para obter o objeto da prestação (o próprio bem). De antemão já se percebe que nem sempre os atos sub-rogatórios realizados pelo Estado-juiz conseguirão *substituir* a conduta do devedor, e menos ainda obter o bem que constitui o objeto da prestação. Basta lembrar das obrigações de fazer e não fazer infungíveis onde não basta o *resultado*, mas sim que tal resultado advenha da conduta de determinada pessoa.

Nesta hipótese e tantas outras, uma vez violado o direito, já não é possível a restauração ao estado anterior (dano ambiental), os meios sub-rogatórios são ineficazes para proporcionar o objeto da prestação inadimplida. Todavia, tratando-se de obrigação de entrega de coisa, enquanto esta não tiver perecido, é possível o *desapossamento* do executado por meio de atos de sub-rogação estatal de *imissão de posse ou busca e apreensão* caso se trate de bem imóvel ou móvel respectivamente. Também

---

202. Há ainda os "convencionais" que são os atos executivos frutos de convenção processual das partes, algo que, pela experiência de foro é dificílimo de acontecer na execução.

nas hipóteses de obrigações pecuniárias, originárias ou derivadas de conversão de outra obrigação, os meios executivos sub-rogatórios substituem a atuação do executado retirando a sua propriedade sobre a quantia e entregando-a ao exequente.

Por sua vez, os meios coercitivos são todos aqueles que *não* substituem a conduta do executado, antes dela necessita, pois é o devedor quem cumprirá forçadamente o adimplemento. A coerção atinge a psique do executado no sentido de fazer com que se sinta encorajado a fazer ou deixar de fazer alguma coisa, e, neste particular adimplir a prestação ao invés de inadimplir, seja porque esteja sob ameaça de que lhe seja imposto um prejuízo maior do que o que teria se adimplisse (por exemplo a prisão civil), seja porque lhe o cumprimento da obrigação lhe proporcionaria um benefício/vantagem. Em ambas as hipóteses se estimula um comportamento a partir da ameaça de se ter um prejuízo ou um prêmio. Situação clássica de medida executiva coercitiva é a *astreinte* (art. 537 do CPC) que embora se apresente como *medida típica*, a lei deixa espaço para que o magistrado defina, diante das circunstâncias do caso concreto a sua periodicidade e o seu valor,[203] o que demanda enorme sensibilidade pois não existe um padrão de valor e periodicidade que se possa ser seguido em todas as hipóteses.

O período de tempo e o valor a serem estabelecidos pelo juiz devem estar absolutamente rentes com o tipo da obrigação e de quem deve prestá-la. Assim, por exemplo, se a obrigação de um banco se cumpre mediante um ato simples como estornar uma quantia ao correntista, não nos parece que a sua periodicidade deva ser diária, mas sim por horas, e, tampouco que o valor arbitrado deva ser pequeno, dada a capacidade financeira do inadimplente.

Enfim, é preciso que o juiz adeque a multa (valor e periodicidade) à função coercitiva, no sentido de que efetivamente atinja a consciência do executado no sentido de que "lhe será mais gravoso descumprir do que cumprir a obrigação emergente no título executivo".[204-205] A importância de se fixar um *tempo certo e*

---

203. Art. 537 do CPC § 1º O juiz poderá, de ofício ou a requerimento, modificar o valor ou a periodicidade da multa vincenda ou excluí-la, caso verifique que: I – se tornou insuficiente ou excessiva; II – o obrigado demonstrou cumprimento parcial superveniente da obrigação ou justa causa para o descumprimento. Observe que o magistrado não está livre de critérios seguros para identificar o justo e preciso valor e periodicidade da multa. Aliás, nenhuma medida coercitiva, típica ou atípica, escapa da análise do artigo 139, IV e 805, pois qualquer ato executivo deve ser tomado dentro do critério da *necessidade* e da *adequação*. Assim, por exemplo, embora a redação do § 3º do art. 528 dê ensanchas ao entendimento de que verificados os pressupostos (*o executado não efetue o pagamento, não prove que o efetuou ou não apresente justificativa da impossibilidade de efetuá-lo e o débito alimentar reclamado compreenda até as 3 (três) prestações anteriores ao ajuizamento da execução e as que se vencerem no curso do processo*) o juiz *decretar-lhe* á a prisão civil, não bem assim que deve ser. Atendidos os pressupostos e verificada se a prisão civil é a *opção do exequente* (§ 8º, art. 528), ainda assim deve o magistrado verificar no caso concreto se a medida coercitiva típica de prisão civil é *adequada* e *necessária* para a obtenção mais efetiva dos alimentos.

204. DINAMARCO, Candido Rangel. *Instituições de direito processual civil*, p. 520.

205. A função coercitiva da multa e até de outras medidas coercitivas (típicas ou atípicas) não serve apenas para coagir o sujeito a adimplir a prestação, embora seja usada mais comumente para este fim (coerção para adimplemento da prestação devida). Nada impede que a multa coercitiva ou uma outra medida (co-

*determinado* de incidência da multa é diretamente relacionado com a função coercitiva. Neste exemplo que demos acima, se a ordem de cumprimento recebida pode ser cumprida em minutos pelo Banco, não se justifica a fixação e uma multa com dies ad quem de 60 ou 90 dias porque não terá a partir de determinado momento nenhum papel coercitivo. A função coercitiva tem por finalidade a realização de um ato (adimplemento), e não a *punição* de um ato não cumprido. A última coisa que se deseja com a coerção é que a sanção nela prevista incida, pois isso significa que não terá alcançado a sua finalidade. Tratando-se de medidas coercitivas totalmente atípicas como autoriza o artigo 139, IV, então o cuidado deve ser redobrado para que a coerção não descambe em uma punição, o que seria totalmente inaceitável (punição atípica). Esse cuidado passa pela responsabilidade do magistrado de encontrar a *medida necessária* e *adequada* para aquele caso concreto, como já mencionamos anteriormente.

Em tempo, é de se dizer ainda que os atos executivos do procedimento para pagamento de quantia podem ser classificados não apenas em típicos ou atípicos, mas também *sub-rogatórios* e *coercitivos* e em *instrumentais e finais*.

## 7. CUMPRIMENTO PROVISÓRIO DA SENTENÇA (ART. 520) E EFETIVAÇÃO DA TUTELA PROVISÓRIA (ART. 297)

### 7.1 Situando a questão posta à reflexão

A técnica do *cumprimento provisório da sentença* tem seu regime jurídico estabelecido nos artigos 520 a 522 do CPC. Por sua vez, a técnica da *efetivação da tutela provisória* está descrita no artigo 297 do mesmo diploma.

O cumprimento provisório da sentença (ou do acórdão) nada mais é – com aprimoramentos – que a antiga técnica de *execução provisória da sentença* expressamente prevista no artigo 1198 do Livro II da Consolidação Ribas (do ano de 1879), em inúmeros Códigos Estaduais que estiveram vigentes entre a Constituição de 1891 e o CPC de 1939, no artigo 829/883, 890 do CPC de 1939, nos arts. 520, 587 e 588 do CPC de 1973. Novo nome, mas quase tudo a mesma coisa do que foi outrora.

Por sua vez, a *efetivação da tutela provisória*, disciplinada como tal como se apresenta, nasceu no art. 273, § 3º do CPC de 1973 com a redação que lhe foi dada pela Lei 8.952 de 13 de dezembro de 1994.

A questão posta à reflexão resume-se na seguinte indagação: por que a técnica do *cumprimento provisório da sentença* é tão estruturalmente pior que a da *efetivação da tutela provisória*?

---

ercitiva atípica) seja utilizada de forma instrumental, como por exemplo, havendo indícios de ocultação patrimonial, que o executado o descortine para permitir a penhora de bens e assim a expropriação seguir o normal itinerário da expropriação judicial.

## 7.2    A execução provisória da sentença

Como já antecipamos, a execução provisória da sentença é bem antiga no nosso ordenamento jurídico. Exceção feita para alguns procedimentos especiais como *v.g.* os interditos possessórios,[206] a referida técnica era o "máximo" que o legislador permitia para quebrar a regra de que toda execução só poderia ser instaurada com base em título executivo judicial transitado em julgado.

Para aqueles casos muito específicos e taxativos,[207] o legislador entendia que seria possível renunciar à *segurança* em prol da *efetividade* e assim permitir que títulos executivos judiciais, ainda provisórios,[208] pudessem inaugurar a atividade executiva, sendo mesmo assim clara a limitação do inciso III do art. 883 do CPC de 1939 ao dizer que nas hipóteses de execução por expropriação *"a execução provisória não abrangerá os atos que importarem alienação de domínio, nem autorizará, sem caução idônea, o levantamento de depósito em dinheiro"*.

Nitidamente revelava este dispositivo a preocupação do legislador de que a execução fundada em título judicial provisório não fosse além dos atos de constrição do patrimônio do executado,[209] servindo apenas como método de antecipar, até o limite da expropriação, os atos executivos.[210] O cenário não se alterou na redação original do CPC de 1973 quando nele se lia, precisamente no inciso II do art. 588 do CPC, que a execução provisória da sentença *"não abrange os atos que importem alienação do domínio, nem permite, sem caução idônea, o levantamento de depósito em dinheiro"*.

---

206. A respeito ver PONTES DE MIRANDA, Francisco Cavalcanti. *Comentários ao Código de Processo Civil (LGL\1973\5) (de 1939)*. Rio de Janeiro: Forense, 1949. p. VI/37.

207. As hipóteses listadas no art. 830 do CPC de 1939 e ampliadas no CPC de 1973, e, mantidas no art. 1012, § 1º do CPC de 2020 tratam não somente das hipóteses em que é possível dar início a uma *execução (cumprimento) provisória da sentença*, mas também cuidam de casos – incomuns, é verdade – de *eficácia provisória* de sentenças autossatisfativas, como por exemplo da eficácia imediata da decisão constitutiva que decreta a interdição prevista no inciso VI do referido texto. Neste sentido ver DINAMARCO, Cândido Rangel. Momento de eficácia da sentença constitutiva. Revista de Processo, v. 63. p. 7-17. São Paulo: Ed. RT, 1991; ver ainda as precisas palavras de BARBOSA MOREIRA, José Carlos. Eficácia da Sentença de Interdição por Alienação Mental. Revista de Processo n. 43, p. 14-18. São Paulo: Ed. RT, 186.

208. É o que Dinamarco menciona ao tratar da execução provisória sobre o processo civil conter técnicas de acordo com um "sistema de certezas, probabilidades e riscos" de forma que "não só de certezas vive o processo. Cabe ao legislador, e também ao juiz, dimensionar as probabilidades de acerto e os riscos de erro, expondo-se racionalmente a estes, mas deixando atrás de si as portas abertas para a reparação de erros eventualmente cometidos". DINAMARCO, Candido Rangel. *A reforma da reforma*. 5. ed. São Paulo: Malheiros, 2003, p. 255.

209. "Provisória é tôda execução que não é definitiva, quer dizer, que não tem por fundamento uma sentença irretratável. (...) Os inconvenientes decorrentes da espera na realização dos atos culminantes da execução, depois de seguro o juízo, se compensam com a vantagem de evitar o perigo de não se poder restabelecer o estado anterior, na hipótese de ser provido o recurso" LIEBMAN, Enrico Tulio. *Estudos sôbre o processo civil brasileiro*. São Paulo: Jose Bushatsky. 1976, p. 97.

210. "Na execução provisória o efeito suspensivo dos recursos, embora atenuado, todavia existe e opera na fase final da execução, quando, estando seguro o Juízo, a espera não mais produz prejuízos". LIEBMAN, Enrico Tullio. *Processo de execução*. São Paulo: Saraiva, 1968. p. 58.

O dispositivo foi alterado pela Lei 10444/2002 no calor das mudanças legislativas implementadoras de maior "efetividade" ao processo, mas, neste particular, alterou o dispositivo para ser, paradoxalmente, ainda mais restritivo ao tema como se observa: "*o levantamento de depósito em dinheiro e a prática de atos que importem alienação de propriedade ou dos quais possa resultar grave dano ao executado dependem de caução suficiente e idônea, arbitrada de plano pelo juiz e prestada nos próprios autos*". Essa "restrição" se via no § 2º que dizia que "*a caução pode ser dispensada nos casos de crédito de natureza alimentar, até o limite de 60 (sessenta) vezes o salário-mínimo, quando o exequente se encontrar em estado de necessidade.*"

Com a Lei 11.232/05 a *execução provisória da sentença* foi despejada do Livro II do Código e hospedada no Livro I, afinal, estaríamos a partir de então diante do "revolucionário" *cumprimento provisório da sentença*, precisamente no artigo 485-O. Não houve apenas uma mudança de *nome* e de *locação* dentro do Código, já que o inciso em questão também teve a sua redação alterada para tonificar as hipóteses de cumprimento provisório da sentença ao dizer que "*o levantamento de depósito em dinheiro e a prática de atos que importem alienação de propriedade ou dos quais possa resultar grave dano ao executado dependem de caução suficiente e idônea, arbitrada de plano pelo juiz e prestada nos próprios autos*", e, o § 2º passou a admitir que a caução poderia ser dispensada "*I – quando, nos casos de crédito de natureza alimentar ou decorrente de ato ilícito, até o limite de sessenta vezes o valor do salário-mínimo, o exequente demonstrar situação de necessidade; II – nos casos de execução provisória em que penda agravo de instrumento junto ao Supremo Tribunal Federal ou ao Superior Tribunal de Justiça (art. 544), salvo quando da dispensa possa manifestamente resultar risco de grave dano, de difícil ou incerta reparação*".

O inciso II do § 2º que citamos acima não esconde o comedimento do legislador para com a execução provisória da sentença (rectius = cumprimento provisório) mesmo quando está diante de um acórdão nas condições ali estabelecidas. Observe que mesmo quando se estava diante de uma execução provisória em uma demanda que já tinha sentença e acórdão e com recurso especial e extraordinário indeferidos, ainda assim o Código tinha receio de cumprir a falsa promessa do caput do dispositivo que dizia – como diz hoje também – que tal modalidade executiva "*far-se-á do mesmo modo que a definitiva*".

No CPC de 2020 a execução provisória da sentença, renomeada então de *cumprimento provisório de sentença*, passou a ocupar o art. 520 e nele se lê, no inciso IV que "*o levantamento de depósito em dinheiro e a prática de atos que importem transferência de posse ou alienação de propriedade ou de outro direito real, ou dos quais possa resultar grave dano ao executado, dependem de caução suficiente e idônea, arbitrada de plano pelo juiz e prestada nos próprios autos*".

Como se observa, o legislador ampliou a restrição ao incluir no texto "*ou de outro direito real*" para não deixar margem às dúvidas de que não apenas a propriedade, mas os direitos reais devem ser protegidos contra uma alienação "prematura", porque provisória. A regra da dispensa da caução foi prevista especificamente no artigo 521 com louvável, porém tímida, ampliação das hipóteses de prosseguimento da execução, mas não sem conter uma cláusula de encerramento no parágrafo único, uma espécie de carta coringa, que deixa a possibilidade de que a exigência de caução possa ser mantida "*quando da dispensa possa resultar manifesto risco de grave dano de difícil ou incerta reparação*".[211]

Nada obstante os caputs dos arts. 588 do CPC de 1973 e do 520 do CPC de 2020 darem ensanchas à compreensão, respectivamente, de que "*a execução provisória da sentença far-se-á do mesmo modo que a definitiva*" e que "*o cumprimento provisório da sentença impugnada por recurso desprovido de efeito suspensivo será realizado da mesma forma que o cumprimento definitivo*", não é bem assim que as coisas se passam, como observamos na evolução legislativa mencionada acima em relação aos atos executivos que importem em levantamento de quantia e transmissão de propriedade. E olha que nem mencionamos sobre as regras do 890, § 1º do CPC de 1939, dos artigos 589 e 590 do CPC de 1973 e do artigo 522 do CPC de 2020 que tratam da forma burocrática de instrumentalização dos atos de execução provisória.

### 7.3    A efetivação da tutela provisória

Sem descer a minúcias quando a tutela provisória era alcançada por meio de procedimentos especiais e/ou pelo uso distorcido (mas necessário) do processo cautelar por meio das saudosas "cautelares satisfativas",[212] tomaremos de análise o momento a partir do qual o legislador reconheceu *expressamente* a possibilidade obtenção no procedimento comum de tutela antecipada genérica e específica nos artigos 273 e 461 do CPC de 1973 por meio da Lei 8952/94.[213]

Dizia o § 3º do artigo 273 que "*a execução da tutela antecipada observará, no que couber, o disposto nos incisos II e III do art. 588*". Por sua vez preconizava o § 5º do art. 461 que "*para a efetivação da tutela específica ou para a obtenção do resultado prático equivalente, poderá o juiz, de ofício ou a requerimento, determinar as medidas necessárias, tais como a busca e apreensão, remoção de pessoas e coisas, desfazimento de obras, impedimento de atividade nociva, além de requisição de força policial*".

---

211.    A respeito ver GONÇALVES, Tiago Figueiredo. A exigência de caução em sede de execução. *Revista de Processo*. v. 169, p. 161-181. São Paulo: Ed. RT, 2009, edição eletrônica.

212.    Ver, por todos, MARINONI, Luiz Guilherme. *Tutela de urgência e tutela de evidência*. 3. ed. E-book, São Paulo: Ed. RT, 2020, item 1.3 da Parte II.

213.    DIDIER, Fredie; JORGE, Flávio; Rodrigues, Marcelo Abelha. *A nova reforma processual*. São Paulo: Saraiva, 2002.

A redação destes dispositivos foi novamente alterada pela Lei 10.444/02 que teve a felicidade de conectar formalmente os dois dispositivos. O § 3º do art. 273 passou a dizer que *"a efetivação da tutela antecipada observará, no que couber e conforme sua natureza, as normas previstas nos arts. 588, 461, §§ 4º e 5º, e 461-A".* Já o § 5º do art. 461 teve a redação melhorada e lapidada e passou a dizer que *"para a efetivação da tutela específica ou a obtenção do resultado prático equivalente, poderá o juiz, de ofício ou a requerimento, determinar as medidas necessárias, tais como a imposição de multa por tempo de atraso, busca e apreensão, remoção de pessoas e coisas, desfazimento de obras e impedimento de atividade nociva, se necessário com requisição de força policial".*

No atual Código o regime jurídico da *efetivação da tutela provisória,* seja ela de urgência (*cautelar ou antecipada*) ou de evidência, está descrito no artigo 297 do CPC que assim diz: "o juiz poderá determinar as medidas que considerar adequadas para efetivação da tutela provisória". E o parágrafo único emenda: "a efetivação da tutela provisória observará as normas referentes ao cumprimento provisório da sentença, no que couber". Mais adiante, no art. 301, ao tratar da tutela provisória cautelar o legislador diz que *"pode ser efetivada mediante arresto, sequestro, arrolamento de bens, registro de protesto contra alienação de bem e qualquer outra medida idônea para asseguração do direito".*

Feita esta exposição descritiva colhe-se claramente que o Código atual admite a existência de duas técnicas distintas: uma de *efetivação da tutela provisória* e outra de *cumprimento provisório da sentença.* Na medida que distingue, o legislador determina que se aplique, *no que couber*, a segunda em relação a primeira. Há, como veremos a seguir, pontos de contato e distanciamento entre ambas as formas de efetivação (execução) das medidas.

## 7.4    Pontos de aproximação e distanciamento

O "provisório" do nome de ambas as técnicas não é mera futilidade. Diz-se *provisório* o que será substituído por um *definitivo.*[214] O *cumprimento provisório da* sentença ou do acórdão nada mais é do que o reconhecimento de que o *título executivo* que embasa a referida execução ainda está em formação e, por isso mesmo, será substituído por um definitivo, a não ser, é óbvio, que o recurso pendente contra a decisão exequenda seja provido para eliminá-lo do mundo jurídico.[215] É, em palavras

---

214.  A respeito ver LOPES DA COSTA, Alfredo Araújo. *Medidas preventivas: medidas preparatórias* – medidas de conservação. 3. ed. São Paulo: Sugestões Literárias, 1966, pp. 15-16; SILVA, Ovídio A. Baptista da. *Curso de processo civil.* v.2. Processo cautelar (tutelas de urgência) 4. ed., rev. atual. Rio de Janeiro: Forense, 2007-2008, p. 53.

215.  É, como disse Lopes da Costa "a execução processada na possibilidade ou na pendência de um recurso é execução provisória". *Execução provisória.* Doutrinas Essenciais de Processo Civil. São Paulo: Ed. RT, 2011. v. 08.

precisas "*a antecipação da eficácia executiva da sentença*" de forma que *provisório é o título e não a execução.*[216-217-218]

Por sua vez, a tutela provisória é assim chamada porque é fruto de uma cognição sumária que, por isso mesmo, não se lhe permite ter a marca da definitividade, ou seja, a sua provisoriedade não reside na "*pendência de recurso contra a decisão*", mas na *precariedade* da cognição utilizada para deferi-la. Isso implica dizer que será *provisória* a *efetivação de um acórdão* não impugnado por recurso excepcional e que tenha sido prolatado em julgamento de agravo de instrumento interposto contra uma tutela antecipada. Não pende recurso contra o título, mas será *provisória* a sua efetivação dada a sumariedade da cognição. O fato de ter sido julgada em 1º e 2º grau não altera a condição de provimento fruto de uma cognição sumária, porque o material sobre o qual se debruçou o juiz, e, o tribunal, era limitado no plano vertical.[219]

Desta forma, tanto as decisões judiciais frutos de cognição sumária que categorizam as *tutelas provisórias*, quanto as sentenças ou acórdãos ainda em formação (porque impugnados por recurso no efeito apenas devolutivo) são *provimentos provisórios*, e, por isso mesmo é que o legislador determina no artigo 297, parágrafo único que a efetivação da tutela provisória observará as normas referentes ao cumprimento provisório da sentença, *no que couber*.

Na mesma medida em que aproximam os institutos[220] o legislador os afasta com a expressão *no que couber*, ou seja, em termos mais claros, quer dizer o seguinte: nem se cogite decalcar o artigo 520 e ss. na efetivação da tutela provisória porque isso não será possível. Conquanto sejam provimentos provisórios, são distintos e

---

216. CARPI, Frederico. *La provisoria esecutorietà della sentenza*. Milano: Giuffrè, 1979, p. 3 e 6.

217. Segundo Enrico Tullio Liebman: "quando a sentença é exequível, apesar de não ter transitado em julgado, a execução que se promover estará sujeita à eventualidade da reforma da sentença em grau de recurso e, consequentemente, à possibilidade de dever desfazer-se o que foi feito e restabelecer-se o estado anterior. Por isso, a lei a considera 'provisória' e lhe dita algumas regras especiais, que visam facilitar aquele restabelecimento (art. 588 do CPC (LGL\1973\5))". Processo de Execução, p. 98.

218. Provisório é o título e não os atos executivos e tampouco a eventual satisfatividade do ato executivo eventualmente ocorrida. Nesse sentido diz Marinoni que "os atos executivos praticados em virtude de uma sentença que ainda não foi confirmada pelo tribunal não podem ser chamados de provisórios. Note-se, por exemplo, que a penhora não pode ser chamada de provisória, já que nada virá substituí-la. (...) Os atos executivos alteram a realidade física e, portanto, não podem ser classificados em provisórios e definitivos". MARINONI, Luiz Guilherme. "Execução imediata de sentença", In: MARINONI, Luiz Guilherme e DIDIER JR., Fredie (Coord.). *A segunda etapa da reforma processual*. São Paulo: Malheiros, 2001, p. 20.

219. Ver a este respeito os importantes trabalhos de SCARPINELLA BUENO, Cassio. *Execução provisória e antecipação da tutela*: dinâmica do efeito suspensivo da apelação e da execução provisória: conserto para a efetividade do processo. São Paulo: Saraiva. 1999; LUCON, Paulo Henrique dos Santos. *Eficácia das decisões e execução provisória*. São Paulo: Ed. RT 2000.

220. Neste sentido SCARPINELLA BUENO, Cassio. *Execução provisória e antecipação da tutela*: dinâmica do efeito suspensivo da apelação e da execução provisória: conserto para a efetividade do processo. São Paulo: Saraiva. 1999, p. 96 e ss.

é essa distinção que faz com que tenham regime jurídico diferenciado em relação a realização dos comandos neles prescritos.[221]-[222]

É interessante notar que existe uma diferença de nomenclatura: o art. 297 fala em *efetivação* da tutela provisória, ao passo que no cumprimento provisório fala-se em *execução*. A distinção vocabular pode servir para afastar a inócua – e nos parece superada – discussão sobre a natureza de título executivo das decisões proferidas em tutelas provisórias que antecipam a tutela, mormente com o alargamento do conceito de título executivo do art. 515, I do CPC. Sendo ou não título executivo – e nos parece que são – tanto as tutelas provisórias quanto o cumprimento provisório almejam um resultado prático, a realização do comando no mundo dos fatos, a *efetivação* ou a *execução* daquilo que se concedeu na tutela provisória ou na sentença, ainda que aquela tenha sido uma tutela de segurança (cautelar).

Aliás, não por acaso, o artigo 771 determina que "este Livro regula o procedimento da execução fundada em título extrajudicial, e suas disposições aplicam-se, também, no que couber, aos procedimentos especiais de execução, aos atos executivos realizados no procedimento de cumprimento de sentença, *bem como aos efeitos de atos ou fatos processuais a que a lei atribuir força executiva*". O realce do trecho acima é justamente para demonstrar que tanto a tutela provisória cautelar, quanto a tutela provisória antecipada (urgente ou evidente) são efetivadas mediante as técnicas de execução, tanto o quanto o são as que permitem o cumprimento provisório.

Não deve passar despercebido – nada obstante a ressalva do § 5º do artigo 520 – que o legislador trata do cumprimento provisório da sentença *dentro do capítulo para pagamento de quantia*, o que leva a crer que a base dos dispositivos ali inseridos é voltada à execução por expropriação, daí porque existem as ressalvas do art. 521 neste sentido. Por outro lado, inescondível o leque de medidas possíveis que podem ser concedidas por meio do artigo 294 e ss., inclusive para pagamento de quantia, e, outras, inclusive, que nem seriam de *execução forçada propriamente dita* quando se pretende realizar tutela de segurança, tal como se observa no art. 301.

Mas insisto, o art. 771 parágrafo único deixa claro que é no Livro da execução a base teórica que se encontrarão fundamentos e fins das regras voltadas à *efetivação* ou a *realização* de atos e fatos aos quais a lei atribui força executiva, nada obstante o importante art. 301 dizer que "*a tutela de urgência de natureza cautelar pode ser efetivada mediante arresto, sequestro, arrolamento de bens, registro de protesto contra*

---

221. "A execução provisória da sentença, tal como foi concebida pela doutrina, não supõe a necessidade da realização imediata do direito de crédito, mas apenas a necessidade de aceleração da atividade executiva para a segurança do juízo." MARINONI, Luiz Guilherme. Tutela antecipatória de pagamento de soma em dinheiro. *Soluções Práticas*. São Paulo: Ed. RT, v. 1, p. 239-256.

222. "É execução sem intervalo, na mesma relação processual, ou melhor dizendo, 'efetivação', 'implementação do provimento' no mesmo processo. Ressoa evidente que não teria sentido que o legislador instituísse uma antecipação no curso do processo de conhecimento visando agilização da tutela e a submetesse às delongas da execução". FUX, Luiz. *Curso de direito processual civil*. Rio de Janeiro: Forense, 2004, p. 68.

*alienação de bem e qualquer outra medida idônea para asseguração do direito*". Todas estas medidas de cautela serão *efetivadas* valendo-se de técnicas de execução típicas ou atípicas.[223]

É oportuno – e de certa forma curioso – destacar que nem mesmo quando a tutela provisória para pagamento de quantia for concedida, para tomar um exemplo coincidente com o propósito do art. 520, nem aí será decalcado o procedimento nele está previsto. Aliás, repele-se o referido procedimento justamente porque mostra-se rígido e burocrático, mormente quando comparado com o art. 297, até porque a sua finalidade, atavicamente mantida ao longo dos tempos não foi a *satisfação imediata do objeto da execução*, mas apenas e tão somente a *antecipação de atos de execução* até o limite da alienação, salvo se caução garantidora fosse prestada.

Enquanto todas as *tutelas provisórias* submetem-se a um regime de "execução" regido pela atipicidade dos meios executivos e concentração dos poderes do juiz (art. 297), sem forma e meios predeterminados pelo legislador, com a imediatidade vinculada à satisfação do direito, e, por isso mesmo com amplo espaço para o magistrado identificar em cada caso concreto a medida necessária e adequada à obtenção do resultado desejado (arts. 805 e 139, IV do CPC), por outro lado, o artigo 520 é regido pelo modelo de procedimento rígido e quase inflexível traçado pelo legislador que faz do juiz quase um burocrata na execução. O magistrado segue o trilho procedimental traçado pelo legislador.

Naturalmente – sejamos justos – que em 1879 quando da vigência da Consolidação Ribas (que tem como fonte as regras contidas nas Ordenações Filipinas (L. 3º, t. 25, princ. e §§ 1º e 2º; t. 73, § 1º) o artigo 1198 era a própria personificação da efetividade da tutela num ambiente onde apenas o legislador poderia estabelecer restrições à execução sempre fundada em título executivo judicial transitado em julgado, enfim, acobertado pela coisa julgada material. Ao longo dos anos o mundo foi mudando, mais até do que da água para o vinho, mas o teor do referido dispositivo foi sendo vergonhosamente decalcado nos Códigos de processo que sucederam e pouquíssima coisa mudou no regime da *execução provisória da sentença* desde a sua origem no direito brasileiro.

Já as tutelas provisórias, por sua vez, nascem justamente da eclosão e da necessidade de se tutelar adequadamente os direitos – novos direitos inclusive – permitindo que o juiz, ante as circunstâncias do caso concreto identifique a medida adequada e necessária para realização da tutela concedida.[224]

---

223. "O termo "execução" deve ser entendido de forma mais ampla do que, tradicionalmente, lhe empresta a doutrina tradicional. Não há por que, com os olhos voltados ao sistema processual civil hoje vigente, atrelar-se efeitos executivos a uma determinada e específica classe de decisões jurisdicionais, qual seja, a de sentenças ou acórdãos de mérito condenatórios". SCARPINELLA BUENO, Cassio. Disponível em: http://www.scarpinellabueno.com/images/textos-pdf/012.pdf. Acesso em: 14 abr. 2020.

224. A respeito ver TOMMASEO, Ferruccio. *I Provvedimenti d'Urgenza-Struttura e Limiti della Tutela Anticipatoria*. Pádua: Cedam, 1983.

Constata-se, portanto que embora tenham em comum o rótulo da *tutela diferenciada*,[225] a verdade é que existe uma abissal diferença em termos de efetividade entre o cumprimento provisório da sentença e as tutelas provisórias, ainda que restrinjamos, por coerência, à análise comparativa das situações que determinam o pagamento de quantia. Só assim seria possível uma comparação justa.

Ora, se o artigo 1198 da Consolidação Ribas foi, pouco a pouco, sendo recortado e colado nas legislações seguintes com insignificantes alterações, e, se nestes dispositivos o legislador quase não dava margem de atuação ao juiz fora dos limites por ele estabelecidos, parece-nos óbvio que mais de 130 anos depois o dispositivo que trata do tema tende a ser uma peça de museu, porque edificado sob a premissa de que a execução só poderia ser efetivada após a obtenção da certeza jurídica imutabilizada pela coisa julgada material.

Importante observar que o cumprimento de sentença tutela diferenciada é *ope legis* – por um legislador que insiste em repetir a redação de 1879, ao passo que a efetivação da tutela provisória é *ope judicis*, porque pode ser concedida e efetivada pelo juiz de hoje, inserto na realidade social e comprometido com a tutela de direitos adequadamente às circunstâncias do caso concreto.[226]

Certamente que alguns poderiam argumentar que as tutelas antecipadas (para ficar no exemplo da antecipação do pagamento de dinheiro) são regidas pelo fenômeno da *urgência* e esta seria a pedra de toque que justificaria todo aparato diferenciado da imediatidade que permitiria ao juiz usar medidas atípicas e/ou típicas diante das circunstâncias do caso concreto. De fato, a urgência é um fato imperioso que realmente justifica a efetivação célere de comandos antes do tempo "ordinário", mormente quando esta antecipação de quantia servirá a uma finalidade extrapatrimonial que só o caso concreto dirá.

Bem, mas sobraria ainda a eventual antecipação de soma em dinheiro por meio de tutela de evidência, o que também é permitido pelo Código. E nesta hipótese? Certamente não poderia ser arguida a urgência porque dela prescinde esta modalidade de tutela provisória do artigo 311 do CPC.

Não me parece plausível deitar a diferenciação do regime de efetivação – também num caso de pagamento de quantia – sob a alegação de que a intensidade do direito alegado é muito forte que isso justificaria o modelo do artigo 297 combinado

---

225. PISANI, Andrea Proto. *Problemi della c.d. tutela giurisdizionale differenziata*. Appunti sulla giustizia civile. Bari: Caccuci, 1982; PISANI, Andrea Proto. Verso la residualità del processo a cognizione piena? *Revista de Processo* n. 131, São Paulo: Ed. RT, 2006, p. 239-249; ARMELIN, Donaldo. Tutela jurisdicional diferenciada. *Revista de Processo*. n. 65. São Paulo: Ed. RT, 1992, p. 45-55; DINAMARCO, Candido Rangel. Tutela Jurisdicional. *Revista de Processo*, v. 81, p. 54-81. São Paulo: Ed. RT, 1992; WAMBIER, Luiz Rodrigues; WAMBIER, Teresa Arruda Alvim. Tutela Diferenciada. *Doutrinas Essenciais de Processo Civil*. São Paulo: Ed. RT. v. 1, p. 42-54.

226. Observação direta e certeira do amigo e grande jurista GUERRA, Marcelo Lima. Reflexões em torno da distinção entre execução provisória e medidas cautelares antecipatórias. *Revista de Processo*. n. 57. p. 208-210. São Paulo: Ed. RT, 1990.

CAPÍTULO 01 • PREMISSAS FUNDAMENTAIS | **159**

com o artigo 139, IV, simplesmente porque se a sentença é fruto de uma cognição exauriente; ademais, o que diremos do acórdão que resta impugnado por recurso especial ou extraordinário que já foi inclusive inadmitido? Restaria então dizer que além da evidente *intensidade* com que se apresenta o direito do autor na tutela provisória de evidência, também existiria uma *defesa inconsistente* que legitimaria a distinção de regimes jurídicos para executar um acordão provisório que condena ao pagamento de quantia (art. 520) e uma tutela de evidência que determina o pagamento de quantia (art. 297).

A diferença abissal da execução de uma tutela de soma em dinheiro determinada por tutela provisória de evidência que segue o rito atípico do artigo 297 (c/c o art. 139, IV) e a tutela de soma em dinheiro determinada por uma sentença condenatória que segue a disciplina do artigo 520 do CPC, venhamos e convenhamos, não pode residir apenas na suposta *inconsistência da defesa do réu* no exemplo que demos, até porque, após o segundo grau privilegia-se a jurisdição extraordinária e não mais a ordinária.

Entrementes, nesta toada, se a base teórica da tutela de evidência do artigo 311 é – ante a evidência do direito apresentado pelo autor e a inconsistência da defesa do réu – que o ônus do tempo do processo seja distribuído de forma equânime entre as partes, então, também nada mais justo que em caso de ser favorável ao autor a sentença que condena ao pagamento de quantia desde já exequível, que o réu suporte o ônus de necessitar do processo (e do recurso) para fulminar o título.

Enfim, sobre as discrepâncias entre a *efetivação da tutela provisória* e o cumprimento provisório da sentença, emergem alguns questionamentos de difícil resposta: a) Por que insistir em manter a rigidez, formalismo e burocracia que se tinha no artigo 1189 do Livro II da Consolidação Ribas de 1879? B) Por que mudanças meramente cosméticas e até alteração do nome foram feitas nesses mais de 120 anos sem atualizar o conteúdo estrutural prático do cumprimento provisório? C) Por que não manteve apenas as diretivas axiomáticas que se aplicam à efetivação de qualquer provimento de índole provisória? D) Por que não foi permitido ao cumprimento provisório da sentença um regime idêntico ao da tutela de evidência?

## 7.5 Efetivação da tutela provisória para pagamento de soma

A *satisfação* de uma tutela para pagamento de soma em dinheiro se *realiza* por meio de uma *expropriação*, pois retira-se a propriedade do dinheiro do patrimônio do executado e atribui a propriedade desse dinheiro ao exequente. Pouco importa que o título que embasa a efetivação desse direito seja lastreado em um provimento interinal ou definitivo, fruto de cognição sumária ou definitiva.

O que deve ser diferente – e certamente será – são as técnicas pelas quais a *expropriação* se realiza, pois não é concebível, por exemplo, que o sujeito que necessita urgentemente do dinheiro para pagar uma cirurgia ou custear um tratamento tenha que seguir o modelo típico de execução por quantia previsto no art. 520 e 523 do CPC.

Não é por acaso o fato de que para a *efetivação da tutela provisória* o juiz poderá *determinar as medidas que considerar adequadas* (art. 297, caput) e *apenas no que couber* observará as normas referentes ao cumprimento provisório da sentença (Art. 297, parágrafo único).[227]

As "*medidas adequadas*" a que se refere o art. 297, caput, que é íntimo do art. 139, IV são aquelas que atendam ao requisito da *necessidade* (não pode existir outro meio menos gravoso, art. 805) e da *adequação* que deve ter com o resultado pretendido. Tanto podem ser *medidas executivas típicas* quanto medidas executivas atípicas. No que se refere à efetivação da tutela provisória de soma não há um *regime executivo fechado* para obter a expropriação da quantia. A abertura à flexibilização e atipicidade do meio executivo é expressamente conferida pelo art. 297 que se aninha com os arts. 139, IV e art. 536.

Nada obstante o amplo leque de possibilidades de emprego de técnicas executivas há sempre o problema de que todas elas, por mais engenhosa que seja a criatividade judicial lançando mão de medidas atípicas coercitivas ou sub-rogatórias, todas elas desembocam na mesma foz, isto é, à satisfação do direito se dá mediante a expropriação da quantia do patrimônio do executado.

Pode-se facilmente concluir que o procedimento executivo padrão de execução forçada previsto tanto para o cumprimento de sentença quanto para o processo de execução para pagamento de quantia são absolutamente inviáveis para proporcionar efetividade da tutela provisória. O que faz a técnica antecipatória do provimento satisfativo urgente ou evidente é *antecipar a satisfação* e não antecipar a *condenação e a sua execução* pelo modelo clássico. Isso fica evidente quando se observa que a própria lei processual estabeleceu um regime executivo diferenciado para expropriação da quantia do executado quando a natureza do crédito é alimentar (art. 528 e art. 911), qual seja, reconhece que o modelo padrão de execução por expropriação é inapropriado para o pagamento de quantia àquele que necessita de alimentos, cuja urgência é *in re ipsa*. São precisos Arenhart e Marinoni:

> (...)a antecipação de pagamento de soma não pode submeter-se às regras que escravizam a 'execução provisória de sentença', não apenas porque não visa assegurar o juízo, mas fundamentalmente porque aquele que necessita ter realizado imediatamente um direito de crédito para não

---

227. A redação deste dispositivo do CPC 2015 não discrepa da redação do artigo 273, § 3° com a redação que lhe foi dada pela Lei 10444/02: "§ 3° A efetivação da tutela antecipada observará, no que couber e conforme sua natureza, as normas previstas nos arts. 588, 461, §§ 4° e 5°, e 461-A. (Redação dada pela Lei 10.444, de 7.5.2002)". Todavia, discrepa completamente da redação do artigo 273, § 3° que foi introduzido no CPC de 1973 pela Lei 8952/94, ainda que nele contivesse a importante ressalva "no que couber": "§ 3° A execução da tutela antecipada observará, no que couber, o disposto nos incisos II e III do art. 588". Observe-se que a efetivação da tutela antecipada passou a ser não mais restrita a execução provisória (art. 588), mas sim às técnicas de efetivação das obrigações de fazer e não fazer e entrega de coisa (arts. 461 e 461-A). Esse salto que aproximou a efetivação da tutela antecipada genérica (art. 273) da forma de se efetivar as tutelas específicas (arts. 461 e 461-A) se dá porque há um reconhecimento de que a técnica de execução provisória antes prevista no artigo 588 do CPC de 1973 (art. 475-O) e agora prevista no artigo 520 e ss. do CPC é absolutamente anacrônica quando estamos diante de provimentos antecipatórios tais como previstos nos arts. 294 e ss. do CPC.

ter lesado, por exemplo, o direito à saúde, não pode ser obrigado a prestar caução ou a ver o seu direito à tutela antecipatória ser transformado em direito à penhora, pois isto seria o mesmo que admitir que o legislador conferiu ao jurisdicionado uma tutela completamente incapaz de atender às hipóteses em que o direito de crédito deve exercer uma função patrimonial.[228]

Diante deste cenário pode-se listar alguns *métodos executivos típicos* que levam a expropriação, sejam eles sub-rogatórios ou coercitivos, pois os atípicos, como o nome mesmo já diz é fruto da criatividade do juiz que, respeitando o binômio necessidade e adequação, deve encontrar o meio executivo mais efetivo e eficiente para obter a quantia.

Além da multa coercitiva do art. 537 do CPC que sempre é uma alternativa coercitiva típica que dá bons resultados,[229] uma boa fonte de consulta é a execução de alimentos, onde se percebe uma série de medidas executivas que podem ser também utilizadas para a efetivação das tutelas provisórias que determinam o pagamento de soma em dinheiro. Além de adotar uma sumariedade formal,[230] o modelo do artigo 528 e ss. fornece as seguintes técnicas executivas: *protesto da decisão, desconto em folha, constituição de um capital, penhora de quantia, penhora de bens* e até a *prisão civil*, que no caso não poderia ser utilizado em outros tipos de créditos pela vedação constitucional.

Portanto, deve o provimento antecipado ser efetivado, obviamente de forma imediata e sem as formalidades do artigo 521, mediante o uso das técnicas típicas e/ou atípicas, conjugadas ou separadas, que garantam a expropriação de forma mais célere, deixando muito claro que só se deve lançar mão do procedimento padrão com a expropriação liquidativa (penhora de bem e sua conversão em dinheiro) em último caso, quando tiver falhado todas as demais formas típicas ou atípicas de

---

228. MARINONI, Luiz Guilherme, ARENHART, Sérgio Cruz. *Manual do processo de conhecimento*: a tutela jurisdicional através do processo de conhecimento. São Paulo: Ed. RT, 2001, p. 253 e ss.; a respeito ver ainda MOREIRA, José Carlos Barbosa. *Antecipação da tutela*: algumas questões controvertidas. *Revista de Processo* n. 104. São Paulo: Ed. RT, 2001. p. 101-110; MARINONI, Luiz Guilherme. *A multa e a penhora online como formas de efetivar a antecipação de soma em dinheiro*. Disponível em: https://egov.ufsc.br/portal/sites/default/files/anexos/18234-18235-1-PB.pdf. Acesso em: 14 set. 2020; SILVA, Ovídio Araújo Baptista da. *Curso de processo civil*. 5. ed. São Paulo: Ed. RT, 2000. v. 1, p. 136). Antecipar-se-ia, pois, a eficácia executiva; TOMMASEO, Ferruccio. *I provvedimenti d'urgenza: strutura e limiti della tutela anticipatoria*. Padova: Cedam, 1983. p. 248.

229. Sobre as medidas coercitivas alertava Marcelo Lima Guerra que "não há nenhuma justificativa racional para se pretender sustentar uma suposta prioridade genérica e abstratamente estabelecida das medidas sub-rogatórias em relação às medidas coercitivas. Infelizmente, ainda se encontra bastante arraigada em segmento expressivo da doutrina essa concepção que reflete um imotivado juízo negativo de valor em relação às medidas coercitivas, herança, ao que parece, de concepções vigentes no Século XIX e em boa parte do Século XX, na cultura jurídica europeia que exacerbavam o dogma da intangibilidade da vontade humana, a ponto de ser defendida, no âmbito do direito material, uma generalização da tutela meramente ressarcitória, em detrimento da específica, e o banimento das medidas coercitivas, no âmbito do direito processual." GUERRA, Marcelo Lima. *Direitos fundamentais e a proteção do credor na execução civil*. São Paulo: Ed. RT, 2003, p. 41.

230. O art. 528 dá ao executado 3 dias para pagar o débito, provar que o fez ou justificar a impossibilidade de efetuá-lo, ao passo que o artigo 523 dá 15 dias ao executado para pagar.

execução, como desconto em folha, astreintes, constituição de capital, penhora e transferência *online* da quantia, protesto da dívida etc.

## 7.6 O CUMPRIMENTO PROVISÓRIO INCOMPLETO DAS ASTREINTES

O cumprimento provisório do crédito pecuniário decorrente da incidência das astreintes é admitido pelo artigo 537, § 3º do CPC que expressamente diz que: "a decisão que fixa a multa é passível de cumprimento provisório, devendo ser depositada em juízo, permitido o levantamento do valor após o trânsito em julgado da sentença favorável à parte". O referido dispositivo tentou encontrar um equilíbrio entre, de um lado, (i) dar exequibilidade imediata às astreintes para assim lhe conferir um real poder coercitivo e, de outro lado (ii) impedir que este cumprimento provisório pudesse ser completado/satisfeito antes de ser reconhecido definitivamente o direito material em favor daquele que foi dada as astreintes. Isso quer dizer que há um obstáculo ao cumprimento provisório que do crédito pecuniário das astreintes. O cumprimento provisório pode se iniciar, pode acontecer a penhora do patrimônio do executado, inclusive de seus ativos financeiros, mas nenhum levantamento pode acontecer antes do trânsito em julgado da sentença favorável à parte em favor de quem foram das as astreintes. O dispositivo não permite que se use a regra geral do cumprimento provisório do artigo 520 onde se admite que a satisfação do direito aconteça mediante o oferecimento de garantias como prevê o inciso IV do art. 520. O art. 537, § 3º é regra especial que se sobrepõe a regra geral do cumprimento provisório. Por outro lado, acontecendo a penhora de dinheiro resultante do crédito das astreintes, como não é possível a expropriação antes do trânsito em julgado da sentença favorável, é perfeitamente possível ao executado solicitar a substituição do dinheiro penhorado nas hipóteses do art. 835, § 3º e 848, parágrafo único do CPC.

## 8. O DIREITO DE REMIÇÃO DA DÍVIDA E A REMIÇÃO DA EXECUÇÃO

Costuma-se associar a palavra inadimplente ao devedor como se apenas este tivesse apenas deveres na relação obrigacional. Não é assim que deve ser, afinal, milhões de obrigações são cotidianamente firmadas e finalizadas sem que se tenha inadimplemento. Assim, como existe ao credor um direito de exigir o cumprimento da prestação principal do devedor, há também um direito deste pagar a dívida nos exatos limites e formas pactuadas e assim se livrar do pesado encargo que recai sobre suas costas.

Há, portanto, um direito do devedor de livrar-se da dívida e receber a quitação que lhe dê tranquilidade de que não possui mais o vínculo jurídico que tinha. Como diz o artigo 319 do CCB "o devedor que paga tem direito a quitação regular, e pode reter o pagamento, enquanto não lhe seja dada".

A remição da dívida que está sendo executada nada mais é do que projeção na execução para pagamento de quantia, desse direito potestativo do devedor de

CAPÍTULO 01 • PREMISSAS FUNDAMENTAIS **163**

livrar-se da obrigação nos exatos limites que lhe é cobrada. E, ainda, é manifestação lógica da preferência que o executado possui de evitar que bens do seu patrimônio sejam expropriados coativamente. Tem ele o direito de pagar, em dinheiro, a dívida que em dinheiro é exigida processualmente, e, este direito é obviamente preferencial à arrematação ou adjudicação do bem pelo exequente.

Fizemos questão de colocar o direito de remição da dívida exequenda na parte geral desta obra porque antes da satisfação do direito exequendo pode o executado liberar-se da obrigação devida e das despesas processuais a ela inerentes, obtendo quitação (prova do pagamento) e extinção do procedimento executivo contra si instaurado.

Ao contrário do procedimento executivo para pagamento de quantia – justamente porque estamos diante de pagamento de soma em dinheiro – no procedimento das obrigações específicas (fazer e entrega de coisa) a remição do devedor/executado pelo cumprimento da obrigação específica pode não ser aceita pelo credor exequente se já tiver feito a opção pelas perdas e danos em casos que a referida prestação primitiva já não seja mais útil. Isso quer dizer que se e (enquanto) não tiver sido requerida pelo exequente a conversão da prestação em perdas e danos pode o executado/devedor remir a dívida cumprindo a prestação devida. Na hipótese de prestação pecuniária, pode, a qualquer tempo remir a dívida e seus encargos executivos até que não tenha ocorrido a satisfação do direito mediante a *remição da execução*.

A remição é a libertação, o resgate, o salvamento, a liberação. A remição da dívida nada mais é do que dela livrar-se. Mas não basta remir a dívida; é preciso remir a execução.

Fala-se em *remição da execução* porque para o executado não há apenas a dívida a ser remida, mas também todos os demais encargos da execução como despesas, custas e honorários advocatícios. Logo, não se confunde a remição da *dívida* com a remição da *execução*. Não se confunde também nenhuma destas figuras com a *remição do bem penhorado* que é o resgate do bem objeto da alienação judicial pelo credor do bem hipotecado nos termos do art. 902 do CPC (art. 1429 do CCB).

De qualquer modo é preciso que fique claro que na execução para pagamento de quantia "*antes de adjudicados ou alienados os bens, o executado pode, a todo tempo, remir a execução, pagando ou consignando a importância atualizada da dívida, acrescida de juros, custas e honorários advocatícios*" (art. 826). Este é o regime jurídico clássico da remição da execução.

Caso o executado pretenda remir a execução cumprindo o mister descrito no artigo citado acima, nada pode fazer o exequente senão *sujeitar-se* a este direito potestativo do executado. É seu direito *livrar-se da dívida* e se o faz assumindo também os ônus decorrentes do processo instaurado. Aliás, não há nem mesmo razão lógica para prosseguir a execução contra o executado devendo ser extinto na hipótese do art. 924, II.

A regra geral da remição da execução é a prevista no artigo 826 do CPC, mas há situações especiais estabelecidas pelo legislador processual que admite hipóteses especiais de remição, com algumas peculiaridades. Assim, antes que os autos de arrematação ou de adjudicação estejam devidamente assinados (quando se tornam atos jurídicos perfeitos e acabados) e que os valores sejam efetivamente pagos pelo arrematante,[231]-[232] o executado pode, a todo tempo, remir a execução, pagando ou consignando a importância atualizada da dívida, acrescida de juros, custas e honorários advocatícios.[233]

A primeira hipótese peculiar é a remição pelo *pagamento voluntário no prazo da fase postulatória*. Assim, tanto no procedimento para pagamento de quantia fundado em título executivo judicial (art. 523) quanto no extrajudicial (art. 827, § 1°) o CPC dá um prazo para que o executado realize o "pagamento voluntário" (arts. 523 e 525) da prestação, outorgando benefícios (sanção premial) para tal conduta.

O *prêmio* é (1) a exoneração da multa de 10% e dos honorários advocatícios na hipótese de cumprimento de sentença (art. 523, § 1°) e; (2) no processo de execução "no caso de integral pagamento" no prazo de três dias haverá a redução do valor dos honorários advocatícios pela metade. Observe que o *prêmio* não envolve todo o valor da execução, mas apenas da dívida e os honorários fixados inicialmente na execução, podendo haver ainda, ainda que mínimos, valores de custas e despesas da execução que deverão ser suportados pelo executado também.

Há ainda uma outra hipótese de remição que, a rigor, não se trata de um *direito potestativo de remir,* mas de um *pedido de moratória* do devedor/executado, sendo técnica exclusiva da execução para pagamento de quantia fundada em título executivo extrajudicial segundo absurdamente determina o art. 916, § 7°.[234]

---

231. "(...) 3. O Tribunal a quo observou que o arrematante, a despeito da oferta e posterior assinatura do auto de arrematação, não realizou o pagamento do preço, não identificando fato da Justiça ou culpa exclusiva de terceiros para o insucesso do leilão. Desse modo, para aferir as afirmativas de que a não conclusão da arrematação ocorreu por fato da Justiça e culpa exclusiva de terceiros, seria necessário revolver o contexto fático-probatório dos autos, o que é inviável no recurso especial, a teor do disposto na Súmula 7 do STJ. (...) (AgInt no AREsp 360.876/RJ, Rel. Ministro Lázaro Guimarães (Desembargador convocado do TRF 5ª Região), Quarta Turma, julgado em 19.04.2018, DJe 02.05.2018).

232. Se a arrematação é em parcelas não pode o arrematante ser surpreendido com o pedido de remição da execução ou quiçá de remição de bens pelos familiares do executado sob afirmação que ainda não estaria totalmente aperfeiçoada a arrematação. O fato do pagamento ser parcelado, permitindo pelo Código, não retira do ato a sua perfeição. Apenas no caso de não cumprimento é que poderia ser pedida a resilição do negócio jurídico público nos termos do artigo 903, §§.

233. "(...) 6. A remição da execução, consagrada no art. 826 do CPC/2015, consiste na satisfação integral do débito executado no curso da ação e impede a alienação do bem penhorado. 7. A jurisprudência desta Corte orienta-se pela possibilidade de o direito de remição da execução ser exercido até a assinatura do auto de arrematação (RMS 31.914/RS; AgRg no REsp 958.769/RS) (...). (REsp 1862676/SP, Rel. Ministra Nancy Andrighi, Terceira Turma, julgado em 23.02.2021, DJe 1°.03.2021).

234. Correto o Superior Tribunal de Justiça em estender a hipótese para o cumprimento de sentença (AgRg no REsp 1577155/SP, Rel. Ministro Ricardo Villas Bôas Cueva, Terceira Turma, julgado em 12.04.2016, DJe 19.04.2016).

## CAPÍTULO 01 • PREMISSAS FUNDAMENTAIS — 165

Assim, permite o artigo 916 que *"no prazo para embargos, reconhecendo o crédito do exequente e comprovando o depósito de trinta por cento do valor em execução, acrescido de custas e de honorários de advogado, o executado poderá requerer que lhe seja permitido pagar o restante em até 6 (seis) parcelas mensais, acrescidas de correção monetária e de juros de um por cento ao mês".*

Não é direito potestativo do devedor porque não há sujeição do credor, por exemplo, a receber a prazo uma dívida pecuniária que deveria ser paga à vista. Ademais, basta imaginar hipótese de ter já ter sido penhorada a quantia integral quando o executado apresente esta proposta.

> Com acerto o STJ:
>
> 1. O parcelamento previsto no art. 745-A do Código de Processo Civil pode ser requerido também na fase de cumprimento da sentença, dentro do prazo de 15 (quinze) dias previsto no art. 475-J, caput, do mesmo diploma legal. Contudo, o referido direito não é potestativo do devedor, cabendo ao credor impugná-lo, desde que apresente motivo justo e de forma fundamentada, sendo certo que o juiz poderá deferir o parcelamento se verificar atitude abusiva do exequente. 2. No caso, o parcelamento foi indeferido com base na oposição da credora, conduta não considerada abusiva pelos magistrados de origem, esbarrando a alteração do julgado no óbice contido da Súmula 7 do Superior Tribunal de Justiça. 3. Agravo regimental não provido (AgRg no REsp 1577155/SP, Rel. Ministro Ricardo Villas Bôas Cueva, Terceira Turma, julgado em 12.04.2016, DJe 19.04.2016).

É obvio que na maior parte das vezes a oferta feita pelo executado deve ser aceita e não recusada pelo exequente que, acaso o faça, deve apresentar (art. 916, § 1º) fundadas razões para tal recusa. Diante da recusa infundada do exequente pode o juiz, fundado nos deveres de eficiência e efetividade da jurisdição, deferir a proposta do executado e levar a futura extinção do processo (art.924, II) tão logo os valores sejam quitados na forma como deferida.

Não há propriamente uma *remição da execução*, mas um direito do executado de propor a extinção mediante pagamento parcelado a qual o credor não se sujeita porque não há potestade do devedor. Fosse assim teríamos um absurdo de admitir que o CPC poderia transformar toda dívida em dinheiro celebrada para ser paga à vista em *pagamento parcelado* pela via do citado dispositivo.

A proposta de pagamento parcelado só pode ser feita e os seguintes requisitos forem atendidos na sua totalidade: (a) o legitimado a fazê-la é o *executado*, ou seja, já esteja triangularizada a relação processual; (b) não pode fazer após a preclusão temporal ou consumativa do prazo dos embargos; (c) deve abrir mão do direito de embargar à execução; d) não pode fazer proposta cujo percentual de depósito imediato e de divisão de parcelas não seja aquém dos limites estabelecidos pelo legislador; e) na proposta deve estar contemplado o valor da dívida, e também das custas processuais e honorários; (f) a proposta contempla ainda os juros de 1% ao mês e correção monetária; (g) é requisito para a apresentação da proposta que tenha sido depositado, e devidamente comprovado o depósito na proposta, de, no mínimo, 30% do valor da execução (e não do valor da dívida).

É claro que apresentada a proposta (já tendo depositado só 30%) pode acontecer de existir uma demora na apreciação judicial do pedido formulado pelo executado, posto que antes de decidir a respeito o juiz determinará a que o exequente seja *"intimado para manifestar-se sobre o preenchimento dos pressupostos"*. Durante este período, *"enquanto não apreciado o requerimento, o executado terá de depositar as parcelas vincendas, facultado ao exequente seu levantamento"*.

Como se disse terá o exequente o direito de se manifestar sobre o requerimento e eventualmente recusá-lo, desde que o faça fundamentadamente. Após o regular contraditório – sem prejuízo do depósito das parcelas – o juiz decidirá pelo deferimento ou indeferimento da proposta de parcelamento. O Código menciona que o magistrado decidirá o requerimento em 5 (cinco) dias, mas sabe-se que é um prazo impróprio e raramente é cumprido. Não será incomum que até que o juiz se manifeste sobre o pedido já tenham sido depositadas todas as parcelas e a execução caminhe para o seu fim.

Uma vez deferida a proposta "o exequente levantará a quantia depositada, e serão suspensos os atos executivos" até que todas elas sejam devidamente levantadas e o processo possa caminhar para a extinção com fulcro no art. 924, II do CPC.

Contudo, se for indeferida a proposta, há três questões importantes decorrentes da postulação indeferida: a) a primeira de que não há a possibilidade de o executado oferecer os embargos à execução, porque a proposta implica em reconhecimento do valor devido; b) os valores depositados que tiverem sido levantados serão deduzidos do valor da execução; c) O depósito do valores que não tiverem siso levantados serão convertidos em penhora e acaso necessário seguir-se-ão os atos executivos com realização de penhora sobre bens que sejam suficientes para garantir o pagamento do valor remanescente da execução.

Como já dissemos anteriormente não vemos nenhuma razão para que não se admita a técnica do art. 916 para o cumprimento de sentença, aplicando-se analogicamente à impugnação do executado a mesma regra dos embargos, inclusive em relação ao prazo.

Razões inerentes à efetividade e a eficiência do processo recomendam, e deveriam estimular, a aplicabilidade deste dispositivo ao cumprimento de sentença, como aliás fez o legislador ao estendê-lo para o procedimento especial da ação monitória (art. 701, § 5º).

Admitindo a aplicação do instituto no cumprimento de sentença (provisório ou definitivo), o executado deverá, no prazo do art. 523, renunciar à impugnação da sentença (art. 525) e apresentar proposta de pagamento parcelado nos termos do que dispõe o art. 916, lembrando que é pressuposto da apresentação da confissão com pedido de parcelamento que deposite, no mínimo, 30% do valor da execução. Segue-se, portanto, o procedimento do art. 916.

## CAPÍTULO 01 • PREMISSAS FUNDAMENTAIS

**167**

## 9. LIBERDADE DO EXEQUENTE DE DESISTIR DA EXECUÇÃO E DOS ATOS EXECUTIVOS

### 9.1 Liberdade do exequente

É de se destacar no CPC de 2015 a preocupação com a implementação do direito de liberdade no âmbito do processo. O auto regramento da vontade no processo civil é íntimo a um modelo cooperativo e importante limitador dos poderes estatais. Todos sabemos que o processo é uma relação jurídica de direito público, não sendo dado às partes permissão para atropelar o interesse público para satisfazer as suas vontades. Mas, por ouro lado, também o estado não pode se afastar dos limites impostos pelo princípio dispositivo, corolário que é da liberdade das partes de dispor dos bens e direitos que lhes digam respeito. O artigo 775 do CPC já existia na legislação processual antecedente, mas ganha maior relevo neste modelo de processo constitucional aninhando-se no tronco do direito fundamental de liberdade.

### 9.2 O artigo 775 do CPC: separando a desistência da execução da desistência de algumas medidas executivas

O art. 775, *caput* do CPC diz expressamente que "*o exequente tem o direito de desistir de toda a execução ou de apenas alguma medida executiva*". Já os incisos que se inserem no seu parágrafo único tratam das regras da desistência *se e quando* o executado tiver oferecido oposição à execução.

Ainda que o legislador tenha colocado na mesma prateleira a desistência dos atos executivos e a desistência da execução, elas não são a mesma coisa. Abdicar de um ato executivo é diverso de abdicar da ação executiva, muito embora em ambos os casos exista um desejo do exequente de não querer mais algo que até então desejava.

O verbo desistir é, normalmente, *transitivo direto ou indireto*. Quem desiste, desiste de alguma coisa, e, no artigo 775 do CPC, essa "alguma coisa" pode ser tanto "toda a execução", quanto "apenas alguma medida executiva".

Ao usar a expressão "toda" e em seguida "apenas" o dispositivo pode levar a crer que a execução é uma mera sequência de medidas executivas onde alguém pode desistir de "todas" ou "apenas" de alguma delas.

Não é bem assim. O caput diz mais do que isso.

O que quer dizer o dispositivo ao falar em "toda execução" é que se pode desistir da execução, aí posta no sentido de *ação executiva* que levará a *extinção do processo de execução* e também que se pode desistir de alguma (s) medida (s) executiva (s) que tenha sido deferida no referido processo, aí sim, *medida executiva* coercitiva ou sub-rogatória em sentido estrito.

Ao falar em *desistir de toda a execução*, portanto, permite o legislador que o exequente abdique do processo de execução que teve início por meio de uma *de-*

*manda*. Certamente que também se inclui na hipótese a situação de desistência do *cumprimento de sentença*, pois fala-se em "execução" *tout court*.

Assim, se estiver em curso a *fase executiva* dos processos sincréticos, pode o exequente postular a "desistência *de todo* cumprimento de sentença", quer se trate de obrigação de pagar quantia que dependeu de requerimento expresso (art. 513), quer se trate de obrigações específicas que eventualmente tenham se "iniciado" de ofício (art. 536).

## 9.3    A desistência é ato voluntário e provocado pelo desistente

Num caso ou noutro, a verdade é que a *desistência* não pode ser concedida de ofício, pois é manifestação de vontade unilateral que deve ser postulada apenas pelo exequente, por meio de petição que mostre expresso o desejo de não continuar ou não prosseguir com algo (ação, recurso, incidente, alguma medida executiva etc.).[235] O ato de *desistir* (de um recurso, de uma ação, ou de alguma medida executiva) é típica manifestação unilateral de vontade.

Como disse Pontes de Miranda sobre os atos jurídicos unilaterais é "manifestação de vontade de alguém entra no mundo jurídico e se faz negócio jurídico sem que precise ou venha a precisar de qualquer manifestação de vontade de outrem para o completar".[236]

Nos termos do art. 200 do CPC "Os atos das partes consistentes em declarações unilaterais ou bilaterais de vontade produzem imediatamente a constituição, modificação ou extinção de direitos processuais. Parágrafo único. A desistência da ação só produzirá efeitos após homologação judicial".

Para o ato jurídico de desistir da ação basta a declaração unilateral de vontade do desistente, porém o efeito jurídico da desistência da demanda só ocorre quando for homologada pelo juiz.[237]

---

235. A desistência do recurso não se confunde com a desistência da ação. Todavia, em comum possuem o fato de que tratam de uma manifestação voluntária e unilateral. Neste aspecto, colhe-se trechos da doutrina que tratam da desistência do recurso, mas que prestam para explicar o ato de manifestação voluntária em relação ao desejo de abicar de algo. "Ato pelo qual o recorrente manifesta ao órgão judicial a vontade de que não seja julgado, e, portanto, não continue a ser processado (...)". (BARBOSA MOREIRA, José Carlos. *Comentários ao Código de Processo Civil, Lei 5.869, de 11 de janeiro de 1973*, v. V: arts. 476 a 565. 15. ed. Rio de Janeiro: Forense, 2010. p. 331); "manifestação de ato de vontade do recorrente, pelo qual ele encerra o processamento ou o julgamento do recurso que interpusera", SANTOS, Moacyr Amaral. *Primeiras Linhas de Direito Processual Civil*. 24. ed. São Paulo: Saraiva, 2010. v. 3, p. 99); "parte manifesta a vontade de que não seja ele submetido a julgamento. Vale por revogação da interposição", THEODORO JR., Humberto. *Curso de Direito Processual Civil*. 41. ed. Rio de Janeiro: Forense, 2004. v. I, p. 522).

236. PONTES DE MIRANDA, Francisco Cavalcanti. *Tratado de Direito Privado. Parte especial*. Direito das obrigações: negócios jurídicos unilaterais. Denúncia. Revogação. Reconhecimento. Promessas Unilaterais. Traspasso Bancário. Promessa de Recompensa. Concurso. 3. ed. São Paulo: Ed. RT, 1984, t. XXXI, p. 5.

237. "A declaração unilateral de vontade é uma das fontes das obrigações resultantes da vontade de uma só pessoa, formando-se a partir do instante em que o agente se manifesta com a intenção de se obrigar, independentemente da existência ou não de uma relação creditória, que poderá surgir posteriormente". (DINIZ, Maria Helena. *Curso de Direito Civil*. 25. ed. São Paulo: Saraiva, 2009, v. 3 – Teoria das Obrigações Contratuais e Extracontratuais. p. 812).

CAPÍTULO 01 • PREMISSAS FUNDAMENTAIS

Assim, por se tratar de ato unilateral de vontade que restringe/abrevia o exercício do direito de ação, não há que se falar em *desistência implícita* da demanda executiva e tampouco de qualquer ato executivo.

A desistência, de apenas uma medida ou de todo o processo, depende, portanto, de provocação do exequente e não se confunde com a hipótese de *abandono*[238]que depende de requerimento do réu[239] e cujas consequências, se repetido 3 vezes – hipótese que só existe na imaginação acadêmica –, levará à perempção.[240]

A desistência de uma medida executiva não se pede ao juiz no sentido de que deva aguardar o *deferimento* do magistrado. Por ser ato unilateral que independe da vontade do executado simplesmente "desiste-se" e manifesta-se por petição. O que se requer é que o magistrado efetive a manifestação de vontade fazendo cessar a eficácia do ato executivo que se desistiu.

O mesmo se passa com a desistência da ação nas hipóteses em que ela não é um negócio bilateral, ou seja, quando não depende da concordância da parte contraria. Na execução, que existe para efetivar o direito exequendo, o "pedido de desistência de toda a execução" deve ser atendido, e, o que pode acontecer é que as eventuais e incidentais defesas à execução opostas pelo executado permaneçam vivas ainda que a execução seja extinta, tal como determinam os incisos do parágrafo único do art. 775 do CPC.

## 9.4    Momento da desistência

Insisto em falar de desistência pelo "exequente" porque, recordemos, realiza-se a execução para atender ao seu interesse (art. 789) de forma que este, e apenas este, é que pode desistir de prosseguir com alguma medida executiva ou de toda execução.

Logo se vê que a *desistência*, seja da execução inteira ou de alguma medida executiva, pressupõe, por óbvio, que o procedimento executivo esteja em curso. Só se desiste do que já existe, de forma que não há desistência da medida executiva se ela não foi deferida, embora não necessariamente tenha sido efetivada. Pode-se, por exemplo, desistir da penhora de determinado bem, desde que concedida, tenha ela sido ou não efetivada.

---

238. Art. 485. O juiz não resolverá o mérito quando: (...) III – por não promover os atos e as diligências que lhe incumbir, o autor abandonar a causa por mais de 30 (trinta) dias.

239. Não fosse assim certamente que o autor optaria por abandonar a causa à desistência da ação que depende de concordância da lide quando este tiver integrado a demanda. Nas hipóteses de revelia, certamente, não é necessário ouvir o réu. Segundo o STJ "A extinção do processo por abandono da causa pelo autor, necessita de requerimento do réu apenas nos casos em que o réu passou a integrar a lide, justificando, assim, sua manifestação acerca da extinção" (AgInt no AREsp 989.329/RJ, Rel. Ministro Luis Felipe Salomão, Quarta Turma, julgado em 21.02.2017, DJe de 24.02.2017). Ver ainda a Súmula 240 do STJ.

240. Art. 486. § 3º Se o autor der causa, por 3 (três) vezes, a sentença fundada em abandono da causa, não poderá propor nova ação contra o réu com o mesmo objeto, ficando-lhe ressalvada, entretanto, a possibilidade de alegar em defesa o seu direito.

Também não se cogita de desistir de "toda execução" sem que já se tenha iniciado o estado de pendência da execução ou da fase executiva. Enquanto não tiver ocorrido o trânsito em julgado, esteja a causa em qualquer grau de jurisdição, pode ocorrer a desistência da demanda que não se confunde com a *desistência do recurso* interposto para desafiar provimento que tenha extinguido o processo com ou sem julgamento de mérito.

A consequência da desistência da demanda é sempre uma extinção do processo sem resolução de mérito nos termos do artigo 485, III do CPC. O mesmo não se diz, obviamente, da desistência do recurso.

## 9.5 A extinção da execução pela desistência e seu regime jurídico

A desistência da execução ou do cumprimento de sentença implicará na prolação de sentença de extinção terminativa com fulcro no inciso VIII do artigo 485 do CPC, podendo a mesma demanda ser reproposta.[241]

Infelizmente não podemos fazer uso do artigo 924 do CPC, quase réplica do lacônico art. 794 do CPC/73,[242] que nada fala sobre as tantas hipóteses de extinção do processo executivo, arrolando apenas algumas situações de extinção da execução. Ali no art. 924 não consta a extinção por desistência da ação executiva, e, não custa lembrar, tal figura nada se confunde com a *renúncia ao crédito* prevista no inciso IV do art. 924 que enseja solução de mérito atípica na execução.

Em relação à desistência da execução, aplica-se ao art. 775 do CPC a mesma racionalidade que impulsiona o art. 485, § 4º, ou seja, o que motiva a extinção do processo pela desistência da ação, cognitiva ou executiva, é exatamente a mesma lógica que regula as posições jurídicas das partes.

A diferença é que na desistência de um processo – ou fase, ou incidente – de índole *cognitiva*, então tanto o autor quanto o réu fazem *jus* à resolução do mérito, de forma que se o réu (ou requerido) tiver apresentado sua defesa, o autor não poderá, sem o consentimento dele, desistir da ação.

É que no processo ou incidente *cognitivo* o réu tem direito à tutela de mérito de improcedência do pedido do autor caso tenha apresentado sua defesa,[243]

---

241. GRECO. Vicente Filho. *Direito processual civil brasileiro*. São Paulo: Saraiva. 1993. v. 1, p. 271.

242. Certeiras e agudas as críticas e observações ao art. 794 do CPC de 1973 – aplicáveis ao atual art. 924 do CPC de 2015 – foram feitas pelo saudoso professor BARBOSA MOREIRA, José Carlos. Notas sobre a extinção da execução. *Revista de Processo*, n. 59, p. 283-291, São Paulo: Ed. RT, nov. 1993, edição eletrônica.

243. "Ora, se o réu dispõe de direito a uma sentença de mérito – o que revela a bilateralidade da relação processual –, haverá de ser intimado para manifestar concordância com o pedido de desistência da ação, caso já tenha ofertado a contestação. Sua discordância decorre da intenção de que reste, efetivamente, apreciada a lide ou o pedido formulado pelo autor em sua petição inicial" (CUNHA, Leonardo José Carneiro da. Anotações sobre a desistência da ação. *Revista de Processo*, v. 120, p. 42-64. São Paulo, 2005).

e, por isso, mesmo tem o direito de ser consultado se concorda ou não com a desistência.[244]

Como lembra José Carlos Barbosa Moreira o réu tem "interesse próprio na emissão da sentença de mérito, preferindo ver logo julgada a lide, para furtar-se aos incômodos que decorreriam de eventuais reproposituras da demanda".[245]

Entretanto, se estamos no processo de execução ou no cumprimento de sentença o desfecho normal é a satisfação do direito exequendo – *porque realiza-se a execução no interesse do exequente* – de forma que o executado, embora possa ser ouvido, não precisa anuir com a extinção da execução. Porque a execução tem por finalidade única (desfecho único é o desfecho normal) pode o exequente *"dela pode dispor"*.[246]

Tentando ser mais claro, o *procedimento executivo* será extinto se esta for a vontade do exequente; basta requerer a *desistência* de *toda a execução* e ela será extinta uma vez que seja homologada pelo juiz (art. 485, § 4º e art. 200, parágrafo único do CPC).[247] O que precisa ficar claro é que se o executado tiver apresentado *impugnação ou embargos* (ou qualquer outra modalidade de defesa que cumpra este mesmo papel como a exceção ou objeção de pré-executividade) aplica-se a regra do parágrafo único do artigo 775 que nada mais é do que uma projeção mais elaborada, mas não tão sábia, do artigo 485, VIII, § 3º.

Assim, indo direto ao ponto, reza o inciso I do parágrafo único do art. 775 que "serão extintos a impugnação e os embargos que versarem apenas sobre questões processuais, pagando o exequente as custas processuais e os honorários advocatícios" e o inciso II que diz que "nos demais casos, a extinção dependerá da concordância do impugnante ou do embargante".

Resumindo, requerida a *extinção da execução ou do cumprimento de sentença*, este será extinto e arrastará a extinção da eventual defesa (embargos ou impugnação) ofertada pelo executado que verse sobre matéria processual, arcando o exequente com a sucumbência decorrente da extinção.

---

244. A desistência como ato jurídico bilateral – pedido do autor e anuência do réu – é negócio jurídico processual firmado entre as partes *"que subtrai do juiz o dever de julgar a pretensão do autor"* (MARQUES, José Frederico. *Instituições de direito processual civil*. 2. ed. Rio de Janeiro: Companhia Forense, 1962. v. III., p. 340).

245. BARBOSA MOREIRA, José Carlos. *Comentários ao Código de Processo Civil*. 17. ed. Rio de Janeiro: Forense, 2013, v. V, p. 331.

246. "[...] a execução tem por única finalidade a satisfação do crédito, de modo que sua razão de ser está relacionada exclusivamente ao interesse e ao proveito do credor, que dela pode dispor" (ZAVASCKI, Teori Albino. *Comentários ao Código de Processo Civil (LGL\1973\5)*. São Paulo: Ed. RT, 2000. v. 8 ZAVASCKI, 2000, v. 8, p. 78). Ver ainda NEVES, Daniel Amorim Assumpção. *Novo Código de Processo Civil Lei 13.105/2015*. Rio de Janeiro: Forense, 2015, p. 540.

247. "Assim, provocada a atuação dos agentes do Poder Judiciário, mediante o exercício da ação, e ocorrendo a desistência, indicativa do desejo do autor de não mais prosseguir com os atos do processo, sem que o réu tenha ainda sido citado, o juiz, com fundamento no aludido art. 267, VIII, deverá proferir sentença terminativa" (TUCCI, José Rogério. Desistência da ação rescisória. *Doutrinas Essenciais de Processo Civil*, v. 07, p. 1247-1250. São Paulo: Ed. RT, outubro 2011).

Contudo, se a tal peça de defesa do executado trouxe a arguição de alguma matéria de mérito, então a extinção dependerá da concordância do executado, que se não anuir, então teremos a inusitada situação de embargos ou impugnação do executado que seguirão autonomamente sem o procedimento executivo que terá sido encerrado. Será aí uma hipótese de processo incidental (embargos) ou incidente processual (impugnação) sem mais o procedimento executivo sobre qual incidiram. Terão, portanto, procedimento *solo*.

É preciso que fique claro que a execução nunca irá prosseguir se o desejo do exequente é dela desistir; o que pode acontecer é que a extinção da execução leve junto com ela a oposição do executado se esta versar apenas sobre questão processual, ainda que o executado não concorde com a extinção, segundo dá a entender o inciso I.[248]

Obviamente que mesmo na hipótese do inciso I o executado deve ser ouvido previamente, até em respeito ao artigo 10 do CPC, e especialmente porque o conceito de *matéria processual* e *demais casos* não é tão simples assim. Frise-se que ser ouvido previamente não implica em dizer que a desistência do exequente fica condicionada à sua anuência. É preciso verificar se os requisitos previstos nos incisos estão presentes.

Todavia, se ela versar sobre matéria de mérito (demais casos, segundo o dispositivo) ele, executado, é colocado numa posição jurídica de não submissão aos efeitos extintivos da desistência pretendida pelo exequente, pois, a não ser que anua expressamente, a sua oposição de mérito incidental à execução não será extinta junto com o procedimento executivo. Este será extinto, mas não a sua oposição de mérito que permanecerá viva.

Em nosso sentir não deveria o dispositivo ter distinguido as hipóteses do inciso I e II do parágrafo único, porque existem matérias onde a distinção do que seja *matéria processual e de mérito* (o texto fala em *demais casos*) é tarefa mais que hercúlea. Bastaria ter dito o texto que a execução será extinta quando assim o desejar o exequente arcando com os custos desta desistência. E, em sequência, seria também extinta a eventual impugnação ou embargos apresentados pelo executado se assim ele concordar.

Era melhor que o parágrafo único utilizasse a mesma generalidade do § 3º do artigo 485 do CPC que não ousou em falar *contestação processual ou nos demais casos*, casos em que o réu deve ser ouvido e manifestar as razões pelas quais não concorda com a desistência e deseja que a demanda continue em direção ao provimento de mérito.[249]

---

248. ASSIS, Araken de. *Manual de execução*. 17. ed. São Paulo: Ed. RT, 2015.

249. "A discordância do réu há de ser motivada, pois a não aceitação da desistência, sem qualquer justificativa plausível, constitui inaceitável abuso de direito. Assim, caberá ao réu, por exemplo, demonstrando ser razoável sua defesa ou que ela está fundada em provas robustas, sendo provável que venha a lograr êxito, fundamentar sua discordância no direito a uma sentença de mérito que julgue improcedente o pedido do autor, que será, inclusive, acobertada pelo pálio da coisa julgada material. A desistência da ação permitiria

Também é falho o dispositivo quando dá a entender que apenas no inciso I do parágrafo único o exequente irá arcar com as *custas processuais e os honorários advocatícios*. Ora, caso o executado anua com a extinção integral – da execução e das defesas incidentalmente opostas por ele – aplica-se a regra do artigo 90, caput do CPC.

Aliás, é relevante dizer que em respeito ao princípio da causalidade, os honorários advocatícios serão devidos "quando o credor desiste da ação de execução após o executado constituir advogado e indicar bens à penhora, independentemente da oposição ou não de embargos do devedor à execução".[250]

Certamente que uma coisa é desistir de execução em curso que ainda pode ser frutífera e desistir de execução que ficará suspensa em razão da ausência de patrimônio do executado. Nesta hipótese há um obstáculo intransponível à execução que é a ausência de bens e o motivo da "desistência" não é outro senão exatamente este.

Assim, se o exequente pede a desistência da execução porque existe o fato objetivo da ausência de bens do executado que levará a suspensão *ad infinitum* (art. 921, III) não há que se cogitar em atribuir a condenação do exequente em honorários advocatícios.[251]

Também é importante ficar atento para os casos em que a desistência da execução se dá por uma *perda do objeto da execução* que na verdade é provocada pelo executado. Assim, por exemplo, quando o executado espontaneamente paga as parcelas devidas que estão sendo executadas causando a inutilidade da execução, esta desistência é motivada por um *reconhecimento jurídico do pedido satisfativo* ante o adimplemento realizado. Aqui, também são devidos honorários advocatícios em favor do exequente. É sempre necessário identificar qual a *causa* da desistência para saber a quem deve ser atribuído o ônus sucumbencial.[252]

O antigo art. 569 do CPC de 1973 que corresponde ao atual 775 falava em *faculdade* do exequente e este fala em *direito* de o exequente desistir de toda execução ou de alguma medida executiva.

A rigor, a situação jurídica subjetiva que se encontra o exequente não é de *faculdade*, mas muito mais que isso, pois em relação ao *procedimento executivo em sentido estrito*, desde que arque com o ônus de seu ato, basta sua manifestação de

---

– em manifesto prejuízo ao réu – que o autor, precavendo-se contra os argumentos trazidos na contestação e reunindo novos elementos ou provas, renovasse a demanda, quando já havia a probabilidade de o réu restar vitorioso" (CUNHA, Leonardo José Carneiro da. Anotações sobre a desistência da ação. *Revista de Processo*. v. 120. São Paulo, 2005).

250. (AgRg no REsp 460.209/RJ, Rel. Ministra Nancy Andrighi, Terceira Turma, julgado em 07.04.2003, DJ 19.05.2003, p. 227).

251. (AgInt no AREsp n. 2.431.381/SP, relator Ministro Moura Ribeiro, Terceira Turma, julgado em 08.04.2024, DJe de 11.04.2024.). Ver ainda CAHALI, Yussef Said. *Honorários advocatícios*. 4. ed. São Paulo: Ed. RT, 2011, p. 490, 494 e 515.

252. A respeito ver (REsp n. 2.028.443/SC, relator Ministro Marco Aurélio Bellizze, Terceira Turma, julgado em 05.03.2024, DJe de 12.03.2024).

vontade a qual a ela se sujeita o executado assim que homologada a desistência da execução pelo juiz.[253]

Em sentido inverso, havendo defesa de mérito incidental à execução, a desistência desta não implica em extinção daquela, pois o executado é titular de pretensão à tutela de mérito e precisa ser consultado se a extinção da demanda principal (executiva) pode levar também a extinção da impugnação/oposição ofertada.

Tudo quanto foi dito serve para hipóteses de *desistência parcial* quando houver cumulo de execuções tal como prevê o art. 780 do CPC, o que não se confunde com a hipótese de *renúncia de parte do único crédito que está sendo objeto de execução*. A renúncia parcial do crédito implica em sentença de mérito atípica na execução (art. 924, IV), enquanto a desistência da execução leva a sentença homologatória do art. 485, VIII do CPC.

Já o pedido de desistência de alguma medida executiva é, em tese, mais simples, e, isso já era previsto desde a Consolidação Ribas quando previa no art. 1273, § 2º a possibilidade de desistir da primeira penhora sobre bens *"quando difficil a execução nelles"* (da mesma forma o CPC de 1939 no art. 946, II).

### 9.6 Desistência de medidas ou atos executivos

Enfim, a *desistência de alguma medida executiva* não traz, a priori, nenhum ônus financeiro além daquele que já teve caso ela tenha sido efetivada. E, assim como a desistência de toda a execução, a *desistência de alguma medida executiva* não precisa ser justificada pelo exequente, embora isso seja natural porque normalmente desiste-se de uma medida para tentar outra supostamente mais eficiente, caso em que as razões devem ser expostas. Mas é possível que, por compaixão por exemplo, o exequente desista da medida executiva requerida e deferida, como por exemplo, não querer que o executado, inadimplente nos alimentos, deva ir ou que permaneça na prisão.

A desistência da medida executiva não é apenas para aquelas que são requeridas pelo exequente, mas também aquelas que são de ofício deferidas pelo juiz na hipótese do artigo 139, IV do CPC, ou seja, pode o exequente requerer a desistência de determinada medida executiva atípica imposta ao executado.

A desistência da medida executiva não se confunde com a revogação judicial da medida executiva concedida de ofício, como na hipótese do art. 139, IV. A desistência de medida executiva é ato unilateral de vontade do exequente, enquanto a revogação é ato do juízo que deve ser precedida de contraditório nos termos do art. 10 do CPC.

Assim, por exemplo, se o magistrado impôs multa diária do art. 536 do CPC para compelir o executado a cumprir a prestação de fazer, a eventual revogação da

---

253. Sobre o direito potestativo de o adquirente desistir da aquisição do bem em caso de oposição de embargos ver (TALAMINI, Eduardo. Direito de desistência da aquisição de bem em execução. *Revista de Processo*. São Paulo, v. 155, 2008, p. 27-41).

medida deve ser precedida de contraditório das partes e devidamente fundamentada pelo magistrado e seus efeitos serão *ex nunc*.

Já a desistência de qualquer medida executiva é ato unilateral do exequente não receptício que independe de aceitação da parte contrária,[254] e por isso mesmo, prescinde de qualquer contraditório, independe de qualquer homologação judicial para ter validade e também tem eficácia ex nunc.

Obviamente que se se desistiu de medida executiva que se sabia indevida ou injusta, isso não exime o exequente de arcar com a eventual responsabilidade daí decorrente. Mas o fato de desistir da medida executiva não leva a extinção do processo, pois o procedimento segue seu curso normal, quiçá com nova ou outra medida executiva que venha a ser requerida pelo próprio exequente. Assim, por exemplo, pode o exequente desistir da adjudicação pretendida, mas não concluída, para optar pelo prosseguimento da execução por meio de alienação em leilão.

Não se baralha também a *desistência da medida executiva* com a *fungibilidade de alguma medida executiva*. Na primeira hipótese, apenas o exequente pode abdicar da medida executiva, ainda que não tenha em vista alguma outra para substituí-la, e, tampouco precisa declinar as razões pelas quais desiste da medida executiva.

Na fungibilidade, que tanto pode ser invocada pelo exequente quanto pelo executado, há uma medida executiva substituta e uma substituída, e, exercido o contraditório, tal postulação pode ser indeferida pelo magistrado se entender que a troca pode comprometer a execução ou trazer maior gravosidade para o executado.

Por fim, insta dizer que ao contrário da desistência da ação cognitiva a desistência da execução não pode ser feita *até a sentença* (§ 4º do art. 485), simplesmente porque não é a sentença executiva que satisfaz o direito exequendo, senão apenas porque *reconhece a satisfação já ocorrida* por meio de ato executivo final.

É que quando o juiz extingue a execução porque o direito exequendo foi realizado isso implica dizer que o ato executivo final transformador no mundo dos fatos já aconteceu, e, aí pouco importa ao exequente querer *desistir da execução*, daí porque, nos parece que o limite para a desistência é que não tenha ocorrido as hipóteses do inciso I e II do art. 904 do CPC.

Até pode o exequente desistir da execução após a alienação em leilão, mas esta não prejudicará em nada e referida alienação que terá sido válida e eficaz. O produto da alienação não será então entregue ao exequente que desistir da execução, mas restituído ao executado, caso não exista concurso de exequentes/credores.

Se já houve a entrega do dinheiro ao exequente ou se já ocorreu em seu favor a adjudicação dos bens penhorados não há mais como ele desistir da execução, porque a hipótese será do art. 924, II do CPC. E mais, me perdoem o pensamento malicio-

---

254. NERY JUNIOR, Nelson. *Código de Processo Civil comentado e Legislação Extravagante: atualizado até 1º de março de 2006*. 9.ed. rev., atual. e ampl. São Paulo: Ed. RT, 2006. p. 721.

so, mas é possível que o exequente pretenda desistir da execução após a alienação dos bens do executado, porém antes de receber o produto da alienação, para assim ludibriar eventuais credores preferenciais.

Nesta hipótese, havendo pluralidade de credores ou exequentes, pouco importa que o executado desista do procedimento executivo, ou seja, a execução será extinta contra o exequente, mas permanecerá existente para o incidente de concurso de credores e exequentes de forma que o dinheiro lhes será distribuído e entregue consoante a ordem das respectivas preferências, e, o que eventualmente sobrar será restituído ao executado.

# Capítulo 02
# A FASE POSTULATÓRIA
## DO PROCEDIMENTO PARA
## PAGAMENTO DE QUANTIA

## 1. O CONTEÚDO

Postular é pedir, requerer, solicitar, demandar. A fase postulatória no procedimento executivo é mais do que simplesmente o ato de demandar o juízo para que se tenha início o procedimento executivo para pagamento de quantia. Nela também se concentra o controle de admissibilidade dessa postulação e a intimação/citação do executado e o prazo para o que o Código chama de "pagamento voluntário" da prestação devida.[1]

Iremos estudar cada um destes atos e momentos executivos fazendo a ressalva de que apenas a fase postulatória do cumprimento de sentença é diferente da fase postulatória do processo de execução. As demais fases (instrutória e satisfativa) são rigorosamente as mesmas para a execução para pagamento de quantia lastreada em título executivo judicial e extrajudicial.

## 2. FASE POSTULATÓRIA NO CUMPRIMENTO DE SENTENÇA

### 2.1 O requerimento executivo para início do cumprimento definitivo de sentença para pagamento de quantia

#### 2.1.1 O requerimento executivo nos arts. 513, § 1º e 523 do CPC

O procedimento para pagamento de quantia no cumprimento de sentença, provisório ou definitivo, começa por *requerimento executivo*, e, isso vem confirmado nos arts. 513, § 1º e 523 do CPC.

---

1. A expressão é infeliz porque não há efetivamente um *pagamento voluntário*. Há uma exortação ao pagamento, tendo em vista que o estado de inadimplência perdura desde o momento em que descumpriu o dever ou a obrigação. Nem mesmo a sentença foi *cumprida espontaneamente*, sendo preciso iniciar um cumprimento de sentença. Esta exortação ao pagamento impõe ao executado as consequências depois do referido prazo sem o adimplemento, que são a multa de 10%, os honorários advocatícios e o início dos atos de execução forçada como penhora, avaliação e expropriação.

O artigo 513, § 1º do CPC está inserto no do Capítulo I (das disposições gerais) do Título II (do cumprimento de sentença) do Livro I (do processo de conhecimento e do cumprimento de sentença) da Parte Especial e sua redação é a seguinte:

> Art. 513. O cumprimento da sentença será feito segundo as regras deste Título, observando-se, no que couber e conforme a natureza da obrigação, o disposto no Livro II da Parte Especial deste Código.
>
> § 1º O cumprimento da sentença que reconhece o dever de pagar quantia, provisório ou definitivo, far-se-á a requerimento do exequente.

Por sua vez, seguindo a mesma referência topográfica já citada acima, porém um pouco mais à frente, no Capítulo III (do cumprimento definitivo da sentença que reconhece a exigibilidade de obrigação de pagar quantia certa) determina o artigo 523 que:

> Art. 523. No caso de *condenação* em quantia certa, ou já fixada em liquidação, e no caso de decisão sobre parcela incontroversa, *o cumprimento definitivo da sentença far-se-á a requerimento do exequente*, sendo o executado intimado para pagar o débito, no prazo de 15 (quinze) dias, acrescido de custas, se houver.

Não se pode dizer que os dois dispositivos tratem exatamente da "mesma coisa", senão porque o primeiro é gênero, do qual o segundo é espécie, e, neste particular, foi sistematicamente agudo o legislador ao primeiro tratar o *todo*, para depois da *parte*.

O artigo 513, § 1º serve para todo e qualquer cumprimento de sentença para pagamento de quantia, seja ele provisório ou definitivo, seja ele embasado em sentença condenatória ou declaratória ou até mesmo constitutiva (admitida a largueza do art. 515, I), desde que estas últimas contenham o reconhecimento da exigibilidade da obrigação de pagar quantia.

Tomando de análise os cumprimentos de sentença condenatória passemos a análise do art. 523, caput do CPC.

### 2.1.2 A necessidade do requerimento do art. 513, § 1º e a sentença declaratória como título executivo

Como dito acima, não é por acaso que o artigo 513, § 1º está contido nas disposições gerais do Cumprimento de Sentença, afinal de contas, embora o parágrafo primeiro delimite que *"o cumprimento da sentença que reconhece o dever de pagar quantia, provisório ou definitivo, far-se-á a requerimento do exequente"*, bem sabemos que várias são as situações que ensejam o início do cumprimento de sentença para pagamento de quantia, e, igualmente, vários são os procedimentos legalmente previstos para tal mister.

De início, cabe dizer que neste dispositivo o legislador generalizou a utilização do *requerimento do exequente* ao estabelecer que se se pretender executar uma obri-

CAPÍTULO 02 • A FASE POSTULATÓRIA DO PROCEDIMENTO PARA PAGAMENTO DE QUANTIA **179**

gação de pagar quantia prevista num título executivo judicial, seja ele definitivo ou provisório, *necessariamente o exequente precisará requerer o início da fase executiva.*

Faz todo sentido que o legislador tenha exigido o requisito da "provocação", da "demanda", do exercício da "pretensão" do exequente para que se dê início à fase de cumprimento, provisório ou definitivo, para pagamento de quantia se pensarmos que ele mesmo, o legislador, em dispositivo próximo, logo ali no artigo 515, I, seguindo antiga orientação da doutrina e da jurisprudência, ampliou, para além da "sentença condenatória" as hipóteses de título executivo judicial.[2]

Ao dizer no artigo 515, I que são títulos executivos judiciais "I – as decisões proferidas no processo civil que reconheçam a exigibilidade de obrigação de pagar quantia, de fazer, de não fazer ou de entregar coisa", logo percebemos que qualquer decisão proferida no processo civil que contenha todos os elementos identificadores da relação jurídica obrigacional goza da eficácia executiva, ou seja, poderá embasar o cumprimento de sentença, provisório ou definitivo, para pagamento de quantia.

A eficácia executiva quem dá, e quem tira, é a lei. Basta ver os títulos extrajudiciais no Brasil, cada vez mais títulos são criados, muitas vezes sem o menor critério técnico. Nada impede que o legislador, decida, "amanhã", transformar qualquer "prova escrita sem eficácia de título executivo" em título executivo extrajudicial, esvaziando a ação monitória do art. 700 do CPC. Bastaria que tais documentos contivessem todos os elementos da obrigação (liquida, certa e exigível). Nada impede, por exemplo que nova lei altere o número de testemunhas do art. 784, III do CPC, exigindo uma ao invés de duas, ou nenhuma se assim quiser.

Isso implica dizer que além das condenatórias, também as decisões declaratórias e constitutivas gozam de eficácia executiva se, e somente se, contiverem o *"reconhecimento da exigibilidade de obrigação de pagar quantia, de fazer, de não fazer ou de entregar coisa".*

---

2. É clássico o aresto do ano de 2004 do Superior Tribunal de Justiça de relatoria do saudoso Ministro Teori Albino Zavascki: "1. No atual estágio do sistema do processo civil brasileiro não há como insistir no dogma de que as sentenças declaratórias jamais têm eficácia executiva. O art. 4º, parágrafo único, do CPC considera "admissível a ação declaratória ainda que tenha ocorrido a violação do direito", modificando, assim, o padrão clássico da tutela puramente declaratória, que a tinha como tipicamente preventiva.

   Atualmente, portanto, o Código dá ensejo a que a sentença declaratória possa fazer juízo completo a respeito da existência e do modo de ser da relação jurídica concreta. 2. Tem eficácia executiva a sentença declaratória que traz definição integral da norma jurídica individualizada. Não há razão alguma, lógica ou jurídica, para submetê-la, antes da execução, a um segundo juízo de certificação, até porque a nova sentença não poderia chegar a resultado diferente do da anterior, sob pena de comprometimento da garantia da coisa julgada, assegurada constitucionalmente. E instaurar um processo de cognição sem oferecer às partes e ao juiz outra alternativa de resultado que não um, já prefixado, representaria atividade meramente burocrática e desnecessária, que poderia receber qualquer outro qualificativo, menos o de jurisdicional. 3. A sentença declaratória que, para fins de compensação tributária, certifica o direito de crédito do contribuinte que recolheu indevidamente o tributo, contém juízo de certeza e de definição exaustiva a respeito de todos os elementos da relação jurídica questionada e, como tal, é título executivo para a ação visando à satisfação, em dinheiro, do valor devido. 4. Recurso especial a que se nega provimento (REsp 588.202/PR, Rel. Ministro Teori Albino Zavascki, Primeira Turma, julgado em 10.02.2004, DJ 25.02.2004, p. 123)

Não será comum,[3] é verdade, que decisões judiciais cuja finalidade eram constituir ou desconstituir uma situação jurídica tenham este conteúdo, mas de todo modo não se pode descartar tal possiblidade porque ela é admitida pelo artigo 515, I do CPC.

Por outro lado, não será de todo invulgar que exsurjam decisões meramente declaratórias com o conteúdo descrito no artigo 515, I, permitindo que, além de precipuamente declararem a existência ou inexistência da relação jurídica, também sirvam de título executivo judicial para dar início ao cumprimento de sentença.[4]

Aliás, registre-se em homenagem ao querido Professor Teori Albino Zavascki, que foram justamente as sentenças declaratórias que imploridram a clássica teoria de que apenas a sentença condenatória teria aptidão para formar o título executivo judicial pela imposição da sanção contida na norma jurídica abstrata.[5]

Neste diapasão, e sem polemizar nesta sede com as sentenças de improcedência (declaratória negativa),[6] é perfeitamente possível que determinado sujeito pretenda ajuizar uma ação declaratória contra o causador do ilícito pedindo apenas e tão somente a declaração (art. 20[7]) de que o réu teria sido o responsável pelos prejuízos financeiros enumerados na sua petição inicial.

E, a opção do autor pela *declaração pura* pode-se dar, simplesmente, porque, *v.g.*, depois de fazer um juízo de valor sobre o veículo causador do dano e do seu condutor, entenda que poucas seriam as chances de uma execução frutífera. Enfim, por não pretender, a priori, ser ressarcido destes prejuízos, mas tão somente obter o reconhecimento de que a culpa pelo acidente se deu por imprudência, imperícia ou negligência do réu, o autor pode decidir promover apenas uma ação declaratória.

Contudo, é possível que depois de ter decidido promover apenas uma ação declaratória, o quadro antes apresentado se modifique completamente e além do mero *acertamento da exigibilidade de obrigação de pagar determinada quantia* não só ele autor *necessite* obter um ressarcimento dos prejuízos, como ainda por cima aquele mesmo réu, outrora sem aparente condição financeira para bancar um ressarcimento pelo ilícito, agora apresente-se em condição oposta.

Neste singelo exemplo, nada incomum no nosso cotidiano, faz todo sentido que o portador de uma sentença meramente declaratória, com eficácia executiva

---

3. Até porque ao propor uma demanda meramente declaratória ou meramente constitutiva o autor exerce sua pretensão restrita à declaração ou a obtenção de uma situação jurídica nova. Tivesse ele a intenção, desde o início, de obter, também, a tutela da obrigação inadimplida, certamente que teria feito desde o início.]

4. Não por acaso alguns devedores no plano material antecipam-se à execução de títulos executivos extrajudiciais e propõem demandas declaratórias para reconhecer a inexistência do débito, bem como o indébito do que já teria sido pago.

5. Ver por todos LIEBMAN, Enrico Tulio. *Processo de execução*. 2. ed. São Paulo: Saraiva, 1963, p. 15 e ss.

6. Sobre a polêmica mencionada confira-se NEVES, Daniel Amorim. A. *Manual de Direito Processual Civil*. 8. ed. Salvador: JusPodivm, 2016, p. 1428-1432.

7. Art. 20. É admissível a ação meramente declaratória, ainda que tenha ocorrido a violação do direito.

atribuída pelo legislador, que contenha apenas e tão somente o reconhecimento (e não a imposição da prestação) da *exigibilidade de obrigação de pagar quantia*, tenha então que bater novamente nas portas do Poder Judiciário para demonstrar que agora deseja obter um ressarcimento, e, para tanto, *requerer* o início do cumprimento de sentença para pagamento de quantia.

Observe-se que, afinal de contas, quando lá atrás, ao ajuizar a sua petição inicial, provocou a tutela jurisdicional, o fez nos limites dispositivos da sua pretensão, ou seja, queria obter apenas o acertamento de um direito, e, bem se sabe, "*o processo começa por iniciativa da parte e se desenvolve por impulso oficial, salvo as exceções previstas em lei*" (art. 2º do CPC). Além disso, o "*juiz decidirá o mérito nos limites propostos pelas partes, sendo-lhe vedado conhecer de questões não suscitadas a cujo respeito a lei exige iniciativa da parte*" (art. 141). E, sendo ainda mais explícito "*o juiz resolverá o mérito acolhendo ou rejeitando, no todo ou em parte, os pedidos formulados pelas partes*" (art. 490) e "*é vedado ao juiz proferir decisão de natureza diversa da pedida, bem como condenar a parte em quantidade superior ou em objeto diverso do que lhe foi demandado*" (art. 492).

Ora, se o pedido formulado pelo autor da demanda foi apenas *declaratório*, se sua intenção foi apenas obter o *acertamento* do direito, se sua pretensão se satisfazia apenas com o mero *reconhecimento* da obrigação do réu, então, não pode o Poder Judiciário, por mais bem-intencionado que seja, quebrando a imparcialidade que lhe deve ser inerente, imiscuir-se no poder de disposição do titular do direito reclamado em juízo e dar a ele o que ele não solicitou. Se assim o fizer estará dando um passo para o despotismo e tirania.

Eis porque, por isso mesmo, ao atribuir *força executiva* as decisões meramente declaratórias proferidas no processo civil que apenas reconheçam a exigibilidade de obrigação de pagar quantia, de fazer, de não fazer ou de entregar coisa torna-se absolutamente *necessário* o *requerimento executivo* pois esta é a manifestação expressa – até então inexistente – de que *pretende obter a satisfação do direito* e não mais se contenta apenas com o mero reconhecimento que havia *pedido* ao Poder Judiciário. Aí, de fato, é a oportunidade de o requerente manifestar sua *pretensão ao adimplemento*, ou seja, de que não se contenta apenas com a mera declaração antes pretendida.

Por isso, conclui-se, é absolutamente correto o artigo 513, § 1º exigir o requerimento executivo quando o título judicial que se pretende efetivar não é uma decisão judicial que impôs o dever de prestar a obrigação, mas apenas reconheceu a exigibilidade da obrigação.

### 2.1.3    A necessidade do requerimento do artigo 513, § 1º, para início do cumprimento provisório da decisão

Excluídas as hipóteses do artigo 294-311, da tutela provisória, que se submetem a regime jurídico de efetivação próprio (art. 297), o *cumprimento provisório* da decisão impugnada por recurso desprovido de efeito suspensivo *depende de requerimento do exequente*, e, neste particular, para tais hipóteses, também está correta a exigência do artigo 513, § 1º que é reiterada pelo artigo 520, caput do CPC.

A escolha de iniciar uma fase executiva lastreada em um título executivo judicial ainda em formação, e, por isso mesmo ainda instável, é uma opção do titular do direito reconhecido, provisoriamente, no título.

O risco de que o conteúdo do título possa ser modificado no recurso contra ele interposto e, por isso mesmo, cair por terra o que já foi realizado tendo que ressarcir o executado pelos prejuízos que este sofreu, é um ônus que deve ser suportado pelo exequente, e, seria, também aqui, uma perigosa invasão do princípio dispositivo se o Poder Judiciário, sem ser provocado, desse início à tutela satisfativa provisória.

As advertências contidas nos incisos e parágrafos do artigo 520 permitem compreender o porquê de o legislador ter deixado ao alvedrio do exequente a "responsabilidade" por iniciar uma execução com um título executivo judicial instável. Aqui, observe-se, não se trata de uma situação em que o autor da ação não tenha formulado uma pretensão ao adimplemento do réu desde quando, lá atrás, ajuizou a petição inicial. Muito pelo contrário.

Observe-se que solicitou um pedido de adimplemento tendo por fundamento justamente o inadimplemento do réu, e sua satisfação só se dará quando tal satisfação for obtida.

Contudo, justamente porque ainda é *instável* o título é que o legislador transfere para o exequente o ônus do risco de alteração da situação jurídica contida na decisão impugnada por recurso desprovido de efeito suspensivo, e, por isso mesmo ele permanece absolutamente inerte se não for provocado pelo exequente para dar início ao cumprimento provisório.

Registre-se que mesmo estando no capítulo II dedicado ao cumprimento provisório de sentença *para pagamento de quantia*, a regra deste dispositivo se aplica integralmente para o cumprimento de sentença das obrigações de fazer e não fazer e entrega de coisa, pois, o risco inerente à provisoriedade do título que se pretende executar se aplica para qualquer obrigação, seja ela dinheiro ou de qualquer outra natureza.

Não por acaso o § 5º do artigo 520 diz que "ao cumprimento provisório de sentença que reconheça obrigação de fazer, de não fazer ou de dar coisa aplica-se, no que couber, o disposto neste Capítulo".

Assim, ainda que o artigo 536 preveja a execução *per officum iudicis* (de ofício) pelo magistrado nas obrigações de fazer e não fazer, isso só se dará se se tratar de decisão condenatória transitada em julgado.

## 2.1.4 O início "de ofício" do cumprimento de sentença das obrigações específicas

O regime jurídico da abertura da *fase executiva* da ação que tenha por objeto a condenação à prestação de fazer ou não fazer é diverso da condenação definitiva ao pagamento de quantia.

Segundo o artigo 536, § 1°:

> Art. 536. No cumprimento de sentença que reconheça a exigibilidade de obrigação de fazer ou de não fazer, o juiz poderá, de ofício ou a requerimento, para a efetivação da tutela específica ou a obtenção de tutela pelo resultado prático equivalente, determinar as medidas necessárias à satisfação do exequente.
>
> § 1° Para atender ao disposto no caput, o juiz poderá determinar, entre outras medidas, a imposição de multa, a busca e apreensão, a remoção de pessoas e coisas, o desfazimento de obras e o impedimento de atividade nociva, podendo, caso necessário, requisitar o auxílio de força policial.

Da simples leitura do texto acima percebe-se que *de ofício* ou a *requerimento do exequente* inicia-se a fase de cumprimento de sentença das obrigações de fazer e não fazer.

Obviamente, como já explicado alhures, para tanto, para que se possa admitir o início "de ofício" é preciso que se trate de sentença condenatória *transitada em julgado* que imponha a prestação de fazer ou não fazer. Sendo um título provisório, ou sendo apenas uma decisão declaratória, os mesmos óbices já mencionados nos tópicos anteriores também se aplicam aqui.

Este regime jurídico é o mesmo para o cumprimento de sentença de decisão condenatória transitada em julgado que imponha a realização da entrega de coisa, por expressa manifestação do artigo 538, § 3°, e, de certa forma, pelo que se observa do texto do artigo 498, caput do CPC.

Mas, qual o motivo desse tratamento diferenciado dado ao cumprimento de decisão condenatória transitada em julgado de obrigação específica em relação a que impõe a prestação de pagar quantia?

Não se duvida que na prática forense a probabilidade de um magistrado iniciar de ofício nos termos do artigo 536 é bastante difícil, pois bem sabemos que o absurdo número de demandas acumuladas não permite que o magistrado se dê ao luxo cumprir o mister do referido dispositivo sem ser provocado para tanto.[8]

---

8. Ademais, tratando-se de processo físico, raramente o processo tem fim no grau de jurisdição do juízo competente para a execução, caso em que normalmente este último profere despacho de "retorno dos autos após o trânsito em julgado para que as partes requeiram o que de direito".

## 2.1.5 O início ex officio da fase executiva é uma mitigação do princípio dispositivo?

O princípio dispositivo constitui uma das bases sobre a qual se assenta todo o ordenamento jurídico processual, e não deixa de ser um corolário lógico da *liberdade* que cada um possui de decidir sobre os limites do que pretende levar ao Poder Judiciário.

Não por acaso este princípio foi erigido a um patamar de destaque com o liberalismo ante a necessidade de fazer com que o estado-juiz mantivesse uma distância necessária para a obtenção da sua imparcialidade.[9] A atuação de ofício era vista, antes de qualquer coisa, como uma grave perturbação da igualdade, da quebra da imparcialidade e um ferimento da liberdade dos litigantes. Mais do que equidistante, a delimitação precisa do princípio dispositivo impunha uma neutralidade essencial à suposta manutenção da isenção e isonomia no processo.

A projeção da autonomia da vontade e o poder de disposição da parte sobre a relação jurídica no processo faz com que o estudo do *princípio dispositivo* seja um tema dos mais complexos, insinuantes e bastante permeável às variações políticas de cada ordenamento jurídico, afinal de contas, o processo não é uma entidade privada e impõe limites públicos para o seu exercício.[10]

Por isso, seja ele visto sob a autonomia dos litigantes em relação ao *(a) poder de demandar* (*Dispositionsmaxime*), qual seja, de decidir se deve ou não instaurar a demanda, se deve ou não mantê-la, bem como quais devem ser os limites substanciais e processuais da tutela jurisdicional reclamada,[11] ou ainda, seja ele visto como o *(b) poder de domínio dos fatos* (*Verhandlungsmaxime*) pertencentes aos litigantes a quem competem introduzir no processo os fatos e as provas que constituirão a base da decisão judicial, a grande verdade é que o princípio dispositivo finca-se no direito material[12] e projeta-se no processo,[13] com limites instituídos pelo legislador que são de certa forma inerentes a uma relação jurídica de direito público.[14]

---

9. REDENTI, Enrico. *Derecho Procesal Civil*. Trad. Santiago Sentís Melendo y Marino Ayerra Redín, Buenos Aires: EJEA, t. I, 259; FAZZALARI, Elio. L'imparzialità del giudice. *Riv. Dir. proc.*, 1972, 196.
10. Neste sentido ver BARBOSA MOREIRA, José Carlos. O problema da "Divisão do Trabalho" entre juiz e partes: Aspectos terminológicos. *RePro* n. 41/7, jan./mar. 1986, p. 10 e ss.
11. LIEBMAN, Enrico Tulio. Fondamento del principio dispositivo. *Riv. Dir. proc.*, 1960, 551.
12. CAPPELLETTI, Mauro. *El Proceso Civil en el Derecho Comparado*. Las Grandes Tendências Evolutivas. Buenos Aires: EuropaAmerica, 1973, p. 45.
13. FREITAS, José Lebre de. *Introdução ao Processo Civil*: conceito e princípios gerais. 2. ed. Coimbra: Coimbra Editora, 2006, p.135.
14. Importante a crítica de CAPPELLETTI, Mauro sobre a distinção tedesca, sugerindo a existência de duas vertentes distintas, e bastante coerente, do que é denominado de princípio dispositivo. Haveria, assim, um princípio dispositivo em sentido "material" que significaria o *poder exclusivo das partes de pedir a tutela jurisdicional e fixar o objeto do litígio* e um princípio dispositivo em sentido "formal" que significa um vínculo do juiz com as partes em relação às técnicas e desenvolvimento interno do processo. CAPPELLETTI, Mauro. El Testimonio de la Parte en el Sistema de la Oralidad: contribuición a la teoría de la utilización probatoria del saber de las partes en el proceso civil. Primeira Parte. Trad. Tomás A. Banzhaf. La Plata: Platense, 2002, p. 320 e ss. Neste sentido CARNACINI, TITO. Tutela guirisdizionale e tecnica del processo. *Studi in onore de E. Redenti*. Milano: Guiuffrè, 1951, v. II, p. 707, ou ainda em Tutela giurisdizionale e tecnica del processo, Milano, 1965, 715 ss.

CAPÍTULO 02 • A FASE POSTULATÓRIA DO PROCEDIMENTO PARA PAGAMENTO DE QUANTIA **185**

O princípio dispositivo projeta-se no processo sob a veste de várias máximas clássicas do processo civil, como o *princípio da demanda*, da *adstrição e congruência*, dos *limites da cognição judicial*, das *restrições ao ativismo*, da *preservação da imparcialidade* etc.

Eis que destas máximas estabelecidas acima é que emanam os conhecidos aforismas latinos e que bem espelham a importância que o princípio dispositivo tinha no processo civil romano, tais como "iudex secundum alligata et probata partium decidere debet" (juiz deve julgar segundo o alegado e provado) "ne procedat iudex ex officio" (o juiz não deve proceder de ofício) "nemo judex sine actore" (não há juiz sem autor), "Quod non est in actis non est in mundo" (o que não está nos autos não está no mundo), "Da mihi factum, dabo tibi jus" (dê-me os fatos que lhe dou o direito).

No nosso Código de Processo Civil pode-se encontrar inúmeras manifestações do princípio dispositivo, seja na parte geral, seja na parte especial do referido diploma. A cláusula geral de negócios jurídicos processuais, inclusive, é exemplo claro da força da autonomia da vontade no processo.

De forma mais específica em relação ao tema objeto de nossa análise, destacam-se do CPC:

Art. 2° O processo começa por iniciativa da parte e se desenvolve por impulso oficial, salvo as exceções previstas em lei.

Art. 141. O juiz decidirá o mérito nos limites propostos pelas partes, sendo-lhe vedado conhecer de questões não suscitadas a cujo respeito à lei exige iniciativa da parte.

Art. 145. Há suspeição do juiz:

IV – interessado no julgamento do processo em favor de qualquer das partes.

Art. 492. É vedado ao juiz proferir decisão de natureza diversa da pedida, bem como condenar a parte em quantidade superior ou em objeto diverso do que lhe foi demandado.

Feitas estas breves considerações sobre o princípio dispositivo, e, retomando a questão posta no título deste tópico é de se perguntar: a permissão do artigo 536, caput para o juiz iniciar de ofício a fase executiva é uma mitigação legislativa ao princípio dispositivo? E, em seguida, caso positiva a resposta anterior, então a regra do artigo 523, *caput* que exige o requerimento seria, portanto, uma projeção normal (e legal) do princípio dispositivo no processo?

Respondendo as duas indagações acima, temos, primeiro, que o artigo 536 *não cria uma exceção à regra* do princípio dispositivo, ou seja, *não é uma atenuação de tal princípio*, e, em segundo lugar, a exigência do requerimento executivo na hipótese do artigo 523 é que se coloca como uma *exceção*, inexplicável ao nosso ver, do princípio dispositivo, e, mais especificamente do princípio da demanda.

Explica-se.

Tomando aqui apenas um dos lados da moeda do *princípio dispositivo*, e acolhendo a classificação de Cappelletti[15] já mencionada antes, o *princípio da demanda* (Dispositions maxime), consagrado expressamente no artigo 2º do CPC brasileiro, tem-se que ao bater nas portas do Poder Judiciário, o autor, mediante o exercício do poder constitucional de agir, coloca sobre o juiz tudo aquilo que deseja obter, e, somente aquilo que deseja obter do Poder Judiciário. Nem mais e nem menos.

Exerce, pois, uma manifestação/declaração de vontade sobre um direito que supostamente lhe pertence. Atua em concreto a sua *liberdade de manifestação e expressão* em relação aos limites da relação jurídica substancial em conflito e que é levada à análise do judiciário. E o faz, frise-se, manifestando-se com um *pedido mediato* e um *pedido imediato*, respectivamente, o objeto material pretendido e o provimento/procedimento supostamente adequado para obtê-lo (art. 319, IV).

O pedido mediato deduzido e individualizado pelo autor na sua petição inicial não é outro senão "o bem que o demandante pretende haver com o resultado do processo. Tudo o que ele faz no processo, tudo o que pede, atos que realiza ou requer, tudo tem para o demandante o objetivo único de conseguir esse bem, que sem vir ao Estado-juiz ou ao árbitro ele não poderia obter".[16]

Ora, ante a existência de uma crise de adimplemento onde alguém deixa de pagar o que é devido, ou não entrega o bem que se comprometeu entregar, ou não presta o fazer que havia assumido, é perfeitamente possível que aquele que sofreu lesão ou ameaça do seu direito opte, isto é, manifeste sua vontade, propondo uma demanda *limitada a uma pretensão meramente declaratória* ou então, no mais comum dos casos, *promova uma demanda destinada a obter o adimplemento da prestação não cumprida*.

Sob pena de violação da liberdade e autonomia expressada pelo autor da demanda, por mais bem-intencionado que possa ser o Poder Judiciário, este jamais poderá dar a tutela do adimplemento se o que lhe foi requerido foi apenas o acertamento do direito. Por outro lado, *contrario sensu*, jamais poderá dar uma simples declaração se o que lhe foi demandado é a realização do adimplemento.

O limite da tutela a ser prestada pelo Poder Judiciário é definido pela demanda, ainda que na interpretação do pedido se considere o *"conjunto da postulação"* e se observe *"o princípio da boa-fé"* (art. 322, § 2º) e no principal compreendam "os juros legais, a correção monetária e as verbas de sucumbência, inclusive os honorários advocatícios" (art. 321, § 1º).

---

15. CAPPELLETTI, Mauro. *El Testimonio de la Parte en el Sistema de la Oralidad*: contribuición a la teoría de la utilización probatoria del saber de las partes en el proceso civil. Primeira Parte. Trad. Tomás A. Banzhaf. La Plata: Platense, 2002, p. 321.
16. DINAMARCO, Candido Rangel. *Instituições de direito processual civil*. 7. ed. São Paulo: Malheiros, 2018, v. II, p. 143.

É no ato da postulação de propositura da demanda que se estabelece o *progetto della decisione* como explica Carnelutti ao tratar da *struttura della domanda*.[17]

Para tanto, é preciso saber, numa crise de adimplemento levada ao Poder Judiciário, onde o autor clama pela obtenção da solução da crise, se a tutela pleiteada se *restringe à obtenção da declaração* ou, pelo contrário, se nela se *inclui a satisfação do direito*.

Ora, é óbvio que ao pedir a tutela jurisdicional que coloque fim à crise de adimplemento o autor quer a solução material, ou seja, almeja o pagamento da quantia, a prestação do fazer ou a entrega de coisa que não foi espontaneamente cumprida. Nestas situações ninguém, em sã consciência vai em juízo aguardando a obtenção apenas do documento que habilita o início da execução.

Observe-se que o artigo 4º do CPC determina que "as partes têm o direito de obter em prazo razoável a solução integral do mérito, incluída a atividade satisfativa".

Merece aplauso a redação, pois, a tal *solução integral do mérito* para qualquer jurisdicionado que bate nas portas do Poder Judiciário com uma crise de adimplemento é a obtenção do resultado previsto no plano do direito material, que, enfim é o que lhe acalma. Assim, v.g., se houver um ato ilícito e o jurisdicionado pedir um ressarcimento do dano sofrido, a *solução integral do mérito* só acontece quando tal ressarcimento é realizado.[18]-[19]

Daí porque foi certeiro o legislador ao reconhecer a existência de uma atividade que seja vocacionada a *julgar o conflito* e outra destinada a *satisfazer aquilo que foi julgado*, embora ambas compreendam o que denominou de "solução integral".

Logo, não é integral a solução dada pelo Poder Judiciário se o que lhe foi solicitado é a tutela do adimplemento e o que ele oferta é uma tutela que termina com um documento e que não lhe entrega o bem devido. Seria correto, sim, se o autor tivesse delimitado sua pretensão à mera declaração (art. 20) e a sentença limitasse a declarar o acertamento do direito. Mas, se não o fez, ou seja, se pediu, imediata ou mediatamente, a tutela do adimplemento, então só há que se falar em solução integral do mérito se ela corresponder este resultado.

*Quid inde*, se o autor postula o fim da crise de adimplemento e o Poder Judiciário limita-se a reconhecer o direito inadimplido (*procedência do seu pedido*), não há como sustentar que foi prestada a *integral tutela tal como foi reclamada*. Obviamente que ao pedir a tutela que debele a crise de adimplemento quer o autor da demanda a obtenção do pagamento, da entrega da coisa e do fazer ou não fazer inadimplidos, que, aliás, se deu em momento anterior à própria propositura da demanda.

---

17. CARNELUTTI, Francesco. *Diritto e Processo*. Napoli: Morano Editore, 1958, p. 98.
18. (...) il processo di esecuzione, con il quale si conchiude l'adempimento della promessa". Idem, ibidem, p. 46.
19. Como é possível sustentar que a tutela satisfativa não integra a pretensão do jurisdicionado? Como sustentar que o pedido mediato corresponde apenas a uma sentença condenatória?

Reduzir a tutela jurisdicional a mera "condenação" é menos do que foi desejado pelo autor da ação. Nenhum jurisdicionado vai em juízo esperando obter como solução para sua crise de adimplemento, um provimento condenatório, que, frise-se, é mera passagem para a fase satisfativa. Então, exigir que após a tutela processual condenatória tenha ele que *novamente bater nas portas do judiciário* para então reclamar a *tutela executiva da condenação* é na verdade, violar o princípio da demanda tal como posto no artigo 2° do CPC. Não por acaso a felicidade do texto do artigo 4° já mencionado retro. A causa de pedir da demanda condenatória (inadimplemento do devedor) é exatamente o mesmo da demanda executiva no cumprimento de sentença, agravado sensivelmente pelo incumprimento da sentença (cognição exauriente) que reconheceu o direito e condenou o sujeito a realizar a prestação.

Exatamente por isso que o artigo 536 do CPC – que trata do cumprimento de sentença de ofício – não é exceção à regra do princípio da demanda, mas, ao contrário, sua confirmação.

Ao iniciar de ofício a fase de cumprimento de sentença nos termos do artigo 536 do CPC, a rigor, o juiz não age "de ofício", porque, para tanto, já foi provocado pelo autor quando propôs a demanda e na sua petição inicial pretendeu a tutela do adimplemento. Nela é ínsita a pretensão de obter o bem da vida, com todas as ferramentas processuais necessárias à obtenção de tal resultado pretendido. Aliás, frise-se, se verdadeiramente estivermos vivendo em um sistema processual com um modelo *sincrético* de processo,[20] então as fases cognitiva e executiva deveriam condensar-se e um *mesmo processo*, e, formalmente, é ali que teria sido feito o único pedido englobando a cognição e a execução, sem os quais não se obtém o bem da vida.

Neste diapasão evidencia-se que a *exceção à regra do princípio dispositivo (princípio da demanda)* é justamente a burocrática exigência de nova demanda formulada ao Poder Judiciário, sob a forma de *requerimento do exequente*, na hipótese do artigo 523 do CPC. Sem esta postulação (demanda) não se inicia a fase executiva para expropriação por quantia.[21]

A rigor, esta não é uma "nova" demanda, mas uma espécie de *"renovação do pedido de solução da crise de adimplemento"* que já foi formulado na sua petição inicial, e, a tutela, meramente formal (condenatória), até então prestada, não lhe ofertou exatamente aquilo que teria direito de obter.

---

20. Expressão pioneira de Dinamarco ao tratar do art. 461 reformado em 1994. DINAMARCO, Cândido Rangel. *Execução civil*. 6. ed. São Paulo: Malheiros, 1998, p. 133.

21. Em sentido contrário aparentemente aprovando tal ato de requerimento ver, por todos, DINAMARCO, Candido Rangel. *Instituições de direito processual civil*. 7. ed. São Paulo: Malheiros. 2018, v. II, p. 53, *in verbis*: "Mas também a *fase de cumprimento de sentença* tem início por uma demanda do credor, sem a qual nenhuma execução se faz. A lei não fala em demanda do credor nem emprega a expressão *petição inicial*, preferindo dizer que as providências executivas terão iniciativa "a requerimento do exequente" (art. 523, *caput*) – mas esse *requerimento* é um autêntico ato de iniciativa e substancialmente o que ele veicula não é outra coisa senão uma *demanda*".

CAPÍTULO 02 • A FASE POSTULATÓRIA DO PROCEDIMENTO PARA PAGAMENTO DE QUANTIA

Não se confunde – e não se reduz – a tutela que debele a crise de adimplemento ao provimento condenatório, senão porque esta não passa de um ato processual que, como veremos em tópico seguinte, aqui no Brasil, com o Código de 2015, para piorar as coisas, passou a ser um provimento que não tem nenhuma força coativa perante o devedor – réu – inadimplente.

## 2.1.6 Entendendo – e questionando – a necessidade de requerimento executivo para início do cumprimento de sentença transitada em julgado para pagamento de quantia: a fase cognitiva e fase executiva

Não se discute a existência de uma atividade jurisdicional voltada ao *julgamento da pretensão deduzida em juízo* e uma outra vocacionada à *satisfação do direito revelado*. Como bem disse Carnelutti[22] "a prima vista il fine del processo executivo sembra profondamente diverso, anzi oposto a quello del processo di cognizione: quest´ultimo, detto in poche parole, *trasforma il fato in diritto;* il processo executivo, invece, *transforma il diritto in fato*".

Entretanto, nada obstante a natural distinção entre as atividades jurisdicionais (cognição e execução) parece-nos claro que razões de ordem política podem levar o legislador a "*traçar uma fronteira mais ou menos nítida entre os respectivos âmbitos, inserir no bojo de qualquer deles atos típicos do outro, dar procedência a este sobre aquele, juntá-los, separá-los ou entremeá-los, conforme lhe pareça mais conveniente do ponto de vista prático. O que a lei não pode fazer, porque contrário à natureza das coisas, é torná-los iguais*".[23]

É claro que tomamos como típico, porque lógico, primeiro a revelação do direito e depois a sua atuação no mundo dos fatos, mas frise-se "*em que medida e com que formas a precedência lógica de uma à outra deve praticamente realizar-se, é questão diferentemente nos ordenamentos jurídicos positivos*".[24]

Nada impede que o Poder Legislativo decrete o fim do processo autônomo de execução de sentença, como fez o brasileiro no CPC anterior, nos artigos 461 (Lei 8954), 461-A (Lei 10444) e 475-J (Lei 11.232) sem que isso implique, obviamente, em qualquer supressão da atividade jurisdicional satisfativa. Uma coisa não se confunde com a outra. Ninguém ousaria dizer que não há atividade satisfativa na efetivação das tutelas provisórias apenas porque não há divisão estante entre "conceder" e "satisfazer" a tutela concedida.

O que deve ficar claro é que, independentemente do método de trabalho escolhido pelo legislador, para o jurisdicionado, *não há solução integral do mérito se não houver a satisfação do direito que o levou bater nas portas do poder judiciário*. A rigor,

---

22. CARNELUTTI, Francesco. *Diritto e processo*. Napoli: Morano editore, 1958, p. 283-284.
23. BARBOSA MOREIRA, José Carlos. Breves observações sobre a execução de sentença estrangeira à luz das recentes reformas do CPC. *Revista de Processo*. n. 138. ano 31, p. 7.
24. LIEBMAN, Enrico Tulio. *Embargos do executado*. São Paulo: Saraiva. 1968, p. 94.

por exemplo, nenhum jurisdicionado que propõe uma demanda ressarcitória para recebimento de quantia que lhe seja devida restringe a sua pretensão à obtenção de uma "sentença condenatória" que, como vimos, no atual sistema brasileiro, é apenas um pronunciamento sem eficácia que, inclusive, é quase totalmente indistinto de um provimento meramente declaratório (com eficácia executiva).

Não é porque se inicia "de ofício" que a fase de cumprimento de sentença das obrigações específicas que não existe uma "fase cognitiva" e uma "fase executiva". Tanto que só uma "sentença" porá fim a cada uma das fases. Num único processo, dito sincrético, teremos duas sentenças, uma que extingue a fase 1 e outra que extingue a fase 2. Tome-se de exemplo a tutela provisória urgente que determine o pagamento de quantia onde a fronteira que separa a cognição da execução é quase imperceptível.

Como dito acima, cabe a *simpatia do legislador*[25] a opção de como será a união destas duas fases. Durante muito tempo esses dois momentos foram isolados em mundos diversos por processos autônomos, e, hoje se diz estarem unidos num "único processo" constituindo fases subsequentes. Mas essa "união", no atual CPC, é diferente quando se trata de condenação nas obrigações específicas e na condenação da obrigação de pagar quantia.

Claro que a Lei pode exigir o requerimento executivo, como de fato exige, no artigo 523, caput, que o exequente "demande" o Poder Judiciário, tal como um gatilho para unir estas duas fases. Todavia, o que não pode deixar de ser dito é que este biombo estabelecido pelo legislador, colocando a jurisdição novamente numa situação de inércia após ter entregado a sentença condenatória transitada em julgado, não corresponde à expectativa formulada pelo jurisdicionado quando demandou a tutela do adimplemento da obrigação de pagar descumprida pelo devedor.

A exigência do *requerimento executivo* para início da fase de cumprimento definitivo da sentença condenatória de pagar quantia só poderia ser justificada por razões de ordem práticas ou políticas, afinal de contas, a divisão estanque, autônoma, de ofício ou por simples requerimento, entre "cognição e execução" é algo absolutamente formal e não corresponde àquilo que o jurisdicionado pretende quando se socorre do Poder Judiciário para obter o adimplemento da obrigação.[26]

---

25. PONTES DE MIRANDA. *Comentários ao Código de Processo Civil*. São Paulo-Rio: Forense. 1976, t. IX, p. 10.

26. Na hipótese de o magistrado proferir "de ofício" a intimação do devedor para pagar a quantia fixada na sentença no prazo do artigo 523, não se deve nulificar o feito se prejuízo algum acontecer para o réu. Se teve ciência da intimação, se o credor (exequente) manifestou seu desejo em prosseguir na execução, se o devedor não foi prejudicado na sua oportunidade de se defender esse vício não acarreta a nulidade do processo. Acertadamente parece ser esta a posição do STJ no REsp 1.725.612/RS, Rel. Ministra Nancy Andrighi, Terceira Turma, julgado em 02.06.2020, DJe 04.06.2020 e no AgInt nos EDcl nos EDcl no REsp n. 1.983.121/RS, relator Ministro Marco Aurélio Bellizze, Terceira Turma, julgado em 15.08.2022, DJe de 17.08.2022.

CAPÍTULO 02 • A FASE POSTULATÓRIA DO PROCEDIMENTO PARA PAGAMENTO DE QUANTIA

Nenhum jurisdicionado pede *sentença de mérito*, mas sim tutela real, que o "vive en lo concreto",[27] efetiva, de carne e osso que represente, verdadeiramente, a quantia paga, o bem entregue e o fazer realizado (ou abstenção desejada).

### 2.1.7 Razões de ordem política/prática que justificam o início da tutela executiva por meio de requerimento do exequente

Não se poderia aqui listar, casuisticamente, todas as situações de ordem política ou prática que justificam o legislador ter tratado o cumprimento de sentença para pagamento de quantia (art. 523) de modo diverso do que o cumprimento de sentença de obrigações específicas (art. 536) no que pertine à exigência do requerimento executivo para a primeira modalidade.

Poder-se-ia argumentar que o motivo pelo qual optou por tal exigência é o fato de que por meio do procedimento do artigo 523 pretende-se obter uma expropriação dos bens que integram o patrimônio do executado, e, por isso mesmo, por razões históricas de respeito à propriedade, o requerimento executivo seria um meio de se evitar a "surpresa" de uma execução forçada iniciada "de ofício", dando uma espécie de *last chance* para o executado pagar em quinze dias sem nada acontecer com ele a não ser suportar os custos da execução, daí excluídas, injustamente, as verbas de sucumbência.[28]

Pode ser que sim – a ilação acima – até porque, infelizmente, o patrimônio tem sido mais importante que a liberdade e, o direito de propriedade, comumente sobrepuja o direito de crédito no nosso ordenamento jurídico.

Basta uma pincelada pelo direito processual penal e veremos que a execução provisória da sentença penal produz seus efeitos finais de forma mais simples do que o que se passa com a sentença cível sujeita a execução provisória. Igualmente, no campo das lides civis, vale uma rápida leitura histórica do direito processual e seus procedimentos especiais para se ver que o direito de propriedade sempre gozou de prerrogativas que o direito de crédito nunca teve. Basta ver o fato de que para o legislador processual brasileiro, exceção feita ao crédito alimentar e contra a fazenda pública, todos os demais créditos são "iguais", pouco importando a sua origem ou que está por traz daquela tutela pecuniária. Talvez o artigo 139, IV abra uma fenda nas possibilidades, pelo menos subsidiariamente, de flexibilização da tutela procedimental executiva típica do pagamento de quantia, mas por enquanto é melhor esperar para ver.[29]

Também é possível que se argumente que o requerimento executivo é necessário nestas hipóteses do artigo 523, porque é possível que o credor possa evitar o

---

27. SATTA, Salvatore. *Manual de Derecho Procesal Civil*. Traducción de Santiago Sentís Melendo e Fernando de La Rúa. Buenos Aires: Ediciones Jurídicas Europa-América. 1967, v. I, p. 122.

28. Injustamente inclusive porque diverso é o tratamento dado ao "adimplemento espontâneo" no prazo de três dias do processo de execução (art. 827, § 1º).

29. ABELHA, Marcelo. *Manual de Execução Civil*. 8. ed. São Paulo: Foco, 2023.

custo de tempo e de dinheiro com uma *execução infrutífera*, sabendo previamente que executado não possui patrimônio expropriável.[30] Tal situação não aconteceria, em tese, nas obrigações específicas porque ou se pretende um bem específico, ou se pretende a prestação de um fato.

Não pensamos que este seja um argumento sustentável porque a rigor ao pedir a tutela do adimplemento o credor não demandou por uma *sentença condenatória*, mas sim pelo bem da vida que lhe foi negado pelo devedor inadimplente. Do contrário, teria solicitado apenas uma demanda declaratória. A condenação é o retrato lógico – e insuficiente – de que o pedido formulado foi a obtenção do adimplemento. Na condição de titular do direito material posto em juízo o credor poderia, a qualquer tempo, desistir da execução se já tivesse sido iniciada (art. 775) ou renunciar ao direito na qual ela se funda (art. 924, IV), ou seja, não faz nenhum sentido dizer que o requerimento executivo seria a primeira, ou a única, oportunidade que o credor tem de evitar a tutela executiva, caso ela fosse prestada de ofício, logo em sequência da fase cognitiva. Bastaria uma petição simples antes do trânsito em julgado informando que não deseja prosseguir com a execução, caso fosse instaurável de ofício. No fundo seria o mais lógico e coerente, ao invés de ter que pedir de novo o que já tinha solicitado desde quando deu início à demanda visando obter uma solução que pusesse fim à crise de adimplemento.

Outrossim, a ausência de bens expropriáveis por parte daquele que seria executado pode ser vista a qualquer tempo pelo credor, inclusive, recomenda-se que tenha feito a busca antes de propor a demanda condenatória ou no seu curso, até porque a sentença condenatória, caso concedida, tem por efeito secundário a hipoteca judiciária (art. 495, § 1º) ainda que contra ela tenha sido ofertado o recurso de apelação.

Sentido não há, ao contrário, dar uma importância ao requerimento executivo como se ele, e só ele, fosse o insuperável elo entre o fim da fase cognitiva e o início da fase executiva na condenação transitada em julgado para pagamento de quantia. Ora, se "amanhã" o legislador resolvesse alterar a regra e suprimisse o tal "requerimento do artigo 523" nenhuma falta faria para o jurisdicionado que, desde o início, lá na sua petição inicial indicou como *pedido mediato* a tutela capaz de debelar a crise de adimplemento que a sentença condenatória, por si só, é incapaz de lhe dar.

Também poderia ser alegado como sendo uma opção "prática" imposta pela Lei o requerimento executivo do artigo 523, *caput* porque, não raramente, depois de anos de processo, a sentença condenatória que impõe um pagamento de quantia dependeria de inúmeros cálculos aritméticos que não seriam possíveis de serem realizados no âmbito das contadorias do Poder Judiciário, de forma que seria neste momento a oportunidade de se *requerer a fase executiva* instruindo tal requerimento

---

30. Art. 836. Não se levará a efeito a penhora quando ficar evidente que o produto da execução dos bens encontrados será totalmente absorvido pelo pagamento das custas da execução; Art. 921. Suspende-se a execução: (...) III – quando o executado não possuir bens penhoráveis.

CAPÍTULO 02 • A FASE POSTULATÓRIA DO PROCEDIMENTO PARA PAGAMENTO DE QUANTIA **193**

com a memória de cálculo do que o exequente entende como devido. Sem este requerimento, e, portanto, sem a memória dos cálculos feitos pelo exequente, como o devedor saberia o montante que deveria pagar? Esta parece a ser a impressão que se tem ao ler o conteúdo do artigo 524 do CPC ao dizer que *"o requerimento previsto no art. 523 será instruído com demonstrativo discriminado e atualizado do crédito"*, indicando o referido dispositivo nos seus incisos o que a tal petição deve conter, dentre os quais; nos incisos II à VI: *"II – o índice de correção monetária adotado; III – os juros aplicados e as respectivas taxas; IV – o termo inicial e o termo final dos juros e da correção monetária utilizados; V – a periodicidade da capitalização dos juros, se for o caso; VI – especificação dos eventuais descontos obrigatórios realizados"*.

Data máxima respecta, nada mais absurdo que este argumento, pois é perfeitamente possível, e, previsto no artigo 526 do CPC que *"é lícito ao réu, antes de ser intimado para o cumprimento da sentença, comparecer em juízo e oferecer em pagamento o valor que entender devido, apresentando memória discriminada do cálculo"*. O executado não tem acesso a estas informações mencionadas nos incisos do artigo 524? Não conhece o que consta no título, suas obrigações e deveres? Por que apenas o autor tem condições de fazer os cálculos e iniciar uma execução? O executado não poderia realizar estes cálculos e pagar o que é devido? Ademais, até para alegar excesso de execução (art. 525, § 4º) é necessário fazer os mesmos cálculos que o exequente fez para dar início à tutela executiva.

É de se observar que a chamada *execução às avessas* do art. 526 nada mais é do que uma consignação do valor que entende como devido, e, recorde-se, assim como existe um direito do exequente de receber o que lhe é devido, existe, por outro lado, um direito do executado de livrar-se da obrigação devida. Se de fato o legislador tivesse alguma preocupação com o *direito fundamental do credor* certamente que daria uma eficácia à sentença condenatória nos termos do antigo 475-J do CPC revogado prevendo uma multa em elevado percentual para o caso de não cumprimento espontâneo da sentença de mérito transitada em julgado.[31] Tal e qual o exequente terá que realizar cálculos extraídos da sentença para encontrar o crédito exequendo, o mesmo não só pode, como deveria ser feito pelo executado, fazendo o depósito do que lhe parecer devido em conta vinculada ao juízo. Todos que militamos no fórum sabemos que isso é perfeitamente possível, e, em *tempos de festejada cooperação e boa-fé* era o que se deveria exigir e esperar do devedor.[32] Ademais, recorde-se que o art. 491 é cirúrgico ao exigir que "na ação relativa à obrigação de pagar quantia, ainda que formulado pedido genérico, a decisão definirá desde logo a extensão da obrigação, o índice de correção monetária, a taxa de juros, o termo inicial de ambos e a periodicidade da capitalização dos juros, se for o caso", salvo quando se tratar de

---

31. Merece observação o teor do artigo 491 sendo destaque a preocupação do legislador de tornar mais simples a fixação do quantum devido para pagamento de quantia.
32. Obviamente que a hipótese do requerimento executivo do artigo 523 pressupõe a superação da fase liquidatória, quando esta se mostrar necessária à apuração do *quantum* devido.

hipótese que dependa de liquidação. Não é demais lembrar que uma das exceções alegáveis na impugnação ou nos embargos do executado é o *excesso de execução*, caso em que "cumprir-lhe-á declarar de imediato o valor que entende correto, apresentando demonstrativo discriminado e atualizado de seu cálculo". Ora, *contestar o valor do exequente ele pode*, mas ser intimado para cumprir a sentença outorgando a ele o dever de fazer o cálculo e pagar o que entender devido parece ser "absurdo" demais.

### 2.1.8 O que significa a frase "no caso de condenação em quantia certa, ou já fixada em liquidação, e no caso de decisão sobre parcela incontroversa" do art. 523 do CPC?

O art. 523 e ss. do CPC trata do "cumprimento definitivo da sentença que reconhece a exigibilidade de obrigação de pagar quantia certa" para usar a terminologia que intitula o Capítulo III do Título II.

Bem, de início percebe-se que enquanto o Título do Capítulo III permite que *qualquer título executivo judicial transitado em julgado* seja usado para embasar o requerimento de cumprimento definitivo de sentença, o texto do art. 523 dá a entender que apenas os provimentos condenatórios (interlocutória, sentença ou acórdão) possam deflagrar o cumprimento definitivo de sentença.

Ao dizer "*no caso de condenação em quantia certa, ou já fixada em liquidação, e no caso de decisão sobre parcela incontroversa*" o texto não teve rigor técnico.

Ora, se a quantia certa já está fixada em liquidação, não se duvida que seja um título executivo judicial hábil para dar início ao cumprimento de sentença. Parece-nos que o que quis dizer o legislador é que tanto o provimento condenatório *completo* (que já é liquida), quanto aquele que era incompleto (genérico), mas que já tenha sido definitivamente completado com a liquidação são títulos executivos que podem embasar o cumprimento definitivo.

Neste passo, pouco importa se este provimento é uma interlocutória, ou sentença ou acórdão, daí porque é absolutamente desnecessária a frase "*e, no caso de decisão sobre parcela incontroversa*" porque esta é também um provimento judicial completo, e, portanto, hábil para deflagrar um cumprimento de sentença. O que se quer dizer é que em qualquer caso, ou estamos diante de provimentos interinais ou finais completos que já podem embasar um cumprimento de sentença, ou então eles são incompletos e precisam ser liquidados, caso em que, uma vez liquidados, também são idôneos para dar início ao procedimento do art. 523 e ss.

## 2.2 O conteúdo do requerimento executivo para pagamento de quantia

### 2.2.1 A qualificação do executado

O artigo 524 do CPC determina o que deve constar no requerimento para cumprimento de sentença para pagamento de quantia contra devedor solvente.

Não pode ser olvidado que estamos diante de uma nova fase de um mesmo processo, ainda que para seu início seja necessário o *requerimento do exequente*.

Então, estando num mesmo processo, não será necessário *citar* o executado para integrar a relação jurídica da qual ele já fazia parte, daí porque não faz muito sentido a exigência do inciso primeiro do art. 524 que diz que deve a petição conter "devendo a petição conter o nome completo, o número de inscrição no Cadastro de Pessoas Físicas ou no Cadastro Nacional da Pessoa Jurídica do exequente e do executado", porque em tese esta qualificação já foi feita na petição inicial como se observa no art. 319, §§ 1º a 3º. É claro que no curso do processo pode ter ocorrido a ampliação subjetiva da lide, ampliando o rol de devedores, mas mesmo que isso tenha acontecido, certamente que estes sujeitos devem constar no título executivo judicial. Enfim, ninguém que *não tenha sido condenado* não esteve qualificado anteriormente no processo, como aliás, diz, laconicamente, o § 5º do art. 513 ao dizer que "*o cumprimento da sentença não poderá ser promovido em face do fiador, do coobrigado ou do corresponsável que não tiver participado da fase de conhecimento*".

A regra é simples, apenas aqueles que foram devidamente identificados e qualificados e participaram do processo na fase cognitiva e se submeteram aos limites subjetivos da coisa julgada é que poderão figurar como *exequentes e executados* na fase executiva (cumprimento definitivo de sentença).

O inciso primeiro do art. 524 determina que se observe o disposto no art. 319, §§ 1º a 3º. Estes parágrafos esmiúçam a exigência do inciso II do art. 319 que exige que conste da petição inicial "os nomes, os prenomes, o estado civil, a existência de união estável, a profissão, o número de inscrição no Cadastro de Pessoas Físicas ou no Cadastro Nacional da Pessoa Jurídica, o endereço eletrônico, o domicílio e a residência do autor e do réu".

Como se observa é requisito da petição inicial que deflagrou a fase cognitiva a qualificação completa do réu, de forma que este réu ou o autor em caso de pedido dúplice ou reconvencional, que serão futuros executados. O que se quer dizer é que para terem participados da fase cognitiva, já devem estar qualificados e não há razão para que nova qualificação seja realizada na fase de cumprimento de sentença.

Outrossim, não é demasiado lembrar que o parágrafo único do art. 274 expressamente determina que "*presumem-se válidas as intimações dirigidas ao endereço constante dos autos, ainda que não recebidas pessoalmente pelo interessado, se a modificação temporária ou definitiva não tiver sido devidamente comunicada ao juízo, fluindo os prazos a partir da juntada aos autos do comprovante de entrega da correspondência no primitivo endereço*". Isso quer dizer que é a parte que alterou o endereço inicial que deve comunicar, nos autos, a alteração sob pena de a intimação realizada no endereço antigo ser válida.

## 2.2.2 O demonstrativo discriminado e atualizado do crédito

### 2.2.2.1 O vínculo entre o valor da execução e o conteúdo da sentença exequenda

O segundo requisito é o de que a petição contenha, dentro de si ou em anexo dela constante, o demonstrativo discriminado e atualizado do crédito como diz o caput do art. 524.

O *demonstrativo discriminado e atualizado do crédito* compreende a completa operação aritmética utilizada pelo exequente para identificar o valor da execução, devendo conter, segundo o que determina os incisos II a VI do art. 524: i) o índice de correção monetária adotado; ii) – os juros aplicados e as respectivas taxas; iii) – o termo inicial e o termo final dos juros e da correção monetária utilizados; iv) – a periodicidade da capitalização dos juros, se for o caso; v) – especificação dos eventuais descontos obrigatórios realizados. Frise-se, valendo-se do texto do artigo 786, parágrafo único do CPC que "*a necessidade de simples operações aritméticas para apurar o crédito exequendo não retira a liquidez da obrigação constante do título*".

Observe, por isso mesmo, que o texto legal fala em *demonstrativo discriminado* justamente porque não deve o exequente inovar em absolutamente nada do que foi determinado no provimento condenatório, qual seja, deve seguir exatamente aquilo que nela foi determinado. É preciso que se compreenda que qualquer pessoa que observar a sentença condenatória deve extrair o mesmo resultado em relação aos cálculos. As operações aritméticas devem ser *demonstradas,* mas todos os elementos devem ser extraídos da sentença. Aliás, o próprio artigo 491 determina que nas demandas relativas a obrigação de pagar quantia, ainda que formulado pedido genérico, o juiz profira a decisão condenatória fixando desde logo a extensão da obrigação, o índice de correção monetária, a taxa de juros, o termo inicial de ambos e a periodicidade da capitalização dos juros, se for o caso.

A regra do art. 491 é regra direcionada tanto ao magistrado de primeiro quanto de segundo grau que só não cumprirá o mister imposto deste dispositivo quando a fase de liquidação de sentença seja absolutamente necessária, isto é: (i) não for possível determinar, de modo definitivo, o montante devido; (ii) a apuração do valor devido depender da produção de prova de realização demorada ou excessivamente dispendiosa, assim reconhecida na sentença.

Aqueles que não possuem experiência de foro não conseguem imaginar o universo de problemas e dificuldades que podem surgir em torno do cálculo aritmético porque muito embora uma sentença condenatória possa estar completa com todos os elementos que permitam iniciar a fase satisfativa a própria demora da prestação jurisdicional implica em fazer cálculos de atualização do valor devido, dos juros que devem incidir, a data que inicia etc. Realmente, quase nunca esses cálculos são

CAPÍTULO 02 • A FASE POSTULATÓRIA DO PROCEDIMENTO PARA PAGAMENTO DE QUANTIA | **197**

feitos com segurança pelo advogado do exequente ou por ele mesmo, não sendo rara a contratação de experto para preparar esse *demonstrativo discriminado e atualizado do crédito.*

### 2.2.2.2 A aparência de desvinculação entre a o valor apontado no demonstrativo e os limites da condenação

Como dissemos acima há um vínculo de fidelidade lógico entre o valor da execução apresentado pelo exequente e o conteúdo da sentença. O que consta na sentença é o que deve constar no *demonstrativo de cálculo.* A *demonstração é* apenas a explicitação dos elementos que integram o quantum fixados na sentença, com as devidas operações aritméticas realizadas. Não há e nem pode haver um valor da execução que não corresponda àquilo que foi determinado na sentença condenatória.

Conquanto o legislador imponha ao executado o ônus impugnativo do *excesso de execução* (art. 525, V e art. 917, III) o valor trazido na execução que excede o crédito contido na sentença é matéria de ordem pública que pode ser conhecida de ofício pelo magistrado. Na prática, dificilmente isso vai acontecer, seja pelas dificuldades inerentes ao ofício judicial, seja pelo acervo absurdo de processos sob sua jurisdição.

Sabendo desta realidade, mas ao mesmo tempo fazendo questão de deixar clara a possibilidade de controle judicial, diz o Código que se houver uma aparência de distorção entre o valor da execução pretendido no requerimento executivo e aquele que foi fixado na sentença – até porque pode ter sido o próprio juiz que sentenciou o caso que esteja fazendo este controle – então, permite a lei processual (§§ 1º 2 2º do art. 524) que o magistrado interrompa a sequência executiva e convoque o contabilista do juízo para verificar se a *aparência de distorção* é um equívoco de sua parte ou não, se ele realmente existe. Esse auxiliar do juízo deve apresentar essa verificação no prazo legal máximo de trinta dias, se outro não lhe for determinado pelo juiz.

Muito embora este trabalho seja realizado por um experto com conhecimento técnico, um auxiliar de justiça, ele não é *prova pericial* porque tratou-se apenas de uma *consulta*, uma *inspeção* de ofício do magistrado sem participação das partes. Portanto, é importante que fique bem claro que esta manifestação não vincula as partes que podem pedir prova pericial contábil quando do julgamento da defesa de excesso de execução. Não há nenhum problema de a perícia contábil demonstrar que houve um equívoco do contabilista do juízo e que o valor correto era o trazido pelo exequente. É a perícia judicial e não a análise do contabilista do juízo que vinculará a decisão judicial a respeito desta questão.

Contudo, inegavelmente, este resultado estará entranhado na formação da convicção judicial do magistrado a respeito do valor da execução e a sua correspondência ao valor da dívida, de forma que se o resultado for reconhecendo a distorção seria de bom alvitre que o exequente refizesse seus cálculos e eventualmente alterasse o valor da execução afinal de contas ainda não houve nem a triangularização da relação executiva e tampouco defesa do executado impugnando excesso de execução, o que lhe importaria em risco de sucumbência acaso ela fosse procedente. Acaso a certeza dos cálculos do exequente seja tamanha que decida por não alterar o valor pretendido mesmo diante da distorção verificada pelo contabilista do juízo, ainda assim a execução será iniciada pelo valor pretendido, "mas a penhora terá por base apenas importância que o juiz entender adequada", que não pode ser outro senão o apontado pelo auxiliar do juízo.

Por outro lado, se o resultado da verificação do contabilista do juízo não encontrou distorções certamente que a execução prosseguirá normalmente com a sequência normal dos atos da postulação.

### 2.2.2.3 Dados em poder do executado e de terceiros

Situação curiosa pode existir quando o demonstrativo dos cálculos não possa ser nem sequer efetuado pelo exequente porque os dados que seriam necessários para a sua realização estão em poder do executado ou de terceiros. Sem estar de posse destes dados não consegue o exequente preparar o demonstrativo ou complementá-lo e assim não consegue cumprir o mister do art. 524, caput do CPC.

Prevê o Código situações inusitadas como esta em que a própria elaboração (ou o complemento) do demonstrativo depende de dados em poder de terceiros ou do executado. Em nosso sentir, desnecessariamente, o Código distingue a hipótese de *impossibilidade de efetuar os cálculos* com *impossibilidade de concluí-los*. Para o primeiro caso diz o § 3º do art. 524 o juiz poderá requisitá-los, sob cominação do crime de desobediência. Para o segundo caso diz o § 4º que "*quando a complementação do demonstrativo depender de dados adicionais em poder do executado, o juiz poderá, a requerimento do exequente, requisitá-los, fixando prazo de até 30 (trinta) dias para o cumprimento da diligência*".

A desnecessidade da distinção reside no fato de que em ambas as hipóteses é o exequente que deve apresentar um requerimento executivo com pedido ao juiz para ter acesso aos dados que servirão para efetuar ou complementar o seu demonstrativo. Embora tenha silenciado o Código não parece crível que esta *requisição* seja feita sem provocação do exequente.

A diferença importante entre a *ausência de dados* e *ausência de dados adicionais* reside no fato de que no primeiro caso não há um *requerimento executivo propriamente dito* por que não há nenhum arremedo de valor apresentado e no segundo caso existe uma *estimativa* que precisa ser complementada. Tanto que para esta hipótese, se estes dados adicionais não forem apresentados pelo executado, sem justificativa, no prazo designado, reputar-se-ão corretos os cálculos apresentados pelo exequente apenas com base nos dados de que dispõe.

## 2.2.3    A causa de pedir e o pedido

Ao iniciar o requerimento executivo não há, obviamente, que se pensar em descrição minudente da causa de pedir e do pedido, até porque a razão pela qual se justifica o requerimento executivo é a afirmação de que o mesmo direito que estava insatisfeito desde o início da fase cognitiva ainda permanece sem adimplemento pelo devedor, ou seja, deve-se afirmar que a pretensão não foi satisfeita nem mesmo com a prolação da sentença condenatória. O inadimplemento que justificou a propositura da demanda dando início a fase cognitiva é exatamente o mesmo que justifica o início da fase de cumprimento de sentença com o agravante de que há uma sentença a favor do exequente que não foi cumprida.

Conquanto o próprio requerimento executivo seja, por si só a clara demonstração de que não houve o cumprimento da sentença, pois isso é o que se requer, é de bom alvitre que em poucas linhas o requerente informe que a situação continua exatamente como estava desde a petição inicial da fase cognitiva e que a situação de inadimplência continua latente. Daí porque a causa de pedir é exatamente a mesma, com agravantes mencionados de que já há sentença e ainda assim mante-se o estado de inadimplemento, e, o pedido é que se inicie o procedimento expropriatório contra o devedor para que obtenha a satisfação do crédito exequendo independentemente da vontade do executado.

## 2.2.4    A indicação dos bens passíveis de penhora, sempre que possível

A penhora é ato fundamental da execução para pagamento de quantia porque é ela que individualiza o bem do patrimônio do executado que será expropriado para satisfazer o direito exequendo. Logo, o ato de penhorar o bem do patrimônio do executado terá que acontecer em algum momento da fase instrutória da execução para pagamento de quantia.

É de se observar que tanto o artigo 523, § 3º, quanto o art. 829, § 1º[33] dizem que "não efetuado tempestivamente o pagamento voluntário, será expedido, desde logo, mandado de penhora e avaliação, seguindo-se os atos de expropriação".

Diante deste cenário, que infelizmente é o mais comum (o executado não realiza o pagamento voluntário), então, para não ter que fazer uma nova petição indicando e solicitando a penhora, seria bem melhor para o exequente já o fizesse na sua petição indicando o bem ou os bens que, a seu talante, devam ser penhorados, valendo-se, sempre que possível da ordem de preferencias do art. 835.

É obvio que é o próprio executado que tem conhecimento dos bens que compõem o seu patrimônio e não por acaso pode ocorrer de o bem indicado pelo exe-

---

33.  Art. 829. § 1º Do mandado de citação constarão, também, a ordem de penhora e a avaliação a serem cumpridas pelo oficial de justiça tão logo verificado o não pagamento no prazo assinalado, de tudo lavrando-se auto, com intimação do executado.

quente estar fora da ordem da penhora do art. 835 ou quiçá indicar algum que no futuro se mostre ser impenhorável ou que lhe cause gravame excessivo (art. 805).

Exatamente por isso não há uma certeza de que o bem indicado pelo exequente seja realmente aquele que será levado a expropriação. Não há dúvidas que a execução é instaurada para satisfazer o direito do exequente, mas encontra limites na menor gravosidade possível. Conquanto a ordem de preferencias do art. 835 leve em consideração justamente a *maior efetividade possível da execução*, caberá ao juiz a palavra final sobre qual o bem deve ser penhorado se o indicado pelo exequente ou pelo executado que discordou da indicação do exequente. *Como* adverte corretamente o art. 829, § 2º do CPC "*a penhora recairá sobre os bens indicados pelo exequente, salvo se outros forem indicados pelo executado e aceitos pelo juiz, mediante demonstração de que a constrição proposta lhe será menos onerosa e não trará prejuízo ao exequente*". Corrobora esta regra o art. 847 ao dizer que "*o executado pode, no prazo de 10 (dez) dias contado da intimação da penhora, requerer a substituição do bem penhorado, desde que comprove que lhe será menos onerosa e não trará prejuízo ao exequente*".

É importante notar que em se tratando de execução por quantia o típico, e prioritário, é que o primeiro bem objeto da penhora seja *dinheiro* (art. 833, I e § 1º) e como o dinheiro normalmente está depositado em instituição financeira, a técnica da penhora eletrônica deve ser utilizada para realizar o ato de penhora da quantia nos termos do que predetermina o art. 854. Como este dispositivo faz menção expressa à necessidade do *requerimento do exequente*, é recomendável que peça, no seu "requerimento inicial", que seja realizada a penhora eletrônica de dinheiro em depósito ou em aplicação financeira, evitando-se ter que ser feito um novo pedido apenas para este desiderato.

### 2.2.5 Intimação dos terceiros indicados nos incisos I à VIII e X e XI do art. 799 do CPC

Uma premissa que precisa ser estabelecida é a seguinte: só há que se falar na necessidade de *intimação* dos sujeitos mencionados nos incisos I à VIII e X e XI do CPC se não forem parte na execução (caso em que serão *citadas* para se tornarem executados). Assim, por exemplo, se um terceiro garante por meio de uma hipoteca uma dívida alheia, constando tal sujeito no título executivo, não é concebível que a execução seja proposta apenas contra o devedor principal, senão porque deve ser proposta também contra o responsável executivo (bem de terceiro dado em garantia real), afinal de contas é o patrimônio deste que será expropriado. Deve ele ser parte e não simplesmente intimado da penhora do bem que será expropriado.

Na condição de terceiros – não partes – tais sujeitos *necessitam* ser intimados a partir do momento em que se saiba (indicação/nomeação) ou que se concretize (penhora) a constrição judicial sobre bem que, a par de integrar o patrimônio do executado, possa também vínculo jurídico com este terceiro alheio à execução. A *necessidade* dessa ciência fica muito clara quando se lê nos arts. 804, 899 e 903, § 1º, II do CPC onde se reconhece a ineficácia da alienação em relação aos sujeitos ali descritos.

É justamente porque o bem (indicado, penhorado e que deve ser futuramente alienado) é, ao mesmo tempo, um bem que integra o patrimônio do executado mas também possui algum vínculo jurídico com esses terceiros, que o CPC obriga, sob pena de ineficácia da futura alienação em relação a este terceiro, que tais sujeitos sejam previamente intimados para acompanhar o processo que levará a expropriação do bem e assim possam exercer a preferência em adjudicar (art. 876, § 5º), arrematar (art. 892) ou obter, em primeiro lugar, a quantia resultante da alienação (arts. 908 e 909).

Assim, trocando em miúdos, caso sobre o bem indicado à penhora pelo exequente penda alguma das situações descritas no art. 799, I à VIII, X e XI então deve solicitar que seja feita a intimação daqueles sujeitos (terceiros) ali indicados que possuem uma relação jurídica com o bem para que exerçam as suas preferências no momento oportuno do procedimento executivo.

Obviamente que a falta de intimação destes sujeitos pode, no futuro, ser objeto de alegação de nulidade ou ineficácia da execução ou dos atos executivos, mas isso só deve acontecer se houver efetivo prejuízo ao *terceiro*, não se admitindo as nulidades de algibeira o que só será possível verificar em cada caso concreto.[34]

### 2.2.6 *A prova de que se verificou a condição ou ocorreu o termo*

Há situações no direito material em que efeito do negócio jurídico fica subordinado a evento futuro e incerto. Assim, por exemplo, quando uma parte se compromete a comprar os frutos da colheita que se avizinha. Neste singelo exemplo há uma relação jurídica obrigacional certa, mas cujos efeitos ficam subordinados a um evento futuro.

Sempre que a sentença decidir uma relação jurídica sujeita a condição ou termo, impondo o cumprimento da prestação tão logo se configure a condição, não é a sentença que é condicional, mas sim a relação jurídica que ela decide. Isso fica muito claro no parágrafo único do art. 492 do CPC quando diz que "a decisão deve ser certa, ainda que resolva relação jurídica condicional".

É de se observar que o art. 523 diz que no caso de condenação em quantia certa, *ou já fixada em liquidação* o cumprimento definitivo da sentença far-se-á a requerimento do exequente. Está aí muito claro que as sentenças condenatórias ilíquidas não podem ser executadas sem que se tenha procedido a prévia liquidação. É condição para executar uma sentença que revele uma obrigação líquida, certa e exigível. Se falta liquidez, não é possível nem sequer iniciar uma execução. Não é necessário *provar* a

---

34. A respeito ver REsp n. 2.000.959/SP, relatora Ministra Nancy Andrighi, relator para acórdão Ministro Ricardo Villas Bôas Cueva, Terceira Turma, julgado em 04.10.2022, DJe de 13.10.2022.

liquidez no cumprimento de sentença porque, assim como a sentença que constitui título executivo, foi formada no próprio processo, precisamente na sua fase cognitiva.

Portanto, retomando, pretendendo iniciar o cumprimento de uma sentença que decida uma relação jurídica condicional, seja qual for a natureza da prestação, deve o requerente iniciar o procedimento executivo fazendo a prova de que o termo ou a condição se efetivaram após a sentença. É o que diz o art. 798, I "c", mas que, nada obstante estar topograficamente inserido no tópico da petição inicial do processo de execução, se aplica integralmente ao cumprimento de sentença.

### 2.2.7 A prova do adimplemento da contraprestação reconhecida na sentença

É clássica a regra de que nos contratos bilaterais, nenhum dos contratantes, antes de cumprida a sua obrigação, pode exigir o implemento da do outro (art. 476). É disso que cuida este tópico. Há casos em que a sentença condena o réu a cumprir a prestação, mas vincula este cumprimento à realização de determinada prestação pela outra parte. Não é exigível ainda a prestação se é condição de sua exigibilidade a realização de um acontecimento, como dito no tópico acima. No presente caso o *evento* é uma contraprestação que deve ser realizada pela parte que pretende executar a sentença. Sem esta prova que deve ser trazida na petição inicial certamente a fase executiva será extinta na raiz aplicando-se a regra do art. 787 do CPC que diz "*se o devedor não for obrigado a satisfazer sua prestação senão mediante a contraprestação do credor, este deverá provar que a adimpliu ao requerer a execução, sob pena de extinção do processo*". E o parágrafo único emenda ao dizer que "*o executado poderá eximir-se da obrigação, depositando em juízo a prestação ou a coisa, caso em que o juiz não permitirá que o credor a receba sem cumprir a contraprestação que lhe tocar*".

É de se observar que esta exigência decorre da *sentença* que se pretende iniciar o cumprimento, ou seja, cabe ao executado impugnar apenas e tão somente se tal exigência foi suprida ou não foi suprida e de forma alguma revolver eventual discussão que teve ou que poderia ter tido em sua defesa (*exceptio inadimplenti contratus*) no momento adequado do processo cognitivo.

É preciso ficar atento que a *interdependência das prestações* faz com que o exequente tenha o ônus de demonstrar na sua inicial que satisfez a prestação que lhe cabia antes de exigir a do executado. Entretanto um alerta precisa ser dado: a incidência da regra da interdependência das prestações deve estar revelada no próprio título exequendo. Não constando no título caberá ao executado alegar em oposição (impugnação ou embargos) o excesso de execução (art. 917, § 2º, IV) que havia a interdependência das prestações e dela não se desincumbiu o credor.[35]

---

35. (REsp n. 1.758.383/MT, relatora Ministra Nancy Andrighi, Terceira Turma, julgado em 04.08.2020, DJe de 07.08.2020).

CAPÍTULO 02 • A FASE POSTULATÓRIA DO PROCEDIMENTO PARA PAGAMENTO DE QUANTIA | **203**

### 2.2.8 A espécie de execução de sua preferência, quando por mais de um modo puder ser realizada, inclusive por meio de procedimento atípico do art. 139, IV do CPC

Não estamos tratando neste livro das *execuções especiais de pagar quantia*, como a execução para pagamento de alimentos, mas sem dúvida que este é um bom exemplo de que não basta simplesmente pretender a execução da prestação alimentícia, senão também deve informar, se a hipótese assim permitir, que se siga o modelo que envolve a prisão civil do executado.

Embora incomum, não se descarta a possibilidade de que existam negócios jurídicos processuais sobre preferência de penhora sobre determinado bem, ou ainda sobre formas de efetivação da penhora etc. Tudo isso deve ser informado pelo exequente no requerimento do cumprimento de sentença.

Para aqueles que se afastam da ideia de *subsidiariedade obrigatória* das medidas atípicas na execução para pagamento de quantia (art. 139, IV), portanto, de que não haveria a necessidade de aguardar o esgotamento infrutífero das medidas executivas típicas, então já se poderia trazer elementos de convicção do magistrado de que existem indícios de ocultação patrimonial e da inocuidade das medidas típicas. O ônus argumentativo do exequente deve ser focado não apenas na demonstração de que as medidas típicas não serão frutíferas ante as circunstâncias da causa e do comportamento do devedor, mas que as medidas atípicas possam proporcionar efetividade e eficiência de resultados.

### 2.2.9 As medidas urgentes

As situações de urgência não escolhem hora para se apresentarem na vida das pessoas. É perfeitamente possível que venham a acontecer, antes ou durante o procedimento executivo para pagamento de quantia, tornando imperiosa a tutela provisória de urgência (art. 294 e ss.) para debelar a crise. A própria demora do procedimento expropriatório do patrimônio do executado pode causar danos ao credor. O artigo 774, V, ao tipificar os atos atentatórios à dignidade da justiça, evidencia a possibilidade de o executado possa ocultar maliciosamente o patrimônio para esquivar-se da execução. Obviamente que se isso for contemporaneamente ao requerimento executivo já deve solicitar medidas de proteção do patrimônio para impedir a alienação, a ocultação, o desvio, a destruição dos bens sujeitos à execução mediante arresto, sequestro, arrolamento, busca e apreensão, produção antecipada de provas etc.

Basta imaginar, por exemplo, a situação de que o bem indicado a penhora pelo exequente no seu requerimento executivo seja perecível e precise ser alienado imediatamente sob pena de que em alguns meses já não tenha nenhum valor.

Assim, seja para obter uma vantagem numa alienação antecipada, seja para evitar uma depreciação, é perfeitamente possível que se requeira, desde o requerimento inicial, a alienação antecipada do bem, tal como permite o artigo 852 do CPC.

## 2.3 Efeitos do requerimento executivo

Ao protocolar o pedido para que se instaure a fase de cumprimento da sentença para pagamento de quantia uma série de efeitos decorrem deste importante ato. Passemos a análise de alguns deles.

### 2.3.1 Requerimento feito antes ou depois de um ano do trânsito em julgado

É muito importante que o exequente se atente para o fato de que faz toda a diferença na efetividade do procedimento executivo se o requerimento executivo for formulado *antes* de completar um ano do trânsito em julgado do provimento condenatório. Se feito antes o devedor será intimado na pessoa do seu advogado como se fosse uma intimação comum no processo, ao passo que se o requerimento for formulado após 1 (um) ano do trânsito em julgado da sentença, a intimação do devedor será pessoalmente, por meio de carta com aviso de recebimento encaminhada ao endereço constante dos autos, observado o disposto no parágrafo único do art. 274 e no § 3º do art. 513 do CPC. Esta é uma diferença – intimação pessoal ou pelo advogado – que pode causar enormes problemas em relação ao tempo da prestação da tutela jurisdicional, ainda que se considere como realizada a intimação quando o devedor houver mudado de endereço sem prévia comunicação ao juízo seguindo a linha do art. 274 do CPC.

A regra do artigo 513, § 3º é de enorme importância porque se o réu contratou o advogado apenas até o trânsito em julgado da fase cognitiva do processo, ou se o destituiu assim que foi dada a sentença condenatória, isso não altera o seu endereço constante do processo. Assim, seja na hipótese do requerimento executivo ser feito após um ano do transito em julgado (art. 513, § 4º, seja nas hipóteses em que o executado não tiver mais procurador constituído nos autos), enquanto não for alterado – por ele mesmo ou por seu novo procurador – o seu endereço no processo é nele que será intimado para ter ciência do início da fase executiva.[36]

Por sua vez, o devedor só será intimado para cumprir a sentença por edital (art. 256), na hipótese do artigo 513, § 2º, IV do CPC, se tiver sido revel na fase de conhecimento.[37]

### 2.3.2 A continuidade da litispendência (estado de pendência)[38]

Por estarmos diante de um único processo formado por *duas fases distintas* a litispendência já foi produzida quando se teve início a fase cognitiva que antecede

---

36. (REsp n. 2.107.637/BA, relatora Ministra Nancy Andrighi, Terceira Turma, julgado em 12.03.2024, DJe de 14.03.2024).

37. (AgInt no REsp n. 1.982.282/MG, relator Ministro Raul Araújo, Quarta Turma, julgado em 03.04.2023, DJe de 02.05.2023).

38. Sobre o tema do "processo em curso, pendente, efeitos e distinções em relação a "duplicidade de litispendências idênticas" ver ARRUDA ALVIM, José Manoel de. *Ensaio sobre a litispendência*. São Paulo: Ed. RT, 1972, v. 1, p. 180 e ss.; DINAMARCO, Cândido Rangel. *Instituições de direito processual civil*. 5 ed. São

CAPÍTULO 02 • A FASE POSTULATÓRIA DO PROCEDIMENTO PARA PAGAMENTO DE QUANTIA **205**

a executiva. O trânsito em julgado da decisão que extinguiu a fase cognitiva não *termina* com o processo que é único, mas apenas com uma de suas fases, de forma que o hiato entre as duas fases não faz cessar o estado de pendência iniciado entre uma fase e outra. Observe-se que o devedor é *intimado* e não *citado* simplesmente porque não há um novo processo, mas a continuidade de um processo existente. O fato de uma fase terminar por sentença, não retira a natureza de que se trata de um único processo como se observa na definição de sentença do § 1º do art. 203. Essa é a opção do Código e só reforça a nossa tese de que *não deveria ser necessário o requerimento executivo* do art. 523 como expusemos no item 2.1 acima, como aliás, já funciona para o cumprimento das obrigações específicas.

Como a litispendência do único processo já tinha se iniciado com a instauração da fase cognitiva ela apenas *continua* com o requerimento executivo, de forma que todos os efeitos naturais da litispendência, com algumas peculiaridades, se prolongam com o início da fase executiva.

Logo, o credor só poderá fazer um requerimento executivo para instaurar a fase executiva em continuidade ao processo que esgotou a fase cognitiva. Se fizer mais de um certamente haverá conflito, pois não pode existir mais do que uma (01) fase executiva para cada processo sincrético, caso em que a sequência procedimental instaurada posteriormente deve ser extinta sem descartar a sanção por má-fé processual diante das circunstâncias do caso concreto.

### 2.3.3 Prolongamento da interrupção da prescrição

Desta forma, seguindo a linha de raciocínio iniciada no tópico anterior, não há que se falar em *interrupção da prescrição* pelo requerimento executivo porque essa interrupção aconteceu desde o momento em que foi instaurada a fase cognitiva deste único processo.[39] Não há no hiato que separa o trânsito em julgado da sentença condenatória e o início do cumprimento de sentença uma *cessação* do estado de pendência, posto que, frise-se, há um único processo. Apenas uma fase cessou sem que o processo inteiro tenha cessado, seguindo, portanto, os ditames do artigo 4º do CPC que a tutela satisfativa *integra* a solução de mérito. Todavia, é claro que a inércia do credor em requerer o cumprimento de sentença para pagamento de quantia traz consequências, como alude expressamente o art. 513, § 4º (ver item 2.3.2 acima) e o art. 924, V do CPC.

---

Paulo: Malheiros Ed., 2005. v. II, p. 49; RODRIGUES, Marcelo Abelha. *Manual de direito processual civil*. 6. ed. Rio de Janeiro: Grupo Gen, 2016.

39. "(...) 4. Nos termos do art. 204, § 1º, do CC/2002, quando o contrato previr a solidariedade entre o devedor principal e o fiador, a interrupção da prescrição operada contra o devedor principal prejudica o fiador. Precedentes". AgInt no AREsp n. 2.233.976/RJ, relator Ministro Marco Aurélio Bellizze, Terceira Turma, julgado em 02.10.2023, DJe de 04.10.2023).

A regra pertinente à interrupção da prescrição no requerimento de cumprimento de sentença é a que está disposta no art. 240, § 2º do CPC e não daquela que está (laconicamente) prevista no 802 do CPC que só se aplica aos processos de execução fundada em título extrajudicial, e também àquelas hipóteses excepcionais em que mesmo tendo um título executivo judicial é necessário instaurar um novo processo (título judicial formado fora do processo civil) como na execução da sentença arbitral, da sentença penal condenatória etc.

O que pode acontecer pela inércia do credor em não realizar o pedido de cumprimento de sentença (ou nada fizer para impulsionar as medidas executivas) é a *prescrição intercorrente* que é causa de extinção da execução como se observa no art. 924, V do CPC.

### 2.3.4 Litigiosidade da coisa

Um dos efeitos da litispendência é tornar litigiosa a coisa nos termos do que preceitua o art. 240 do CPC. Ao propor a ação condenatória, desde a citação válida da fase de conhecimento, está claro ao devedor citado que se for reconhecida a ocorrência inadimplemento o impondo-se o dever de realizar a prestação, já sabe que seu patrimônio responderá pelos prejuízos causados ao credor. Exatamente por isso é que diz o art. 792, IV que *a alienação ou a oneração de bem é considerada fraude à execução quando, ao tempo da alienação ou da oneração, tramitava contra o devedor ação capaz de reduzi-lo à insolvência.*

Desde a citação válida da ação condenatória já sabe o devedor do risco de vir a ser condenado e de que o seu patrimônio tenha que responder pelos prejuízos a que deu causa. Por isso, prevê a lei a possibilidade de que o credor possa tomar medidas para *evitar* o desfalque patrimonial (arresto, arrolamento, hipoteca judiciária etc.) como para *reprimir* o que já foi cometido (fraude à execução como citado acima, fraude contra credores etc.).

> Interessante notar que a frase do art. 792, IV do CPC que tipifica hipótese de fraude à execução – *quando, ao tempo da alienação ou da oneração, tramitava contra o devedor ação capaz de reduzi-lo à insolvência –* permite que o exequente, na frustração da ausência de bens penhoráveis do executado, olhe pra trás e verifique se houve alienação depois de iniciada *qualquer demanda capaz de reduzi-lo a insolvência.* Para o exequente não basta uma apresentação objetiva de que a alienação ocorreu após a mera existência da demanda condenatória proposta contra o devedor. É preciso que se demonstre que a situação patrimonial do devedor no momento da alienação permitia concluir que tal demanda, se procedente, poderia levá-lo a insolvência. A situação patrimonial no momento da alienação comparada com a atual no momento da execução é fundamental para incidência do art. 792, IV do CPC.[40]

---

40. É o que corretamente se extrai do parecer dado em análise de caso concreto por Arruda Alvim, ainda que voltado à execução de título extrajudicial. ARRUDA ALVIM, José Manoel de. Fraude à execução. *Soluções Práticas*. São Paulo: Ed. RT, agosto, 2011, v. 4, p. 861-872.

CAPÍTULO 02 • A FASE POSTULATÓRIA DO PROCEDIMENTO PARA PAGAMENTO DE QUANTIA **207**

Na ação que pretende a condenação ao pagamento de quantia a tal "coisa litigiosa" (arts. 1089 e 240) não é um bem específico porque estamos diante de prestação de soma em dinheiro, e, dinheiro é inespecífico por excelência. Deve-se entender por *coisa litigiosa* a parcela do patrimônio do devedor que seja apta a satisfazer o direito do credor (garanta, responda pelo inadimplemento).

### 2.3.5  *Prevenção do juízo*

Nos termos do artigo 59 do CPC o registro ou a distribuição da petição inicial torna prevento o juízo. No cumprimento de sentença para pagamento de quantia a prevenção do juízo se deu lá atrás, quando do início da fase cognitiva. Como já se disse, no cumprimento de sentença *prossegue-se* com o processo que já se iniciou, teve esgotada a primeira fase, mas ainda irá continuar com uma fase seguinte. Seria diferente se se tratasse de processo autônomo, fundado em título judicial formado fora do juízo cível (ex. sentença arbitral) ou fundado em título extrajudicial. Portanto, regra geral, o juízo prevento da execução é o juízo prevento da cognição, admitindo o Código a flexibilização das regras de competência em prol da maior efetividade do processo executivo.

Há pelo menos duas hipóteses bem interessantes em que a lei flexibiliza integral ou parcialmente a competência, admitindo por exemplo que: (i) o exequente possa não requerer o cumprimento da sentença no juízo que decidiu a causa no primeiro grau de jurisdição, mas sim optar pelo juízo do atual domicílio do executado ou pelo juízo do local onde se encontrem os bens sujeitos à execução; (ii) se o executado não tiver bens no foro do processo, não sendo possível a realização da penhora nos termos do § 1º do art. 845, a execução será feita por carta, penhorando-se, avaliando-se e alienando-se os bens no foro da situação.

## 2.4   Controle judicial do requerimento executivo

Ao receber o requerimento executivo o juiz deve exercer o controle de sua admissibilidade, qual seja, dos requisitos necessários para que se possa seguir os atos de constrição do patrimônio do executado.

Esse filtro não é tão rigoroso quanto o que se faz na petição inicial do processo de execução, pelas obvias razões de que o requerimento executivo é apenas um prolongamento de um processo único onde se condensam fase cognitiva e de cumprimento da sentença. Mas ainda que estes pressupostos não sejam muitos, ainda assim existem alguns que devem ser atendidos pelo exequente sob pena de indeferimento do requerimento.

Um deles é, por exemplo, a necessidade de liquidação da sentença condenatória genérica, ou seja, não é possível executar o que ainda não foi *liquidado* como adverte o *caput* do art. 523. Se há necessidade de liquidação, não há título executivo.

O eventual equívoco do pseudoexequente que afoitamente tenha iniciado um cumprimento de sentença sem o título executivo deve levar a extinção do procedimento executivo para que se dê início ao procedimento cognitivo liquidatório. Não se descarta, diante das circunstâncias do caso concreto, que o magistrado converta – sem extinção – o procedimento executivo em cognitivo, mormente se o requerido ainda não foi intimado para se manifestar. Do contrário, se este foi instado a se manifestar no errôneo procedimento executivo deve alegar o vício de nulidade do título – a rigor sua inexistência – pleiteando a extinção do feito. Diante de flagrante ilegitimidade o devedor pode se antecipar por meio de objeção demonstrando que a decisão liquidanda determinou a sua prévia liquidação. A previa liquidação é constitui capricho ou privilégio em favor do devedor. É o momento em que as partes têm o direito de – em franco contraditório sobre objeto cognitivo específico – demonstrar o montante devido valendo-se de fatos e provas a este respeito.

Igualmente, não é possível prosseguir com o cumprimento de sentença se o requerente não juntou a prova do termo ou condição mencionados na sentença (art. 462, parágrafo único). É que a sentença subordina o início da execução à prova da ocorrência da condição ou termo. Também não poderá ir adiante se falta o demonstrativo do crédito tal como determina o art. 524, caput o que pode ser feito dentro da própria petição ou em documento anexo que a integre. Já vimos inclusive, no item 2.2.2, que o magistrado pode, excepcionalmente, percebendo a aparente distorção entre o conteúdo da sentença e o valor da execução, realizar um controle do excesso mediante auxílio do contador do juízo (art. 524, §§ 1º e 2º).

A exigência referente a verificação do título executivo, qual seja, de que revele uma obrigação líquida, certa e exigível é mais simples no cumprimento de sentença porque se baseia em provimento judicial. Foge ao controle de *admissibilidade* a análise da causa de pedir que motiva a atividade executiva, ou seja, não deve o magistrado se imiscuir na ocorrência ou inocorrência do inadimplemento que motiva o início da atividade satisfativa, muito embora possa apreciar de ofício a prescrição da pretensão executiva.

As disposições gerais contidas nos arts. 797 e ss. do CPC referentes à petição inicial e seu controle judicial no processo de execução aplica-se no que couber à execução por cumprimento de sentença, de forma que se o magistrado verificar que o requerimento inicial está incompleto ou que não está acompanhado dos documentos indispensáveis ao início do cumprimento de sentença, deve determinar que o exequente a corrija, no prazo de 15 (quinze) dias, sob pena de indeferimento. Obviamente que só se pode corrigir o defeito se a decisão interlocutória que determina a correção for clara neste sentido. E, por outro lado, se não for corrido o defeito é, a priori, caso de extinção do processo executivo.

É importante que se diga que o controle dos pressupostos processuais e condições da ação na execução por cumprimento de sentença só podem ser feitos relativamente àquilo que seja posterior à sentença condenatória transitada em julgado.

CAPÍTULO 02 • A FASE POSTULATÓRIA DO PROCEDIMENTO PARA PAGAMENTO DE QUANTIA **209**

Não é porque estamos diante de fases distintas de um único processo que pode o magistrado fazer um controle da legitimidade entendendo, por exemplo, como ilegítima, na fase executiva, as mesmas partes que já figuravam na fase cognitiva resolvida por sentença transitada em julgado.

O limite estabelecido pelos artigos 507 e 508 do CPC relativamente a eficácia preclusiva do que foi julgado se aplica não apenas às partes (vide os limites do art. 525), mas também ao próprio juízo, sob pena de este controle de admissibilidade funcionar, absurdamente, como uma ação rescisória (at. 966) ou *querela nullitatis* (art. 525, I) fora das hipóteses previstas em lei.

De qualquer forma, nenhum controle negativo de admissibilidade da execução por cumprimento de sentença pode ser feito por meio de decisão que deixe de oportunizar à parte requerente o direito de se manifestar a respeito, por absoluta incidência do art. 10 do CPC que é projeção do princípio constitucional do contraditório e da ampla defesa.

O controle de admissibilidade também pode ser positivo, no sentido de receber a petição e dar prosseguimento à atividade executiva. Nesta hipótese, mais comum, deve o magistrado fixar a verba honorária estabelecida por lei (10% sobre o valor do débito) devendo em seguida intimar o executado para pagar o débito, no prazo de 15 (quinze) dias, acrescido de custas se houver.

Não há espaço para o magistrado reduzir a multa porque foi fixada pelo legislador e não há nenhum dispositivo que indique possibilidade de que possa flexibilizá-la. A rigor, poderá, sim, ampliá-la por analogia ao artigo 827, § 2º, mas em momento diverso do presente.

## 2.5 Controle de admissibilidade e averbação premonitória

O art. 615-A não constava no texto original do CPC de 1973 e nele foi incluído pela Lei 11.382 de 2006. O texto era o seguinte: "o exequente poderá, *no ato da distribuição*, obter certidão comprobatória do ajuizamento da execução, com identificação das partes e valor da causa, para fins de averbação no registro de imóveis, registro de veículos ou registro de outros bens sujeitos à penhora ou arresto".

A técnica acima, conhecida por *averbação premonitória* "*tem a inequívoca finalidade de proteger o credor contra a prática de fraude à execução, afastando a presunção de boa-fé de terceiros que porventura venham a adquirir bens do devedor*".[41]-[42]

---

41. REsp 1334635/RS, Rel. Ministro Antonio Carlos Ferreira, Quarta Turma, julgado em 19.09.2019, DJe 24.09.2019.
42. A técnica da averbação de atos executivos não é nenhuma novidade como já acontecia com a penhora comum (atual art.844), bem como em casos especiais como penhora de crédito (art. 860) e penhora de frutos e rendimentos de coisa móvel ou imóvel (art. 868).

No CPC atual a averbação premonitória foi mantida, mas não sem deixar dúvidas quanto ao momento em que pode ser realizada. O texto do Código revogado era claro ao falar "no ato da distribuição", portanto, antes do controle de admissibilidade do magistrado, o que poderia ser feito mediante simples certidão de objeto e pé requerida perante o cartório com as informações necessárias à respectiva averbação nos órgãos registrais. Em consonância com o texto revogado, pouco antes do CPC de 2015, veio a Lei 13.097 no art. 54 e disse que poderia ser feita a averbação do "ajuizamento de ação de execução" na matrícula do imóvel.

No atual CPC o tema foi mantido, mas dois dispositivos estabelecem momentos distintos para a sua utilização.

No art. 799, IX, que segue a mesma regra do código revogado, ao estabelecer que incumbe ao exequente "proceder à averbação em registro público do *ato de propositura da execução* e dos atos de constrição realizados, para conhecimento de terceiros".

Já no art. 828, estabelecendo momento diverso, diz que "o exequente poderá obter *certidão de que a execução foi admitida pelo juiz*, com identificação das partes e do valor da causa, para fins de averbação no registro de imóveis, de veículos ou de outros bens sujeitos a penhora, arresto ou indisponibilidade". E, seguindo a linha deste dispositivo, reforça o art. 792, II que a alienação ou a oneração de bem é considerada fraude à execução "quando tiver sido averbada, no registro do bem, a pendência do processo de execução, na forma do art. 828".

Tudo leva a crer que a intenção da lei foi dar maior segurança ao referido ato submetendo a um *controle de admissibilidade* prévio da execução, ou seja, só poderia ser obtida a certidão se não tivesse sido indeferida a execução. O art. 828 trata de todo o procedimento da averbação premonitória e a eficácia de impedir a fraude à execução prevista no art. 792 faz referência exatamente ao art. 828. Não se nega que esta exigência está na contramão da desoneração de atos executivos da justiça, permitindo maior agilidade e participação dos sujeitos envolvidos, mas ao que parece a mudança foi realmente para trazer maior segurança jurídica evitando que averbações açodadas de execuções teratológicas iniciadas possam ser objeto de questionamento judicial.

Admitida a execução pode o exequente obter certidão onde nela conste a identificação das partes e do valor da causa. De posse desta certidão o exequente poderá averbá-la, assumindo os riscos deste ato, perante os órgãos de registro de imóveis, de veículos ou de outros bens sujeitos a penhora, arresto ou indisponibilidade. Agindo desta forma o exequente informará a todos os terceiros – *erga omnes* – a situação jurídica do fato ali documentado na certidão, tendo o importante papel de criar uma presunção absoluta de que a alienação daquele bem com o processo em curso, tal como consta na averbação, será considerada em fraude à execução (art. 792, II).

A averbação premonitória é um aviso, uma comunicação para todos, para que se previnam e saibam que se adquirirem aquele bem e se ele vier a ser penhorado,

CAPÍTULO 02 • A FASE POSTULATÓRIA DO PROCEDIMENTO PARA PAGAMENTO DE QUANTIA **211**

a alienação será ineficaz porque em fraude à execução. Na verdade, esta averbação é ato de prevenção para terceiros, evitando que estes sejam prejudicados no futuro com o risco de evicção do bem adquirido junto ao devedor ser considerado em fraude à execução.

A averbação não é uma penhora, e tampouco uma antecipação da mesma, até porque o exequente não se vincula a executar aquele bem objeto da averbação, como aliás diz o § 2° do art. 828 ao dizer que *"formalizada penhora sobre bens suficientes para cobrir o valor da dívida, o exequente providenciará, no prazo de 10 (dez) dias, o cancelamento das averbações relativas àqueles não penhorados"*.

Não sendo uma penhora ou uma pré-penhora "não induz preferência do credor em prejuízo daquele em favor do qual foi realizada a constrição judicial".[43] Isso quer dizer, portanto, que ainda que o exequente "A" tenha averbado a existência da execução na matrícula do imóvel de "B", se "C" penhorar este mesmo imóvel terá a seu favor a preferência do art. 797 do CPC. É, portanto, um ato acautelatório praticado pelo exequente que assume o risco de ressarcir o executado pelos prejuízos que sofrer da averbação indevida. A enorme vantagem é evitar futuras discussões sobre a boa-fé ou má-fé de quem adquire um bem sobre o qual existia a referida averbação.

Esse risco de a averbação causar prejuízo ao executado e gerar um dever de "ressarcimento" está muito claro no procedimento da averbação na medida em que o exequente *"deverá comunicar ao juízo as averbações efetivadas no prazo de 10 (dez) dias de sua concretização"* e que também *"providenciará, no prazo de 10 (dez) dias, o cancelamento das averbações relativas àqueles não penhorados"*. Caso o exequente não efetive o cancelamento no prazo acima, então, de ofício ou a requerimento do executado o juiz determinará o cancelamento das averbações. E por fim diz o § 5° do art. 828 que *"o exequente que promover averbação manifestamente indevida ou não cancelar as averbações nos termos do § 2° indenizará a parte contrária, processando-se o incidente em autos apartados"*.

Conquanto a *averbação premonitória* esteja em dispositivo que se aplicaria apenas ao processo de execução (*execução admitida pelo juiz*) não se afasta a possibilidade de que seja aplicada sem maiores dificuldades ao requerimento de cumprimento de sentença que tenha sido admitido. A rigor, numa visão teleológica da técnica – prevenir terceiros e evitar fraude – não se mostra inviável, desde o início da fase cognitiva, a possibilidade de *"averbação da petição inicial no registro competente se estenda para toda e qualquer demanda capaz de reduzir o demandado ao estado de insolvência"*.[44]-[45]

---

43. REsp 1334635/RS, Rel. Ministro Antonio Carlos Ferreira, Quarta Turma, julgado em 19.09.2019, DJe 24.09.2019.
44. MARINONI, Luiz Guilherme. *Novo Código de Processo Civil comentado*. São Paulo: Ed. RT, 2015. p. 782.
45. (...) 1. A providência prevista no art. 828 do CPC/2015 destina-se à averbação da execução admitida pelo juiz no registro de imóveis, de veículos ou de outros bens sujeitos a penhora, arresto ou indisponibilidade e possui dupla finalidade: (i) de um lado, tornar pública a existência de demanda executiva em face do devedor, de forma a presumir de maneira absoluta que a alienação do bem, se o conduzir à insolvência,

## 2.6 Controle de admissibilidade e apreensão eletrônica de ativos financeiros

### 2.6.1 *Explicando o problema*

Tema da maior relevância é saber como se deve processar a penhora eletrônica de dinheiro em depósito ou em aplicação financeira. Esta é uma das modalidades especiais de penhora que possuem rito próprio descrito no art. 854 do CPC.

Propositadamente colocamos o tema no controle de admissibilidade do requerimento inicial (petição inicial) do exequente porque, em nosso sentir, é possível extrair do art. 854 uma interpretação que permita estabelecer momentos absolutamente distintos para a *penhora online de dinheiro*. Essa interpretação que propusemos desde a vigência do CPC procura dar rendimento e efetividade à penhora *eletrônica de ativos financeiros do executado*.

Não parece haver dúvidas de que *"considerar-se-á feita a penhora mediante a apreensão e o depósito dos bens"* (art. 839) de forma que é possível distinguir dois momentos distintos do ato da penhora: o ato que apreende e o ato que deposita os bens apreendidos. Normalmente são condensados num só ato e em um só momento, mas o que pretendemos trazer na diferenciada interpretação do art. 854[46] é que esses dois momentos: apreensão e depósito do dinheiro não são realizados num só ato e nem no mesmo momento.

### 2.6.2 *Quando e como é realizada a penhora online de dinheiro*

Segundo o CPC o momento típico, vulgar, comum de realização da penhora na execução por expropriação fundada em título extrajudicial vem descrito no artigo 829, § 1º, quando este dispositivo diz que tão logo verificado o não pagamento no prazo assinalado, será cumprida a ordem de penhora e a avaliação a serem cumpridas pelo oficial de justiça.

Já no caso de cumprimento de sentença (títulos judiciais) diz o artigo 523, § 3º, com redação de quase igual teor, que "não efetuado tempestivamente o pagamento

---

constituirá fraude à execução e tornará ineficaz o negócio jurídico praticado; (ii) ao tornar pública a existência da demanda executiva, prevenir a dilapidação patrimonial que possa levar o devedor à insolvência e, assim, orientar outros credores quando negociarem com o devedor. 2. Malgrado a previsão da averbação premonitória seja reservada à execução, pode o magistrado, com base no poder geral de cautela e observados os requisitos previstos no art. 300 do CPC/2015, deferir tutela provisória de urgência de natureza cautelar no processo de conhecimento, com idêntico conteúdo à medida prevista para a demanda executiva. 3. O poder geral de cautela assegura ao magistrado o deferimento de todas as medidas que se revelarem adequadas ao asseguramento da utilidade da tutela jurisdicional, ainda que sejam coincidentes com aquelas previstas especialmente para a execução. Portanto, sobressai o caráter instrumental da providência de natureza cautelar, que visa à garantia do próprio instrumento, no sentido de assegurar a efetividade do processo judicial (...)" (REsp n. 1.847.105/SP, relator Ministro Antonio Carlos Ferreira, Quarta Turma, julgado em 12.09.2023, DJe de 19.09.2023).

46. A leitura mecânica do artigo 523, § 3º e art. 829, § 1º levam a imediata conclusão de que a penhora só pode ser realizada depois de ter sido infrutífera a exortação para pagamento voluntário no prazo de 15 dias e de 3 dias a que aludem os arts. 523 e 827.

CAPÍTULO 02 • A FASE POSTULATÓRIA DO PROCEDIMENTO PARA PAGAMENTO DE QUANTIA | **213**

voluntário, será expedido, desde logo, mandado de penhora e avaliação, seguindo-se os atos de expropriação".

Mas, diante das regras acima, será que a penhora eletrônica de ativos financeiros do executado também segue a regra geral dos dispositivos acima, ou seja, será iniciada após transcorrido o prazo do art. 523 sem o pagamento voluntário? Será neste momento que deve o exequente requerer a penhora online de dinheiro?

Entendemos que não, mas antes de explicar o porquê disso, ou seja, antes de demonstrar que o artigo 854 permite uma interpretação diversa desta regra geral sem ofender os citados dispositivos, é preciso que seja respondida uma indagação com a maior sinceridade possível. A pergunta é a seguinte: o que irá fazer o executado que já sabe, que já tem consciência que, uma vez intimado do prazo do art. 523, não irá cumprir voluntariamente a obrigação contida no título executivo? [no prazo de 15 dias previsto no caput artigo 523 ou no prazo de 3 dias previsto no caput do artigo 829, respectivamente].

O que ele vai fazer neste prazo se ele tiver dinheiro em conta ou ativos financeiros que possam ser penhorados após [tão logo ou desde logo como dizem os dispositivos acima] o fim deste prazo?

### 2.6.3 A atitude do executado que não efetua o pagamento voluntário e que sabe que os seus ativos financeiros podem ser penhorados

Repetindo a questão que pôs fim ao tópico anterior, então, admitindo que ele não pague a dívida voluntariamente no referido prazo, alguém acredita que o executado irá deixar ativos financeiros em seu nome em contas bancárias para que sejam penhorados em seguida?

Todos sabemos, infelizmente, a resposta, qual seja, o executado que inadimpliu no prazo do art. 523 irá "zerar" a sua conta bancária ou aplicações financeiras, retirando todo que lá se encontra, se já não tiver feito isso antes da própria fase executiva ter sido iniciada.

Todos sabemos que uma vez citado ou intimado para pagar voluntariamente no prazo dos artigos 829 e 523, o devedor que não paga neste prazo, na verdade dele se utiliza para "zerar" suas contas, tornando um fracasso total a posterior penhora online dos ativos financeiros.

Sim, porque se a *apreensão* da quantia ou dos ativos financeiros do executado só puder ser feita após este prazo como é na regra geral do CPC, que fala em *seguir a realização da penhora tão logo ou desde logo se verifique o inadimplemento voluntário neste prazo*, então é certo que o resultado da penhora online de ativos financeiros será absolutamente inócuo, ineficaz, infrutífero.

Como veremos no próximo tópico o que pretendemos trazer a reflexão é que embora a penhora dos ativos financeiros só se concretize após a manifestação do executado, ela se inicia antes mesmo da sua citação/intimação para cumprir voluntariamente a obrigação, exatamente no momento em que o magistrado examina o controle da admissibilidade da execução, seja por cumprimento de sentença, seja por processo autônomo.

Daí porque dissemos, anteriormente, é preciso saber como é realizada a penhora tradicional para saber como deve ser realizada a penhora de dinheiro e de ativos financeiros do executado.

### 2.6.4 Premissa para compreensão: como é a penhora tradicional

Sem fim exaustivo porque iremos tratar da penhora mais adiante, deve-se lembrar que a penhora é um ato sub-rogatório típico e instrumental da execução por expropriação que torna concreta a responsabilidade patrimonial, simplesmente porque ela *individualiza* qual (ou quais bens) do patrimônio do responsável se sujeitam à execução.

Não é necessário dizer o óbvio e ululante, como didaticamente fez o artigo 835, I, § 1º, de que numa execução para pagamento de quantia toda preferência do bem a ser penhorado deve recair sobre o dinheiro que regra geral por outro bem não pode ser substituído, porque é exatamente isso que se espera receber ao final no menor tempo possível.

Na verdade, a penhora, ato tão importante e tão pouco estudado, é um ato que se corporifica pela realização de dois atos processuais sequenciais: (1º) a *apreensão* do bem e (2º) o seu *depósito*, como determina o artigo 839 do CPC numa redação clara, mas normalmente esquecida pelos operadores do direito.

Ainda que a penhora seja registrada num único auto ou termo de penhora, nele existem dois atos processuais distintos, com características e regimes jurídicos peculiares: a apreensão e depósito do bem (art. 839).

Neste cenário de diversidade, entre *apreender o bem* e *depositar o bem* objeto da penhora, é preciso não cometer uma sinédoque, tomando a parte pelo todo. *Apreender não é depositar e depositar não é apreender*. Enfim, penhora se tem, quando os dois atos se aperfeiçoam.

Na penhora eletrônica de ativos financeiros do executado, ou simplesmente, penhora *online de dinheiro* como é popularmente conhecida, deve existir, como em qualquer outra penhora, dois atos processuais distintos: primeiro, a apreensão dos ativos financeiros e, segundo o seu depósito.

Conquanto estes dois atos processuais se realizem em sequência e normalmente quase sem identificar um intervalo visível entre um e outro, nada impede que o legislador os isole em momentos diferentes; ou que os separe, permitindo, por exemplo, que no meio deles, entre a apreensão e o depósito do bem, possa existir um intervalo onde se permita o executado impugnar separadamente o primeiro ato

CAPÍTULO 02 • A FASE POSTULATÓRIA DO PROCEDIMENTO PARA PAGAMENTO DE QUANTIA **215**

(de apreensão), impedindo que o outro (de depósito) se concretize em seguida, ou seja, primeiro determinando a *apreensão do bem* e entre este ato e o *depósito do bem* seja possível a impugnação da apreensão do bem pelo executado. Isso quer dizer que só em momento posterior, depois de rechaçada a impugnação do executado, é que seja realizado o seu *depósito judicial* com a concretização da penhora.

Logo, para evitar uma sinédoque e não tomarmos a parte pelo todo, não poderemos chamar de *penhora eletrônica dos ativos financeiros do executado* quando *apenas a apreensão dos ativos financeiros é realizada pelo juízo*.

Enfim, penhora eletrônica dos ativos financeiros do executado só é verdadeiramente uma "penhora" quando a apreensão [indisponibilização/bloqueio] e depósito judicial da quantia se concretizam.

Como já antecipado no início deste tópico, em se tratando de penhora de dinheiro do executado, existem peculiaridades que atinem ao próprio objeto da penhora [dinheiro e a forma eletrônica de sua realização] que fizeram com que o legislador desse um tratamento jurídico diferenciado, ou seja, trazendo no artigo 854 regras diferenciadas sobre *"quando"* e *"como"* este ato se concretiza.

Assim, partindo das premissas aqui estabelecidas podemos enfrentar o que diz o artigo 854 do CPC que cuida, como ele mesmo diz, *Penhora de Dinheiro em Depósito ou em Aplicação Financeira*.

### 2.6.5    Como é realizada a penhora de dinheiro no art. 854 do CPC

Primeiro vamos analisar "como" se tem como realizada a penhora dos ativos financeiros tal como descrito no regime jurídico do artigo 854 do CPC que é o dispositivo que regula este tema.

Lembrando que a penhora é a conjugação de "indisponibilidade/bloqueio/ apreensão" + "deposito" do referido bem, o texto do artigo 854 é expresso, claríssimo mesmo, em separar os dois momentos distintos da penhora de dinheiro em depósito ou em aplicação financeira.

O *primeiro momento* é dedicado àquilo que ele denomina de *indisponibilidade dos ativos financeiros existentes em nome do executado*, onde se percebe que o legislador foi bastante criterioso e preocupado com excessos, permitindo que o executado possa impugnar este ato antes de passar ao *segundo momento*, que é o momento do *deposito da quantia indisponibilizada* que se dá mediante a transferência do "montante indisponível para a conta vinculada ao juízo da execução".

Assim, o segundo momento se concretiza mediante o *"depósito do bem apreendido na conta do juízo"*. Quando isso acontecer é que efetivamente se terá como realizada a *penhora de dinheiro em depósito ou em aplicação financeira*.

No artigo 854 fica muito, mas muito claro mesmo, a existência de um *intervalo* que permite enxergar isoladamente esses dois atos de *apreender o bem* e de *depositar o bem*, mas que em conjunto foram a *penhora do bem*. Entre os dois há um intervalo que permite o executado ofertar uma mini impugnação ao primeiro ato (art. 854, § 3º).

Essa *apreensão* é feita na própria conta do executado *sem transferência dos valores para a conta do juízo*. Há apenas um *bloqueio do valor apresentado pelo exequente no seu requerimento ou petição inicial* e que por ordem do juiz torna tal quantia indisponível. Tal ato somente será convolado em penhora, quando for transferido e depositado em conta do juízo, mas isso só depois de rejeitada a impugnação prevista no artigo 854, § 3º.

A *indisponibilidade* dos ativos financeiros não é *penhora* dos ativos financeiros. Não podemos cometer esta sinédoque sob pena de tomar a parte pelo todo. É, verdadeiramente o primeiro ato, o primeiro passo para se chegar à penhora, mas a preocupação do legislador foi tão grande com esse bloqueio que permitiu que o executado pudesse impugná-lo autonomamente, ou seja, tem o executado o direito de impugnar a eventual *indisponibilidade excessiva*, e, por isso que o CPC diz que deverá ser feita a intimação do executado deste ato de apreensão (§ 2º, 854).

Na verdade, se percebido pelo próprio juiz o *excesso de bloqueio*, deve de ofício ser cancelado nos limites do excesso nas 24 horas seguintes ao bloqueio. Tal regra do § 7º do artigo 854 é na verdade uma resposta contra a enorme quantidade de situações que vinham acontecendo na prática forense onde o executado tem diversas contas bloqueadas em seu CPF superando o valor do crédito exequendo e criando uma situação de enorme prejuízo para o mesmo.

Observem que não há, ainda, em penhora do dinheiro. Existe apenas o primeiro ato para a efetivação da penhora de dinheiro; a penhora mesmo só acontecerá com a transferência do dinheiro bloqueado da conta do executado para a conta do juízo.

Então, essa indisponibilidade determinada pelo juiz é um ato processual que pode ser impugnado pelo executado. Antes de ser apreciada ou rejeitada essa *mini impugnação* como temos denominado, não se avança no ato seguinte que é a transferência da quantia para a conta do juízo, quando então estará aperfeiçoada a penhora.

Essa previsão no texto legal de que a transferência do bem apreendido para *depósito na conta do juízo vinculado à execução* só pode se dar se for rejeitada ou não apresentada a manifestação do executado, a tal mini impugnação, como determina o § 5º do art. 854 *deixa claro que o legislador quis mesmo isolar os dois atos juntos corporificam a penhora*, deixando evidente que esta não se concretiza enquanto não oportunizado (e rejeitado) o contraditório do executado em relação à indisponibilidade.

Essa *mini impugnação* tem um efeito obstativo à concretização da penhora, daí porque o legislador só autoriza o segundo ato [depósito do bem na conta do juízo] se não ofertada ou rejeitada a mini impugnação do executado.

O segundo ato, que concretiza a penhora é a transferência do dinheiro bloqueado da conta do executado para a conta do juízo vinculada à execução. Rejeitada ou

CAPÍTULO 02 • A FASE POSTULATÓRIA DO PROCEDIMENTO PARA PAGAMENTO DE QUANTIA **217**

não apresentada a manifestação do executado à indisponibilidade então deve o juiz transferir o dinheiro que está depositado (mas bloqueado) na conta do executado para uma conta do juízo que esteja vinculada à execução proposta. É neste momento, de depósito da quantia na conta do juízo, que se faz pela via igualmente eletrônica, que se tem como realizado o segundo ato, e, então concretizada a penhora, da qual será novamente intimado o executado [art. 841].

### 2.6.6 O requerimento inicial do exequente e o pedido de penhora online de dinheiro

Retomemos ao início do processo de execução ou ao do cumprimento de sentença para pagamento de quantia. O raciocínio serve para ambos. O nó a ser desatado é o seguinte: os dois atos que compõem e corporificam a penhora do executado [indisponibilidade e depósito] serão feitos após o prazo para adimplemento voluntário de 15 dias para o cumprimento de sentença e de 3 dias para o processo de execução por expropriação? Ou, podemos defender que o primeiro ato da indisponibilidade da quantia pode ser feito antes mesmo desse prazo para adimplemento voluntário? Recorde-se a resposta à indagação feita mais acima sobre o que normalmente faz o executado que não paga nesse prazo de adimplemento processual, utilizando-o para "limpar", para "zerar" a sua conta.

Em nosso sentir, a análise mais profunda do artigo 854, somado a uma interpretação conforme a Constituição e em obediência às claríssimas intenções das normas fundamentais do CPC, nos parece que o ato de indisponibilidade dos ativos financeiros deve acontecer precisamente no momento que o magistrado aprecia o *requerimento inicial* do cumprimento de sentença ou a *petição inicial* do processo de execução para pagamento de quantia, quando o requerente ou autor já requer a realização da penhora de dinheiro ou ativos financeiros do executado. Vejamos o porquê disso.

Consta no caput do artigo 854 do CPC que "para possibilitar a penhora de dinheiro em depósito ou em aplicação financeira, o juiz, a requerimento do exequente, *sem dar ciência prévia do ato ao executado*, determinará às instituições financeiras, por meio de sistema eletrônico gerido pela autoridade supervisora do sistema financeiro nacional, que torne indisponíveis ativos financeiros existentes em nome do executado", ou seja, *expressamente* o legislador disse que este ato de indisponibilidade dos ativos financeiras determinado pelo juiz deve ser feito *sem dar ciência prévia ao executado*, ou seja, a ciência ao executado deste ato de bloqueio é obviamente posterior ao bloqueio. Parece-nos que o legislador reconheceu o que é axiomático, de que se o devedor souber que terá seu dinheiro bloqueado, será infrutífero este ato. Enfim, o legislador pensou como todos pensamos ao responder intuitivamente a indagação anterior. Em nosso sentir, esta foi uma inovação importantíssima que não constava no texto do artigo 655 do CPC de 1973.

Por podemos dizer que os operadores do direito têm uma excelente oportunidade para cumprir com exatidão o modelo constitucional de processo previsto na Constituição e expressamente adotado no artigo 1º do CPC/2015.

Como já dissemos, pela letra do artigo 523, § 3º e 829, § 1º verifica-se que a *penhora em casos comuns, em sentido lato, é realizada depois do prazo* (15 e 03 dias respectivamente) para cumprimento "espontâneo" da obrigação revelada no título executivo. Contudo, aqui na penhora de dinheiro e de ativos financeiros o caput do artigo 854 trata, *primeiramente, do ato de indisponibilidade dos ativos financeiros, ou seja, não é ainda a penhora, que só se efetiva após a não impugnação deste ato ou a rejeição da mini impugnação do artigo 853, § 3º, que também já mencionamos retro.*

Assim, realmente me parece ser perfeitamente cabível e recomendável que se interprete a expressão *"sem dar ciência prévia do ato ao executado"* contida no artigo 854, identificando este momento como o que antecede o prazo para o adimplemento, ou seja, tão logo o juiz despache a inicial ou o requerimento executivo.

Não fosse assim, qual seria o momento em que se aplicaria a regra de "não dar ciência prévia do ato ao executado"? Depois de ele ter sido intimado ou citado?

Lembrem-se da máxima interpretativa de que o texto legal não contém palavras inúteis. Se interpretarmos dessa forma de que deve ser depois deste prazo, com o devido respeito, será inútil, um verdadeiro chiste, porque se alguma esperança se tinha de levar à penhora ativos financeiros do executado, esta esperança será aniquilada, com requinte de crueldade, justamente no tal prazo para adimplir voluntariamente, pois é neste momento que o executado irá "zerar" sua conta bancária.[47]

Insistimos em dizer que o artigo 854 diz que o ato de *apreensão dos ativos financeiros será realizado sem a ciência prévia do executado*. Assim, frise-se, segundo o modelo constitucional de processo, antes mesmo de proceder a citação do executado (no processo de execução) ou a sua intimação (no cumprimento de sentença) proceder-se-á a realização do ato de apreensão dos ativos financeiros pela forma descrita no dispositivo. Trata-se apenas do *primeiro ato da penhora* e, por isso mesmo, *penhora ainda não há*, motivo pelo qual não há violação nenhuma ao artigo 523 e 829 que tratam do momento de realização da penhora em geral.

A inovação é importante pois normalmente a citação ou intimação prévia permitia que o executado esvaziasse suas contas bancárias tornando infrutífero o ato de penhora.

---

47. Um lembrete: se o executado tiver zerado suas contas em momento próximo à realização do bloqueio judicial, sugere-se que o magistrado determine a apresentação dos extratos bancários ou que verifique de ofício quando o devedor tomou tal atitude que se se encaixa como uma luva naquelas condutas ímprobas do artigo 774 do CPC e portanto, poderá ser punido por isso (art. 139, III e 77 do CPC).

CAPÍTULO 02 • A FASE POSTULATÓRIA DO PROCEDIMENTO PARA PAGAMENTO DE QUANTIA **219**

Ao reconhecer que a penhora só ocorre depois de rejeitada ou não interposta a mini impugnação, então, o dispositivo é perfeitamente compatível com os artigos 523, § 3º e 829, § 1º.

Em nosso sentir a Lei [ou o intérprete do texto] reconheceu como *in re ipsa a urgência* transferindo para este momento liminar do processo de execução ou do cumprimento de sentença a necessidade de se realizar a *indisponibilidade dos ativos financeiros*, colocando entre a *apreensão* e o futuro *depósito da quantia indisponibilizada*, a possibilidade de o executado impugnar o bloqueio.

A indisponibilidade em nada impede, antes facilita, o cumprimento espontâneo nos prazos de 15 e 03 dias. É importante dizer isso porque esse não é óbice para que o devedor possa adimplir a sua obrigação no referido prazo, na medida que o bloqueio, ainda que seja a primeira etapa da penhora que será efetivada com a futura transferência (depósito) da quantia na conta do juízo, acaba servindo também como estímulo positivo e coercitivo para que seja adimplida a obrigação no referido prazo, em consonância com o artigo 139, IV do CPC.

## 2.7 A intimação do executado

A *intimação* do executado foi a maneira pela qual o legislador amarrou as fases cognitiva e executiva do mesmo processo. Ao dizer no caput do art. 523 que o *executado* será *intimado* e não *citado* deixou claro que o devedor não vem integrar uma nova relação jurídica, mas simplesmente tomar ciência de um ato da relação jurídica processual já existente. Neste particular, nem o art. 523 e nem o art. 513 foram felizes nas expressões. Diz o art. 523, caput que o *executado será intimado* e o art. 513 que o *devedor será intimado*.

Conquanto a atecnia resida na nomenclatura do requerido, porque só será executado quando for intimado do requerimento executivo, e, devedor é terminologia do direito material, isso nada atrapalha a compreensão de que estamos diante de uma *intimação* do réu que já integrava a primeira fase desta única relação jurídica processual. Curiosamente, o art. 526, ao tratar da *execução às avessas* (consignação do pagamento), é escorreito ao falar em *réu* que nesta hipótese será o requerente e o *autor* que será o requerido. Ao falar em *réu* e *autor* o CPC é fiel a perspectiva de que estamos numa única relação jurídica processual e a fase subsequente à sentença condenatória é apenas uma *fase* e não um *novo processo*.

Apenas do sujeito que terminou como réu sujeito aos limites subjetivos do julgado exequendo que será intimado para a fase executiva. Logo, serve para ser didático o § 5º do art. 513 ao dizer que "o cumprimento da sentença não poderá ser promovido em face do fiador, do coobrigado ou do corresponsável que não tiver participado da fase de conhecimento". Havendo vários réus condenados em solidariedade é perfeitamente possível que o cumprimento de sentença seja movido apenas contra um deles. Esta é uma opção do autor que, sopesando estratégias processuais e tendo conhecimento prévio da incapacidade financeira de alguns, pode optar contra quem promoverá o cumprimento de sentença.[48] Logo, o eventual litisconsórcio passivo formado na fase cognitiva do processo não implicará na sua projeção inexorável na fase de cumprimento de sentença.

A regra da intimação do *réu* tem duas variantes considerando se o requerimento executivo foi formulado dentro de um ano do trânsito em julgado da sentença condenatória, ou da decisão que fixou a liquidação.

Na hipótese mais comum, de requerimento formulado dentro do período de um ano do trânsito em julgado da decisão exequenda o réu será intimado na pessoa de seu advogado. Segundo o art. 513, § 2º o *devedor* (rectius=réu) será intimado para cumprir a sentença: I – pelo Diário da Justiça, na pessoa de seu advogado constituído nos autos; II – por carta com aviso de recebimento, quando representado pela Defensoria Pública ou quando não tiver procurador constituído nos autos, ressalvada a hipótese do inciso IV; III – por meio eletrônico, quando, no caso do § 1º do art. 246, não tiver procurador constituído nos autos, IV – por edital, quando, citado na forma do art. 256, tiver sido revel na fase de conhecimento.

Lembrando que o art. 274 do CPC determina que não dispondo a lei de outro modo, as intimações serão feitas às partes, aos seus representantes legais, aos advogados e aos demais sujeitos do processo *pelo correio* ou, *se presentes em cartório, diretamente pelo escrivão ou chefe de secretaria*. E, lembrando ainda, que a intimação pelo correio será feita no endereço constante dos autos, então, desde já fica claro que as hipóteses dos incisos II e III acima que dependem do endereço do réu serão feitas no endereço constante dos autos, presumindo como válidas as intimações que ali forem dirigidas, ainda que não tenham sido recebidas pessoalmente pelo interessado, se a modificação temporária ou definitiva não tiver sido devidamente comunicada ao juízo, fluindo os prazos a partir da juntada aos autos do comprovante de entrega da correspondência no primitivo endereço.

Por outro lado, se o requerimento executivo for formulado após 1 (um) ano do trânsito em julgado da sentença (ou da decisão liquidatória), a intimação será feita na pessoa do devedor, por meio de carta com aviso de recebimento encaminhada ao endereço constante dos autos, observado o disposto no parágrafo único do art. 274 e no § 3º do art. 513 que tratam da presunção de intimação no endereço constante dos autos, mesmo que tenha ocorrido alteração provisória ou definitiva não informada ao juízo.

---

48. Se feita a opção pelo exequente, e, posteriormente pretender incluir um deles na fase executiva deverá iniciar a fase executiva, não sendo suficiente *redirecionar* a execução contra o sujeito que por opção dele não foi colocado no polo passivo desde o início.

## CAPÍTULO 02 • A FASE POSTULATÓRIA DO PROCEDIMENTO PARA PAGAMENTO DE QUANTIA — 221

### 2.8 Intimação para "pagamento voluntário" e a inocuidade do provimento condenatório para pagamento de quantia

Depois da intensa luta da doutrina brasileira em dar algum sentido lógico/jurídico à sentença condenatória para pagamento de quantia, mormente depois que se passou a admitir a eficácia executiva aos provimentos declaratórios, o CPC de 2015, infelizmente, voltou a esvaziar completamente a sua eficácia e efetividade, que, sabemos, nunca foi lá essas coisas.

Relembre-se que quando se tinha a divisão estanque e autônoma do processo cognitivo e do processo executivo, a sentença condenatória era execrada por não deixar de ser mero bilhete de ingresso para que fosse dado início à tutela executiva. Ela mesma, em si mesma, era um mero texto inofensivo "condenando o réu a prestação" sem, contudo, trazer nenhuma consequência prática pelo seu descumprimento.

Relembre-se que, na redação original do art. 652 do CPC de 1973 previa que *"o devedor será citado para, no prazo de 24 (vinte e quatro) horas, pagar ou nomear bens à penhora"*, ou seja, se pagasse nestas 24 horas sofreria apenas o acréscimo dos honorários devidos em razão da abertura do novo processo.

A verdadeira mudança em prol da sentença condenatória para pagamento de quantia só surgiu depois que foram implementadas as modificações no artigo 461 e 461-A do CPC/73 (Leis 8.954 e 10.444) atribuindo as sentenças que impunham a obrigação de fazer e não fazer e entrega de coisa o modelo que hoje é consagrado no artigo 536 e 538, parágrafo único do CPC de 2015.

Portanto, foi depois de muita reflexão da doutrina,[49] e de certa forma pressionados pelo modelo sincrético adotado para as outras sentenças condenatórias, e, também, de certa forma, pelo reconhecimento da eficácia executiva da sentença declaratória que contivesse todos os elementos da obrigação, que o legislador processual acordou para a necessidade de dotar à sentença condenatória de alguma "eficácia concreta" e o fez por intermédio da Lei 11.232/2005 que trouxe o "sincretismo" para os processos que visavam a obtenção da tutela das obrigações de pagar quantia.

Pelo *novo modelo* bastaria um só processo com fases cognitiva e executiva, ainda que estas estivessem perfeitamente delimitadas. Para alcançar este desiderato o legislador fez uma verdadeira "bagunça alfabética" no CPC de 1973 transformando o artigo 475 em hospedeiro de várias letras (475-A até 475-R).

No que concerne a este livro importa dizer que o art. 475-J, um dos mais importantes daquela reforma, trouxe a esperada *força* à sentença condenatória de pagar quantia com a "multa de 10%" fixada pelo legislador para o caso de não ser realizado o seu "espontâneo cumprimento".

---

49. Sobre um panorama dessas reflexões ver CARNEIRO, Athos Gusmão. *Do cumprimento de sentença*. 2. ed. Rio de Janeiro: Forense, 2010, p. 3 e ss.

Isso mesmo, a sentença condenatória passava, enfim, a ser dotada de uma carga impositiva, pois, uma vez transitada em julgado a decisão condenatória, se a prestação de quantia imposta não fosse espontaneamente cumprida pelo "condenado", então, na eventual abertura da fase executiva, já constaria o valor exequendo com o acréscimo da referida multa.[50]

Assim, além de outros efeitos secundários como a possibilidade de realização da hipoteca judiciária, essa multa pelo descumprimento da condenação constituía uma importante diferença entre as sentenças declaratórias com eficácia de título executivo judicial e as sentenças condenatórias. Apenas as condenatórias possuíam a força coativa (multa de 10%) para o cumprimento espontâneo do comando sentencial.

Observe-se que o requerimento executivo previsto no artigo 475-J do CPC revogado só era feito após esgotado o prazo para cumprimento espontâneo da sentença condenatória de pagar quantia transitada em julgado.[51]

Com o surgimento do atual CPC manteve-se a eficácia executiva da sentença declaratória (na hipótese do artigo 515, I), mas, por outro lado, transformou-se a sentença condenatória em um provimento absolutamente inofensivo, totalmente desprovido de eficácia, numa situação pior do que a redação original de 1973.

Isso porque pelo atual modelo, se o devedor for condenado ao pagamento de quantia por decisão transitada em julgado já não há mais nenhum motivo para que cumpra a decisão espontaneamente, porque nenhuma consequência advém da sua inércia. Pelo contrário, só tem a ganhar com isso.

É que nos termos do artigo 523, § 1º, após o trânsito em julgado da sentença condenatória para pagamento de quantia, deve o exequente fazer o requerimento executivo, portanto, provocar o início da fase executiva, e, o primeiro ato desta fase é destinado ao executado: ele é intimado a pagar quantia (a mesma fixada na condenação) em 15 dias sem que *nada lhe aconteça se adimplir neste período.*

Nem honorários da execução e nem a multa de 10% serão devidos se o devedor espontaneamente cumprir a obrigação no quinquídio, de forma que o art. 523 do CP, se bem observado, estimulou a conduta recalcitrante do réu ao transportar a multa de 10%, que antes era do descumprimento da sentença condenatória, e, portanto, anterior ao requerimento executivo, para um momento posterior ao início da própria fase executiva.

Ninguém, em sã consciência, cumprirá a sentença condenatória transitada em julgado para pagamento de quantia, simplesmente porque embora na sua parte

---

50. Neste sentido ver por todos BUENO, Cassio Scarpinella. *A nova etapa da reforma do Código de Processo Civil.* São Paulo: Saraiva, 2006, p. 95-97 e YARSHELL, Flávio Luiz e BONICIO, Marcelo. *Execução civil* – novos perfis. São Paulo: RCS Editora. 2006, p. 30-31.

51. Questão tormentosa àquela época, que em nada interfere nestas conclusões, foi saber como se daria – ou se é que se daria – a intimação do condenado para cumprir a sentença condenatória de pagar quantia transitada em julgado.

# CAPÍTULO 02 • A FASE POSTULATÓRIA DO PROCEDIMENTO PARA PAGAMENTO DE QUANTIA | 223

dispositiva possa constar o comando *"impositivo do réu pagar a quantia"*, na realidade, nada, absolutamente nada acontecerá se ele pagar depois, se e quando for demandado para tanto no prazo do artigo 523, § 1º. Nem mesmo honorários serão devidos se isso acontecer.[52]

Ora, abolido o efeito secundário da sentença condenatória, qual a diferença entre executar uma declaração e uma condenação, se os efeitos só são sentidos após ter sido esgotado o prazo para pagamento do artigo 523, § 1º. Se a multa pelo *inadimplemento espontâneo no prazo de 15 dias* também for aplicável nas hipóteses de execução de sentenças declaratórias, aí podemos jogar no lixo qualquer distinção entre aquelas e a sentença condenatória.

O "risco zero" de não cumprimento do "pagamento voluntário" desta sentença condenatória transitada em julgado leva a conclusão de que é um verdadeiro acinte contra o jurisdicionado sustentar que a tutela jurisdicional por ele pleiteada, *que propôs demanda pedindo o adimplemento*, foi integralmente entregue com a referida "condenação", em especial porque tal "condenação" muito pouco, ou, quase nada, difere da sentença meramente declaratória (dotada de eficácia executiva).

Se, depois da "sentença condenatória" que não tem nenhuma eficácia, ainda assim o jurisdicionado deve *demandar* pela fase executiva então é de se perguntar o que ele efetivamente pediu quando formulou sua pretensão na petição inicial ajuizada, narrando o inadimplemento material e pleiteando o seu adimplemento? Qual é a solução integral do mérito que ele almejou?

Enquanto o antigo requerimento executivo do artigo 475-J enxertado em 2005 no CPC de 1973 pelo menos fazia algum sentido, posto que era posterior à multa imposta pelo descumprimento da sentença condenatória transitada em julgado, este do artigo 523, caput é um grande engodo ao jurisdicionado. A tutela do adimplemento, embora requerida, não lhe foi prestada. Terá que pedir novamente aquilo que já tinha pleiteado.

## 2.9 "Pagamento voluntário"?

O pagamento realizado no prazo estabelecido no caput do art. 523 pode ser tudo menos "voluntário". Inicialmente porque a ordem que o exorta a pagar é acompanhada de inúmeras consequências em caso de não cumprimento. Assim, se não pagar, ou pagar parcialmente, o débito integral ou remanescente será acrescido de multa de dez por cento e, também, de honorários de advogado de dez por cento, ou seja, a dívida original terá um acréscimo de 20 por cento, seja pela multa, seja pelos honorários. Além disso, como lembra o art. 517 do CPC a

---

52. Observe que o protesto da sentença condenatória transitada em julgado também só será possível após o esgotamento in albis do prazo do artigo 523, § 1º do CPC como diz o artigo 517, caput: "A decisão judicial transitada em julgado poderá ser levada a protesto, nos termos da lei, depois de transcorrido o prazo para pagamento voluntário previsto no art. 523".

decisão judicial transitada em julgado poderá ser levada a protesto, nos termos da lei, *depois de transcorrido o prazo para pagamento voluntário previsto no art. 523.* Isso sem contar o fato de que se não for efetuado o pagamento, será expedido, desde logo, mandado de penhora e avaliação, seguindo-se os atos de expropriação forçada (§ 3º, art. 523).

Todos estes aspectos demonstram que o não cumprimento da ordem judicial no prazo de 15 dias tem consequências que são conhecidas pelo réu (que é intimado na pessoa de seu advogado) e não se pode dizer que aquele que paga o débito no prazo o faz *voluntariamente*. Parece-nos claro que esta *ordem judicial* é fruto de um juízo de admissibilidade positivo realizado pelo magistrado, repleto de consequências em caso de descumprimento, num típico caso de decisão interlocutória agravável por instrumento.[53]

Pagamento "voluntário" de verdade ocorreria na hipótese de o devedor cumprir voluntariamente a sentença depositando o valor que considera devido, como na hipótese do artigo 526 do CPC quando dá início a execução às avessas.

Não custa lembrar que para que ocorra este momento do prazo para cumprimento do artigo 523 é mister que já tenha ocorrido, lá atrás, o verdadeiro *inadimplemento material* que obrigou o autor da ação a promover a demanda condenatória, e, além disso, que já tenha sido proferida a sentença, possivelmente mantida em vários graus de jurisdição, que ela tenha transitado em julgado e que também não tenha sido cumprida pelo réu, obrigando o autor a dar início ao cumprimento de sentença definitivo mediante a provocação pelo *requerimento executivo*.

Não se admite o *pagamento*, a não ser que o exequente consinta, mediante *dação em pagamento*, ou seja, não há a possibilidade de o executado, sob alegação de que seu patrimônio está imobilizado e não conseguiu liquidá-lo para efetuar o pagamento, ofertar outros bens como forma de satisfação da dívida. Já há execução em curso no presente caso e a *adjudicação* como forma de satisfação depende da concordância do exequente nos termos do art. 876 do CPC.

## 2.10 A incidência dos honorários e da multa legislativa de 10%

A multa de 10% prevista no § 1º do art. 523 corresponde àquela que já existia no extinto art. 475-J do Código revogado. Parece-nos ter um papel punitivo àquele devedor recalcitrante que ignorou o comando da sentença condenatória transitada em julgado impondo ao autor a necessidade da tutela satisfativa. É multa que pressupõe o início da fase executiva, portanto, *depois* de iniciado o requerimento executivo

---

53. "Possui caráter decisório o ato judicial que determina a intimação da parte executada para pagamento do débito indicado na petição de cumprimento de sentença, sob pena de incidência da multa prevista no art. 475-J do CPC/73" (AgRg no REsp n. 1.258.517/SP, Relator Ministro Marco Buzzi, Quarta Turma, julgado em 20.03.2018, DJe 27.03.2018).

que deve ser embasado em sentença condenatória líquida, certa e exigível e depois de esgotado prazo a que alude o art. 523, § 3º.[54]

Como se disse no tópico anterior, este prazo para cumprimento depois de iniciada a execução por cumprimento definitivo de sentença, é uma "última chance" de cumprir a sentença condenatória sem o ônus financeiro de uma nova fase processual. Inegavelmente toda punição tem um papel pedagógico coercitivo,[55] mas aqui nesta hipótese nos parece que o fato de ser fixada pelo legislador, um valor fixo e invariável independentemente das circunstâncias do caso concreto, sobre o qual o juiz não tem poder de flexibilizar,[56] e considerando a conduta recalcitrante do réu em não cumprir a sentença condenatória, parece-nos, realmente, que possui um caráter punitivo.

É preciso deixar claro que o valor de 10% incide sobre o valor do débito que está sendo cobrado e que foi fixado na sentença condenatória, ou seja, a rubrica dos honorários fixados na sentença na fase cognitiva não integra o valor do débito fixados na fase cognitiva. Isso quer dizer que devem ser tratados separadamente o débito dos honorários, que pertence ao causídico, do débito principal que pertence ao autor. Se se der início ao cumprimento de sentença da verba honorária, e não for paga no prazo do art. 523, então os 10% incidirão sobre o débito da verba honorária. Por outro lado, se se der início ao cumprimento de sentença do valor do débito principal, então é sobre este valor que incidirá os 10% da multa legislativa.

Outra observação importante é que os honorários de 10% incidem também sobre o valor do débito constante da sentença condenatória e não sobre a soma deste com os 10% da multa, ou seja, não é uma cascata onde primeiro incide os 10% de multa e depois os 10% de honorários sobre a soma da multa com o débito original.

Ademais, o deposito da quantia devida deve ser *integral*, pois se for efetuado o pagamento parcial no prazo de 15 dias, tanto a multa quanto os honorários previstos no § 1º incidirão sobre o restante que não foi depositado.

Deve ser observado ainda o fato em se tratando de condenação que imponha o cumprimento de prestações sucessivas (art. 323) o valor da multa e dos honorários só podem incidir sobre o débito consolidados, qual seja, as prestações vencidas. O fato de tais verbas futuras estarem incluídas na condenação, enquanto durar a obrigação, não significa que seja possível executá-las (as parcelas futuras), pois ainda não há título exigível quanto a elas, pois o termo ainda não se operou. Daí porque

---

54. AgInt no AREsp 1628618/DF, Rel. Ministro Marco Buzzi, Quarta Turma, julgado em 21.09.2020, DJe 24.09.2020.
55. "(...) Considerando o caráter coercitivo da multa, a desestimular comportamentos exclusivamente baseados na protelação da satisfação do débito perseguido, não há de se admitir sua aplicação para o devedor que efetivamente faz o depósito integral da quantia dentro do prazo legal e não apresenta impugnação ao cumprimento de sentença. (...)", RESP 1834337/SP, rel. Ministra Nancy Andrighi, Terceira Turma, julgado em 03.12.2019, DJe 05.12.2019.
56. REsp 1701824/RJ, Rel. Ministra Nancy Andrighi, Terceira Turma, julgado em 09.06.2020, DJe 12.06.2020.

apenas sobre o débito consolidado, vencido, é que incide a multa e os honorários em caso de não pagamento no prazo de 15 dias.[57]

Não realizado o pagamento voluntário no prazo do artigo 523, § 1º, incide, inapelavelmente a multa imposta pela lei. Isso quer dizer que mesmo que nos seus cálculos posteriores ao dar prosseguimento à execução o exequente, por lapso, não tenha inserido o valor da multa, ela continua a ser devida e poderá ser acrescentada no crédito exequendo que lhe é devido.

## 2.11 Garantia do juízo (depósito do valor) e incidência da multa

É perfeitamente possível que, intimado para fazer o pagamento voluntário no prazo de 15 dias, o executado decida por *depositar em juízo o valor do débito* (garantir o juízo) ofertando em seguida a impugnação do executado nos termos do art. 525.

Parece claro, mas não custa de dizer, que o *depósito judicial do valor* não é "pagamento voluntário", senão apenas atitude que *garante o juízo* para que se rechaçada a sua defesa não seja surpreendido com uma constrição patrimonial. Ao depositar o valor em juízo o executado se livra do risco de ver no futuro a dívida em patamares estratosféricos, pois a correção da dívida acompanha o valor do depósito em quantia que foi feito.

Importante deixar claro que o *depósito da quantia referente ao valor do débito como garantia do juízo* tem regime jurídico diferente em se tratando de cumprimento provisório e definitivo de sentença. O depósito que condiciona o seu levantamento à prévia discussão do débito ou do processo em que ele é cobrado, portanto, não se assemelha a "pagamento" ou "depósito sem condicionamentos para seu levantamento".[58] Caso não venha especificado no depósito feito pelo executado se foi *com levantamento condicionado* ou sem *levantamento condicionado* deve-se interpretar a situação jurídica a partir da sua conduta no curso do procedimento executivo. Assim, não incidirá a penalidade se a "executada depositou voluntariamente a quantia devida no prazo legal e não apresentou impugnação do cumprimento de sentença".[59]

No primeiro caso, por ainda estar em discussão o direito sobre o qual se assenta o título executivo judicial que embasou o cumprimento provisório, por exemplo porque esteja pendente o recurso especial ou extraordinário, o depósito da quantia isenta-o temporariamente da multa, e tal ato não será havido como incompatível com o recurso por ele interposto. Contudo, uma vez transitado em julgado e convertido

---

57. REsp 1837146/MS, Rel. Ministro Ricardo Villas Bôas Cueva, Terceira Turma, julgado em 11.02.2020, DJe 20.02.2020.

58. "(...) a multa do aludido art. 523 só deve ser afastada quando o executado depositar voluntariamente a quantia devida em juízo, sem condicionar seu levantamento a qualquer discussão do débito, (AgInt no AREsp n. 1.578.164/RS, relator Ministro Raul Araújo, Quarta Turma, julgado em 11.12.2023, DJe de 15.12.2023.)

59. AgInt no AREsp 1506935/SP, Rel. Ministro Raul Araújo, Quarta Turma, julgado em 20.04.2020, DJe 04.05.2020.

CAPÍTULO 02 • A FASE POSTULATÓRIA DO PROCEDIMENTO PARA PAGAMENTO DE QUANTIA **227**

cumprimento provisório em definitivo deve o executado ser intimado para pagar o valor no prazo de 15 dias sob pena de multa. Bastará, na hipótese pedir a conversão do depósito em pagamento para evitar a incidência da multa de 10%.

Por outro lado, tratando-se de *cumprimento definitivo* este depósito para garantir o juízo não o isenta da multa, ou seja, porque não *pagou*, mas *depositou* em juízo o valor do principal postergando e dilatando o procedimento executivo para discussão do débito em impugnação do executado, caso em que deve incidir a multa sobre o valor depositado, além, é claro dos 10% de honorários.[60]

## 2.12 O prazo do "pagamento voluntário" e o prazo da impugnação do executado

Buscando a simplificação processual a lei estabeleceu hipótese de uma única intimação servir para contagem de dois atos processuais. Segundo o art. 525, caput do CPC "transcorrido o prazo previsto no art. 523 sem o pagamento voluntário, inicia-se o prazo de 15 (quinze) dias para que o executado, independentemente de penhora ou nova intimação, apresente, nos próprios autos, sua impugnação".

Está claro que ao ser intimado para efetuar o pagamento voluntário no prazo de 15 dias, o executado também está sendo intimado do dies a quo e do dies ad quem para apresentar a sua impugnação. O texto é claro ao falar "independentemente de nova intimação", simplesmente porque a intimação para impugnar começa quando "transcorrido o prazo no art. 523 sem o pagamento voluntário".

O primeiro dia do quinquídio da impugnação não é flexível, ou seja, não ocorrendo o pagamento voluntário, começa o prazo da impugnação um dia (útil) após o último dia que o executado teria para realizar o pagamento. Assim, se o último dia para pagamento terminaria numa quarta-feira, então o primeiro dia para oferecer a sua impugnação começa no dia seguinte, quinta-feira. Pode acontecer de o executado fazer o pagamento parcial da dívida no prazo de quinze dias, mas isso não faz com que se considere "transcorrido o prazo", ou seja, se efetuado o pagamento parcial no 7º dia, não significa que no dia seguinte iniciou o prazo da impugnação. Isso porque o texto é claro ao mencionar que considera "transcorrido o prazo previsto no art. 523 sem o pagamento voluntário", ou seja, não pode ser surpreendido com a contagem antecipada e a consequente preclusão temporal do prazo da impugnação o executado que realiza algum pagamento, ainda que parcial.

A contagem do referido prazo não se altera se o executado fizer o depósito do valor da multa, ou seja, "mesmo que o executado realize o depósito para garantia do juízo no

---

60. "A jurisprudência do STJ firmou entendimento no sentido de que o mero depósito judicial do valor exequendo pelo devedor ou seu equivalente, com a finalidade de permitir a oposição de impugnação ao cumprimento de sentença, não perfaz adimplemento voluntário da obrigação, autorizando o cômputo da sanção de 10% (dez por cento) sobre o saldo devedor. (...) (AgInt no AREsp 1511492/SP, Rel. Ministra Maria Isabel Gallotti, Quarta Turma, julgado em 21.09.2020, DJe 24.09.2020).

prazo para pagamento voluntário, o prazo para a apresentação da impugnação somente se inicia após transcorridos os 15 (quinze) dias contados da intimação para pagar o débito, previsto no art. 523 do CPC/15, independentemente de nova intimação".[61]

## 2.13 O arresto executivo

O art. 830 do CPC trata do *arresto executivo* e a localização do dispositivo não esconde que esta técnica processual é precipuamente voltada para a execução por processo autônomo como veremos mais adiante neste mesmo capítulo (item 3.1.4.8), qual seja fundada em título executivo extrajudicial. Isso porque é nesta, e não no cumprimento de sentença, que o devedor é citado para integrar a relação jurídica processual.

No cumprimento de sentença, regra geral, o *réu* do processo será *intimado* por meio de seu *advogado constituído nos autos* para realizar o pagamento do débito no prazo de 15 dias sob pena de início da execução forçada (art. 523), com acréscimo da multa de 10% e de honorários advocatícios também de 10% sobre o valor do débito.

Entretanto, embora pensado para o *processo de execução* o arresto executivo também pode acontecer em alguns casos de cumprimento de sentença quando, por exemplo, a intimação do devedor for pessoal (v.g. § 4º do art. 513) e embora destinada ao endereço correto for frustrada por não ter sido obtido o aviso de recebimento. Nestas hipóteses pode acontecer de a intimação ser feita por meio de oficial de justiça (art. 275) aplicando-se, portanto, a hipótese de *arresto executivo*.

A *arresto executivo* é ato da execução sem qualquer índole de técnica cautelar urgente na qual se insere a medida cautelar de arresto (art. 301). Tanto isso é verdade que no arresto executivo basta que não se encontre o executado quando da sua citação, independentemente que qualquer indício de que esta dificuldade exista por ato malicioso do executado. Se em sua diligência normal "o oficial de justiça não encontrar o executado" (art. 830), isso é suficiente para que promova o arresto executivo arrestando "tantos bens quantos bastem para garantir a execução". Com o desenvolvimento dos atos eletrônicos o arresto executivo passou a ser medida mais simples de ser realizada. Com vistas a "evitar que os bens do devedor não localizado se percam, a fim de assegurar a efetivação de futura penhora na ação de execução (...) frustrada a tentativa de localização do devedor, é possível o arresto de seus bens na modalidade on-line, com base na aplicação analógica do art. 854 do CPC/15".[62]

Obviamente que se o arresto dos bens, independentemente de termo, converte-se em penhora, caso seja aperfeiçoada a intimação e tenha transcorrido in albis o

---

61. AgInt no AREsp n. 2.131.512/MT, relator Ministro Humberto Martins, Terceira Turma, julgado em 13.05.2024, DJe de 15.05.2024.

62. (AgInt no AREsp n. 1.956.886/RJ, relatora Ministra Nancy Andrighi, Terceira Turma, julgado em 02.05.2022, DJe de 04.05.2022; REsp n. 1.822.034/SC, relatora Ministra Nancy Andrighi, Terceira Turma, julgado em 15.06.2021, DJe de 21.06.2021).

CAPÍTULO 02 • A FASE POSTULATÓRIA DO PROCEDIMENTO PARA PAGAMENTO DE QUANTIA **229**

prazo de pagamento do art. 523, só se pode pensar em arresto de bens que possam ser expropriados e, de preferência, que siga a ordem do art. 835; ou, *contrario sensu*, não é possível arrestar bens impenhoráveis, o que, nem sempre será de conhecimento do oficial de justiça, o que poderá motivar a impugnação pelo executado questionando a legalidade da penhora e/ou a ordem de preferência dos bens arrestados/penhorados (art. 525, IV).

## 2.14 A execução forçada como consequência do não "pagamento voluntário"

Além das consequências já mencionadas nos tópicos anteriores (incidência de multa e honorários, início do prazo para impugnação do executado) ao não efetuar o pagamento voluntário no prazo de quinze dias o executado abre a porta da *execução forçada* mediante as técnicas executivas típicas e atípicas, sub-rogatórias e/ou coercitivas.

Colhe-se do § 3º do art. 523 que *"não efetuado tempestivamente o pagamento voluntário, será expedido, desde logo, mandado de penhora e avaliação, seguindo-se os atos de expropriação"*.

Observa-se também o artigo 517 que "a decisão judicial transitada em julgado poderá ser levada a protesto, nos termos da lei, depois de transcorrido o prazo para pagamento voluntário previsto no art. 523".

Já nos procedimentos especiais de pagar quantia, como no caso dos alimentos, se for opção do exequente o rito especial e os pressupostos estejam atendidos diz o art. 528, § 3º que "se o executado não pagar ou se a justificativa apresentada não for aceita, o juiz, além de mandar protestar o pronunciamento judicial na forma do § 1º, decretar-lhe-á a prisão pelo prazo de 1 (um) a 3 (três) meses".

## 3. FASE POSTULATÓRIA NO PROCESSO DE EXECUÇÃO

### 3.1 Processo de execução e cumprimento de sentença para pagamento de quantia

### 3.1.1 *Processo de execução e cumprimento de sentença*

Como já vimos anteriormente o Código de Processo Civil oferta duas técnicas para realização da atividade jurisdicional executiva: processo de execução e cumprimento de sentença.

O cumprimento de sentença é técnica processual para realizar uma obrigação inadimplida revelada num título executivo *judicial*. O nome atribuído *serve* para designar que em um só processo há uma fase cognitiva (até a prolação da sentença) e uma fase satisfativa (cumprimento de sentença). Recorde-se que o artigo 4º do CPC menciona que as partes têm o direito de obter em prazo razoável "a solução integral do mérito, incluída a atividade satisfativa".

Apenas excepcionalmente os títulos executivos *judiciais* são efetivados por meio da técnica de *cumprimento da* sentença, mas sim por *processo de* execução, como nos casos de *processo de execução de sentença estrangeira homologada, processo de execução de sentença arbitral, sentença penal condenatória etc.*

Quando estamos diante de procedimento executivo para pagamento de quantia a distinção procedimental que justifica a diversidade de nomenclatura para a efetivação dos títulos judiciais e extrajudiciais concentra-se, basicamente, no fato de que no primeiro segue-se uma *fase do mesmo processo* e no segundo *inicia-se um processo autônomo.* Será na fase inicial de um e de outro que estas diferenças se apresentam, de forma que superado este momento postulatório, ambas as técnicas seguem o mesmo procedimento para pagamento de quantia.

Enquanto no cumprimento de sentença para pagamento de quantia requer-se a *intimação do executado* prosseguindo numa fase nova do mesmo processo, no processo de execução, porque fundado em título que nunca passou pelo crivo do judiciário, instaura-se um processo novo devendo o executado ser integrado mediante uma *citação válida.* É certamente bem mais complexo *citar* um sujeito para integrar um processo do que *intimar a parte de um ato do processo* que ele já integra desde o início da fase cognitiva.

Imperioso dizer que o cumprimento da sentença proferida na fase cognitiva pressupõe que o contraditório prévio à formação do título já tenha sido exercitado, ao passo que no processo de execução a eventual oposição ao título e ao direito a ele subjacente é ônus do executado que deve ser manejado por meio de embargos à execução. É por isso que se fala em *contraditório necessário e prévio* à formação do título (sentença) que será *cumprida* em fase executiva, e *contraditório posterior e eventual* que será exercido pelo executado após iniciado o processo de execução do título extrajudicial.

Ainda, é de se dizer, e veremos com mais vagar no item 3.2 mais abaixo, que dada a possibilidade de que os títulos executivos judiciais sejam *provisórios* (decisão que se executa sem que tenha ocorrido o trânsito em julgado) ou *definitivos* (decisão que se executa que esteja estabilizada pelo trânsito em julgado) é preciso dizer que existem peculiaridades que envolvem a situação quando o título que embasa a realização da execução é *provisório.* Existem dois métodos de se realizar um comando judicial provisório: a *efetivação da tutela provisória* (art. 297) e o *cumprimento provisório de sentença* (art. 520).

### 3.1.2 As regras do processo de execução servem ao cumprimento de sentença e vice-versa, mas a maior parte delas (quantia) está no processo de execução

O *cumprimento da sentença* como fase executiva de um mesmo processo já estava presente na reforma de 1994 (Lei 8.952) quando o legislador importou do

CDC o artigo 84 e decalcou-o no artigo 461[63] do CPC de 1973 permitindo que o *cumprimento de sentença das obrigações de fazer e não fazer* pudesse ser iniciado até mesmo de ofício como se fosse uma sequência imediata e sem intervalos à sentença transitada em julgado (§ 5º). Com o sucesso desse dispositivo o legislador estendeu a mesma técnica para as obrigações de entrega de coisa por meio da Lei 10444/02 como se observa no § 3º do art. 461-A.[64]

Apenas em 2005 com a Lei 11232 que o legislador proporcionou as obrigações para pagamento de quantia contra devedor solvente fundadas em título judicial o status de ser efetivada mediante uma *fase* de um processo único que continha uma fase cognitiva que terminava com a prolação da sentença e uma fase executiva destinada a satisfazer o direito que nela estava revelado. Naquele momento, em 2005, para "recortar" os dispositivos atinentes à execução de título judicial que antes estavam no livro da execução e "colar" no livro do processo de conhecimento, o legislador colocou no artigo 475 uma série de letras (475-A até 475-R). Exatamente do 475-I até o 475-R o Código tratava do cumprimento de sentença (provisório e definitivo) das obrigações de pagar quantia.

Ainda que sob o mesmo rótulo "cumprimento de sentença" o Código tivesse colocado, desde 2005, a efetivação das obrigações de fazer e não fazer, entrega de coisa e pagamento de quantia, é fora de dúvidas que o cumprimento de sentença que satisfaz as obrigações específicas é bastante diferente da que satisfaz o pagamento de quantia. Enquanto aquelas são "iniciáveis de ofício" e regidas pela *atipicidade proce-dimental*, estas dependem de "requerimento inicial" do exequente e são governadas pela *tipicidade* procedimental.

---

63. Art. 461. Na ação que tenha por objeto o cumprimento de obrigação de fazer ou não fazer, o juiz concederá a tutela específica da obrigação ou, se procedente o pedido, determinará providências que assegurem o resultado prático equivalente ao do adimplemento. § 1º A obrigação somente se converterá em perdas e danos se o autor o requerer ou se impossível a tutela específica ou a obtenção do resultado prático correspondente. § 2º A indenização por perdas e danos dar-se-á sem prejuízo da multa (art. 287). § 3º Sendo relevante o fundamento da demanda e havendo justificado receio de ineficácia do provimento final, é lícito ao juiz conceder a tutela liminarmente ou mediante justificação prévia, citado o réu. A medida liminar poderá ser revogada ou modificada, a qualquer tempo, em decisão fundamentada. § 4º O juiz poderá, na hipótese do parágrafo anterior ou na sentença, impor multa diária ao réu, independentemente de pedido do autor, se for suficiente ou compatível com a obrigação, fixando-lhe prazo razoável para o cumprimento do preceito. § 5º Para a efetivação da tutela específica ou para a obtenção do resultado prático equivalente, poderá o juiz, de ofício ou a requerimento, determinar as medidas necessárias, tais como a busca e apreensão, remoção de pessoas e coisas, desfazimento de obras, impedimento de atividade nociva, além de requisição de força policial.

64. "Art. 461-A. Na ação que tenha por objeto a entrega de coisa, o juiz, ao conceder a tutela específica, fixará o prazo para o cumprimento da obrigação. § 1º Tratando-se de entrega de coisa determinada pelo gênero e quantidade, o credor a individualizará na petição inicial, se lhe couber a escolha; cabendo ao devedor escolher, este a entregará individualizada, no prazo fixado pelo juiz. § 2º Não cumprida a obrigação no prazo estabelecido, expedir-se-á em favor do credor mandado de busca e apreensão ou de imissão na posse, conforme se tratar de coisa móvel ou imóvel. § 3º Aplica-se à ação prevista neste artigo o disposto nos §§ 1º a 6º do art. 461."

Essa tipicidade procedimental das obrigações de pagar quantia existe não apenas para as obrigações contidas em título judicial, quanto extrajudicial. Enfim após a fase inicial diferente – onde uma conecta uma fase à outra e na outra inicia-se um processo autônomo – o itinerário executivo passa a ser exatamente o mesmo para ambas as técnicas. Finda a fase postulatória o cumprimento de sentença para pagamento de quantia sem que tenha ocorrido o adimplemento espontâneo do executado, os passos seguintes (penhora, avaliação, expropriação e entrega do dinheiro) são exatamente os mesmo para ambas as técnicas.

Com o advento do CPC de 2015 não houve alteração neste cenário e atualmente há um procedimento inicial diferenciado para o cumprimento de sentença para pagamento de quantia (art. 520 e art. 523) que, uma vez superado seguirá o mesmo rito executivo de constrição e expropriação que também são utilizados no processo de execução após a integração da relação processual (sem que tenha ocorrido o adimplemento do executado).

### 3.1.3 Iniciativa da parte para dar início à execução por quantia

Seja no cumprimento de sentença (art. 513), seja no processo de execução (art. 798) para pagamento de quantia o exequente deve provocar o poder judiciário por meio de uma *demanda executiva*.

Sem essa provocação o Poder Judiciário não se movimenta em direção a satisfação do crédito exequendo. Mesmo nos casos em que o Código permite iniciar de ofício o cumprimento das sentenças das obrigações específicas (art. 536 e 538), também nestes casos já houve uma demanda pelo interessado quando na sua petição inicial que deflagrou a fase cognitiva requerendo a solução *integral* do conflito.[65]

Tratando-se de *processo de execução para pagamento de quantia* esta provocação se faz por meio de uma petição inicial executiva onde manifesta a sua intenção de instaurar um processo de execução e obter uma tutela de satisfação de seu direito o que é feito mediante o preenchimento de requisitos mínimos descritos no artigo 798 e ss. do CPC.[66]

### 3.1.4 Petição inicial do processo de execução para pagamento de quantia

### 3.1.4.1 Introito

Em sentido lato a expressão "petição inicial" pode ser atribuída a qualquer ato de postulação inaugural, seja ele de um processo, de um incidente ou de um recurso, mas em sentido estrito refere-se ao ato do autor da demanda que dá início ao processo nele constando os elementos mínimos para que tal pleito possa prosseguir e triangularizar a relação processual com a participação do réu.

---

65. A respeito ver item 2 deste capítulo.
66. DINAMARCO, Candido Rangel. *Instituições de direito processual civil*, v. IV, p. 472.

CAPÍTULO 02 • A FASE POSTULATÓRIA DO PROCEDIMENTO PARA PAGAMENTO DE QUANTIA **233**

É por meio do *ajuizamento da petição inicial* ou o protocolo do *requerimento executivo* (art. 513) que se considera instaurado o *processo de execução* e a *fase executiva para pagamento de quantia*, respectivamente, ainda que o executado não tenha sido citado ou intimado. Uma vez integrada a relação com a citação ou intimação do executado é que, regra geral que comporta exceções, ter-se-á a possibilidade de praticar atos de constrição do patrimônio.

Em sentido estrito, no processo ou fase cognitiva, a petição inicial está para o autor como a contestação está para o réu. Na fase ou no processo de execução não há contestação porque a atividade executiva parte da premissa de que o direito revelado no título existe e tal procedimento volta-se a satisfação o direito exequendo (art. 797).

No entanto é possível ao executado defender-se por meio de uma oposição (embargos à execução e impugnação do executado), variando na forma com que é arguido um e outro (processo incidental ou incidente processual) e as matérias de defesa que nele podem ser deduzidas (art. 525, § 1º e art. 91, IV). Isso fica claro quando se observa no texto do CPC que tanto a petição dos embargos quanto a petição da impugnação podem ser "liminarmente rejeitadas" (art. 525, § 5º e 917, § 3º) o que não aconteceria se fosse uma simples contestação.

No cumprimento de sentença para pagamento de quantia o ato de postulação inaugural denomina-se de *requerimento executivo* (art. 513), enquanto no processo de execução de *petição inicial* (arts. 798, 799).

A distinção terminológica foi utilizada para restar claro que no *requerimento executivo*, conquanto seja exercício de uma *demanda*, verdadeiro ato de postulação que revela a pretensão do exequente, por outro lado não necessita do mesmo rigor que recai sobre a petição inicial que dá início a um processo de execução (título extrajudicial). A simplicidade que marca o ato de *requerimento do exequente* é revelada, principalmente, se ele for formulado até 1 (um) ano do trânsito em julgado da sentença, pois nesta hipótese a intimação do executado será feita, regra geral, na pessoa de seu advogado que já estava constituído nos autos. Ultrapassado o prazo de um ano, a triangularização da *fase executiva* já ganha contornos de complexidade pois a intimação passa a se aproximar muito de uma citação, já que será feita na pessoa do devedor, por meio de carta com aviso de recebimento encaminhada ao endereço constante dos autos, observado o disposto no parágrafo único do art. 274 e no § 3º (art. 513, § 3º).

Ao contrário do *requerimento executivo*, na hipótese de petição inicial que dá início a um processo de execução tudo é novidade para o Poder Judiciário, ou seja, não existe processo ou fase anterior de forma que há realmente uma necessidade de que o exequente seja mais cuidadoso com as informações referentes ao título, ao inadimplemento e a pretensão executiva que pretende obter perante o órgão judicial. Uma coisa é dar início a um processo novo, outra é retomar um processo único para adentrar na sua segunda fase.

### 3.1.4.2 Efeitos materiais e processuais da postulação (requerimento executivo ou processo execução)

#### 3.1.4.2.1 Introito

Conquanto os requisitos possam ser mais brandos entre um e outro, os efeitos que o requerimento e a petição produzem se equivalem, pois em ambos os casos, desde a provocação formulada ao Judiciário, produzem litispendência executiva (para o exequente desde a propositura, para o executado desde a sua intimação ou citação), que por sua vez, acarretam uma série de consequências processuais e substanciais (art. 240) não apenas em relação as partes, como normalmente deve ser, mas também, excepcionalmente em relação a alguns terceiros. A rigor, no *requerimento executivo* que dá início à fase de cumprimento de sentença prolonga-se – sem interrupção – a litispendência que já existia na fase cognitiva, enquanto no processo de execução inaugura-se a litispendência executiva.

Logo, tanto no processo de execução quanto no cumprimento de sentença, depois de protocolada a petição, há litispendência[67] e por isso mesmo não pode o exequente *realizar novamente o mesmo ato*, pois haveria *duplicidade de litispendências*,[68] que inclusive pode ser conhecida de ofício pelo juiz (art. 485, V e § 3°).

#### 3.1.4.2.2 Efeitos processuais

Um dos efeitos processuais é a *prevenção* (fixação da competência) do juízo da execução que sempre ocorre no caso de *processo de execução*, mas em se tratando de *cumprimento de sentença*, por se tratar de *fase sequencial* do mesmo processo, a prevenção do juízo (da cognição e da execução) só se dá uma vez, embora o Código admita exceções à regra da competência absoluta pelas *fases do processo*.

Nestas exceções, em que realmente ocorrerá uma nova prevenção do juízo, agora na execução, são para aqueles casos de execuções fundadas em título executivo judicial que tenham sido formados em sentenças prolatadas em juízo arbitral, juízo penal e em juízo estrangeiro depois de homologada no Brasil). Há ainda a possibilidade, prevista no artigo 516, parágrafo único onde se lê que o exequente poderá optar pelo juízo do atual domicílio do executado, pelo juízo do local onde se encontrem os bens sujeitos à execução ou pelo juízo do local onde deva ser executada a obrigação de fazer ou de não fazer, casos em que a remessa dos autos do processo será solicitada ao juízo de origem.

---

67. Prolonga-se no caso de cumprimento de sentença ou implanta-se no caso de processo de execução.
68. A respeito ver Pontes de Miranda (*Comentários ao Código de Processo Civil.* 2. ed. Rio de Janeiro: Forense, t. IV, p. 167 e 171), com nítida e ao nosso ver correta, aproximação da duplicidade de litispendência a uma análise material e não puramente processual.

CAPÍTULO 02 • A FASE POSTULATÓRIA DO PROCEDIMENTO PARA PAGAMENTO DE QUANTIA **235**

Em todas estas situações excepcionais há realmente a *prevenção de um novo juízo* nesta fase executiva, pois descoincide com o juízo onde originariamente foi formado o título executivo judicial. Uma vez fixada a competência a regra será a de que os atos executivos serão realizados pelo juízo prevento (exceção art. 845, § 1º), bem como todos os incidentes e processos incidentais (impugnações, embargos à execução, embargos de terceiro, incidente de fraude à execução, incidente de desconsideração da personalidade etc.) serão distribuídos por dependência em razão da conexão genética.

Um outro efeito processual, corolário lógico da *prevenção*, é a *perpetuação da competência* (estabilização da competência) que está prevista no art. 43 do CPC quando diz "determina-se a competência no momento do registro ou da distribuição da petição inicial, *sendo irrelevantes as modificações do estado de fato ou de direito ocorridas posteriormente, salvo quando suprimirem órgão judiciário ou alterarem a competência absoluta*". Esta estabilização dá segurança jurídica e proteção ao juiz natural e se aplica também na fase ou no processo de execução.

A estabilização da demanda executiva também é um efeito processual da inauguração da fase executiva ou do processo de execução. Os elementos da demanda executiva – partes, pedido e causa de pedir – devem se manter estáveis em prol da preservação do contraditório, ampla defesa, segurança jurídica e até eficiência processual. Na fase de cumprimento de sentença as partes são as mesmas, pois deve ser iniciada contra aquele que se formou o título executivo, a causa de pedir é exatamente a mesma, ou seja, a manutenção do inadimplemento que motivou a propositura da demanda, com o agravante agora de que a sentença não foi cumprida espontaneamente, e o pedido não é mais a obtenção do reconhecimento do direito, mas a satisfação propriamente dita deste direito revelado no título executivo.

Em tese, o pedido de adimplemento (com eventual e necessária satisfação forçada) da obrigação inadimplida, já consta na petição inicial que dá início ao processo único dividido em fases cognitiva e executiva, pois, a solução integral do mérito pressupõe a atividade satisfativa como enuncia o art. 4º do CPC. É da conjugação do pedido com a causa de pedir que se identifica o tipo de obrigação para definir o procedimento executivo adequado.

A regra da estabilização preconizada no art. 329 se aplica também à fase ou processo executivo, com as devidas adaptações inerentes à execução, ou seja, o art. 775 do CPC não pode ser olvidado quando da análise da estabilização da demanda executiva.

### 3.1.4.2.3 *Efeitos materiais*

A *litigiosidade da coisa* e a *interrupção da prescrição* são efeitos substanciais resultantes da litispendência executiva, como aliás também são da fase cognitiva.

Acerca da *litigiosidade da* coisa, determina o artigo 240 que a citação válida, ainda quando ordenada por juízo incompetente *torna litigiosa a coisa*. Neste particular, o CPC vigente mantém a mesma regra que antes estava contida na redação do artigo 219 do CPC de 1973,[69] que, por sua vez a repetiu a que estava prevista no artigo 166, III do CPC de 1939.[70-71]

Já sob a égide do CPC de 1939 se reconhecia que – *tornar litigiosa a coisa* – vista como efeito da citação válida não se limitava de forma alguma às hipóteses de ações reais ou reipersecutórias quando o que se pretende em juízo é um objeto certo, determinado e específico, excluindo desta categoria os direitos obrigacionais[72]. A rigor, *tornar litigiosa a coisa* corresponde ao *direito material discutido em juízo*, independentemente de a pretensão recair sobre um objeto incorpóreo ou corpóreo, específico ou inespecífico.[73] Assim, tanto uma pretensão ressarcitória, quanto uma pretensão real à obtenção de um bem específico, desde que deduzidos em juízo, passam a ser *coisa litigiosa* quando o réu é citado validamente. A expressão *tornar litigiosa a coisa* implica em reconhecer que determinado bem jurídico (direito sobre um bem específico ou sobre um bem inespecífico, real ou pessoal) passa da condição de *bem não litigioso em bem litigioso*, e, ao fazer isso cria-se uma categoria autônoma no "limite entre o direito material e o processo"[74] que características próprias que devem ser levadas em consideração especialmente quando se pretende *alienar* ou alterar a situação de fato em relação ao objeto do direito disputado em juízo.

Uma vez instaurada a relação jurídica processual o bem da vida passa a estar sob a sobra da tutela jurisdicional estatal, e, portanto, nada mais lógico que considerar a "coisa em estado de litígio". Tanto isso é verdade – amplitude da noção de *coisa litigiosa* para além das fronteiras de objetos corpóreos em ações reais ou persecutórias – que o artigo 109 do CPC determina, em respeito a estabilidade subjetiva da demanda que "*a alienação da coisa ou do direito litigioso por ato entre vivos, a título particular, não altera a legitimidade das partes*".[75] Não apenas os direitos disputados

---

69. Art. 219. A citação válida torna prevento o juízo, induz litispendência *e faz litigiosa a coisa*; e, ainda quando ordenada por juiz incompetente, constitui em mora o devedor e interrompe a prescrição.

70. "Art. 166. A citação válida produz os seguintes efeitos: I – previne a jurisdição; II – induz litispendência; III – torna a coisa litigiosa; IV – constitui o devedor em mora; V – interrompe a prescrição. (...)"

71. Curiosamente a expressão "torna litigiosa a coisa" existente no CPC atual (art. 240), é, ipsis et litteris a expressão existente no CPC de 1939 (art. 166, III).

72. Lopes da Costa já dizia "A intimação da citação inicial torna a coisa litigiosa. Diz o art. 166, n. III. Aí, a "coisa" é a *res litigiosa*, a pretensão ajuizada, direito real ou obrigação. O efeito será material ou processual, conforme a lei haja seguido o *sistema da inalienabilidade* ou o *sistema da irrelevância*. Pelo primeiro, a coisa, o objeto da demanda, é inalienável. Pelo segundo, sua alienação é, para o processo, irrelevante". LOPES DA COSTA, Alfredo Araujo. *Direito Processual Civil Brasileiro*. 2. ed. José Konfino Editor: Rio de Janeiro, 1947, v. II, p. 140.

73. A respeito ver CHIOVENDA, Giuseppe. *Instituições de Direito Processual Civil*. 2. ed. São Paulo: Saraiva, 1965, v. III, p. 175.

74. OLIVEIRA, Carlos Alberto Alvaro de. *Alienação da coisa litigiosa*. Rio de Janeiro: Forense, 1984, p. 31.

75. O Código admite exceções a esta regra como se vê em várias hipóteses de intervenção de terceiros ou em caso de sucessão processual na execução na hipótese em que o credor original (cedente) cede o crédito ao

em juízo que se recaiam sobre a uma coisa específica podem ser objeto de alienação, já que os direitos obrigacionais também podem ser objeto de alienação,[76] de forma que o artigo 109 abarca toda e qualquer situação de alienação do direito disputado em juízo.

Na medida em que o direito afirmado por alguém em face de outrem passa a estar na condição de *direito litigioso* há uma série de consequências de ordem processual, como já alerta o art. 109, caso o direito pretenda ser alienado, ou seja, para preservação da segurança jurídica e estabilidade do processo a alteração da suposta titularidade no plano material não altera a processual. Outrossim, além disso, qualquer inovação no estado de fato do direito – mais visível quando se está diante de coisa corpórea – implica em atentado contra a Jurisdição estatal, caso em que a parte que a cometer pode ser punida nos termos do artigo 77, VI, § 2º,[77] que é claríssimo ao falar em *"bem ou direito litigioso"*.

Em relação a execução é preciso separar a fase de cumprimento de sentença do processo autônomo de execução. Nesta hipótese o direito se torna litigioso com a citação do executado, nos termos do artigo 240 que se aplica subsidiariamente, já que o art. 802 foi lacônico ao não mencionar tal efeito da citação. Já na hipótese de processo único contendo uma fase cognitiva e uma de cumprimento de sentença a litigiosidade da coisa nasce com a citação ocorrida na fase cognitiva e só termina quando cessa o estado de pendência do processo (único) e não quando termina a sua primeira fase.

É muito importante que fique claro que ao postular em juízo a pretensão ao adimplemento de obrigação, seja em processo de execução autônomo ou em processo sincrético contendo duas fases, o suposto titular do direito deseja obter, originariamente, uma prestação, uma entrega de coisa ou o pagamento de uma quantia, ou subsidiariamente, apenas o pagamento de quantia. E, nesta toada, ao pretender a tutela condenatória ou executória de um crédito inadimplido o sujeito que afirma

---

cessionário que assumirá o polo ativo da execução já que tal sucessão "independe de consentimento do executado" (art. 778, § 2º).

76. Vede por exemplo as hipótese de penhora e alienação de direitos de crédito no artigo 857 ao dizer que "feita a penhora em direito e ação do executado, e não tendo ele oferecido embargos ou sendo estes rejeitados, o exequente ficará sub-rogado nos direitos do executado até a concorrência de seu crédito" sem descartar a hipótese de que o exequente pode optar *"em vez da sub-rogação, a alienação judicial do direito penhorado, caso em que declarará sua vontade no prazo de 10 (dez) dias contado da realização da penhora"* (§ 1º), ou seja, pode levar a um leilão judicial um direito de crédito perseguido em juízo. E, mais que isso, não apenas os créditos pecuniários, mas também "direito a prestação ou a restituição de coisa determinada" como deixa claro o art. 859 do CPC.

77. Art. 77. Além de outros previstos neste Código, são deveres das partes, de seus procuradores e de todos aqueles que de qualquer forma participem do processo: (...) VI – não praticar inovação ilegal no estado de fato de bem ou direito litigioso. § 1º Nas hipóteses dos incisos IV e VI, o juiz advertirá qualquer das pessoas mencionadas no caput de que sua conduta poderá ser punida como ato atentatório à dignidade da justiça. § 2º A violação ao disposto nos incisos IV e VI constitui ato atentatório à dignidade da justiça, devendo o juiz, sem prejuízo das sanções criminais, civis e processuais cabíveis, aplicar ao responsável multa de até vinte por cento do valor da causa, de acordo com a gravidade da conduta.

titular do respectivo direito coloca sob a atuação do processo estatal a responsabilidade patrimonial daquele que supostamente inadimpliu a obrigação.

Enfim não é apenas o suposto direito de crédito que se *torna litigioso* com a citação válida, do réu ou do executado, mas *também se torna litigiosa a garantia da responsabilidade patrimonial* caso tal direito não seja adimplido. A pretensão ao adimplemento (iniciado num processo sincrético ou num processo de execução) faz tornar litigiosa a dívida cobrada e a responsabilização patrimonial que decorre de lei. A *litigiosidade destes dois aspectos* vincula, perante o estado-Juiz, tanto o autor (ou exequente se se tratar de processo de execução) quanto o réu (ou executado se se tratar de processo de execução). Tanto isso é verdade que o art. 792 do CPC diz que "a alienação ou a oneração de bem é considerada fraude à execução: I – quando sobre o bem pender ação fundada em direito real ou com pretensão reipersecutória, desde que a pendência do processo tenha sido averbada no respectivo registro público, se houver; II – quando tiver sido averbada, no registro do bem, a pendência do processo de execução, na forma do art. 828; III – quando tiver sido averbado, no registro do bem, hipoteca judiciária ou outro ato de constrição judicial originário do processo onde foi arguida a fraude; IV – quando, ao tempo da alienação ou da oneração, tramitava contra o devedor ação capaz de reduzi-lo à insolvência; V – nos demais casos expressos em lei".

Ora, claro está o dispositivo que o sujeito que aliena ou onera o objeto (coisa) ou o direito litigioso (crédito ou a garantia patrimonial) pratica o ato em fraude à execução, ou seja, se no momento em que se pretende identificar o bem do patrimônio do executado verifica-se que não possui bens passíveis de execução para garantir o crédito, é possível olhar para atrás, desde a data da citação do processo de execução ou na fase cognitiva (inciso V) e reconhecer que tal ato do executado foi praticado em fraude, sendo reputado como *ineficaz em relação ao exequente*. Todavia, o *terceiro* que adquire o direito sobre a "coisa litigiosa" só será atingido pela fraude à execução se respeitado o devido contraditório e em tal incidente for demonstrado que havia registro público da referida situação litigiosa ou, não sendo sujeito a registro, se provar que adotou as cautelas necessárias para a aquisição.

Portanto, tratando-se de *fase de cumprimento de sentença* a "coisa litigiosa" já se encontra "litigiosa" desde a citação válida ocorrida na fase cognitiva pois o estado de inadimplência da obrigação e s sujeição patrimonial permanece na fase executiva. O *requerimento executivo* apenas retoma a litigiosidade que já tinha iniciado na fase cognitiva do processo. Já no processo de execução o direito exequendo torna-se litigioso com a citação válida do executado, usando subsidiariamente o artigo 240 do CPC.

No que concerne a prescrição é preciso lembrar que o fenômeno temporal tem enorme importância e repercussão nas relações jurídicas de natureza real ou pessoal (v.g. *supressio*, usucapião, decadência, prescrição etc.). A prescrição é um destes institutos do direito material que representam com fidedignidade essa repercussão. Por

CAPÍTULO 02 • A FASE POSTULATÓRIA DO PROCEDIMENTO PARA PAGAMENTO DE QUANTIA **239**

meio da prescrição, em linhas muito sintéticas, o direito material cria a presunção de que a longa inação do titular de um direito que não os exerce significa que renunciou ao mesmo. Não deixa de ser uma forma de trazer segurança jurídica e paz social à situação estabilizada pelo tempo. Longe de ser uma "punição" ao titular do direito, a prescrição tem por escopo a *estabilidade e tranquilidade* das relações jurídicas.

Assim, o titular de um crédito inadimplido estampado num título executivo extrajudicial sofrerá da prescrição da pretensão à satisfação caso fique inativo pelo tempo que a lei material atribui para a incidência da prescrição. O mesmo se diga do sujeito que possui um crédito inadimplido sem natureza de título executivo, mas não também não exerce a pretensão condenatória por período de tempo que faça incidir a prescrição. Estas são as prescrições intertemporais.

Sobre a interrupção da prescrição intertemporal no processo de execução merece ser dito que o art. 802 assevera que o despacho que ordena a citação, desde que realizada em observância ao disposto no § 2º do art. 240, interrompe a prescrição, ainda que proferido por juízo incompetente, e, que a interrupção da prescrição retroagirá à data de propositura da ação. Conquanto se limite a dizer isso, todos os efeitos previstos no art. 240 se aplicam também à litispendência executiva.

Tratando-se de *cumprimento de sentença* a prescrição interrompida pela propositura da ação que deu origem à fase cognitiva é estancada quando proferida sentença cognitiva, mas *retomada* quando se inaugura a fase executiva pelo requerimento executivo desde que o faça no prazo de prescrição existente para a propositura da ação (Súmula 150 do STF). Se neste hiato que isola a fase cognitiva da executiva não houver provocação do exequente para que se dê início à fase satisfativa (nas hipóteses em que tal postulação é exigida) incidirá a regra da Súmula 150 do STF de que "prescreve a execução no mesmo prazo de prescrição da ação".[78]

Situação diversa é a *prescrição intercorrente* da execução que é causa extintiva do processo ou da fase executiva (art. 921, § 4º), e, se dá pela inação durante (com-

---

78. Em nosso sentir aplica-se o art. 202, parágrafo único do CCB quando o juiz extingue por sentença a *fase cognitiva*, ainda que não tenha extinguido o processo sincrético. Ali no parágrafo único a palavra processo deve ser devidamente adequada à nova realidade que só foi introduzida no CPC em 2005 (Lei 11.232), portanto, após o advento do CCB em 2002. Em sentido contrário DINAMARCO, Op. cit., p. 468, quando diz que "*Durante esse período o processo continua pendente, subsistindo, pois, a litispendência formada em seu início; não se tem nesse caso um vácuo processual, mas mero período de espera entre uma fase e outra, sem extinção de processo algum. Só se aplicará o dispositivo no art. 202, par. Do Código Civil quando realmente se extinguir, ordinariamente ao cabo da execução (CPC, art. 925)*". Uníssona aposição do STJ a respeito da incidência da prescrição neste período que separa a sentença que extingue a fase cognitiva da postulação que dá início a fase executiva: "(...) 3. Na linha da jurisprudência desta Corte, o prazo da prescrição da execução é o mesmo da ação de conhecimento, a teor da Súmula 150 do STF, fluindo a partir do trânsito em julgado da sentença condenatória. Precedentes. 3.1. No caso em tela, a petição de cumprimento de sentença foi apresentada antes de escoado o prazo prescricional e a demora na citação foi reconhecida como imputável ao Judiciário, de modo que deve ser reconhecida a interrupção da prescrição. (AgInt no AREsp 1391886/SP, Rel. Ministro Marco Buzzi, Quarta Turma, julgado em 30.09.2019, DJe 07.10.2019). Ver ainda REsp 1419386/PR, relatora ministra Nancy Andrighi, Terceira Turma, julgado em 18.10.2016, DJe 24.10.2016).

portamento inativo durante determinado tempo) o procedimento executivo, ou seja, motivo diverso da prescrição da pretensão executiva que se dá antes de iniciado o processo de execução ou o cumprimento sentença.[79]

### 3.1.4.3 Requisitos da petição inicial da ação executiva

#### 3.1.4.3.1 Aplicação subsidiária do Livro I com o Livro II

O art. 798 do CPC determina que ao propor a demanda executiva pelo ajuizamento da petição inicial, esta deve ser *instruída* com (a) o título executivo extrajudicial; (b) o demonstrativo do débito atualizado até a data da propositura da ação (execução por quantia certa); (c) prova de que verificou a condição ou ocorreu o termo, se for o caso; (d) a prova, se for o caso, de que adimpliu a contraprestação que lhe corresponde ou que lhe assegura o cumprimento, se o executado não for obrigado a satisfazer a sua prestação senão mediante a contraprestação do exequente.

Além disso, por incidência do artigo 771, parágrafo único do CPC deve aplicar subsidiariamente os artigos 319 e 320 que cuidam dos requisitos da petição inicial que dá início a fase cognitiva do processo sincrético. Para que se dê a aplicação subsidiária é preciso fazer um cotejo entre o requisito contido nestes artigos e a sua adequação à execução.

#### 3.1.4.3.2 Os requisitos do art. 319 do CPC

##### 3.1.4.3.2.1 O juízo a que é dirigida

Como se disse acima, deve-se aplicar subsidiariamente as regras gerais da petição inicial contidas no Livro I do CPC à petição inicial do processo de execução *naquilo que couber*, ou seja, naquilo que for compatível com a tutela executiva.

E, nesta toada, o primeiro requisito do artigo 319, constante de seu inciso primeiro, deve ser cumprido na peça inaugural do processo de execução: *o juízo a que é dirigida*. A petição inicial deve ser endereçada ao juízo competente, seguindo as regras do artigo 781 onde se enxerga uma série de foros concorrentes que permitem ao exequente definir (*forum shopping*) em qual deles pretende ajuizar a demanda, caso não exista algum outro foro eleito pelas partes para processar as lides referentes ao direito subjacente ao título executivo. Não se deve confundir a competência para processar a execução da competência para a realização de alguns atos executivos que

---

79. "(...)1. O reconhecimento da prescrição intercorrente vincula-se não apenas ao elemento temporal, mas também à ocorrência de inércia da parte autora em adotar providências necessárias ao andamento do feito. 2. Consignado no acórdão recorrido que o credor não adotou comportamento inerte, inviável o recurso especial que visa alterar essa conclusão, em razão do óbice imposto pela Súmula n. 7/STJ. (...)". (AgRg no AREsp 33.751/SP, Rel. Ministro João Otávio de Noronha, Terceira Turma, julgado em 25.11.2014, DJe 12.12.2014).

devam ser realizados em comarca diversa, respeitada a regra especial do art. 782, § 1º. A cooperação judiciária entre juízos tanto pode ser estabelecida pelos próprios juízos (art. 69, § 2º, VII) quanto pelo legislador como se observa no art. 232 c/c art. 914, § 2º. Com o desenvolvimento tecnológico tornou-se possível a penhora e a alienação de bens na forma eletrônica tornando mais efetivo e eficiente o procedimento expropriatório e dispensando a necessidade de atos de cooperação entre juízos de comarcas diversas. É elogiável a posição do STJ:

> 1. Trata-se de Conflito Negativo de Competência suscitado nos autos da Carta Precatória expedida com a finalidade de que os atos processuais relacionados à alienação judicial eletrônica fossem realizados na Comarca em que se situa o imóvel penhorado.
>
> 2. Os procedimentos relativos à alienação judicial por meio eletrônico, na forma preconizada pelo art. 882, § 1º, do Código Fux (CPC/2015), têm por finalidade facilitar a participação dos licitantes, reduzir custos e agilizar processos de execução, primando pelo atendimento dos princípios da publicidade, da celeridade e da segurança.
>
> 3. Tal modelo de leilão revela maior eficácia diante da inexistência de fronteiras no ambiente virtual, permitindo que o leilão judicial alcance um número incontável de participantes em qualquer lugar do País, além de propiciar maior divulgação, baratear o processo licitatório e ser infinitamente mais célere em relação ao leilão presencial, rompendo trâmites burocráticos e agilizando o processo de venda do bem objeto de execução.
>
> 4. Logo, cabe ao Magistrado atentar para essa relevante alteração trazida pelo Novel Estatuto Processual, utilizando-se desse poderoso instrumento de alienação judicial do bem penhorado em processo executivo, que tornou inútil e obsoleto deprecar os atos de alienação dos bens para satisfação do crédito, já que a alienação pela rede mundial dispensa o comparecimento dos interessados no local da hasta pública.
>
> 5. Portanto, considerando que a alienação eletrônica permite ao interessado participar do procedimento mediante um acesso simples à internet, sem necessidade de sua presença ao local da hasta, tem-se por justificada a recusa do cumprimento da Carta Precatória pelo Juízo deprecado, ora suscitante, visto que não há motivos para que a realização do ato de alienação judicial eletrônica seja praticada em Comarca diversa do Juízo da Execução.
>
> 6. Conflito de Competência conhecido para declarar competente o Juízo de Direito da 4ª. Vara de Feitos Tributários de Belo Horizonte/MG, ora suscitado. (CC 147.746/SP, Rel. Ministro Napoleão Nunes Maia Filho, Primeira Seção, julgado em 27.05.2020, DJe 04.06.2020)

### 3.1.4.3.2.2    A qualificação completa do executado

Também se aplica ao processo de execução a regra do inciso segundo do art. 319 quando determina que a petição inicial deve indicar os nomes, os prenomes, o estado civil, a existência de união estável, a profissão, o número de inscrição no Cadastro de Pessoas Físicas ou no Cadastro Nacional da Pessoa Jurídica, o endereço eletrônico, o domicílio e a residência do autor e do réu. Todas as informações exigidas são importantes não apenas para a precisa identificação de quem está sendo executado ou para os atos de comunicação processual, mas também para que seja possível a realização de alguns atos eletrônicos de constrição que sem o número do CNPJ e sem o CPF não podem ser realizados. O Estado Civil é também importante pois sabe-se que a depender do regime jurídico a responsabilidade patrimonial do executado pode ser mais larga ou mais restrita. Obviamente que a eventual omissão do exequente em alguns destes atos não pode levar ao indeferimento da petição inicial. Num processo colaborativo se ficar evidenciado que tais dados são muito difíceis de serem obtidos pelo exequente, este pode requerer ao juízo que se valha de diligências para obtenção destes dados, tal como permite genericamente o artigo 773.

### 3.1.4.3.2.3    A causa de pedir e o pedido

Também os *fatos, fundamentos jurídicos do pedido*[80] (art. 319, III) e o *pedido com suas especificações* (art. 319, IV) devem constar da petição inicial da execução. Não é porque alguns títulos executivos são dotados de uma carga elevada de abstração como alguns títulos de crédito, que isso justifica uma petição inicial acéfala que se assemelhe a um *formulário pronto*. É preciso que a causa de pedir esteja delimitada numa narrativa lógica e concatenada que evidencie a existência da obrigação, isto é, que identifique quando se formou o título executivo, de qual a obrigação nele existente foi inadimplida e que porque se faz necessária a obtenção do provimento executivo solicitado.

O fato de as questões de mérito (pedido e causa de pedir) serem impugnadas, debatidas e julgadas em uma *oposição incidental cognitiva* (impugnação ou embargos) não retira de forma alguma a característica de que toda petição inicial deve conter, minimamente, a narrativa fático-jurídica que justifica o pedido formulado.

Destarte, relembre-se ainda que é na causa de pedir que devem constar as justificativas de um eventual pedido de *medida urgente* como faculta o artigo 799, VIII; também é na causa de pedir que deve constar a narrativa de que eventuais condições tenham sido superadas as condições para a obtenção da tutela (art. 787, 788 e 803, III); a demonstração dos cálculos da obrigação de pagar quantia tanto pode vir na narrativa da peça inicial ou em demonstrativo anexo; o requerimento e pressupostos da desconsideração da personalidade jurídica. Relembramos que num mesmo título executivo pode existir várias obrigações de diferentes naturezas e nem todas podem estar inadimplidas, ou seja, é necessário que o exequente indique qual a pretensão executiva que deseja ser satisfeita.

Em relação ao pedido, deve o exequente especificar exatamente o que pretende obter seja sob a perspectiva processual (ato executivo típico ou atípico se for o caso) ou material (bem da vida), pois como dito acima um mesmo documento pode conter obrigações de diferentes naturezas e sabe-se que possuem procedimentos executivos

---

80. Precisa a definição de Pontes de Miranda: "a causa petendi supõe o fato ou série de fatos dentro de categoria ou figura jurídica com que se compõe o direito subjetivo ou se compõem os direitos subjetivos do autor e o seu direito público subjetivo a demandar. A causa petendi é, pois, complexa". Comentários ao Código de Processo Civil, t. II, p. 471.

diversos, além do que, por exemplo, sendo caso de obrigações alternativas, quando a escolha couber ao exequente (art. 802, § 2º), essa preferência deve ser manifestada na petição inicial.

Em matéria de execução nada impede que seja realizada a *cumulação de demandas*, inclusive fundada em títulos executivos diferentes desde que seja contra o mesmo executado. Diz o artigo 780 que *o exequente pode cumular várias execuções, ainda que fundadas em títulos diferentes, quando o executado for o mesmo e desde que para todas elas seja competente o mesmo juízo e idêntico o procedimento*. A exigência do "idêntico procedimento" deve ser entendida como a *compatibilidade procedimental* e não propriamente um "idêntico" procedimento, pois se se tratar de procedimento para pagamento fazer e não fazer é possível que se utilize a atipicidade procedimental para cada uma das obrigações e ainda assim ser possível a cumulação. A exigência da *competência* parece obvio e repete a previsão do artigo 327 do CPC. Além dos casos clássicos de cumulação própria de pedido ou de causas de pedir formuladas pelo mesmo exequente contra o mesmo executado, o artigo 780 ainda permite que seja realizada a cumulação fundada em títulos diferentes, desde que seja contra o mesmo executado. Trata-se de conexão subjetiva pura e simples que autoriza a cumulação discrepando do acanhado conceito de conexão do art. 55, caput do CPC.

O tema da *cumulação de demandas executivas* deve ser interpretado com menor rigor formal e mais preocupado com a eficiência, tempestividade e efetividade da tutela jurisdicional e apenas nas hipóteses em que a cumulação "indevida" cause prejuízos ao executado é que ela deve ser vetada. Assim, por exemplo, tem se admitido a cumulação de execução de fazer com obrigação de pagar contra o mesmo devedor,[81] a cumulação de ritos procedimentais de alimentos contra o mesmo devedor,[82] cumulação de execuções referentes a obrigações conectadas por um ponto comum contra o mesmo devedor[83] etc.

---

81. (REsp n. 1.263.294/RR, relatora Ministra Diva Malerbi (Desembargadora Convocada TRF 3ª Região), Segunda Turma, julgado em 13.11.2012, DJe de 23.11.2012).

82. (REsp n. 2.004.516/RO, relatora Ministra Nancy Andrighi, Terceira Turma, julgado em 18.10.2022, DJe de 21.10.2022).

83. "(...) 3. É válida a cumulação de execuções em um só processo que aglutina pretensões por um ponto em comum, de fato ou de direito, considerando especialmente a economia processual daí advinda, sem prejuízo ao exercício do direito de defesa. 4. Na hipótese concreta, as pretensões executivas foram movidas em conjunto, considerando sua origem comum no Programa de Emissão de Cédulas de Crédito Bancário para a construção da Pequena Central Hidrelétrica de Apertadinho/RO. Configurada a identidade do devedor e a competência do mesmo juiz para todas as execuções das cédulas de crédito bancário. 5. Assim, a coligação de credores no polo ativo da execução não desvirtuou a finalidade precípua do processo executivo, de satisfazer o crédito executado pelo modo mais efetivo ao credor e menos gravoso ao devedor, tampouco retirou deste a possibilidade de exercer a ampla defesa. 6. Recurso especial conhecido e não provido, com majoração de honorários advocatícios recursais" (REsp n. 1.688.154/SP, relatora Ministra Nancy Andrighi, Terceira Turma, julgado em 12.03.2019, DJe de 15.03.2019).

#### 3.1.4.3.2.4 Valor da causa e indicação das provas

Aplica-se o artigo 319, V ao processo de execução, ou seja, deve o exequente indicar na petição inicial o valor atribuído a causa seguindo a orientação descrita no artigo 292 do CPC.

Já o artigo 319, VI aplica-se com absoluta restrição às situações em que a demonstração de um fato jurídico é absolutamente essencial na execução, pois a execução forçada com base em um título que a lei atribui força executiva é manifestação clara de *tutela de evidência*, e, o título não funciona como *prova documental,* mas sim como documento que revela uma obrigação líquida, certa e exigível que, por força de lei, dá ao exequente o poder de deflagrar a execução contra o executado. Contudo, há situações em que há a necessidade de que se ateste uma determinada situação de fato essencial para que a execução possa ser instaurada. São as hipóteses em que *o devedor não está obrigado a satisfazer sua prestação senão mediante a contraprestação do credor*, como expressamente menciona o art. 787 (*este deverá provar que a adimpliu ao requerer a execução, sob pena de extinção do processo*) e reitera o artigo 798, I, "d". E, a outra hipótese é a "*prova de que se verificou a condição ou ocorreu o termo, se for o caso*" (art. 798, I, "c").

#### 3.1.4.3.2.5 Realização ou não de audiência de conciliação ou de mediação

O art. 319, VII menciona que a petição indicará a opção do autor pela realização ou não de audiência de conciliação ou de mediação. Conquanto não seja prevista como essencial ou necessária a realização da audiência de mediação ou conciliação no procedimento executivo, tal como ocorre no procedimento comum (art. 334) nada impede que o autor requeira na sua petição inicial com fulcro no artigo 139, V.

#### 3.1.4.3.3 *Os requisitos dos artigos 798, 799 e 800*

#### 3.1.4.3.3.1 O que deve *instruir* e o que deve ser *indicado* na petição inicial

O art. 798, I determina que ao propor a execução, incumbe ao exequente *instruir* a petição inicial com uma série de documentos que estão descritos nas alíneas "a" à "d". Estes documentos são os chamados *documentos indispensáveis*, ou seja, regra geral, não poderá a petição inicial do processo de execução deixar de contê-los sob risco de que se não for concertada a falha na oportunidade dada pelo magistrado, a petição deverá ser indeferida (art. 801).

No inciso II do artigo 798 o texto fala que é dever do exequente *indicar* na sua petição inicial, ou seja, não se trata de anexar nenhum documento, mas simplesmente de predeterminar que no conteúdo da petição (exigência interna) o exequente aponte uma série de aspectos (uns indispensáveis outros não) importantes para a

# CAPÍTULO 02 • A FASE POSTULATÓRIA DO PROCEDIMENTO PARA PAGAMENTO DE QUANTIA

sequência do itinerário executivo. O inciso II funciona como um roteiro a ser seguido pelo exequente.

Já o artigo 799 trata, basicamente, da necessidade de o exequente pedir a intimação de alguns terceiros alheios à execução, mas que titularizam algum direito sobre o bem objeto da execução e que por isso mesmo serão por ela afetados. Os incisos VIII (medidas urgentes) e IX (averbação premonitória) deste dispositivo são exceções a esta regra.

Por sua vez o artigo 800 trata da "escolha" de qual obrigação deve ser cumprida em se tratando de *obrigações alternativas*. O caput e o § 1º trata da situação de escolha pelo executado e o § 2º que impõe ao exequente o ônus de escolher a na petição inicial.

### 3.1.4.3.3.2    Documentos indispensáveis

O primeiro documento indispensável que deve constar na petição inicial é o título executivo extrajudicial. Parece claro que o título executivo extrajudicial original deve instruir a petição inicial, seja em processo físico ou eletrônico, e, quer se trate de título executivo físico ou eletrônico. Ao contrário da fase de cumprimento da sentença que o título executivo judicial integra o próprio processo, no processo de execução há a instauração de um processo novo e é a presença do título executivo que torna possível a deflagração da execução. Não havendo título executivo, não se pode dar início à execução, devendo o processo ser extinto por falta e interesse de agir.

Contudo, nem sempre é possível anexar o título original pois é perfeitamente possível, por exemplo, que o título (um cheque) que se pretenda executar tenha sido penhorado (apreendido e depositado em outro processo, art. 856). Na impossibilidade de juntada nada impede que se obtenha e se prossiga com a execução com uma reprografia autenticada do título executivo. É de se dizer que mesmo fora destas hipóteses de impossibilidade material de juntada do título, a ausência da juntada do título não deve gerar a extinção peremptória do processo, pois nos termos do artigo art. 801,[84] haverá o controle de admissibilidade da petição e deve o magistrado fixar prazo para a correção do vício.[85]

### 3.1.4.3.3.3    O demonstrativo do débito

Esta exigência refere-se apenas às execuções para pagamento de quantia que são a grande maioria no nosso país. Esta exigência é fundamental para que o procedimen-

---

84. Art. 801. Verificando que a petição inicial está incompleta ou que não está acompanhada dos documentos indispensáveis à propositura da execução, o juiz determinará que o exequente a corrija, no prazo de 15 (quinze) dias, sob pena de indeferimento.

85. "(...) A circunstância de a execução lastrear-se em cópia de título executivo constitui mera irregularidade, podendo-se oportunizar a apresentação pelo exequente do documento original para extirpar o vício do processo. Súmula 568/STJ. 5. Agravo interno não provido" (AgInt no REsp 1883459/MT, Rel. Ministra Nancy Andrighi, Terceira Turma, julgado em 26.10.2020, DJe 29.10.2020).

to possa desenvolver-se de modo organizado, pois é com base no valor (quantitativo) da execução que o executado irá se defender, inclusive, alegando eventual *excesso*.

Diz textualmente o artigo 798, I, "b" que a petição inicial deve ser instruída com o demonstrativo do débito atualizado até a data de propositura da ação, quando se tratar de execução por quantia certa. E, em seguida diz o parágrafo único o que deve conter em tal demonstrativo: I – o índice de correção monetária adotado; II – a taxa de juros aplicada; III – os termos inicial e final de incidência do índice de correção monetária e da taxa de juros utilizados; IV – a periodicidade da capitalização dos juros, se for o caso; V – a especificação de desconto obrigatório realizado.

Conquanto o dispositivo trate a memória discriminada do cálculo como um documento anexo que deve instruir a petição inicial, nada impede que seja apresentado dentro da própria peça inicial. É muito importante que os cálculos sejam apresentados de forma clara, quase didática, evitando confusões que podem levar a incidentes desnecessários no processo. A preocupação do Código com a *memória discriminada dos cálculos* não é apenas em relação ao processo de execução, mas também para a fase de cumprimento de sentença, como se observa no artigo 491 ou no artigo 524 do CPC que se aplicam subsidiariamente ao processo de execução.[86]

### 3.1.4.3.3.4 A prova de que se verificou a condição ou ocorreu o termo, se for o caso

A prova de que se verificou a condição ou ocorreu o termo é elemento fundamental à exigibilidade da obrigação, naqueles casos em que se estabelece que a mesma só pode ser exigida se tal obstáculo tiver sido superado.[87] No título executivo extrajudicial consta a condição e a confirmação do evento futuro. É este fato jurídico que precisa ser demonstrado na petição inicial, e, a prova deve ser documental. A mesma situação se aplica ao cumprimento de sentença que não poderá ser iniciado sem a prova da referida superação da condição (art. 514). Neste caso, nem tudo que consta no título terá passado pelo crivo do Poder Judiciário, podendo, por isso mesmo, ser amplamente impugnada a ocorrência do fato jurídico que atestaria a suposta condição superada.

---

86. Caso o executado oferte nos embargos do devedor ou na impugnação ao cumprimento de sentença a alegação de "excesso de execução", deve fazê-lo trazendo nas referidas petições iniciais (da ação ou do incidente) este mesmo demonstrativo do débito como se observa nos arts. 525, § 4º e art. 917,§ 3º. De outra parte, caso o executado decida iniciar a execução às avessas (art. 526) por meio da consignação do valor devido, ele deve fazê-lo também trazendo na referida petição inicial a memória discriminada do valor supostamente devido. Assim como para o exequente o demonstrativo do débito é documento essencial da petição inicial, assim o é para o executado como deixam claros os dispositivos mencionados acima ao falar em "rejeição liminar" da petição. Obviamente que nenhuma rejeição deve acontecer sem ser precedida de prévia possibilidade de correção do vício acaso a memória apresentada esteja insuficiente ou incompleta (AgRg no REsp n. 848.025/MG, relator Ministro Raul Araújo, Quarta Turma, julgado em 04.12.2012, DJe de 04.02.2013).

87. CCB, Art. 121. Considera-se condição a cláusula que, derivando exclusivamente da vontade das partes, subordina o efeito do negócio jurídico a evento futuro e incerto.

CAPÍTULO 02 • A FASE POSTULATÓRIA DO PROCEDIMENTO PARA PAGAMENTO DE QUANTIA **247**

3.1.4.3.3.5 A prova, se for o caso, de que adimpliu a contraprestação que lhe corresponde ou que lhe assegura o cumprimento, se o executado não for obrigado a satisfazer a sua prestação senão mediante a contraprestação do exequente

A exigência de instruir a petição inicial com a *prova do adimplemento da contraprestação* prevista no artigo 798, I, "d" está diretamente relacionado com o artigo 787 do CPC que possui a seguinte redação:

> Art. 787. Se o devedor não for obrigado a satisfazer sua prestação senão mediante a contraprestação do credor, este deverá provar que a adimpliu ao requerer a execução, sob pena de extinção do processo.
>
> Parágrafo único. O executado poderá eximir-se da obrigação, depositando em juízo a prestação ou a coisa, caso em que o juiz não permitirá que o credor a receba sem cumprir a contraprestação que lhe tocar.

Por sua vez, este dispositivo do Código de Processo Civil está vinculado ao artigo 476 do CCB que assim diz:

> Art. 476. Nos contratos bilaterais, nenhum dos contratantes, antes de cumprida a sua obrigação, pode exigir o implemento da do outro.

Como se observa, nas hipóteses em que o contrato estabelece prestações recíprocas, que devem ser adimplidas de forma simultânea por ambos os contratantes, exsurge a possibilidade de se alegar "exceção de contrato não cumprido" por quem for demandado, sempre que o demandante não tiver cumprido a sua prestação. Não se pode *exigir* do outro a prestação se quem exige deveria também ter realizado a sua prestação. Daí porque o artigo 787 trata exatamente da situação jurídica em que o processo de execução será extinto se o exequente não provar que adimpliu a sua contraprestação. Faculta o parágrafo único a possibilidade de o executado eximir-se da obrigação, depositando em juízo a prestação ou a coisa, *"caso em que o juiz não permitirá que o credor a receba sem cumprir a contraprestação que lhe tocar"*.

Observe-se que o executado recebe tutela jurisdicional liberatória da obrigação, e, ainda por cima só permite que o exequente receba o que foi depositado se adimplir o que deve. Portanto, deve o exequente instruir a sua petição inicial com a prova de que adimpliu a contraprestação (adimplemento do exequente), pois caso não tenha feito, então a obrigação será inexigível. A hipótese tratada neste dispositivo pressupõe modalidade de tutela em que – nada obstante o inadimplemento do devedor – o credor optou por manter o vínculo negocial para obter o cumprimento específico da obrigação ajustada (inadimplemento relativo) ou o equivalente pecuniário (inadimplemento absoluto). Nestas hipóteses, porque pressuposta a manutenção do vinculo negocial, deve o credor cumprir a sua parte para exigir a do outro.[88]

### 3.1.4.3.4 O que deve estar indicado no conteúdo da petição inicial do processo de execução

Ainda no art. 798 consta no seu inciso segundo que ao propor a execução deve o exequente indicar: a) a espécie de execução de sua preferência, quando por mais de um modo puder ser realizada; b) os nomes completos do exequente e do executado e seus números de inscrição no Cadastro de Pessoas Físicas ou no Cadastro Nacional da Pessoa Jurídica; c) os bens suscetíveis de penhora, sempre que possível.

Um exemplo clássico que revela a necessidade de que o exequente indique na sua petição inicial "a espécie de execução de sua preferência, quando por mais de um modo puder ser realizada" ocorre nas situações em que o credor de alimentos opta pelo procedimento menos gravoso para o executado ainda que lhe fosse possível requerer o procedimento que contempla a prisão civil. O mesmo se diga, por exemplo, quando se trate de processo de execução de obrigação de fazer e não fazer e o exequente traz elementos que justificam a inadequação do itinerário típico do artigo 814 e ss. solicitando a adoção de procedimento atípico emprestado do artigo 536 combinado com o artigo 139, IV (art. 771 e art. 513).

Em relação a indicação da qualificação jurídica do executado já comentamos no item 3.1.4.3.2.2 acima. No que concerne a *indicação na petição inicial dos bens suscetíveis de penhora, sempre que possível* o próprio dispositivo já deixa claro que nem sempre o exequente tem conhecimento prévio do patrimônio do executado para desde já indicar qual o bem poderia se sujeitar a penhora. A rigor, como o primeiro bem na ordem de preferência da penhora é o dinheiro, e, como naturalmente o dinheiro é guardado em instituições bancárias, deve-se ler este dispositivo de forma a nele entender que incumbe ao exequente, desde logo, requerer a penhora recaia sobre os ativos financeiros do executado seguindo as regras do art. 854 do CPC. A expressão "sempre que possível" serve para atestar que esta é uma *faculdade* do exequente e não propriamente um *ônus ou dever jurídico*. Ademais, o próprio art. 774 determina que "*considera-se atentatória à dignidade da justiça a conduta comissiva ou omissiva do executado que intimado, não indica ao juiz quais são e onde estão os bens sujeitos à penhora e os respectivos valores, nem exibe prova de sua propriedade e, se for o caso, certidão negativa de ônus*".

---

88. Diverso seria se se tratasse de inadimplemento absoluto com pedido de resolução contratual, caso em que ambos estariam desobrigados dos respectivos deveres contratuais. A respeito ver (REsp n. 1.989.585/MG, relatora Ministra Nancy Andrighi, Terceira Turma, julgado em 06.09.2022, DJe de 13.09.2022).

### 3.1.4.3.5 A intimação de terceiros titulares de direitos afetados pela execução (art. 799)

#### 3.1.4.3.5.1 Uma miscelânea de situações

O artigo 799 do CPC contém onze incisos, sendo que os dois últimos (X e XI) foram acrescentados pela Lei 13.465/2017. Pode-se dizer que a maior parte deles tratam de uma situação jurídica que justifica serem tratados em conjunto: a intimação de terceiros alheios à execução movida pelo exequente A contra o executado B, mas que possuem algum tipo de vinculação jurídica com objeto (bem ou direito) do executado B que será penhorado e expropriado. E, justamente porque possuem, antes penhora, um vínculo jurídico direito material, que inclusive lhes confere prerrogativas sobre o objeto que será expropriado, é que devem ser intimados da execução. Este dispositivo deve ser lido em conjunto com os arts. 804 e 889 do CPC que consideram ineficaz a alienação do bem sem que determinados terceiros não tenham sido intimados para acompanhar a execução exercer seus direitos de preferência.

Todavia, o dispositivo não se presta apenas à esta situação, já que nos incisos VIII e IV tratam, respectivamente, a possibilidade de *requerer medidas urgentes (se for o caso)* e também de *proceder à averbação em registro público do ato de propositura da execução e dos atos de constrição realizados, para conhecimento de terceiros*. O pedido de concessão de tutela de urgência não precisaria estar neste dispositivo que é quase totalmente dedicado a intimação de terceiros vinculados ao objeto da execução. Aliás, seria melhor se estivesse contido no artigo 798, II quando trata de indicar o roteiro da petição inicial. Sobre o tema já falamos em item anterior. No que concerne a possibilidade de "proceder" *averbação premonitória* a situação é ainda mais fora do local adequado, até porque o art. 799, IX possui uma contradição com o artigo 828 e 792, II do CPC. A averbação premonitória só pode ser feita *após* o controle de admissibilidade de petição inicial e não antes como sugere este dispositivo (art. 799, IX).

É preciso dizer que nada obstante o artigo 799 esteja no Livro II dedicado ao processo de execução ele se aplica integralmente ao cumprimento de sentença para pagamento de quantia.

#### 3.1.4.3.5.2 O exequente pode não saber no momento do ajuizamento da petição inicial qual bem do executado será penhorado

Tratando especificamente das hipóteses de intimação de terceiros vinculados ao bem (coisa ou direito) do executado que será expropriado o dispositivo em análise peca por dizer que "incumbe ainda ao exequente" atribuindo-lhe um suposto ônus que pode nem sequer ter nascido neste momento em que ajuíza a petição inicial.

Apenas se justifica a *intimação de terceiros alheios à execução em razão da existência de algum vínculo com o bem do executado que será expropriado* se o exequente souber, desde já qual bem (coisa ou direito) constante do patrimônio do executado que será expropriado. É apenas com a penhora que se individualiza o bem do executado que ficará vinculado à expropriação judicial, e, portanto, antes de se saber qual o bem será penhorado não parece haver nenhum ônus para o exequente em requerer a intimação de terceiros. Isso porque ao tomar conhecimento do patrimônio do executado depois de instaurada a execução é que poderá o exequente identificar, por exemplo, que um bem imóvel que pretende penhorar já contém nele gravado o registro de uma hipoteca em favor de um terceiro. Portanto, é como se o dispositivo tivesse que ser lido – em relação a intimação de terceiros – que incumbiria ao exequente, *se souber previamente quando o bem do executado que será penhorado*, requerer a intimação de terceiros listados no referido dispositivo.

### 3.1.4.3.5.3 O fundamento jurídico para a intimação dos terceiros listados no art. 799

É o direito material que fornece a razão jurídica para que tais terceiros possam ser intimados para acompanhar a expropriação judicial e, se for o caso, exercer os direitos decorrentes da situação jurídica existente entre ele, terceiro, e o executado.

É que ao se identificar pela penhora o bem pertencente ao executado que será expropriado, é preciso verificar se este já possuía algum vínculo jurídico com um terceiro envolvendo o objeto da penhora. Como é perfeitamente possível que terceiros titularizem direitos reais sobre coisa alheias, então certamente que pode existir sobre o objeto da penhora um direito prévio em favor de um terceiro que envolva aquele referido bem.

Todas as hipóteses ali descritas no dispositivo gravitam em torno de situações onde o direito do terceiro está devidamente registrado – conhecimento erga omnes – nos órgãos de registro correspondentes, de forma que ao proceder o registro da penhora o exequente saberá que sobre aquele bem existe um vínculo jurídico que dá ao terceiro a prerrogativa de ser cientificado da execução para exercer algum tipo de preferência, a depender da hipótese, no exercício da adjudicação ou, em alguns casos, no recebimento do preço obtido com a alienação.

Se não houver nenhum tipo de registro do direito do terceiro sobre o objeto da penhora não se presumirá o conhecimento de terceiros e para todos os efeitos o bem penhorado estará *livre e desembaraçado de ônus*. É do terceiro o ônus de alegar esbulho de seu direito, mas terá contra si a máxima da *concentração do registro*, ou seja, se era possível proceder o registro e não o fez, então aquele vínculo, a priori, só vale *interpartes* (ele e o executado) sendo ineficaz em relação ao exequente.

### 3.1.4.3.5.4 Os três grupos de terceiros que titularizam direito real sobre a coisa alheia

A execução para pagamento de quantia tem por finalidade expropriar o executado em quantia correspondente ao valor exequendo. Para isso acontecer, como nem

CAPÍTULO 02 • A FASE POSTULATÓRIA DO PROCEDIMENTO PARA PAGAMENTO DE QUANTIA **251**

sempre se consegue penhorar diretamente o dinheiro necessário para transferi-lo ao exequente, então, na maior parte dos casos, o Estado-Juiz retira a propriedade que o executado tem sobre bens que compõem o seu patrimônio (ex. propriedade de um veículo, de um imóvel, de um crédito etc.) mediante uma alienação (ex. leilão judicial), e, em sequência, com o dinheiro daí obtido, entrega-o ao exequente, ou seja, em síntese, *elimina a propriedade do executado*, e, *concede a propriedade da quantia ao exequente*.

Contudo, é perfeitamente possível que o bem penhorado (coisa corpórea ou incorpórea) que será alienado para obter a quantia necessária à satisfação do exequente, embora seja de propriedade do executado, possa ter algum tipo de vínculo jurídico prévio com outros sujeitos que não participam da relação jurídica processual executiva.

Relembre-se, por exemplo, que o Código Civil Brasileiro estabelece no art. 1228 que "*o proprietário tem a faculdade de usar, gozar e dispor da coisa, e o direito de reavê-la do poder de quem quer que injustamente a possua ou detenha*", e, por isso mesmo pode tranquilamente o titular do domínio transferir algumas faculdades (por exemplo o uso da propriedade) para terceiros.

Ora, os sujeitos que titularizam – por lei ou contrato – alguma das faculdades inerentes ao domínio possuem direito real limitado sobre o bem do executado que foi penhorado e podem ter a sua esfera jurídica afetada pela expropriação do bem de propriedade do executado.

Os direitos reais sobre coisas alheias (direitos reais limitados) se classificam de várias formas e uma delas é a que os divide em relação a função a qual se destinam. Assim, dividem-se os direitos reais limitados em *direitos de gozo ou de fruição*, os *direitos de garantia* e os *direitos de aquisição*.

No primeiro grupo o sujeito que titulariza o direito real limitado quer usufruir a coisa objeto de direito. No segundo grupo o interesse do sujeito que o titulariza é apenas de que a coisa sirva de garantia para o adimplemento de uma obrigação. E já o terceiro grupo o terceiro titulariza um direito real de adquirir o bem. Os primeiros recaem sobre a *substância*, os segundos sobre *o valor* que a coisa representa em forma de garantia, e os terceiros sobre o direito de vir a ter a coisa como sua.

Excluído os incisos VII, VIII e IX, todos os demais se encaixam em alguma das hipóteses de direitos reais limitados.[89]

---

89. Não se confundem estas hipóteses com a situação em que a obrigação revelada no título executivo é garantida por bem de pessoa diversa do devedor (hipoteca). Neste caso, de forma alguma pode-se admitir que apenas o devedor figure como executado se os atos de execução forçada recaírem sobre o bem hipotecado. Aqui o "terceiro" titular do bem dado em garantia é *responsável* pela dívida nos limites do bem submetido à hipoteca e deve integrar a relação jurídica processual pois não pode ser expropriado judicialmente sem que tenha participado da relação jurídica processual.

### 3.1.4.3.5.5 A intimação do credor pignoratício, hipotecário, anticrético ou fiduciário, quando a penhora recair sobre bens gravados por penhor, hipoteca, anticrese ou alienação fiduciária

O inciso I do artigo 799 trata dos direitos reais garantia, com alguma peculiaridade que precisa ser dita e relação a *alienação fiduciária*.

Se o bem penhorado na execução movida por A contra B já estava gravado previamente com o ônus do penhor, hipoteca, anticrese que constituem direito real de garantia, então o terceiro titular deste direito real deve ser cientificado pois se tal bem for alienado há uma sub-rogação real, ou seja, substitui-se a garantia do bem pelo preço permitindo ao terceiro receber a quantia, ainda que não tenha movido a execução contra o mesmo executado. Ele intervém na execução de A contra B (art. 908) para levantar o preço no limite da garantia prestada.

Para tornar mais claro o que se disse acima, pensemos no exemplo em que A propõe demanda executiva contra B que tem o seu imóvel X penhorado e levado a leilão judicial. Só que sobre este imóvel penhorado de B já existia previamente uma hipoteca realizada por B em favor de C, isto é, C é um credor hipotecário de B. Nesta hipótese, B continua a ter o domínio do imóvel X, mas já existia sobre tal imóvel um vínculo jurídico firmado por B com C, um direito real de garantia.[90] Resta claro que C tem todo interesse de acompanhar a execução pois se o imóvel for alienado em leilão judicial, então a garantia sobre a coisa é substituída pelo preço obtido pela sua alienação, permitindo que C receba a quantia que servia de garantia antes do exequente (art. 908, § 2º do CPC combinado com o artigo 1422 do CPC).

Enfim, admitindo a possibilidade de que sobre o bem penhorado do executado, e que será expropriado judicialmente, possa ter sido previamente estabelecido um *direito real* de garantia [penhor, hipoteca e anticrese] para uma outra obrigação, então não será difícil perceber que todos estes terceiros que possuem algum tipo de vínculo com o bem do executado que será alienado possuem todo interesse de acompanhar o deslinde da expropriação judicial, pois poderão exercer, preferencialmente, o recebimento do preço obtido com a expropriação do bem ou, no caso do credor anticrético, além desta preferência no recebimento do preço, também a possibilidade de exercer o direito de retenção da coisa contra aquele que adquiriu o bem na alienação extrajudicial (art. 1509, *caput* e § 1º do CCB). Caso não sejam cientificados desta alienação e por isso não possam exercer o direito de preferência

---

90. Segundo Darcy Bessone, ao tratar da hipoteca assevera que se trata de "uma garantia real, em princípio imobiliária, que se realiza sem o desapossamento do devedor. Afeta-se um imóvel à garantia de uma obrigação, de tal modo que, da afetação resultam o direito de preferência, oponível aos demais credores do devedor comum, e o direito de sequela, que, no que interessar à eficácia da garantia hipotecária, se opõe [mesmo] a qualquer direito real ou de outra natureza". Direitos Reais. São Paulo, Saraiva, 1996, p. 393.

CAPÍTULO 02 • A FASE POSTULATÓRIA DO PROCEDIMENTO PARA PAGAMENTO DE QUANTIA **253**

ela será absolutamente ineficaz em relação a estes terceiros, ou seja, o gravame continua a existir sobre o bem mesmo depois de arrematado e transferido para o arrematante.

Sobre a intimação do credor fiduciário é preciso dizer que muito embora o inciso primeiro do art. 799 coloque a intimação do credor fiduciário junto com os direitos reais de garantia, não se pode dizer que tal figura a elas se amoldam com perfeição aos demais, nada obstante a função garantidora que possuem.

Isso porque enquanto na hipótese anterior o que se pretende penhorar e executar é o direito de propriedade sobre o bem do executado, na alienação fiduciária o proprietário do bem (propriedade resolúvel) já é o credor fiduciário. Na alienação fiduciária o credor fiduciário já se torna proprietário do bem móvel ou imóvel sendo que esta propriedade é denominada de *resolúvel* porque fica subordinada a uma condição resolutiva ou advento do termo.

Observe-se, portanto, que ao contrário do tópico anterior (penhor, hipoteca e anticrese) em que o bem a ser penhorado e expropriado *pertence ao executado* mas está gravado com garantia real em favor de terceiro, aqui na propriedade resolúvel o *credor fiduciário* é o titular do bem, e, portanto, o que o executado possui no seu patrimônio e que poderá ser penhorado e expropriado é o *direito de aquisição (real) do bem que ele possui*, como aliás, deixa claríssimo o artigo 835, XI ao dizer que podem ser penhorados direitos aquisitivos derivados de alienação fiduciária em garantia.

### 3.1.4.3.5.6 A intimação do titular de usufruto, uso ou habitação, quando a penhora recair sobre bem gravado por usufruto, uso ou habitação

Neste grupo do artigo 799, III estão exemplos de *direitos reais limitados* onde os terceiros que o titularizam tem interesse substancial em usufruir, usar ou habitar a coisa. Não servem a nenhuma garantia, mas sim ao gozo do próprio bem.

Num exemplo de direito real limitado desta categoria, imaginemos hipótese de A propor demanda executiva contra B que tem o seu imóvel X penhorado e levado a leilão judicial. Entretanto, quando foi realizada a penhora constatou-se que em relação a tal bem B já tinha cedido o direito de uso a C. Obviamente que C tem todo interesse em acompanhar o deslinde da execução, pois, ainda que o seu direito de uso tenha que ser respeitado pelo novo adquirente, ele tem o *direito de preferência* de adquirir o bem por meio da adjudicação do art. 876, V do CPC. Além disso, tem o direito de saber quem será o novo proprietário do bem.

A ciência prévia para o exercício da *preferência* não está ligada ao direito de receber previamente ao exequente o produto da alienação como na hipótese do art. 799, I (direitos acessórios ou de garantia), mas sim em adquirir preferencialmente o bem sobre o qual já exerce um direito real de uso, usufruto ou habitação.

### 3.1.4.3.5.7 Os incisos III e IV se complementam: a intimação do promitente comprador e do promitente vendedor, respectivamente, quando a penhora recair sobre bem em relação ao qual haja promessa de compra e venda registrada

Uma das formas mais populares de aquisição de bens imóveis é a promessa de compra e venda pois nem sempre se tem o numerário suficiente para a aquisição do bem, sendo feito o pagamento mediante parcelas ao longo do contrato. Pensando nisso e considerando a necessidade de dar proteção ao promitente comprador o Código Civil trouxe para o rol dos direitos reais o direito do promitente comprador de adquirir o bem.

O promitente comprador tem o direito real de aquisição do bem pelo qual está pagando paulatinamente; o promitente vendedor tem o dever/direito de outorgar a escritura definitiva para o comprador quando tiver quitado a última parcela devida, mas também tem o direito de receber pelo bem que está sendo alienado em prestações.

Segundo os artigos 1417 e 1418:

> Art. 1.417. Mediante promessa de compra e venda, em que se não pactuou arrependimento, celebrada por instrumento público ou particular, e registrada no Cartório de Registro de Imóveis, adquire o promitente comprador direito real à aquisição do imóvel.
>
> Art. 1.418. O promitente comprador, titular de direito real, pode exigir do promitente vendedor, ou de terceiros, a quem os direitos deste forem cedidos, a outorga da escritura definitiva de compra e venda, conforme o disposto no instrumento preliminar; e, se houver recusa, requerer ao juiz a adjudicação do imóvel.

Portanto, desde que não se tenha pactuado clausula de arrependimento e que esteja devidamente registrada a promessa de compra e venda do imóvel, tem o promitente comprador o direito real de aquisição que lhe garante exigir do promitente vendedor, ou de terceiro a quem os direitos deste forem cedidos, a outorga da escritura definitiva de compra e venda, que se for recusada, poderá ser judicialmente obtida mediante a adjudicação compulsória do imóvel.

Voltando então ao art. 799, o que se tem no inciso III e IV são situações jurídicas que tratam da mesma relação jurídica só que sob flancos diferentes, ou seja, quando o executado é um *promitente comprador e um promitente vendedor*.[91]

No inciso III diz o Código que incumbe ao exequente requerer a intimação do promitente comprador quando a penhora recair sobre bem em relação ao qual haja promessa de compra e venda registrada. Neste caso, o executado é o *promitente vendedor* é o terceiro é o *promitente comprador*. Não pode ser alienado o bem *prometido à*

---

91. O Código de Processo Civil não limita a sua aplicação aos *bens imóveis*, ou seja, é possível aplicar a mesma regra aos bens móveis objeto de promessa de compra e venda devidamente registrada e que não conste clausula de arrependimento.

CAPÍTULO 02 • A FASE POSTULATÓRIA DO PROCEDIMENTO PARA PAGAMENTO DE QUANTIA **255**

*venda para um terceiro* sem que ele possa exercer o direito real de aquisição. Por outro lado, o que deve o exequente penhorar e expropriar é o direito de crédito resultante das parcelas que serão pagas paulatinamente pelo terceiro.

O que trata o inciso IV é que sempre que a penhora recair sobre o direito real de aquisição derivado de promessa de compra e venda registrada caberá ao exequente requerer a intimação do promitente vendedor que tem o direito de preferência de receber o produto da alienação do referido direito do executado.

### 3.1.4.3.5.8 Os incisos V e VI se complementam: quando a penhora recair sobre imóvel submetido ao regime do direito de superfície, enfiteuse ou concessão

Assim como os incisos III e IV se complementam, também aqui os incisos V e VI se completam, posto que tratam da intimação de um terceiro que ora ocupa uma posição, ora outra em relação ao imóvel submetido ao regime do direito de superfície, enfiteuse[92] ou concessão de uso especial para fins de moradia ou concessão de direito real de uso.

Assim, se o terceiro for *superficiário, enfiteuta ou concessionário* significa dizer que o executado é o proprietário do imóvel sobre o qual os referidos direitos foram destacados. Mesmo sabendo que a penhora não incide sobre os referidos direitos que serão conservados mesmo que o bem seja alienado, eles devem ser intimados não apenas para saber quem será o novo proprietário do imóvel sobre o qual foi instituído o referido direito real, mas também para que possam exercer, no caso do enfiteuta (art. 684 do CCB de 1916), do superficiário (art. 1373 do CCB e do art. 22 do Estatuto da Cidade), e do concessionário de direito real de uso, o direito de preferência para adjudicar o bem antes que seja alienado em leilão judicial. Como a *concessão de uso especial para fins de moradia* é regulamentada pela Lei 9.636 e nela só está prevista a referida modalidade sobre *bens públicos*, estes não podem ser objeto de penhora.

Por outro lado, se o terceiro for o proprietário e o executado é que tiver titularizado os referidos direitos (superficiário, enfiteuta ou concessionário) então o terceiro deve ser intimado (proprietário), pois também ele tem a preferência em adjudicar (art.683 CCB 1916; art. 1373 CCB 2002). Entretanto, sendo o proprietário um ente

---

92. A enfiteuse não foi mantida no CCB vigente, mas permanecem válidas aquelas que foram celebradas sob crivo do CCB de 1916. E não foi mantida pois o espectro do direito de superfície da forma como foi colocado no CCB vigente substitui com inegáveis vantagens o regime jurídico da revogada *enfiteuse*. Segundo o Art. 678 do CCB revogado "Dá-se a enfiteuse, aforamento, ou emprazamento, quando por ato entre vivos, ou de última vontade, o proprietário atribui a outro o domínio útil do imóvel, pagando a pessoa, que o adquire, e assim se constitui enfiteuta, ao senhorio direto uma pensão, ou foro, anual, certo e invariável". A respeito do direito de superfície, sua evolução, sua previsão no direito alienígena, suas características, e, em especial o contraste em relação a enfiteuse e outros institutos (p. 267) ver o excelente livro de MAZZEI, Rodrigo. *Direito de Superfície*. Salvador: JusPodivm, 2013.

público é preciso verificar se a alienação deste direito que era exercido pelo executado mantém-se as suas razões de existir junto ao novo adquirente.[93]

### 3.1.4.3.5.9 A intimação da sociedade, no caso de penhora de quota social ou de ação de sociedade anônima fechada, para o fim previsto no art. 876, § 7º

Boa parte dos incisos do artigo 799 tratam de situações jurídicas envolvendo terceiros alheios à execução que, ou titularizam direito real sobre o bem do executado, ou são proprietários do bem sobre o qual o executado exerce algum direito real limitado. Como tal bem poderá vir a ser penhorado e expropriado, daí porque o Código menciona que o exequente deve requerer a intimação de tais pessoas para que exerçam as suas preferências legais.

Todavia, também consta neste artigo, precisamente no inciso VII, hipótese de terceiros que não possuem um direito real limitado sobre o bem do executado que será penhorado e alienado, mesmo assim possuem um vínculo jurídico com o referido bem que lhe permitem, por exemplo, ter a preferência na aquisição caso venha a ser alienado judicialmente.

Há uma relação lógica e sistemática entre os arts. 799, VII, art. 861 e art. 876, § 7º do CPC. O âmago da proteção feita pelo legislador está atrelado a ideia de que em sociedades de capital fechado é importante manter a *affectio societatis* outorgando aos sócios ou a própria sociedade o direito de adjudicar preferencialmente as cotas do sócio que foi executado.

É o caso, por exemplo, da situação em que A executa B e penhora cotas sociais que ele possui com a Sociedade X. Se estas cotas sociais forem levadas à leilão judicial é claro que não apenas os demais sócios, como a própria sociedade tem o direito de

---

93. Conquanto possa parecer óbvio, tomando de exemplo o direito de superfície, é preciso distinguir o terreno submetido ao regime do direito de superfície da construção ou plantação erguida sobre este terreno. Se o executado for o dono do terreno, apenas este terreno poderá ser penhorado; se o executado for o superficiário, apenas as plantações ou construções erguidas é que poderão ser penhoradas. Bens de terceiros não podem ser penhorados e expropriados. O que permite a intimação do terceiro quando a penhora recai sobre o bem do executado é que dada a conexão jurídica/fática entre o terreno e a construção/plantação ele possui (o terceiro) a possibilidade de adjudicar o terreno ou o objeto do direito de superfície, a depender do caso. Neste sentido, é imperioso o que diz o artigo Art. 791 do CPC ao dizer que "Se a execução tiver por objeto obrigação de que seja sujeito passivo o proprietário de terreno submetido ao regime do direito de superfície, ou o superficiário, responderá pela dívida, exclusivamente, o direito real do qual é titular o executado, recaindo a penhora ou outros atos de constrição exclusivamente sobre o terreno, no primeiro caso, ou sobre a construção ou a plantação, no segundo caso.§ 1º Os atos de constrição a que se refere o caput serão averbados separadamente na matrícula do imóvel, com a identificação do executado, do valor do crédito e do objeto sobre o qual recai o gravame, devendo o oficial destacar o bem que responde pela dívida, se o terreno, a construção ou a plantação, de modo a assegurar a publicidade da responsabilidade patrimonial de cada um deles pelas dívidas e pelas obrigações que a eles estão vinculadas. § 2º Aplica-se, no que couber, o disposto neste artigo à enfiteuse, à concessão de uso especial para fins de moradia e à concessão de direito real de uso.

CAPÍTULO 02 • A FASE POSTULATÓRIA DO PROCEDIMENTO PARA PAGAMENTO DE QUANTIA **257**

adquiri-las preferencialmente para evitar que um estranho (arrematante) ingresse na sociedade quebrando a *affectio societatis*.

> 3.1.4.3.5.10 Os incisos X e XI se complementam: a intimação (1) do titular da construção-base, bem como, se for o caso, do titular de lajes anteriores, quando a penhora recair sobre o direito real de laje ou (2) do titular das lajes, quando a penhora recair sobre a construção-base

Assim como vimos em situações anteriores (incisos III e IV e incisos V e VI) também aqui temos situações que giram em torno de um mesmo tipo de situação jurídica, vista sob os dois ângulos do executado, ou seja, quando o executado é titular da construção-base (ou lajes anteriores) que foi penhorada ou quando o executado é titular da laje que foi penhorada.

Os incisos tratam do chamado *direito real de laje* mais uma invenção do legislador (lei 13465/17) que com a intenção econômica e social de promover uma regularização fundiária (rural e urbana), atesta a total falência do sistema habitacional popular do nosso país.[94] O grande alvo dos direitos reais de laje são as grandes comunidades (favelas) erguidas normalmente em áreas que não seriam edificáveis (áreas públicas ou ambientais), sem qualquer planejamento urbano com enorme adensamento populacional.

Ao se falar em "laje" (estrutura ou obra de concreto armado que serve de teto e de piso para construções sobrepostas ou infra postas) o legislador pressupõe a existência de uma construção base. No direito real de laje é preciso, primeiro, identificar o imóvel que se denomina de *construção-base* pois é sobre, ou abaixo dele, que são erguidas as lajes.

Assim, compreende-se o artigo 799, X e XI, pois, se o executado for o titular da construção base penhorada, o terceiro que deve ser intimado é aquele (ou aqueles se houve mais de uma laje) que seja titular da laje construída abaixo ou acima da construção base. E o inverso é a situação em que o executado é titular do direito real de laje e o terceiro a ser intimado é aquele que seja titular da construção-base. Assim, tais terceiros devem ser intimados para que possam exercer os direitos de preferência na adjudicação do bem.

> 3.1.4.3.5.11 A intimação do ente público quando a penhora recair sobre o bem tombado

O fato de um bem ter sido tombado (DL 25/1937) por ato da União Estado ou Município não implica em retirada da propriedade do titular privado, de forma que

---

94. Ao invés da inusitada invenção poderia o legislador ter evoluído dentro do conceito e soluções existentes para o *direito de superfície*.

pode ser alienado para outros particulares com o regime jurídico restritivo imposto pelo tombamento. Assim, nada impede que um bem tombado seja expropriado judicialmente, obviamente devendo ser mantidas as restrições para o arrematante/adquirente em prol do interesse público.

Todavia, conquanto o art. 799 silencie, em caso de penhora de bem tombado, sobre a *intimação da pessoa jurídica que realizou o tombamento*, pode-se retirar do artigo 899, VIII que tal intimação deva acontecer, pois:

> Art. 889. Serão cientificados da alienação judicial, com pelo menos 5 (cinco) dias de antecedência:
>
> VIII – a União, o Estado e o Município, no caso de alienação de bem tombado.

Essa intimação prévia à alienação (ou adjudicação ou alienação por iniciativa particular) deve acontecer justamente porque os entes públicos possuem o direito de preferência na aquisição do referido bem, como prevê não apenas o DL 25/37 (art. 22) como também o artigo 892, § 3º do CPC ao dizer que *"no caso de leilão de bem tombado, a União, os Estados e os Municípios terão, nessa ordem, o direito de preferência na arrematação, em igualdade de oferta"*. Portanto, não há dúvidas que se o exequente souber, desde o ajuizamento da petição inicial, que o bem do executado que será levado a penhora é tombado, então ele deve requerer a intimação do ente público (terceiro) respectivo responsável pelo tombamento.

### 3.1.4.3.5.12 Intimação dos terceiros dos arts. 842 e 843 (coproprietário e cônjuge)

Mais uma vez só se justifica falar em o exequente requerer a intimação do terceiro ao ajuizar a sua petição inicial se souber de antemão – indicar bem – que a penhora irá recair sobre um bem que se encarte nas situações dos arts. 842 e 843 que dizem:

> Art. 842. Recaindo a penhora sobre bem imóvel ou direito real sobre imóvel, será intimado também o cônjuge do executado, salvo se forem casados em regime de separação absoluta de bens.
>
> Art. 843. Tratando-se de penhora de bem indivisível, o equivalente à quota-parte do coproprietário ou do cônjuge alheio à execução recairá sobre o produto da alienação do bem.
>
> § 1º É reservada ao coproprietário ou ao cônjuge não executado a preferência na arrematação do bem em igualdade de condições.
>
> § 2º Não será levada a efeito expropriação por preço inferior ao da avaliação na qual o valor auferido seja incapaz de garantir, ao coproprietário ou ao cônjuge alheio à execução, o correspondente à sua quota-parte calculado sobre o valor da avaliação.

Assim, se o bem imóvel ou o direito real sobre um imóvel for penhorado, e, o executado for casado, deverá o seu cônjuge ser intimado salvo se forem casados em regime de separação absoluta de bens.

O mesmo se diga se sobre o bem houver regime de copropriedade. Este dispositivo conecta-se diretamente com os art. 876, V e 889, II, que dão, respectivamente, a preferência aos respectivos *terceiros* (ao membro da família) em adjudicar pelo

CAPÍTULO 02 • A FASE POSTULATÓRIA DO PROCEDIMENTO PARA PAGAMENTO DE QUANTIA **259**

valor da avaliação ou preferência na arrematação (art. 892, § 2º), e, ao coproprietário a preferência na arrematação do bem em igualdade de condições. Além disso,
caso não exerçam a preferência possuem o direito levantar o correspondente à sua
quota-parte calculado sobre o valor da avaliação, sob pena de nem sequer permitir
que a alienação possa a acontecer.

### 3.1.4.3.5.13 A intimação do exequente que já tiver penhorado o mesmo bem

Pode acontecer de A ajuizar demanda executiva contra B e indicar a penhora um
bem que já está penhorado. Bem sabemos que o exequente adquire, pela penhora, o
direito de preferência sobre os bens penhorados e que recaindo mais de uma penhora
sobre o mesmo bem, cada exequente conservará o seu título de preferência (art. 797
do CPC). Nesta mesma linha diz o artigo 889, V que serão cientificados da alienação judicial, com pelo menos 5 (cinco) dias de antecedência o exequente de outro
processo com penhora anteriormente averbada. Além do direito de preferência de
adjudicar o bem nos termos do artigo 876, caput, esse exequente alheio a execução,
mas que penhorou, anteriormente, o mesmo bem, poderá valer-se do seu crédito para
arrematação nos termos do art. 892, § 1º. Não exercida a adjudicação preferencial ou
a arrematação mencionada, o direito de preferência do credor penhorante resultante
da anterioridade da penhora poderá ser exercido no incidente de concurso especial
de *credores e exequentes* aludidos nos artigos 908 e 909 do CPC.

### 3.1.4.4 *Controle de admissibilidade da petição inicial*

O artigo 801 do CPC[95] está para a execução como o artigo 321[96] está para a
fase de cognição. O juiz não é um robô que deve determinar, sem análise da petição
inicial, a citação do executado para pagar em 3 dias (art. 827) com as consequências
ali previstas. Por mais que na execução apondere atos de realização, nenhum deles
deixa de ser precedido de atividade cognitiva, e, com a petição inicial não é diferente.

Se os textos dos dispositivos antecedentes são claros em exigir que o executado
*instrua* e *indique* na sua petição inicial uma série de itens, parece-nos óbvio que tais
exigências devem ser *fiscalizadas e controladas* evitando não apenas o desperdício de
atividade jurisdicional, mas também que o patrimônio de alguém seja indevidamente
atingido com atos de constrição e expropriação.

---

95. Art. 801. Verificando que a petição inicial está incompleta ou que não está acompanhada dos documentos
    indispensáveis à propositura da execução, o juiz determinará que o exequente a corrija, no prazo de 15
    (quinze) dias, sob pena de indeferimento.
96. Art. 321. O juiz, ao verificar que a petição inicial não preenche os requisitos dos arts. 319 e 320 ou que
    apresenta defeitos e irregularidades capazes de dificultar o julgamento de mérito, determinará que o autor,
    no prazo de 15 (quinze) dias, a emende ou a complete, indicando com precisão o que deve ser corrigido
    ou completado. Parágrafo único. Se o autor não cumprir a diligência, o juiz indeferirá a petição inicial.

Daí porque o artigo 801 fala em "verificação", pelo juiz, da incompletude da petição inicial ou da ausência de documentos indispensáveis. O objeto desta análise recai sempre sobre os requisitos processuais, sendo primeiro a competência e em seguida das hipóteses de suspeição e impedimento, passando aos demais requisitos de processo como a capacidade postulatória, legitimidade, capacidade processual, defeitos da peça processual, inadequação do procedimento executivo,[97] cumulação indevida de execuções, ausência de documentos indispensáveis etc.

Nem na execução uma questão de ordem pública como estas mencionadas podem ser conhecidas e decididas sem prévio contraditório, e, por isso mesmo o artigo 801 (na linha do art. 10 do CPC) determina que o juiz oportunize a correção da peça quando isso for possível, no prazo de 15 (quinze) dias, sob pena de indeferimento. Como ainda não há *executado* porque este não foi nem sequer citado, não há que se falar em ouvi-lo previamente. É de se dizer que em prol do dever de cooperação e boa-fé deve o magistrado indicar, com clareza, o que está incompleto ou inadequado na petição inicial para que o exequente possa atender ao comando da intimação. O juiz que não indica com clareza presta um desserviço à jurisdição e atenta contra a cooperação processual.[98]

A rigor, no exercício do controle da admissibilidade da petição inicial na execução não é dado ao magistrado adentrar em questões de mérito que envolvam a obrigação líquida, certa e exigível estampada no título. Esta tarefa deve ser reservada à eventual provocação do executado por meio dos embargos à execução (art. 917, VI), mas excepcionalmente, até para cumprir o seu dever de conferência de que o título executivo realmente evidencia uma obrigação liquida, certa a exigível, o magistrado pode acabar tocando em algumas questões que envolvem o direito material, como saber se a dívida está vencida, se foi apresentada a prova da contraprestação, se a quantia pretendida está evidentemente muito superior a que consta no título,[99] se a execução recai sobre coisa diversa daquela declarada no título, se o exequente é a aquele que consta no título executivo, se já ocorreu a prescrição da pretensão executiva etc. Em todas estas hipóteses o contraditório deve ser oportunizado ao exequente antes de o magistrado decidir pelo indeferimento da petição inicial, seja por razões de mérito ou de processo.

---

97. A inadequação aqui pode ser, inclusive, pelo fato de que o título não possui força executiva como estava acreditando o exequente, que poderá, antes do indeferimento da petição inicial, pedir a conversão do processo de execução em cognição nos termos do artigo 785, desde que isso seja feito antes de ser citado o executado.

98. Sobre o dever de colaboração – *tão proeminente no Código de Processo Civil português* – em especial os deveres judiciais de esclarecimento, diálogo, prevenção e de auxílio às partes SOUSA, Miguel Teixeira de. Estudos sobre o novo processo civil. Lisboa: Lex, 1997, p. 65 e ss.; DIDIER JR., Fredie. Fundamentos do princípio da cooperação no direito processual civil português. Coimbra: Coimbra Editora, 2010; e MITIDIERO, Daniel. *Colaboração no processo civil*: pressupostos sociais, lógicos e éticos. São Paulo: Ed. RT, 2009.

99. O art. 524, §§ 1º ao 5º se aplicam integralmente ao controle judicial da petição inicial do processo de execução.

CAPÍTULO 02 • A FASE POSTULATÓRIA DO PROCEDIMENTO PARA PAGAMENTO DE QUANTIA **261**

Enfim, não sendo o caso de um juízo de admissibilidade negativo, passa-se à intimação/citação do executado para pagar no prazo legal sob pena de que se não o fizer incidirão as consequências descritas no artigo 827 (e também o artigo 523, § 1º do CPC). Antes do fim do prazo para o pagamento voluntário não há propriamente a realização de atos executivos. Apenas depois deste prazo, mantida a inadimplência total ou parcial, que iniciarão os atos de execução forçada.[100]

### 3.1.4.5 A averbação premonitória

A averbação premonitória é técnica processual outorgada ao exequente que dela pode se utilizar se forem atendidas certas condições. O nome "averbação premonitória" serve para designar "o que ela é" e a "qual a sua finalidade". Averbar é *anotar a margem de algum assento*[101] e, segundo os artigos 97 e 98 da Lei de Registros Públicos (n. 6.015/73) a "*averbação será feita pelo oficial do cartório em que constar o assento à vista da carta de sentença, de mandado ou de petição acompanhada de certidão ou documento legal e autêntico*", e, "*será feita à margem do assento e, quando não houver espaço, no livro corrente, com as notas e remissões recíprocas, que facilitem a busca*".

Portanto, a averbar é anotar à margem do registro do bem, para publicidade geral da situação atualizada daquele bem, garantindo veracidade ao assento retificado. É medida de segurança e confiabilidade da real situação do que estiver assentado.

Por sua vez, o vocábulo "premonitório", por derivação de sentido (pressentimento, previsão, presságio etc.) é tomada como a advertência, o aviso do que pode vir a acontecer.

Juntando as duas expressões temos que a *averbação premonitória* é a técnica processual que permite dar o aviso, a advertência, a quem quer que seja sobre a verdadeira situação do assento retificado. Esta técnica está intimamente ligada a ideia de dar segurança e ao mesmo tempo advertência a terceiros que desejam adquirir algum bem do executado que seja sujeito a registro, presumindo fraudulenta a aquisição do bem sobre o qual já existia a referida averbação (art. 792, II).

6. A averbação da existência de uma demanda executiva, na forma do art. 615-A do CPC/73, implica ao terceiro inegável e justo receio de apreensão judicial do bem, pois não é realizada gratuitamente pelo credor; pelo contrário, visa assegurar que o bem possa responder à execução, mediante a futura penhora e expropriação, ainda que seja alienado ou onerado pelo devedor, hipótese em que se presume a fraude à execução.

7. Assim, havendo ameaça de lesão ao direito de propriedade do terceiro pela averbação da execução, se reconhece o interesse de agir na oposição dos embargos.

8. "Em embargos de terceiro, quem deu causa à constrição indevida deve arcar com os honorários advocatícios" (Súmula 303/STJ).

---

100. (REsp n. 1.446.322/RJ, relator Ministro Luis Felipe Salomão, Quarta Turma, julgado em 14.04.2015, DJe de 04.05.2015).
101. Assento é a "ação de registrar, de anotar; anotação, apontamento: assento de casamento".

9. Recurso especial conhecido e provido.

(REsp 1726186/RS, Rel. Ministra Nancy Andrighi, Terceira Turma, julgado em 08.05.2018, DJe 11.05.2018)

A referida técnica foi introduzida no CPC revogado por meio da Lei 11.382 que criou o art. 615-A onde se previa a possibilidade de o exequente *"no ato da distribuição, obter certidão comprobatória do ajuizamento da execução, com identificação das partes e valor da causa, para fins de averbação no registro de imóveis, registro de veículos ou registro de outros bens sujeitos à penhora ou arresto"*. Este dispositivo teve inspiração na experiência – já permitida pelo artigo 167, I, 21 a permissão para se fazer o registro *"das citações de ações reais ou pessoais reipersecutórias, relativas a imóveis"*.

Assim, tal providencia prevista no artigo 615-A tinha enorme utilidade para configuração de *presunção de fraudes* e para preservação do patrimônio do executado. Contudo, dois problemas surgiram com relação ao instituto previsto para ser utilizado nos processos de execução: o primeiro problema era – *principalmente consideração as execuções manifestamente ilegítimas* – que tal *certidão comprobatória* deveria ficar a cargo do escrivão do cartório como levava a crer o texto (certidão do ajuizamento) ou dependeria de prévio controle do juiz da petição inicial da execução? O segundo problema residia no fato de que numa ou noutra hipótese possivelmente o momento de registro da certidão comprobatória do ajuizamento coincidiria com o próprio momento do registro da penhora do mesmo bem, aumentando os custos do exequente.

O primeiro problema foi aparentemente resolvido pelo novo Código que manteve a *averbação premonitória* como técnica processual disponível ao exequente no processo de execução. Diz-se *aparentemente* por que o art. 799, IX discrepa do artigo 828. A técnica veio tratada nos arts. 799, IX; 798, II e 828:

Art. 799. Incumbe ainda ao exequente:

IX – Proceder à averbação em registro público do ato de propositura da execução e dos atos de constrição realizados, para conhecimento de terceiros.

Art. 792. A alienação ou a oneração de bem é considerada fraude à execução:

(...)

II – Quando tiver sido averbada, no registro do bem, a pendência do processo de execução, na forma do art. 828;

Art. 828. O exequente poderá obter certidão de que a execução foi admitida pelo juiz, com identificação das partes e do valor da causa, para fins de averbação no registro de imóveis, de veículos ou de outros bens sujeitos a penhora, arresto ou indisponibilidade.

§ 1º No prazo de 10 (dez) dias de sua concretização, o exequente deverá comunicar ao juízo as averbações efetivadas.

§ 2º Formalizada penhora sobre bens suficientes para cobrir o valor da dívida, o exequente providenciará, no prazo de 10 (dez) dias, o cancelamento das averbações relativas àqueles não penhorados.

CAPÍTULO 02 • A FASE POSTULATÓRIA DO PROCEDIMENTO PARA PAGAMENTO DE QUANTIA | **263**

§ 3° O juiz determinará o cancelamento das averbações, de ofício ou a requerimento, caso o exequente não o faça no prazo.

§ 4° Presume-se em fraude à execução a alienação ou a oneração de bens efetuada após a averbação.

§ 5° O exequente que promover averbação manifestamente indevida ou não cancelar as averbações nos termos do § 2° indenizará a parte contrária, processando-se o incidente em autos apartados.

Está muito claro que o *regime jurídico da averbação premonitória* veio descrito no artigo 828 que reproduziu boa parte do seu antecessor (art. 615-A), acrescentando a importante ressalva de que a tal certidão da execução tenha sido "admitida pelo juiz", ou seja, é evidente que o legislador de 2015 fez a opção de maior prudência, exigindo que tal documento que será levado a registro passe pelo controle judicial prévio.[102]

Isso inclusive é reforçado pelo artigo 792, II do CPC quando manifesta que será considerada em *fraude à execução* a oneração ou alienação do bem "quando tiver sido averbada, no registro do bem, a pendência do processo de execução", repetindo o § 4° do art. 828. Observe que o Código de 2015 foi além do anterior e expressamente tomou como presunção absoluta de fraude a *oneração ou alienação do bem* onde estava averbada a referida certidão judicial.

Assim, quando o art. 799, IX menciona que *incumbe ao exequente* "proceder à averbação em registro público *do ato de propositura da execução* e dos atos de constrição realizados, para conhecimento de terceiros", deve-se ler o texto em conjunto com os demais dispositivos citados anteriormente, ou seja, não é suficiente para a averbação premonitória o *ato de propositura da execução*, mas o seu controle judicial como deixa claro o art. 828 que regula minudentemente o instituto, inclusive com possibilidade de indenização para o executado se tiver ocorrido a averbação manifestamente indevida ou não cancelar as averbações nos termos do § 2°.

### 3.1.4.6 A citação do executado para integrar a relação processual e pagar a quantia no prazo de 3 dias

O ato citatório na execução vai além da função de triangularização da relação jurídica processual,[103] pois, tal como determina o artigo 829 do CPC, o "*executado será citado para pagar a dívida no prazo de 3 (três) dias, contado da citação*". Tanto que, em seguida, diz o § 1° que "do mandado de citação constarão, também, a ordem de penhora e a avaliação a serem cumpridas pelo oficial de justiça tão logo verificado o não pagamento no prazo assinalado, de tudo lavrando-se auto, com intimação do executado".

---

102. Deve ser considerado como esbulho processual para fins de utilização dos embargos de terceiro a averbação premonitória que recai sobre bem do qual o terceiro é supostamente possuidor ou proprietário.

103. Art. 238. Citação é o ato pelo qual são convocados o réu, o executado ou o interessado para integrar a relação processual.

Isso quer dizer que o ato de citação na execução tem por finalidade trazer o executado para integrar a relação jurídica processual, mas também exortá-lo a pagar no prazo de 3 dias, constando ainda no referido mandado de citação que se ele pagar terá um bônus, e, se não pagar terá um pesado ônus a suportar que é o império da execução forçada.

De início vale dizer que esse prazo de três dias para realização do pagamento tem início da ciência do ato, e, não da juntada do mandado, nos termos do artigo 231, § 3º que diz:

> § 3º Quando o ato tiver de ser praticado diretamente pela parte ou por quem, de qualquer forma, participe do processo, sem a intermediação de representante judicial, o dia do começo do prazo para cumprimento da determinação judicial corresponderá à data em que se der a comunicação.

Por não se tratar de ato de postulação, mas ato de cumprimento de exortação judicial direcionado à parte, ele tem início da simples ciência, contando-se a partir do primeiro dia útil (art. 219). Havendo litisconsórcio passivo de executados, cada litisconsorte terá seu prazo individualmente contado a partir da sua citação, não se aplicando a regra da contagem do prazo em dobro, porque, como se disse não se trata de prazo para ato de postulação.

Na redação original do art. 652 do CPC de 1973, e também do art. 918 do CPC de 1939, o executado era citado para pagar em 24 hs, e, a rigor, não faz muito sentido que este prazo tenha se ampliado para três dias úteis, principalmente porque o avanço tecnológico permite a realização de pagamentos e transferências bancárias em menos de um minuto e até em dias não úteis. Ademais, relembre-se, só se iniciou o processo de execução porque o executado não adimpliu a obrigação.

Também não faz o menor sentido que o prazo para pagamento voluntário do cumprimento de sentença (art. 523) seja de 15 dias e os dos títulos executivos extrajudiciais sejam de 3 dias; se tivesse que escolher um prazo mais curto deveria ser para os títulos judiciais, pois já tendo ocorrido uma sentença condenatória o inadimplemento do executado ganha status de descumprimento da sentença, e, certamente já perdura há tanto tempo que apresenta ares de ato atentatório à dignidade da justiça (art. 77, IV).

O prazo de 3 dias é para *pagar a quantia*, não se admitindo outra forma de pagamento (v.g. dação em pagamento), sob pena de o exequente receber aquilo pelo qual não demandou. Não há espaço para outra coisa senão *pagar a quantia* neste tríduo legal. Se efetuar o pagamento, beneficia-se o executado do prêmio de redução dos honorários (art. 827, § 1º) devendo o processo ser extinto com fulcro no artigo 924, II do CPC.

Obviamente que o executado poderá pagar o que deve mesmo depois desses três dias, pois como determina o artigo 826 do CPC "antes de adjudicados ou alienados os bens, o executado pode, a todo tempo, remir a execução, pagando ou consig-

CAPÍTULO 02 • A FASE POSTULATÓRIA DO PROCEDIMENTO PARA PAGAMENTO DE QUANTIA **265**

nando a importância atualizada da dívida, acrescida de juros, custas e honorários advocatícios". A diferença entre fazer nos três dias ou depois deste tríduo é que não se beneficiária do prêmio dado pelo legislador no artigo 827, § 1º que diz que *"no caso de integral pagamento no prazo de 3 (três) dias, o valor dos honorários advocatícios será reduzido pela metade"*. Assim, por exemplo, se for citado para pagar uma dívida de 100 mil reais, com honorários fixados em 10 mil reais, o executado desembolsará metade da verba honorária.

O prazo de 3 dias não é *prazo de defesa ou oferecimento de oposição (embargos)*, que será de 15 dias (art. 915) conta-se, nos termos do artigo 231 do CPC. Obviamente que nada impede que o executado oferte, dentro dos três dias a sua defesa, antecipando-se à contagem do primeiro dia útil.

O Código silencia, mas parece-nos perfeitamente possível defender que o prazo de 3 dias para pagamento só termina quando finda o terceiro dia, isto é, caso o executado resolva pagar a quantia em partes, desde que o faça nestes três dias, terá o benefício do artigo 827, § 1º. Enfim, não é porque pagou parte da quantia no primeiro dia que não poderá usar os dois dias seguintes para complementar o valor.

Em nosso sentir o *prazo para pagamento voluntário* não deveria ser obstáculo para realização dos atos de constrição judicial, como deixa claro o art. 829, § 1º quando diz que *"do mandado de citação constarão, também, a ordem de penhora e a avaliação a serem cumpridas pelo oficial de justiça tão logo verificado o não pagamento no prazo assinalado, de tudo lavrando-se auto, com intimação do executado"*. Ressoa deste dispositivo que só se deflagra a realização da penhora e da avaliação quando *verificado o não pagamento no prazo assinalado*, ou seja, só depois ("tão logo") desta certificação é que se passa ao ato de constrição. A rigor, nada impediria que o legislador tivesse optado por determinar a realização dos atos de penhora e avaliação após os três dias uteis contados da citação, pois, caberia ao executado o ônus de informar no processo que adimpliu no referido prazo pedindo o recolhimento do referido mandado.

### 3.1.4.7   Atitudes do executado (citado) que não paga no prazo de 3 dias

O executado que não pagar nos três dias, pode simplesmente quedar-se inerte, caso em que a execução prossegue normalmente seguindo-se os atos de penhora, avaliação e expropriação (art. 829, § 1º), bem como também pode oferecer embargos à execução nos termos do art. 914 e ss. que por não ter efeito suspensivo não impede que o procedimento executivo prossiga com atos de constrição e avaliação.

Como já se disse anteriormente, o artigo 826 permite que o executado possa remir a execução desde que arque com os custos integrais mencionados no referido dispositivo. Entretanto, pode o executado, no prazo que teria para embargar, valer--se da técnica processual do artigo 916 e apresentar proposta de pagamento, onde reconheça o crédito do exequente e comprove o depósito de trinta por cento do valor em execução, acrescido de custas e de honorários de advogado, requerendo que lhe seja permitido pagar o restante em até 6 (seis) parcelas mensais, acrescidas de correção monetária e de juros de um por cento ao mês. Esta é uma *proposta* que deve ser levada ao exequente para saber se há motivos ligados a efetividade e eficiência do processo que lhe permitam recusá-la. Dificilmente haverá razões robustas que justifiquem a recusa do exequente, até porque a realização de atos de expropriação acaba levando mais do que seis meses para serem realizados, principalmente quando o objeto da penhora não é dinheiro.

Essa *proposta de pagamento* não é "direito potestativo" do executado ao qual se *submete* o exequente, posto que não poderia o direito processual usurpar do credor o direito de receber o pagamento devido na forma e prazo estabelecidos pelo direito material. Ademais, o direito potestativo do executado libertar-se da execução existe no artigo 826, mas também tem prazo fatal (antes de adjudicados ou alienados os bens) para ser exercido.

### 3.1.4.8 O arresto executivo

O arresto executivo é técnica processual prevista no artigo 830 do CPC que serve de antídoto contra o crônico problema de citação do executado. Por meio dela antecipa-se o momento da constrição judicial que só aconteceria depois da citação. A facilitação da realização eletrônica deste ato tem se tornado uma importante ferramenta para evitar a delonga processual resultante de tentativa frustrada de encontrar o executado.[104]

Portanto, se o executado "não for encontrado" para ser citado no endereço indicado pelo exequente na sua petição inicial, e isso deve ter sido certificado pelo oficial de justiça, então entra em cena a técnica do artigo 830, permitindo que o oficial de justiça, até mesmo de ofício (embora seja incomum), *arreste tantos bens quantos bastem para garantir a execução*. Como se disse acima, a possibilidade de realização eletrônica do arresto, seguindo analogicamente o modelo do artigo 854 (indisponibilidade dos ativos financeiros) tem evitado as citações frustradas, pois, com o patrimônio indisponibilizado o executado comparece imediatamente suprindo a falta de citação.

A técnica legislativa dá ao exequente aquilo que só poderia alcançar após a citação, e, especialmente, após o tríduo legal para pagamento voluntário (art. 829, § 1º). Portanto, a constrição vem antes da citação, qual seja, após a realização do

---

104.   1. A jurisprudência desta Corte Superior é assente no sentido de que, uma vez frustrada a tentativa de localização do devedor, é possível o arresto de seus bens na modalidade on-line, com base na aplicação analógica do art. 854 do CPC/2015, sendo prescindível que haja o exaurimento das tentativas. (...) (AgInt no AREsp n. 1.288.367/RS, relator Ministro Raul Araújo, Quarta Turma, julgado em 19.09.2022, DJe de 04.10.2022).

CAPÍTULO 02 • A FASE POSTULATÓRIA DO PROCEDIMENTO PARA PAGAMENTO DE QUANTIA

arresto executivo, e, portanto, *depois de garantida a execução,* é que o oficial de justiça retoma a realização do ato citatório do executado.

Segundo o dispositivo, nos 10 (dez) dias seguintes à efetivação do *arresto,* o oficial de justiça procurará o executado 2 (duas) vezes em dias distintos e, havendo suspeita de ocultação, realizará a citação com hora certa, certificando pormenorizadamente o ocorrido.[105]

Contudo, se nem mesmo a citação por hora certa foi possível de ser realizada, incumbirá ao exequente requerer a citação por edital. Uma vez aperfeiçoada a citação o executado aplica-se integralmente a regra do artigo 827, ou seja, tem o prazo de três dias uteis para realizar o pagamento voluntário livrando-se de metade da verba honorária. Contudo, se tiver transcorrido o prazo de pagamento sem que tenha sido feito, o arresto converter-se-á em penhora, independentemente de termo. O arresto executivo só não se converte em penhora se o executado pagar o que deve no prazo de três dias. Os bens arrestados permanecem constritos até que se *converta* em penhora. Os bens "arrestáveis" deve ser "penhoráveis", pois " aperfeiçoada a citação e transcorrido o prazo de pagamento, o arresto converter-se-á em penhora, independentemente de termo" (art. 830, § 3º). É preciso ainda perceber que o arresto executivo deve ser determinado pelo juiz, pois como bem lembra o art. 782 "não dispondo a lei de modo diverso, o juiz determinará os atos executivos, e o oficial de justiça os cumprirá". Assim, considerando o fato de que é possível fazer o arresto mediante o uso de técnicas eletrônicas (dinheiro, veículos, semoventes, imóveis, cotas, ações etc.), não será incomum que tal medida seja realizada pelo magistrado sem precisar do oficial de justiça para executá-la.

Na medida em que o *arresto executivo se converte em penhora* todo o regime de impenhorabilidade do artigo 833 e ss. se aplica também para a técnica do artigo 830 que nada mais é do que uma *pré-penhora,* não se confundindo o *arresto cautelar* descrito no artigo 301 do CPC. O artigo 830 trata de *antecipação, por força de lei, do ato de penhora* que se realiza antes de o executado ter sido citado. Inclusive, todos os efeitos materiais e processuais inerentes à penhora se aplicam ao *arresto executivo.* O nome de *arresto executivo* está ligado ao fato de que o legislador *presume* o risco de dilapidação do patrimônio quando o executado não é encontrado para ser citado,[106] e, por isso determina que o oficial de justiça promova o ato de constrição de bens no limite do valor devido.

---

105. Nada impede, antes o inverso, que o arresto seja feito na forma eletrônica (online) pelo magistrado como há tempos já admitia o STJ. (Quarta Turma. Recurso Especial 1.370.687 – MG. Relator: Min. Antônio Carlos Ferreira. Julgamento: 04.04.2013).

106. Não precisa haver qualquer indício de dilapidação ou de ocultação do executado para não ser citado. O fato objetivo é o seguinte: "não ser o devedor encontrado". Se não foi encontrado o devedor para ser citado – independentemente do motivo – deve o oficial de justiça promover o arresto executivo, obviamente, apenas sobre os bens que podem ser objeto de penhora.

O arresto executivo previsto no referido executivo, inclusive na forma on-line, é realizado sobre o patrimônio do executado, qual seja, o devedor apontado como tal no título executivo. Não se pode estender a medida de arresto executivo contra o sujeito que ainda não é considerado executado porque contra ele ainda não houve a decretação da desconsideração da personalidade jurídica e por isso mesmo seu patrimônio, antes disso, não responde pela dívida.[107]

---

107. (AgInt no AREsp n. 1.724.103/SP, relator Ministro Antonio Carlos Ferreira, Quarta Turma, julgado em 09.02.2021, DJe de 12.02.2021).

# Capítulo 03
## Fase instrutória do procedimento
## para pagamento de quantia

## 1. A PENHORA

### 1.1 Advertência inicial: mesmo regime jurídico da penhora na execução por cumprimento e por processo autônomo

As pequenas diferenças procedimentais da execução por cumprimento de sentença da que se realiza por processo autônomo terminam na fase postulatória. Com o início dos atos de constrição do patrimônio, da penhora em diante, ambas as modalidades se valem das regras existentes na Parte Especial, Livro II do CPC. Assim, o que aqui será dito para um modelo servirá também para o outro, salvo eventuais particularidades que, se forem dignas de diferença, serão realçadas no texto.

### 1.2 Propriedade, patrimônio, responsabilidade patrimonial e penhora

#### 1.2.1 A propriedade do devedor sobre bens e valores que integram o seu patrimônio

Os arts. 391 e 942 do CCB[1] combinados com o art. 789 do CPC dizem muito sobre o modo de ser da atividade jurisdicional executiva. Segundo o art. 391 "pelo inadimplemento das obrigações *respondem todos os bens do devedor*". Nos termos do artigo 942: "Os bens do responsável pela ofensa ou violação do direito de outrem ficam sujeitos à reparação do dano causado; e, se a ofensa tiver mais de um autor, todos responderão solidariamente pela reparação". Já o artigo 789 do CPC diz que: "o devedor responde com todos os seus bens presentes e futuros para o cumprimento de suas obrigações, salvo as restrições estabelecidas em lei".

Eis aí a chave para entender a execução para pagamento de quantia.

Sabe o devedor, desde o momento que é instaurada a relação jurídica obrigacional que seu patrimônio responderá caso não realize o adimplemento da prestação.

---

1. É a Lei que impõe, tanto para as obrigações de origem negocial, quanto as extranegociais, que o patrimônio do devedor serve de garantia contra os prejuízos decorrentes do inadimplemento da obrigação pelo devedor.

Esta é a consequência do inadimplemento. Não que em determinados casos, como nos deveres de fazer e de não fazer e de entrega de coisa, não possa o credor exigir, prioritariamente, que o devedor realize a própria prestação inadimplida, mas a rigor, sabe o devedor que, ocorrido o inadimplemento, incide a garantia geral de toda relação obrigacional: a sujeitabilidade do seu patrimônio.

Sem descurar a evolução – e humanização – do conceito de patrimônio a partir da constitucionalização do direito civil, tomemos aqui por *patrimônio do devedor*, em sentido clássico o conjunto de direitos reais e obrigacionais, ativos e passivos, economicamente apreciáveis, de determinado sujeito.

### 1.2.2 Inadimplemento da obrigação e sujeição do patrimônio do devedor: retirar do executado e dar para o exequente

Partindo desta premissa, quando se diz que o *patrimônio do devedor responde pelo inadimplemento*, o que se quer afirmar é que o devedor perderá, em proveito do credor, por meio da execução forçada, a propriedade que possui sobre determinado bem dotado de valor econômico. Isso mesmo, quando o art. 391 diz que "pelo inadimplemento das obrigações respondem todos os bens do devedor" está claro que *bens do devedor* são os seus bens que dotados de valor econômico.

O direito de propriedade que o devedor tem pelas suas coisas e direitos (direitos reais e pessoais), que integram o seu patrimônio, será atingido pela execução forçada que o expropriará no limite do crédito exequendo para satisfazer o credor. O Estado juiz tirará o que é do devedor e dará ao credor. Tirar a propriedade de um e dar ao outro no exato limite do crédito inadimplido.

Obviamente que não poderia o credor valer-se de autotutela para retirar do patrimônio do devedor o numerário suficiente para satisfazê-lo. Conquanto o devedor tenha que sujeitar o seu patrimônio ao direito potestativo [sujeição e poder da responsabilidade patrimonial] de excussão do credor, isso não pode ser feito senão por meio do processo judicial e desde que esteja munido de título executivo A responsabilidade patrimonial é exigência do direito material. É responsável pelo inadimplemento aquele que a lei ou o negócio jurídico determinam. Mas não basta deste requisito material, posto que esta responsabilidade patrimonial deve estar estampada num título executivo judicial ou extrajudicial.

A *sujeitabilidade do patrimônio do executado* mais parece uma nuvem que sombreia todo patrimônio do executado, mas apenas um (ou alguns ou todos) bens e direitos de propriedade do devedor é que serão expropriados. A responsabilidade patrimonial é um direito acessório em toda obrigação que faz com que todo patrimônio do devedor sirva de garantia para satisfação dos prejuízos resultantes do inadimplemento. Só depois de expropriado o valor devido e entregue ao exequente é que liberta-se o restante do patrimônio do executado desta função garantidora.

### 1.2.3 Os limites políticos: o que não pode ser expropriado do executado

Não é todo patrimônio do devedor que se encontra vinculado a esta *sujeitabilidade abstrata decorrente deste direito de garantia*, ou seja, nem todo o patrimônio do devedor responderá pela dívida inadimplida como à primeira vista fazem crer os arts. 391 e 942 do CCB. É que existem bens e direitos de propriedade do devedor que estão imunes a esta *responsabilidade*, configurando o que conhecemos como *limites políticos* da execução.

A maior parte destas limitações políticas se manifesta em imunidades legais sobre o patrimônio do devedor, embora também possam existir limitações ou restrições aos atos executivos propriamente ditos que, por exemplo, firam direitos humanos, como, por exemplo, a proibição da prisão civil como método coercitivo para compelir o devedor a cumprir a obrigação não resultante de dívida alimentar.

Boa parte das limitações políticas à atividade executiva se perfazem hoje mediante criação legislativa de imunidades ao patrimônio do devedor, sob fundamento de que estar-se-ia protegendo sua família, sua dignidade etc.

Recorde-se que a partir da Lei Poetelia/Papiria (326 AC) apenas os bens do devedor podiam ser dados em garantia de um crédito, ou seja, com a referida lei promulgada pelos Consules Eleitos Lúcio Papírio Cursor e Caio Petélio Libo Visolo tornava-se vedada a garantia de uma dívida com a escravidão ou com a vida de quem quer que fosse. Esta famosa lei estabeleceu um divisor de águas na atividade executiva, posto que firmou a passagem da responsabilidade pessoal para a responsabilidade patrimonial.

Desde então, o próprio legislador passou a estabelecer limitações à execução criando imunidades ao patrimônio do executado. Não é apenas a dignidade do devedor e de sua família as únicas justificativas pelas quais o legislador estabelece restrições à responsabilidade patrimonial afastando alguns bens do devedor da atividade executiva. Uma singela análise do rol do artigo 833 [bens impenhoráveis] deixa isso evidente. Observemos o artigo 836 do CPC que expressamente deixa evidente que razões de ordem pública ligadas à própria eficiência (axioma lógico e econômico do processo) não justificam a expropriação de bens do devedor "quando ficar evidente que o produto da execução dos bens encontrados será totalmente absorvido pelo pagamento das custas da execução".

Como dito, estas "escolhas políticas" tanto podem estar em norma constitucional, como infraconstitucional. Assim, segundo o inciso LXVII do artigo 5° da CF/88 não haverá prisão civil por dívida, salvo a do responsável pelo inadimplemento voluntário e inescusável de obrigação alimentícia. Aqui há uma limitação política à prisão como meio executivo.

Da mesma forma o artigo 100 do CPC estabelece uma espécie de *execução não forçada* protegendo o patrimônio do executado quando este for a fazenda pública ao dizer que "*os pagamentos devidos pelas Fazendas Públicas Federal, Estaduais, Distrital e Municipais, em virtude de sentença judiciária, far-se-ão exclusivamente na ordem cronológica de apresentação dos precatórios e à conta dos créditos respectivos, proibida a designação de casos ou de pessoas nas dotações orçamentárias e nos créditos adicionais abertos para este fim*".

### 1.2.4    A imunidade patrimonial pode ser objeto de convenção processual?

Ainda em relação às limitações políticas à execução, embora este assunto já tenha sido mais festejado e com o tempo tenha perdido o seu ímpeto após a promulgação do CPC, há quem sustente que as partes da execução poderiam estabelecer negócios jurídicos processuais cujo objeto fosse restrições à atividade executiva, como, por exemplo, subtração de bens do devedor da responsabilidade patrimonial.[2]

Obviamente que não somos contra a autonomia da vontade e o livre arbítrio das partes em entabular convenções processuais em matéria de execução como por exemplo, "ajustar a forma de administração e escolher o depositário" na penhora de empresa, de outros estabelecimentos e de semoventes tal como previsto no art. 862, § 1º do CPC. Entretanto, coisa diversa é a restrição da responsabilidade patrimonial por intermédio de convenções processuais, o que não nos parece possível ser feito por meio de negócios jurídicos processuais, como expressamente menciona o artigo 789 do CPC ao dizer que "*o devedor responde com todos os seus bens presentes e futuros para o cumprimento de suas obrigações, salvo as restrições estabelecidas em lei*".

Resta claro no dispositivo que as "restrições" à responsabilidade patrimonial não podem ser objeto de negócio processual que simplesmente tornem inócua a garantia legal contra o inadimplemento, transformando a obrigação em *obrigação natural* sem qualquer consequência para o inadimplente. A melhor solução, mais equilibrada, parece ter sido a que foi adotada pelo Código Civil português no artigo 602 ao dizer que "salvo quando se trate de matéria subtraída à disponibilidade das partes, é possível, por convenção entre elas, limitar a responsabilidade do devedor a alguns dos seus bens no caso de a obrigação não ser voluntariamente cumprida".. Isso significa dizer que é possível a limitação, mas não a eliminação da responsabilidade patrimonial nas hipóteses em que a matéria está na livre disponibilidade das partes.

O tema da possibilidade de restrição da responsabilidade patrimonial por meio de negócio jurídico firmado entre as partes não é simples, embora no direito brasileiro o art. 789 do CPC determine expressamente ser matéria reservada à lei, fato que diminui a tensão sobre o tema. Quando a própria lei não estabelece a imunidade, ela confere aos particulares a possibilidade de fazê-lo em determinada circunstância e atendidos certos requisitos. Um exemplo da primeira hipótese é

---

2.    A respeito ver ainda o item 1.2.5.3.5 "A" infra, onde tratamos da análise da hipótese de "impenhorabilidade" do art. 833, I do CPC.

CAPÍTULO 03 • FASE INSTRUTÓRIA DO PROCEDIMENTO PARA PAGAMENTO DE QUANTIA **273**

o *bem de família legal* (Lei 8.009) e a segunda hipótese é o *bem de família convencional* (art. 1711 do CCB).

A rigor, para se admitir tal possibilidade no ordenamento jurídico brasileiro é preciso superar a expressa dicção legal e depois ultrapassar o problema da vulnerabilidade de quem adere a uma cláusula desta natureza, atinando para questões como a liberdade para contratar, autonomia da vontade etc. A grande verdade é que "raramente se celebrarán contratos de esta clase, ya que, por lo general, el acreedor no consentirá en que se le disminuyan los medios de ejecución que la ley otorga".

Ao contrário, nada impede que sejam pactuadas *ampliações* à responsabilidade patrimonial por meio de negócio jurídico processo antes ou depois de iniciado o processo, como aliás cotidianamente acontece com o incremento de garantias pessoais e reais estabelecidas pelas partes na formação de títulos executivos extrajudiciais.

### 1.2.5 *Responsabilidade patrimonial e penhora*

#### 1.2.5.1 *Distinguindo os institutos*

É muito importante que se compreenda que a *responsabilidade patrimonial* é instituto de direito material, esteja ela prevista numa lei civil ou processual, pouco importa. A responsabilidade patrimonial é garantia geral que credores comuns possuem para fazer frente ao inadimplemento das obrigações. Toda obrigação assumida, todo vínculo pessoal envolvendo uma prestação, decorrente de lei ou vontade das partes, tem como consequência pelo inadimplemento a sanção civil prevista nos arts. 391 e 942 do CCB. A responsabilidade patrimonial é o preceito secundário embutida por imposição da lei a todo vínculo obrigacional (preceito primário).

A garantia patrimonial existe desde o nascimento da relação obrigacional, seja ela de origem negocial ou extranegocial. Existe um marco jurídico que faz com que esta garantia patrimonial assuma uma feição e papel diverso para o credor. Antes de ocorrido o inadimplemento da obrigação ela se presta para trazer segurança, paz e tranquilidade para o credor de que se acontecer o inadimplemento o patrimônio do devedor responderá pelos prejuízos do inadimplemento. Contudo, a partir do momento que este inadimplemento já aconteceu então a garantia patrimonial permite que o credor munido de título executivo possa extrair do patrimônio garantidor o valor que corresponda aos prejuízos decorrentes do referido inadimplemento.

Se "A" firmou um contrato com "B" e não pagou a quantia devida na data pactuada, "A" poderá retirar o numerário devido do patrimônio de "B" para ressarcir os prejuízos que suportou pelo inadimplemento. Obviamente que não poderá fazer isso senão por meio de uma expropriação judicial, e, desde que esteja munido de um título líquido, certo e exigível judicial ou extrajudicial.

O fato de A só poder retirar o numerário devido do patrimônio de B mediante uma expropriação judicial num procedimento executivo para pagamento de quantia em nada altera o fato de que a responsabilidade patrimonial nasce muito antes de iniciar o processo judicial. Ela nasce com a obrigação, funcionando como um direito de garantia que pode ser inclusive objeto de tutela conservativa, caso exista indícios de dilapidação pelo devedor antes mesmo de se tornar inadimplente.

Existem vários direitos subjetivos que só podem ser exercidos num processo judicial e nem por isso deixam de existir no plano material. O *direito de o credor excutir o patrimônio do devedor para ser ressarcido dos prejuízos que o inadimplemento* lhe causou é um direito que só pode ser exercido, regra geral, dentro de um processo judicial porque envolve atos de expropriação forçada de bens de propriedade do devedor. Como qualquer direito subjetivo, nos termos do inciso XXXV da CF/88 pode ser protegido contra lesão ou ameaça. Existem, portanto, várias técnicas que permitem proteger a *o direito do credor à sujeitabilidade do patrimônio do devedor* prevenindo-o (ação de arresto) de um desfalque patrimonial ou reprimindo/removendo se já ocorrido (fraude contra credores, desconsideração da personalidade jurídica etc.).

A priori, só a lei pode limitar a responsabilidade patrimonial, e, ainda que a lei processual o faça por meio das "impenhorabilidades", na verdade o problema aí nada tem de processual, é antecedente a isso. Ainda que seja a Lei Processual fale em *impenhorabilidade* dando a ideia de que estaríamos diante de um instituto de direito processual, na verdade não é o que se passa. A rigor, o que se tem aí são limitações à responsabilidade patrimonial, ou seja, bens que, por determinação legal direta, ou indireta (art. 833, I do CPC), não estão no campo da sujeitabilidade patrimonial decorrente do inadimplemento do devedor. Antes de iniciado o processo, e independentemente dele, a imunidade já foi estabelecida por lei.

Não é correto falar em *impenhorabilidades* tout court porque a penhora é instituto de direito processual, um ato processual executivo que é íntimo da responsabilidade patrimonial pois com ela se conecta, mas não se confunde. O problema da *impenhorabilidade* é antecedente à penhora, está no direito material, nos limites do patrimônio sujeitável, no universo da responsabilidade patrimonial, ou seja, sobre os bens que compõem o patrimônio do executado e que podem ou que não podem ser retirados do seu patrimônio para satisfazer o direito do credor em razão do inadimplemento.

Por sua vez o problema dos desfalques patrimoniais que afetam prejudicialmente a responsabilidade patrimonial violam justamente esse direito de garantia patrimonial que todo credor comum possui para ser ressarcido pelos prejuízos decorrentes do inadimplemento.

Ora, como todo e qualquer direito, também este pode ser ameaçado ou lesado, e, para tanto, nos termos do artigo 5º, XXXV da CF de 1988, é certo que dispõe o credor de meios e técnicas para *prevenir* ou então *desfazer* os desfalques propositais cometidos pelo devedor para livrar o seu patrimônio da responsabilidade (garantia patrimonial). A fraude contra credores e a fraude à execução são faces de uma mesma moeda, com a diferença básica do momento em que são realizadas e dos sujeitos prejudicados pelo referido ato.

Situação diversa ocorre quando se está diante de *alienação do bem que já foi penhorado*. Com a penhora, sobre aquele bem já não há mais *sujeitabilidade abstrata*, mas sim sujeição específica e individualizada pois o bem já está afetado e direcionado à futura expropriação em poder do Estado. A tentativa de violação aqui é absolutamente inócua porque quando o bem foi especificado pela penhora a abstração da responsabilidade patrimonial já não existe. O ato é gravíssimo, mas nada precisa ser reconhecido, nada precisa ser feito senão prosseguir com a execução sobre o bem penhorado em direção a expropriação liquidativa.[3]

O que se quer salientar é que a responsabilidade patrimonial é instituto de direito material, antecedente à penhora que é ato processual da cadeia executiva e que se conecta com a responsabilidade patrimonial retirando a abstração que marca este estado de sujeição tornando-o concreto – dando o primeiro passo – no direito do exequente de retirar o valor devido do patrimônio do executado para ressarcir o prejuízo causado pelo inadimplemento. Logo, o estudo da impenhorabilidade (rectius = dos limites políticos – imunidade – da responsabilidade patrimonial) está no campo do direito material, já a ordem de preferência da penhora sob o viés da liquidez dos bens, o lugar onde ela se realiza, a sua documentação, as regras de depósito do bem penhorado, a intimação do titular do bem penhorado etc. estes sim são temas genuínos de direito processual.

### 1.2.5.2   A conexão da penhora com a responsabilidade patrimonial

Assim, *salvo as restrições estabelecidas em lei*, o devedor responde com todos os seus bens presentes e futuros para o cumprimento de suas obrigações (art. 789 do CPC). Essa tarefa de realizar a garantia patrimonial por meio de expropriação judicial do patrimônio do executado em prol do exequente nos limites do crédito exequendo é feita por meio da atividade executiva para pagamento de quantia, e, o ato que singulariza, que individualiza, que concretiza a garantia da responsabilidade patrimonial é justamente a penhora.

A penhora é o ato processual da execução forçada que *pinça* o bem (qualquer bem, direito, coisa etc.) que é de propriedade do executado dando concretude

---

3. O reconhecimento a fraude em qualquer destas hipóteses não anula o negócio jurídico firmado entre alienante (devedor ou executado) com o terceiro adquirente, ou seja, o bem passa ao patrimônio do terceiro. O que faz o reconhecimento da fraude é simplesmente manter o vínculo da garantia patrimonial daquele bem com a dívida inadimplida pelo alienante. Há o reconhecimento da ineficácia, não da alienação em si, mas da desvinculação do bem à garantia patrimonial para o qual ele servia. Em outros termos, o bem, agora integrante do patrimônio de terceiro, permanece vinculado à garantia patrimonial do inadimplemento da dívida do alienante.

a garantia patrimonial. Como se o patrimônio do executado fosse um espaço repleto de coisas ali despejadas, a penhora é a grua que pinça, define, que identifica, que apreende o bem vinculando-o à execução. É com a penhora que se identificará o bem de propriedade do executado que servirá à satisfação do crédito exequendo. E, frise-se, ao usar a grua, o processo deve respeitar e não pinçar os bens que o direito material imuniza da responsabilidade patrimonial, ou que pertençam a terceiros.

Uma vez penhorado o bem, já está identificado, já se sabe que é a propriedade que o executado tem sobre ele que será *expropriada* pelo processo judicial. Sobre este bem penhorado já não há mais a sujeitabilidade *abstrata*, mas sim *concreta*. Definida a penhora sobre determinado bem do patrimônio do executado, todos os outros bens do patrimônio continuam sob estado de sujeição abstrata servindo ao papel de garantia até que o direito do exequente seja satisfeito pela expropriação do bem penhorado. Alguém poderia dizer ser injusto isso, já que uma vez que tenha sido penhorado o bem, todos os demais deveriam livrar-se dessa nuvem chamada *garantia patrimonial*, mas não deve ser assim, pois não se pode afirmar com certeza se aquele bem objeto da penhora será realmente capaz de satisfazer o crédito exequendo. É perfeitamente possível, por exemplo, que se for penhorado um imóvel ele não consiga ser alienado em leilão por falta de interessados e seja necessário buscar outro bem do patrimônio para satisfazer o direito do exequente.

### 1.2.5.3 Os bens "impenhoráveis" do art. 833 do CPC

#### 1.2.5.3.1 Introito

Na primeira Subseção I, intitulada "Do Objeto da Penhora", o legislador principia com o art. 831 dando todo sinal, élan e ânimo ao exequente de que, doa a quem doer, "a penhora deverá recair sobre tantos bens quantos bastem para o pagamento do principal atualizado, dos juros, das custas e dos honorários advocatícios".

Contudo, logo depois deste estímulo dado ao exequente arrefece os ânimos iniciando uma série de restrições à penhora, já dizendo que (art. 832) "não estão sujeitos à execução os bens que a lei considera impenhoráveis ou inalienáveis" e em seguida dizendo que os bens listados nos doze incisos do art. 833 "são impenhoráveis".

Mais adiante, no artigo 836 termina por dizer o óbvio, ou seja, de que o Estado-Juiz não irá perder, nem perder tempo e nem dinheiro, uma vez que *"não se levará a efeito a penhora quando ficar evidente que o produto da execução dos bens encontrados será totalmente absorvido pelo pagamento das custas da execução"*. Os limites políticos estabelecidos pelo legislador é que predeterminam o que não pode ser expropriado e, logicamente, estão imunes ao ato preparatório da futura expropriação judicial.

Já falamos sobre esse rol de bens contidos no inciso 833 quando tratamos das limitações políticas, e, insistimos que é preciso rever o posicionamento do legislador de fazer tantas restrições à responsabilidade patrimonial e ser tão paternalista com o executado/devedor. Seria melhor se tivesse adotado em um artigo apenas os conceitos jurídicos indeterminados que permitissem o magistrado avaliar em cada caso concreto a solução necessária/adequada/proporcional para a constrição patrimonial, inclusive quando se tratasse até mesmo de salários.

Não se pode tratar da mesma forma um executado que ganha até 10 salários-mínimos por exemplo e é responsável por uma família de 4 pessoas, com um outro que ganha 1000 salários-mínimos e é responsável pelas mesmas quatro pessoas. O dispositivo que cuida da caderneta de poupança, por exemplo, é um acinte ao bom senso. A proteção ao bem de família, um esconderijo imutável para o executado, e por aí vai. Falaremos disso mais adiante quando tratarmos da flexibilização dessas "impenhorabilidades".

### 1.2.5.3.2 Impenhorabilidade ou impossibilidade de expropriar judicialmente?

É preciso dizer que as *impenhorabilidades* descritas no art. 833 nada mais são do que hipóteses em que a lei (ou convenção das partes) considera determinados bens do patrimônio imunes à responsabilidade patrimonial. São *impenhoráveis* porque não podem ser *expropriados* por meio da realização da garantia patrimonial num procedimento executivo para pagamento de quantia.[4]

Logo, se se trata de imunidades à responsabilidade patrimonial, tem natureza de direito material as regras legais sobre impenhorabilidades nada obstante estejam num Código de Direito Processual[5] e em alguns casos versem sobre direitos patrimoniais disponíveis. As imunidades legais são exceções à regra de que a garantia patrimonial é a garantia comum de todos os credores. Não houve a garantia patrimonial em caso de inadimplemento seria um caos pois todas as obrigações seriam naturais e nenhuma consequência existiria par o devedor inadimplente. A proteção do crédito interessa não apenas ao credor daquele crédito, mas ao sistema econômico como um todo. Em uma sociedade onde o crédito é desprotegido e desvalorizado o problema da inadimplência espraia seus tentáculos para todos os setores da economia.

---

4. LIEBMAN, Enrico Tullio. *Processo de execução*. 4. ed. São Paulo: Saraiva, 1980, p. 102.
5. PONTES DE MIRANDA, Francisco Cavalcanti. Op. cit., p. 175-6; "(...) o ser penhorável ou impenhorável o bem diz respeito à pretensão a executar em sua abrangência objetiva: é de direito material, não formal, mas pré-processual a impenhorabilidade absoluta, é julgável de ofício, em qualquer tempo. No mundo jurídico, a execução apanha todos os bens do devedor, e o *beneficium competentiae* limita este princípio".

### 1.2.5.3.3 O Patrimônio mínimo – Motivos das limitações políticas e possibilidade de flexibilização

O *patrimônio mínimo* é um desses temas que foram sensivelmente afetados pelo fenômeno de entronização da Constituição Federal no Direito Privado.[6] O reconhecimento de que o patrimônio de alguém é mais largo e incontido na noção do direito de propriedade sobre coisas e o valor econômico que isso representa, é fundamental para se entender que mesmo as coisas de valor econômico que pertencem a alguém não são um fim em si mesmo, senão instrumentos para obtenção de direitos essenciais como lazer, segurança, liberdade, trabalho etc. Esse redirecionamento do patrimônio econômico como meio e não como fim serve tanto ao credor que executa e pede dinheiro, quanto ao devedor que é executado e deve ter o seu patrimônio mínimo preservado pelas limitações legais estabelecidas por lei à responsabilidade patrimonial.

A expressão consagra uma cláusula aberta cujos parâmetros de colmatação se dá pela projeção constitucional do direito à *vida digna*, assim entendida a existência com os direitos e garantias fundamentais concretizados. Logo, não há um conteúdo fixo e abstrato para o que seja *patrimônio mínimo*.

As razões pelas quais a lei cria estas hipóteses (art. 833 do CPC) é importante que seja identificada. A partir da leitura das situações ali descritas, deve-se atentar que o que se pretende preservar é o "núcleo patrimonial essencial do indivíduo",[7] o "benefício jurídico do estritamente necessário".[8]

A importância em se detectar as razões pelas quais a lei restringiu a garantia) patrimonial dos credores comuns mostra-se relevante para que, excepcionalmente, diante das circunstâncias do caso concreto, possa o juiz flexibilizar tais hipóteses justamente para proteger as mesmas razões pelas quais o credor pretende a quantia que servirá de instrumento para aquisição do seu *patrimônio mínimo*.[9] Como alerta Dinamarco *"pelo aspecto da relevância social da tutela jurisdicional, é imperioso mitigar as impenhorabilidades, adequando as previsões legais ao objetivo de proteger o mínimo indispensável à vida"*.[10]

---

6. A respeito ver FACHIN, Luiz Edson. *Estatuto jurídico do patrimônio mínimo*: à luz do novo Código Civil brasileiro e da Constituição Federal. 2. ed. atual. Rio de Janeiro: Renovar, 2006, p. 160 e ss. da Constituição Federal. 2. ed. atual. Rio de Janeiro: Renovar, 2006.

7. THEODORO JUNIOR, Humberto. *Processo de execução e cumprimento de sentença*. 29. ed. São Paulo: LEUD, 2017, p. 373.

8. PONTES DE MIRANDA, Francisco Cavalcanti. *Comentários ao Código de Processo Civil*. Rio de Janeiro: Forense, 1976, t. X, p. 173.

9. Estas são as razões para se ancorar a flexibilização judicial e não a simples modificação da expressão "absolutamente impenhorável" constante no texto do art. 649 revogado para "penhorável" constante no art. 833 do CPC atual.

10. DINAMARCO, Candido Rangel. *Instituições de direito processual civil*. 4. ed. São Paulo: Malheiros, 2016, v. IV, p. 360.

CAPÍTULO 03 • FASE INSTRUTÓRIA DO PROCEDIMENTO PARA PAGAMENTO DE QUANTIA | **279**

Em tese o rol de impenhorabilidades do CPC existe para atender a esta "proteção do patrimônio mínimo", mas com a devida vênia, está muito longe de se mostrar compatível com a nossa realidade, sem contar que possui uma inegável e inescondível contradição entre com o art. 7º da CF/88, como já alertara Vander Giuberti[11] ao tratar, com extrema percuciência, as limitações à penhora dos bens de família.

Enquanto o art. 7º, IV da CF/88 diz que são direitos dos trabalhadores urbanos e rurais, além de outros que visem à melhoria de sua condição social: o *"salário mínimo , fixado em lei, nacionalmente unificado, capaz de atender às suas necessidades vitais básicas e às de sua família com moradia, alimentação, educação, saúde, lazer, vestuário, higiene, transporte e previdência social, com reajustes periódicos que lhe preservem o poder aquisitivo, sendo vedada sua vinculação para qualquer fim"*, já o § 3º do artigo 833 preserva o patrimônio mínimo de "50 (cinquenta) salários-mínimos mensais", salvo se se tratar de *"hipótese de penhora para pagamento de prestação alimentícia"*. Parece muito evidente, e não é necessário maior esforço, para perceber que o valor preservado de 50 salários-mínimos é, além de injusto, até mesmo acintoso para a realidade do país, além de claramente afrontar o texto constitucional.

Alguém dirá que o próprio legislador já teria colocado as *exceções* às "impenhorabilidades" como se observa nos parágrafos do art. 833, mas as situações da vida não são facilmente emolduradas e as razões subjacentes à cobrança da quantia podem não estar previstas nas tais exceções e ainda assim mostrarem-se dignas de tutela, afastando, nos limites do caso concreto a limitação legal à sujeição patrimonial.[12]

E, como se viu, as hipóteses descritas como *impenhoráveis* pelo art. 833 do CPC não se mostram tão próximas assim do fundamento remoto que motivou a sua criação: preservação da existência digna do executado, permitindo que seja conservado um patrimônio mínimo que proporcione essa situação. Não só é possível a flexibilização judicial sob o espectro constitucional, como é devida para não se admitir distorções claras como a que comentou acima, ou seja, sendo mais claro *"um patrimônio mínimo exige um direito mais aberto à percepção social e às concretudes que somente o caso concreto poderá fornecer"*.[13]-[14]

---

11. GIUBERTI, Santos Vander. *Impenhorabilidade e (in)efetividade da execução por expropriação*: da teoria geral ao bem de família. Dissertação de Mestrado da Universidade Federal do Espírito Santo. 2019, p. 85.

12. O art. 942 do CPC de 1939 estabelecia que "não poderão ser absolutamente penhorados "(...) II – as provisões de comida e combustíveis necessários à manutenção do executado e de sua família durante um mês; (...) IV – uma vaca de leite e outros animais domésticos, à escolha do devedor, necessários à sua alimentação ou a suas atividades, em número que o juiz fixará de acordo com as circunstâncias (...)". Importante verificar neste dispositivo a abertura que o dispositivo dava ao tema, como se pode verificar no inciso II a palavra *necessário*, e no exemplo seguinte a *necessidade* e *de acordo com as circunstâncias*.

13. GIUBERTI, Vander Santos. Op. cit., p. 86.

14. "(...) 2. O novo Código de Processo Civil, em seu art. 833, deu à matéria da impenhorabilidade tratamento um tanto diferente em relação ao Código anterior, no art. 649. O que antes era tido como "absolutamente impenhorável", no novo regramento passa a ser "impenhorável", permitindo, assim, essa nova disciplina maior espaço para o aplicador da norma promover mitigações em relação aos casos que examina, respeitada sempre a essência da norma protetiva. Precedente: EREsp 1.582.475/MG, Rel. Ministro Benedito Gonçal-

### 1.2.5.3.4 A possibilidade de disposição pelo próprio executado e a incognoscibilidade de ofício

A Lei cria imunidades à responsabilidade patrimonial do devedor para que ele não seja privado de um conteúdo patrimonial mínimo que seja necessário à preservação da sua dignidade ou de sua família. Sendo *geral e abstrata* a lei atinge todos de uma mesma forma sem perquirir o caso concreto que muitas vezes não se ajusta àquilo que a lei pretende proteger, e, como vimos no tópico antecedente, o imaginário legal parece estar bem distante da realidade do nosso país. Em nossa experiência de foro, e, em especial em sede executiva, já tivemos oportunidade de ver devedores que prefeririam renunciar a um "bem impenhorável" para saldar um débito em prol de um sentimento de tranquilidade e paz interior de saber-se livre da dívida.

O fato de a Lei criar hipóteses de proteção do *patrimônio mínimo* para o devedor que julga ser um mínimo necessário à sua dignidade, não significa que o próprio devedor, em tese protegido pelo texto legal, pense da mesma forma. Ora, se é possível imaginar a hipótese de alienar o bem impenhorável e pagar a dívida, nada impede que ele mesmo espontaneamente oferte o bem à execução renunciando expressamente à proteção legal. [15]

Não há dúvidas que as hipóteses de impenhorabilidades são de ordem pública porque foram criadas, em tese, para privilegiar o patrimônio mínimo fundamental do devedor, mas o fato de serem *questões de ordem* pública não torna, necessariamente, de conhecimento de ofício pelo magistrado.[16]

As restrições legais à responsabilidade patrimonial criadas para proteger o devedor não têm o condão de alterar a natureza *patrimonial e disponível* dos referidos bens. A lei cria um benefício para o devedor, mas não cerceia o seu direito de dele dispor. Exatamente por isso, nada obstante a natureza de ordem pública das regras de impenhorabilidades, a cognoscibilidade deste direito deve ser feita mediante provocação do devedor que deve alegar, no momento adequado e sob pena de preclusão, as referidas regras de impenhorabilidade. Assim, por exemplo, como determina o artigo 854, § 3º cabe ao executado, e, não ao juiz de ofício, arguir que os ativos financeiros bloqueados na sua conta bancária, são protegidos pela impenhorabilidade do artigo 833, IV do CPC (salário). Assim, a impenhorabilidade dos bens criadas em favor do devedor não retira o poder de ele dispor do patrimônio protegido, inclusive para,

---

ves, Corte Especial, julgado em 03.10.2018, REPDJe 19.03.2019, DJe de 16.10.2018" (AgInt no AREsp 1128952/RS, Rel. Ministro Raul Araújo, Quarta Turma, julgado em 18.05.2020, DJe 1º.06.2020).

15. Não é este o entendimento do Superior Tribunal de Justiça em relação ao bem de família: "a impenhorabilidade do bem de família decorre dos direitos fundamentais à dignidade da pessoa humana e à moradia, de forma que as exceções previstas na legislação não comportam interpretação extensiva" (AgInt no REsp n. 2.066.977/PR, relator Ministro Raul Araújo, Quarta Turma, julgado em 16.10.2023, DJe de 20.10.2023).

16. A respeito ver APRIGLIANO, Ricardo de Carvalho. *Ordem pública e processo*: o tratamento das questões de ordem pública no direito processual civil. São Paulo: Atlas, 2011. (Coleção Atlas de Processo Civil. – Coord. Carlos Alberto Carmona), p. 114-115.

por vontade própria, oferecê-los à penhora, abrindo mão de tal proteção legislativa. A proteção tem um destinatário, mas não tolhe a sua liberdade de disposição.[17]

Em primeiro lugar é preciso ficar claro que a *regra* é a de que todo o patrimônio presente e futuro do devedor responde pela dívida inadimplida; *a exceção* são as impenhorabilidades (art. 789 do CPC). Em segundo lugar nem se precisaria dizer o óbvio: existe um estímulo do Código para que o exequente promova a penhora de dinheiro do executado nas execuções para pagamento de quantia (art. 835, I, § 1º), justamente porque numa execução por quantia o que se espera é a obtenção de dinheiro (art. 904, I do CPC). Em terceiro lugar porque quando não se penhora dinheiro o itinerário executivo passa a ser bem mais demorado (porque é necessário fazer a liquidação do bem penhorado num leilão público) havendo enorme risco de comprometimento da *eficiência* e da *efetividade* da atividade executiva.

Por outro lado, nada obstante este natural estímulo à penhora de ativos financeiros do executado o que se vê em boa parte dos incisos do rol do artigo 833 são impenhorabilidades que recaem sobre dinheiro pertencente ao executado[18] numa aparente contradição entre o estímulo à penhora do dinheiro do executado e as regras de imunização desses valores.

Diante deste cenário cabe ao executado o ônus de arguir e demonstrar que aquele dinheiro que foi penhorado representa uma das hipóteses de impenhorabilidade de quantia que protege o seu patrimônio. Não cabe ao exequente e nem ao magistrado conhecer, previamente, se o dinheiro penhorado corresponde à proteção legal conferida ao executado, que, inclusive, pode dela dispor como dito alhures.

Como a penhora de ativos financeiros segue o regime jurídico do artigo 854, então fica evidente que é encargo do executado arguir a impenhorabilidade da quantia por meio da mini impugnação do inciso III do artigo 854, sob pena de preclusão.

---

17. Depois de muito tempo com uma posição sedimentada no sentido de que as impenhorabilidades possuem natureza de ordem pública e cognoscibilidade de ofício (AgInt no AREsp n. 2.336.504/RS, relator Ministro Francisco Falcão, Segunda Turma, julgado em 21.08.2023, DJe de 23.08.2023.) o Superior Tribunal de Justiça tem indicado uma mudança de posicionamento sobre a cognoscibilidade de ofício das impenhorabilidades. Isso se deve, em especial, por causa da impenhorabilidade do inciso X do artigo 833 que trata da proteção da quantia de até 40 salários mínimos depositados em caderneta de poupança e que não parece ter muito sentido com a realidade brasileira. Esse indicativo do STJ se revela no surgimento do TEMA Repetitivo 1235 cuja questão submetida a julgamento é: "definir se a impenhorabilidade de quantia inferior a 40 salários mínimos é matéria de ordem pública, podendo ser reconhecida de ofício pelo juiz". Esse tema trouxe a discussão sobre a distinção da questão ser de ordem pública, saber se pode ser flexibilizada a regra, e se pode ser conhecida de ofício pelo juiz. Até a edição deste livro ainda não havia sido julgado pela corte especial do STJ.

18. As impenhorabilidades contidas nos mencionados incisos do artigo 833 do CPC correspondem à quantia em pecúnia que os representa: "salário", "seguro de vida", "quantia depositada em caderneta de poupança até o limite de 40 salários-mínimos", "recursos públicos do fundo partidário recebidos por partido político", "os créditos oriundos de alienação de unidades imobiliárias, sob regime de incorporação imobiliária, vinculados à execução da obra".

Neste particular, merece alguma digressão a hipótese do inciso X do artigo 133 que trata da impenhorabilidade da "quantia depositada em caderneta de poupança, até o limite de 40 (quarenta) salários-mínimos".

Ainda que se trate de dados quantitativos objetivos que poderiam ser conhecidos pelo magistrado no momento de realizar a indisponibilidade financeira (art. 854) é ônus do executado opor-se ao bloqueio judicial demonstrando que tal *reserva financeira* deve ser protegida pela regra da imunidade patrimonial, posto que, naquele caso concreto, os ditames principiológicos que justificam a referida proteção também estariam presentes.

Conquanto existam julgados do STJ na linha da inflexibilidade judicial da impenhorabilidade do inciso X,[19] há outros em sentido diverso[20] e tendo sido muito nítida uma tendencia, especialmente neste dispositivo, em flexibilizar judicialmente a impenhorabilidade a depender das circunstâncias do caso concreto sendo importante o ônus argumentativo das partes na execução em defesa de suas teses. Naturalmente em muitos casos será necessária a dilação probatória para que se demonstre a importância da manutenção ou do afastamento da regra do inciso X do artigo 833.[21]

### 1.2.5.3.5    *O rol de bens do art. 833*

#### *A) Art. 833, I do CPC*

O Art. 833, I do CPC diz que são "impenhoráveis" os *bens inalienáveis e os declarados, por ato voluntário, não sujeitos à execução*. Como já dissemos, está invertida a regra do *caput* com o começo do texto do *inciso*, pois a impossibilidade de se penhorar é consequência lógica da impossibilidade de se alienar. Não se penhora aquilo que não se poderia alienar. Mas, é preciso voltar um pouco no tempo, fazendo a estreita combinação do Código Civil com o Código de Processo Civil, para entender o atual art. 833, I, porque a segunda parte do inciso pode gerar alguma dificuldade de compreensão.

---

19. "(...) 1. A jurisprudência do Superior Tribunal de Justiça manifesta-se no sentido de que, em regra, todos os valores pertencentes ao devedor, até o limite de 40 (quarenta) salários mínimos, mantidos em conta-corrente, caderneta de poupança ou fundos de investimentos são impenhoráveis. (...)". (AgInt no REsp n. 2.116.575/SP, relator Ministro Ricardo Villas Bôas Cueva, Terceira Turma, julgado em 03.06.2024, DJe de 05.06.2024).

20. "(...) 21. Como base no acima exposto, à luz do princípio da proporcionalidade e da razoabilidade, é inadequado formar-se posicionamento jurisprudencial que consubstancie orientação no sentido de que toda aplicação de até 40 (quarenta) salários mínimos, em qualquer tipo de aplicação bancária ou financeira, estará sempre enquadrada na hipótese do art. 833, X, do CPC. (...)(REsp n. 1.660.671/RS, relator Ministro Herman Benjamin, Corte Especial, julgado em 21.02.2024, DJe de 23.05.2024).

21. Essa inquietude do Superior Tribunal de Justiça – especialmente neste dispositivo que deu origem ao Tema repetitivo nº 1235 – se dá porque realmente não faz muito sentido a proteção desta reserva financeira para o executado além daquela que já é prevista no inciso IV que prevê a proteção do salário, constituindo um verdadeiro desserviço ao direito fundamental do credor à execução efetiva.

No Código Civil de 1916 dizia o art. 69 que *"são coisas fora de comércio as insuscetíveis de apropriação, e as legalmente inalienáveis"*. Relembramos também que a divisão metódica do Código Civil de 1916 colocava na parte geral uma "parte preliminar", uma outra sobre "pessoas" (que cuidava dos *sujeitos de direitos*), uma outra contendo os "bens" (que seriam *o objeto de direitos*) e outra contendo os "fatos jurídicos" (que seriam as causas surgimento e extinção desses direitos).

Logo, a definição de *coisa fora do comércio* estava dentro da parte destinada a tratar dos bens que poderiam ser objeto de direitos. Sem aqui polemizar na infindável discussão sobre a distinção de bens e coisas,[22] quando se diz *"fora do comércio"*, isso significa que são coisas que não podem ser compradas e nem vendidas, não podem ser trocadas, transferidas, doadas, emprestadas etc., pois não circulam comercialmente, e, em sentido inverso, as coisas que estão no comércio são justamente aquelas que podem ser objeto destas relações que permitem a circulação do bem.

A definição do art. 69 do CCB de 1916 era elíptica e poderia causar alguma dificuldade na primeira leitura. Isso porque ali estavam duas categorias de *coisas fora do comércio*: (1) as que não poderiam ser apropriadas e (2) as que seriam legalmente inalienáveis.

A rigor, o que se tinha no dispositivo é que algumas coisas fora do comércio nem sequer podem ser apropriadas, porque pela sua própria natureza não seriam apropriáveis (como a luz solar e o equilíbrio ecológico); e outras que, (2) pressupondo apropriáveis, também não circulariam comercialmente (não se trocam, não se vendem, não se doam, não se transferem etc.) por determinação legal como por exemplo os bens públicos.[23]

Foi seguindo esta trilha que o artigo 942, I do Código de Processo Civil de 1939 dizia no seu artigo 942 que *"não poderão absolutamente ser penhorados: I – os bens inalienáveis por força de lei"*. Bastava dizer isso, pois aqueloutros fora do comércio nem sequer suscetíveis de apropriação nem sequer precisaria ser dito que não poderiam ser "penhorados".

Posteriormente, ainda na vigência do CCB de 1916, o Código de Processo Civil de 1973 deu um passo diferente em relação ao anterior, pretendendo com isso ser

---

22. A respeito ver ABELHA, Guilherme. Bens e coisas. In: LIMA NETO, Francisco Vieira; SILVESTRE, Gilberto Fachetti; HERKENHOFF, Henrique Geaquinto. (Org.). *Introdução ao Direito Civil*. Vitória: Edição dos Organizadores, 2020, v. 2: bens, p. 7-54.

23. Não se descura da discussão envolvendo os direitos da personalidade – projeções sobre seus atributos – se seriam objeto de propriedade do sujeito ou uma extensão de si mesmo. No primeiro caso, haveria então uma nova categoria, apropriáveis, mas inalienáveis pela própria natureza. No segundo caso nem sequer seriam direitos propriamente ditos. A respeito ver GAGLIANO, Pablo Stolze; PAMPLONA FILHO, Rodolfo. *Novo curso de direito civil*. 5. ed. São Paulo/SP: Saraiva, 2004. v. 1. Parte Geral; TARTUCE, Flávio. *Manual de direito civil*. 6. ed. Edição Digital. Rio de Janeiro/RJ: Forense; São Paulo/SP: Método, 2016, volume único; DE CUPIS, Adriano. *Os direitos da personalidade*. Lisboa: Livraria Morais Editora, 1961; DINIZ, Maria Helena. *Curso de direito civil brasileiro*. 20. ed. rev. aum. São Paulo: Saraiva, 2003. v. 1: teoria geral do direito civil; PEREIRA, Caio Mario da Silva. *Instituições de Direito Civil*. 19. ed. rev. atual. Rio de Janeiro: Forense, 2002.

mais minudente em relação ao Código de 1939 neste quesito da impenhorabilidade absoluta. Segundo o artigo 649, I do CPC de 1973 *"são absolutamente impenhoráveis: I – os bens inalienáveis e os declarados, por ato voluntário, não sujeitos à execução"*. A redação deste inciso foi decalcada para o inciso primeiro do art. 833 do atual Código de Processo Civil.

Bem, a princípio, nenhum dispositivo precisaria dizer que não se penhoram bens que sejam *naturalmente* "fora do comércio", porque *naturalmente* nem sequer apropriam, e por isso mesmo não se comercializam, não se vendem, não se trocam etc. Logo, nem o CPC de 1939, nem o de 73 e nem o atual perderam tempo com isso. Entretanto, disse o CPC de 1973 que seria absolutamente impenhorável "os bens inalienáveis e os declarados, por ato voluntário, não sujeitos à execução". Melhor tivesse dito, na esteira de 1939, os "inalienáveis por força de lei" e "os declarados, por ato voluntário, não sujeitos à execução". Suprimiu a expressão "por força de lei", dando a entender que também seriam inalienáveis os não sujeitos à execução por ato voluntário, o que não é verdade.

Como já se viu, a redação é ruim não apenas pelo conteúdo que lhe falta. Primeiro, porque, como dito acima, a impenhorabilidade decorre da inalienabilidade, e não do inverso. Em outras palavras a sentença coerente deveria ser a seguinte *"porque não são alienáveis, eles não são penhoráveis"*, posto que a penhora é ato inicial do procedimento expropriatório, onde se aliena de um (executado), e para outro se entrega (exequente), o produto da alienação. Não pode haver penhora, porque antes disso não pode haver alienação.

Em segundo lugar também é ruim porque a "inalienabilidade" ali mencionada é por ato legal, por disposição de lei, tendo em vista a situação objetiva do próprio bem e a sua utilização, como por exemplo os bens públicos.

Em terceiro lugar o dispositivo também peca porque em 1973 já se tinha conhecimento que débito e responsabilidade não eram a mesma coisa e a redação poderia ser mais precisa. Isso quer dizer que além dos "inalienáveis" por direta determinação legal, também seriam absolutamente impenhoráveis aqueles que fossem *imunes à responsabilidade patrimonial* "por ato voluntário". O que quis dizer o dispositivo, laconicamente replicado no atual inciso I do art. 833, é que haveria a possibilidade de que "por ato voluntário" fosse *declarado* que determinado bem "não se sujeitasse à responsabilidade patrimonial" e, por consequência, ficaria *"isento de execução de dívidas"* para usar a expressão que era utilizada no CPC de 1916 quando ainda se descobria a distinção de débito e responsabilidade.

Ora, *não se sujeitar à execução* como menciona o atual art. 833, I e antigo 649, I nada mais é do que excluí-lo da responsabilidade patrimonial. Não significa dizer que o proprietário do bem não possa aliená-lo, nem transferi-lo, nem doá-lo etc. Logo, não é um bem inalienável para o seu proprietário, mas é um bem que não se sujeita à "execução de dívidas", enfim é bem do patrimônio do devedor, mas não sujeito à responsabilidade patrimonial porque gravado com cláusula de exclusão.

Obviamente que essa não é uma hipótese livre e solta no Código sob pena de transformar como panaceia a cláusula de exclusão da responsabilidade patrimonial. Só é possível valer-se desta clausula quando a lei expressamente autorizar e seguindo os seus requisitos para não esvaziar a responsabilidade patrimonial e prejudicar a segurança das relações obrigacionais.

A ideia do legislador processual de 1973, repetida no atual, foi contemplar situações, específicas, expressamente autorizadas por lei, tal como a prevista no então art. 70 CCB de 1916[24] onde *autorizava* que qualquer pessoa poderia, munidos de boa-fé, sem prejudicar credores e na plenitude do seu direito de liberdade, criar um "enclausuramento do bem" mesmo que este bem tivesse todas as características de um bem alienável, ou seja, isentaria da execução de dívidas, porque ficaria fora da responsabilidade patrimonial (nome e expressão que só veio a ser identificada após 1916) e, portanto, imune à qualquer execução forçada. Vejamos o que dizia o artigo 70 do CCB:

> Art. 70. É permitido aos chefes de família destinar um prédio para domicílio desta, com a clausula de ficar isento de execução por dívidas, salvo as que provierem de impostos relativos ao mesmo prédio.
>
> Parágrafo único. Essa isenção durará enquanto viverem os cônjuges e até que os filhos completem sua maioridade.

Este dispositivo, tanto quanto o art. 1676[25] do Código Civil de 1916 que privilegiava a vontade dos doadores e testadores, jamais permitiu que este "ato voluntário" de liberdade do sujeito pudesse ser praticado em detrimento da "responsabilidade patrimonial" no sentido de esvaziar o seu conteúdo.

Tanto isso é verdade que o artigo 71 do antigo Código Civil, mesmo sem saber que tratava da proteção da "responsabilidade patrimonial" dizia que *"para o exercício desse direito é necessário que os instituidores no ato da instituição não tenham dívidas, cujo pagamento possa por ele ser prejudicado"*, e ainda tinha o cuidado de dizer que *"a isenção se refere a dividas posteriores ao ato, e não ás anteriores, se verificar que a*

---

24. Art. 1.676. A cláusula de inalienabilidade temporária, ou vitalícia, imposta aos bens pelos testadores ou doadores, não poderá, em caso algum, salvo os de expropriação por necessidade ou utilidade pública, e de execução por dívidas provenientes de impostos relativos aos respectivos imóveis, ser invalidada ou dispensada por atos judiciais de qualquer espécie, sob pena de nulidade. Art. 1.677. Quando, nas hipóteses do artigo antecedente, se der alienação de bens clausulados, o produto se converterá em outros bens, que ficarão sub-rogados nas obrigações dos primeiros.

25. "Art. 1.676. A cláusula de inalienabilidade temporária, ou vitalícia, imposta aos bens pelos testadores ou doadores, não poderá, em caso algum, salvo os de expropriação por necessidade ou utilidade pública, e de execução por dívidas provenientes de impostos relativos aos respectivos imóveis, ser invalidada ou dispensada por atos judiciais de qualquer espécie, sob pena de nulidade". Nenhum doador (art. 158) e nenhum testador poderia furtar-se às suas dívidas realizando a doação ou realizando testamento, como se observa no antigo CCB, art. 1796 e no atual CCB, no art. 1.997.

*solução destas se tornou inexequível em virtude de ato da instituição"* e a tal instrumento deveria ser dada ampla divulgação para que terceiros pudessem dele saber e assim evitar que fossem surpreendidos com tal clausula restritiva. O art. 73 era claro ao dizer que *"a instituição deverá constar de instrumento público inscrito no registro de imóveis e publicado na imprensa e, na falta desta, na da capital do Estado"*.

O tal *bem de família convencional* como é conhecido hoje e se encontra no art. 1711 do atual Código Civil, contém os mesmos cuidados, ainda mais específicos – de preservação da sujeitabilidade do patrimônio.

Logo, o que se quer demonstrar é que o inciso I do artigo 833 trata da "impenhorabilidade absoluta" de bens que por força direta da lei são inalienáveis e de bens que por força indireta da lei, que estabelece os limites e condições, se excluem da responsabilidade patrimonial. São delimitadas e restritas as possibilidades de exclusão de bens do patrimônio que se sujeitam à responsabilidade patrimonial.[26]

### B) Art. 833, II do CPC

No inc. II do art. 833 do CPC assevera que são impenhoráveis *"os móveis, os pertences e as utilidades domésticas que guarnecem a residência do executado, salvo os de elevado valor ou os que ultrapassem as necessidades comuns correspondentes a um médio padrão de vida"*.

Já vimos que "efetuar-se-á a penhora onde se encontrem os bens" (art. 845 CPC), inclusive na residência do executado como prevê o art. 846 que trata da ordem de arrombamento caso o executado recuse-se a abrir a porta para o oficial de justiça.

O inciso II do art. 833 estabelece uma regra geral de que os móveis, os pertences e as utilidades domésticas que guarnecem a residência do executado não podem ser penhorados. A regra geral parte da premissa de que todos os bens que ali estão guarnecendo a residência do executado são absolutamente necessários, não podem ser prescindidos, para o seu cotidiano. Segue, portanto, a regra do art. 1º, parágrafo único da Lei 8.009 ao dizer que *"a impenhorabilidade compreende o imóvel sobre o qual se assentam a construção, as plantações, as benfeitorias de qualquer natureza e todos os equipamentos, inclusive os de uso profissional, ou móveis que guarnecem a casa, desde que quitados"*.[27]

---

26. É possível sustentar que neste dispositivo a lei outorga aos interessados, por convenção, o direito de retirar determinado bem do campo da responsabilidade patrimonial. A questão é saber qual seria este limite? Pode excluir totalmente a responsabilidade patrimonial? A respeito deste tema remeto o leitor para a versão comercial da minha tese de professor titular da Universidade Federal do Espirito Santo. Responsabilidade patrimonial pelo inadimplemento das obrigações. São Paulo: Foco editora, 2022.

27. "I. É assente na jurisprudência das Turmas que compõem a Segunda Seção desta Corte o entendimento segundo o qual a proteção contida na Lei 8.009/90 alcança não apenas o imóvel da família, mas também os bens móveis que o guarnecem, à exceção apenas os veículos de transporte, obras de arte e adornos suntuosos. II. São impenhoráveis, portanto, o televisor e a máquina de lavar roupas, bens que usualmente são

CAPÍTULO 03 • FASE INSTRUTÓRIA DO PROCEDIMENTO PARA PAGAMENTO DE QUANTIA | **287**

Contudo quando se para e pensa, um a um, nos tais bens que guarnecem a residência do executado, tais como televisões, móveis aparadores, mesa de jantar e de centro, faqueiros, aparelhos e caixas de som etc. percebe-se, claramente, que pode haver situações absolutamente claras onde tal proteção não se justifica.

Então o Código deixa duas válvulas abertas no dispositivo para que tenha mobilidade suficiente para que não fique engessado e crie situações absurdas e injustificada de impenhorabilidade que destoaria da ideia de preservação do *patrimônio mínimo* do executado.

Assim, para saber quais os bens que guarnecem a residência do executado que estão fora do campo de proteção da impenhorabilidade é preciso realizar, *alternativamente*, as seguintes perguntas:

a) tais bens são de elevado valor? e

b) ultrapassam as necessidades comuns correspondentes a um médio padrão de vida?

As duas situações não são cumulativas, mas alternativas, ou seja, uma autônoma da outra. Tanto pode incidir na primeira, ou na segunda hipótese. Frise-se, basta a incidência de uma das hipóteses para permitir a penhora sobre o referido bem.

Assim, por exemplo, ainda que exista apenas um aparelho de som e seja de elevado valor, não há por que não penhorá-lo. Uma única televisão, mas de tecnologia OLED e 8K, segue-se o mesmo raciocínio. O texto é claríssimo na independência das hipóteses que permitem a quebra da impenhorabilidade dos bens que guarnecem a residência do executado. Por outro lado, mesmo que não seja de elevado valor, mas esteja em duplicidade, vê-se claramente que não se sustenta, a priori, no critério da necessidade.[28]

A segunda hipótese que afasta a impenhorabilidade é saber se os bens que guarnecem a residência do executado *"ultrapassam as necessidades comuns correspondentes a um médio padrão de vida"*. A cláusula é, sem dúvida, aberta, mas existem critérios objetivos que contribuem para a sua justa interpretação. É preciso encontrar o ponto de equilíbrio entre o que é necessário considerando um médio padrão de vida e o que é excesso, para não impedir uma proteção indevida ao executado e um sacrifício igualmente indevido ao exequente.[29]

---

encontrados em uma residência e que não possuem natureza suntuosa. Reclamação provida (Rcl. 4.374/MS, Rel. Ministro Sidnei Beneti, Segunda Seção, julgado em 23.02.2011, DJe 20.05.2011).

28. "1. Os bens que guarnecem a residência são impenhoráveis, a teor da disposição da Lei 8.009/90, excetuando-se aqueles encontrados em duplicidade, por não se tratar de utensílios necessários à manutenção básica da unidade familiar. 2. Recurso especial a que se dá provimento. (REsp 533.388/RS, Rel. Ministro Teori Albino Zavascki, Primeira Turma, julgado em 04.11.2004, DJ 29.11.2004, p. 231)".

29. "A Lei 8.009/90 foi concebida para garantir a dignidade e funcionalidade do lar. Não propósito do legislador, permitir que o pródigo e o devedor contumaz se locupletem, tripudiando sobre seus credores; ii – na interpretação da lei 8.009/90, não se pode perder de vista seu fim social; iii – a impenhorabilidade não se estende a objeto de natureza suntuária; iv – se a residência e guarnecida com vários utilitários da

O conceito de *padrão de vida* não se confunde com *qualidade de vida*, pois este leva em conta aspectos subjetivos do indivíduo que não integram o primeiro. Considerando que o *padrão de vida* constitui um dos três critérios para se descobrir o IDH (índice de desenvolvimento humano) de uma determinada localidade pode-se recorrer à fórmula PIB (PPC) per capita que podem ser analisados sob uma perspectiva regional ou nacional. As necessidades comuns de um executado não podem ser melhores e nem piores de que qualquer brasileiro do Município ou Estado que ele vive. A perspectiva *"médio* padrão de vida" significa que deve estar na *média*, nem mais e nem menos, de qualquer cidadão comum. Assim, todos os bens que não atenderem a este critério, ou seja, que superarem esta noção de *médio padrão de vida*, poderão ser objeto de penhora independentemente de ser de elevado valor.

O direito de propriedade do executado tem sobre cada um dos bens móveis que guarnecem a sua residência é impenhorável *no limite* da *necessidade comum de um médio padrão de vida*, ou seja, acima deste patamar pode ser penhorado. Os de elevado valor, apenas pelo valor que possuem, consideram-se acima deste limite.

Nem sempre será possível ao oficial de justiça identificar se tais bens que se encontram guarnecendo a casa do executado se encaixam nos critérios que permitem a penhora. Nesta hipótese deve-se valer a da regra do art. 836, § 2°, caso em que até que o juiz defina a partir da lista apresentada, o executado ou seu representante legal será nomeado depositário provisório de tais bens até ulterior determinação do juiz.

### C) Art. 833, III do CPC

No inc. III do art. 833 do CPC, têm-se como impenhoráveis *"os vestuários, bem como os pertences de uso pessoal do executado, salvo de elevado valor"*. Aqui, também, o legislador deixou a possibilidade de o juiz verificar a situação em jogo, e encontrar o justo equilíbrio entre o direito exequendo, os pertences de uso pessoal do executado e aquilo que é de elevado valor. O *valor em jogo* é, de um lado, a efetivação do direito exequendo e, de outro, a garantia da dignidade do executado. Assim, não são todos os vestuários (ternos, casacos, sobretudos etc.) e pertences de uso pessoal (caneta, relógios etc.) absolutamente impenhoráveis. Todos os que sejam de "elevado valor" podem ser penhorados. O *elevado valor* é algo intrínseco ao bem, ou seja, quando o seu preço final é bem maior do que o gênero do qual ele se insere, seja por causa da sua marca, seja por causa das suas características e propriedades.

---

mesma espécie, a impenhorabilidade cobre apenas aqueles necessários ao funcionamento do lar. Aqueles que excederem o limite da necessidade podem ser objeto de constrição; v – aparelhos de televisão, som e vídeo cassete inserem-se no conceito de equipamento suntuário. São, assim, penhoráveis (REsp 60.993/SP, Rel. Ministro Humberto Gomes de Barros, Primeira Turma, julgado em 03.05.1995, DJ 05.06.1995, p. 16642)".

### D) Art. 833, IV do CPC

Nos termos do art. 833, IV do CPC são absolutamente impenhoráveis "*os vencimentos, subsídios, soldos, salários, remunerações, proventos de aposentadorias, pensões, pecúlios e montepios; as quantias recebidas por liberalidade de terceiro e destinadas ao sustento do devedor e sua família, os ganhos do trabalhador autônomo e os honorários do profissional liberal, ressalvado o § 2º*".

O parágrafo segundo mencionado no referido dispositivo abre a possibilidade de penhora destes valores ao dizer que: "o disposto nos incisos IV e X do *caput* não se aplica à hipótese de penhora para *pagamento de prestação alimentícia*, independentemente de sua origem, bem como às *importâncias excedentes a 50 (cinquenta) salários-mínimos mensais*, devendo a constrição observar o disposto no art. 528, § 8º, e no art. 529, § 3º.

Uma leitura diagonal das treze hipóteses de impenhorabilidade previstas no referido dispositivo apontam todas para um tronco comum: o valor necessário para sustento do executado e de sua família. A rubrica e a origem de onde provêm o dinheiro podem ser distintas, mas o caráter alimentar é o que une todas estas hipóteses.

Da combinação entre a *proibição da penhora descrita no inciso IV* com a *flexibilização prevista no § 2º* conclui-se que:

a) Podem penhorar as verbas alimentares do inciso IV, quando o crédito que se executa também tenha natureza alimentar, pois as mesmas razões que justificam a proteção do executado também devem ser aplicadas ao exequente;

b) As importâncias excedentes a 50 (cinquenta) salários-mínimos mensais podem ser penhoradas.

O CPC DE 2015 perdeu grande oportunidade de ajustar essa situação acima à dura realidade salarial do país e assim aplicar com sabedoria a máxima da proporcionalidade e razoabilidade, pois bem se sabe que a remuneração do executado pode ser tão elevada que, se fosse penhorado um percentual de sua renda, isso não impediria que vivesse com dignidade para seu sustento e de sua família, e, ao mesmo tempo, efetivar-se-ia o direito fundamental do credor à satisfação do seu crédito.

A livre penhorabilidade apenas das importâncias excedentes a 50 (cinquenta) salários-mínimos mensais é acintosa e elitista, porque totalmente divorciada da realidade brasileira onde a renda média do brasileiro é menor do que 3 salários-mínimos mensais, e, mais da metade da população sobrevive com apenas um salário.[30]

É verdade que ainda nos idos de 2006, quando a Lei 11.382/2006 promoveu alterações na execução civil do CPC revogado, tentou-se introduzir a seguinte regra, que acabou sendo vetada:

---

30. Disponível em: https://www.infomoney.com.br/carreira/renda-efetiva-de-trabalhador-sobe-para-r--2-168-em-setembro/. Acesso em: 20 out. 2020.

Na hipótese do inc. IV do *caput* deste artigo, será considerado penhorável até 40% (quarenta por cento) do total recebido mensalmente acima de 20 (vinte) salários-mínimos, calculados após efetuados os descontos de imposto de renda retido na fonte, contribuição previdenciária oficial e outros descontos compulsórios.

As razões do veto em relação a esse dispositivo foram as seguintes, na íntegra:

O Projeto de Lei quebra o dogma da impenhorabilidade absoluta de todas as verbas de natureza alimentar, ao mesmo tempo em que corrige discriminação contra os trabalhadores não empregados ao instituir impenhorabilidade dos ganhos de autônomos e de profissionais liberais. Na sistemática do Projeto de Lei, a impenhorabilidade é absoluta apenas até 20 salários-mínimos líquidos. Acima desse valor, 40% poderá ser penhorado (sic). A proposta parece razoável porque é difícil defender que um rendimento líquido de vinte vezes o salário-mínimo vigente no País seja considerado como integralmente de natureza alimentar. Contudo, pode ser contraposto que a tradição jurídica brasileira é no sentido da impenhorabilidade, absoluta e ilimitada, de remuneração.

Em nosso sentir, nada obstante tenha sido vetado o dispositivo as razões do veto foram precisas ao confirmar que *"é difícil defender que um rendimento líquido de vinte vezes o salário-mínimo vigente no País seja considerado como integralmente de natureza alimentar"*. De fato, é insustentável essa defesa, e, como se disse acima, acintosa ao trabalhador comum no Brasil.

O que deveria ter feito o dispositivo era ter fixado um valor realmente mínimo, absolutamente necessário, condizente com a realidade brasileira e um limite que ficasse entre 5 a 10 salários mínimos teria sido adequado, permitindo que o executado demonstrasse fundamentadamente, com planilha de gastos mensais devidamente comprovada, as razões pelas quais o valor protetivo necessitaria ser ampliado. A proteção de 50 salários-mínimos demonstra o descolamento entre o titular da soberania (povo) e o seu representante eleito.

Mesmo diante da expressa restrição prevista no dispositivo o STJ vem tendo uma orientação no sentido de flexibilizar[31] o § 2º do art. 833, ao admitir que em casos excepcionais e diante das circunstâncias do caso concreto seja possível a relativização da impenhorabilidade de verba salarial ainda que o crédito exequendo não tenha natureza alimentar. Segundo o STJ é possível agastar a limitação dos

---

31. Corte Especial do STJ (EREsp 1.518.169/DF); ver ainda (AgInt no REsp 1787043/MG, Rel. Ministro Moura Ribeiro, Terceira Turma, julgado em 19.10.2020, DJe 22.10.2020); "(...) 5. Registrou-se, naquela ocasião, todavia, que, na interpretação da própria regra geral (art. 649, IV, do CPC/73, correspondente ao art. 833, IV, do CPC/15), a jurisprudência desta Corte se firmou no sentido de que a impenhorabilidade de salários pode ser excepcionada quando for preservado percentual capaz de dar guarida à dignidade do devedor e de sua família (EREsp 1582475/MG, Corte Especial, julgado em 03.10.2018, REPDJe 19.03.2019, DJe de 16.10.2018). 6. Assim, embora não se possa admitir, em abstrato, a penhora de salário com base no § 2º do art. 833 do CPC/15, é possível determinar a constrição, à luz da interpretação dada ao art. 833, IV, do CPC/15, quando, concretamente, ficar demonstrado nos autos que tal medida não compromete a subsistência digna do devedor e sua família. 7. Recurso especial conhecido em parte e, nessa extensão, desprovido. (REsp 1806438/DF, Rel. Ministra Nancy Andrighi, Terceira Turma, julgado em 13.10.2020, DJe 19.10.2020)".

50 salários-mínimos do § 2° devendo-se, contudo, preservar um percentual que seja capaz de garantir o patrimônio mínimo necessário de sustento do devedor e da sua família.[32]

Independentemente da orientação que venha a se firmar no STJ, mais ou menos garantista em relação a flexibilização ou não do inciso IV, uma coisa parece ser certa: cabe ao executado o ônus de alegar a impenhorabilidade pois ao fazer o bloqueio dos ativos financeiros como etapa necessária da penhora on-line (art. 854) o magistrado não como identificar se a quantia está protegida pelo referido dispositivo. Cabe ao executado o ônus de oferecer a mini impugnação do art. 853, III sendo-lhe facultado o direito de demonstrar, inclusive com dilação probatória, que a verba é impenhorável e necessária ao seu sustento e de sua família.

### E) Art. 833, V do CPC

No inc. V do art. 833, o CPC cuida de tratar como impenhoráveis, respectivamente, "os livros, as máquinas, as ferramentas, os utensílios, os instrumentos ou outros bens móveis necessários ou úteis ao exercício da profissão do executado".

O dispositivo protege a dignidade da pessoa humana, na medida em que tornam imunes de penhora – e de expropriação judicial – os bens que sejam necessários ou úteis ao exercício do trabalho do executado.

O direito social ao trabalho é constitucionalmente assegurado, e, como tal, foi respeitado pelo legislador processual. Há situações em que surgirão dúvidas, pois não só os instrumentos necessários, mas também os úteis são objeto de proteção.

O conceito de "necessário" ou "útil" não pode ir além do exercício digno da profissão. Ainda que o executado esteja desempregado e não esteja exercendo episodicamente a sua profissão, isso não desobstrui a imunidade que foi conferida pelo legislador.

Esse dispositivo deve contar com análise criteriosa do magistrado, afinal de contas um automóvel para um devedor pode ser essencial ao exercício de sua profissão, e, para outro devedor, ser apenas um meio de transporte (perfeitamente substituível) para se chegar ao seu trabalho. Assim, caberá ao juiz, segundo critérios de razoabilidade e proporcionalidade, identificar o que seja útil e necessário, para não tornar inviável a tutela executiva.

---

32. "(...) É possível, excepcionalmente, a mitigação da impenhorabilidade prevista no artigo 833, inciso IV, do Código de Processo Civil – CPC/2015, desde que não haja prejuízo à subsistência digna da parte devedora e de sua família, consideradas as peculiaridades do caso e sempre orientando-se pelos princípios da proporcionalidade e da razoabilidade. Precedentes" (AgInt no AREsp 1.969.114/RS, Relatora Ministra Maria Isabel Gallotti, Quarta Turma, julgado em 12.12.2022, DJe de 16.12.2022). (...)" (AgInt no REsp n. 2.103.935/SP, relator Ministro Raul Araújo, Quarta Turma, julgado em 10.06.2024, DJe de 27.06.2024).

Insta dizer que é correta a extensão, com cautela e prudência,[33] do benefício do inciso IV que a jurisprudência do Superior Tribunal de Justiça tem dado a *"pessoas jurídicas, notadamente às pequenas empresas, empresas de pequeno porte ou firma individual, quanto aos bens necessários ao desenvolvimento da atividade objeto do contrato social"* (AgInt no AREsp 1548274/SP, Rel. Ministro Marco Buzzi, Quarta Turma, julgado em 26.11.2019, DJe 27.11.2019).

### F) Art. 833, VI do CPC

O inciso sexto do CPC estabelece como impenhorável o "seguro de vida" que no Código Civil Brasileiro é tratado sob o rótulo de *seguro de pessoa* (arts. 789 à 802).[34]

Apenas para recordar, diz o artigo 757 que *"pelo contrato de seguro, o segurador se obriga, mediante o pagamento do prêmio, a garantir interesse legítimo do segurado, relativo à pessoa ou a coisa, contra riscos predeterminados"*.[35] Por sua vez, diz o artigo 794 do CCB que *"no seguro de vida ou de acidentes pessoais para o caso de morte, o capital estipulado não está sujeito às dívidas do segurado, nem se considera herança para todos os efeitos de direito"*.

Para compreender a regra do artigo 833, VI (impenhorabilidade do seguro de vida) é preciso lembrar que além do segurado e do segurador, o contrato de seguro também prevê quem será o beneficiário da indenização, qual seja, o sujeito que deve receber a quantia em caso de morte do segurado. Sob uma perspectiva abstrata, o seguro de vida é realizado porque o segurado, normalmente o provedor da família, deseja que o (s) beneficiário (s), que normalmente são seus familiares, possam ter uma proteção financeira em caso de sua morte. Conquanto a condição para o pagamento da indenização seja a *morte* do segurado, é alcunhado de seguro de *vida* pois a sua finalidade é proteger a qualidade de vida de pessoas (beneficiário) que sejam importantes para o segurado. A *vida* protegida é do beneficiário. De posse destas informações contidas no direito material então pode-se compreender melhor o dispositivo do CPC.

Tomando de análise uma situação em que A (segurado) contrata com B (segurador) para que C seja o beneficiário da indenização no caso de sua morte, então

---

33. "(...) exceção à penhora de bens de pessoa jurídica deve ser aplicada com cautela, a fim de se evitar que as empresas fiquem imunes à constrição de seus bens e, consequentemente, não tenham como ser coagidas aos pagamentos de seus débitos" (STJ, REsp 512.555/SC, Rel. Ministro Francisco Falcão, Primeira Turma, DJU de 24.05.2004).

34. O CCB divide em 3 seções o regramento do contrato de seguro. Na primeira (arts. 757 a 777) trata das *disposições gerais*; na segunda dedica-se ao *seguro de dano* (arts. 778 a 787) e, por fim, na terceira trata do seguro de pessoa (art. 789 a 802).

35. "Contrato de seguro é o contrato pelo qual o segurador se vincula, mediante pagamento de prêmio, a ressarcir ao segurado, dentro do limite que se convencionou, os danos produzidos por sinistro, ou a prestar capital ou renda quando ocorra determinado fato, concernente à vida humana, ou ao patrimônio". MIRANDA, Pontes de. *Tratado de Direito Privado*: parte especial. Rio de Janeiro: Borsoi, 1964, p. 272-273.

surge a seguinte dúvida: quem é o executado que o dispositivo protege? O segurado ou o beneficiário?

Antes do evento morte, tem-se que:

a) se o executado é o segurado, diz a primeira parte do artigo 794 do CCB que *"o capital estipulado não está sujeito às dívidas do segurado, nem se considera herança para todos os efeitos de direito*;

b) se o executado é o beneficiário, este nada tem em seu patrimônio, senão a expectativa, mórbida, de um dia receber a referida quantia. Neste limbo, nem o beneficiário é ainda titular de um direito que depende de uma condição para acontecer, nem o prêmio pago pelo segurado continua livre no seu patrimônio por expressa determinação do artigo 794.

Por outro lado, se já houve o evento morte, então nada mais pertence ao segurado e sendo ele o espólio executado não se pode cogitar a penhora e expropriação do produto da liquidação do sinistro[36] porque tal valor não lhe pertence, uma vez que é o beneficiário que passa a ser titular do direito de receber a quantia que será paga pela seguradora, ou seja, tal direito já integra o seu patrimônio no momento em que o evento *morte* se implementou (condição). Frise-se que o credor da quantia é o beneficiário, que por sua vez é portador de um título executivo extrajudicial (art. 784, VI), enquanto o devedor da quantia é a seguradora.

Sendo titular de um direito à indenização ou da quantia já paga pela morte do segurado e de se questionar se tais valores podem ser penhorados e expropriados quando o beneficiário estiver sendo executado, ou seja, este é o objeto de proteção do dispositivo (art. 833, VI do CPC)?

É possível se entender que a limitação à penhora prevista no artigo 833, VI tenha por finalidade *"a proteção patrimonial que o segurado desejou destinar aos beneficiários"* de forma que o *"valor devido pela empresa seguradora a esse título não é penhorável por dívidas destes nem do espólio ou o autor da herança, porque em qualquer destas hipóteses tal instituto estaria frustrado".*[37]

Por outro lado, também é perfeitamente possível entender que se a finalidade da indenização do seguro em caso de morte do segurado é proteger, para o futuro, o sustento e as condições de vida com qualidade do beneficiário, então tal desiderato já estaria protegido pelo inciso IV do artigo 833 quando diz ser impenhorável *"as quantias recebidas por liberalidade de terceiro e destinadas ao sustento do devedor e de sua família"*, ou seja, o que não estivesse nesta cláusula poderia ser objeto de penhora e expropriação.

Feitas estas considerações parece-nos, sem desprezar a seriedade dos argumentos contrários, que a impenhorabilidade descrita no artigo 833, VI que repete o

---

36. ASSIS, Araken. *Manual da execução*. 16. ed. São Paulo: Ed. RT, 2013. p. 262-263.
37. DINAMARCO, Candido Rangel. *Instituições de direito processual civil*, v. IV, p. 380-381.

artigo 649, IX do CPC de 1973 recai sobre o benefício endereçado ao beneficiário, ou seja, tanto o direito de receber a quantia, quanto o valor já recebido possuem uma cláusula de impenhorabilidade.

Ora, *antes da morte do segurado*, o capital por ele investido já está protegido pelo art. 794 do CCB, conquanto nem esteja mais em seu patrimônio, e, por outro lado, o beneficiário indicado pelo segurado ainda não é titular de algum direito. Ao nosso ver não faria sentido dizer que é impenhorável o que não integra o patrimônio de um e de outro, e, no caso do beneficiário dizer que seria impenhorável a mera *expectativa* de receber a quantia (quando ocorrer a morte do segurado), muito embora esta seja a opinião autorizadíssima de Pontes de Miranda ao tratar do tema:

> Se o executado é o beneficiário, a soma que poderá receber ainda não está em seu patrimônio, nem da pessoa estipulante, e a lei faz imune à penhora o direito expectativo à soma (...)[38]

Contudo, e se o evento morte ocorrer? O que era expectativa, concretiza-se em direito de recebimento da indenização junto ao segurador, de forma que tal direito integra o seu patrimônio e como tal pode ser penhorado ou não?

Já dissemos linhas atrás sobre as duas posições defendidas na doutrina, e, inclinamo-nos pela posição da impenhorabilidade da indenização recebida pelo beneficiário (ou direito de recebê-la), independentemente do seu encaixe na proteção do artigo 833, IV do CPC.

Ao estabelecer o *seguro de vida* o que deseja o segurado é que determinada pessoa ou pessoas possam estar protegidas no futuro quando da sua ausência como provedor. Obviamente que ao fazer um seguro de vida nem o segurado e nem o beneficiário desejam que o evento aconteça, daí porque o Código Civil estabelece uma série de cuidados de informação em relação a quem faz o seguro e quem é indicado como beneficiário,[39],= e, nesta linha também a preocupação com as hipóteses de suicídio do segurado.[40]

O que parece desejar o ordenamento jurídico é combinar o art. 794 do CCB com o art. 833, VI do CPC, ou seja, fazer com que antes ou depois do evento morte, respectivamente, o *capital estipulado* fique imune das dívidas do segurado e o direito

---

38. PONTES DE MIRANDA, Francisco Cavalcanti. *Comentários ao Código de Processo Civil*. Rio de Janeiro: Forense, 1976, t. X, p. 189.

39. Art. 790. No seguro sobre a vida de outros, o proponente é obrigado a declarar, sob pena de falsidade, o seu interesse pela preservação da vida do segurado. Parágrafo único. Até prova em contrário, presume-se o interesse, quando o segurado é cônjuge, ascendente ou descendente do proponente. Art. 797. No seguro de vida para o caso de morte, é lícito estipular-se um prazo de carência, durante o qual o segurador não responde pela ocorrência do sinistro. Parágrafo único. No caso deste artigo o segurador é obrigado a devolver ao beneficiário o montante da reserva técnica já formada.

40. Art. 798. O beneficiário não tem direito ao capital estipulado quando o segurado se suicida nos primeiros dois anos de vigência inicial do contrato, ou da sua recondução depois de suspenso, observado o disposto no parágrafo único do artigo antecedente.

    Parágrafo único. Ressalvada a hipótese prevista neste artigo, é nula a cláusula contratual que exclui o pagamento do capital por suicídio do segurado.

CAPÍTULO 03 • FASE INSTRUTÓRIA DO PROCEDIMENTO PARA PAGAMENTO DE QUANTIA **295**

de receber a quantia (ou ela mesma) também fique livre protegido pela impenhorabilidade.

O argumento de que o dispositivo não estaria tratando como impenhorável o "seguro de vida" que o beneficiário tem direito por considerar que se esta indenização tivesse natureza alimentar já estaria absorvida pelo inciso IV do art. 833 ao nosso ver não procede porque o legislador, ao que parece, optou por presumir de forma absoluta que tal quantia – a razão de ser do seguro de vida – é *necessário ao sustento do beneficiário.*

Assim, rumando para a conclusão, antes do evento morte não há direito do beneficiário e por isso não haveria que se falar em penhora de bem que compõe o seu patrimônio, daí porque não faria nenhum sentido que o texto protegesse uma situação que nem sequer necessitaria de proteção. A expectativa não integra o patrimônio do beneficiário e não pode ser penhorada, pois o que não pertence a ele não pode ser expropriado.[41] Por outro lado, se o executado for o segurado há expressa *impenhorabilidade* do capital estipulado em seu favor.

Todavia, na medida em que o evento morte ocorre e o beneficiário passa a ter o direito de recebimento da quantia junto ao segurador, então, este direito já integra o seu patrimônio, e, aí sim fica imune à penhora e à expropriação nos termos do inciso VI do artigo 833, ou seja, não poderá ser penhorado o benefício do beneficiário quando este estiver sendo executado pois se presume, sobre todo o benefício, a sua natureza alimentar.[42]-[43]

---

41. Até porque antes de morrer, pode o segurado substituir ou indicar outros beneficiários. Como a condição (art. 121 do CCB) ainda não ocorreu não há direito do beneficiário e não há como a penhora recair sobre um bem jurídico que não integra o seu patrimônio.

42. A matéria é longe de ser pacífica tanto na doutrina quanto na jurisprudência. O Superior Tribunal de Justiça no REsp 1361354/RS deixou claro que uma vez incorporado o benefício ao patrimônio do beneficiário, caso este seja executado ele poderá responder pelas suas dívidas, portanto, pode ser submetido à penhora, desde que prove que a quantia – no limite de 40 salários-mínimos – é destinada ao seu sustento e tem natureza alimentar. Neste particular, como já expusemos no texto, mais adequada nos parece a opinião do Ministro Raul Araújo quando, no REsp 1133062/RS, consigna que *"A busca de uma solução para o sensível tema, que divide doutas opiniões como se viu, reclama então redobrado cuidado, o que convida a exame sistemático do ordenamento jurídico. Cabe lembrar que o seguro de vida normalmente se relaciona a uma fonte de segurança para a família, sendo objeto de atenção do respectivo arrimo, preocupado em amparar, em suprir aos seus entes quando faltar. A Constituição Federal, em seus arts. 226 a 230, estabelece alicerces firmes de comprometimento do Estado com a tutela desse núcleo-base da sociedade, ao qual deve dispensar "especial proteção". (...) Portanto, da leitura do art. 649, VI, do CPC/73, c/c o art. 794 do Código Civil, infere-se que a impenhorabilidade (absoluta na dicção processual) do seguro de vida está estabelecida em termos firmes em favor do beneficiário do seguro. (...) Portanto, se se pode afirmar que o objetivo do legislador foi o de salvaguardar de insegurança o beneficiário do seguro de vida, com uma verba de fundo alimentar, pouco sentido prático haveria em somente se considerar impenhorável a mera expectativa do direito do beneficiário ao recebimento da verba, quando se sabe que esse direito apenas se concretizará com o efetivo recebimento do benefício previsto no seguro de vida. A impenhorabilidade estabelecida em favor do beneficiário, portanto, deve corresponder à finalidade do seguro de vida, que é criar um fundo alimentar previdenciário, prospectivo e resguardado, e não se traduzir em mais um meio para pagamento de dívidas(...)".*

43. Obviamente que se com o benefício adquiriu outros bens cessa a cláusula da impenhorabilidade.

Tal é o que acontece, por exemplo, no caso seguro obrigatório de danos pessoais causados por veículos automotores de via terrestre (DPVAT) que é regulamentado pela Lei 6194/74 como se observa no aresto do Superior Tribunal de Justiça.

1. "O Seguro DPVAT tem a finalidade de amparar as vítimas de acidentes causados por veículos automotores terrestres ou pela carga transportada, ostentando a natureza de seguro de danos pessoais, cujo escopo é eminentemente social, porquanto transfere para o segurador os efeitos econômicos do risco da responsabilidade civil do proprietário em reparar danos a vítimas de trânsito, independentemente da existência de culpa no sinistro" (REsp 876.102/DF, Rel. Ministro Luis Felipe Salomão, Quarta Turma, julgado em 22.11.2011, DJe 1º.02.2012).

2. Os valores pagos a título de indenização pelo "Seguro DPVAT" aos familiares da vítima fatal de acidente de trânsito gozam da proteção legal de impenhorabilidade ditada pelo art. 649, VI, do CPC/1973 (art. 833, VI, do CPC/2015), enquadrando-se na expressão "seguro de vida".

3. Recurso especial a que se dá provimento.

(REsp 1412247/MG, Rel. Ministro Antonio Carlos Ferreira, Quarta Turma, julgado em 23.03.2021, DJe 29.03.2021)

Por sua vez aplica-se este mesmo dispositivo (art. 833, VI) para os contratos de previdência privada com plano de pecúlio por morte, pois o art. 73 da Lei Complementar 109 determina que "as entidades abertas serão reguladas também, no que couber, pela legislação aplicável às sociedades seguradoras" e esta vem sendo a orientação do STJ.[44]

### G) Art. 833, VII do CPC

São impenhoráveis "*os materiais necessários para obras em andamento*", mas a regra do art. 833, VII comporta exceções. Uma delas está no próprio inciso VI quando faz a ressalva de que não será impenhorável "se a própria obra for penhorada", já que o acessório segue o principal. Noutra hipótese, agora no § 1º do art. 833 diz que também é inoponível a impenhorabilidade "à execução de dívida relativa ao próprio bem, inclusive àquela contraída para sua aquisição".

Nitidamente o legislador não apenas deixa clara a intenção de que primeiro seja penhorada a própria obra, justamente para evitar que, não sendo ela penhorada possa ser concluída com o material (bloco, cimento, areia, vergalhão, canos etc.) adquirido para este fim.

A regra que hoje se encontra no artigo 833, VII do CPC antes se encontrava no artigo 649, VIII do CPC de 1973, e, também, mais antigamente no artigo 942, XIV do CPC de 1939.

Em nosso sentir a regra prevista no inciso VII está mal inserida no art. 833, pois o que deseja o legislador é que a penhora da obra (bem principal) seja prioritária em

---

44. (REsp 1713147/MG, Rel. Ministra Nancy Andrighi, Terceira Turma, julgado em 11.12.2018, DJe 13.12.2018).

CAPÍTULO 03 • FASE INSTRUTÓRIA DO PROCEDIMENTO PARA PAGAMENTO DE QUANTIA

relação aos materiais de construção (bem acessório) que nela serão utilizados,[45] ou seja, não são impenhoráveis os materiais necessários para obras em andamento se a própria obra for penhorada. Há, a rigor, uma situação de *preferência* da penhora da obra em relação aos materiais que serão necessários à sua realização.

### H) Art. 833, VIII do CPC

O inciso VIII do art. 833 estabelece que é impenhorável *a pequena propriedade rural, assim definida em lei, desde que trabalhada pela família*. Na verdade, o dispositivo projeta no CPC, com maior amplitude, o que já está previsto no texto constitucional, quando estabelece no artigo 5º XXVI que "*a pequena propriedade rural, assim definida em lei, desde que trabalhada pela família, não será objeto de penhora para pagamento de débitos decorrentes de sua atividade produtiva, dispondo a lei sobre os meios de financiar o seu desenvolvimento*".

Enquanto o texto constitucional torna imune à responsabilidade patrimonial a pequena propriedade rural trabalhada pela família em relação às dívidas decorrentes de sua atividade produtiva (como por exemplo as que sejam frutos de empréstimo para compra de irrigadores, sementes etc.), o Código de Processo Civil vai mais adiante ao estabelecer a mesma imunidade à propriedade rural para débitos de qualquer natureza, ou seja, ainda que não estejam atrelados à sua atividade produtiva.

O Código de Processo Civil dá, portanto, uma proteção mais ampla do que a que está estabelecido no texto constitucional, ampliando a garantia fundamental estabelecida às atividades agrícolas dos pequenos produtores rurais e sua família.

Colhe-se do texto do inciso VIII do CPC a regra de que dois aspectos são fundamentais para conferir a imunidade do executado no caso concreto: a) que se trate de uma pequena propriedade rural; b) que verdadeiramente o produtor rural e sua família trabalhe a terra, pois esta é a justificativa do benefício da imunidade à responsabilidade patrimonial. Como se vê há uma correlação lógica entre a proteção do bem de família legal e a hipótese prevista neste inciso com a ressalva de que o proprietário rural não precisa ser dono de apenas este imóvel. A impenhorabilidade recai sobre situação jurídica de *produção agrícola pela família da pequena propriedade rural*.

No que se refere ao conceito de *pequena propriedade rural* não existe uma lei específica que defina o que seja uma "pequena propriedade rural" para fins de regulamentação da sua impenhorabilidade, sendo utilizado para colmatar esta lacuna tanto o conceito do art. 4º da Lei 8.629/1993, quanto o art. 4º do estatuto da terra (Lei 4.504/64).

---

45. ASSIS, Araken. *Manual da execução*. Imprenta: São Paulo: Ed. RT, 2008, p. 232.

Em relação ao segundo requisito, de que deve ser utilizada pela família, é o executado que deve demonstrar tal situação caso a referida propriedade seja objeto de penhora. Neste sentido é preciso o aresto do STJ:

(...) 2. O propósito recursal consiste em definir sobre qual das partes recai o ônus da prova de que a pequena propriedade rural é trabalhada pela família e se a proteção da impenhorabilidade subsiste mesmo que o imóvel tenha sido dado em garantia hipotecária. 3. Para reconhecer a impenhorabilidade nos termos do art. 833, VIII, do CPC/2015, é imperiosa a satisfação de dois requisitos, a saber: (i) que o imóvel se qualifique como pequena propriedade rural, nos termos da lei, e (iii) que seja explorado pela família. Até o momento, não há uma lei definindo o que seja pequena propriedade rural para fins de impenhorabilidade. Diante da lacuna legislativa, a jurisprudência tem tomado emprestado o conceito estabelecido na Lei 8.629/1993, a qual regulamenta as normas constitucionais relativas à reforma agrária. Em seu artigo 4ª, II, alínea "a", atualizado pela Lei 13.465/2017, consta que se enquadra como pequena propriedade rural o imóvel rural "de área até quatro módulos fiscais, respeitada a fração mínima de parcelamento". 4. Na vigência do CPC/73, esta Terceira Turma já se orientava no sentido de que, para o reconhecimento da impenhorabilidade, o devedor tinha o ônus de comprovar que além de pequena, a propriedade destinava-se à exploração familiar (REsp 492.934/PR; REsp 177.641/RS). Ademais, como regra geral, a parte que alega tem o ônus de demonstrar a veracidade desse fato (art. 373 do CPC/2015) e, sob a ótica da aptidão para produzir essa prova, ao menos abstratamente, é certo que é mais fácil para o devedor demonstrar a veracidade do fato alegado. Demais disso, art. 833, VIII, do CPC/2015 é expresso ao condicionar o reconhecimento da impenhorabilidade da pequena propriedade rural à sua exploração familiar. Isentar o devedor de comprovar a efetiva satisfação desse requisito legal e transferir a prova negativa ao credor importaria em desconsiderar o propósito que orientou a criação dessa norma, o qual consiste em assegurar os meios para a manutenção da subsistência do executado e de sua família. 5. A ausência de comprovação de que o imóvel penhorado é explorado pela família afasta a incidência da proteção da impenhorabilidade. 6. Ser proprietário de um único imóvel rural não é pressuposto para o reconhecimento da impenhorabilidade com base na previsão do art. 833, VIII, do CPC/2015. A imposição dessa condição, enquanto não prevista em lei, é incompatível com o viés protetivo que norteia o art. 5º, XXVI, da CF/88 e art. 833, VIII, do CPC/2015. 7. A orientação consolidada desta Corte é no sentido de que o oferecimento do bem em garantia não afasta a proteção da impenhorabilidade, haja vista que se trata de norma de ordem pública, inafastável pela vontade das partes 8. O dissídio jurisprudencial deve ser comprovado mediante o cotejo analítico e a demonstração da similitude fática entre o acórdão recorrido e os acórdãos paradigmas. 9. Recurso especial parcialmente conhecido e, nessa extensão, desprovido.

(REsp 1913236/MT, Rel. Ministra Nancy Andrighi, Terceira Turma, julgado em 16.03.2021, DJe 22.03.2021).[46]

## I) Art. 833, IX do CPC

Segundo o inciso IX do art. 833 do CPC são impenhoráveis "*os recursos públicos recebidos por instituições privadas para aplicação compulsória em educação, saúde ou assistência social*".

---

46. (AgInt no AREsp n. 2.458.694/SP, relator Ministro Raul Araújo, Quarta Turma, julgado em 17.06.2024, DJe de 27.06.2024); (AgInt no AREsp n. 2.492.381/SP, relator Ministro Raul Araújo, Quarta Turma, julgado em 29.04.2024, DJe de 02.05.2024).

# CAPÍTULO 03 • FASE INSTRUTÓRIA DO PROCEDIMENTO PARA PAGAMENTO DE QUANTIA

A primeira advertência em relação ao dispositivo é linguística, pois se os *recursos* são *públicos* certamente que não podem ser objeto de penhora, ainda que estejam em poder das instituições privadas que estejam sendo executadas.

O que quis dizer o dispositivo é que – considerando a crescente descentralização das atividades estatais – se os recursos públicos que por qualquer motivo, legal ou convencional, forem entregues a entidades privadas para que estas realizem uma finalidade específica em educação, saúde ou assistência social, tais recursos não perdem a sua natureza pública porque afetados a uma destinação pública, ainda que estejam sob gestão e poder das instituições privadas.

Desta forma, acaso venha a ser executada a instituição privada, estes recursos públicos que por ela são geridos para um fim social específico, não podem ser penhorados, simplesmente porque o fato de ter sido entregue à entidade privada não retira deles a natureza e a finalidade pública.[47]

Já decidiu o Superior Tribunal de Justiça que a impenhorabilidade prevista neste dispositivo é oponível inclusive contra os credores que fornecem bens e serviços às instituições privadas que recebem os recursos públicos para aplicação compulsória em educação, saúde e assistência social.[48]

---

47. "(...) 1. Cinge-se a controvérsia em definir, além da necessidade de redução do percentual de constrição do faturamento, a possibilidade, ou não, de penhora de recursos oriundos de recompra do FIES, ante a sua aplicabilidade compulsória na área da educação. 2. Conforme a legislação de regência, na medida em que há a prestação do serviço educacional, os títulos Certificados Financeiros do Tesouro – Série E (CFT-E), emitidos pelo Tesouro Nacional, são repassados às Instituições de Ensino Superior (IES) para pagamento exclusivo de contribuições sociais previdenciárias e, subsidiariamente, dos demais tributos administrados pela Receita Federal do Brasil (art. 10, *caput* e § 3º, da Lei n. 10.260/2001). 2.1. Após o pagamento dos referidos débitos previdenciários e tributários, o FIES recomprará os valores de titularidade das instituições de ensino que eventualmente sobrepujam as obrigações legalmente vinculadas, resgatando os títulos CFT-E junto às mantenedoras das IES, e entregará o valor financeiro equivalente ao resgate, atualizado pelo Índice Geral de Preços – Mercado (IGP-M). 2.2. A Terceira Turma do STJ firmou a tese de que os recursos públicos recebidos por instituição de ensino superior privada são impenhoráveis, pois são verbas de aplicação compulsória em educação. Precedentes. 2.3. Contudo, deve-se fazer uma distinção entre os valores impenhoráveis e aqueles penhoráveis. Os certificados emitidos pelo Tesouro Nacional (CFT-E), de fato, não são penhoráveis, haja vista a vinculação legal da sua aplicação. 2.4. De outro lado, ao receber os valores decorrentes da recompra de CFT-E, as instituições de ensino incorporam essa verba definitivamente ao seu patrimônio, podendo aplicá-la da forma que melhor atenda aos seus interesses, não havendo nenhuma ingerência do poder público. Assim, havendo disponibilidade plena sobre tais valores, é possível a constrição de tais verbas para pagamento de obrigações decorrentes das relações privadas da instituição de ensino. 3. Quanto à penhora de percentual do faturamento, ressalta-se que o recurso especial é reclamo de natureza vinculada e, para o seu cabimento, inclusive quando apontado o dissídio jurisprudencial, é imprescindível que se aponte, de forma clara, os dispositivos supostamente violados pela decisão recorrida, sob pena de inadmissão, ante a aplicação analógica da Súmula 284/STF. 4. Recurso especial parcialmente conhecido e, nessa extensão, desprovido". (REsp 1761543/DF, Rel. Ministro Marco Aurélio Bellizze, Terceira Turma, julgado em 23.03.2021, DJe 26.03.2021).

48. (REsp n. 1.934.976/SP, relator Ministro Gurgel de Faria, Primeira Turma, julgado em 19.09.2023, DJe de 20.10.2023).

### J) Art. 833, X do CPC

O artigo 833, X estabelece ser impenhorável "a quantia depositada em caderneta de poupança, até o limite de 40 (quarenta) salários-mínimos". Como lembra Mazzei[49] o que o legislador teve em mente ao prever a impenhorabilidade neste dispositivo – mantendo a regra existente no art. 649, X do CPC de 1973 – é a proteção de uma *reserva financeira* para o executado em situações imprevistas no cotidiano e que não se insiram na hipótese do inciso IV do mesmo artigo.

A questão de estar depositada em *caderneta de poupança* ou outro *fundo de investimento* é absolutamente irrelevante, ainda mais porque normalmente aquela tem rendimentos menores do que outros fundos, e, atualmente existe a própria *poupança automática* nas contas bancárias. O que é relevante é que esta regra de impenhorabilidade deve estar em sintonia com o inciso IV do artigo, ou seja, "*é mais razoável o entendimento de que tal limitação se impõe somente em relação a depósitos oriundos de outras fontes, não remunerações recebidas por celetistas, agentes públicos, profissionais liberais, nem quantias recebidas por liberalidade de terceiro. Do contrário, em alguma medida em alguma medida um funcionário, profissional ou trabalhador remunerado com valores mais elevados teria sempre seus salários, vencimentos, soldos, proventos etc. vulneráveis à penhora*".[50]

Por certo que não se deve cogitar a hipótese de tratar como impenhorável mais de uma caderneta de poupança ou fundo de investimento quando o executado tenha mais de uma aplicação financeira no limite de 40 salários-mínimos. A regra protege apenas uma aplicação financeira no limite daquele valor, e, o que exceder poderá ser penhorado e expropriado.

Outro aspecto deveras relevante diz respeito ao fato de que é preciso que se perquira o momento em que o executado fez a referida aplicação para se verificar se o fez apenas para blindar o referido valor da penhora e da expropriação, desviando da finalidade protetiva do dispositivo. Parece-nos que um bom momento para esta verificação é o início da execução, ou seja, se depois de citado no processo de execução ou intimado no cumprimento de sentença tratou de pôr a quantia em caderneta de poupança para assim valer-se da impenhorabilidade não nos parece que tal verba deva ter esta proteção, pois tal atitude foi fraudulenta à execução.[51]

### K) Art. 833, XI do CPC

O inciso XI do artigo 833 do CPC determina serem impenhoráveis "os recursos públicos do fundo partidário recebidos por partido político, nos termos da lei".

---

49. MAZZEI, Rodrigo. Art. 833 do CPC. In: CRAMER, Ronaldo; CABRAL, Antônio do Passo. *Comentários ao novo Código de Processo Civil*. 2. ed. São Paulo: Forense, 2016, p. 1196.
50. DINAMARCO, Candido Rangel. *Instituições de direito processual civil*, v. IV, p. 374.
51. Neste sentido, mas fixando como marco o inadimplemento da obrigação, ver DIDIER, CUNHA, BRAGA e OLIVEIRA, *Curso de direito processual civil*, v. 5, p. 838.

Mais uma vez, à semelhança do inciso IX, o legislador reconhece que ainda que os recursos provenientes do fundo partidário já tenham sido entregues aos Partidos Políticos eles não podem ser penhorados porque conservam a sua natureza e finalidade pública. É de se observar que pelo sistema de estruturação dos partidos políticos existem os *diretórios nacionais, estaduais e municipa*is e que os recursos do fundo partidário são distribuídos pelo Tribunal Superior Eleitoral aos diretórios nacionais que farão os devidos repasses aos diretórios estaduais e municipais.

Assim, as dívidas assumidas pelos diretórios municipais e estaduais não permitem que os recursos do fundo partidário que a eles serão entregues sejam objeto de penhora porque, como se disse, se destinam ao próprio sustento da atividade partidária que é essencial à democracia representativa.

Neste sentido a orientação do Superior Tribunal de Justiça quando diz que "são impenhoráveis os recursos públicos do fundo partidário, por destinarem a garantir que os fins dos partidos, consagrados no art. 44 da Lei n. 9.096/1995, não sejam comprometidos por insuficiência financeira. (...)".[52]

> Quando o inciso XI do art. 833 diz que são impenhoráveis "os recursos públicos do fundo partidário recebidos por partido político, nos termos da lei", mais uma vez alerta-se para o fato de que a regra é a da universalidade da responsabilidade patrimonial, a exceção é a exclusão desde ou daquele patrimônio do devedor. Em qualquer regra, é preciso extrair o seu sentido e sua finalidade. Está muito claro no dispositivo que os recursos públicos do fundo partidário devem servir para a existência do partido político, ente fundamental numa democracia representativa. Por outro lado a regra não pretende criar uma quimera jurídica onde todas as obrigações assumidas pelo partido político sejam *naturais* e sem qualquer consequência patrimonial pelo seu descumprimento. Esse tipo de exegese é completamente descabida, seja porque dificilmente alguém contrataria com um partido político, porque nada poderia fazer contra o seu inadimplemento, e, por outro lado, estimularia o partido a incumprir relações negociais porque não teria nenhuma consequência a sua atitude.

> Como dito, a expressão *nos termos da lei* contida na parte final do inciso XI pode dar um indicativo de como o dispositivo deve ser interpretado. Não há indisponibilidade dos recursos públicos advindos do fundo partidário, já que o artigo 44 da Lei 9.096 define como o partido político deve aplicar os recursos públicos do fundo partidário.

> Tomando de exemplo o artigo 44, VII que diz que as referidas verbas podem ser aplicadas "no pagamento de despesas com alimentação, incluindo restaurantes e lanchonetes", imaginemos a hipótese em que um microempreendedor individual forneça serviço de alimentação por um mês para o partido político e este simplesmente decida por não pagar as refeições consumidas. Esta obrigação inadimplida não é garantia pela responsabilidade patrimonial? Nenhuma obrigação partidária está sujeita à responsabilização patrimonial? Parece-nos claro que não deve ser assim.

> Parece-nos claro que, a priori, todas as obrigações assumidas pelos partidos políticos que sejam derivadas da aplicação dos recursos do fundo partidário – aquelas descritas no art. 44 da Lei 9.096 – estão excluídas desta regra da impenhorabilidade. Não parece lógico que o recurso

---

52. (AgInt no REsp n. 2.116.991/DF, relator Ministro João Otávio de Noronha, Quarta Turma, julgado em 29.04.2024, DJe de 02.05.2024); (REsp 1891644/DF, Rel. Ministro Luis Felipe Salomão, Quarta Turma, julgado em 06.10.2020, DJe 05.02.2021).

adquirido do fundo partidário possa ser disponibilizado para, v.g., pagar locação da sede do partido político (art. 44, X) e ao mesmo tempo não possa servir para garantir os prejuízos do inadimplemento desta mesma locação. O mesmo dinheiro que se presta para que o partido político possa espontaneamente pagar a locação, também serve para que o judiciário exproprie o partido político com a finalidade de quitar a referida dívida.

Ao enfrentar o tema da impenhorabilidade do inciso XI o Superior Tribunal de Justiça manifestou-se no sentido de que "a natureza pública dos recursos do fundo partidário não os torna indisponíveis, já que os partidos podem dispor dessas verbas em consonância com o disposto na lei. Assim, o partido político pode renunciar à proteção da impenhorabilidade dos recursos do fundo partidário, desde que o faça para viabilizar o pagamento de dívida contraída para os fins previstos no art. 44 da Lei nº 9.096/95".[53]

A posição adotada nos pareceu adequada, porém não concordamos com o fundamento de que o "partido pode renunciar a impenhorabilidade" nesta hipótese, pois para tais hipóteses não há imunidade patrimonial. Assim como não possui liberdade para gastar a verba, pois deve seguir o roteiro do artigo 44, também não pode decidir por *renunciar* um direito que não possui, ou seja, as dívidas contraídas nas hipótese do artigo 44 não se submetem ao regime da impenhorabilidade do inciso XI do artigo 833.

Contudo, e as dívidas que não sejam oriundas da aplicação destes recursos? Imaginemos por hipótese de um veículo do partido político atropelar e matar pedestres na calçada. Não responderão patrimonialmente por esta dívida porque os únicos recursos que possuem são provenientes do fundo partidário? A resposta mais uma vez decorre da razoável interpretação que se deve dar ao regime das impenhorabilidades.

Fora às hipóteses do artigo 44 da Lei 9.096 que estão livres da impenhorabilidade do artigo 833, XI e tendo ocorrido a indisponibilidade de ativos financeiros na conta bancária do partido político é preciso que ele oponha-se – nos termos do artigo 854, III – alegando que impenhorabilidade das verbas e da sua necessidade para sua manutenção. Diante do caso concreto e se for o caso com dilação probatória é preciso encontrar um equilíbrio entre o direito fundamental do credor e a proteção criada pelo inciso XI do artigo 833.

Neste sentido a decisão proferida pelo TSE quando enfrentou o tema da impenhorabilidade prevista no inciso X do artigo 833:

4. O fundo partidário não é intocável para a legislação eleitoral, como se infere dos artigos 37, § 3º e 37-A, da Lei nº 9.096/95 e art. 60, III, a, item I da Res. TSE n. 23.546/17. Também não o é para a legislação processual civil, que regula, à míngua de norma processual eleitoral específica, os feitos executivos eleitorais.

5. A melhor intelecção do art. 833, XI, do Código de Processo Civil, portanto, é no sentido deque a impenhorabilidade do fundo partidário é a regra, mas excepcionalmente admite-se a constrição, ainda que se constitua verba de natureza pública e essencial aos partidos políticos, pois embora a execução deva ser conduzida da forma menos gravosa ao devedor, deve ser compatibilizada com a utilidade em relação ao credor e a efetividade do processo.

6. A natureza pública do Fundo Partidário motiva a regra da impenhorabilidade prevista no art.833, XI, do CPC, mas não impede em casos excepcionais, notadamente quando os valores em execução decorrem exatamente do reconhecimento pela Justiça Eleitoral de que tais recursos foram malversados e, exatamente por isso. devem ser ressarcidos ao Erário. Intelecção diversa poderia levar a dupla implicação negativa: a) o erário é vitimado na malversação dos recursos

---

53. (REsp n. 2.101.596/RJ, relatora Ministra Nancy Andrighi, Terceira Turma, julgado em 12.03.2024, DJe de 14.03.2024).

repassados para exercício específico da atividade partidária e; b) é vitimado – quando reconhecida a necessidade de sua recomposição exatamente pela malversação – pela blindagem decorrente da consideração de que eventuais valores remanescentes são absolutamente intocáveis.

7. No caso em apreço, na forma delineada pelo quadro fático assentado no acórdão regional, não se observa violação da norma constante do art. 833, XI, do CPC, tampouco do princípio da menor onerosidade, seja pela modicidade dos valores, seja pela ausência de demonstração de que tal constrição efetivamente impacta a subsistência do Diretório partidário de forma intensa, seja sobretudo porque não se preocupou o executado, ora recorrente, em indicar como pretende pagar o que deve (ID 30382938)".[54]

Como se observa a excepcionalidade criada no dispositivo (art. 833, XI) não pode criar um ente que esteja acima do bem e do mal e que não seja responsável pelos seus atos. Até pelo importante papel que possui na democracia representativa não se pode criar uma regra que seja um mau exemplo de devedor que tudo pode e nada deve, sem qualquer consequência pelo incumprimento de seus atos.

## L) Art. 833, XII do CPC

O inciso XII do artigo 833 trata da impenhorabilidade dos "créditos oriundos de alienação de unidades imobiliárias, sob regime de incorporação imobiliária, vinculados à execução da obra". Muito embora sejam os incorporadores imobiliários que na condição de executados invocarão a imunidade prevista no dispositivo, a intenção da regra legal é a proteção dos *adquirentes* das frações ideais do imóvel que paulatinamente, mediante prestações periódicas são responsáveis pelo desembolso de quantia necessária à construção do empreendimento.

A rigor existe uma correspondência biunívoca deste dispositivo do CPC com os artigos 31-A à 31-F introduzidos na Lei 4.591/64 por intermédio da Lei 10931/04 que, por sua vez revogou a Medida Provisória 2.221 que foi, efetivamente, a responsável por introduzir o regime de afetação na incorporação imobiliária.

E isso foi feito, como se disse, porque passou a ser corriqueiro inúmeros casos de consumidores/adquirentes lesados e prejudicados por construtoras/incorporadoras que acabam quebrando antes de iniciar ou no curso do empreendimento, como todos podem se lembrar do emblemático caso de falência da Encol em 1999.

O artigo 31-A da Lei 4591 é autoexplicativo:

A critério do incorporador, a incorporação poderá ser submetida ao regime da afetação, pelo qual o terreno e as acessões objeto de incorporação imobiliária, bem como os demais bens e direitos a ela vinculados, manter-se-ão apartados do patrimônio do incorporador e constituirão patrimônio de afetação, destinado à consecução da incorporação correspondente e à entrega das unidades imobiliárias aos respectivos adquirentes. (Incluído pela Lei 10.931, de 2004).

---

54. Recurso Especial Eleitoral Nº 0602726-21.2018.6.05.0000 – Salvador – Bahia; Relator: Ministro Alexandre de Moraes. Neste mesmo sentido, pela flexibilização da impenhorabilidade, é a dissertação de mestrado de Camila Batista Moreira. *A (im) penhorabilidade dos fundos partidário e eleitoral: interpretação do artigo 833, XI do CPC*. Dissertação de mestrado da Universidade Federal do Espírito Santo. 06.09.2023.

§ 1º O patrimônio de afetação não se comunica com os demais bens, direitos e obrigações do patrimônio geral do incorporador ou de outros patrimônios de afetação por ele constituídos e só responde por dívidas e obrigações vinculadas à incorporação respectiva. (Incluído pela Lei 10.931, de 2004)

§ 2º O incorporador responde pelos prejuízos que causar ao patrimônio de afetação. (Incluído pela Lei 10.931, de 2004)

§ 3º Os bens e direitos integrantes do patrimônio de afetação somente poderão ser objeto de garantia real em operação de crédito cujo produto seja integralmente destinado à consecução da edificação correspondente e à entrega das unidades imobiliárias aos respectivos adquirentes. (Incluído pela Lei 10.931, de 2004)

§ 4º No caso de cessão, plena ou fiduciária, de direitos creditórios oriundos da comercialização das unidades imobiliárias componentes da incorporação, o produto da cessão também passará a integrar o patrimônio de afetação, observado o disposto no § 6º. (Incluído pela Lei 10.931, de 2004)

§ 5º As quotas de construção correspondentes a acessões vinculadas a frações ideais serão pagas pelo incorporador até que a responsabilidade pela sua construção tenha sido assumida por terceiros, nos termos da parte final do § 6o do art. 35. (Incluído pela Lei 10.931, de 2004)

§ 6º Os recursos financeiros integrantes do patrimônio de afetação serão utilizados para pagamento ou reembolso das despesas inerentes à incorporação. (Incluído pela Lei 10.931, de 2004)

§ 7º O reembolso do preço de aquisição do terreno somente poderá ser feito quando da alienação das unidades autônomas, na proporção das respectivas frações ideais, considerando-se tão somente os valores efetivamente recebidos pela alienação. (Incluído pela Lei 10.931, de 2004)

§ 8º Excluem-se do patrimônio de afetação:(Incluído pela Lei 10.931, de 2004)

I – os recursos financeiros que excederem a importância necessária à conclusão da obra (art. 44), considerando-se os valores a receber até sua conclusão e, bem assim, os recursos necessários à quitação de financiamento para a construção, se houver; e (Incluído pela Lei 10.931, de 2004)

II – o valor referente ao preço de alienação da fração ideal de terreno de cada unidade vendida, no caso de incorporação em que a construção seja contratada sob o regime por empreitada (art. 55) ou por administração (art. 58). (Incluído pela Lei 10.931, de 2004)

§ 9º No caso de conjuntos de edificações de que trata o art. 8o, poderão ser constituídos patrimônios de afetação separados, tantos quantos forem os: (Incluído pela Lei 10.931, de 2004)

I – Subconjuntos de casas para as quais esteja prevista a mesma data de conclusão (art. 8o, alínea "a"); e (Incluído pela Lei 10.931, de 2004)

II – Edifícios de dois ou mais pavimentos (art. 8º, alínea "b"). (Incluído pela Lei 10.931, de 2004)

§ 10. A constituição de patrimônios de afetação separados de que trata o § 9º deverá estar declarada no memorial de incorporação. (Incluído pela Lei 10.931, de 2004)

§ 11. Nas incorporações objeto de financiamento, a comercialização das unidades deverá contar com a anuência da instituição financiadora ou deverá ser a ela cientificada, conforme vier a ser estabelecido no contrato de financiamento. (Incluído pela Lei 10.931, de 2004)

§ 12. A contratação de financiamento e constituição de garantias, inclusive mediante transmissão, para o credor, da propriedade fiduciária sobre as unidades imobiliárias integrantes da incorporação, bem como a cessão, plena ou fiduciária, de direitos creditórios decorrentes da comercialização dessas unidades, não implicam a transferência para o credor de nenhuma das obrigações ou responsabilidades do cedente, do incorporador ou do construtor, permanecendo estes como únicos responsáveis pelas obrigações e pelos deveres que lhes são imputáveis.(Incluído pela Lei 10.931, de 2004)

CAPÍTULO 03 • FASE INSTRUTÓRIA DO PROCEDIMENTO PARA PAGAMENTO DE QUANTIA | **305**

Assim, esta é a relação entre o CPC e a Lei 4.591, de forma que se considera constituído o patrimônio de afetação mediante averbação, a qualquer tempo, no Registro de Imóveis, de termo firmado pelo incorporador. Este patrimônio afetado é imune à responsabilidade patrimonial da incorporadora responsável pela gestão e destinação específica dos créditos recebidos das pessoas adquirentes das unidades.

### M) Bem de família legal (Lei 8.009/90) e convencional (Art. 1711 do CCB)

A *moradia* é essencial ao *ser humano* seja para habitar, seja para exercer as suas atividades cotidianas. É nela, inclusive, que constrói e molda a sua personalidade e dos entes que eventualmente com ele habitam o local.

O direito à moradia não foi reconhecido nos artigos XII[55] e XXV[56] da Declaração Universal dos Direitos do Homem em 1948 e os consectários deste direito tem se projetado para as diversas constituições democráticas. No texto constitucional de 1988 o artigo 6º prescreve que *"são direitos sociais a educação, a saúde, a alimentação, o trabalho, a moradia, o transporte, o lazer, a segurança, a previdência social, a proteção à maternidade e à infância, a assistência aos desamparados, na forma desta Constituição"*, e, mais adiante prevê o art. 7º, IV que o salário mínimo deve ser *"capaz de atender às suas necessidades vitais básicas e às de sua família com moradia, alimentação, educação, saúde, lazer, vestuário, higiene, transporte e previdência social, com reajustes periódicos que lhe preservem o poder aquisitivo, sendo vedada sua vinculação para qualquer fim"*.

É nesta linha de raciocínio que se deve compreender a proteção legislativa à moradia, ao lar, ao lugar onde o indivíduo ou a família moram e ali desenvolvem suas atividades cotidianas. Obviamente que o direito à moradia é um direito fundamental do ser humano, ou seja, é o lugar onde habita a pessoa natural.

Uma destas proteções legislativas é impenhorabilidade do bem de família, que tanto pode se dar de forma *convencional* ou *legal*. Na primeira, a lei dá permissão para que seja criada uma situação jurídica de proteção do imóvel (bem de família convencional), tal como previsto no artigo 1711 do Código Civil brasileiro desde que atendidas algumas exigências ali previstas. Por outro lado, há ainda há a proteção legislativa direta, ou seja, o próprio legislador prevê em moldura abstrata a hipótese em que o bem de família é imune à responsabilidade patrimonial. Esta não depende de nenhum ato voluntário, naquela sim.

---

55. Artigo XII "Ninguém será sujeito à interferência na sua vida privada, na sua família, no seu lar ou na sua correspondência, nem a ataque à sua honra e reputação. Todo ser humano tem direito à proteção da lei contra tais interferências ou ataques".
56. Art. XXV. "Toda pessoa tem direito a um padrão de vida capaz de assegurar a si e a sua família saúde e bem--estar, inclusive alimentação, vestuário, habitação, cuidados médicos e os serviços sociais indispensáveis, o direito a segurança, em caso de desemprego, doença, invalidez, viuvez, velhice ou outros casos de perda dos meios de subsistência em circunstâncias fora de seu controle".

Conquanto a espinha dorsal do bem de família convencional (art. 1711) seja o mesmo do bem de família legal (Lei 8.009) há importantes diferenças entre um e outro.

O *bem de família convencional* já estava previsto no Código Civil de 1916, ainda de modo muito rudimentar pois não se tinha a exata distinção entre débito e responsabilidade patrimonial. Também foi tratado na Lei de Registros Públicos (Lei 6.015/73), mas foi apenas com o Código Civil de 2002 que recebeu um tratamento jurídico consentâneo com a carta constitucional.

É no art. 1711 e ss. do CCB que se encontra delimitado o regime jurídico do *bem de família convencional*, que pode ser assim constituído atendidos os seguintes requisitos: (1) *voluntariamente,* podem os cônjuges, ou a entidade familiar; (2) por meio de escritura pública ou testamento; (3) destinar parte de seu patrimônio para instituir bem de família; (4) desde que a afetação do patrimônio como *bem de família convencional* não ultrapasse um terço do patrimônio líquido existente ao tempo em que for instituído.

Uma vez constituído o *bem de família convencional* pelo registro de seu título no Registro de Imóveis respectivo, então ele fica isento de execução por dívidas posteriores à sua instituição, salvo as que provierem de tributos relativos ao prédio, ou de despesas de condomínio.[57] Não apenas o imóvel (rural ou urbano) destinando-se em ambos os casos a domicílio familiar, mas também as suas pertenças e acessórios recebem a imunidade à responsabilidade patrimonial que também poderá abranger valores mobiliários,[58] cuja renda será aplicada na conservação do imóvel e no sustento da família.

Uma vez constituído o *bem de família convencional* ele passa a ficar destinado a finalidade a que se propôs (domicílio familiar, art. 1712)) e por isso mesmo protege todos os membros da entidade familiar beneficiada, de forma que a isenção da execução por dívidas perdurará enquanto viver um dos cônjuges, ou, na falta destes, até que os filhos completem a maioridade (art. 1716). Salvo disposição em contrário,

---

57. Caso venha responder pelas dívidas que provierem de tributos relativos ao prédio, ou de despesas de condomínio, então o eventual saldo será aplicado em outro prédio, como bem de família, ou em títulos da dívida pública, para sustento familiar, salvo se motivos relevantes aconselharem outra solução, a critério do juiz (art. 1715, parágrafo único).

58. Art. 1.713. Os valores mobiliários, destinados aos fins previstos no artigo antecedente, não poderão exceder o valor do prédio instituído em bem de família, à época de sua instituição.

    § 1º Deverão os valores mobiliários ser devidamente individualizados no instrumento de instituição do bem de família.

    § 2º Se se tratar de títulos nominativos, a sua instituição como bem de família deverá constar dos respectivos livros de registro.

    § 3º O instituidor poderá determinar que a administração dos valores mobiliários seja confiada a instituição financeira, bem como disciplinar a forma de pagamento da respectiva renda aos beneficiários, caso em que a responsabilidade dos administradores obedecerá às regras do contrato de depósito.

CAPÍTULO 03 • FASE INSTRUTÓRIA DO PROCEDIMENTO PARA PAGAMENTO DE QUANTIA **307**

a administração do bem de família compete a ambos os cônjuges, resolvendo o juiz em caso de divergência (Art. 1.720).

Ademais, ainda que ocorra a dissolução da sociedade conjugal após a instituição do bem de família, este gravame não se extingue. Contudo, se esta dissolução se der pela morte de um dos cônjuges, o sobrevivente poderá pedir a extinção do bem de família, apenas se for o único bem do casal. Extingue-se, igualmente, o bem de família com a morte de ambos os cônjuges e a maioridade dos filhos, desde que não sujeitos a curatela (art. 1722).

Por sua vez, é possível que com o tempo a manutenção do imóvel torne-se muito custosa para a entidade familiar e poderá o referido bem ser alienado, desde que se tenha o consentimento dos interessados e seus representantes legais, bem como que seja ouvido o Ministério Público. A *desconstituição* voluntária do bem de família para retornar à situação antes do regime de afetação é possível, mas deve ser comprovado pelos administradores do bem de família a impossibilidade da sua manutenção nas condições em que foi instituído, caso em que poderá o juiz, a requerimento dos interessados, extingui-lo ou autorizar a sub-rogação dos bens que o constituem em outros, ouvidos o instituidor e o Ministério Público.

Uma vez instituído o *bem de família convencional* ele dá proteção (imunidade à execução de dívidas) protegendo todos os membros da família que nele habitam, ou seja, protege a moradia de seus habitantes, pois sobre ele pesa a cláusula de inalienabilidade (art. 833, I). Mas assim como proporciona este bônus ele também projeta sobre todos o ônus de não poder usar ou dar destinação diversa (art. 1712), e, também não pode ser extinto sem as exigências minudentes do texto legal.

Já o bem de família legal surge com a Lei 8.009/90 com o objetivo de tornar imune de execução de dívidas, independentemente da instituição do bem de família convencional, o imóvel urbano ou rural[59] de morada da entidade familiar. Além de custoso e com regras específicas que dificultavam às pessoas a criarem o bem de família convencional, o bem de família legal traz o bônus irrenunciável da impenhorabilidade[60] – salvo nas hipóteses que a própria lei excepciona –, mas não traz o ônus na inalienabilidade, ou seja, pode ser alienado por ato do proprietário.

Nos termos do art. 1º da Lei 8.009 e o seu parágrafo único *"o bem imóvel residencial próprio do casal, ou da entidade familiar, é impenhorável e não responderá por qualquer tipo de dívida civil, comercial, fiscal, previdenciária ou de outra natureza, con-*

---

59. Art. 5º, § 2ºQuando a residência familiar constituir-se em imóvel rural, a impenhorabilidade restringir-se-á à sede de moradia, com os respectivos bens móveis, e, nos casos do art. 5º, inciso XXVI, da Constituição, à área limitada como pequena propriedade rural.

60. "(...) 6. A proteção legal conferida ao bem de família pela Lei 8.009/1990 não pode ser afastada por renúncia do devedor ao privilégio, pois é princípio de ordem pública, prevalente sobre a vontade manifestada. Incidência da Súmula n. 168/STJ. 7. Agravo regimental desprovido. (AgRg nos EREsp 888.654/ES, Rel. Ministro João Otávio De Noronha, Segunda Seção, julgado em 14.03.2011, DJe 18.03.2011).

traída pelos cônjuges ou pelos pais ou filhos que sejam seus proprietários e nele residam, salvo nas hipóteses previstas nesta lei. A impenhorabilidade compreende o imóvel sobre o qual se assentam a construção, as plantações, as benfeitorias de qualquer natureza e todos os equipamentos, inclusive os de uso profissional, ou móveis que guarnecem a casa, desde que quitados". O conceito de "casal" ou "entidade familiar" é o mais amplo possível porque o que se protege é o direito fundamental à moradia do ser humano, esteja ele morando sozinho ou com outras pessoas. Ademais, por expressa dicção do artigo 5º para que tenha sobre si a *impenhorabilidade*, considera-se residência um único imóvel utilizado pelo casal ou pela entidade familiar para moradia permanente, sendo certo que nas hipóteses em que num mesmo imóvel a família exerce atividade comercial e moradia, e, não sendo possível o desmembramento, a impenhorabilidade poderá ser também ser arguida.

A Lei 8.009 não afasta a hipótese de incidência sobre o bem que é destinado a moradia do casal ou da entidade família, ainda que tenham outros bens, mas o parágrafo único do art. 5º expressamente determina que na hipótese de o casal, ou entidade familiar, ser possuidor de vários imóveis utilizados como residência, a impenhorabilidade recairá sobre o de menor valor, salvo se outro tiver sido registrado, para esse fim, no Registro de Imóveis e na forma do art. 70 do Código Civil.

> Agravo interno no recurso especial. Bem de família. Impenhorabilidade. Mais de um imóvel. Artigo 5º, parágrafo único, da Lei 8.009/1990.
>
> 1. Recurso especial interposto contra acórdão publicado na vigência do Código de Processo Civil de 2015 (Enunciados Administrativos 2 e 3/STJ). 2. A jurisprudência do Superior Tribunal de Justiça é firme no sentido de que a Lei 8.009/1990 não retira o benefício do bem de família daqueles que possuem mais de 1 (um) imóvel. 3. O artigo 5º, parágrafo único, da Lei 8.009/1990 dispõe expressamente que a impenhorabilidade recairá sobre o bem de menor valor na hipótese em que a parte possuir vários imóveis utilizados como residência. Precedentes.
>
> 4. Agravo interno não provido. (AgInt no REsp 1873254/MG, Rel. Ministro Ricardo Villas Bôas Cueva, Terceira Turma, julgado em 15.03.2021, DJe 19.03.2021).

O regime de impenhorabilidade não abraça os veículos de transporte, obras de arte e adornos suntuosos porque não integram o direito fundamental de moradia. Além disso, de forma expressa o Código determina que a impenhorabilidade *não será oponível* em qualquer processo de execução civil, fiscal, previdenciária, trabalhista ou de outra natureza se tiver sido movida (1) por razões óbvias e autoexplicativas que se coadunam com o art. 833, § 1º do CPC, pelo titular do crédito decorrente do financiamento destinado à construção ou à aquisição do imóvel, no limite dos créditos e acréscimos constituídos em função do respectivo contrato; (2) para cobrança de impostos, predial ou territorial, taxas e contribuições devidas em função do imóvel familiar, o que para autorizada doutrina[61] é uma exceção que não se coaduna com o direito fundamental à moradia; (3) para execução de hipoteca sobre o próprio

---

61. DINAMARCO, Candido Rangel. *Instituições de direito processual civil*, v. IV, p. 367.

CAPÍTULO 03 • FASE INSTRUTÓRIA DO PROCEDIMENTO PARA PAGAMENTO DE QUANTIA

imóvel quando foi espontaneamente oferecido como garantia real pelo casal ou pela entidade familiar;[62] (4) por ter sido adquirido com produto de crime ou para execução de sentença penal condenatória a ressarcimento, indenização ou perdimento de bens; (5) pelo credor da pensão alimentícia,[63] resguardados os direitos, sobre o bem, do seu coproprietário que, com o devedor, integre união estável ou conjugal, observadas as hipóteses em que ambos responderão pela dívida.

Ainda que não esteja listada nestas hipóteses específicas previstas nos incisos do art. 3º, também não poderá ser arguida – *e se for, deve ser rechaçada* – as situações jurídicas onde se evidencie a violação das regras de boa-fé. Por isso o artigo 4º deixa uma cláusula aberta para se reconhecer a não incidência da impenhorabilidade àquele que, sabendo-se insolvente, adquire de má-fé imóvel mais valioso para transferir a residência familiar, desfazendo-se ou não da moradia antiga. A rigor trata-se de hipótese de fraude à execução ou contra credores, onde poderá juiz, na respectiva ação do credor, transferir a impenhorabilidade para a moradia familiar anterior, ou reconhecer a ineficácia ou anular-lhe a venda, liberando a mais valiosa para execução ou concurso, conforme a hipótese.

Como toda e qualquer regra deve passar pelo filtro constitucional, e, sendo evidente que o instituto do bem de família é para proteção do direito fundamental à moradia, é preciso que o caso concreto se amolde ao sentido lógico da norma, ou seja, deve haver uma harmonia entre o caso concreto e a exegese constitucional que deve nortear a incidência da regra de impenhorabilidade, ou seja, deve ser absolutamente rente às situações de uso regular do direito. Nesta linha tem sido a orientação do Superior Tribunal de Justiça quando diz que:

> a regra de impenhorabilidade aplica-se às situações de uso regular do direito. O abuso do direito de propriedade, a fraude e a má-fé do proprietário devem ser reprimidos, tornando ineficaz a norma protetiva, que não pode tolerar e premiar a atuação do agente em desconformidade com o ordenamento jurídico. 5. A propriedade fiduciária consiste na transmissão condicional daquele direito, convencionada entre o alienante (fiduciante), que transmite a propriedade, e o adquirente (fiduciário), que dará ao bem a destinação específica, quando implementada na condição ou para o fim de determinado termo. 6. Vencida e não paga, no todo em parte, a dívida e constituído em

---

62. A especificidade do dispositivo, que deve ser interpretado restritivamente no sentido de ampliar a proteção da morada e diminuir a exceção à impenhorabilidade, afasta a sua incidência sobre outras situações em que o bem for dado em garantia, ou seja "em se tratando de caução oferecida em contrato de locação, não se aplica a exceção prevista no art. 3º, VII, da Lei 8.009/90. Caso o legislador desejasse afastar da regra da impenhorabilidade o imóvel residencial oferecido em caução o teria feito, assim como o fez no caso do imóvel dado em garantia hipotecária (art. 3º, V, da Lei 8.009/90) (...)". (REsp 1873594/SP, Rel. Ministra Nancy Andrighi, Terceira Turma, julgado em 02.03.2021, DJe 04.03.2021).

63. "(...) 2. A indenização, no caso, decorre de erro médico, sobrevindo condenação civil a reparação do dano material e moral, sem obrigação de prestar alimentos. Não incide, portanto, a exceção de impenhorabilidade de bem de família prevista no inciso III, do art. 3º, da Lei 8.009/90. 3. De outra parte, não é possível ampliar o alcance da norma prevista no art. 3º, inciso VI, do mesmo diploma legal, para afastar a impenhorabilidade de bem de família em caso de indenização por ilícito civil, desconsiderando a exigência legal expressa de que haja "sentença penal condenatória" (REsp 711.889/PR, Rel. Ministro Luis Felipe Salomão, Quarta Turma, julgado em 22.06.2010, DJe 1º.07.2010).

mora o fiduciante, consolidar-se-á a propriedade do imóvel em nome do fiduciário, consequência ulterior, prevista, inclusive, na legislação de regência. 7. Sendo a alienante pessoa dotada de capacidade civil, que livremente optou por dar seu único imóvel, residencial, em garantia a um contrato de mútuo favorecedor de pessoa diversa, empresa jurídica da qual é única sócia, não se admite a proteção irrestrita do bem de família se esse amparo significar o alijamento da garantia após o inadimplemento do débito, contrariando a ética e a boa-fé, indispensáveis em todas as relações negociais" (REsp n. 1.559.348/DF, Relator Ministro Luis Felipe Salomão, Quarta Turma, julgado em 18.06.2019, DJe 05.08.2019). (AgInt no AREsp 1507673/RJ, Rel. Ministro Antonio Carlos Ferreira, Quarta Turma, julgado em 22.03.2021, DJe 26.03.2021).

A questão da flexibilização da impenhorabilidade do bem de família quando recaia sobre bem suntuoso ou de altíssimo padrão é séria e ao nosso ver deve ser objeto de análise de acordo com a circunstâncias do caso concreto, nada obstante a orientação do STJ seja pela *restritividade* do rol do art. 3º independentemente do valor do bem.

Segundo o Superior Tribunal de Justiça *"para efeito da proteção do art. 1º da Lei n. 8.009/1990, basta que o imóvel sirva de residência para a família do devedor, sendo irrelevante o valor do bem. Isso porque as exceções à regra de impenhorabilidade dispostas no art. 3º do referido texto legal não trazem nenhuma indicação nesse sentido. Logo, é irrelevante, a esse propósito, que o imóvel seja considerado luxuoso ou de alto padrão".*[64] Com o devido respeito é preciso que o caso concreto seja levado em consideração para verificar se o *direito fundamental de moradia* realmente está ali protegido, pois não raramente o devedor escuda-se na proteção legal, sem nem mesmo justificar como mantém aquele imóvel de alto padrão, ou seja, não possui bens para adimplir a obrigação, mas mesmo assim é responsável pela manutenção de um imóvel de alto custo.

Outra questão não menos importante diz respeito ao fato de que o bem de família legal deve ser comprovado como tal pelo executado, ou seja, deve demonstrar que o imóvel não é ocasionalmente um bem de família, senão porque cabalmente destinado à moradia do devedor ou de sua família. Deve trazer a referida alegação em impugnação do executado ou em embargos à execução, ou em outra oportunidade por se tratar de questão de ordem pública, mas jamais deve ser repetido por outra via se já foi rechaçado em alegação anterior.

### 1.2.6    *A penhora não retira a propriedade do executado*

O direito de propriedade sobre um bem que integra o patrimônio do executado será realmente dele retirado com a execução forçada, mas não ainda com a penhora. A penhora é, como se disse, o ato processual que define o bem objeto da propriedade do executado que será expropriado. É, pois o ato que principia, que prepara, mas não o que termina, a *expropriação judicial*. Como se fosse a grua que prende determinado bem do patrimônio do executado vinculando-o à expropriação forçada a penhora

---

64. (REsp 1726733/SP, Rel. Ministro Marco Aurélio Bellizze, Terceira Turma, julgado em 13.10.2020, DJe 16.10.2020).

atinge o direito de propriedade, mas não o retira do executado. Atinge o direito de propriedade pois não pode usar, gozar e dispor como normalmente o faria se não estivesse penhorado.

A penhora sobre determinado bem tem o poder de tornar absolutamente ineficaz em relação ao exequente e àquela execução, qualquer alienação que venha a praticar sobre aquele bem. Assim, por exemplo, se determinado bem imóvel é penhorado, a eventual alienação deste imóvel que o executado venha a fazer com quem quer que seja é perfeitamente válida, mas absolutamente ineficaz em relação a esta execução, ou seja, este bem continuará a ser expropriado e o dinheiro arrecadado será entregue ao exequente. O poder de livremente dispor inerente a propriedade já não é tão livre com a penhora. E mais, se além de apreender o bem, uma motocicleta por exemplo, retira-o do contato do devedor, colocando sob custódia do exequente, nem mesmo o poder físico para uso o executado terá. Mas, mesmo assim continuará proprietário do bem.

A penhora mantém o vínculo de direito público do bem com a execução, mas não é ato expropriatório. É interessante notar que quando o objeto penhorado é um bem que deverá ser convertido em dinheiro mediante um leilão público, nem mesmo o dinheiro arrecadado com a arrematação deixa de ser do executado. Agora, não é mais o bem que está penhorado, mas sim o dinheiro fruto da alienação judicial que se encontra sob gestão do estado juiz. Este dinheiro, preso pela penhora e depositado em conta do juízo encontra-se afetado à execução, mas ainda é de propriedade do executado. Tanto isso é verdade que o artigo 907 diz, com precisão milimétrica, que "pago ao exequente o principal, os juros, as custas e os honorários, *a importância que sobrar será restituída ao executado*".

Se bem observado, no exemplo que demos, a primeira expropriação retirou o apartamento do patrimônio do executado (em leilão judicial), mas o dinheiro arrecadado com esta expropriação entrou diretamente no patrimônio do executado só que ficou literalmente preso, vinculado à execução e administrado pelo juízo. Houve a substituição da penhora do apartamento pela penhora do dinheiro obtido pela alienação do referido imóvel. O executado só poderá exercer os poderes inerentes à propriedade deste dinheiro quando e se sobrar alguma quantia depois de todos os custos da execução serem quitados como diz o art. 907. É por isso que se fala em *restituir*; só se restitui a alguém o que lhe pertence.[65]

Portanto, a penhora não é ato que expropria, mas é ato que principia o procedimento de expropriação, pois tem o papel de pinçar, dentro do patrimônio do executado qual ou quais os bens que lhe pertencem que se submeterão ao procedimento expropriatório. A depender do objeto penhorado, traz uma maior segurança[66] ao

---

65. (AgInt no AREsp n. 2.039.395/SP, relator Ministro Raul Araújo, Quarta Turma, julgado em 15.08.2022, DJe de 26.08.2022).

66. NEVES, Daniel Amorim Assumpção. *Manual de Direito Processual Civil*. 7. ed. Rio de Janeiro: Forense; São Paulo: Método, ano 2015, p. 1019.

exequente de que a execução será frutífera. Ao fazer isso a penhora estabelece um vínculo jurídico de direito público concreto entre aquele bem específico e a atividade executiva daí porque se diz que *concretiza* a responsabilidade patrimonial.

## 1.3 Conceito e elementos constitutivos do ato de penhora

Na execução para pagamento de quantia certa contra devedor solvente há um itinerário procedimental previsto pelo legislador em que primeiro se pinça(m) do patrimônio do executado qual (ou quais) o(s) bem(ns) – para em seguida avaliá--lo(s) – que suportará(ão) a expropriação para a satisfação do crédito.

Se o bem singularizado for dinheiro, então o caminho fica mais curto, pois o crédito será pago com a referida quantia, e não precisará ser feita avaliação alguma. Todavia, se o bem individualizado não recair sobre o dinheiro, será necessário que primeiro se proceda à penhora de determinado bem do patrimônio do executado e, em seguida, realizar-se-á a sua avaliação para saber se o bem afetado poderá converter-se em quantia suficiente à satisfação do crédito exequendo. Assim, regra geral, esses dois atos executivos instrumentais são necessários para que se faça a execução por expropriação (para pagamento de quantia certa contra devedor solvente).

A penhora é o primeiro ato de execução forçada quando se requer o pagamento de quantia, e tem o papel importantíssimo de identificar o bem que será expropriado, fazendo com que sobre ele incida a responsabilidade executiva.

Tal ato é executivo (instrumental) porque é marcado pela coercibilidade estatal, que afeta o bem à expropriação judicial, gerando efeitos no plano material e processual que deverão ser respeitados pelos litigantes.

A penhora enquanto ato executivo se concretiza pela realização de dois atos: apreensão do bem e o seu depósito, como expressamente menciona o art. 839 do CPC. Logo, nem a apreensão, nem o depósito são *efeitos da penhora*, posto que são elementos que a constituem como ato executivo.

Obviamente que nem sempre os atos de *apreensão* e *depósito* necessitam ser realizados fisicamente, isso dependerá do tipo do direito sobre o bem e da forma de realização de ambos.

## 1.4 O objeto da penhora

### 1.4.1 Bens do patrimônio sujeito à execução

O artigo 831 do CPC é claro ao dizer que a penhora deverá recair sobre tantos bens quantos bastem para o pagamento do principal atualizado, dos juros, das custas e dos honorários advocatícios. Aí ele diz que a penhora recai sobre "bens" e que o número de bens afetados pela penhora à execução forçada deve ser o adequado à satisfação não apenas do valor do débito, mas do valor da execução.

CAPÍTULO 03 • FASE INSTRUTÓRIA DO PROCEDIMENTO PARA PAGAMENTO DE QUANTIA

Uma advertência aguda precisa ser feita.

A penhora não recai sobre o "bem" como corriqueiramente se fala, mas sim sobre o direito real ou pessoal que o executado tem sobre aquele bem. Assim, quando se penhora o veículo, não é o "veículo", mas o domínio que o executado tem sobre o veículo. Sintetiza-se no linguajar comum falando-se apenas na *coisa*, mas é o direito sobre ela que será penhorado. Daí porque se fala, corretamente, em *expropriação do direito do executado sobre o "bem" penhorado*.

Os "bens" do patrimônio sobre os quais recai a penhora são todos os *objetos dos direitos*, reais e pessoais, que tenham valor econômico apreciável em dinheiro porque "tanto quanto bastem" é a expressão que deixa clara a correspondência que deve haver entre o objeto da penhora e o valor da execução. Assim, podem ser penhorados, para futuramente serem expropriados, os direitos reais e pessoais que o executado tem em seu patrimônio.

A penhora deverá recair sobre os "bens do patrimônio do executado" que sejam necessários para o pagamento do principal atualizado, dos juros, das custas e dos honorários advocatícios.

A execução por quantia tem um valor; e por isso a penhora deve recair sobre bens que em tese correspondam a este valor; o bem penhorado (*rectius* = direito sobre ele) é o que ficará vinculado à expropriação executiva que se aproxima. É, a penhora, o primeiro passo desta expropriação.

Como se disse acima, para ficar mais claro, quando se diz que a penhora recai sobre o automóvel, é na verdade que ela recai sobre o *direito que o executado tem sobre o veículo*; ou ainda, quando se diz que recai sobre o dinheiro do executado, na verdade ela recai sobre o *direito de propriedade que o executado tem sobre a referida quantia*. Nos exemplos listados pelo CPC o que se tem a rigor é que a penhora *apreende o direito real* ou *pessoal* (sobre coisa ou sobre créditos, respectivamente) que são de titularidade do executado; neste passo, a penhora é o primeiro passo concreto e efetivo para tal mister, pois é ela que *afeta* o referido "bem" à ser futuramente expropriado.

## 1.4.2    *Exemplos de bens expropriáveis no CPC*

O art. 835 apresenta uma lista ordenada de bens que podem ser objeto de penhora. Lendo-os à distância percebe-se dois aspectos fundamentais: primeiro que são bens que constituem *objeto de direito do executado*, ou seja, direitos reais sobre coisas e direitos pessoais. Outro aspecto fundamental é que o "bem penhorado" seja dotado de valor econômico apreciável, e que "baste" à satisfação do valor da execução.

Em linguajar sintético como faz o Código, o objeto da penhora, é, portanto, qualquer bem expropriável do patrimônio do executado, tais como (i) dinheiro, em espécie ou em depósito ou aplicação em instituição financeira, cotas fundo de investimento;[67] (ii) títulos da dívida pública da União, dos Estados e do Distrito Federal com cotação em mercado; (iii) títulos e valores mobiliários com cotação em mercado; (iv) veículos de via terrestre; (v) bens imóveis; (vi) bens móveis em geral; (vii) semoventes; (viii) navios e aeronaves; (ix) ações e quotas de sociedades simples e empresárias, inclusive se estiver em recuperação judicial;[68] (x) percentual do faturamento de empresa devedora; (xi) pedras e metais preciosos; (xii) direitos aquisitivos derivados de promessa de compra e venda e de alienação fiduciária em garantia; (xiii) títulos de crédito; (xiv) direitos reais limitados; (xv) os frutos e os rendimentos dos bens inalienáveis; (xvi) ação na qual o devedor figura como credor; (xvii) verba indenizatória.[69]

### 1.4.3 "Tantos bens quanto bastem" e "custos da execução": os parâmetros valorativos máximo e mínimo da penhora

É muito interessante a frase do art. 831 quando diz que "a penhora deverá recair sobre *tantos bens quantos bastem* para o pagamento do principal atualizado, dos juros, das custas e dos honorários advocatícios". Com esta expressão ele deixa claro que o objeto da penhora deve ter um valor apreciável em dinheiro que corresponda ao valor da execução, pois, é justamente o *valor da execução* que será retirado do patrimônio do executado mediante uma expropriação judicial.

Logo, bens com valor meramente sentimental ou moral apenas para o executado, como, por exemplo, a propriedade de um lenço deixado pelos pais falecidos; ou, noutro exemplo, a sua propriedade sobre um boneco de pelúcia de sua infância etc., embora integrem o patrimônio do executado, *não* servem ao ato de penhora como nenhum outro que não tenha *valor econômico apreciável*.

O objeto da penhora deve ser *útil* à execução para pagamento de quantia, pois, no final das contas, é o objeto da penhora que será levado à expropriação para saldar o que é devido ao exequente. Por isso, chega a ser didático, e óbvio, o art. 836 ao dizer que *não se levará a efeito a penhora quando ficar evidente que o produto da execução dos bens encontrados será totalmente absorvido pelo pagamento das custas da execução*.

Isso quer dizer que não apenas o *patrimônio que vale menos do que a execução não* será objeto de penhora, mas também o que vale apenas sentimentalmente para o executado sem valor economicamente apreciável. Não é demais lembrar que não se penhoram direitos cívicos do executado, tampouco direitos ínsitos à sua personalidade, embora os efeitos econômicos da exploração da imagem, do nome (etc.) de determinadas pessoas possam ser penhorados se forem apreciáveis economicamente

---

67. AgInt no AREsp 945.366/RS, Rel. Ministra Maria Isabel Gallotti, Quarta Turma, julgado em 28.09.2020, DJe 1º.10.2020.
68. REsp 1803250/SP, Rel. Ministro Marco Aurélio Bellizze, Rel. p/ Acórdão Ministro Ricardo Villas Bôas Cueva, Terceira Turma, julgado em 23.06.2020, DJe 1º.07.2020.
69. AgInt no AREsp 1404115/SP, Rel. Ministro Ricardo Villas Bôas Cueva, Terceira Turma, julgado em 24.08.2020, DJe 31.08.2020.

CAPÍTULO 03 • FASE INSTRUTÓRIA DO PROCEDIMENTO PARA PAGAMENTO DE QUANTIA **315**

e desde que não sejam impenhoráveis por alguma razão jurídica (impenhorabilidade do salário do ator que é remunerado pela exploração da sua imagem).[70]

Importante que se perceba que o *parâmetro máximo* da penhora é o valor da execução. Não poderá passar disso. Se a execução vale "X", será objeto de penhora *tantas* coisas e direitos pertencentes ao executado, *quanto bastem* para fazer frente a este valor. Por outro lado, o *parâmetro mínimo é o custo da execução*, ou seja, não se perderá tempo e nem dinheiro com um processo executivo se o que puder ser objeto de penhora não sirva nem para pagar às custas da execução. Difícil é saber neste momento da penhora, se os bens penhorados bastarão para satisfazer o valor exequendo.

### 1.4.4   O valor do objeto penhorado pode não ser tão preciso

Como se observou acima deve existir uma relação lógica entre o objeto da penhora e o valor da execução de forma que se procede a penhora: (1) sobre bens que correspondam a um valor que faça frente ao valor da execução e (2) não se procede a penhora se o produto da venda dos bens penhoráveis do patrimônio da execução não der para pagar as custas da própria execução. Eis aí o teto e o piso valorativo limite da penhora.

É possível, leitor, que você já deva ter identificado um problema lógico. Quando o bem penhorado não é dinheiro, como saber se os limites máximos (valor da execução) e mínimo (custos da execução) foram atingidos se o ato de *avaliação do bem penhorado* é posterior à penhora? E mais, já sabendo que o bem penhorado será expropriado, possivelmente em um leilão, surge um outro problema: e se o valor adquirido com a venda for menor do que o valor da execução? Ter-se-á que voltar tudo e penhorar mais bens (*tantos quanto bastem*)?

Sim, este é um problema, mesmo tendo a lei processual dito que a *avaliação é feita em sequência imediata à penhora* (v.g. art. 523, § 3º). Só que nem sempre isso acontece (art. 872), nem sempre a avaliação é precisa, e, como se sabe, um bem avaliado em "2X" e que em tese corresponda ao valor da execução, pode ser vendido por "X" num leilão, sendo necessário retornar o caminho com nova penhora para uma nova expropriação.

Dois dispositivos do Código elucidam isso. Um deles, já citado acima, é o artigo 836 que estabelece o limite mínimo do que pode ser penhorado. Repetindo o dispositivo, tem-se que "*não se levará a efeito a penhora quando ficar evidente que o produto da execução dos bens encontrados será totalmente absorvido pelo pagamento das custas da execução*".

---

70. Os direitos autorais possuem um núcleo patrimonial e extrapatrimonial. É comum a penhora, para futura expropriação, dos aspectos patrimoniais (núcleo econômico) dos direitos autorais, mas não se poderia cogitar de expropriação dos elementos que compõem o seu núcleo da personalidade (paternidade da intelectualidade e integralidade da obra criada).

Está muito claro o limite mínimo, mas depois de ler os §§ 1º e 2º do art. 836, a pergunta que não cala é a seguinte: por que será que os parágrafos determinam que *"quando não encontrar bens penhoráveis, independentemente de determinação judicial expressa, o oficial de justiça descreverá na certidão os bens que guarnecem a residência ou o estabelecimento do executado, quando este for pessoa jurídica"*? E, mais ainda, por que *"elaborada a lista, o executado ou seu representante legal será nomeado depositário provisório de tais bens até ulterior determinação do juiz"*?

Parece-nos fora de dúvida que na hipótese acima quem tem o poder de decidir se os limites mínimos e máximos da penhora foram atingidos é o juiz e não o oficial de justiça. Ele, oficial, faz a estimativa dos valores dos bens (art. 154, V) que guarnecem a residência o estabelecimento comercial; bens usados e que muitas vezes não é possível dizer se valem muito ou se valem pouco, ou, se o produto deles vale menos do que o custo da execução.

Enquanto não decidido pelo juiz que os referidos bens são inúteis economicamente para fins da execução eles estão sob *sujeitos à execução* e podem vir a serem penhorados a qualquer momento. A "lista descritiva dos bens que guarnecem o imóvel" não significa dizer que estão "penhorados", mas significa dizer que estes bens ali descritos e perfeitamente identificados estão num estado de "sujeição patrimonial".

Este dispositivo revela que não se tem absoluta segurança de que o valor atribuído ao bem penhorado realmente será apto para satisfazer ao valor da execução. Isso fica claro, inclusive, quando o art. 851, II diz que *"não se procede à segunda penhora, salvo se executados os bens, o produto da alienação não bastar para o pagamento do exequente"*. Como diz o dispositivo *nova* penhora deverá ser feita porque haveria ainda valor exequendo que não teria sido satisfeito.

### 1.4.5 Bens de qual patrimônio podem ser penhorados?

É muito importante usar a terminologia processual "do executado" e não "do devedor" porque isso pode trazer equívocos indesejáveis. Exemplificamos.

Num contrato de empréstimo de dinheiro com eficácia de título executivo firmado entre A e B, este indica C como seu fiador (garantia pessoal especial) para o caso de não adimplir a prestação devida. Ocorrido o inadimplemento, e iniciada a execução contra B e C, sobre qual patrimônio pode ocorrer a penhora de bens quanto bastem para satisfação da execução? A resposta é simples: sobre ambos os patrimônios de B e C. Este não era o *devedor,* mas era também o *responsável* pela dívida assumida por B. Ambos serão *executados*, o devedor e o responsável.

Usando o mesmo exemplo, mas imaginando que este contrato não seja título executivo extrajudicial, A promove demanda condenatória apenas contra B e contra este obtém sentença condenatória para pagamento de quantia. Poderá iniciar a execução contra B e C? Como lembra didaticamente o § 5º do art. 513 *"o cumprimento da sentença não poderá ser promovido em face do fiador, do coobrigado ou do*

CAPÍTULO 03 • FASE INSTRUTÓRIA DO PROCEDIMENTO PARA PAGAMENTO DE QUANTIA **317**

*corresponsável que não tiver participado da fase de conhecimento*". Há contrato, há neste contrato o reconhecimento da responsabilidade patrimonial de B e de C, mas não houve título executivo judicial formado contra C, porque ele não participou da fase cognitiva do processo.

O que deve ficar claro é que a penhora poderá recair sobre bens do patrimônio daquele devedor ou responsável que se encontram no título executivo judicial ou extrajudicial. Há situações que são interessantes, como por exemplo a *desconsideração da personalidade jurídica* ou *inversa* que é cabível em todas as fases do processo de conhecimento, no cumprimento de sentença e na execução fundada em título executivo extrajudicial (art. 134 do CPC). Observe que se for acolhida a desconsideração no referido incidente haverá uma ampliação do polo passivo da demanda, ampliando também com isso o número de patrimônios sujeitos à execução. A mesma coisa quando ocorre quando o réu requer o chamamento ao processo (art. 130) do requerido pelo réu: I – do afiançado, na ação em que o fiador for réu; II – dos demais fiadores, na ação proposta contra um ou alguns deles; III – dos demais devedores solidários, quando o credor exigir de um ou de alguns o pagamento da dívida comum.

Por estas razões é mais adequado falar sujeição patrimonial do *executado* porque apenas os bens do *executado* é que podem ser objeto de penhora. O artigo 791 do CPC é preciso no seu texto ao dizer que "*se a execução tiver por objeto obrigação de que seja sujeito passivo o proprietário de terreno submetido ao regime do direito de superfície, ou o superficiário,* responderá pela dívida, exclusivamente, o direito real do qual é titular o executado, *recaindo a penhora ou outros atos de constrição exclusivamente sobre o terreno, no primeiro caso, ou sobre a construção ou a plantação, no segundo caso*".

Nas hipóteses em que se reconhece a *fraude* contra credores e de fraude *à execução* o bem alienado ou onerado em fraude *retorna à sujeitabilidade patrimonial* do devedor/responsável não havendo que se falar em *ampliação subjetiva* de patrimônios e nem mesmo em ampliação do polo passivo da demanda executiva. A rigor, o efeito da decisão que reconhece a fraude é declaratória e reconhece que é ineficaz, perante o credor/exequente, o desfalque patrimonial daquele bem alienado, mantendo-o à sujeitabilidade patrimonial. Reconhecida a fraude, o bem adquirido pelo terceiro, pela dívida do alienante perante aquele credor/exequente.

### 1.4.6    Quando a penhora recai sobre bem de terceiro dado em garantia real

A responsabilidade patrimonial é um direito de garantia que o credor possui de que não sofrerá prejuízo em caso de inadimplemento. Todos os bens presentes e futuros do responsável, em relação ao vínculo jurídico, garantem os prejuízos decorrentes do incumprimento da prestação.

Sem dúvida, portanto, a responsabilidade patrimonial tem papel fundamental nas relações obrigacionais, sejam elas oriundas de uma relação negocial ou extra-negocial.

Contudo, bem sabemos que a simples existência da responsabilidade patrimonial, prevista em lei não impede ao credor mais preocupado que, além dessa garantia geral, imanente a qualquer obrigação, resolva acrescentar no negócio jurídico outra garantia para apertar ainda mais o negócio ou resguardar-se contra o eventual inadimplemento.

Há sempre o *risco* de que as obrigações não sejam adimplidas e o credor sofra prejuízos com esse inadimplemento. Para trazer paz e segurança ao credor é que existe o direito de garantia da responsabilidade patrimonial. As vezes esta garantia não é suficiente para o credor que necessita ter mais segurança e tranquilidade e por isso pode firmar com o devedor outras garantias especiais para trazer-lhe a segurança de que não suportará nenhum prejuízo caso aconteça o inadimplemento pelo devedor.

> "As garantias representam, assim, um reforço ao vínculo obrigacional constituindo um elemento apto a facilitar a extinção satisfativa do crédito, mas evidentemente, asseguram de forma absoluta o seu recebimento. Diz-se que esse reforço é *quantitativo*, quando, por meio da garantia, o credor passa a ter acesso ao patrimônio de outra pessoa, o garante, que se obriga em face do credor (caso típico de fiança); e é *qualitativo*, quando se traduz numa preferência concedida ao credor sobre o valor de terminados bens (caso do penhor e da hipoteca)".[71]

O que se quer dizer é que a responsabilidade patrimonial não afasta a possibilidade de que no mesmo negócio jurídico sejam tomadas outras garantias, reais ou fidejussórias,[72] que assegurem ao credor uma tranquilidade para o caso de inadimplemento do devedor.

É importante ressaltar que, no caso de serem tomadas outras garantias (além da responsabilidade patrimonial em si mesma), o credor poderá, se necessário for, lançar mão de remédios jurisdicionais tanto para tutela preventiva ou repressiva da responsabilidade patrimonial ou das garantias que eventualmente tiver feito, sempre com vistas a impedir o prejuízo decorrente de eventual inadimplemento.

O fato de existirem outras garantias específicas firmadas entre o credor e o devedor (como a fiança ou a hipoteca, por exemplo), em nada afasta a regra legal de que os bens que compõem o patrimônio do devedor continuam submetidos à responsabilidade patrimonial. É um *plus*, não um *minus*.

Assim, é perfeitamente possível que havendo um contrato de mútuo de dinheiro envolvendo A (mutuante) e B (mutuário), que um imóvel de C seja dado em garantia real para o caso de inadimplemento de B. Usando de exemplo a hipoteca, tem-se o art.1419 do Código Civil que nas dívidas garantidas por penhor, anticrese ou hipoteca, o bem dado em garantia fica sujeito, por vínculo real, ao cumprimento da obrigação". Observe que não é todo o patrimônio do C que está *sujeito à execução*

---

71. FARIAS, Cristiano Chaves de; ROSENVALD, Nelson. *Curso de direito civil*. 15. ed. Salvador: JusPodivm, 2021, v. 2, obrigações, p. 62.
72. LEITÃO, Luís Manuel Teles de Menezes. *Direito das obrigações*. 9. ed. Coimbra: Almedina, 2014. v. II, p.303-4.

*promovida* por A em razão do inadimplemento de B. Apenas aquele bem específico (precisamente o valor em dinheiro que ele representa). E há pelo menos 5 situações que daí resultam que são importantes.

A *primeira* de que sendo um vínculo real, sua eficácia é erga omnes, ou seja, este vínculo jurídico da coisa com aquela obrigação deve ser respeitado por todos, independentemente onde a coisa se encontre e com quem se encontre quando no momento da execução, e, precisamente quando a penhora afetar este bem para ser futuramente expropriado para garantir contra o inadimplemento.

A *segunda* de que o fato de estar vinculado a obrigação apenas este bem, o restante do patrimônio de C não é e nem pode ser atingido pela execução movida por A contra B, porque C limitou a sujeição patrimonial exclusivamente àquele bem hipotecado.

A *terceira* de que acaso a execução não seja satisfeita com a alienação do bem que foi dado em garantia, ainda assim pode A continuar a buscar patrimônio de B para se satisfazer, como expressamente menciona o art. 1430 do CCB ao dizer que *"quando, excutido o penhor, ou executada a hipoteca, o produto não bastar para pagamento da dívida e despesas judiciais, continuará o devedor obrigado pessoalmente pelo restante"*. Realçamos a palavra "continuará" porque está muito claro que o devedor *tinha e continua a ter* o seu patrimônio sujeito à execução.

Assim, sendo insuficiente o preço alcançado na execução judicial do imóvel hipotecado, o credor hipotecário transferirá o seu interesse na proteção da garantia genérica de preservação dos demais bens que compõem o patrimônio do devedor, uma vez que será dali que extrairá numerário suficiente para se proteger do prejuízo causado pelo inadimplemento. O que se quer dizer é que a garantia real estabelecida num negócio jurídico não afasta a possibilidade de que sejam excutidos bens do executado/devedor em razão do inadimplemento, muito embora, preferencialmente, seja bem melhor ao credor efetivar excussão sobre o bem dado em garantia real pelo *terceiro*.

O *quarto* e *quinto* ponto importante do direito material com reflexos na atividade executiva é extraída do art. 1422 do CCB que assim diz: "o credor hipotecário e o pignoratício têm o direito de excutir a coisa hipotecada ou empenhada, e *preferir*, no pagamento, a outros credores, observada, quanto à hipoteca, a prioridade no registro".

Há, portanto, neste dispositivo a descrição de um *direito de excutir a coisa hipotecada* e um *direito de preferência no pagamento resultante da excussão da coisa*.

No que concerne ao *direito de excutir a coisa hipotecada* está claro, usando o nosso exemplo acima, que "A" *tem o direito de excutir a coisa hipotecada*, ou seja, pode submeter o bem dado em garantia hipotecária por "C" à execução movida contra "B".

Considerando o que diz o Código Civil sobre os direitos reais de garantia não parece ter sido feliz o CPC quando disse imperativamente no § 3° do art. 835 que "na execução de crédito com garantia real, *a penhora recairá sobre a coisa dada em garantia*, e, se a coisa pertencer a terceiro garantidor, este também será intimado da penhora". *Data maxima respecta*, não me parece correta a afirmação de que a penhora tenha necessariamente que recair sobre a coisa dada em garantia, muito embora autorizadíssima doutrina sustente o inverso.

> "Havendo negócio jurídico das partes vinculando determinados bens à satisfação da dívida, ou gravame real – hipoteca, penhor e anticrese –, a constrição recairá obrigatoriamente sobre os bens dados em garantia, chamando a tal penhora de 'natural'. Essa constrição poderá ser ampliada, recaindo sobre outros bens, caso a garantia seja insuficiente, ou restringir-se a parte dos bens gravados, havendo excesso. Em nenhuma hipótese, entretanto, deixará recair sobre os bens gravados, no todo ou em parte, porque a nenhuma das partes é dado desvincular-se unilateralmente do negócio jurídico no plano do direito material".[73]

É importantíssimo deixar claro numa situação como esta que são *responsáveis* pela dívida o *devedor* (por meio da garantia geral da responsabilidade patrimonial) e o *terceiro* que assume a responsabilidade pela dívida de outrem no limite do bem ofertado como garantia real.

Diante deste cenário, então, havendo o inadimplemento o que deve fazer o credor? (1) Obrigar-se a promover uma execução hipotecária só contra o terceiro ou; (2) Iniciar uma execução apenas contra o devedor principal pretendendo a sua responsabilização do seu patrimônio, ou (3) iniciar uma execução contra ambos pretendendo responsabilizar o patrimônio do devedor e também sobre o bem dado em garantia? Uma das três possibilidades pode ser exercida pelo credor.

Impor ao credor a primeira conduta é negar a possibilidade de que venha a receber o que lhe é devido da expropriação do patrimônio do próprio devedor, transformando a *garantia* que é um plus, em um limitador da própria responsabilidade patrimonial do devedor que passaria a ser subsidiária à excussão do bem hipotecado. Por outro lado, impor a segunda conduta é privar o exequente do direito de excutir o bem dado em garantia, negando, pois, a própria razão de ser da sua realização. A terceira conduta parece ser a *normal* porque ambos, devedor e garantidor, são *responsáveis* pela dívida com a peculiar limitação do *garantidor* ao limite da garantia hipotecária (bem dado em garantia).

Ora, se tivéssemos um procedimento comum voltado às execuções de pretensões reais, certamente poderia ser levantada a discussão sobre a compatibilidade cumulação do procedimento contra o devedor e o procedimento contra o terceiro garantidor. Infelizmente, o nosso CPC, desde o Código passado, simplesmente submeteu, indevidamente (salvo nos procedimentos especiais petitórios), as pretensões reais ao mesmo regime executivo das pretensões pessoais.

Assim, lembrando o art. 835, § 3º:

---

73. ASSIS, Araken. *Manual da execução*. 20. ed. São Paulo: Ed. RT, 2018, p. 959-960.

§ 3º Na execução de crédito com garantia real, a penhora recairá sobre a coisa dada em garantia, e, se a coisa pertencer a terceiro garantidor, este também será intimado da penhora.

Com o devido respeito o dispositivo é inadequado. Primeiro porque não deveria ser imperativo ("recairá"), mas sim *prioritário* como dizia o Código de Processo Civil anterior, segundo porque a preferência de penhorar o bem dado em garantia real só deve ser invocada pelo credor em seu favor, pois do contrário, se o executado pudesse invocá-la em seu favor, certamente que poderia colocar o credor preferencial numa posição pior do que a do quirografário caso o devedor pudesse ter em seu patrimônio a quantia para ser objeto de penhora. E, em terceiro lugar o equívoco do dispositivo é que da forma como está escrito ele admite que a execução seja movida contra o devedor, mas a penhora recaia sobre bem de quem não é parte, sendo suficiente a sua *intimação da penhora*. Ora, se ambos são responsáveis, devedor e garantidor hipotecário, e, se se pretende excutir o bem hipotecado não se pode admitir que alguém tenha o seu patrimônio expropriado sem que participe do processo.[74]-[75]

Da forma como pretende o dispositivo do CPC seria como obrigar que a penhora na execução de "A" contra "B" recaia necessariamente sobre o imóvel de "C" que foi dado em garantia seja pelo próprio devedor ou por terceiro garantidor. Não pode o legislador processual impor que a futura execução seja promovida para expropriar o tal bem dado em garantia. Não tem o menor cabimento que numa execução para pagamento de quantia o credor se veja obrigado a excutir a coisa dada em garantia para depois obter o dinheiro à satisfação do crédito, promovendo duas expropriações (liquidativa e satisfativa) quando, por exemplo, seja possível penhorar dinheiro do executado.

Cabe ao credor/exequente decidir se pretende ou não promover a execução sobre a garantia geral (responsabilidade patrimonial) e/ou sobre a garantia específica (hipoteca), mas sabe que na hipótese de a hipoteca ter sido prestada por um *terceiro garantidor* ele também deve ser citado para integrar a relação jurídica processual

---

74. Neste sentido o aresto do STJ"(...) o proprietário do bem dado em garantia deve ser intimado do ato constritivo, bem como "ser indispensável que o garantidor hipotecário figure como executado para que a penhora recaia sobre o bem dado em garantia, porquanto não é possível que a execução seja endereçada a uma pessoa, o devedor principal, e a constrição judicial atinja bens de terceiro, no caso, o garantidor hipotecário" (AgRg no AREsp n. 131.437/PR, Relator Ministro Luis Felipe Salomão, Quarta Turma, julgado em 07.05.2013, DJe 20.05.2013).

75. Em sentido contrário, admitindo a intimação da penhora a posição mais recente do STJ: "(...) 1. Ação de execução de título executivo extrajudicial. (...) 3. O propósito recursal é definir se, na ação de execução com garantia hipotecária, os terceiros garantidores precisam ser citados para figurar no polo passivo da lide ou se basta que haja a intimação dos mesmos acerca da penhora, para que haja a expropriação do bem. (...) 6. A intimação do terceiro garantidor quanto à penhora do imóvel hipotecado em garantia é suficiente, não sendo necessário que o mesmo seja citado para compor no polo passivo da ação de execução.7. Recurso especial parcialmente conhecido e, nessa extensão, parcialmente provido. (REsp 1649154/SC, Rel. Ministra Nancy Andrighi, Terceira Turma, julgado em 03.09.2019, REPDJe 10.10.2019, DJe 05.09.2019).

executiva, inclusive porque poderá deduzir todas as defesas que envolvam a sua responsabilidade ou a dívida contraída pelo devedor.[76]

Neste particular, era inegavelmente melhor a redação do art. 655, § 1º do CPC revogado que dizia que "*na execução de crédito com garantia hipotecária, pignoratícia ou anticrética, a penhora recairá,* preferencialmente, *sobre a coisa dada em garantia; se a coisa pertencer a terceiro garantidor, será também esse intimado da penhora*". O que não tem o menor cabimento, como já dissemos anteriormente, que o sujeito titular do bem hipotecado, constante do título executivo, não seja citado para integrar a lide executiva que pretenderá expropriar seu patrimônio.

A *prioridade* não é *obrigatoriedade*, e, corretamente vem decidindo o STJ em colocar nos trilhos a regra do § 3º do art. 835 ao dizer que "no tocante ao malferimento do artigo 835, § 3º, do CPC (correspondente ao artigo 655, § 1º, do CPC/73), a jurisprudência desta Corte Superior firmou-se no sentido de que a preferência é relativa, devendo ser afastada tal regra quando constatada situação excepcional, notadamente se o bem dado em garantia real se apresenta impróprio ou insuficiente para a satisfação do crédito da parte exequente".[77]

Ademais, como se disse, do art. 1422 do CCB também ressai para "A", usando o nosso exemplo, um *direito de preferência no pagamento* em relação a outros credores, ou seja, se este mesmo bem estiver sendo submetido a execução de um outro credor "D" contra "C" que é dono do imóvel, então, aquela garantia hipotecária vinculada ao negócio jurídico de A com B dá ao primeiro a preferência no pagamento.

### 1.4.7    Penhora sobre bem que está penhorado

Se o bem penhorado não foi dinheiro, nada impede que ele seja penhorado mais de uma vez ao mesmo tempo. Uma, duas, três etc., tantas quantas penhoras podem ser feitas sobre o mesmo bem, bastando que ele seja suficiente para atender a todas as execuções. O próprio Código admite isso no art. 797, parágrafo único ao falar sobre uma ordem de preferencias de penhoras. A rigor a *segunda* penhora sobre o mesmo bem (penhora de segundo grau), feita por outro exequente ou pelo mesmo, atingirá

---

76. Temos um certo desconforto com o uso da expressão *terceiro garantidor* utilizado inclusive pelo artigo 835, § 3º do CPC (idem art. 1427 do CCB) porque, a rigor, este sujeito denominado de "terceiro" integra a relação jurídica negocial: é responsável pela dívida alheia nos limites da garantia prestada. É terceiro em relação a prestação que vincula o credor e devedor, mas é parte integrante da relação obrigacional como um todo, já que a garantia patrimonial integra a obrigação. Entendemos que para que o patrimônio do garantidor seja atingido pela execução é *necessário* que integre a relação jurídica como parte. Dizer que ele deve ser "intimado da penhora" não parece adequado pois ninguém pode ser privado dos seus bens sem o devido processo legal. Se ele integra a relação jurídica negocial na condição de garantidor, e, se contra ele há título executivo, deve também integrar a relação jurídica processual se a intenção do exequente é expropriar o bem dado em garantia. Aqui aplica-se, mutatis mutandis, o mesmo raciocínio do art. 513, § 5º do CPC.

77. AgInt no REsp n. 1.778.230/DF, Rel. Ministro Marco Buzzi, Quarta Turma, julgado em 11.11.2019, DJe 19.11.2019; AgInt no AREsp 1389406/RS, Rel. Ministro Antonio Carlos Ferreira, Quarta Turma, julgado em 24.08.2020, DJe 28.08.2020.

CAPÍTULO 03 • FASE INSTRUTÓRIA DO PROCEDIMENTO PARA PAGAMENTO DE QUANTIA **323**

as eventuais *sobras* da expropriação liquidativa realizada sobre o bem penhorado. Se o bem do executado tem valor suficiente para ser penhorado mais de uma vez, não há problema nenhum que sobre ele pairem mais de uma penhora.

### 1.4.8 Penhora sobre bem gravado com ônus real

Um exequente "A" pode solicitar a penhora de um bem de "B" que já esteja servindo de garantia real para uma outra obrigação assumida com um credor C. A penhora sobre o bem gravado com ônus real vinculado a outra obrigação pode acontecer, mas o exequente sabe que deve intimar o *credor preferencial* para que ele possa acompanhar a execução e assim exercer as suas preferências nesta execução por expropriação de A contra B.

Não por acaso diz o art. 799, I que *"incumbe ainda ao exequente: I – requerer a intimação do credor pignoratício, hipotecário, anticrético ou fiduciário, quando a penhora recair sobre bens gravados por penhor, hipoteca, anticrese ou alienação fiduciária"*.

Mais adiante diz o artigo 804 que a *"alienação de bem gravado por penhor, hipoteca ou anticrese será ineficaz em relação ao credor pignoratício, hipotecário ou anticrético não intimado"*.

Na mesma linha diz o art. 889, V que *"serão cientificados da alienação judicial, com pelo menos 5 (cinco) dias de antecedência: (V) o credor pignoratício, hipotecário, anticrético, fiduciário ou com penhora anteriormente averbada, quando a penhora recair sobre bens com tais gravames, caso não seja o credor, de qualquer modo, parte na execução"*.

Estas regras servem não apenas para os credores com garantia real sobre o bem penhorado, mas para todos os terceiros que possuem algum tipo de preferência legal sobre o bem objeto da penhora. Essa preocupação do Código de que acompanhem a execução da qual não são parte, mas que possuem relação com o bem que será expropriado, é justamente para que possam exercer o direito de adjudicar (art. 876, § 5º) ou, exercer sua preferência no recebimento do dinheiro obtido pela alienação do referido bem (art. 908 e ss.), ou quiçá apenas saber quem será o novo proprietário do bem sobre o qual exercem (e continuarão a exercer depois da arrematação) os direitos reais limitados.

Merece ser lembrada ainda a decisão que condenar o réu ao pagamento de prestação consistente em dinheiro e a que determinar a conversão de prestação de fazer, de não fazer ou de dar coisa em prestação pecuniária possuem um *efeito secundário* à própria condenação. É que as referidas decisões valem como título constitutivo de hipoteca judiciária (art. 495 do CPC). Portanto, caso efetive a referida hipoteca da sentença perante o cartório de registro imobiliário, colocará este credor na posição de *credor hipotecário* do referido bem dando a ele, no futuro, o direito de preferência, quanto ao pagamento, em relação a outros credores, observada a prioridade no

# EXECUÇÃO POR QUANTIA CERTA CONTRA DEVEDOR SOLVENTE • Marcelo Abelha Rodegues

registro. Pode, portanto, no cumprimento de sentença pedir a penhora do referido bem do patrimônio do executado sobre o qual já recai a hipoteca judiciária.

## 1.5 A ordem de preferência da penhora e a impenhorabilidade relativa

O Código de Processo Civil estabelece uma ordem de preferência de penhora dos bens integrantes do patrimônio do executado sujeitos à execução (art.835). Em primeiro lugar é de se dizer que este não é um rol de bens *penhoráveis* embora dali se possa ter um alcance do leque de opções que se pode penhorar. A rigor, não há no CPC uma *lista de bens penhoráveis*, porque para saber o que pode ser penhorado o raciocínio é invertido como sugere o artigo 832 ao dizer "não estão sujeitos à execução os bens que a lei considera impenhoráveis ou inalienáveis". Disso se conclui que podem ser penhorados todos aqueles que tenham valor econômico acima do patamar mínimo do art. 836 e que a lei não reputa como impenhorável ou inalienável. Não estando na lista negativa ou proibitiva do legislador então poderá ser objeto de penhora.

Assim, feita esta ressalva, a lista do artigo 835, repetida e robustecida ao longo dos diplomas processuais que o país já teve desde as Ordenações Filipinas, segue uma razão lógica. Imaginou a lei que a *ordem preferencial* de penhora existe, em tese, porque se imagina que seguindo esta receita será mais facilmente satisfeito o direito exequendo com menor custo e tempo (art. 797 do CPC e art. 8º). A ordem leva em consideração a suposta maior efetividade e eficiência da atividade executiva. Em escala decrescente, sem contar o primeiro da lista que já é o próprio dinheiro e o último que é uma norma de encerramento (outros direitos), é fácil perceber que a abstração da lei tem realmente que permitir a flexibilização, afinal de contas é fácil para qualquer um imaginar hipótese de semoventes que sejam mais fáceis de liquidar do que bens imóveis, embora no texto do dispositivo estes se apresentem como de melhor liquidez que aqueles.

Não há muita dificuldade para reconhecer que numa execução para pagamento de quantia o dinheiro deve ser o primeiro da lista. Se o sujeito pretende uma prestação de fazer, o normal é que obtenha a realização do fazer; se é uma entrega de um bem móvel, que lhe seja entregue este bem; se é dinheiro, que receba o dinheiro. Parece-nos óbvio e ululante que o dinheiro seja o primeiro da lista e que não se permita flexibilizar o dinheiro por outro bem da lista. Além da correspondência entre o objeto almejado pela execução e o objeto penhorado há um outro fator que torna a penhora de dinheiro inflexível, que é o fato de que a penhora de dinheiro evita uma demorada e interminável expropriação liquidativa, pois passa-se da penhora diretamente para a fase satisfativa.

Exatamente por isso o § 1º do art. 855 diz que "é prioritária a penhora em dinheiro, podendo o juiz, nas demais hipóteses, alterar a ordem prevista no *caput* de acordo com as circunstâncias do caso concreto". Ao dizer "nas demais hipóteses" o texto é claro que é rígida a posição do dinheiro na ordem do legislador.[78] Não há "preferência" em relação ao dinheiro, mas sim "prioridade" e uma vez penhorada a quantia, apenas rarissimamente é que se pode cogitar em substituir o dinheiro por outro bem, mas cuidaremos disso mais adiante.

O Código também estabelece uma prioridade no art. 835, § 3º ao dizer que "na execução de crédito com garantia real, a penhora recairá sobre a coisa dada em garantia", mas sobre isso já falamos no item 1.4.7 retro.

Não sendo dinheiro o objeto da penhora, admite o Código a alteração da ordem de acordo com as circunstâncias do caso concreto. Essas circunstâncias que permitem a flexibilização podem ser tanto invocadas pelo exequente como pelo executado (art. 848, I), mas sempre tendo como firme a premissa de que a ordem existe para satisfazer mais facilmente o direito exequendo. O executado poderá pedir a flexibilização da ordem ou impedir que ela ocorra invocando como pano de fundo a cláusula geral do art. 805 do CPC (desde que comprove que lhe será menos onerosa e não trará prejuízo ao exequente), desde já indicando bens que sejam igualmente eficazes e menos onerosos, sob pena de manutenção da ordem preestabelecida. O exequente, por sua vez, poderá sustentar que considerando os tipos e particularidades dos bens que integram o patrimônio do executado seria mais fácil obter a satisfação do seu direito se o bem afetado à futura expropriação fosse um que estivesse fora da ordem de preferência.

Sobre a ordem de preferência o Superior Tribunal de Justiça já sedimentou que "(...) a ordem de preferência de penhora estabelecida no art. 835 do CPC não é absoluta, podendo ser mitigada à luz das circunstâncias de cada hipótese. Nos termos do art. 805, parágrafo único, do CPC, ao executado que alegar ser a medida executiva mais gravosa incumbe indicar outros meios mais eficazes e menos onerosos, sob pena de manutenção dos atos executivos já determinados (...)".[79]

É preciso não confundir a ordem processual da penhora com a figura da impenhorabilidade relativa. Considerando que o artigo 835 do CPC não contribui com a perfeita distinção das figuras que intitulam esse tópico, é preciso realçar que não se pode baralhar a *imunidade patrimonial relativa existente entre bens que integram o patrimônio do executado com a ordem processual da penhora no artigo 835*. A existência de uma ordem de excussão de bens que integram o mesmo patrimônio é tema de direito material e é direito do executado de que determinado bem de seu patrimônio seja excutido apenas depois de outros.

---

78. Em nosso sentir é superada a incrível Súmula 417 do STJ que diz que "na execução civil, a penhora de dinheiro na ordem de nomeação de bens não tem caráter absoluto". Com o devido respeito não deveria nem ter sido editada em obediência da efetividade e eficiência do processo, e agora deve ser cancelada diante da regra do § 1º do art. 835 do CPC.

79. (AgInt no REsp n. 2.105.792/MG, relatora Ministra Nancy Andrighi, Terceira Turma, julgado em 10.06.2024, DJe de 12.06.2024).

A rigor, a lei ou o negócio jurídico podem criar uma ordem de preferência da garantia patrimonial, fixando a regra de que determinados bens e direitos do patrimônio garantam prioritariamente os prejuízos causados pelo inadimplemento da prestação pelo devedor. É a hipótese, por exemplo, de o Credor e Devedor estabelecerem a regra de que os veículos desse último devem ser prioritários à garantia da dívida, caso ele venha inadimplir. Trata-se de estabelecer uma *ordem de garantia e, portanto, de futura expropriação*. Assim como isso pode ser estabelecido por negócio jurídico também pode ser previsto por lei. A lei assim faz, em prol do executado, por considerar que para ele é melhor que alguns bens só sejam excutidos se outros não existirem.

Isso é, na verdade, hipótese de imunidade relativa (instituto de direito material) onde a lei (ou as partes por meio de convenção) destaca certo direito (pessoal ou real) do patrimônio do responsável e o coloca em uma situação jurídica de que só pode ser expropriado na ausência de outros bens (art. 866 do CPC), ou seja, também servem de garantia contra o risco de inadimplemento, mas só *depois de outros bens que estejam no mesmo patrimônio*.

Já na ordem meramente processual de preferência da penhora o legislador processual fixa uma lista, também ordinária, mas que é flexível (excluída a hipótese de dinheiro, art. 835, § 1º) e que é criada apenas para atender ao critério da maior eficiência da expropriação na execução por quantia. Enquanto a ordem processual da penhora presumida pelo legislador atende prioritariamente à satisfação do direito exequendo, a imunidade relativa de determinado bem que integra o patrimônio protege, prefacilmente, o interesse do executado.

A imunidade relativa de bens que integram o patrimônio do executado são conhecidos como *bens relativamente impenhoráveis e* eram assim chamados porque, por técnica legislativa, vinham em dispositivo logo em seguinte à lista dos bens absolutamente impenhoráveis (art. 650 e 649 do CPC/73; art. 942 e 943 do CPC/39).

Tal como no atual CPC, desde o Código de Processo Civil de 1939 o legislador apresentava uma ordem decrescente de bens a serem penhorados, e, em outros dispositivos do mesmo capítulo dedicado à penhora dizia quais bens *não poderiam* ser penhorados (absolutamente impenhoráveis) e aqueles que *poderiam* ser penhorados *à falta de outros bens*.

Daí se estudava a *ordem de preferência da penhora* em uma parte e em outra o *duplo regime de impenhorabilidade*. Falava-se em impenhorabilidade absoluta e relativa, mas a rigor a "impenhorabilidade relativa" sempre foi uma contradição em termos, pois tais bens poderiam ser penhorados à falta de outros bens.

Como o atual CPC eliminou o "absolutamente" impenhorável (antes nos art. 649/73 e art. 942/39) constando apenas os bens *impenhoráveis*, isso abriu a porta para se dizer que esta lista de bens tidos como "impenhoráveis" podem ser excepcionalmente penhorados diante das circunstancias do caso concreto (é admitida a flexibilização), e, por tabela, pôs por terra o *equivocado* duplo regime de impenhorabilidade.

CAPÍTULO 03 • FASE INSTRUTÓRIA DO PROCEDIMENTO PARA PAGAMENTO DE QUANTIA | **327**

Feito este esclarecimento, como dito acima o problema da impenhorabilidade relativa está ligado ao fato de que no universo de bens que compõem o patrimônio do executado existe alguns que só podem ser excutidos quando outros não houver. Isso não tem nada que ver com a ordem de preferência da penhora previsto no artigo 835 que existe apenas porque ali o legislador presume que aquela seria a "melhor ordem" para a expropriação liquidatória.

Assim, nesta toada, segundo o artigo 834 "podem ser penhorados, à falta de outros bens, os frutos e os rendimentos dos bens inalienáveis", ou seja, não havendo outros bens no patrimônio do executado aí sim que estes poderiam ser atingidos.

Ao receber esta "preferência destacada", já que não constam da ordem preferencial do artigo 835, parece-nos que a interpretação que se deve dar a estes bens do artigo 834 é que são de *penhora subsidiária* que só pode ocorrer se não for possível a penhora *ordinária* na ordem ou fora da ordem do artigo 835. O nome que se queira dar (penhora primária ou subsidiária) não elimina o fato de que se trata de que a questão envolve a imunidade patrimonial absoluta e relativa.

Assim, por exemplo, no artigo 866 quando diz que "se o executado não tiver outros bens penhoráveis ou se, tendo-os, esses forem de difícil alienação ou insuficientes para saldar o crédito executado, o juiz poderá ordenar a penhora de percentual de faturamento de empresa" o que deseja o código é proteger esta direito do executado por meio da imunidade relativa. Cabe ao executado alegar a impenhorabilidade relativa apresentando outros bens disponíveis suficiente para satisfação do débito e cuja expropriação não serão mais difíceis de se alienar que o percentual de faturamento da empresa.

## 1.6 O meio de realização e a formalização da penhora

O desenvolvimento tecnológico trouxe inúmeras facilidades e agilidade e determinados procedimentos que eram inimagináveis para o legislador do CPC de 1973.

Para aqueles que operaram na vigência do Código anterior compreendem facilmente quando se diz que era burocrática a realização da penhora, a ponto de a sua forma ser, muitas vezes, considerada tão ou mais importante que o seu próprio conteúdo. Até que a Lei 11232/06 trouxe algumas inovações aos atos executivos e uma delas foi justamente a possibilidade de *realização eletrônica da penhora*, *in verbis*:

> Art. 659,
>
> § 6º que "obedecidas as normas de segurança que forem instituídas, sob critérios uniformes, pelos Tribunais, a penhora de numerário e as averbações de penhoras de bens imóveis e móveis podem ser realizadas por meios eletrônicos".
>
> Art. 655-A. Para possibilitar a penhora de dinheiro em depósito ou aplicação financeira, o juiz, a requerimento do exequente, requisitará à autoridade supervisora do sistema bancário, preferencialmente por meio eletrônico, informações sobre a existência de ativos em nome do executado, podendo no mesmo ato determinar sua indisponibilidade, até o valor indicado na execução.

O CPC atual manteve a linha evolutiva e ampliou as hipóteses de realização de atos eletrônicos na execução, inclusive, estabelecendo como regra de alienação o leilão judicial eletrônico (art. 882). Assim, no que concerne a penhora eletrônica o legislador previu no artigo 837 que "obedecidas as normas de segurança instituídas sob critérios uniformes pelo Conselho Nacional de Justiça, a penhora de dinheiro e as averbações de penhoras de bens imóveis e móveis podem ser realizadas por meio eletrônico".

Se formos comparar o atual art. 854 e art. 837 com os arts 659 e 655 do Código anterior que foram citados acima, podemos imaginar que as mudanças não foram tão substanciais assim, mas na verdade elas foram significativas especialmente porque inseriram o CNJ na responsabilidade de definir os critérios uniformes das ferramentas que se operacionalizam a penhora online de dinheiro e demais bens móveis e também os imóveis. Essa cláusula permite que se dê mobilidade necessária para que o CNJ possa não apenas uniformizar a utilização das ferramentas eletrônicas que serão utilizadas por todos os juízos no país, mas especialmente atualizar estas ferramentas de acordo com a própria evolução tecnológica. O sistema BACENJUD recentemente superado pelo SISBAJUD, que deve estar ativo e disponível ao Judiciário, é um bom exemplo disso, pois amplia consideravelmente os acessos a dados financeiros permitindo que se dê maior efetividade e eficiência aos atos eletrônicos de apreensão de quantia.

O Conselho Nacional de Justiça tem se esforçado, e conseguido, ofertar ferramentas eletrônicas que tendem a simplificar a realização destes atos eletrônicos pelo juízo. Certamente, chegaremos a um momento em que um único sistema eletrônico permitirá, pelo CPF ou CNPJ, identificar de modo muito simples, todo o patrimônio registrável do executado (carros, embarcações, aeronaves, imóveis, ações, cotas de sociedade, dinheiro, semoventes, aplicações etc.), bem como, inclusive, os registros em cartório de títulos e documentos, de procurações que eventualmente tenham sido feitas pelo executado para laranjas.[80]

No que concerne à formalização e documentação da penhora não é demais lembrar que todo ato jurídico possui uma forma, um conteúdo e aptidão para produzir efeitos. A penhora também tem seu conteúdo e uma forma pela qual ela se apresenta. Nos termos do artigo 838 a penhora será exteriorizada mediante *auto* ou *termo*, que conterá: I – a indicação do dia, do mês, do ano e do lugar em que foi feita;

---

80. Eis algumas das ferramentas eletrônicas disponíveis que podem facilitar/permitir/desocultar/descobrir/revelar o patrimônio do executado para a execução por quantia: Sisbajud (dinheiro); Renajud (veículos); Infojud (bens declarados no imposto de renda); Siel (dados eleitorais); Sniper (Sistema Nacional de Investigação Patrimonial e Recuperação de Ativos); SERASAJUD; SPCJUD, Serviço Nacional de Cadastro Rural, Rede SIM (o acesso ao quadro de sócios e administradores da sociedade); Central Nacional de Indisponibilidade de Bens (CNIB), Central Notarial de Serviços Eletrônicos Compartilhados (CENSEC). Sobre o tema das ferramentas eletrônicas para auxílio prático na busca patrimonial ver GUIMARÃES, Rafael; CALCINI, Ricardo; JAMBERG, Richard Wilson. Execução Trabalhista na Prática. 3. ed. São Paulo: Mizuno Editora, 2023.

## CAPÍTULO 03 • FASE INSTRUTÓRIA DO PROCEDIMENTO PARA PAGAMENTO DE QUANTIA — 329

II – os nomes do exequente e do executado; III – a descrição dos bens penhorados, com as suas características; IV – a nomeação do depositário dos bens. Tratando-se de ato realizado pelo oficial de justiça adverte o CPC que lavrar-se-á um só auto se as diligências forem concluídas no mesmo dia, e, havendo mais de uma penhora, serão lavrados autos individuais.

A objetiva e minudente descrição do bem penhorado é muito importante pois são todas as suas mínimas características é que descreverão o estado em que o bem se encontra permitindo comparar, no futuro, se houve ou não falha no papel de guarda e conservação. Além disso, são elas que deverão servir de parâmetro para a avaliação do bem e que constarão nas informações que serão divulgadas aos interessados em adquiri-lo quando da alienação. Uma descrição insuficiente pode ser causa de uma *avaliação incorreta* o que causará enormes prejuízos ao processo. A *descrição* é objetiva, ou seja, não cabe ao auxiliar do juízo apor comentários pessoais, nem enaltecedores e nem depreciativos do bem. Além de deselegante, é ilegal e incabível porque traz traços de quebra da necessária impessoalidade que deve governar a atuação daqueles que devem atual de modo imparcial. A depender da hipótese não se descarta o oferecimento de exceção de suspeição nos termos do art. 148 do CPC.

Conquanto a penhora possa se materializar em um *termo de penhora* feito pelo escrivão ou por um *auto de penhora* realizado pelo oficial de justiça não são estes auxiliares do juízo os responsáveis pela definição de quem será o depositário. Esta é tarefa do juiz, com a sensibilidade de julgador, que deverá definir, de acordo com as regras do CPC e das particularidades da causa, sobre quem deve recair o múnus público de depositário judicial. Antecipamos o que será dito no próximo tópico de que o *normal é* que a escolha não recaia sobre a pessoa do executado por várias razões que explicaremos adiante.

Nada obstante o Código diga, imperativamente, que o *auto ou termo de penhora* "conterá", dando tom imperativo do conteúdo do documento, é certo que falhas podem acontecer na elaboração do *termo ou do auto* mas só se pode falar em *nulidade* se se tratar de algo realmente muito sério que inviabilize o que nele contém. Do contrário, irregularidades supríveis devem ser sempre supridas, pois o defeito puro e simples da forma não pode ser um obstáculo ao processo.[81]

### 1.7 O lugar de realização da penhora

O lugar da penhora é o lugar onde se encontra o bem penhorado, daí porque diz o art. 845 que "efetuar-se-á a penhora onde se encontrem os bens, ainda que sob a posse, a detenção ou a guarda de terceiros" e isso pode exigir que exista

---

81. "(...) 1. Revelando-se útil ao exequente o reconhecimento de vício sanável, não há falar em perda superveniente do objeto. 2. A ausência de nomeação de depositário no auto de penhora constitui irregularidade sanável. Precedentes" (AgInt no REsp n. 1.953.969/MT, relator Ministro Marco Buzzi, Quarta Turma, julgado em 12.09.2022, DJe de 16.09.2022).

cooperação entre juízos, pois é possível que o executado não tenha bens no foro do processo, caso em que se diz que a *execução será por carta*, sempre lembrando que nas comarcas contíguas, de fácil comunicação, e nas que se situem na mesma região metropolitana não será necessária a expedição de carta de cooperação entre os juízos, pois oficial de justiça poderá cumprir os atos executivos determinados pelo juiz (art. 782, § 1º).

Tratando-se de bens imóveis ou móveis de difícil remoção, a competência para realizar os atos de execução (penhora, avaliação e alienação) serão no foro de situação da coisa. É justamente para evitar este problema que o Código flexibiliza a competência para o cumprimento da sentença admitindo que o exequente opte "pelo juízo do local onde se encontrem os bens sujeitos à execução ou pelo juízo do local onde deva ser executada a obrigação de fazer ou de não fazer" (art. 515, parágrafo único e art. 781, I, *in fine*). Todavia, nem sempre esta opção é exercida porque pode o exequente desconhecer onde se encontra o patrimônio do executado ou simplesmente não exerça a faculdade legal.

Assim, na "execução por carta", por coerência lógica, tendo os atos executivos sido realizados pelo juízo de outra comarca, então o eventual questionamento que venha a ser feito exclusivamente acerca destes atos deve ser de competência dele (juízo deprecado) e não de onde emanou a carta. Se a oposição versar sobre aspectos que tocam não apenas a estes atos, mas à execução como um todo, então a competência para julgar é do juízo deprecante (art. 915, § 2º do CPC).

Com o desenvolvimento tecnológico tornou-se possível a realização da penhora (apreensão e depósito do bem) sem a necessidade de cooperação de juízos como no caso de penhora eletrônica de bens imóveis e de automóveis. O próprio juiz da execução cumpre o ato sem a necessidade de qualquer cooperação. Além disso, mesmo que não faça uso da via eletrônica, a penhora de bens imóveis e de veículos pode ser simplificada, pois basta apresentar ao juízo, respectivamente, a certidão da respectiva matrícula ou o DUT que a penhora será realizada por termo nos autos, independentemente de onde se encontrem os referidos bens.

Dentre os bens que *não* podem ser penhorados (art. 833, II) estão aqueles móveis, os pertences e as utilidades domésticas que guarnecem a residência do executado. Entretanto o Código abre a possibilidade de que tais bens que estejam na casa do executado possam ser penhorados se: (*i*) tiverem um "elevado valor" ou, (*ii*) ainda que não sejam de elevado valor, "*ultrapassem as necessidades comuns correspondentes a um médio padrão de vida*". Relembre-se ainda que o § 1º do art. 836 diz que "*quando não encontrar bens penhoráveis, independentemente de determinação judicial expressa, o oficial de justiça descreverá na certidão os bens que guarnecem a residência ou o estabelecimento do executado, quando este for pessoa jurídica*".

O texto do parágrafo acima é apenas para demonstrar que talvez seja necessário penhorar bens do executado que estejam *dentro da sua residência*. Não é demais

CAPÍTULO 03 • FASE INSTRUTÓRIA DO PROCEDIMENTO PARA PAGAMENTO DE QUANTIA **331**

relembrar que o art. 5º, inciso XI da CF/88 expressamente diz que "a casa é asilo inviolável do indivíduo, ninguém nela podendo penetrar sem consentimento do morador, salvo em caso de flagrante delito ou desastre, ou para prestar socorro, ou, durante o dia, por determinação judicial". Logo, partindo da premissa que exista a *determinação judicial* (mandado de penhora) e que seja *durante o dia* deve-se seguir o que prescreve o art. 212 no sentido de que podem ser realizados das 06:00 às 20:00hs.

Nas hipóteses de penhora de bens que estejam dentro da residência do executado, respeitada as prescrições acima, pode acontecer de o executado simplesmente recusar-se a abrir as portas da casa, causando enorme problema para a realização da audiência. Relembremos que o art. 782 determina que "não dispondo a lei de modo diverso, o juiz determinará os atos executivos, e o oficial de justiça os cumprirá", e, sempre que, para efetivar a execução ou os atos executivos como a penhora de bens, for necessário o emprego de força policial, o juiz a requisitará (art. 782, § 2º).

Nestas hipóteses há certamente um clima de tensão e receio de que venham acontecer problemas/incidentes que coloquem em risco o próprio auxiliar do juízo na realização da diligência, e, por isso mesmo que o CPC reservou dispositivo específico para tratar da situação (art. 846). Neste dispositivo está consagrado que se o executado fechar as portas da casa a fim de obstar a penhora dos bens, ou seja, se isso ficar claro ao oficial de justiça este não deve insistir, caso em que deve comunicar o fato ao juiz, solicitando-lhe ordem de arrombamento.

Uma vez deferida a ordem de arrombamento, e, tendo em vista a situação de risco, serão designados dois oficiais de justiça para cumprir o mandado, o que, ao nosso ver, não deixa de ser um exagero da Lei (2 oficiais de justiça). Não há nulidade se ao invés de dois for um oficial, pois a regra do art. 846 é destinada a proteção do oficial e não do executado, pois foi este que ofereceu resistência ao não abrir a porta. Não pode o executado valer-se deste aspecto para pretender nulificar a diligência ou impedir que ela ocorra.

O cumprimento do mandado é com *ordem de arrombamento* o que significa que deve adentrar na casa à força, arrombando cômodos e móveis em que se presuma estarem os bens, e lavrarão de tudo auto circunstanciado, que será assinado por 2 (duas) testemunhas presentes à diligência. Sempre que necessário, e se necessário for o arrombamento recomenda-se que desde o deferimento do pedido o juiz já requisite força policial a fim de auxiliar os oficiais de justiça na penhora dos bens.

Realizada a diligência os oficiais de justiça lavrarão em duplicata o auto da ocorrência, entregando uma via ao escrivão ou ao chefe de secretaria, para ser juntada aos autos, e a outra à autoridade policial a quem couber a apuração criminal dos eventuais delitos de desobediência ou de resistência. Do auto da ocorrência constará o rol de testemunhas, com a respectiva qualificação.

## 1.8 O depósito do bem apreendido

Como já se disse o *deposito* é elemento integrante da penhora e não propriamente um dos seus efeitos como deixa clara a primeira parte do artigo 839 ao dizer que "considerar-se-á feita a penhora mediante a apreensão e o depósito dos bens".

No momento em que se apreende o bem, automaticamente se retira a posse do executado. O Estado passa a ser o titular da posse, e, transfere apenas a posse imediata a um sujeito (exequente, executado ou terceiro) que terá a responsabilidade de *guarda e conservação* para futura expropriação. Com a constituição do deposito evita-se que o bem penhorado seja de alguma forma depreciado, destruído, deteriorado, fraudado etc. até o momento da alienação.

Seria uma tolice imaginar que o Estado-juiz apenas apreende ou individualiza o bem do patrimônio do executado que servirá à execução. Essa apreensão implica em transferir a posse para o Estado, nada obstante o executado ainda seja o proprietário do mesmo. Mas a posse ele perde, e, como nem sempre o Estado teria condições de conservar, administrar e guardar o bem para a futura alienação, então ele cinde essa posse adquirida com a apreensão, reservando para si a posse mediata e para o depositário a posse imediata.

Sendo um depósito judicial (público) o depositário tem um *múnus publico importantíssimo,* pois será responsável pela guarda e conservação de um bem cujo possuidor mediato é o Estado, de forma que é preferível que o Estado-juiz defina como *depositário* uma pessoa diversa do executado, pois sob os cuidados deste sempre haverá o risco de cometimento de atos – comissivos ou omissivos – de depreciação do bem para frustrar a execução, sem contar o fato de que isso pode dificultar, e, muito, os preparativos e a própria alienação futura do bem.

Ademais, não custa lembrar que é sempre importante que o executado perceba que o seu direito sobre o penhorado será expropriado e isso ficará muito evidente quando perder a posse física dele. Mantê-la com o executado, ainda que sob o regime do deposito judicial significa poupá-lo da expropriação que se avizinha trazendo o risco de que tente prolongar indevidamente o itinerário executivo enquanto estiver na posse física do bem.

Ainda que o depositário tenha o dever de prestar contas ao Estado-juiz e responda civil e criminalmente pelo descumprimento do dever de guarda/conservação/administração do bem, ainda assim não se recomenda que ele seja escolhido como o *depositário*.

O CPC estabelece no art. 840 que tratando-se de bens móveis, os semoventes, os imóveis urbanos e os direitos aquisitivos sobre imóveis urbanos, a regra é que se não houver depositário judicial, os bens ficarão em poder do exequente. Esta regra só se flexibiliza, ficando em poder do executado, nos casos de difícil remoção ou quando anuir o exequente.

CAPÍTULO 03 • FASE INSTRUTÓRIA DO PROCEDIMENTO PARA PAGAMENTO DE QUANTIA | **333**

Em se tratando de penhora de quantias (espécie), papéis de crédito e as pedras e os metais preciosos, no Banco do Brasil, na Caixa Econômica Federal ou em banco do qual o Estado ou o Distrito Federal possua mais da metade do capital social integralizado, ou, na falta desses estabelecimentos, em qualquer instituição de crédito designada pelo juiz. O Código ainda faz um lembrete: as joias, as pedras e os objetos preciosos deverão ser depositados sempre com registro do valor estimado de resgate.

## 1.9    A intimação da penhora

### 1.9.1    Intimação do exequente e do executado

Conforme preceitua o art. 249 do CPC a intimação é o ato pelo qual se dá ciência a alguém dos atos e dos termos do processo. Sendo um ato processual de extrema relevância com tantos efeitos e consequências no âmbito do processo é obrigatória a intimação das partes, exequente e executado, e, em alguns casos também de terceiros que serão afetados juridicamente pelo referido ato.

É equívoco pensar que apenas o executado deve ser intimado da penhora, a partir da intuição de que por se tratar de constrição do seu patrimônio ele seria o único atingido. Isso porque pode ocorrer de o bem penhorado ter sido fruto da nomeação do executado e o exequente não concordar com eventual quebra da ordem de preferência estabelecida pelo art. 835. Ao dizer que "as partes poderão requerer a substituição da penhora" o art. 848 deixa evidente que o pedido de substituição pode ser feito tanto pelo exequente, quanto pelo executado e algumas hipóteses ali arroladas, como a do inciso primeiro, exigem que ambos sejam intimados do referido ato. É verdadeiro que a falta de intimação do executado (art.841) importa em nulidade absoluta, porque o prejuízo processual é *in re ipsa*. Já em relação ao exequente, acaso este não tenha sido intimado da penhora, só haverá que se falar em nulidade dos atos subsequentes pela falta de intimação, se esta falta tiver causado algum prejuízo que deverá manifestar na primeira oportunidade de falar nos autos. Há para o exequente presunção relativa de nulidade pelo vício da ausência de intimação.

Partindo da premissa que *as partes devem ser intimadas*, tudo fica mais simples se ambos tiverem participado da diligência de realização da penhora, ainda que eventualmente tenham se recusado a assinar o auto de penhora, o que deverá ser registrado pelo oficial de justiça. Segundo o art. 841, § 3º a intimação do executado (e também do exequente) reputa-se ocorrida pelo simples fato de a penhora ter sido realizada na presença do executado, o que deve ser certificado pelo auxiliar do juízo.

Não sendo este o caso, as partes serão intimadas – e principalmente o executado – por intermédio de seu advogado ou da sociedade de advogados que o representa em juízo (capacidade postulatória). Se não houver constituído advogado nos autos, o *executado* será intimado pessoalmente, de preferência por via postal, lembrando que considera-se realizada a intimação postal quando o executado houver mudado de endereço sem prévia comunicação ao juízo, observado o disposto no parágrafo único do art. 274.

Merece observação o disposto no art. 829, § 1ºque trata de *processo de execução* para pagamento de quantia. Segundo este dispositivo *"do mandado de citação constarão, também, a ordem de penhora e a avaliação a serem cumpridas pelo oficial de justiça tão logo verificado o não pagamento no prazo assinalado, de tudo lavrando-se auto, com intimação do executado"*. Observe-se que sempre que no mesmo mandado de citação que exorta o executado para pagar em 3 dias, também contiver ordem de penhora e avaliação porque algum bem já teria sido nomeado pelo exequente ao propor a execução, o executado já sabe que em caso de ele não efetuar o "pagamento voluntário" no prazo os bens ali arrolados serão objeto de penhora e avaliação pelo oficial de justiça. Obviamente que não há *intimação antecipada* do ato processual posterior ao referido inadimplemento voluntário, mas só reforça que a sua intimação – possivelmente pessoal porque ainda pode não ter advogado – será suficiente pelo correio para o mesmo endereço onde foi citado, desde que, obviamente, ele não esteja presente na diligência de realização do ato.

### 1.9.2    Intimação de terceiros

#### 1.9.2.1    Terceiro garantidor caso seu patrimônio seja atingido

Não é apenas o exequente e o executado que devem ser intimados da penhora, mas também aqueles que, não sendo parte, são atingidos pelo vínculo jurídico que possuem com o bem jurídico do patrimônio do executado que ficará afetado à execução e destinado a futura expropriação. A rigor deveriam ser *citados* e não intimados porque não são *terceiros* em relação a *responsabilidade*, mas sim em relação à dívida.

Diz a segunda parte do parágrafo terceiro do art. 833 que "na execução de crédito com garantia real, a penhora recairá sobre a coisa dada em garantia, e, *se a coisa pertencer a terceiro garantidor, este também será intimado da penhora"*.

A imposição do Código de que seja o terceiro, titular do bem dado em garantia real, intimado da penhora é, ao nosso sentir, menos do que deveria ser como já expusemos alhures. A rigor, ninguém pode ser privado de seus bens sem o devido processo legal. Se há título executivo contra o *devedor e contra o responsável* ambos devem figurar como *executados* na referida execução caso se trate de execução que venha atingir o patrimônio também do responsável.

Violaria o devido processo legal admitir que o exequente "A" promovesse execução apenas contra o devedor "B", mas a penhora recaísse sobre o bem dado em garantia real pertencente a "C" (responsável). É direito de "C" participar do processo que pretende a expropriação de bem que te pertence, deduzindo todas as exceções objetivas e subjetivas relativamente ao crédito exequendo que podem lhe

CAPÍTULO 03 • FASE INSTRUTÓRIA DO PROCEDIMENTO PARA PAGAMENTO DE QUANTIA **335**

trazer benefícios jurídicos. Mais do que *intimá-lo* da penhora, deveria o terceiro ser *citado* para integrar a relação jurídica processual e dela participar como *executado*.[82]

### 1.9.2.2 Execução que recai sobre o patrimônio do atingido pela desconsideração da personalidade jurídica

Não é uma *intimação de terceiro* a situação em que o sujeito atingido pela desconsideração da personalidade jurídica no curso da execução ou do cumprimento de sentença sofre a penhora de bens do seu patrimônio. É que tendo ocorrido a *desconsideração* amplia-se o polo passivo do cumprimento de sentença ou do processo de execução e o atingido pela desconsideração passa a ser parte, daí porque se algum bem de seu patrimônio vier a ser penhorado deverá ser intimado na condição de *executado* e não mais de terceiro. A partir do momento que foi reconhecida a desconsideração ele assume a condição de parte e todas as consequências daí decorrentes, inclusive, a possibilidade de oferecer impugnação ou embargos do executado, sob pena de violação do direito ao contraditório e ampla defesa.

Não se descarta a possibilidade de que seja concedida a tutela de urgência no incidente de desconsideração para impedir a dilapidação do patrimônio do sujeito contra o qual se pretende obter a decretação da desconsideração da personalidade jurídica.

Existindo o risco de o patrimônio deste sujeito ser dilapidado de forma que torne imprestável a sua futura garantia patrimonial somado a probabilidade da procedência da desconsideração da personalidade jurídica, é claro que deve ser concedida a *medida cautelar*, assegurando que o patrimônio deste terceiro (que ainda não é parte da execução) seja conservado para a tutela executiva que se espera também seja direcionada contra ele no futuro. É de se observar que a tutela de urgência aqui é cautelar – conservativa do patrimônio – e não é possível prosseguir a execução sobre estes bens porque *não estão penhorados*, algo que só irá acontecer se e quando o sujeito atingido pela desconsideração passar a integrar, como parte, a relação jurídica executiva.[83]

---

82. Da mesma forma, que seria inadmissível que o exequente "A" promovesse execução apenas contra "C", garantidor, sem que "B" devedor" participasse dessa relação, pois o direito subjacente ao título executivo que se executa diz respeito a ele, devedor. É a ele que se imputa o inadimplemento, e, tem todo interesse em ofertar defesas que venham beneficiá-lo.

83. O arresto cautelar pode recair sobre qualquer bem que compõe o patrimônio do sujeito que se pretende atingir com a desconsideração da personalidade jurídica. Conquanto a medida cautelar não seja (ainda) uma penhora, é nela que se converterá no futuro, caso procedente venha a ser procedente a desconsideração da personalidade jurídica. Exatamente por isso, deve-se usar analogicamente, as regras da penhora sobre a ordem de preferência, sobre as impenhorabilidades, sobre a substituição do bem penhorado, sobre o excesso de penhora etc. mas lembrando que se trata, ainda, de uma medida cautelar e não um ato instrumental da própria execução. Antes da conversão do arresto em penhora não há medida executiva, mas sim cautelar.

### 1.9.2.3  Intimação do Cônjuge ou companheiro

Com a redação que lhe foi dada pela Lei 11.382, de 2006, o art. 655, § 2º do CPC revogado dizia que "recaindo a penhora em bens imóveis, será intimado também o cônjuge do executado". O atual CPC manteve a regra, sendo, no entanto ainda mais preciso. Diz o artigo 842 que *"recaindo a penhora sobre bem imóvel ou direito real sobre imóvel, será intimado também o cônjuge do executado, salvo se forem casados em regime de separação absoluta de bens"*.

Excluída a óbvia hipótese de regime de casamento onde os bens não se comunicam, tanto no regime legal quanto no regime de comunhão universal não é dado a um cônjuge dispor de bens imóveis sem conhecimento do outro pois de ambos é a propriedade dos bens que compõem o patrimônio, tanto que em caso de divórcio e partilha os bens terão que ser divididos em igual proporção.

Dessa forma, não seria lícito admitir que recaindo a penhora sobre um bem imóvel ou um direito real sobre imóvel que pertence a ambos (penhora que levará à expropriação do direito de propriedade sobre o bem penhorado) que um deles não tivesse conhecimento desse ato. Seria como admitir uma expropriação de um bem sem que o seu dono fosse cientificado formalmente dessa expropriação em franca violação do devido processo legal.

A rigor, parece-nos que o correto que, na linha de raciocínio do que dissemos no item 1.8.2.1, o cônjuge também deveria ser *citado* para integrar a relação jurídica processual e ali deduzir as defesas que entender pertinentes como, por exemplo, demonstrar que a dívida assumida pelo outro cônjuge não teria sido realmente tomada em favor do casal e que apenas os 50% do patrimônio do casal pertencente ao cônjuge devedor é que deveria responder pela dívida etc.

Deve-se ficar atento para se evitar que este dispositivo sirva de "nulidade de algibeira" assim conhecida aquelas nulidades guardadas cuidadosamente pela parte para alegar em momento que lhe parecer oportuno. Assim, deve ser rechaçada a alegação de nulidade processual pelo cônjuge não intimado se, por exemplo, se quando da tentativa de citação do cônjuge devedor, o cônjuge não intimado foi que informou ao oficial de justiça que o tal consorte não se encontrava na residência em que ambos coabitam. Não é aceitável que nas situações em que reste clara a ciência da execução e da penhora que nela foi realizada que venha o cônjuge não intimado alegar desconhecimento da execução e da penhora que nela foi realizada.[84]

---

84. "8-A não arguição da alegada nulidade por ausência de intimação imediatamente após a efetivação do ato de penhora, que veio a ser manifestada apenas em ulterior ação anulatória, bem como a presunção não elidida de que houve ciência inequívoca do ato constritivo pelo cônjuge do herdeiro do executado, demonstram ter havido, na hipótese, a denominada nulidade de algibeira, estratégia absolutamente incompatível com o princípio da boa-fé que deve nortear todas as relações jurídicas. (REsp 1643012/RS, Rel. Ministra Nancy Andrighi, Terceira Turma, julgado em 22.03.2018, DJe 26.03.2018)".

## 1.9.2.4 Intimação da penhora de bem indivisível pertencente a coproprietário ou do cônjuge alheio à execução

A regra do artigo 843 do CPC determina que "tratando-se de penhora de bem indivisível, o equivalente à quota-parte do coproprietário ou do cônjuge alheio à execução recairá sobre o produto da alienação do bem".

Nas hipóteses em que o bem (móvel ou imóvel) seja indivisível e pertença ao devedor e a outrem que seja alheio à referida dívida (coproprietário ou cônjuge) o exequente não ficará privado de prosseguir na execução, o que implica dizer que será possível levar a leilão o referido bem. Não poderá o condômino alheio à execução impedir que o referido bem seja penhorado na sua integralidade e que posteriormente seja levado a leilão e alienado também na sua integralidade. A lei processual impôs a extinção forçada do condomínio, salvaguardando o direito do condômino ou cônjuge alheio à execução e titular de parte do bem indivisível o direito de adjudicar preferencialmente pelo preço da avaliação (art. 876, § 5º) ou arrematar em igualdades de condições ao maior lance com preferência em caso de empate das propostas (art. 892, § 3º, 889, II e 843, § 2º do CPC).[85]

Caso opte por não adjudicar ou não arrematar o bem, ainda assim o Código salvaguarda o seu direito ao dizer que não será levada a efeito a expropriação por preço inferior ao da avaliação na qual o valor auferido seja incapaz de garantir, ao coproprietário ou ao cônjuge alheio à execução, o correspondente à sua quota-parte calculado sobre o valor da avaliação (843, § 3º).

A rigor o que diz o dispositivo é que só será alienado o bem por valor inferior ao da avaliação se o montante auferido no leilão seja capaz de garantir o pagamento integral da sua quota parte (do coproprietário ou cônjuge alheio à execução.

Diante desta proteção dada pelo Código é preciso que o exequente fique atento porque, por exemplo, se o apartamento penhorado pertencer a duas pessoas, e, levado a leilão acabar sendo arrematado pelo preço de 50% do valor da avaliação (art. 891, parágrafo único), a alienação lhe terá sido inútil pois todo o valor obtido deverá ser entregue ao coproprietário ou cônjuge.

É preciso lembrar que o artigo 790, IV do CPC diz que são sujeitos à execução os bens do cônjuge ou companheiro, nos casos em que seus bens próprios ou de sua meação respondem pela dívida. Esse dispositivo (art. 790, IV) deve ser interpretado em conjunto com os arts. 1643 e 1644 do CCB que diz que "podem os cônjuges, independentemente de autorização um do outro: I – comprar, ainda a crédito, as coisas necessárias à economia doméstica e II – obter, por empréstimo, as quantias que a aquisição dessas coisas possa exigir". Já o artigo 1644 do

---

85. Dificilmente haverá interesse em adjudicar, necessariamente pelo preço da avaliação, se tem preferência na arrematação pelo melhor preço ofertado cujo limite mínimo é o valor fixado pelo juiz ou 50% do valor da avaliação (art. 891, parágrafo único do CPC).

CCB diz que "as dívidas contraídas para os fins do artigo antecedente obrigam solidariamente ambos os cônjuges". Logo, nestas hipóteses a responsabilidade patrimonial é de ambos. O patrimônio de ambos responde pela dívida assumida por um em prol dos dois.[86]

Pois bem, o art. 843 do CPC incide sobre os casos em que não incide o art. 790, IV (combinado com os arts. 1.643 e 1.644 do CCB) e não será incomum a discussão sobre a incidência de um ou outro dispositivo. É certo que haverá casos em que será penhorado o bem do casal e contra o esbulho judicial o cônjuge alheio a execução ofertará embargos de terceiro onde a discussão gire em torno da dívida ter sido contraída em prol do casal ou não e se a penhora deveria recair sobre todo o bem ou apenas sobre a parte pertencente ao executado. A rigor, reconhecida a dívida, deveria ser inserido no polo passivo da demanda executiva o cônjuge alheio a execução, pois foi reconhecida a sua responsabilidade patrimonial. Não reconhecida a dívida em prol do casal, deve incidir a regra do artigo 843 do CPC.[87]

### 1.9.2.5 Intimação da penhora de quota social ou de ação de sociedade anônima fechada realizada em favor de exequente alheio à sociedade

Na ordem de preferência da penhora estabelecida no art. 835 do CPC as ações e quotas de sociedades simples e empresárias estão em nono lugar da referida lista.

Não precisa muito esforço para se perceber que ao levar à leilão as referidas ações ou cotas de participação destas sociedades fechadas isso permitirá que um arrematante qualquer, um terceiro estranho à sociedade e sem a *affectio societatis*, possa ingressar na sociedade contra o desejo dos outros cotistas.

Exatamente para evitar ao máximo este desconforto que pode levar, inclusive, a uma futura dissolução da própria sociedade é que o CPC estabelece a regra no parágrafo 7º do artigo 876 que "no caso de penhora de quota social ou de ação de sociedade anônima fechada realizada em favor de exequente alheio à sociedade, esta será intimada, ficando responsável por informar aos sócios a ocorrência da penhora, assegurando-se a estes a preferência".

---

86. Tratando-se de dívida decorrente de ato ilícito, portanto de natureza pessoal, não incide, a priori, a comunicabilidade e não deve ser deferida a penhora sobre o percentual pertencente ao outro cônjuge alheio a execução. (REsp n. 874.273/RS, relatora Ministra Nancy Andrighi, Terceira Turma, julgado em 03.12.2009, DJe de 18.12.2009).

87. Inaceitável é o cônjuge ou seus filhos integrantes do mesmo núcleo familiar tentar (re) trazer para o processo, na condição de terceiros que não teriam sido atingidos pela decisão preclusa proferida em processo no qual não figuram como partes, a discussão sobre o bem de família. Quando o executado traz esta exceção de impenhorabilidade do bem de família ele defende em juízo o direito dele e dos outros integrantes do mesmo núcleo familiar em claro exemplo de legitimidade extraordinária sobre esta matéria de defesa. Tendo sido objeto de cognição do órgão julgador, formado o regular contraditório, o debate e a instrução probatória sobre o tema, não se deve aceitar a tentativa de trazer novamente esta questão do bem de família por outros membros do mesmo núcleo familiar. (AgInt no REsp n. 2.057.763/SP, relatora Ministra Maria Isabel Gallotti, Quarta Turma, julgado em 27.11.2023, DJe de 30.11.2023).

CAPÍTULO 03 • FASE INSTRUTÓRIA DO PROCEDIMENTO PARA PAGAMENTO DE QUANTIA **339**

Ao invés de intimar cada sócio ou cotista que poderia ser um entrave à tutela executiva, optou corretamente o CPC por intimar a própria sociedade para que esta comunique aos seus sócios e cotistas para que estes possam se tornar *adquirentes preferenciais* como dizem o art. 876, § 7º e 861 do CPC.

### 1.9.2.6    Outros terceiros elencados no artigo 799

O art. 831 do CPC determina que "a penhora deverá recair sobre tantos *bens* quantos bastem para o pagamento do principal atualizado, dos juros, das custas e dos honorários advocatícios". No artigo seguinte diz que "não estão sujeitos à execução *os bens* que a lei considera impenhoráveis ou inalienáveis". E, seguindo todo capitulo dedicado a penhora refere-se como penhorável ou impenhorável o *bem* ou *bens* que integram o patrimônio do executado.

Como já tivemos oportunidade de salientar o que se expropria do executado não é um *bem*, mas o domínio que tem sobre um direito pessoal ou real que integra o seu patrimônio. Assim, será *penhorável*, e, portanto, *expropriável*, a propriedade do carro, a propriedade sobre o direito de crédito, a propriedade das cotas sociais da empresa etc. Qualquer direito real ou pessoal com valor econômico que integre o patrimônio do executado sobre o qual não tenha nenhuma limitação legal à expropriação, pode ser *penhorado* para ser futuramente *expropriado*.

Assim, por exemplo, quando o direito do executado é a propriedade de um imóvel cujo direito de usufruto foi dado a um terceiro (direito real limitado) antes da penhora, é certo que este terceiro usufrutuário tem um vínculo jurídico com o "bem" e como tal tem o direito de ser informado do processo em que o "bem" será alienado para que possa exercer o seu direito de preferência ou, quando nada, saber quem será o novo *nu proprietário* caso a alienação se concretize na execução.

Há, no Código de Processo Civil um conjunto de artigos que se intercomunicam e que cuidam exatamente desta preocupação de fazer com que o *terceiro* seja convidado a exercer, caso queira, o seu direito de preferência. Embora o objeto da penhora recaia sobre um bem que integre o patrimônio do executado, é possível que este mesmo bem constitua objeto de uma relação jurídica com um terceiro que não integra a referida execução. É em razão desta relação jurídica que emana um direito de preferência deste terceiro em adjudicar ou arrematar o bem que será expropriado e por isso deve ser intimado antes de ocorrer a referida expropriação (art. 799, art. 804, art. 833, § 3º, art. 889). Assim, por exemplo, seja ele o titular do direito de superfície ou o superficiário, o titular da construção base ou o titular do direito de laje, o credor de garantia real ou o titular do bem submetido à tal garantia, o usufrutuário ou o nu proprietário etc.

Este é o motivo pelo qual deve ser lido o artigo 799 I à VI, X e XI em conjunto com o artigo 804 e com o artigo 889 (que se aplica tanto à alienação quanto à adjudicação). Assim, não sendo possível desde a petição inicial identificar o bem que será penhorado, a intimação do terceiro que possui vinculo jurídico com o bem que será expropriado deve ocorrer com a penhora, pois ao realizar este ato se enxergará o gravame prévio que coloca o terceiro na condição de juridicamente interessado em ser cientificado e eventualmente intervir para exercer o seu direito de preferência dada a conexão do direito do executado que será expropriado e o direito que possui sobre o mesmo bem.

Não é que o direito do terceiro será expropriado, nada disso. O que será expropriado é o direito do executado, mas que se conecta juridicamente com a relação jurídica que o terceiro tem com o devedor envolvendo aquele mesmo bem que está penhorado.

## 1.10  Os efeitos da penhora

A penhora realizada, perfeita e acabada (e devidamente registrada nas situações em que o bem é sujeito a algum tipo de registro) produz importantes efeitos, todos resultantes da finalidade a qual se destina.

Como dissemos alhures, tal como se fosse uma grua que pinça e individualiza (torna específico, isola) o bem do patrimônio do executado *afetando-o* à futura expropriação a penhora tem vários efeitos daí decorrentes. Esses efeitos, chamados de *conservativos*, são assim conhecidos porque derivam da necessidade de manter (conservar) o bem penhorado vinculado à futura expropriação para satisfação do valor exequendo.

Uma das consequências dessa "individuação e vinculação" é o de *não permitir que este bem de desvincule desta execução*, ou seja de fazer com que ele *permaneça afetado e destinado* à futura expropriação no processo executivo. Entre o momento de realização da penhora e a efetiva expropriação do bem leva tempo e nada adiantaria chegar ao momento da expropriação se o referido bem já tivesse sido alienado do patrimônio do executado.

Eis que, por isso mesmo, como não é a penhora que retira a propriedade do executado sobre o bem penhorado, pode acontecer, em tentativa de fraude, que o executado queira alienar o bem penhorado para um terceiro, só que esta alienação, se vier a ocorrer, é totalmente *ineficaz* em relação ao exequente e à execução dado o *vínculo de afetação* estabelecido pela penhora. Isso significa dizer que a execução continuará sobre o bem penhorado independentemente de o bem penhorado ter sido alienado para um terceiro. Este é o primeiro efeito da penhora, desse vínculo de afetação que amarra o bem penhorado à futura expropriação executiva. Mas uma advertência precisa ser feita. É que tratando-se de bem sujeito a registro como um bem imóvel, é importante a advertência do artigo 844 do CPC ao dizer que "*para presunção absoluta de conhecimento por terceiros, cabe ao exequente providenciar a averbação do arresto ou da penhora no registro competente, mediante apresentação de cópia do auto ou do termo, independentemente de mandado judicial*". Caso o exequente não realize a averbação da penhora na matrícula do bem onde ele se encontra registrado, não dará conhecimento a terceiros e não afastará a possibilidade de que *pessoas de boa-fé* possam adquiri-los; mas se fizer o registro cria uma presunção de má-fé na aquisição de bem penhorado sendo, portanto, ineficaz em relação ao exequente qualquer alienação ocorrida.

Outro efeito decorrente dessa *individuação que amarra o bem penhorado à futura expropriação na execução* é o *direito de preferência* que se cria com a penhora. Mas é preciso não confundir esta *preferência* com a *preferência* que o direito material atribui a determinados créditos de determinados credores (hipotecário, trabalhista, fiscal etc.). O dispositivo que trata da *preferência da penhora* está previsto no artigo 797 do CPC, que se pede licença para transcrever:

> Art. 797. Ressalvado o caso de insolvência do devedor, em que tem lugar o concurso universal, realiza-se a execução no interesse do exequente que adquire, pela penhora, o direito de preferência sobre os bens penhorados.
>
> Parágrafo único. Recaindo mais de uma penhora sobre o mesmo bem, cada exequente conservará o seu título de preferência.

Como se observa o texto trata da *penhora de bens penhorados*, e, portanto, *preferência entre exequentes*; sujeitos que executam um mesmo devedor e penhoram o mesmo bem do seu patrimônio, desde que este bem não seja, obviamente, dinheiro. É perfeitamente possível que exista penhora de bem que já esteja penhorado, pois o mesmo bem pode ser absolutamente valioso e capaz de satisfazer várias execuções, daí porque podemos ter várias penhoras sobre um mesmo bem. O que acontece no dispositivo é que havendo mais de uma penhora sobre o mesmo bem, então, quando este for expropriado, alguém irá receber a quantia antes do outro; é justamente esta *preferência temporal* (*prior tempore potior*) que permitirá ao exequente que *penhorou primeiro* receber o valor obtido pela alienação do bem penhorado. Esta *preferência temporal da penhora* é uma preferência de natureza processual, pressupõe, portanto, *concurso de exequentes*, ainda que estejam, e, normalmente é assim que se passa, em processos diferentes que tramitam em juízos diferentes. Obviamente que não irá acontecer dois leilões, mas apenas um leilão e em um só processo. Conquanto a penhora no processo A possa ter acontecido antes da penhora no processo B, é possível que neste processo o leilão venha a acontecer antes do outro. O que deveria acontecer nesta hipótese é que uma vez alienado o bem, o exequente A deve habilitar-se no processo B e o dinheiro deve ser entregue, primeiro a ele, *exequente* do processo A, pois é dele a *preferência temporal* por ter realizado, cronologicamente, a primeira penhora.

Mas como se disse a *preferência da penhora* não se confunde com a *preferência de créditos* do direito material. A regra do art. 797 do CPC é apenas entre *exequentes*, sem qualquer preocupação com as preferências do direito material. Essas preferencias do direito material se sobrepõem a preferência da penhora, pois no fundo no fundo, a penhora cria um vínculo de direito processual entre *exequente – patrimônio penhorado – satisfação da execução*, mas que não se sobrepõe às eventuais preferencias existentes no direito material como por exemplo, créditos trabalhistas, fiscais, hipotecário etc. Um exemplo permitirá entender a questão.

Imaginemos duas execuções, uma trabalhista e outra cível, cada um num respectivo juízo. É no processo cível manejado por um credor comum, sem qualquer crédito preferencial de direito material (credor quirografário) que acontece *primeiro* a penhora do bem do executado, ou seja, no processo trabalhista a penhora do mesmo bem acontece em segundo lugar. Neste caso, independentemente de a alienação do bem acontecer no processo cível ou trabalhista é o credor trabalhista que receberá primeiro a quantia, pois mesmo não tendo a prioridade da penhora, tem a seu favor a *preferência do direito material* estabelecida em favor do crédito trabalhista. Como se observa, a *preferência da penhora* é apenas sob a analise temporal e entre execuções em curso, sem perquirição da preferência material do crédito. Isso quer dizer que entre exequentes detentores de créditos de igual preferência no âmbito material, prevalece o direito de receber primeiro para aquele que penhorou em primeiro lugar.

Toda esta análise para saber quem deve receber primeiro – se o exequente onde foi alienado o bem ou se outros credores e/ou exequentes – é realizado por meio do incidente de concurso de credores e exequentes previsto nos arts. 908 e 909 do CPC, daí porque o art. 797 tem íntima relação com este dispositivo.

Um outro efeito muito importante resultante dessa individualização e vinculação à execução que a penhora proporciona é o de *privar o executado do contato/detenção* do bem penhorado, ou seja, é retirar o seu poder físico sobre o bem. Conquanto não seja a penhora que retire a propriedade que o executado tem sobre o bem, ela já traz uma série de limitações como *tornar ineficaz a alienação em relação ao exequente*, como a possibilidade de lhe ser retirado o direito de uso do bem quando o depositário não é o executado, como aliás recomenda o CPC, como a possibilidade de não lhe ser permitido fruir os frutos do bem quando a penhora também recaia sobre os frutos etc. Essa perda do poder físico, impedindo o seu uso não é uma consequência inexorável da penhora, pois pode acontecer de o juiz manter o depósito do bem sob cuidados do próprio executado, com as responsabilidades (civis e criminais) de conservação e prestação de contas daí decorrentes (art. 840, § 2°).

Todavia, não é o que se recomenda, pois o desapossamento pode ser vital para *impedir a alienação fraudulenta* ou a *destruição ou perecimento do bem*, também para *facilitar a alienação judicial*, sem contar para o fato importantíssimo ao nosso ver de que é fazer com que o executado perceba que quer ele queira ou não o Estado irá expropriá-lo e esta é a medida jurídica (desapossamento) que promoverá a alteração fática que irá fazer com que perceba claramente que seu patrimônio está literalmente respondendo pela dívida inadimplida. Curiosamente, essa preocupação estava muito nítida nas Ordenações Filipinas (Título LIII, § 1°) onde se lia que "e até erem os penhores realmente entregues ás Justiças, que houverem de fazer a execução, ou

CAPÍTULO 03 • FASE INSTRUTÓRIA DO PROCEDIMENTO PARA PAGAMENTO DE QUANTIA **343**

a pessoa, a que as estas Justiças os mandarem entregar, *de maneira que o condenado nem per si, nem per outrem fique per via alguma em posse dos penhores*".

## 1.11 As penhoras especiais no CPC

### 1.11.1 Introito

A seção III dedicada a penhora, depósito e avaliação possui nove subseções, sendo que destas o legislador processual reservou nada mais, nada menos, do que seis delas para tratar de *regras especiais de penhora* para determinados direitos. Essas são chamadas de "penhoras especiais" porque o Código dedicou tratamento especial e pormenorizado quando o objeto da penhora forem direitos do executado que ali previstos.

Assim, a Subseção V cuida da Penhora de Dinheiro em Depósito ou em Aplicação Financeira, a Subseção VI da penhora de créditos, a subseção VII da penhora das Quotas ou das Ações de Sociedades Personificadas, a subseção VIII da Penhora de Empresa, de Outros Estabelecimentos e de Semoventes, a subseção IX da penhora de percentual de faturamento da empresa e a subseção X da penhora de frutos e rendimentos da coisa móvel ou imóvel.

A razão deste destaque não parece ser outro senão as peculiaridades que envolvem o direito (real ou pessoal) que integra o patrimônio do executado e que será objeto da penhora. Essas peculiaridades tanto podem estar relacionadas a complexidades inerentes ao objeto penhorado, como no caso da penhora de créditos, como também o enorme grau de importância que ele possui para o executado, como a penhora eletrônica de ativos financeiros.

Há casos, como na penhora de créditos, em que não apenas a penhora segue uma disciplina especial, mas também a própria expropriação, a ponto haver doutrina autorizada que sustente existir nestes arts. 855-869 verdadeiras *execuções especiais*[88] para pagamento de quantia além daquelas que receberam destaque pelo CPC (contra a fazenda pública e alimentos).

Uma última palavra introdutória precisa ser dita, quase em tom de advertência para o leitor desavisado. O CPC atual praticamente decalcou do CPC anterior os textos dos dispositivos correspondentes previstos no art. 671/676 que tratava da "penhora de crédito e outros direitos patrimoniais".

Por sua vez, numa tentativa de simplificar o mesmo tema da forma como se encontrava no CPC de 1939, o Código de 1973 simplesmente eliminou regras importantes, misturou dispositivos, enxertou textos causando uma balburdia que serviu muito mais para confundir do que para simplificar a *penhora especial de créditos*. E, como neste aspecto, o CPC de 1973 foi copiado pelo atual, é

---

88. DINAMARCO, Cândido Rangel. *Instituições de direito processual civil*. 4. ed. v. IV, p. 663.

inegável que o tema esteja muito maltratado, daí porque será necessário para compreensão dos dispositivos atuais referentes ao tema que tenhamos que saltar o CPC de 1973 e visitar o texto de 1939, bem mais minudente e coerente com o objeto de análise.

### 1.11.2 Da penhora de dinheiro em depósito ou em aplicação financeira

Ver item 2.3.3.

### 1.11.3 Da penhora de créditos

#### 1.11.3.1 É preciso visitar o CPC de 1939 para entender o tema da forma como se encontra no atual CPC

Já dissemos antes que o tema da *penhora de créditos* no CPC atual, mero decalque do CPC de 1973, é confuso, baralhado e fruto de uma tentativa malsucedida de simplificação do tema. Não se simplifica o tema simplesmente *suprimindo* textos sem fazer o devido arranjo sistemático do que foi mantido. Adianto ao leitor que para compreensão dos textos que cuidam da penhora de crédito no CPC de 2015 será necessário investigar como o tema era tratado no CPC de 1939.

Assim, ao tratar de cada uma das hipóteses da penhora de crédito do atual CPC iremos iniciar o texto com a citação dos dispositivos correspondentes do CPC de 1973 e de 1939.

#### 1.11.3.2 Panorama inicial

A penhora deverá recair sobre tantos bens quantos bastem para o pagamento do principal atualizado, dos juros, das custas e dos honorários advocatícios. A priori, tudo que integra o patrimônio do executado e tem valor econômico pode ser objeto de penhora, salvo as restrições estabelecidas em lei.

Portanto, não apenas o *objeto* do direito de propriedade que o executado tem sobre coisas como dinheiro, ações, carros, imóveis etc. podem ser objeto de penhora, embora estes sejam mais comuns quando se pensa em "penhora" como ato que "apreende e deposita" o bem que será futuramente expropriado. É perfeitamente possível que sejam penhorados direitos de crédito que o executado tenha junto a terceiros e, eventualmente, em relação ao próprio exequente.

Já dizia o artigo 931 do CPC de 1939, bem mais minudente que o CPC atual em relação ao tema da penhora de créditos, que "*consideram-se direitos e ações, para os efeitos de penhora: as dividas ativas, vencidas, ou vincendas, constantes de documentos; as ações reais, reipersecutórias, ou pessoais para cobrança de dívida; as quotas de herança em autos de inventário e partilha e os fundos líquidos que possua o executado em sociedade comercial ou civil*".

CAPÍTULO 03 • FASE INSTRUTÓRIA DO PROCEDIMENTO PARA PAGAMENTO DE QUANTIA **345**

O fato de o executado "B" ser um devedor em relação ao exequente "A", isso não significa que ele não possa ser credor de diversos outros devedores com os quais tenha vínculo obrigacional. Assim possuindo o executado créditos junto a terceiros, certamente que tais créditos integram o seu patrimônio e como tal respondem também pelas suas dívidas. E não se deve reduzir os créditos apenas aquelas hipóteses tradicionais em que ele é representado por um *título de crédito* como cheque, nota promissória, duplicata etc. É preciso expandir o espectro de visão e admitir créditos que nem sequer tenham sido instrumentalizados em documentos e até mesmo para aqueles que são objeto de ação judicial onde se pleiteia o seu reconhecimento (ação cognitiva).

Na execução promovida por "A" contra "B" poderá ser penhorado o crédito que este possui junto a "C" (terceiro). O crédito a ser penhorado pode estar documentado ou não, ser um título executivo judicial ou extrajudicial, pode estar sendo pleiteado em juízo o seu reconhecimento, pode ser um título de crédito ou não, pode estar sendo cobrado em juízo ou não, pode ser quirografário ou pignoratício, pode estar vencido ou a vencer etc.

O artigo 789 diz que o devedor responde com todos os seus bens presentes e futuros para o cumprimento de suas obrigações, salvo as restrições estabelecidas em lei. O *crédito* que ele possui não é "bem futuro", mas sim bem atual, concreto, e, futuro será, eventualmente o dinheiro resultante deste crédito caso o terceiro efetue o pagamento que deve em juízo. A penhora de crédito é, com o perdão da repetição, do "crédito" e não do bem jurídico que a ele corresponda na relação jurídica entre executado e seu devedor, inclusive porque é perfeitamente possível que o exequente *adjudique* para si o crédito como forma de satisfação do direito exequendo evitando a transformação do crédito na futura quantia que a ele corresponda que poderia ser depositada pelo terceiro que deve ao executado.

Assim, pode o exequente requerer sejam penhorados créditos que o executado possua junto a terceiros (devedor do executado), mas nestas hipóteses é preciso que saiba que existem certas peculiaridades previstas nos arts. 855 a 860 que precisam ser atendidas e cumpridas para não haver desagradáveis surpresas no itinerário executivo para recebimento de quantia.

Assim, por exemplo, é preciso saber qual a natureza da obrigação e o respectivo objeto do crédito que o executado possui com terceiros; saber se o crédito está reconhecido em algum título de crédito ou se ainda depende de reconhecimento judicial etc. A depender de cada uma destas respostas será preciso seguir as regras previstas nos dispositivos da Subseção VI.

### 1.11.3.3 *A importância na identificação da natureza do crédito a ser penhorado*

O executado "B", que deve dinheiro ao exequente "A", pode ser credor de um terceiro "C", e, justamente este direito de crédito pode ser objeto de penhora da execução movida por A contra B.

Por sua vez, é importante que se saiba qual a natureza da relação jurídica obrigacional que será objeto da penhora, pois, tratando-se de vínculo que envolva uma obrigação de pagar quantia, esta será muito mais simples do que se a prestação for uma entrega de coisa.

Não esqueçamos que o exequente "A" pretende receber dinheiro do executado "B", e a penhora do crédito não se confunde com a penhora de dinheiro. Quando se pretende a penhora de um crédito pecuniário que o executado possua com um terceiro isso significa apenas que possui o direito de receber determinada quantia, mas quantia ainda não há, porque se houvesse seria penhora de dinheiro ainda que o dinheiro estivesse em *mão de terceiro*. A penhora de dinheiro do executado que está sob guarda de um terceiro é *penhora de dinheiro* (art. 835, I) e não *penhora de crédito* (art. 835, XIII).

A penhora de um *crédito pecuniário* tem a vantagem, inescondível para o exequente, de fazer com que a penhora do crédito se convole em penhora de dinheiro assim que o terceiro depositar a quantia que deve ao executado na conta do juízo da execução. Quando isso acontecer, a penhora do crédito simplesmente se convola, sem qualquer outra formalidade, em penhora de dinheiro tornando bem mais simples o itinerário executivo.

Por outro lado, se se tratar de crédito que envolva uma prestação de entregar ou restituir uma coisa, assim que o terceiro depositar em juízo a coisa devida a *penhora do crédito passará a ser a penhora da coisa depositada* que ainda precisará ser liquidada em uma expropriação liquidativa para só depois disso entregar o dinheiro ao exequente.

Por sua vez quando a penhora recair sobre um crédito que envolva uma prestação de fazer, situação ignorada pelo Código, mais complexo ainda será o caminho do exequente porque, dada as especificidades naturais que envolvem este tipo de vínculo (execução por transformação), só poderá ser penhorado o eventual crédito pecuniário da prévia e necessária conversão da obrigação específica em perdas e danos.

### 1.11.3.4 Hipóteses de penhora de crédito descritas no CPC

*A. A efetivação da penhora de crédito do art. 855 enquanto não acontecer a hipótese do artigo 856*

CPC de 2015

Art. 855. Quando recair em crédito do executado, enquanto não ocorrer a hipótese prevista no art. 856, considerar-se-á feita a penhora pela intimação:

I – Ao terceiro devedor para que não pague ao executado, seu credor;

II – Ao executado, credor do terceiro, para que não pratique ato de disposição do crédito.

CPC de 1973

CAPÍTULO 03 • FASE INSTRUTÓRIA DO PROCEDIMENTO PARA PAGAMENTO DE QUANTIA **347**

Art. 671. Quando a penhora recair em crédito do devedor, o oficial de justiça o penhorará. Enquanto não ocorrer a hipótese prevista no artigo seguinte, considerar-se-á feita a penhora pela intimação:

I – ao terceiro devedor para que não pague ao seu credor;

II – ao credor do terceiro para que não pratique ato de disposição do crédito.

CPC de 1939

Art. 937. Para que a penhora recaia em dinheiro existente em mão de terceiro, notificar-se-á este para que não pague ao executado.

§ 1º Se o terceiro confessar o débito, será havido como depositário para todos os efeitos legais.

§ 2º Se negar o débito, em conluio com o devedor, a quitação, que este lhe der, não poderá ser oposta a terceiros.

§ 3º O terceiro exonerar-se-á da obrigação depois de depositada a quantia devida.

O artigo 855 estabelece o regime jurídico da realização da penhora de crédito, *enquanto não tiver ocorrido a hipótese do artigo 856* como ele mesmo diz. Logo, parece claro que existe um regime jurídico para as penhoras dos créditos que se encaixam no que dispõe o artigo 855 e outro regime jurídico para aqueles que se subsumam à hipótese do artigo 856.

Adiantamos que a hipótese do artigo 855 trata de identificar como se dá a efetivação penhora de créditos em geral e o artigo 856 de como ela é realizada quando o crédito a ser penhorado está incorporado a um título de crédito.

A regra geral da penhora do crédito é que ela se efetiva quando os titulares da relação jurídica creditícia forem intimados da referida constrição do crédito. É a dupla intimação a que alude o art. 855 quando diz que *"considerar-se-á feita a penhora pela intimação: I – ao terceiro devedor para que não pague ao executado, seu credor; II – ao executado, credor do terceiro, para que não pratique ato de disposição do crédito".*

Uma intimação não depende da outra, ou seja, deferida a penhora do crédito, deve o magistrado determinar que ambas se realizem o mais depressa possível para evitar a dissipação do crédito a ser penhorado. Ademais, acaso uma intimação seja realizada antes da outra, isso significa que aquele que foi intimado deve cumprir a ordem nele emanada sob pena de responder por ato de má-fé processual.

A intimação do inciso primeiro do art. 855 é direcionada ao devedor do executado, que é *terceiro* em relação a execução de onde emanou a ordem de penhora, de forma se não reconhecer a legitimidade do referido ato constritivo poderá ofertar embargos de terceiro para livrar-se do esbulho judicial.

A intimação deste terceiro tem por finalidade obter dele um comportamento negativo, para que ele *não pague o que deve ao executado* porque este direito de crédito estará afetado à execução. Observe que a *intimação* não é para exortá-lo a *não pagar*, mas que se abstenha de pagar *ao executado*. Não poderia a penhora do crédito deferida num processo do qual o terceiro não faz parte interferir no seu direito potestativo de livrar-se da dívida mediante o pagamento do valor devido na data prevista. Isso não é afetado pela penhora, antes o contrário, pois não só pode, como deve pagar e obter a quitação para exonerar-se da dívida, mas deve fazê-lo ao juízo da execução. É o Estado-juiz, novo *possuidor* do crédito penhorado, que dará a quitação ao terceiro quando este pagar o que deve mediante depósito da quantia em conta vinculada à referida execução. É de se notar que a penhora se concretiza com a mera intimação, ou seja, a comunicação para proceder segundo o que determina os incisos do art. 855. Como este sujeito é *terceiro* em relação à execução parece-nos claro que por nunca ter integrado o feito deverá ser intimado pessoalmente, por carta ou oficial de justiça, já que dele não consta nenhum dado no processo.

Diversa é a intimação do executado, titular do crédito junto ao terceiro. O executado será intimado na pessoa do seu advogado para não praticar ato de disposição do crédito, ou seja, mantê-lo em seu patrimônio pois ele se sujeitará à expropriação judicial.

### B. O art. 856 – a penhora pela apreensão física do título de crédito e lege ferenda o edital de comunicação dos terceiros interessados

A regra geral da efetivação da penhora do crédito se dá pela simples intimação do *terceiro devedor* e do *executado credor* não havendo que se falar em *apreensão física do crédito* ainda que ele esteja documentado como vimos na hipótese acima. O objeto da penhora é o crédito, o direito subjacente, o objeto da relação jurídica material, esteja ela revelada ou não em algum documento. O documento em si é irrelevante, pois o que importa é a comunicação ao terceiro e ao executado de que o crédito está penhorado e afetado à execução.

Essa regra geral da dupla intimação não se aplica quando o crédito for representado por um *título de crédito* que, sabe-se, possui a característica da *incorporação do crédito à cártula* ou seja, dado que o documento que representa o crédito possui o predicado da *circularidade* e pode ser endossado para outros portadores é mister que o documento seja apreendido, esteja ou não este em poder do executado, para evitar a mudança de sua titularidade. Nestas hipóteses o *crédito* e o *documento* se amalgamam e a dupla intimação não resolveria o problema.

Por isso o artigo 856, *caput* diz que "*a penhora de crédito representado por letra de câmbio, nota promissória, duplicata, cheque ou outros títulos far-se-á pela apreensão do documento, esteja ou não este em poder do executado*" deixando claro que a penhora se efetiva apenas pela apreensão física do documento, prescindindo da dupla intimação prevista no artigo antecedente.

Nesta hipótese diz o artigo 856, § 1º que "*se o título não for apreendido, mas o terceiro confessar a dívida, será este tido como depositário da importância*". A regra acima dá a entender que o problema resultante da *não apreensão do título de crédito* estará resolvido se o *terceiro confessar a dívida*. Em relação ao exequente o problema aparentemente estará realmente resolvido, pois tudo indica que a confissão do terceiro leve a crer que irá depositar o valor devido em juízo. Mas, por outro lado, haverá um problema na praça onde circula o título de crédito pois alguém de boa-fé poderá ter adquirido a cártula e ser portador do crédito nela incorporado.

Nesta hipótese, de bom alvitre que se realize não apenas a dupla intimação mencionada no artigo antecedente para presumir a má-fé de qualquer atitude de disponibilização e circularização do título de crédito, como ainda cumprir o que determinava o artigo 939 quando dizia que "tratando-se de letra de câmbio, nota promissória ou outro título de crédito, considerar-se-á feita a penhora, mediante *notificação ao devedor para não pagar*, e aos *terceiros interessados, por edital com o prazo de quinze (15) dias, para ciência da penhora*".

Em nosso sentir é muito importante a medida de publicação do edital para atingir *terceiros interessados* pois quando estamos de um título de crédito que não seja apreendido (captação física pela penhora) corre-se o risco de que ele circule na sociedade ainda que o terceiro devedor e o executado tenham sido notificados de que tal crédito estaria penhorado

### C. Ainda o art. 856: o terceiro que confessa se torna "depositário da importância"

O § 1º do artigo 856 diz que o *terceiro que confessa a dívida será tido como "depositário da importância"*. O texto é completamente desconexo, totalmente sem sentido, afinal de contas *confessar a dívida* não transforma ninguém em depositário da importância. Ao confessar (reconhecer) que deve, o terceiro assume que o executado é seu credor e também põe sobre si a responsabilidade de pagar no juízo da execução, afinal de contas tal crédito do executado está penhorado. A rigor, o problema deste dispositivo é que o legislador de 2015 repetiu o texto do art. 672 de 1973 que por sua vez fez uma indevida mescla dos arts. 937 e 939 do CPC de 1939.

O art. 937 do CPC de 1939 dizia que:

Art. 937. Para que a penhora recaia em dinheiro existente em mão de terceiro, notificar-se-á este para que não pague ao executado.

§ 1º Se o terceiro confessar o débito, será havido como depositário para todos os efeitos legais.

§ 2º Se negar o débito, em conluio com o devedor, a quitação, que este lhe der, não poderá ser oposta a terceiros.

§ 3º O terceiro exonerar-se-á da obrigação depois de depositada a quantia devida.

Por sua vez o artigo 939 dizia que:

Art. 939. Tratando-se de letra de câmbio, nota promissória ou outro título de crédito, considerar-se-á feita a penhora, mediante notificação ao devedor para não pagar, e aos terceiros interessados, por edital com o prazo de quinze (15) dias, para ciência da penhora.

§ 1º O disposto neste artigo não excluirá a efetiva apreensão do título, se encontrado em poder do executado.

§ 2º A transferência do título, feita após o prazo do edital, considerar-se-á em fraude de execução.

§ 3º O devedor do título não se exonerará, da obrigação sem consignar judicialmente a importância da dívida.

Muito bem, o art. 856, repetindo o art. 672 de 1973, entendeu por bem unir a redação dos arts. 937 e 939 do CPC de 1939 sem se atentar para as peculiaridades que lá existiam.

O art. 937 do CPC de 1939 cujos parágrafos encontram-se repetidos no atual art. 856 tratava não apenas de crédito do executado junto a terceiro, mas também de *dinheiro em mão de terceiro*, daí porque fazia todo sentido a expressão "será tido como depositário da importância". Só que atualmente a penhora de "dinheiro em mão de terceiro" além de ser situação bastante improvável, se insere na hipótese do art. 835, I do CPC e não na "penhora de crédito".

### D. A exoneração do terceiro

Como dissemos anteriormente o direito de exonerar-se da obrigação pagando o que for devido no prazo avençado não foi esbulhado com a penhora do referido crédito. A penhora do crédito não retira do terceiro devedor o direito de exonerar-se da sua obrigação. Apenas determina que este direito seja exercido perante o juízo da execução de onde emanou a penhora, pois o executado (que é o seu credor), com a penhora efetivada, perde a gestão do crédito e não tem poderes para receber o que for pago. Eis que por isso o § 2º adverte ao terceiro que este só se exonerará da obrigação depositando em juízo a importância da dívida.

### E. Negação do débito pelo terceiro

Uma vez intimado para não pagar ao executado o terceiro pode não confessar o débito, ou seja, pode silenciar a respeito ou simplesmente refutar a própria existência do débito. Diz o § 3º que se o terceiro "*negar o débito em conluio com o executado, a quitação que este lhe der caracterizará fraude à execução*". Para a prova do conluio pode ser necessário, a requerimento do exequente, ou até mesmo de ofício já que se trata de fraude à execução, que o juiz determine o comparecimento, em audiência especialmente designada, do executado e do terceiro, a fim de lhes tomar os depoimentos.

É perfeitamente possível que o terceiro não reconheça o débito e também não esteja em conluio com o executado, caso em que poderá valer-se de embargos de terceiro para livrar-se da constrição judicial (penhora) referente a um suposto débito que afirmou-se possuir junto ao executado.[89]

---

89. Recurso Especial 1834169 – PR (STJ – REsp: 1834169 PR 2019/0253400-5, Relator: Ministro Moura Ribeiro, Data de Publicação: DJ 02.02.2021).

CAPÍTULO 03 • FASE INSTRUTÓRIA DO PROCEDIMENTO PARA PAGAMENTO DE QUANTIA

Se o terceiro, devedor do processo B, tendo sido intimado da penhora oriunda do processo A, assim mesmo pagar diretamente ao seu credor (do processo B), esse pagamento não tem eficácia perante o exequente do processo A em favor de quem foi feita a penhora. Acertadamente disse o STJ que "segundo o art. 312 do Código Civil, se o devedor pagar ao credor, apesar de intimado da penhora feita sobre o crédito, o pagamento não valerá contra o terceiro, que poderá constranger o devedor a pagar de novo 2. Cabível o prosseguimento na execução pelo terceiro, que ficou legalmente sub-rogado nos direitos do credor/executado, até a concorrência de seu crédito (CPC, arts. 778, § 1º, IV, 857)".[90]

### F. Penhora efetivada no "rosto dos autos"

Nas hipóteses em que o crédito esteja sendo pleiteado em juízo, seja em demanda cognitiva ou executiva, inclusive na justiça arbitral,[91] a penhora se efetiva mediante a averbação destacada no "rosto dos autos" a fim de que esta seja efetivada nos bens que forem adjudicados ou que vierem a caber ao executado. Embora silente o Código, parece-nos que mesmo havendo o registro da penhora nos autos é importante que se dê a dupla intimação: do terceiro para não pagar ao credor-executado; e do executado para não praticar ato de disposição do seu crédito. Em tese a *averbação* da penhora nos autos físicos ou eletrônicos traria ciência inequívoca de conhecimento, mesmo assim, *ad cautelam*, entendemos que deva ser feita a dupla intimação para evitar questionamentos futuros.

Assim, pela letra da lei, a penhora do crédito pleiteado em juízo pelo executado contra um terceiro necessita de que seja feita a averbação nos autos físicos ou no registro eletrônico se o processo for eletrônico, de forma que assim que houver a satisfação do direito em favor do executado (entrega do dinheiro ou adjudicação do bem penhorado ou fruto de acordo etc.), o produto desta "satisfação", de qualquer forma que ela se der, fica penhorado e afetado à execução movida contra o executado.

Sendo mais explícito, "A" move execução contra "B", que, por sua vez move uma execução contra "C". Então "A" pede a penhora do crédito que "B" tem contra "C". Essa penhora se efetiva mediante um registro nos autos físicos ou eletrônico de tal forma que assim que B receber o que pede contra C (dinheiro ou bem adjudicado) a penhora do crédito se convola em penhora do próprio direito recebido por B, ou seja, este nem terá acesso ao bem que serviu para satisfazer sua pretensão pois já estará afetado ao processo que "A" move contra "B".

O texto do dispositivo (art. 860) é claro ao falar em *"quando o direito estiver sendo pleiteado em juízo, a penhora que recair sobre ele será averbada, com destaque,*

---

90. (AgInt no AREsp n. 2.338.252/SP, relatora Ministra Maria Isabel Gallotti, Quarta Turma, julgado em 27.05.2024, DJe de 04.06.2024).
91. Recurso Especial 1.678.224-SP.

*nos autos*" e mais em seguida fala que "*a fim de que esta seja efetivada nos bens que forem adjudicados ou que vierem a caber ao executado*". É muito claro que primeiro há a penhora do crédito que se postula em juízo e em seguida a convolação desta penhora sobre o produto da satisfação deste crédito em juízo.

G. Penhora no "rosto dos autos" e prosseguimento da execução: adjudicação ou expropriação liquidativa?

Efetivada a penhora do crédito *no rosto dos autos* de demanda judicial movida pelo executado contra seu devedor então teremos duas demandas conectadas pela penhora do crédito.

Na primeira demanda ordena-se a realização da penhora sobre direito que o executado exercita na condição de credor em um outro processo. No primeiro processo é executado, no outro processo é credor. A ordem de penhora do primeiro recai sobre o direito que é cobrando no segundo processo.[92] Assim, tentando ser didático, tem-se uma demanda executiva, aqui chamada de "primeira demanda", movida por "A" contra "B" cuja penhora recaiu sobre um crédito judicialmente reclamado por "B" contra "C" em uma "segunda demanda".

Diante deste cenário tem-se que a penhora ocorrida na *primeira demanda* sobre um bem jurídico reclamado na *segunda demanda* (crédito judicial) pode levar as seguintes situações:

a) A segunda demanda evolui e a penhora do crédito determinada pela primeira demanda se convola em penhora dos bens que, na segunda demanda, forem adjudicados ou que vierem a caber ao executado (art. 860);

b) A primeira demanda evolui e o crédito penhorado será ou *adjudicado pelo exequente* ou *alienado (expropriação liquidativa)* em leilão público realizado na primeira demanda (art. 857).

É dessa segunda hipótese que trata o artigo 857 do CPC, ou seja, é possível que na execução que move contra "B", o exequente "A" ou opte por *adjudicar o crédito* ou então levá-lo *à alienação judicial* para que seja arrematado por um terceiro e o produto desta arrematação (dinheiro) servirá para satisfazer total ou parcialmente o seu crédito exequendo.

O Código fala em "sub-rogação nos direitos do executado", mas a rigor o que se tem aí é verdadeira *adjudicação* do bem penhorado (crédito) pelo exequente. Exige o Código que dita *adjudicação* só possa acontecer se o executado não tiver oferecido embargos ou se já tiverem sido rejeitados.

Dá a entender o CPC que a adjudicação é imediata, mas não é como deve ser pois não se pode impor ao exequente receber algo diverso do que ele pretende (dinheiro).

---

92. (AgInt nos EDcl no REsp n. 1.746.577/SP, relator Ministro Raul Araújo, Quarta Turma, julgado em 03.10.2022, DJe de 03.02.2023).

CAPÍTULO 03 • FASE INSTRUTÓRIA DO PROCEDIMENTO PARA PAGAMENTO DE QUANTIA **353**

Por isso deve ser lido *cum grano salis* a regra do § 1º que diz que o "exequente pode preferir, em vez da sub-rogação, a alienação judicial do direito penhorado", pois é exatamente o inverso que deve ser, ou seja, o exequente pode preferir a adjudicação ao invés da alienação do bem penhorado, o que, segundo o Código sua vontade deve ser manifestada no prazo de 10 (dez) dias contado da realização da penhora.

O problema do Código é que ele parte da premissa que a adjudicação do crédito seria mais benéfica do que a alienação do crédito em leilão público, e, isso fica evidente quando diz no parágrafo segundo que "a sub-rogação não impede o sub-rogado, se não receber o crédito do executado, de prosseguir na execução, nos mesmos autos, penhorando outros bens".

### H. O interesse jurídico do exequente na tutela do crédito penhorado

Não será difícil imaginar a hipótese de o Exequente "A" ter penhorado direito de crédito do executado "B" que esteja sendo objeto de demanda judicial contra "C". Feito o registro da penhora na ação de "B" contra "C "de que tal crédito está afetado à execução de "A" contra "B" é possível que este simplesmente passe a adotar um comportamento desidioso e desinteressado nesta demanda pois já sabe que o crédito que vier a receber será destinado parcial ou integralmente à demanda de onde emanou a penhora. É possível, inclusive, que adote este comportamento desidioso com a conivência (conluio) com o próprio devedor de seu crédito.

Para lidar com situações como esta é útil o artigo 857 pois se o exequente tiver adjudicado o crédito penhorado (sub-rogado nos direitos do executado) ele poderá atuar em juízo no processo substituindo a posição do executado, pois ele, exequente, passa a ser o credor do terceiro já que adjudicou para si o referido crédito. Por outro lado, ainda que não tenha adjudicado o crédito penhorado ainda assim terá interesse jurídico manifesto em fazer com que o executado receba em juízo o crédito penhorado culminando na hipótese do art. 860 do CPC. Assim, poderá ingressar e atuar no processo movido pelo executado contra o terceiro devedor sempre no sentido de proteger o referido crédito, pois ao protegê-lo estará reflexamente resguardando a utilidade da penhora emanada da execução que move contra o executado.[93]

### I. Penhora sobre dívidas de dinheiro a juros, de direito a rendas ou de prestações periódicas

O art. 858 determina que "quando a penhora recair sobre dívidas de dinheiro a juros, de direito a rendas ou de prestações periódicas, o exequente poderá levantar

---

93. A rigor, desde o momento em que a penhora no rosto dos autos oriunda do processo A é realizada no crédito reclamado no processo B deve ser reconhecido o interesse jurídico do exequente em ingressar no processo, pois o seu executado não fará esforço algum para receber o crédito que persegue no processo B, especialmente se este crédito do processo B for integralmente absorvido pelo débito do processo A.

os juros, os rendimentos ou as prestações à medida que forem sendo depositados, abatendo-se do crédito as importâncias recebidas, conforme as regras de imputação do pagamento".

A penhora na hipótese acima não destoa do que já foi dito anteriormente, pois ou será caso da *dupla intimação* a que alude o art. 855, I e II, ou será caso de apreensão física do título de crédito (art. 856), ou será hipótese de penhora de direito e ação no rosto dos autos (art. 860).

A diferença aí não é a forma de realização da penhora, mas da peculiaridade de que o crédito penhorado é daqueles que são pagos periodicamente de forma que o terceiro devedor do executado só se exonera da obrigação que possui mediante o deposito judicial periódico, ou seja, se aplica integralmente a regra do artigo 856, § 2º do CPC.

A referência que o dispositivo faz às regras de imputação do pagamento diz respeito, precisamente, aos artigos 354 e 355 do CCB que determinam que "havendo capital e juros, o pagamento imputar-se-á primeiro nos juros vencidos, e depois no capital, salvo estipulação em contrário, ou se o credor passar a quitação por conta do capital", e, ainda, de que a imputação do pagamento há de se reputar, em primeiro lugar "*nas dívidas líquidas e vencidas*", e, se todas "*líquidas e vencidas ao mesmo tempo, a imputação far-se-á na mais onerosa*".

### J. Penhora sobre direito a prestação ou a restituição de coisa determinada

O direito de crédito que o executado tenha junto a terceiro pode referir-se ao recebimento de uma coisa, ou seja, não se trata de dívida de dinheiro como nas outras hipóteses tratadas nesta subseção. Diz o art. 859 que "recaindo a penhora sobre direito a prestação ou a restituição de coisa determinada, o executado será intimado para, no vencimento, depositá-la, correndo sobre ela a execução".

Está claro o dispositivo que a penhora do crédito ao recebimento da coisa passa a recair sobre a própria coisa quando esta for entregue pelo terceiro ao executado. Também aqui não discrepa o momento da penhora como nos outros casos, ou seja, aplica-se a regra do artigo 855 da dupla intimação, ou a hipótese de penhora no rosto dos autos aludida no artigo 860, inclusive com a possibilidade de que venha ocorrer a situação do art. 857 (adjudicação do crédito penhorado ou alienação do crédito em leilão).

O que importa deixar claro que a penhora do artigo 859 é sobre o direito de crédito do executado junto a terceiro, e, este deve ser intimado nos termos do art. 855 para que deposite em juízo a coisa na data do vencimento da dívida, ou seja, não irá entregar a coisa ao seu credor (executado), mas sim depositá-la em juízo da execução de onde emanou a penhora.

CAPÍTULO 03 • FASE INSTRUTÓRIA DO PROCEDIMENTO PARA PAGAMENTO DE QUANTIA **355**

Uma vez depositada a coisa no juízo da execução é sobre ela que recairá a penhora, não mais então do direito de crédito, mas da coisa efetivamente "entregue" em juízo, liberando-se o terceiro da obrigação que tinha. Com a penhora sobre a coisa o exequente tanto poderá adjudicá-la quanto levá-la ao leilão para expropriação liquidativa e dali extrair a quantia para satisfação total ou parcial do direito exequendo.

### 1.11.4 Da penhora das quotas ou das ações de sociedades personificadas

#### 1.11.4.1 Introito

Não há dúvidas de que a propriedade que o devedor tem sobre cotas e ações em sociedades personificadas são dotadas de valor econômico e integra o seu acervo patrimonial, pois do contrário, não poderia falar em "apuração de haveres" nas hipóteses de dissolução parcial da sociedade em que ele, sócio ou cotista, dela se desvincula.[94]-[95]

Lembrando que o devedor responde com todos os seus bens presentes e futuros para o cumprimento de suas obrigações, salvo as restrições estabelecidas em lei, não há dúvidas que tais bens sujeitam-se a responsabilidade patrimonial. Seria um absurdo negar a possibilidade de que tal patrimônio não respondesse pelas dívidas do sujeito simplesmente para proteger a sociedade da entrada de estranhos numa eventual arrematação ou adjudicação.

Na medida em que podem ser *penhorados*, então, logicamente, admite-se que venham a ser *expropriados judicialmente* e é aí que reside a *vexata quaestio* de saber "se" e "como" seria possível a um terceiro, alheio à sociedade, que tenha adjudicado ou arrematado as tais cotas e ações, passar a integrá-la em suposto "desrespeito" a *affectio societatis*.

Como veremos adiante, o Código teve a preocupação com este aspecto (princípio da preservação da empresa), mas ela não constitui óbice intransponível à responsabilidade patrimonial, ainda que o contrato social da sociedade expressamente vede a alienação das ações ou cotas, seguindo posição consolidada na jurisprudência brasileira.

---

94. Código Civil Brasileiro, Art. 1.031. Nos casos em que a sociedade se resolver em relação a um sócio, o valor da sua quota, considerada pelo montante efetivamente realizado, liquidar-se-á, salvo disposição contratual em contrário, com base na situação patrimonial da sociedade, à data da resolução, verificada em balanço especialmente levantado.

    § 1º O capital social sofrerá a correspondente redução, salvo se os demais sócios suprirem o valor da quota.

    § 2º A quota liquidada será paga em dinheiro, no prazo de noventa dias, a partir da liquidação, salvo acordo, ou estipulação contratual em contrário.

95. Código de Processo Civil, Art. 606. Em caso de omissão do contrato social, o juiz definirá, como critério de apuração de haveres, o valor patrimonial apurado em balanço de determinação, tomando-se por referência a data da resolução e avaliando-se bens e direitos do ativo, tangíveis e intangíveis, a preço de saída, além do passivo também a ser apurado de igual forma.

### 1.11.4.2 A sociedade de pessoas e a sociedade de capitais

Toda preocupação do CPC de 2015 sobre o "modo de ser" diferenciado da execução nas hipóteses do art.861 é voltada à preservação desses vínculos *personificados* (*intuitu personae*) de confiança, afinidade, credibilidade etc. que levaram a criação da sociedade personificada (simples ou empresária).

Certamente que esta preocupação restringe-se às sociedades *personificadas* como se vê no título da subseção VII, pois naquelas onde o vínculo firmado é o capital (*intuitu pecuniae*) tais regras não se aplicam, como expressamente deixa claro o § 2º do art. 861.

Tratando-se de sociedade anônima de capital aberto tanto a avaliação (art. 871, II), quanto a alienação (art.881, § 2º) seguem disciplina específica e diversa da prevista no artigo 861.

### 1.11.4.3 O problema da avaliação

Outro aspecto que motiva o legislador a dar tratamento diferenciado à penhora de cotas e ações das sociedades personificadas está na maior complexidade da avaliação das cotas e ações quando comparadas com a sociedade de capital aberto. Nestas nem sequer há propriamente um momento de "avaliação" (art. 871, II) pois o preço dela é definido pela cotação em bolsa e nem sequer há que se falar em preço vil quando da aquisição em pregão feito na bolsa de valores (art. 881, § 2º). O preço justo é o preço do mercado quando da sua oferta na bolsa de valores.

Já nas sociedades personificadas a definição do valor das ações ou cotas é mais complexo e segue a disciplina prevista no *caput* do art. 861, I (prazo de 3 meses para que a sociedade apresente balanço especial).

### 1.11.4.4 Affectio societatis e direito de preferência

O vínculo pessoal que une os sócios e cotistas de uma sociedade personificada é que justifica a *preferência* na aquisição das cotas ou ações tanto pelos demais sócios ou cotistas quanto pela própria sociedade. Há uma natural preocupação do Código em fazer com que se preserve a sociedade evitando que seja liquidada ou que um estranho possa nela ingressar.

Exatamente por isso desde a petição/requerimento inicial deve o exequente – caso indique este bem a penhora neste momento inicial – cumpra o mister do artigo 799, VII do CPC que diz:

> Art. 799, VII – requerer a intimação da sociedade, no caso de penhora de quota social ou de ação de sociedade anônima fechada, para o fim previsto no art. 876, § 7º.

O art. 876, § 7º trata da adjudicação preferencial das cotas/ações penhoradas justamente com intuito de manter a sociedade com as pessoas que naturalmente a integram.

CAPÍTULO 03 • FASE INSTRUTÓRIA DO PROCEDIMENTO PARA PAGAMENTO DE QUANTIA | **357**

§ 7º No caso de penhora de quota social ou de ação de sociedade anônima fechada realizada em favor de exequente alheio à sociedade, esta será intimada, ficando responsável por informar aos sócios a ocorrência da penhora, assegurando-se a estes a preferência.

O exercício do direito de preferência deve ser efetuado por meio da *adjudicação* preferencial das cotas ou ações pelo valor da avaliação por expressa dicção do *caput* do art. 876. Isso vem corroborado pelo artigo 861, § 5º quando diz que:

Art. 861, § 5º. Caso não haja interesse dos demais sócios no exercício de direito de preferência, não ocorra a aquisição das quotas ou das ações pela sociedade e a liquidação do inciso III do *caput* seja excessivamente onerosa para a sociedade, o juiz poderá determinar o leilão judicial das quotas ou das ações.

É nítido no texto acima que só depois de não exercida a adjudicação preferencial, e, se a liquidação for demasiadamente onerosa para a sociedade, aí sim o magistrado deverá prosseguir com o leilão judicial das quotas ou ações. E, nesta hipótese o Código não abre uma via preferencial para a arrematação, o que é de todo criticável, pois em caso de igualdade de ofertas na arrematação, e, desde que não seja o preço vil, deveria dar prioridade àqueles que teriam preferência para adjudicar, afinal de contas a adjudicação é sempre pelo valor pelo qual foi avaliado o bem e o preço pelo qual pode ser arrematado é o preço mínimo fixado pelo juiz ou, quando não tiver fixado, desde que não seja vil (art. 891, parágrafo único).[96]

### 1.11.4.5 O procedimento

#### A. A efetivação da penhora

Reconhecida a complexidade imposta pelo direito material ao itinerário executivo quando a jurisprudência se firmou no sentido de que "*a penhora sobre as quotas da sociedade deve ser realizada somente após esgotados os meios para localização de outros bens do devedor*", inclusive devendo ser verificada no caso concreto, previamente, a própria possibilidade de penhora "*dos lucros referentes às quotas sociais*".[97]

Uma vez deferida a penhora das cotas/ações do executado este deve ser intimado (art. 841), assim como a sociedade (art. 861). Para evitar os dissabores de uma alienação fraudulenta e presunção absoluta de conhecimento por terceiros, cabe ao exequente providenciar a averbação da decisão que deferiu a penhora das cotas e ações.

---

96. "(...) II – Os efeitos da penhora incidente sobre as cotas sociais devem ser determinados em levando em consideração os princípios societários. Destarte, havendo restrição ao ingresso do credor como sócio, deve-se facultar à sociedade, na qualidade de terceira interessada, remir a execução, remir o bem ou concedê-la e aos demais sócios a preferência na aquisição das cotas, a tanto por tanto (CPC, arts. 1117, 1118 e 1119), assegurando-se ao credor, não ocorrendo solução satisfatória, o direito de requerer a dissolução total ou parcial da sociedade" (REsp n. 221.625/SP, relatora Ministra Nancy Andrighi, Terceira Turma, julgado em 07.12.2000, DJ de 07.05.2001, p. 138.

97. AgInt no AREsp 1295996/MA, Rel. Ministro Lázaro Guimarães (Desembargador convocado do TRF da 5ª Região), Quarta Turma, julgado em 18.09.2018, DJe 02.10.2018.

A intimação da sociedade tem a finalidade não apenas de permitir que se prepare para exercer – ela mesma ou os demais sócios/cotistas – o direito de preferência na adjudicação do bem penhorado.

Destina-se a intimação também para que, nos termos do art. 861, I – apresente balanço especial, na forma da lei; II – ofereça as quotas ou as ações aos demais sócios, observado o direito de preferência legal ou contratual; III – não havendo interesse dos sócios na aquisição das ações, proceda à liquidação das quotas ou das ações, depositando em juízo o valor apurado, em dinheiro. Os incisos I, II e III do art. 861 citado acima deve ser lido em consonância com o § 3º e 5º pois complementam a sua exegese.

É de se lembrar que a sociedade e os demais sócios ou cotistas são estranhos à execução promovida contra um deles. Em nosso sentir é justo e lógico que se lhe outorgue um direito de preferência, inclusive previsto no direito material, para evitar que um terceiro estranho adentre numa sociedade personificada.[98]

Contudo, na condição de *terceiro* em relação à execução de "A" contra "B" (cotista), a sociedade, intimada da penhora, terá que em prazo razoável, não superior a 3 (três) meses, apresentar um *balanço especial na forma da lei* (inciso I) sem descurar dos parâmetros previstos nos atos constitutivos da sociedade. É certo que este balanço especial tem um custo financeiro e soa-nos absurdo que a sociedade tenha que assumir este ônus. É o exequente que deveria custear a execução deste balanço especial ou ressarcir a sociedade tão logo seja apresentado em juízo.

Não há qualquer obstáculo ou dificuldade para a sociedade em *oferecer as quotas ou as ações aos demais sócios, observado o direito de preferência legal ou contratual*, como determina o inciso II, mas entendemos que o custo financeiro para cumprir o mister do inciso III também parece ser inadequado e impertinente à sociedade vista como terceiro em relação a referida execução. Diz o inciso III que não havendo interesse dos sócios na aquisição das ações, a sociedade deve proceder "*à liquidação das quotas ou das ações, depositando em juízo o valor apurado, em dinheiro*". Essa liquidação pode ser evitada pela sociedade, posto que "*poderá adquiri-las sem redução do capital social e com utilização de reservas, para manutenção em tesouraria*". Numa hipótese ou na outra deverá depositar em juízo o valor apurado em dinheiro, caso em que a penhora da ação ou da quota será convolada em penhora do dinheiro fruto desta liquidação.

Certamente que este procedimento liquidatório terá um custo que pode comprometer a estabilidade financeira da sociedade, e, por outro lado, a "saída" dada pelo

---

98. "2. No entanto, não se pode ignorar que o advento do artigo 1.026 do Código Civil relativizou a penhorabilidade das quotas sociais, que só deve ser efetuada acaso superadas as demais possibilidades conferidas pelo dispositivo mencionado, consagrando o princípio da conservação da empresa ao restringir a adoção de solução que possa provocar a dissolução da sociedade empresária e maior onerosidade da execução, visto que a liquidação parcial da sociedade empresária, por débito estranho à empresa, implica sua descapitalização, afetando os interesses dos demais sócios, empregados, fornecedores e credores. (...)" (REsp 1284988/RS, Rel. Ministro Luis Felipe Salomão, Quarta Turma, julgado em 19.03.2015, DJe 09.04.2015).

Código prevista no parágrafo terceiro pode ser extremamente invasiva da sociedade que, frise-se, não se confunde e nem se mistura com o cotista que deve ao exequente.

Relembramos que o § 3º do art. 861 determina que *"para os fins da liquidação de que trata o inciso III do caput, o juiz poderá, a requerimento do exequente ou da sociedade, nomear administrador, que deverá submeter à aprovação judicial a forma de liquidação"*. A nomeação de um administrador elimina o custo financeiro da sociedade, mas por outro lado à expõe a uma administração de um terceiro que deve ser limitada, exclusivamente, à função de liquidar as cotas do executado.

### B. Prazo razoável não superior a 3 meses

Há uma certa contradição no *caput* do art. 861 quando diz que *"o juiz assinará prazo razoável, não superior a 3 (três) meses"* para que a sociedade: I – apresente balanço especial, na forma da lei; II – ofereça as quotas ou as ações aos demais sócios, observado o direito de preferência legal ou contratual; III – não havendo interesse dos sócios na aquisição das ações, proceda à liquidação das quotas ou das ações, depositando em juízo o valor apurado, em dinheiro.

Como se observa a frase *"prazo razoável não superior a três meses"* não nos parece adequada, pois contém em si a impropriedade de que o prazo razoável para cumprir o mister previsto nos incisos só consiga ser feito em prazo superior a 3 meses.

A razoabilidade do prazo não deveria estar limitada ao prazo máximo de 3 meses, até porque há uma sequência lógica dos atos previstos nos incisos, ou seja, *primeiro* a sociedade deve preparar um balanço especial o que pode não ser uma tarefa fácil (ainda que não justifique o requerimento do § 3º), *segundo* deve intimar os sócios para que exerçam a preferência na aquisição o que deve ser feito dentro de tempo igualmente razoável para que tal aquisição possa acontecer, e *terceiro* que não havendo interessados, ela deve proceder a liquidação das quotas ou ações, caso, ela mesma, não pretenda adquiri-las sem redução do capital social e com utilização de reservas, para manutenção em tesouraria.

Não nos parece que a possibilidade de dilatação do prazo de 3 meses pelo juiz, que está prevista no § 4º deva se limitar às situações dos incisos I e II do referido parágrafo, a saber:

> § 4º O prazo previsto no *caput* poderá ser ampliado pelo juiz, se o pagamento das quotas ou das ações liquidadas:
>
> I – Superar o valor do saldo de lucros ou reservas, exceto a legal, e sem diminuição do capital social, ou por doação; ou
>
> II – Colocar em risco a estabilidade financeira da sociedade simples ou empresária.
>
> Não temos dúvida que não apenas nas hipóteses acima o prazo razoável pode passar do limite de 3 meses.

### C. A alienação em leilão público é a última saída

O parágrafo quinto do art. 861 diz que:

§ 5º Caso não haja interesse dos demais sócios no exercício de direito de preferência, não ocorra a aquisição das quotas ou das ações pela sociedade e a liquidação do inciso III do *caput* seja excessivamente onerosa para a sociedade, o juiz poderá determinar o leilão judicial das quotas ou das ações.

Resta muito clara a preocupação do legislador em evitar ao máximo, deixando como última saída, o leilão judicial das cotas ou das ações. A subsidiariedade do leilão é clara ao dizer "caso" (1) *não haja interesse dos demais sócios no exercício de direito de preferência*; (2) *não ocorra a aquisição das quotas ou das ações pela sociedade*; (3) *não ocorra a liquidação do inciso III do caput por ser excessivamente onerosa para a sociedade*, aí sim o juiz poderá determinar o leilão judicial das quotas ou das ações. E, mesmo nesta hipótese, como dissemos anteriormente, deveria haver a possibilidade de arrematação preferencial ou, lege ferenda, a solução ofertada pelo Código Civil Italiano (art. 2480) que muito se assemelha a uma remição do bem arrematado.

## 1.11.5 Da penhora de empresa, de outros estabelecimentos e de semoventes

### 1.11.5.1 A subsidiariedade desta penhora

Inicialmente cabe dizer que o artigo 865 revela-nos que "*a penhora de que trata esta Subseção somente será determinada se não houver outro meio eficaz para a efetivação do crédito*". O último dispositivo da subseção (art. 865) deveria principiar o tópico (art. 862).

As dificuldades inerentes à implementação da penhora e dos atos executivos subsequentes relativamente a este bem penhorado é que praticamente impõe a subsidiariedade desta penhora em relação as demais.[99] Todo cuidado tem o Código de evitar que a produtividade e o bom funcionamento da empresa, estabelecimentos e de semoventes – e terceiros que deles dependem – sejam prejudicados pela penhora, daí porque só faz sentido pensar neste *regime especial* quando verdadeiramente houver risco de que a *empresa* ou *estabelecimento ou semoventes* possam ter a sua produção, manutenção e bom funcionamento engessados ou prejudicados pela penhora. Este é o móvel do regime especial, ou seja, a especificidade das regras está

---

99. "(...) 3. Ademais, o entendimento do Tribunal de origem de que a penhora sobre estabelecimentos comerciais somente é possível em casos excepcionais, quando há comprovação do esgotamento de todas as diligências para localização de bens em nome da empresa, e quando há tentativa de penhora sobre o faturamento da empresa, está em conformidade com precedentes desta Corte Superior. O entendimento do Tribunal a quo de que a impenhorabilidade prevista na Lei nº 8.009/90 pode ter como destinatário pessoa jurídica caracterizada como pequena empresa com conotação familiar também está em conformidade com precedentes do STJ" (AgRg no AREsp 709.060/RS, Rel. Ministro Luis Felipe Salomão, Quarta Turma, julgado em 20.08.2015, DJe 28.08.2015).

CAPÍTULO 03 • FASE INSTRUTÓRIA DO PROCEDIMENTO PARA PAGAMENTO DE QUANTIA | **361**

diretamente relacionada com a necessidade de se preservar a *continuidade da produção, manutenção das atividades e serviços, cuidados e alimentação dos* semoventes etc. Não havendo risco de que tais aspectos sejam comprometidos, e, não havendo necessidade de um regime especial de administração/gestão então não há por que seguir este regime especial. A penhora da empresa, estabelecimentos e semoventes não se confunde com a penhora de sua renda, cujo regime jurídico está no art. 866.

Uma outra observação importante deve ser feita. O fato de o legislador ter estabelecido para esta modalidade de penhora o regime de *administração/depositário* mencionando ainda a necessidade de que este apresente um *plano de administração* (art. 862, caput), isso não quer dizer de forma alguma que *necessariamente* a expropriação se dará por meio de *apropriação de frutos e rendimentos*. Este modelo especial de penhora (administração do bem penhorado) é comumente utilizado para a expropriação de frutos e rendimentos (art. 825, III), mas não necessariamente se restringe a isso. É claro que deve, ao máximo possível, preservar a empresa e suas atividades para que terceiros não sejam prejudicados, mas se pela administração perceber-se que existem patrimônios que não se sujeitam a atividade fim da empresa ou que não atrapalhem o seu funcionamento caso sejam alienados, então deve ele, o administrador, apontar esta possibilidade para que seja considerada pelo exequente e pelo próprio juiz. Enfim, pode-se até mesmo concluir que todo o patrimônio deva ser alienado, de forma que tal *administração* permitirá descortinar todo o patrimônio, permitindo que outras penhoras sejam realizadas sobre bens específicos da empresa, como aliás, sugere o art. 863, § 2° ao tratar das empresas submetidas ao regime de concessão e permissão que veremos mais adiante.

Enfim, se nada houver a penhorar é que se deve lançar mão destes bens que compõem o patrimônio do devedor, dada a dificuldade operacional para administrá-los e complexa liquidez.

### 1.11.5.2 A complexidade do depósito (administração e gestão do bem penhorado)

Se em tópicos precedentes o instituto da penhora recebeu um tratamento especial em função das peculiaridades referentes à "apreensão" de bens incorpóreos como alguns créditos não incorporados em títulos, neste tópico a peculiaridade que transforma a penhora em "especial" não está na apreensão do bem, mas sim no seu depósito, já que as hipóteses contempladas nos arts. 862[100] e segs. exigirão do depositário cuidados especiais (alimentação de semoventes, manutenção da

---

100. Art. 862. Quando a penhora recair em estabelecimento comercial, industrial ou agrícola, bem como em semoventes, plantações ou edifícios em construção, o juiz nomeará administrador-depositário, determinando-lhe que apresente em 10 (dez) dias o plano de administração.

§ 1° Ouvidas as partes, o juiz decidirá.

§ 2° É lícito às partes ajustar a forma de administração e escolher o depositário, hipótese em que o juiz homologará por despacho a indicação.

atividade e produção do estabelecimento, continuidade da construção etc.), pois, além de guardar ou conservar a coisa, ele deverá ainda, literalmente, administrar o referido bem, o que implica em maiores responsabilidades, conhecimentos técnicos e custos, aspectos que devem ser sopesados pelo depositário/administrador antes de aceitar o encargo.[101]

Não por acaso, em hipóteses que o executado oferece semoventes à penhora é justa a recusa do exequente por considerar como excessivamente onerosa a manutenção/guarda/cuidados/administração dos referidos bens.[102] Daí porque não é incomum a penhora de semoventes, mantendo o depósito com o executado. No fundo, acaba sendo apenas uma penhora que indisponibiliza o bem, devendo o executado arcar com as despesas de manutenção do bem apreendido.[103]

---

§ 3º Em relação aos edifícios em construção sob regime de incorporação imobiliária, a penhora somente poderá recair sobre as unidades imobiliárias ainda não comercializadas pelo incorporador.

§ 4º Sendo necessário afastar o incorporador da administração da incorporação, será ela exercida pela comissão de representantes dos adquirentes ou, se se tratar de construção financiada, por empresa ou profissional indicado pela instituição fornecedora dos recursos para a obra, devendo ser ouvida, neste último caso, a comissão de representantes dos adquirentes.

101. "(...) 4. De fato, o Código Buzaid prevê situações em que o depositário, para além da guarda e conservação, assume as funções de administrador quando se trata de bens economicamente produtivos (CPC, arts. 677-678), isto é, o auxiliar da justiça também tem o múnus de gerir e fomentar o bem objeto de apreensão, fazendo jus a remuneração, bem como a indenização pelas despesas inerentes ao negócio – o credor adiantará, mas, ao final, as despesas recairão sobre o executado (CPC, art. 19) –, além do dever de prestar contas. (...) 6. Na hipótese, não há como afastar a responsabilidade do depositário pelos frutos civis decorrentes do depósito (gado) – matrizes e respectivas crias. 7. Não se pode olvidar que o depositário poderia ter recusado o encargo posto (Súm. 319/STJ), justamente demonstrando que não possuía condições práticas de realizar suas atribuições, ou ainda, poderia ter requerido a alienação antecipada dos bens depositados por manifesta vantagem ou por estarem sujeitos à deterioração/depreciação (CPC, art. 670) ou, ademais, por ser a guarda dos semoventes excessivamente dispendiosa (CPC, art. 1.113), sendo dever do depositário "comunicar ao juízo as hipóteses de perecimento ou impossibilidade de entrega do bem, em virtude de fortuito ou força maior" (HC 59.877/SP, Rel. Ministra Eliana Calmon, Segunda Turma, julgado em 19.09.2006, DJ 03.10.2006). 8. Recurso especial não conhecido. (REsp 1117644/MS, Rel. Ministro Luis Felipe Salomão, Quarta Turma, julgado em 16.09.2014, DJe 07.10.2014).

102. (...) II – A recusa de semoventes, oferecidos à penhora pela ora agravada, não foi desprovida de fundamentos. A exequente pautou a recusa à penhora oferecida pela devedora, por entender que haveria dificuldade em se conseguir um depositário para firmar compromisso de guarda dos bens.

III – Indicou a Fazenda à penhora bem imóvel de propriedade da devedora, em valor suficiente para cobrir o débito e em posição prevalente com relação aos semoventes na ordem legal prevista no art. 11 da LEF.
IV – Possibilidade de recusa, por parte da Fazenda Pública, dos bens indicados à penhora pela devedora.
V – Agravo regimental improvido. (AgRg nos EDcl nos EDcl no AgRg no REsp 1038582/RS, Rel. Ministro Francisco Falcão, Primeira Turma, julgado em 18.11.2008, DJe 1º.12.2008).

103. "(...) 2. O propósito recursal consiste em definir (I) se a remuneração do depositário privado pode ser arbitrada pelo juiz ou se deve seguir a Tabela de Custas da Corte Estadual e (II) se as despesas com depositário podem ser pagas somente ao final do processo pelo executado. 3. O particular que aceita exercer o múnus público de depositário judicial tem direito à remuneração como contrapartida pela prestação de seus serviços e ao ressarcimento das despesas que precisou efetuar para a guarda e conservação dos bens, tal como o depositário público. 4. O Código de Processo Civil determina, em seu art. 160, que, por seu trabalho, o depositário ou o administrador perceberá remuneração que o juiz fixará levando em conta a situação dos bens, ao tempo do serviço e às dificuldades de sua execução. 5. Inexiste, portanto, obrigação legal de que a remuneração do depositário seja determinada com base na Tabela de Custas da Corte Estadual. 6. Incumbe às partes prover as despesas dos atos que realizarem ou requererem no processo, antecipando-lhes o pa-

CAPÍTULO 03 • FASE INSTRUTÓRIA DO PROCEDIMENTO PARA PAGAMENTO DE QUANTIA

Por isso, quando a penhora recair sobre estabelecimento comercial, industrial ou agrícola, bem como em semoventes, plantações ou edifício em construção, o juiz nomeará um depositário, determinando-lhe que apresente em 10 dias a forma de administração. O plano da administração deve ser submetido ao contraditório das partes, e só em seguida o juiz decidirá pela aceitação do projeto de administração. Entretanto, o dispositivo afirma que *"é licito, porém, às partes ajustarem a forma de administração, escolhendo o depositário; caso em que o juiz homologará por despacho a indicação"*. Eis aí um bom exemplo de *negócio jurídico processual* no procedimento executivo.

### 1.11.5.3 Penhora sobre edifícios em construção

Nos §§ 3º e 4º do artigo 860 constam as regras referentes a edifícios em construção, caso em que a penhora só poderá recair sobre as unidades não comercializadas, o que nos parece obvio, sob pena de atingir a esfera patrimonial de terceiros (estes que são protegidos pelo dispositivo), e de que sendo necessário afastar o incorporador da administração da incorporação, será ela exercida pela comissão de representantes dos adquirentes ou, se se tratar de construção financiada, por empresa ou profissional indicado pela instituição fornecedora dos recursos para a obra. O Código fala em "sendo necessário afastar o incorporador" porque há casos em que a relação dos terceiros consumidores com o incorporador já pode estar desgastada por desconfiança e descrédito o que pode ser comprovado muitas vezes com ações de prestações de contas e atas de assembleias que revelem a *necessidade* de que ele seja substituído. Sendo possível mantê-lo (executado como incorporador) deve-se privilegiar esta opção não apenas pelo conhecimento que já possui, mas também pela redução do custo para o próprio executado.

Neste último caso, a comissão de representantes dos adquirentes deve ser ouvida. Reforça o § 3º a regra do artigo 833, XII que considera impenhoráveis *"os créditos oriundos de alienação de unidades imobiliárias, sob regime de incorporação imobiliária, vinculados à execução da obra"*. Nem as unidades comercializadas, nem os créditos desta comercialização que se destinam à construção do prédio podem ser objeto de penhora e alienação.

### 1.11.5.4 Penhora de empresa concessionária ou permissionária de serviço público

Ainda nesta mesma seção VIII do CPC, no artigo 863 o Código trata da penhora de empresa concessionária ou permissionária de serviço público.

---

gamento, desde o início até a sentença final ou, na execução, até a plena satisfação do direito reconhecido no título. 7. Há uma responsabilidade provisória pelo pagamento das despesas processuais, porquanto o art. 82, § 2º, do CPC, é expresso ao determinar que a sentença condenará o vencido a pagar ao vencedor as despesas que antecipou. (...)". (REsp n. 2.026.289/PR, relatora Ministra Nancy Andrighi, Terceira Turma, julgado em 06.12.2022, DJe de 09.12.2022).

Em relação a este tema é preciso dizer que a penhora recai sobre direito patrimonial e disponível, e, na maior parte dos casos, funciona como ato executivo de uma execução singular. Por isso, o modo de se realizar a penhora previsto no art. 863[104] não pode estar em descompasso com o fato de que a dita concessionária ou permissionária prestam um serviço público, de forma que a penhora que sobre elas recai não poderá prejudicar a prestação do mesmo (supremacia do interesse público sobre o privado).

Assim, restringe o legislador a forma de satisfação do direito do exequente à técnica de *penhora e futura* apropriação *de frutos e rendimentos de coisa móvel e imóvel*, o que será feito mediante a nomeação de administrador depositário (normalmente um dos diretores da empresa)[105] que deverá apresentar ao juiz forma de administração e esquema de pagamento nos termos do que determina o artigo 863 do CPC. Não sendo possível proceder desta forma, e, recaindo a penhora sobre todo o patrimônio, prosseguirá a execução em seus ulteriores termos, ouvindo-se, antes da arrematação ou da adjudicação, o ente público que houver outorgado a concessão.

### 1.11.5.5 Penhora de navio ou aeronave

Ainda nesta seção VIII está prevista a penhora de navio ou aeronave, ou seja, nada obsta a que navios ou aeronaves sejam penhorados, até porque são bens de alto valor econômico. Todavia, é justamente do transporte de bens ou pessoas que os navios ou aeronaves auferem rendas, e, por mais incrível que possa parecer muitos destes se deterioram muito rapidamente se não forem utilizados com frequência. Daí, por causa destas peculiaridades que envolvem este tipo de meios de transporte (alto custo do bem, risco de dissipação pelo não uso, rentabilidade pelo uso), vem o art.864 informar que *"a penhora sobre o navio ou aeronave não obsta a que continue navegando ou operando até a sua alienação; mas o juiz, ao conceder a autorização para tanto, não permitirá que saiam do porto ou aeroporto antes que o executado faça o seguro usual contra riscos"*.

Na verdade, a manutenção da incolumidade física do bem penhorado mediante seguro contra riscos é prática comum e exigência corriqueira nesse meio, sendo quase didática a orientação do código. Ainda, atente-se para o fato de que existem

---

104. Art. 863. A penhora de empresa que funcione mediante concessão ou autorização far-se-á, conforme o valor do crédito, sobre a renda, sobre determinados bens ou sobre todo o patrimônio, e o juiz nomeará como depositário, de preferência, um de seus diretores.

§ 1º Quando a penhora recair sobre a renda ou sobre determinados bens, o administrador-depositário apresentará a forma de administração e o esquema de pagamento, observando-se, quanto ao mais, o disposto em relação ao regime de penhora de frutos e rendimentos de coisa móvel e imóvel.

§ 2º Recaindo a penhora sobre todo o patrimônio, prosseguirá a execução em seus ulteriores termos, ouvindo-se, antes da arrematação ou da adjudicação, o ente público que houver outorgado a concessão.

105. Nada impede também que as partes estabulem negócio processual que escolha no administrador nos termos do artigo 190 do CPC.

# CAPÍTULO 03 • FASE INSTRUTÓRIA DO PROCEDIMENTO PARA PAGAMENTO DE QUANTIA

regras específicas na legislação comercial que fazem várias exigências à penhora de navios e aeronaves.

## 1.11.6 Da penhora de percentual de faturamento de empresa

### 1.11.6.1 Subsidiariedade

A penhora de percentual de faturamento de empresa era o sétimo da ordem de preferência da penhora (art. 655, VII) do CPC de 1973. Contudo, era no artigo 655-A, que cuidava da penhora *online* de quantia, que o legislador reservara no seu parágrafo terceiro a regra de que *"na penhora de percentual do faturamento da empresa executada, será nomeado depositário, com a atribuição de submeter à aprovação judicial a forma de efetivação da constrição, bem como de prestar contas mensalmente, entregando ao exequente as quantias recebidas, a fim de serem imputadas no pagamento da dívida"*. Enfim, o legislador tratava esta modalidade como espécie de penhora de dinheiro quando na verdade tratava-se de situação extremamente mais complexa e que exigia muita cautela, fato que foi observado pelo CPC.

Há que se ter em mente que o faturamento de uma empresa está diretamente relacionado com a sua existência e o comprometimento destes valores podem significar o comprometimento da própria atividade empresarial, inclusive com reflexos para terceiros de forma direta que dela dependem (serviços, trabalho etc.). Por isso, com acerto o artigo 866 que coloca ser esta modalidade de penhora uma medida excepcional,[106] subsidiária às outras possibilidades de penhora, com intuito, justamente, de preservar ao máximo a atividade empresarial, evitando que ela possa ter a sua existência comprometida e afetando a vida de diversas pessoas que dela dependem.

A rigor a regra da ordem subsidiária do artigo 866 é firmada em prol do devedor, ao passo que a ordem preferencial do artigo 855 é em prol do credor. Como já dissemos, aqui no artigo 866 não se trata de subsidiariedade decorrente da ordem processual da penhora estabelecida em prol da efetividade do crédito, mas decorrente da incidência da responsabilidade patrimonial subsidiária deste bem do patrimônio do executado em relação a outros bens do mesmo patrimônio. A lei coloca, em prol do devedor, uma proteção ao faturamento da empresa, colocando-o em posição subsidiária de excussão patrimonial. Trata-se de exceção que deve ser exercida pelo executado demonstrando, inclusive se for o caso indicando outros bens penhoráveis do seu patrimônio, as razões pelas quais mostra-se incabível a penhora de percentual de faturamento da empresa. Essa ordem subsidiária só não será cumprida se o executado não tiver outros bens penhoráveis ou se, tendo-os,

---

106. (AgInt no AREsp n. 2.137.938/RJ, relator Ministro João Otávio de Noronha, Quarta Turma, julgado em 08.04.2024, DJe de 11.04.2024).

esses forem de difícil alienação ou insuficientes para saldar o crédito executado. Apenas nestas hipóteses é que o juiz poderá ordenar a penhora de percentual de faturamento de empresa.

É preciso ter este justo equilíbrio e prudência para compatibilizar a tutela do crédito pela sujeição patrimonial e efetivação da tutela executiva em prazo razoável e de outro lado a preservação da atividade e funcionamento da empresa. Para se conseguir ter equilíbrio nesta equação é, não raras vezes, necessário imiscuir-se em informações contábeis e administrativas sem as quais não se conseguirá identificar um percentual adequado. A depender do tamanho da empresa e complexidade de sua gestão pode ser necessária a nomeação de mais de um administrador para o mister designado pelo magistrado.

Certamente não se pode fingir e acreditar que o devedor forneça de forma transparente e sincera todas as informações precisas que permitam definir com equilíbrio o percentual da constrição, motivo pelo qual não será incomum a inversão do ônus da demonstração, para o executado, de que o percentual fixado pelo magistrado segundo as informações que possua mostre-se inadequado para o caso concreto. É, pois, do executado o dever de demonstrar que o percentual fixado é comprometedor das atividades da empresa.

### 1.11.6.2 Requisitos e procedimento

A penhora sobre o percentual de faturamento de empresa é perfeitamente possível dentro de lineamentos que devem basilar a referida constrição judicial, como já alertara há algum tempo o Superior Tribunal de Justiça.[107] Assim, é preciso que (a) inexistam outros bens passíveis de garantir a execução ou sejam os indicados de difícil alienação; b) seja nomeado administrador/depositário que deverá apresentar formas de administração e esquema de pagamento de modo que seja compatível com a atividade da empresa; c) que o percentual submetido à constrição não torne inviável o funcionamento da empresa.[108]

---

107. (AgInt no AREsp 1466151/RS, Rel. Ministro Marco Aurélio Bellizze, Terceira Turma, julgado em 24.08.2020, DJe 1º.09.2020); (REsp 1646363/MG, Rel. Ministro Herman Benjamin, Segunda Turma, julgado em 07.03.2017, DJe 27.04.2017).

108. Art. 866. Se o executado não tiver outros bens penhoráveis ou se, tendo-os, esses forem de difícil alienação ou insuficientes para saldar o crédito executado, o juiz poderá ordenar a penhora de percentual de faturamento de empresa.

§ 1º O juiz fixará percentual que propicie a satisfação do crédito exequendo em tempo razoável, mas que não torne inviável o exercício da atividade empresarial.

§ 2º O juiz nomeará administrador-depositário, o qual submeterá à aprovação judicial a forma de sua atuação e prestará contas mensalmente, entregando em juízo as quantias recebidas, com os respectivos balancetes mensais, a fim de serem imputadas no pagamento da dívida.

§ 3º Na penhora de percentual de faturamento de empresa, observar-se-á, no que couber, o disposto quanto ao regime de penhora de frutos e rendimentos de coisa móvel e imóvel.

CAPÍTULO 03 • FASE INSTRUTÓRIA DO PROCEDIMENTO PARA PAGAMENTO DE QUANTIA | **367**

Como se disse, apenas se o executado não tiver outros bens penhoráveis ou se, tendo-os, esses forem de difícil alienação ou insuficientes para saldar o crédito executado, o juiz poderá ordenar a penhora de percentual de faturamento de empresa.

A fixação do percentual deve levar em consideração a equação que o tempo todo governa a execução: satisfação do crédito exequendo em tempo razoável x não torne inviável o exercício da atividade empresarial (menor onerosidade possível).

Esse percentual pode ser fixado após a nomeação de administrador-depositário que poderá dar as diretrizes do percentual que atenda a equação acima, e, além disso submeterá à aprovação judicial a forma de sua atuação e prestará contas mensalmente, entregando em juízo as quantias recebidas, com os respectivos balancetes mensais, a fim de serem imputadas no pagamento da dívida seguindo a disciplina do art. 354 do CCB.

As quantias entregues em juízo são quantias "penhoradas" fruto da extensão lógica da penhora do faturamento. Determina o Código que se aplique subsidiariamente à penhora de percentual de faturamento da empresa, no que couber, o disposto quanto ao regime de penhora de frutos e rendimentos de coisa móvel e imóvel, mas na prática pouca coisa dali se aproveita, salvo as regras de administração do bem penhorado.

Portanto, é preciso ficar claro que por não possuir informações prévias sobre o quanto a empresa *fatura*, qual o seu fluxo de caixa em um determinado período, o normal é que o magistrado não tenha condições de fixar, desde logo, o *percentual* justo e adequado levando em consideração o binômio *efetividade da execução e menor gravosidade possível para o executado*. Observe, portanto, que muito embora a penhora sobre percentual de faturamento da empresa recaia sobre *valores* arrecadados das atividades prestadas pela empresa, isso só é feito depois que os créditos obtidos entram na contabilidade da empresa e deles sejam decotadas as despesas necessárias à sua sobrevivência e manutenção de seus serviços. Não é, portanto, uma *penhora direta da quantia* em conta da empresa, mas uma *penhora de valores* após a análise técnica, pelo administrador depositário, de quanto pode ser penhorado e, muitas vezes, apenas em determinada conta bancária.

Também não se confunde a penhora sobre percentual de faturamento da empresa com a penhora de crédito que a mesma tenha para receber junto a terceiro, que, inclusive, está prevista em outro dispositivo do Código (art.855 e ss.). Na penhora de crédito há uma penhora sobre um bem específico (o crédito a receber junto a terceiro), e, nenhuma necessidade de *administrador-depositário* existirá, bastando a intimação do terceiro para que pague diretamente em juízo o referido valor. Caberá, em determinadas hipóteses, a própria empresa alegar que tal valor é fundamental para sua sobrevivência e apresentar um plano que permita substituir a penhora do crédito pela penhora de percentual de seu faturamento.

## 1.11.7 Da penhora de frutos e rendimentos de coisa móvel ou imóvel

O artigo 675 do CPC de 1973 previa que "quando a penhora recair sobre dívidas de dinheiro a juros, de direito a rendas, ou de prestações periódicas, o credor poderá levantar os juros, os rendimentos ou as prestações à medida que forem sendo depositadas, abatendo-se do crédito as importâncias recebidas, conforme as regras da imputação em pagamento.

O atual CPC reservou os artigos 867-869 para tratar pormenorizadamente da penhora de frutos e rendimentos de coisa móvel ou imóvel, e, de uma só vez extinguir o usufruto de bem móvel e imóvel para admitir que a percepção paulatina de frutos e rendimentos seria feita de forma mais simples do que pela instituição de usufruto judicial (art. 825, III do CPC).

Conquanto a ideia seja a mesma, simplificou-se a nomenclatura e a disposição da matéria. Assim, não é coincidência a redação do art. 867 do CPC com o art. 716 do CPC de 1973, ou seja, esta alternativa expropriatória depende, primeiro, de que o bem admita frutos e rendimentos, e, em segundo lugar que seja penhorado e que esta hipótese se mostre viável sob a perspectiva do exequente e do executado.[109]

A operacionalização da *apropriação de frutos e rendimentos* depende é claro de o bem ser penhorado, e, como o pagamento será paulatino, então é preciso que exista um administrador/depositário pois as quantias serão pagas periodicamente e é preciso encontrar um método de trabalho e administração que separe o que será usado para pagar o exequente e o que servirá para a mantença do executado.

---

109. Art. 867. O juiz pode ordenar a penhora de frutos e rendimentos de coisa móvel ou imóvel quando a considerar mais eficiente para o recebimento do crédito e menos gravosa ao executado.

Art. 868. Ordenada a penhora de frutos e rendimentos, o juiz nomeará administrador-depositário, que será investido de todos os poderes que concernem à administração do bem e à fruição de seus frutos e utilidades, perdendo o executado o direito de gozo do bem, até que o exequente seja pago do principal, dos juros, das custas e dos honorários advocatícios.

§ 1º A medida terá eficácia em relação a terceiros a partir da publicação da decisão que a conceda ou de sua averbação no ofício imobiliário, em caso de imóveis.

§ 2º O exequente providenciará a averbação no ofício imobiliário mediante a apresentação de certidão de inteiro teor do ato, independentemente de mandado judicial.

Art. 869. O juiz poderá nomear administrador-depositário o exequente ou o executado, ouvida a parte contrária, e, não havendo acordo, nomeará profissional qualificado para o desempenho da função.

§ 1º O administrador submeterá à aprovação judicial a forma de administração e a de prestar contas periodicamente.

§ 2º Havendo discordância entre as partes ou entre essas e o administrador, o juiz decidirá a melhor forma de administração do bem.

§ 3º Se o imóvel estiver arrendado, o inquilino pagará o aluguel diretamente ao exequente, salvo se houver administrador.

§ 4º O exequente ou o administrador poderá celebrar locação do móvel ou do imóvel, ouvido o executado.

§ 5º As quantias recebidas pelo administrador serão entregues ao exequente, a fim de serem imputadas ao pagamento da dívida.

§ 6º O exequente dará ao executado, por termo nos autos, quitação das quantias recebidas.

CAPÍTULO 03 • FASE INSTRUTÓRIA DO PROCEDIMENTO PARA PAGAMENTO DE QUANTIA

Obviamente que o executado perde o gozo daquele bem e submete-se à administração feita pelo auxiliar do juízo (quando não recair sobre o exequente ou o executado), pelo menos até que seja inteiramente satisfeito o crédito exequendo.

À semelhança do antigo usufruto judicial de bem móvel e imóvel, também aqui recomenda-se que o exequente proceda a averbação da penhora de frutos e rendimentos no registro respectivo para que tenha eficácia contra terceiros e não seja o exequente surpreendido no curso de sua execução com algum direito de terceiro sobre a coisa.

Nada impede que o magistrado simplifique a situação e permita que nos casos de penhora do aluguel de imóvel, o inquilino pague diretamente ao exequente quando não houver administrador. E, seguindo o que já se previa para o usufruto, desde que tenha autorização judicial poderá o administrador ou o exequente alugar o imóvel com a autorização do executado, sempre que a situação assim o permitir. À medida que os frutos e rendimentos forem sendo pagos o exequente deve dar, nos autos, a quitação das referidas parcelas.

É preciso deixar claro que não é correta a orientação do artigo § 5º do artigo 869 quando diz que "as quantias recebidas pelo administrador serão entregues ao exequente, a fim de serem imputadas ao pagamento da dívida". Ora, as quantias não serão entregues ao exequente pelo administrador. Quem deve liberar os valores depositados em juízo é o magistrado, até porque é perfeitamente possível que seja instaurado concurso de credores/exequentes com preferência no recebimento dos valores nos termos do art. 908 do CPC. Apenas depois de levantado o dinheiro pelo exequente, e que este dará por termo nos autos, quitação da quantia paga, lembrando que apenas depois de pago o principal, os juros, as custas e os honorários, é que a importância que sobrar – e que estiver constrita sob gestão do juízo – será restituída ao executado.

## 1.12 Incidentes envolvendo a penhora

### 1.12.1 Introito

Sendo um ato de capital importância para a execução por quantia certa e consistindo no primeiro ato de execução forçada propriamente dito, em torno da penhora podem ocorrer incidentes que precisam ser superados para que o processo tome o curso escorreito.

Assim, embora isso seja possível, não é desejável, e nem típico, que o executado feche as portas da casa a fim de obstar a penhora dos bens, caso em que será necessário ao Estado impor-se mediante a solução preconizada no art. 846 e já explicada alhures. Também é perfeitamente possível que após adentrar a casa o oficial de justiça tenha dúvidas sobre a penhorabilidade dos itens que guarnecem a casa (art.

# EXECUÇÃO POR QUANTIA CERTA CONTRA DEVEDOR SOLVENTE • Marcelo Abelha Rodegues

836 e art. 833, II) e seja obrigado a fazer uma lista de bens, nomear um depositário provisório, entregar esta lista ao juiz para que se defina se e quais bens poderiam ser penhorados.

Casos mais comuns de incidentes envolvendo a penhora estão diretamente atrelados aos dois valores mais significativos da execução: efetividade do direito exequendo e menor gravosidade possível para o executado. Como são valores que protegem tanto o exequente quanto o executado, é possível que cada um destes sujeitos se sinta prejudicado em relação ao objeto da penhora, e, a partir disso impugne o ato executivo.

Nos arts. 847 ao 853 o CPC trata das *modificações da penhora*. Nesta Subseção IV, evidenciam-se hipóteses que tanto podem provocar a *substituição* completa do bem penhorado (modificação qualitativa), quanto o ajuste em relação ao valor (modificação quantitativa).

## 1.12.2 As hipóteses

### 1.12.2.1 Substituição do bem penhorado

A *substituição* do bem penhorado pressupõe que algum bem do patrimônio do executado já tenha sido penhorado e em tese a execução deveria prosseguir. Deve haver, portanto, razões concretas e significativas para que se peça – e se efetive – a substituição de um pelo outro. Mais que isso, todos os cuidados em se realizar a troca devem ser tomados, especialmente quando o pedido vem do executado, pois a penhora lhe aflige, e, infelizmente, pode pretender tal medida de substituição apenas para embaraçar ou dificultar a execução. Não por acaso o artigo 847, romanticamente, adverte ao executado que pretende pedir a substituição do bem penhorado que se abstenha de qualquer atitude que dificulte ou embarace a realização da penhora.

Assim, prosseguindo, pode-se dizer que há a provocação do *incidente de substituição do bem penhorado* pode se dar por razões típicas e atípicas.

### A) Razões típicas

As hipóteses de substituição do bem penhorado fulcrada em razões típicas estão descritas no art. 848 do CPC e tanto pode ser requerida pelo exequente quanto pelo executado. O CPC silencia quanto ao prazo para provocação do incidente, mas razões de ordem isonômica predeterminam que deve ser o mesmo prazo que se aplica ao art. 847, portanto de 10 (dez) dias contado da intimação da penhora.

Segundo o art. 848. As partes poderão requerer a substituição da penhora se: I – ela não obedecer à ordem legal; II – ela não incidir sobre os bens designados em lei, contrato ou ato judicial para o pagamento; III – havendo bens no foro da execução, outros tiverem sido penhorados; IV – havendo bens livres, ela tiver recaído sobre bens já penhorados ou objeto de gravame; V – ela incidir sobre bens de baixa liquidez; VI – fracassar a tentativa de alienação judicial do bem; ou VII – o executado não indicar o valor dos bens ou omitir qualquer das indicações previstas em lei.

As hipóteses descritas nos incisos I à IV sempre devem ser acompanhadas de argumentos plausíveis que justifique a substituição do bem penhorado, seja por solicitação do exequente ou do executado. Todas elas cuidam de alteração da ordem preferencial de penhora. O inciso I refere-se a ordem estabelecida no art. 835, enquanto as demais hipóteses previstas nos incisos II à IV também cuidam de ordem preferencial estabelecida pelo legislador, porém que estão fora do rol do art. 835. Assim, em qualquer caso de alteração da ordem, seja na hipótese do art. 835, seja nos demais casos esparsos do Código, é mister que o legitimado demonstre algo mais do que a simples quebra da ordem. É preciso que deixe claro e devidamente fundamentado que se a ordem preferencial tivesse sido seguida não teria nenhum prejuízo para a execução e seria menos gravoso para ele executado (binômio *maior efetividade da execução/menor gravosidade para o executado*). É claro que num primeiro momento tudo leva a crer que a penhora de bens livres e desembaraçados (v.g. sobre os quais não penda uma penhora anterior) ou que evitem a execução por carta sejam preferenciais do que o que eventualmente tenha sido penhorado por já ter um gravame anterior, ou por situar em comarca diversa, mas só as circunstâncias do caso concreto podem ratificar a ordem preferencial do legislador.

Já a hipótese do inciso V – a penhora recair sobre bens de baixa liquidez – é uma hipótese que justifica, inclusive, um pedido de substituição que acabe por inverter ordem legal preferencial da penhora, caso esta tenha sido atendida. Se o caso concreto revelar que o bem penhorado apresente baixa liquidez, isso pode justificar a substituição da penhora. Sabemos que a ordem legislativa foi pensada justamente para permitir uma expropriação liquidatória mais fácil, mas o legislador não tem uma bola de cristal para antecipar que todos os casos concretos se encaixariam nas razões que justificaram a ordem preestabelecida. Desta forma, se o bem penhorado, ainda que na ordem legal, tiver baixa liquidez, este deve ser também o fundamento para afastar a ordem preestabelecida.

A hipótese do inciso VI – fracassar a tentativa de alienação judicial do bem – é uma situação objetiva, pois o resultado infrutífero do leilão judicial é prova concreta e irrefutável de que aquele bem não prestou para o fim ao qual ele foi afetado. Nesta hipótese, uma de duas, ou o exequente (dificilmente esta hipótese será requerida pelo executado) pode pedir a substituição do bem penhorado, ou pode requerer uma nova avaliação do bem pois o fracasso pode ter sido resultado de erro neste ato.

Se o inciso anterior dificilmente o pedido de substituição será requerido pelo executado, o do inciso V só pode ser requerido pelo exequente (salvo se houver outros executados). Basta observar o texto, pois o fundamento do pedido é resultante de uma conduta praticada pelo executado. Nas hipóteses em que o executado não indique o valor dos bens ou omita qualquer das indicações previstas em lei, tem o exequente a faculdade de desobstruir os embaraços à execução pedindo a substituição do bem penhorado. Caso seja reconhecida a conduta do executado, deve ser sancionado nas iras do art. 774, III do CPC.

### B) Razões atípicas

Como o legislador não conseguiria prever todas as hipóteses justificativas da *substituição do bem penhorado*, acabou por prever um dispositivo aberto, onde basta demonstrar, cumulativamente, que a substituição pretendida: *a)* será menos onerosa para o executado e; *b)* não trará prejuízo à execução. Trata-se de clara invocação de equilibrada combinação do art. 797 com o art. 805 do CPC.

Conquanto o dispositivo seja voltado para a provocação do *executado* porque a maior parte dos casos de "substituição da penhora" seja de seu interesse, não se pode negar a possibilidade de que o exequente possa pedir com base no art. 847 alegando o mesmo binômio da maior efetividade com a menor gravosidade, se o que pretende não se encontra embasado em nenhuma das razões típicas do art. 848.

De forma muito minudente o Código estabelece que nesta provocação fundada em razões atípicas o executado deve, sob pena de indeferimento do seu pedido, I – comprovar as respectivas matrículas e os registros por certidão do correspondente ofício, quanto aos bens imóveis que deve constar a expressa anuência do cônjuge, salvo se o regime for o de separação absoluta de bens. ; II – descrever os bens móveis, com todas as suas propriedades e características, bem como o estado deles e o lugar onde se encontram; III – descrever os semoventes, com indicação de espécie, de número, de marca ou sinal e do local onde se encontram; IV – identificar os créditos, indicando quem seja o devedor, qual a origem da dívida, o título que a representa e a data do vencimento; e V – atribuir, em qualquer caso, valor aos bens indicados à penhora, além de especificar os ônus e os encargos a que estejam sujeitos.

Atípica também é a modificação convencional do bem penhorado, ou seja, quando exequente e executado, entabulando negócio jurídico processual (art. 190 do CPC) decidem conjuntamente pela substituição que independe de qualquer justificativa para a manifestação de vontade.

### C) O dinheiro como bem substituto e substituído

A substituição do bem penhorado pressupõe que um bem já esteja penhorado e que outro seja ofertado para ocupar o seu lugar. Já dissemos antes que essa "substituição" deve ser feita com máxima cautela porque já há um bem afetado e destinado à expropriação, e, a substituição precisa atender, claramente, ao binômio *efetividade e eficiência da execução/menor gravosidade possível*.

Seria verdadeiro exercício de futurologia tratar casuisticamente quais bens seriam melhores do que outros, pois são justamente as circunstâncias do caso con-

CAPÍTULO 03 • FASE INSTRUTÓRIA DO PROCEDIMENTO PARA PAGAMENTO DE QUANTIA **373**

creto que dão o tom de definição do problema da substituição do bem penhorado. Todavia, há duas situações que merecem alguma digressão.

A primeira é quando o bem que se oferta para substituir o bem que já está penhorado é dinheiro. Quando o bem substituto é dinheiro a situação parece ser mais simples não apenas porque dinheiro é o que se persegue na execução por quantia certa, mas porque com ele se evitará uma demorada e imprevisível expropriação liquidativa, tornando mais rápido e seguro o itinerário executivo.[110] Por isso, não há dúvidas que o pedido de substituição deve ser aceito de forma que o *"devedor pode, a qualquer tempo antes da arrematação ou da adjudicação, requerer a substituição do bem penhorado, exclusivamente por dinheiro"*.[111] Para o executado que oferta dinheiro em *substituição do bem penhorado* é preciso ter máxima cautela ao realizar a provocação para deixar evidente que não se trata de *remição da execução*, pois o pedido de substituição não leva a extinção da execução, mas a remição da execução sim. Aliás, não há motivos para impedir que a substituição do dinheiro seja promovida por um terceiro e não pelo devedor, ainda mais porque se admite a possibilidade de adjudicação (remição) do bem penhorado por terceiro na hipótese do art. 876, § 5º do CPC.

Uma situação peculiar – mas que não é de se desprezar – pode ocorrer quando o executado pretende a substituição ofertando parte do valor em dinheiro e parte em outro bem. Vale aqui tudo que se disse em relação a oferta da quantia, e, também todos os cuidados em relação aos demais bens como menciona o art. 847. É possível até mesmo que esta oferta de parte em quantia proporcione um pedido de redução da penhora caso o dinheiro seja aceito, mas seja recusado o bem ofertado em complemento.

Por outro lado, quando o bem penhorado já é dinheiro, a priori,[112] não nos parece que seja possível a substituição do bem penhorado,[113] pois o bem substituto

---

110. Antes prevista expressamente no art. 668 do CPC de 1973 (substituição do bem penhorado por dinheiro) o texto não foi repetido no atual Código *porque absolutamente desnecessário dada a sua obviedade.*

111. (AgRg no AREsp 477.223/RJ, Rel. Ministro Raul Araújo, Quarta Turma, julgado em 28.06.2016, DJe 03.08.2016).

112. A priori porque pode haver casos, como a penhora de dinheiro na execução de astreintes que segue o regime do artigo 537, § 3º do CPC onde mostra-se perfeitamente possível a substituição do bem penhorado (dinheiro) por fiança bancária. É que a execução provisória das astreintes é incompleta, pois depende do transito em julgado da sentença favorável beneficiada com as astreintes. Como existe esse limite jurídico para o levantamento da quantia penhorada na execução provisória das astreintes não há prejuízo algum a substituição do dinheiro pela fiança bancária ou seguro garantia ou outra medida que se mostrar adequada (menos onerosa, sem deixar de ser efetiva).

113. Apenas quando não houver prejuízo imediato para o executado (por exemplo a execução estiver suspensa em razão de efeito suspensivo conferido aos embargos ou ao cumprimento de sentença) é que se deve deferir a substituição do dinheiro penhorado por fiança bancária ou seguro garantia. Parece-nos equivocada a mudança de direção da 3ª Turma do STJ que passou a admitir a substituição do dinheiro penhorado por fiança bancária ou seguro garantia acrescidos de 30% em relação ao valor da execução sustentando que o CPC de 2015 teria equiparado os citados instrumentos de garantia a dinheiro para fins de substituição do bem penhorado. A afirmação é correta, porém o CPC trata desta possibilidade de substituição do bem penhorado por estes instrumentos de garantia *desde que não seja substituição do dinheiro*, mas sim em qual-

sempre será prejudicial para o exequente, ou seja o binômio *maior efetividade/menor gravosidade* não será atendido. Após a penhora do dinheiro entra-se diretamente na fase satisfativa e basta apenas e tão somente a autorização judicial de levantamento ou transferência para o exequente, respeitado o momento de concurso de credores exequentes. Por isso, qualquer outro bem que não seja dinheiro precisará passar por um procedimento de conversão, que o transforme em dinheiro. É um retrocesso na execução que não deve ser suportado pelo exequente.

Algum princípio de dúvida poderia surgir em relação a possibilidade de substituição do dinheiro por outro bem quando o bem substituto seja "fiança bancária" ou "seguro garantia judicial" pois, expressamente o parágrafo único do art. 848 diz que a "*penhora pode ser substituída por fiança bancária ou por seguro garantia judicial, em valor não inferior ao do débito constante da inicial, acrescido de trinta por cento*". E mais, diz o artigo 835, § 2º que "*para fins de substituição da penhora, equiparam-se a dinheiro a fiança bancária e o seguro garantia judicial, desde que em valor não inferior ao do débito constante da inicial, acrescido de trinta por cento*".

Os dispositivos deixam claro algumas premissas: a) fiança bancária e seguro garantia podem ser bens substitutos; b) nesta condição, como bens substitutos, equiparam-se a dinheiro se ofertados em valor não inferior ao do débito constante da inicial, acrescido de trinta por cento. Não há dúvidas que tanto um quanto outro podem ser ofertados, aliás, antes mesmo de ser penhorado algum outro bem, e são ótimas opções para substituir o bem penhorado. Se podem substituir, poderiam ser ofertados anteriormente.[114]

Entretanto, nada há nos dispositivos mencionados que regulam o tema que leve a interpretação, nem mesmo excepcional, de que podem substituir o próprio dinheiro se assim discordar o exequente, antes o contrário. Isso porque no parágrafo anterior, o § 1º do art. 835, diz expressamente que "*é prioritária a penhora em dinheiro, podendo o juiz, nas demais hipóteses, alterar a ordem prevista no caput de acordo com as circunstâncias do caso concreto*". Este dispositivo deixa claro que, na ordem de preferência do art. 833, o dinheiro é o único bem para o qual a ordem é *imperativa, obrigatória* e *inflexível*. E não pode ser alterada simplesmente porque o dinheiro é o que se persegue na execução para pagamento de quantia e qualquer alteração substitutiva que se faça será sempre prejudicial ao exequente. Seria como, *mutatis mutandis*, dizer que pode ser substituída a obrigação de fazer ou substituída a entrega da coisa. Se o bem perseguido na execução é dinheiro, e, penhorada está

---

quer outra hipótese do inciso II e ss. do CPC. A substituição do dinheiro penhorado pelos instrumentos de garantia + 30% do valor do débito só se justifica se a execução estiver suspensa ou obstada, caso em que não haverá prejuízo imediato ao exequente. Não estando nem suspensa e nem obstada a execução salta-se da penhora de dinheiro para entrega do valor ao exequente (art.904, I), motivo pelo qual torna-se descabida a referida substituição. Em sentido contrário ver (REsp n. 2.128.204/PR, relatora Ministra Nancy Andrighi, Terceira Turma, julgado em 14.05.2024, DJe de 17.05.2024).

114. (REsp 1838837/SP, Rel. Ministra Nancy Andrighi, Rel. p/ Acórdão Ministro Ricardo Villas Bôas Cueva, Terceira Turma, julgado em 12.05.2020, DJe 21.05.2020).

CAPÍTULO 03 • FASE INSTRUTÓRIA DO PROCEDIMENTO PARA PAGAMENTO DE QUANTIA **375**

a quantia, não tem nenhum sentido a sua substituição por qualquer outro bem se assim não concordar o exequente.

Ao exequente não será entregue a *fiança bancária* e nem mesmo o *seguro garantia* e tampouco os 30% a mais ali previsto. Terão que ser convertidas em dinheiro e o exequente não é obrigado a concordar com isso, pois a conjugação do binômio *maior efetividade/menor gravosidade*, nesta hipótese, não se preenche. Na execução o exequente não presta nenhum favor ao executado, tampouco envolve compaixão. Se não há vício da penhora de dinheiro e ela foi realizada, não é possível substituí-la por outro bem qualquer por maior que seja o prejuízo do executado. Aliás, está ele ali para sofrer a expropriação da quantia para ressarcir um prejuízo que já causou ao exequente ao inadimplir a obrigação.

Quando se diz que a fiança bancária e o seguro garantia se "equiparam a dinheiro" é obvio que a equiparação só existe para todos os demais casos de substituição do bem penhorado *que não seja dinheiro*, ou seja, o que quer dizer o dispositivo é que quando o bem ofertado em substituição é a fiança bancária e o seguro garantia na proporção de valor mencionada no Código tem o mesmo regime jurídico de quando o dinheiro é ofertado em substituição *exceto*, obviamente, quando o bem que já está penhorado é dinheiro por expressa dicção do artigo 833, § 1º.[115]

### 1.12.2.2 Incidente de redução ou reforço da penhora (modificação qualitativa)

Como já se disse anteriormente a "penhora deverá recair sobre tantos bens quantos bastem para o pagamento do principal atualizado, dos juros, das custas e dos honorários advocatícios" (art. 831). Ocorre que todas as vezes que o bem penhorado não é dinheiro, então será preciso levá-lo à leilão judicial para ser expropriado e com o valor obtido satisfazer o crédito exequendo. Logo, deve haver uma correlação lógica entre o valor do bem penhorado e o valor da execução sob pena de que se assim não for um de dois problemas pode acontecer: ou o valor do bem é inferior e será preciso fazer uma nova apreensão de bens do patrimônio do executado ou então o valor do bem será excessivo em relação a execução e o executado poderá ter suportado um gravame excessivo se tivesse outros bens que poderiam satisfazer o direito exequendo.

Uma das modificações da penhora se dá por razões quantitativas relativas à diferença, à maior ou à menor, do bem penhorado em relação ao valor da execução. A possibilidade de *redução* ou de *reforço da penhora* está ligado a um problema quantitativo envolvendo o valor do bem penhorado e o valor da execução.

---

115. O Superior Tribunal de Justiça parece indicar a possibilidade, excepcional, de substituição do dinheiro penhorado na hipótese do art. 833, § 2º. "(...) 1. A Primeira Seção desta Corte, ao apreciar os EREsp 1.077.039/ RJ (Rel. p/ acórdão Min. Herman Benjamin, DJe de 12.4.2011), pacificou entendimento no sentido de que, em se tratando de execução fiscal garantida por meio de depósito em dinheiro, a sua substituição por fiança bancária, em regra, sujeita-se à anuência da Fazenda Pública, admitindo-se, excepcionalmente, tal substituição quando comprovada a necessidade de aplicação no disposto no art. 620 do CPC (princípio da menor onerosidade), o que não restou demonstrado no caso concreto" (AREsp 1507971/SP, Rel. Ministro Herman Benjamin, Segunda Turma, julgado em 17.09.2019, DJe 11.10.2019).

Assim, uma vez avaliado o bem,[116]-[117] a requerimento do interessado e ouvida a parte contrária, poderá ser autorizado pelo juiz que se (1) reduza a penhora aos bens suficientes ou transferi-la para outros, se o valor dos bens penhorados for consideravelmente superior ao crédito do exequente e dos acessórios; (2) amplie ou transfira a penhora para outros bens mais valiosos, se o valor dos bens penhorados for inferior ao crédito do exequente.

Isso não quer dizer que necessariamente tenha havido um descompasso entre o bem afetado pela penhora e o valor da execução na data em que foi feita a apreensão e depósito do bem. Ocorre com alguma frequência que entre a data da realização da penhora e a alienação do bem em leilão tenha passado tanto tempo que seja necessário reavaliá-lo para saber se de fato o bem ainda vale o valor que lhe foi atribuído quando da realização da penhora seguida da avaliação. Atento a esta possibilidade o Código admite prescreve que será admitida a redução ou a ampliação da penhora, bem como sua transferência para outros bens, se, no curso do processo, o valor de mercado dos bens penhorados sofrer alteração significativa (art. 850).

Como se observou dos dispositivos processuais citados mais acima nem sempre a *modificação quantitativa* da penhora implica em alteração objetiva do bem penhorado, ou seja, uma substituição de um bem por outro que seja adequado ao valor da execução, pois nem sempre o patrimônio do executado dispõe de bem que atenda a esta expectativa. Portanto, na hipótese de *reforço* pode acontecer de se manter o bem penhorado e realizar mais uma penhora sobre outro bem que seria *complementar* aquela já realizada. Por outro lado, é perfeitamente possível que embora exista uma enorme distância entre um valioso bem penhorado e o pequeno valor da execução e mesmo assim a penhora continue sobre o referido bem por não ter o executado outro bem, na mesma ordem de liquidez, que pudesse substituir, a contento, o valioso bem penhorado.

### 1.12.2.3 A segunda penhora

Sob o rótulo de "segunda penhora" o Código estabelece um rol exemplificativo[118] no artigo 851 quando diz que "não se procede à segunda penhora, salvo se: I – a primeira for anulada; II – executados os bens, o produto da alienação não bastar

---

116. "(...) 2. Em regra, a "determinação judicial para ampliação ou reforço da penhora deve ser precedida da avaliação do bem antes levado a constrição, pois somente após tal providência é que poderá o juiz, com maior convicção, aferir a necessidade da medida." (REsp n. 843.246/PR, relator Ministro Luis Felipe Salomão, Quarta Turma, julgado em 02.06.2011, DJe de 27.06.2011) (...)". (AgInt no AREsp n. 2.325.076/MT, relatora Ministra Maria Isabel Gallotti, Quarta Turma, julgado em 1º.07.2024, DJe de 03.07.2024).

117. Admite-se em situações excepcionais a desnecessidade de realização de prévia avaliação do bem quando for notório, estreme de dúvidas, de que o valor do bem penhorado é inferior ao valor da execução. Isso não elimina o contraditório prévio das partes em relação ao reforço ou substituição do bem penhorado. A respeito ver (REsp n. 2.024.164/PR, relatora Ministra Nancy Andrighi, Terceira Turma, julgado em 09.05.2023, DJe de 11.05.2023).

118. (AgInt no AREsp n. 2.488.245/SP, relator Ministro Humberto Martins, Terceira Turma, julgado em 18.03.2024, DJe de 20.03.2024).

para o pagamento do exequente; III – o exequente desistir da primeira penhora, por serem litigiosos os bens ou por estarem submetidos a constrição judicial".

A primeira hipótese não é de "segunda penhora" porque, anulada a primeira, apenas uma terá sido válida. Também não se trata de "substituição" do bem penhorado, pois a nulidade pode ser para corrigir algum aspecto que não leve a desafetação do bem apreendido, como por exemplo algum vício no depósito do bem apreendido. A anulação da penhora também pode se dar de ofício, mas com respeito ao prévio contraditório, quando por exemplo se penhora um bem impenhorável (art. 833), caso em que necessariamente deverá acontecer uma substituição do bem porque o próprio objeto da penhora era imune à responsabilidade patrimonial. A priori não nos parece que o mero defeito de forma seja capaz de *anular* a penhora, pois é preciso que tenha ocorrido prejuízo para o interessado na sua anulação e que o vício, eventualmente existente, não puder ser corrigido. Tudo em prol do aproveitamento dos atos processuais (arts. 277 e 283 do CPC).

Por sua vez, as hipóteses dos incisos II e III diferem-se completamente do primeiro, pois em nenhum desses últimos há qualquer defeito no ato processual executivo. No inciso II diz que *"executados os bens, o produto da alienação não bastar para o pagamento do exequente"*, ou seja, para a realização da penhora complementar pouco importa a causa do insucesso, se foi falha na avaliação, se foi perecimento do bem ao longo do tempo, se foi em razão de concurso de credores etc. O texto legal é claro e objetivo: basta o produto da alienação ser insuficiente para que se justifique o pedido da penhora complementar. Esta hipótese corresponderia a uma espécie de *reforço de penhora* só que após a alienação insuficiente do bem.

Já o inciso III determina que poderá ser realizada a segunda penhora se "o exequente desistir da primeira penhora, por serem litigiosos os bens ou por estarem submetidos a constrição judicial".

A justificativa para o pedido é inexplicavelmente limitadora do pedido de segunda penhora, como se apenas nesta hipótese pudesse pedir a segunda penhora. Não é verdade que seja assim pois expressamente o art. 775, *caput* diz que "exequente tem o direito de desistir de toda a execução ou de apenas alguma medida executiva", submetendo-se obviamente aos ônus decorrentes dessa declaração unilateral de vontade. Portanto, pode o exequente simplesmente desistir da medida executiva sem qualquer motivo que justifique a desistência e se desistiu da primeira penhora, ou seja, não há mais constrição existente, nada impede que possa requerer uma nova penhora. Não é necessário que a desistência que motiva a segunda penhora seja uma destas hipóteses ali descritas no inciso III do art. 851, e, muito menos que o exequente tivesse ou não tivesse conhecimento das situações de "litigiosidade dos bens" ou de que "estariam constritos".

O que precisa ficar claro neste dispositivo é que não se pode realizar uma segunda penhora (substitutiva ou complementar) se o bem já penhorado atende legitimamente à expectativa de satisfazer ao valor exequendo. Não é possível, portanto, uma segunda penhora para "garantir" o resultado da primeira penhora pois afrontaria o art. 805 do CPC. Por outro lado, não se confunde a segunda penhora que é "a *segunda* no tempo e a *única* no plano jurídico".[119] Havendo um reforço da penhora, não fica desafetado o bem penhorado anteriormente; havendo uma penhora em substituição de outra, há a desafetação do primeiro bem, porque apenas o segundo passa a ficar "penhorado". O fato de estar desafetado da penhora não os torna imunes à responsabilidade patrimonial que só cessa quando o exequente recebe o que lhe for devido.

### 1.12.2.4 Contraditório

Uma observação óbvia, mas necessária, é que nenhuma modificação pode ser feita sem que se estabeleça o contraditório prévio. Segundo o artigo 853 do CPC "quando uma das partes requerer alguma das medidas previstas nesta Subseção, o juiz ouvirá sempre a outra, no prazo de 3 (três) dias, antes de decidir". Além disso, diz o § 4º do CPC que "o juiz intimará o exequente para manifestar-se sobre o requerimento de substituição do bem penhorado".

O prazo de 3 dias estabelecido no art. 853 não parece adequado ou isonômico ao prazo de 10 dias estabelecido no art. 847 para exercer a pretensão à modificação, daí porque recomenda-se que o contraditório possa ser exercido em igual prazo.

Interessante notar que se houver embargo de terceiro ajuizado contra o esbulho judicial corrido pela penhora, certamente que a substituição do bem penhorado trará reflexos – e possivelmente uma extinção pela "perda do objeto" – da ação proposta pelo terceiro, de forma que o *terceiro* deve ser ouvido no referido incidente de modificação da penhora. A verificação da causalidade – para fins de sucumbência nos embargos de terceiro que vier a ser extinto pela substituição do bem penhorado– não recairá necessariamente sobre aquele que *pediu a substituição a substituição do bem*, porque a causa dos embargos de terceiros opostos para afastar o esbulho judicial causado pela penhora não foi a substituição do bem, mas sim a sua indicação.

Por se tratar de *substituição* do bem penhorado por outro, portanto, uma modificação *qualitativa*, é preciso ter todo cuidado e prudência, pois o juízo já se encontra seguro e uma modificação pode causar prejuízo. Por isso é mister que o bem que ele apresente seja tão ou mais eficiente para mais facilmente obter a satisfação do direito exequendo e que lhe seja menos gravoso. Essa análise pode não ser tão simples e nem ser tão lépida como sugere o prazo de 3 dias para decidir de plano as questões apresentadas no incidente da penhora (art. 853, parágrafo único).

O Código chega ao ponto de dizer, como se tivesse advertindo os cuidados que o magistrado deve ter, que só poderá autorizar a substituição se o executado

---

119. PONTES DE MIRANDA, Francisco Cavalcanti. Op. cit., 284.

CAPÍTULO 03 • FASE INSTRUTÓRIA DO PROCEDIMENTO PARA PAGAMENTO DE QUANTIA | **379**

I – comprovar as respectivas matrículas e os registros por certidão do correspondente ofício, quanto aos bens imóveis; II – descrever os bens móveis, com todas as suas propriedades e características, bem como o estado deles e o lugar onde se encontram; III – descrever os semoventes, com indicação de espécie, de número, de marca ou sinal e do local onde se encontram; IV – identificar os créditos, indicando quem seja o devedor, qual a origem da dívida, o título que a representa e a data do vencimento; e V – atribuir, em qualquer caso, valor aos bens indicados à penhora, além de especificar os ônus e os encargos a que estejam sujeitos.

### 1.12.2.5 Alienação antecipada dos bens penhorados

O artigo 852 não trata de nenhum incidente sobre o bem penhorado. Está topograficamente mal localizado no Código. Trata de alienação (expropriação liquidativa) fora do momento normal ou típico que seria o do leilão público judicial . Não é comum a alienação antecipada dos bens penhorados, sendo ônus do exequente[120] demonstrar a presença dos requisitos descritos no artigo 852: I – se tratar de veículos automotores, de pedras e metais preciosos e de outros bens móveis sujeitos à depreciação ou à deterioração e II – houver manifesta vantagem. A manifesta vantagem não é apenas a demonstração de que se alienado antecipadamente ao momento normal haverá um melhor preço a ser alcançado (ex. ações em alta) como também evitar um prejuízo pela depreciação ou inutilidade do bem for alienado no momento normal do processo.

## 2. A AVALIAÇÃO

### 2.1 Conceito

O texto do atual artigo 870 é mais bem organizado que o artigo 680 do CPC/73, além do que traz condição nova para que se proceda a avaliação por um avaliador especializado que é, além da necessidade de conhecimentos especializados, que o valor da execução comporte a contratação de perito para proceder a avaliação especializada.

Avaliar é atribuir um valor a alguma coisa. "É estabelecer o valor, a valia ou o preço de" algo.[121] Para que tal ato aconteça é preciso que exista uma *pessoa* e um *bem* e uma *relação* entre ambos. Não por acaso a "avaliação" é uma palavra transitiva, e, a rigor, *avaliar* é um verbo bitransitivo.[122] Enfim, há um *sujeito* que avalie e um *objeto* que será avaliado e uma *relação* entre eles. Esses dois elementos, um subjetivo e outro

---

120. (AgRg no AREsp n. 345.266/MG, relatora Ministra Maria Isabel Gallotti, Quarta Turma, julgado em 19.08.2014, DJe de 04.09.2014).
121. Dicionário Houaiss Eletrônico.
122. Diz-se do verbo que exige objeto direto e indireto, na mesma frase.

objetivo são essenciais para o ato de avaliação. Cada um desses elementos guarda peculiaridades e o legislador processual estabelece regras pertinentes a cada um deles, ou seja, tanto para *quem* irá proceder a avaliação, quanto sobre *o que* será avaliado.

Destarte, como todo e qualquer ato processual a avaliação também tem uma *finalidade* e um *procedimento*, ou seja, destina-se a um fim e deve ser feito sob um rito procedimental próprio previsto pelo legislador.

Assim, em tópicos seguintes ocupa-se o legislador de fixar regras para *o sujeito que avalia*, o *bem a ser avaliado*, o *procedimento da avaliação*, e o *fim* a que se destina.

## 2.2 Avaliação no CPC

A *avaliação* é um termo que aparece em diversas oportunidades no Código de Processo Civil. Identifica-se o vocábulo pelo menos 59 nove vezes em que é utilizado nas mais diferentes situações do Código, podendo-se extrair que ora é usado com sentido de "apreciação ou conjectura sobre condições, extensão, intensidade, qualidade etc. de algo" como no caso do artigo 167, § 4º, ou ainda como elemento importante na identificação do valor da causa (art. 292, IV), mas também como uma das modalidades da prova pericial (art.464), ou ainda como elemento necessário para identificar o valor de um bem nos diversos procedimentos de cognição ou execução.

Aqui neste livro a avaliação será vista como ato processual instrumental da execução, cuja importância é cordial para a satisfação do direito exequendo. Como veremos adiante, o ato de avaliação no procedimento executivo tanto pode acontecer numa tutela executiva iniciada para pagamento de quantia (cumprimento de sentença ou processo de execução), como também numa execução (cumprimento de sentença ou processo de execução) para pagamento de quantia que tenha se iniciado para cumprir uma tutela específica (fazer e não fazer ou entrega de coisa), mas que, em razão da impossibilidade prática de sua realização, tenha se convertido em pagamento de perdas e danos (art. 809, § 1º).

Também é muito importante dizer que embora o legislador tenha reservado o artigo 870 e ss. contido no Livro II da Parte Especial do CPC para cuidar exclusivamente da *avaliação* como ato instrumental da execução, é fora de dúvidas que tais dispositivos se prestam tanto para o cumprimento de sentença (art. 523, § 3º), provisório ou definitivo, quanto para o processo de execução para pagamento de quantia. Recorde-se da simbiose entre o Livro I e Livro II da Parte Especial do CPC, tal como consta nos arts. 771 e 513, ambos do CPC.

## 2.3 A avaliação e a execução por quantia certa

A execução por quantia certa contra devedor solvente vem descrita nos artigos 824 a 909. Esses 65 artigos estão organizados de acordo com a sequência lógica e sucessiva dos atos executivos desta espécie de execução.

CAPÍTULO 03 • FASE INSTRUTÓRIA DO PROCEDIMENTO PARA PAGAMENTO DE QUANTIA **381**

Assim, os referidos dispositivos se abrigam em 5 grandes seções: a) das disposições gerais; b) da citação do devedor e do arresto; c) da penhora, do depósito e da avaliação; d) da expropriação dos bens; e) da satisfação do crédito.

Como se pode observar, por intermédio do nome de cada uma dessas subseções é possível fazer uma radiografia do itinerário executivo. Cada uma dessas seções, à exceção da primeira, contém um ou mais de um, ato processual essencial à execução por quantia certa contra devedor solvente.

Pela simples leitura dos títulos de cada uma dessas seções é fácil perceber que a seção III e a seção IV são aquelas que abrigam o maior número de dispositivos, simplesmente porque concentram a maior parte dos atos processuais. A seção III, por exemplo, contém nada mais nada menos do que 11 subseções destinadas as regras da penhora e suas especificidades e também à avaliação (à penhora coube as 10 primeiras subseções e à avaliação a subseção número 11).

Depois de penhorado e avaliado o bem objeto da expropriação, então segue-se à seção IV que trata da expropriação, nas suas diversas formas, e, em seguida a seção V que cuida da satisfação do direito exequendo. Como se observa, tudo numa sequência lógica e cronológica dos atos processuais.

A avaliação, portanto, constitui um dos atos *instrumentais* da execução por quantia certa contra devedor solvente, ou seja, não é um ato final porque não realiza a expropriação, porém é instrumental, essencial, para que a expropriação seja realizada.

Não é demais lembrar que tais dispositivos (assim como as regras da penhora e dos atos de expropriação) devem ser utilizados não apenas no processo de execução, mas também nos casos de cumprimento de sentença para pagamento de quantia (arts. 771 e 513).

### 2.4 Não se confunde a avaliação como ato executivo e como prova pericial

A avaliação como ato instrumental da execução civil tem por finalidade identificar o valor do bem objeto da execução. Não se trata de uma *prova pericial* para destinada ao convencimento do magistrado para saber se a razão se encontra com o autor ou com o réu em relação a *causae petendi* ou *excipiendi*.

Na tutela executiva a avaliação cumpre um papel específico, qual seja, identificar quanto vale o bem penhorado sobre qual pretende recair o ato de expropriação judicial.

Não tem, portanto, qualquer finalidade probatória em relação à lide posta em juízo, pois não é para isso que a avaliação serve, e, por isso mesmo é inaplicável as regras procedimentais da prova pericial para este ato da execução civil. Tanto isso é verdade que a *prova pericial* é realizada sempre por um experto com conhecimento técnico específico sobre o objeto a ser avaliado, submetido a um contraditório pleno dar partes que poderão ser acompanhados por assistentes técnicos.

Já no caso da execução, por tratar-se de *avaliação de um bem objeto da execução* ela é realizada, via de regra, pelo próprio oficial de justiça, e, excepcionalmente por um experto nomeado pelo magistrado quando o oficial de justiça não tiver condições técnicas de fazê-lo.

## 2.5 O avaliador

Por expressa dicção do Código, o *avaliador* é, geralmente, o oficial de justiça. O *caput* do artigo 870 é claro ao fazer esta afirmação, coadunando-se com o que já disse o CPC em outros dispositivos como o artigo 154, V; artigo 829, § 1º etc.

Entretanto, pode ser que o objeto da execução recaia sobre bem, cuja avaliação dependa de conhecimento técnico, como por exemplo, um quadro pintado por um pintor famoso, uma escultura etc., ou seja, bens que não são tão simples de serem avaliados como alguns bens móveis que cotidianamente estão em sítios eletrônicos específicos ou jornais de grande circulação. Apenas no caso concreto é que se terá a identificação se é necessário ou não o conhecimento especializado que justifique a nomeação de um experto para avaliar o bem penhorado.

Não é correto imaginar que por ser um veículo, por exemplo, que sempre será suficiente valer-se do *"preço médio de mercado possa ser conhecido por meio de pesquisas realizadas por órgãos oficiais ou de anúncios de venda divulgados em meios de comunicação"* (art. 871, III). Basta pensar num veículo antigo de um colecionador que podem exigir um conhecimento técnico que que uma simples pesquisa nos veículos de comunicação seja suficiente para resolver, caso em que será necessária a nomeação de um perito para este desiderato.

É também possível que a avaliação não seja feita por um auxiliar do juízo, seja ele o oficial de justiça (padrão) ou um perito nomeado especificamente para avaliar o bem penhorado. Há casos em que o legislador admite que a avaliação seja fruto da concordância da parte em relação a estimativa apresentada pela outra. Nesta hipótese não haverá um avaliador do juízo, mas haverá avaliação. Também é possível que a avaliação recaia sobre a *cotação do dia*, ou seja, o órgão oficial de publicação dos resultados da bolsa de valores informe qual o valor de negociação do mercado do título mobiliário que eventualmente tenha sido penhorado. Aqui também há avaliação, mas não é feita por pessoa auxiliar do juízo.

Assim, sempre que houver avaliação realizada por oficial de justiça ou por perito nomeado pelo juiz, a regra será de que este sujeito deve ser imparcial, isento de qualquer interesse na causa em favor de uma das partes, e, por isso mesmo ele se submete às mesmas regras de suspeição e impedimento, podendo ser arguida pela parte nos termos do artigo 148, II e ss. do CPC.

## CAPÍTULO 03 • FASE INSTRUTÓRIA DO PROCEDIMENTO PARA PAGAMENTO DE QUANTIA 383

### 2.6 Requisitos para a nomeação do avaliador especializado

Segundo o artigo 870 "se forem necessários conhecimentos especializados e o valor da execução o comportar" o juiz nomeará um perito avaliador para estimar o preço do bem penhorado.

O legislador estabelece dois requisitos para seja realizada a avaliação por um avaliador especializado, ou seja, pessoa diversa do oficial de justiça.

O primeiro requisito é diretamente relacionado com as características do bem penhorado que "exige", pelas suas peculiaridades, que a avaliação seja feita por um experto.

O segundo requisito é de ordem pragmática, pois não se procederá a avaliação se o seu custo não for suportável pelo próprio valor da execução. Não é demais lembrar o artigo 836 que assim diz: "Não se levará a efeito a penhora quando ficar evidente que o produto da execução dos bens encontrados será totalmente absorvido pelo pagamento das custas da execução".

Na verdade, o dispositivo contém uma imprecisão cronológica, mas que não impede a sua melhor aplicação. É que para se fazer um contraste entre o custo da execução e o custo da avaliação, e, assim chegar a uma conclusão de que aquele não comporta este é preciso que o avaliador especializado seja nomeado e que apresente um orçamento pelo seu serviço de avaliação do bem penhorado. Só então é que será possível saber se o custo da avaliação é compensatório ou não em relação ao valor da própria execução. Portanto, (1) *será nomeado o perito avaliador se o objeto exigir conhecimentos especializados* e (2) *depois de nomeado o perito avaliador a avaliação só será feita se o custo (orçamento) da avaliação for adequado ao valor da execução.*

Certamente que se o bem depender de conhecimento especializado, mas não for esta procedida porque o seu custo não compensa frente ao valor da própria execução então o referido bem não poderá ser expropriado, porque nenhum bem pode ser alienado se não lhe for definido um valor. Neste caso, então deverá ocorrer uma mudança qualitativa da penhora, devendo recair sobre outro bem do patrimônio do devedor.

### 2.7 Prazo para a entrega do laudo

É de 10 dias o prazo para que o experto nomeado pelo juiz entregue o laudo de avaliação. O prazo mínimo de 10 dias é flexível pois dependendo do bem é possível que a avaliação demore mais tempo do que o que foi fixado pelo magistrado. O legislador fixou um parâmetro a ser seguido pelo magistrado e como tal deve ser seguido. Excepcionalmente é que poderá ser aumentado e de forma fundamentada.

O nome *laudo* é adequado porque a avaliação nada mais é do que um ato de perícia realizado por um experto realizado pelo juiz. Não se confunde ato de perito com *prova pericial*, cujos conceito e fins são absolutamente diferentes do presente caso. Na execução há um bem penhorado que precisa ser avaliado para ser levado à expropriação liquidativa ou submetido à adjudicação. Não há nenhuma discussão sobre *fatos constitutivos ou extintivos*, sobre razões de autor e réu em relação ao objeto do litígio. A única discussão que poderá haver é sobre o valor da avaliação, se está correto ou incorreto, após ela ser apresentada e depois de intimadas as partes. Não é, portanto, *prova*, ainda que a atividade de avaliar seja uma modalidade de perícia, mormente quando realizada por um experto com conhecimentos específicos e especializados que lhe permitem avaliar o referido bem.

## 2.8    Avaliação e avaliador: desnecessidade de avaliação pelo oficial de justiça

### 2.8.1    Generalidades

O art. 870 é maior e melhor do que o artigo 684 do CPC/73. Primeiro porque amplia as hipóteses em que não será realizada a avaliação, além de melhorar sensivelmente do artigo correspondente do CPC anterior. No entanto, como será observado alhures, poderia o legislador ter usado de maior rigor técnico ao tratar da *desnecessidade da avaliação pelo oficial de* justiça, pois é disso que o dispositivo trata. Em todas as hipóteses há a necessidade de que o bem tenha uma avaliação, só que era não será realizada pelo oficial de justiça, que é a regra geral.

A avaliação na execução por expropriação (cumprimento de sentença e processo de execução para pagamento de quantia) é ato instrumental e necessário na cadeia de atos executivos que culminam com a satisfação do direito exequendo. Não se deve confundir a necessidade de se avaliar o bem penhorado, com a necessidade de se avaliar por oficial de justiça e, por fim, com a necessidade de se avaliar por perito com conhecimentos especializados.

Em apenas uma hipótese o bem penhorado não precisará ser avaliado que é justamente, por razões óbvias, quando o objeto da penhora recair sobre o dinheiro (art. 835, I e art. 854). Em todas as demais hipóteses haverá a necessidade de se avaliar o bem antes de se realizar os atos de expropriação.

As hipóteses listadas nos referidos incisos do artigo 871 tratam da desnecessidade da avaliação do bem penhorado pelo *oficial de justiça*, mas obviamente que em nenhuma delas está dispensada a *avaliação* do bem penhorado.

### 2.8.2    Estimativa da parte

O inciso primeiro do artigo 871 trata da hipótese de dispensa da avaliação pelo oficial de justiça quando "uma das partes aceitar a estimativa feita pela outra". Assim, por exemplo, tal como acontece na hipótese de *substituição do bem penhorado requerida pelo executado* no artigo 847, § 1º, V do CPC, é possível que o exequente, uma vez intimado para se manifestar sobre o pedido de substituição (art. 847, § 4º)

CAPÍTULO 03 • FASE INSTRUTÓRIA DO PROCEDIMENTO PARA PAGAMENTO DE QUANTIA | **385**

manifeste sua concordância (inclusive pela sua inércia) com a estimativa apresentada pelo executado.

Curiosamente, é de se observar que o inciso IV também trata de avaliação por estimativa da parte, só que independe da concordância do adversário, e, por isso o inciso primeiro (estimativa depende da aceitação da outra parte) é gênero do qual o inciso IV (estimativa independe da aceitação do adversário) é espécie.

Nesta hipótese, como em todas as outras dos referidos incisos, o bem penhorado terá um valor e poderá ser expropriado, embora a estimativa não tenha sido feita pelo auxiliar do juízo, mas sim pela aquiescência das partes.

Em boa hora o legislador previu no parágrafo único do artigo 871 que "*ocorrendo a hipótese do inciso I deste artigo, a avaliação poderá ser realizada quando houver fundada dúvida do juiz quanto ao real valor do bem*". Na verdade, o que quis dizer foi que a "*avaliação por auxiliar do juízo poderá ser realizada*", pois, na hipótese do inciso primeiro existe avaliação, só que ela é fruto da estimativa de uma parte com a aquiescência da outra.

Nada obstante a atecnia do dispositivo ele é importante porque permite ao magistrado evitar, de ofício, que a avaliação não traduza o real valor do bem, o que poderia comprometer a efetividade da própria execução. Assim, se o magistrado entender, mesmo que sem provocação, que a estimativa feita por uma parte e aceita pela outra não corresponde ao valor real do bem, então pode, e deve, determinar a sua avaliação pelo oficial de justiça, ou se for o caso, a nomeação de perito para este desiderato.

A questão referente ao que seja "valor real do bem" é bem interessante, pois a rigor o "valor real" de qualquer bem é ditado pelo mercado, ou, em outras palavras, é valor real de um bem é na verdade o valor que o mercado paga por ele. O que faz a avaliação do bem penhorado é estimar um valor que seja o mais próximo possível do valor real. Nesse diapasão, portanto, a regra do parágrafo único só poderá ser invocada pelo magistrado quando ele tiver dúvida ou insegurança se o valor atribuído ao bem por uma parte (e aceito pela outra) estiver realmente o mais próximo possível do valor que ele possui no mercado.

Assim, por exemplo, isso pode ser observado quando o magistrado perceba que o valor atribuído pelo exequente e aceito pelo executado (fato que por si só já é incomum) seja bem abaixo do valor de mercado e o exequente manifeste interesse na adjudicação do bem penhorado.

### 2.8.3    Cotação do bem penhorado por órgão oficial

Tratando-se de títulos ou de mercadorias que tenham cotação em bolsa, comprovada por certidão ou publicação no órgão oficial ou ainda de títulos da dívida pública, de ações de sociedades e de títulos de crédito negociáveis em bolsa, cujo valor será o da cotação oficial do dia, comprovada por certidão ou publicação no órgão oficial não se procederá a avaliação pelo oficial de justiça.

Como já se disse, nas hipóteses dos incisos II e III do artigo 871 há avaliação do bem penhorado, inclusive comprovado por órgão oficial, mas não será feito pelo oficial de justiça.

Os referidos incisos trazem uma peculiaridade não apenas em relação a forma de avaliação do bem penhorado, mas também no tocante ao momento em que isso se dá. A avaliação se dará no mesmo dia e momento em que for realizada a expropriação, justamente porque na bolsa de valores mobiliários de um dia para o outro, e até de uma hora para a outra há variações de preços e valores das ações e títulos que nela são negociáveis. Nestas hipóteses em que há uma volatilidade do valor do bem penhorado não será incomum a necessidade de se proceder o reforço de penhora, pois, pode acontecer de o bem penhorado passe a ter um valor inferior ao do crédito exequendo na data da sua expropriação. Mas também o inverso é possível, pois pode acontecer de o título "subir na bolsa de valores" na data da expropriação e assim o que exceder o crédito exequendo ser devolvido ao executado (art. 907).

### 2.8.4 Veículos automotores e outros bens cujo preço médio de mercado possa ser conhecido por meio de pesquisas realizadas por órgãos oficiais ou de anúncios de venda divulgados em meios de comunicação

Uma das virtudes do CPC é a simplificação e a desburocratização do processo e do procedimento. Eis aí um grande exemplo desta iniciativa salutar do legislador. Todos sabemos que em sites eletrônicos de venda de veículos (tabelas de seguradoras, tabelas de publicações e periódicos respeitados, sítios de concessionárias etc.) é possível de forma rápida e segura conhecer o valor de um veículo identificando um modelo, marca, ano, cilindrada etc. com uma precisão bem grande. Aliás o próprio mercado usa estas tabelas e anúncios e publicações como parâmetro e por isso mesmo é a melhor forma de se obter a avaliação do bem.

Fez bem o legislador em determinar que nestas hipóteses do inciso IV cabe a parte que indicar o bem penhorado proceder a juntada dos documentos comprobatórios e/ou informar os sítios visitados em suas respectivas datas pois o dispositivo deixa claro que será seu o referido encargo comprobatório.

Pode acontecer, entretanto, que entre a data da avaliação do bem e a sua expropriação (imagine-se por exemplo a hipótese de suspensão do processo pelo oferecimento de embargos do executado ao qual se atribua efeito suspensivo) passe tanto tempo que o valor de mercado do referido veículo (ou qualquer outro bem nas mesmas condições) tenha se alterado. Nestas hipóteses poderá ser procedida nova avaliação, o que deve ser feito da forma mais simples possível, evitando desperdício de tempo processual importante à satisfação do direito.

## CAPÍTULO 03 • FASE INSTRUTÓRIA DO PROCEDIMENTO PARA PAGAMENTO DE QUANTIA

## 2.9    Conteúdo e forma da avaliação

### 2.9.1    Generalidades

O atual art. 872 é bem mais bem redigido do que o revogado artigo 681 do CPC/73, sendo mais minudente e criterioso até mesmo com o uso do vernáculo. Do ponto de vista material o artigo 872 subdividiu o antigo parágrafo único em dois parágrafos, e, apenas o parágrafo segundo traz mudança substancial que não constava no texto do artigo 681 do CPC/73 como veremos alhures.

O legislador admite neste dispositivo e no anterior a existência de diversas formas de realização da avaliação do bem penhorado. A maneira mais simples é aquela que é obtida pela *cotação do dia publicada por órgão oficial* se se tratar de títulos da dívida pública, de ações de sociedades e de títulos de crédito negociáveis em bolsa. Em seguida, outra forma também bem simples e pouco burocrática é aquela que se dá pela *estimativa do valor do bem penhorado* feita por uma parte e aceita pela outra. A forma padrão prevista pelo Código é a avaliação realizada pelo oficial de justiça e a maneira mais atípica e complexa é aquela em que se faz necessária a nomeação de um perito para que este estregue um laudo informando o valor do bem penhorado.

### 2.9.2    A forma de realização da avaliação pelo oficial de justiça e pelo avaliador nomeado pelo juiz

A forma padrão da avaliação é que ela seja feita pelo oficial de justiça, tal como determina o artigo 870 do CPC. E, sempre que for realizada pelo oficial de justiça a avaliação deverá constar de vistoria e de laudo que serão anexados ao auto de penhora, podendo-se concluir que ambos os atos processuais (penhora e avaliação), serão realizados na mesma diligência, sendo um subsequente ao outro.

Há algum tempo o legislador processual uniu cronologicamente a penhora e a avaliação estabelecendo este encargo para o oficial de justiça. Neste sentido, o presente dispositivo está em consonância com o artigo 523, § 3º que trata do cumprimento de sentença para pagamento de quantia onde determina que num único mandado conste a ordem de penhora e avaliação. Igualmente o artigo 829, § 1º que cuida do processo de execução para pagamento de quantia onde no mesmo mandado deve constar além da própria citação do executado a ordem de penhora e avaliação.

É claro que haverá situações em que essa união de atos executivos instrumentais (penhora e avaliação) não será realizada no mesmo momento, tal como se dá nas hipóteses em que a nomeação é feita pelo executado, ou ainda sempre que for feita por termo nos autos junto ao escrivão. Igualmente, todas as vezes que se fizer necessária a realização da avaliação por um perito nomeado pelo juiz, então a avaliação será um ato isolado devendo o laudo do perito ser apresentado no prazo fixado pelo juiz.

### 2.9.3 O conteúdo da avaliação

A avaliação é um ato processual de fundamental importância para a execução, seja para o credor, seja para o devedor. Qualquer distorção do valor para maior ou para menor do que realmente valha o bem poderá causar um enorme prejuízo às partes e à própria tutela executiva. Exatamente por isso a avaliação deve ser feita com rigor e transparência de forma que deverá especificar os bens, com as suas características, o estado em que se encontram e o valor que possuem.

### 2.9.4 Imóvel que admitir cômoda divisão

A regra é a de que o imóvel será alienado na sua integralidade, pois normalmente isso é mais vantajoso para e eficiente para a satisfação do direito exequendo. Contudo, nas hipóteses em que o imóvel admite cômoda divisão oportuniza-se ao executado a possibilidade de que ele seja alienado em partes para assim tornar menos onerosa a expropriação judicial.

O regime jurídico da alienação do imóvel por partes resulta da combinação de dois dispositivos: o art. 872, §§ 1º e 2º e art. 894. A rigor, este último dispositivo deveria estar topograficamente localizado junto com o art. 872 pois o que nele contém são requisitos que devem ser observados pelo executado no momento da avaliação do bem e não da sua alienação.

Em primeiro lugar a alienação fracionada do bem deve ser objeto de requerimento específico do executado no momento da avaliação, pois as glebas destacadas devem ser incluídas no edital do leilão. No referido requerimento deve restar demonstrado que a alienação fracionada é suficiente para o pagamento do exequente e para a satisfação das despesas da execução, e, nesse caso, caberá ao executado instruir o requerimento com planta e memorial descritivo subscritos por profissional habilitado, onde fique evidenciada a sugestão dos possíveis desmembramentos para alienação. Uma vez realizada a avaliação e tendo sido apresentada a proposta de desmembramento, as partes serão ouvidas no prazo de 5 (cinco) dias.

Depois de realizada a avaliação do imóvel na sua integralidade não há mais possibilidade de o executado fazer o requerimento para a alienação do imóvel por partes, ainda que admita cômoda divisão, a não ser que o exequente consinta, pois bem se sabe que essa nova avaliação implicará em nova avaliação e comprometimento do tempo do processo que milita em desfavor do exequente.

Caso seja admitida a alienação por partes isso deve constar no edital do leilão e caso este seja negativo – sem lançador – far-se-á a alienação do imóvel em sua integridade, caso em que pode ser necessária a avaliação do imóvel na sua integralidade se isso já não tiver sido feito anteriormente.

## 2.10 Nova avaliação

### 2.10.1 Generalidades

O artigo 873 perdeu ótima oportunidade de melhorar o tratamento do tema da "nova avaliação". Isso porque assim como o artigo 683 do CPC/73 manteve a indesejável mistura de situações que justificam a "nova avaliação".

Pode-se ter nova avaliação tanto porque ela apresenta defeito subjetivo ou objetivo, ou quiçá, por defeito algum. E as diferentes hipóteses poderiam ter sido esclarecidas, porque estão submetidas aos regimes diferentes em relação ao princípio inquisitivo e dispositivo. Outrossim, deixou de colocar hipótese de nova avaliação descrita no artigo 878 do CPC, mantendo o erro do CPC anterior.

O Código admite que uma nova avaliação seja feita em substituição ou em complemento a anterior, dependendo da hipótese tratada. Da forma como está descrita no dispositivo a *nova avaliação* será admitida por razões subjetivas (que recaiam sobre o avaliador) ou objetivas (o objeto ou o procedimento de avaliação). A nova avaliação será feita sobre o mesmo bem penhorado e tanto pode ser determinada de ofício (respeitado o contraditório prévio), quanto provocada por iniciativa das partes. O artigo 878 também prevê outra hipótese de nova avaliação que é quando se veem frustradas as tentativas de alienação do bem.

### 2.10.2 Arguição do defeito da avaliação

A incorreção da avaliação pode ser alegada pelas partes por intermédio da *impugnação do executado* (art. 525, § 1º, IV) ou por intermédio dos embargos à execução (art. 917, II), caso em que se for acolhida ocasionará a determinação de realização de nova avaliação.

Contudo, nem sempre a avaliação é realizada em momento anterior ao início do prazo para o devedor impugnar ou embargar a execução, mas nem por isso será prejudicado. O próprio legislador prevê nos artigos 917, § 1º e no artigo 525, § 11 que "as questões relativas a fato superveniente ao término do prazo para apresentação da impugnação, assim como aquelas relativas à validade e à adequação da penhora, da avaliação e dos atos executivos subsequentes, podem ser arguidas por simples petição, tendo o executado, em qualquer dos casos, o prazo de 15 (quinze) dias para formular esta arguição, contado da comprovada ciência do fato ou da intimação do ato A incorreção da penhora ou da avaliação poderá ser impugnada por simples petição, no prazo de 15 (quinze) dias, contado da ciência do ato".

### 2.10.3 Tipos de incorreções arguíveis

Não será apenas por vício no aspecto subjetivo ou objetivo da avaliação que esta poderá estar incorreta. O legislador admite, aliás, sensatamente, que uma avaliação pode não conter vício algum na sua formação, mas ainda assim padecer de incorreção e por isso ser requerida a sua substituição por uma nova avaliação.

No primeiro inciso do artigo 873 permite-se que qualquer das partes possa, sempre de forma fundamentada, requerer nova avaliação quando tiver ocorrido erro na avaliação ou dolo do avaliador. O *erro* aí deve ser tomado na forma mais lata possível, ou seja, basta que a avaliação que *não esteja correta*, por qualquer motivo, seja ela ligada ao procedimento e técnicas de avaliação, seja ela ligada à incompetência do avaliador, ou quiçá os erros materiais que possam comprometer a compreensão do valor atribuído ao bem penhorado. Ainda no primeiro inciso o legislador trata do *dolo* do avaliador. A hipótese, muito antiga no nosso ordenamento, envolve situações em que o avaliador, que deveria ser um sujeito imparcial, acaba atuando de forma intencional para prejudicar uma das partes. A palavra *dolo* deve ser tomada na forma mais lata possível, ou seja, sempre que o avaliador atuar de forma intencional, sem isenção, seja com fraude, dolo, coação, simulação a nova avaliação poderá ser requerida. O fundamento deste pedido incidente é o elemento anímico viciado do avaliador e o pedido é a nova avaliação. Certamente que tendo conhecimento do fato que configura o referido vício, que compromete a isenção do avaliador, deve a parte também oferecer a exceção de suspeição respectiva, prevista no artigo 148, II do CPC.

A segunda hipótese descrita no dispositivo como fundamento para o requerimento de uma nova avaliação não provém de nenhum vício de nulidade na primeira avaliação, ou seja, se "verificar, posteriormente à avaliação, que houve majoração ou diminuição no valor do bem". Essa situação é bem possível de acontecer quando entre o tempo que medeia a primeira avaliação e o início da expropriação tem-se um largo espaço temporal. Basta imaginar a hipótese de ter sido suspenso o processo executivo por intermédio de embargos do executado. Neste caso a avaliação feita pode não mais corresponder à realidade e por isso mesmo, ainda que sem defeito ou vício na sua formação, a primeira avaliação ser absolutamente imprestável.

É curioso notar que o legislador fala em "*verificar, posteriormente à avaliação...*". Ora, essa verificação deverá ser constatada no próprio pedido de *nova avaliação* onde o requerente deve fundamentar de forma objetiva e clara que o valor atribuído ao bem não mais corresponde à realidade atual, demonstrando, por exemplo, que um imóvel vizinho em iguais condições foi vendido por menor ou maior valor, que a construção de melhorias no bairro alterou o valor de mercado, que o veículo penhorado saiu de linha etc.

Já o terceiro inciso trata da hipótese em que a nova avaliação decorre da fundada dúvida do juiz sobre o valor atribuído ao bem na primeira avaliação. Por ser ato processual da maior significância para o processo ou tutela executiva é óbvio que é informado pelo princípio inquisitivo e pode o juiz entender que o valor atribuído ao bem não esteja adequado à realidade, ou que não esteja suficientemente esclarecida a avaliação apresentada, determinando ele mesmo a realização de uma nova. É dever

CAPÍTULO 03 • FASE INSTRUTÓRIA DO PROCEDIMENTO PARA PAGAMENTO DE QUANTIA **391**

que o faça de forma fundamentada, e que decida após a cooperação processual, ou seja, que deva o juiz ouvir as partes antes de decidir pela realização do novo ato. Segundo o parágrafo único do art. 873, a este inciso aplica-se a regra do artigo 480 do CPC que cuida da "nova perícia quando a matéria não estiver suficientemente esclarecida". Na verdade, tanto nesta hipótese, quanto nos outros incisos do artigo 873: a) a segunda avaliação tem por objeto os mesmos fatos sobre os quais recaiu a primeira e destina-se a corrigir eventual omissão ou inexatidão dos resultados a que esta conduziu; b) a segunda avaliação rege-se pelas disposições estabelecidas para a primeira e c) dependendo do vício ou motivo que justificou o deferimento da segunda avaliação, esta poderá ou não substituir a primeira. Caso se trate de segunda avaliação para complementar a primeira, caberá ao juiz apreciar o valor de uma e de outra.

Embora fora do dispositivo, há outra hipótese de *nova avaliação* descrita no artigo 878 do CPC, quando o legislador determina que "*frustradas as tentativas de alienação do bem, será reaberta oportunidade para requerimento de adjudicação, caso em que também se poderá pleitear a realização de nova avaliação*".

Nesta hipótese o legislador admite que um dos motivos do insucesso da alienação seja o descompasso do valor do bem estabelecido na avaliação e a realidade. É claro que não apenas um erro de avaliação pode causar a frustração das tentativas de alienação, pois o próprio bem pode não despertar qualquer interesse ainda que corretamente avaliado. De qualquer forma nos parece que nesta hipótese a frustração da alienação é fundamento bastante, objetivo, que justifica o pedido de nova avaliação, caso este seja interesse da parte.

## 2.11 Avaliação e modificação quantitativa da penhora

### 2.11.1 Generalidades

Com a penhora identifica-se o bem sujeito à expropriação e a avaliação fornece o piso, e, muitas vezes o próprio teto, do valor pelo qual o bem poderá ser expropriado em alienação ou adjudicação.

Sendo a penhora um ato logicamente anterior à avaliação, é certo que após a avaliação pode-se concluir que o bem penhorado, e, sujeito à expropriação, seja excessivo ou insuficiente em relação ao valor da execução. Pode-se constatar que o bem possui um valor muito maior ou muito menor do que o valor da execução, permitindo que seja instaurado o incidente processual da *modificação* qualitativa ou quantitativa da penhora.

Assim, uma vez intimadas da avaliação cabe a parte interessada provocar o incidente de modificação da penhora que tanto pode ser para *substituir* o bem penhorado, quanto *para reforçar ou reduzir* a penhora feita.

Nesse diapasão, se a avaliação indicou um valor consideravelmente superior ao crédito exequente, então poderá ser requerida a redução da penhora, o que, muitas vezes implicará a própria substituição do bem penhorado. Percebe-se que o legislador usa a expressão "consideravelmente superior" porque já admite uma tolerável margem de erro entre o valor da avaliação e o preço pelo qual o bem é arrematado, que, frise-se só não pode ser vil. Assim, seguindo as diretrizes do art. 891, parágrafo único, considera-se vil o "preço inferior ao mínimo estipulado pelo juiz e constante do edital, e, não tendo sido fixado preço mínimo, considera-se vil o preço inferior a cinquenta por cento do valor da avaliação". Portanto, este é o parâmetro para o magistrado entender como *consideravelmente superior* o valor da avaliação frente ao valor da execução. Admitindo que o bem possa ser arrematado até por cinquenta por cento a menos do que o valor avaliado (art. 891, parágrafo único), não será *consideravelmente superior* uma diferença entre a execução e a avaliação do bem onde o valor desta seja o dobro do valor daquela.

Por outro lado, se o valor dos bens penhorados for inferior ao valor da execução, será necessário reforçar a penhora, o que pode se dar pela ampliação dos bens penhorados ou pela substituição por outro bem de maior valor.

É de se dizer ainda que ao cuidar da *modificação da* penhora no artigo 850 do CPC o legislador disse que "será admitida a redução ou a ampliação da penhora, bem como sua transferência para outros bens, se, no curso do processo, o valor de mercado dos bens penhorados sofrer alteração significativa". Ora, esta é apenas uma das hipóteses em que pode se dar a modificação da penhora, sendo de melhor alcance e técnica o artigo 874 ora comentado. Pode-se afirmar que este artigo 874 é gênero do qual aquele artigo 850 é espécie, pois, a *alteração significativa do valor de mercado dos bens no curso do processo* é apenas uma das hipóteses em que se admite a ampliação ou redução da penhora. Assim, por exemplo, se porventura não houve nenhuma alteração de mercado, mas por qualquer motivo se fez necessária uma nova avaliação (erro ou dolo da anterior), poderá acontecer a regra do artigo 874 do CPC.

## 2.12 Término da avaliação e início dos atos de expropriação

### 2.12.1 *Generalidades*

Com melhor redação – mais minudente e mais clara – o texto do artigo 875 do CPC é melhor do que o artigo 685 do Código revogado. Contudo, não há alterações de substância entre um e outro.

É importante deixar claro que a avaliação é um ato executivo instrumental que é *sucessivo* à penhora – sempre quando esta não recair sobre dinheiro – e *anterior* ao início dos atos expropriatórios. Sem a penhora nada há que ser avaliado e sem a avaliação não se pode dar início aos atos de expropriação. Isso faz com que a avaliação tenha pontos de contato tanto com o ato que lhe antecede (a penhora) quanto com

CAPÍTULO 03 • FASE INSTRUTÓRIA DO PROCEDIMENTO PARA PAGAMENTO DE QUANTIA

os atos que lhes sucedem (expropriação). O artigo 874 é um bom exemplo disso, pois, depois da avaliação permite-se a modificação da penhora.

Com isso queremos dizer que ao tratar da avaliação não iremos encontrar nesta subseção todos os dispositivos que lhes sejam pertinentes, já que há outros dispositivos, em outras seções, que com ele se relacionam.

### 2.12.2   Avaliação e adjudicação

Uma das formas de expropriação é a adjudicação do bem penhorado, que, a rigor, é um *resultado prático equivalente ao adimplemento*, uma vez que o exequente inicia a execução para obter um pagamento de quantia, mas dela obtém um bem diverso, porém com valor que lhe corresponda.

A adjudicação do bem penhorado é uma técnica processual expropriatória que o legislador vê com bons olhos porque simplifica o procedimento, evitando a demora e risco de insucesso de um leilão, e especialmente porque o valor pelo qual se adjudica o bem é o valor estabelecido na avaliação, ou seja, neste caso, a avaliação fixa o teto e o piso da técnica expropriatória, evitando que o bem penhorado possa ser arrematado por metade do preço (abaixo disso seria vil).

Eis aí a importância da avaliação nesta situação em particular, pois é ela que fixa o limite pelo qual permite-se adjudicar o bem penhorado, seja pelo exequente ou por aqueles que gozam da preferência dos §§ 5º e 7º do artigo 876 do CPC, tal como determina o *caput* deste dispositivo ao dizer que "é lícito ao exequente, oferecendo preço não inferior ao da avaliação, requerer que lhe sejam adjudicados os bens penhorados".

### 2.12.3   Avaliação, expropriação e preço vil

Exceção feita aos bens com cotação em bolsa que são fixados pelo mercado, todas as demais formas de avaliação, pelas partes, pelo oficial de justiça ou por um perito nomeado pelo juiz, indicarão um valor para o bem penhorado que tem a intenção de ser o mais próximo possível daquilo que ele realmente vale para o mercado, pois, no momento que o bem submete-se ao leilão judicial, ele tanto poderá ser arrematado por um preço maior ou menor do que o que consta na avaliação, dependendo sempre da *oferta ou procura* de interessados ao leilão judicial.

Portanto, a avaliação do bem penhorado fixa um valor que atua como se fosse um parâmetro que deve guiar os atos de expropriação. Se o ato de expropriação é a adjudicação, por não haver a mesma concorrência de um leilão, então a avaliação do bem penhorado é que determina o valor pelo qual deve ser feita a adjudicação do bem. Por outro lado, se o bem penhorado e avaliado se submete a um leilão judicial então aquele valor da avaliação atua como patamar para dar início à alienação do bem, admitindo que o mesmo bem possa ser vendido por valor maior, ou que possa ser vendido por valor menor, respeitado o preço mínimo fixado pelo juiz ou o limite do art. 891, parágrafo único do CPC.

Se for vendido por valor maior do que for avaliado, é certo que a avaliação feita não conseguiu precisar com correção a estimativa do bem, mas neste caso nenhum prejuízo acontece, pois tanto para o exequente, quanto para o executado é melhor que o bem seja arrematado por um valor superior àquele que foi avaliado. Em tese, há uma vantagem para ambos.

Contudo, se o bem for alienado por um valor menor existe um risco para ambos os litigantes, sendo mais evidente para o devedor, pois em tese terá que submeter outros bens do seu patrimônio para responder pela dívida. Para o exequente sempre haverá o risco de o executado não ter outros bens e assim ficar com uma execução parcialmente infrutífera.

Pensando nesta situação o legislador – muito preocupado com o devedor (art. 805, *caput*) – acabou por fixar um limite mínimo, que entende como razoável para a alienação do bem penhorado, que é o estabelecido pelo artigo 891 que assim diz:

> Art. 891. Não será aceito lance que ofereça preço vil.
>
> Parágrafo único. Considera-se vil o preço inferior ao mínimo estipulado pelo juiz e constante do edital, e, não tendo sido fixado preço mínimo, considera-se vil o preço inferior a cinquenta por cento do valor da avaliação.

Assim, será vil, e por isso poderá ser invalidada a arrematação que desrespeitar esta regra (art. 904, § 1º, I), o que nos leva a concluir que é a avaliação do bem penhorado que serve de parâmetro para que se considere vil o preço oferecido à arrematação do bem penhorado em leilão judicial. O preço mínimo fixado pelo juiz também é estabelecido tendo como parâmetro o valor da avaliação, assim como o percentual de 50% previsto no parágrafo único do art. 891 do CPC.

### 2.12.4 Avaliação e expropriação de imóvel de incapaz

Tratando-se de penhora sobre imóvel de incapaz o legislador também dá um tratamento diferenciado, admitindo que "quando o imóvel de incapaz não alcançar em leilão pelo menos oitenta por cento do valor da avaliação, o juiz o confiará à guarda e à administração de depositário idôneo, adiando a alienação por prazo não superior a 1 (um) ano".

### 2.12.5 Avaliação e expropriação de imóvel de coproprietário ou cônjuge alheio à execução

Nos termos do art. 843 do CPC a avaliação do bem penhorado também é tratada como limite para a alienação do bem em leilão quando este bem também pertença a um coproprietário ou cônjuge alheio à execução. Nesta hipótese, para evitar pre-

CAPÍTULO 03 • FASE INSTRUTÓRIA DO PROCEDIMENTO PARA PAGAMENTO DE QUANTIA **395**

juízos para aquele terceiro que não participa da execução, mas que é coproprietário do bem penhorado, então prescreve o artigo 843 que

> Art. 843. Tratando-se de penhora de bem indivisível, o equivalente à quota-parte do coproprietário ou do cônjuge alheio à execução recairá sobre o produto da alienação do bem.
>
> § 1º É reservada ao coproprietário ou ao cônjuge não executado a preferência na arrematação do bem em igualdade de condições.
>
> § 2º Não será levada a efeito expropriação por preço inferior ao da avaliação na qual o valor auferido seja incapaz de garantir, ao coproprietário ou ao cônjuge alheio à execução, o correspondente à sua quota-parte calculado sobre o valor da avaliação

Tratando-se de penhora de bem indivisível, o equivalente à quota-parte do coproprietário ou do cônjuge alheio à execução recairá sobre o produto da alienação do bem.

Aqui nesta hipótese, a avaliação do bem penhorado atua como fator de garantia do terceiro (cônjuge ou coproprietário) em relação à parte que lhe cabe do bem penhorado.

### 2.12.6    Avaliação e o efeito suspensivo nas oposições do executado (impugnação e embargos)

A impugnação do executado e os embargos à execução não são dotados de efeito suspensivo *ex legge*. Para que tal efeito seja concedido é necessário que o executado requeira na sua oposição. Ainda que seja concedido o efeito suspensivo este só se opera como causa impeditiva de atos de expropriação (expropriação liquidatória ou final), ou seja, os atos executivos da fase instrutória como a penhora e a avaliação não são paralisados pelo efeito suspensivo, *in verbis*.

> Art. 919
>
> § 5º A concessão de efeito suspensivo não impedirá a efetivação dos atos de substituição, de reforço ou de redução da penhora e de avaliação dos bens.
>
> Art. 525
>
> § 7º A concessão de efeito suspensivo a que se refere o § 6º não impedirá a efetivação dos atos de substituição, de reforço ou de redução da penhora e de avaliação dos bens.

### 2.12.7    Remição do bem penhorado pelo valor da avaliação

O Código de Processo Civil admite, em restritos casos, a remição do bem penhorado antes de ser entregue ao adjudicatário (até a assinatura do auto de adjudicação), tal como se enxerga nas hipóteses do art. 877, §§ 3º e 4º, do CPC.

Assim, como a adjudicação do bem penhorado só pode acontecer pelo valor estabelecido na avaliação, da mesma forma os casos de remição do referido bem.

Segundo o art. 877, §§ 3º e 4º:

§ 3º No caso de penhora de bem hipotecado, o executado poderá remi-lo até a assinatura do auto de adjudicação, oferecendo preço igual ao da avaliação, se não tiver havido licitantes, ou ao do maior lance oferecido.

§ 4º Na hipótese de falência ou de insolvência do devedor hipotecário, o direito de remição previsto no § 3º será deferido à massa ou aos credores em concurso, não podendo o exequente recusar o preço da avaliação do imóvel.

## 3. EXPROPRIAÇÃO LIQUIDATIVA – AS DIVERSAS FORMAS DE ALIENAÇÃO

### 3.1 Expropriação liquidativa e satisfativa

O Código tenta, e consegue em boa parte, ser organizado na distribuição das matérias para facilitar o operador do direito, mas sob a perspectiva teórica comete alguns pecados. Um destes é justamente a falta de clareza distintiva entre a expropriação liquidativa e a satisfativa.

Na execução por quantia haverá expropriação *satisfativa* do executado quando a execução seja satisfeita, o que acontece quando o *dinheiro sai do patrimônio do executado e entra no patrimônio do exequente* para pagar o principal, os juros, as custas e os honorários. Observe-se que essa "desapropriação do executado e apropriação do exequente", representada pela transferência da quantia, é justamente a *expropriação satisfativa*.

Apenas excepcionalmente, e desde que cumpridas as demais exigências legais, é possível que o exequente aceite o próprio bem que está penhorado ao invés de receber a quantia que se obteria com a sua alienação judicial. É a *adjudicação do bem penhorado pelo exequente* que também é forma de satisfazer o direito pretendido. Nesta hipótese a *adjudicação* também atua como *expropriação satisfativa*. São estas duas situações (entrega do dinheiro e do bem penhorado pelo exequente) que cuidam da expropriação satisfativa – art. 904 do CPC.

Entretanto, sempre que o bem penhorado não é dinheiro e sempre que não se realiza a adjudicação do bem penhorado pelo exequente, há a necessidade de se converter o bem penhorado que integra o patrimônio do executado em dinheiro. Assim, um carro, um imóvel, um semovente, direitos de crédito do executado etc. precisarão passar, primeiro, pela *expropriação liquidativa*, cuja função é liquidar o bem, ou seja, transformar ele em dinheiro por meio de uma alienação judicial cuja forma mais comum, mas não única, é o leilão eletrônico ou presencial.

Observe que a "*expropriação liquidativa*" implica em uma *expropriação* de um bem do patrimônio do executado, mas o dinheiro com ela obtido ainda continua no patrimônio do executado, só que preso, afetado, vinculado à execução para pagamento de quantia. Troca-se a penhora do bem arrematado pelo dinheiro obtido com a arrematação.

CAPÍTULO 03 • FASE INSTRUTÓRIA DO PROCEDIMENTO PARA PAGAMENTO DE QUANTIA

Assim, por exemplo, o automóvel do executado que foi penhorado é alienado para um terceiro (arrematante) em um leilão, e, o dinheiro que por ele foi pago fica à disposição e controle do juízo da execução, depositado em conta vinculada ao processo, mas ainda pertence ao executado. Sobre o dinheiro penhorado, o executado não tem poder nenhum poder fático, nem de gestão e nem de administração, mas juridicamente ele ainda é proprietário do produto obtido com a alienação. Esse valor servirá para que se realize a futura *expropriação satisfativa*.

Assim, com esta diferença estabelecida em *expropriação liquidativa e satisfativa* fica claro que o estudo dos atos processuais que integram a fase da alienação do bem penhorado com o intuito de transformá-lo em dinheiro que futuramente será entregue ao exequente não integram a *fase satisfativa*, mas sim a *fase instrutória*.

## 3.2    A adjudicação e o duplo regime: liquidativa ou satisfativa

O CPC não faz a devida ressalva e isso pode causar alguma dificuldade na compreensão teórica do tema. A adjudicação é um ato executivo que tanto pode ser uma expropriação liquidativa ou satisfativa.

Para compreender comecemos com um exemplo. "A" executa "B" e dele penhora um "imóvel". Se "A" requerer a adjudicação do imóvel de "B" cumprindo as exigências legais do art. 876 então esta *expropriação será satisfativa*, porque o bem penhorado "imóvel" é transferido diretamente para o patrimônio de "A" que o aceita como forma de satisfazer o seu crédito. Sendo uma expropriação satisfativa integra, por óbvio, a fase satisfativa da execução.

Ainda seguindo neste mesmo exemplo imaginemos que ao invés de "A" (exequente), quem pretende adjudicar o bem penhorado é "C", irmão de "B" (executado). Isso mesmo, "C", que não faz parte do processo de execução pode, pela lei processual, adjudicar o bem penhorado, mantendo-o no seio da família, desde que o faça depositando no processo o valor pelo qual o bem foi avaliado. Neste caso, a adjudicação não foi feita para o exequente ("A"), e, o processo de execução deve prosseguir para que seja entregue, futuramente, o dinheiro obtido pelo arremate feito por "C". Neste caso a adjudicação feita pelo terceiro não é satisfativa, mas sim liquidativa, pois para o exequente que promoveu a execução ela serviu apenas para converter o bem em dinheiro.

O que se observa é que para saber se a adjudicação é liquidatória ou satisfativa é necessário identificar quem é o adjudicante, se o exequente, caso em que será satisfativa ou se é um terceiro, caso em que será liquidatória. A adjudicação feita pelo 3º funciona como se fosse uma *arrematação preferencial pelo preço da avaliação*.

Infelizmente essa ressalva não foi esclarecida pelo Código, pois, por exemplo, no artigo 825 diz que "a expropriação consiste em: I – adjudicação; II – alienação; III – apropriação de frutos e rendimentos de empresa ou de estabelecimentos e de outros bens". Ora, faltou dizer qual a expropriação consiste a adjudicação ali mencionada no inciso I, a liquidatória ou a satisfativa?

Ademais, também é incompleto o art. 904 que diz que "a satisfação do crédito exequendo far-se-á: I – pela entrega do dinheiro; II – pela adjudicação dos bens penhorados". Não é bem assim, pois o inciso II deveria ter dito "adjudicação dos bens penhorados *pelo exequente*".

### 3.3 A expropriação liquidativa por meio de leilão público

A expropriação liquidativa implica em transformar o bem penhorado em dinheiro. Essa transformação do *bem penhorado em dinheiro* não é mágica, se dá por meio de complexa e cuidadosa *alienação* destinada a transferir a propriedade do bem para um terceiro adquirente.

Obviamente não se trata de uma *compra e venda* porque não tem natureza privada, mas uma *expropriação pública* em que a vontade do executado é irrelevante, mas todas as garantias de transparência, lisura e idoneidade do procedimento devem ser garantidas, inclusive o seu direito de ter o seu patrimônio mínimo preservado, pois não se admite a expropriação liquidativa por um preço vil ou abaixo do mínimo fixado pelo juiz (art. 891).

Respeitada a premissa de que a alienação do bem penhorado deve ser feita em leilão judicial (público) – ressalvada a hipótese de alienação a cargo de corretores de bolsa de valores – o CPC oferta diferentes formas de se realizar a expropriação liquidativa, sempre tendo por premissa a expectativa de ofertar meios que consagrem maior efetividade para o exequente e menor onerosidade para o executado.

### 3.4 Exceções ao leilão público (presencial ou eletrônico)

A alienação liquidativa do bem penhorado é ato processual integrante da cadeia executiva. A regra geral do Código é a de que todos os bens penhorados serão alienados em leilão público, pois esta é uma forma natural de proporcionar transparência, concorrência e segurança ao procedimento expropriatório.

Sendo ato judicial público o leilão pode ser realizado de duas formas: eletrônica ou presencial, sendo que a lei privilegia a primeira em detrimento da segunda por óbvias razões de custo e benefício. O custo do leilão público eletrônico é bem menor do que o presencial com maior amplitude em relação àqueles que dele podem participar. A alienação judicial por meio eletrônico será realizada, observando-se as garantias processuais das partes, de acordo com regulamentação específica do Conselho Nacional de Justiça, e deverá atender aos requisitos de ampla publicidade, autenticidade e segurança, com observância das regras estabelecidas na legislação sobre certificação digital. Apenas quando não for possível a realização por meio eletrônico, é que o leilão será presencial.

CAPÍTULO 03 • FASE INSTRUTÓRIA DO PROCEDIMENTO PARA PAGAMENTO DE QUANTIA | **399**

Apenas em duas hipóteses a alienação do bem penhorado não será efetuada em um leilão público, presencial ou eletrônico. Em primeiro lugar nos casos de alienação a cargo de corretores de bolsa de valores no caso de penhora de cotas de sociedades de capital aberto (art. 861, § 2º e art. 881, § 2º). Nestas hipóteses nem sequer é feita uma avaliação das ações que devem ser negociadas em bolsa (art. 871, II) pois o valor delas é o valor de mercado da cotação do dia e do momento em que tiver sido oferecida e negociada. Conquanto não seja um leilão público, pois as bolsas de valores têm natureza privada, elas oferecem um serviço ao público e como tal devem cumprir um regramento estabelecido em Lei (n. 6.385) e são controladas e fiscalizadas pelo poder público (CVM e CMN).

Em segundo lugar, embora o CPC não mencione a *alienação por iniciativa particular* (art. 880) *realizada pelo exequente* como exceção ao leilão público, ela não deixa de ser um exemplo, tímido é verdade, de desjudicialização do ato executivo, ainda que o juiz fixe os critérios/parâmetros básicos para esta alienação. Nesta modalidade, nem o exequente nem o corretor credenciado mencionados no art. 880 realizarão a alienação nos moldes de um leilão público, devendo apenas obedecer às regras básicas definidas pelo juiz, como preço, condição de pagamento, garantias etc.

## 3.5 O leilão público

### 3.5.1 Conceito e características gerais

O leilão é um método econômico de negociação voltado a compra e venda de bens e serviços que é compreendido e estudado pela Teoria dos Jogos, ramo da matemática aplicada, que permite a compreensão dos comportamentos, das estratégias e ações dos jogadores no sentido de obter o melhor rendimento e resultado. Daí porque o seu conceito normalmente é associado a um jogo competitivo, não cooperativo, onde os participantes não possuem uma simetria *completa* de informações em relação ao objeto do leilão, já que além das informações necessárias contidas no edital, cada participante pode ter um conhecimento específico variável, ora mais profundo ora mais raso, sobre o objeto a ser leiloado.[123]

Muitas vezes nem nos damos conta, mas os leilões interferem diretamente no nosso cotidiano pois são eles que definem os preços de uma série de serviços públicos que vão desde a tarifa de energia e preço de combustíveis, passando pelas aquisições dos bens públicos como computadores das repartições públicas, serviços de construção de estradas e aeroportos etc. Até mesmo os sites de busca definem os resultados dos itens que aparecem primeiro a partir de um "leilão" onde o uso de algoritmos é fundamental para identificar os números e os tipos de usuários.

---

123. A respeito ver CHAKRAVARTI et al. Dipankar. Auctions: Research Opportunities in Marketing. *Marketing Letters* 13:3, 281-296, 2002.

Não há dúvidas que este ramo, que aproxima a matemática da economia, tem se desenvolvido enormemente – inclusive merecendo o Prêmio Nobel de 2020[124] – pois vivemos uma economia capitalista onde o que prevalece é a concorrência de mercado com produtos e serviços ofertados para um mundo de consumidores.

O Prêmio Nobel concedido a Robert Wilson e Paul Milgrom revela a atualidade do tema dos leilões na teoria dos jogos, mas a utilização dos leilões como método de compra e venda de mercadorias sempre esteve presente na humanidade, sendo relatado o surpreendente comércio de *filhas para se tornarem esposas* em 500 A.C.[125]

Ainda que desde a antiguidade os leilões sejam técnicas muito utilizadas para o comércio de mercadorias foi o trabalho desenvolvido pelo economista canadense William Vickrey "Counterspeculation, auctions, and competitive sealed tenders" sobre a teoria dos leilões, publicado no The Journal of Finance em 1961, o marco teórico importantíssimo no desenvolvimento do tema. Vickrey, que mais tarde ganharia um Nobel (1996) três depois do seu falecimento, foi pioneiro na utilização da teoria dos jogos para explicar como se desenvolvia a dinâmica dos leilões, e, até hoje o seu *teorema da equivalência de receitas* é tido como base fundamental para compreensão dos leilões.

Assim, pode-se dizer, concluindo que o leilão é um método de compra e venda de mercadorias que se realiza por meio de um processo sequencial e complexo de atos que se realizam em uma cadeia sucessiva – etapas – onde pelo menos quatro elementos são essenciais: a) um objeto a ser leiloado, b) um leiloeiro (vendedor), c) licitantes que concorram para aquisição do referido bem, d) informações precisas, transparentes, seguras acerca destes três elementos e sobre o processo em si mesmo.

### 3.5.2    Tipos de leilões

Considerando o (i) preço a ser pago pelo vencedor e (ii) o modo de apresentação das propostas, a literatura classifica os leilões em 5 tipos básicos que podem sofrer variações: (a) leilão inglês; (b) leilão holandês; (c) leilão japonês; (d) leilão selado ou cego e (e) leilão de Vicrey ou de segundo preço.

No leilão inglês, também chamado de *leilão aberto de preço ascendente* é o mais comum e tanto pode ter previamente fixado um *preço de reserva* ou não. Nesta modalidade os participantes competem oferecendo *abertamente* preços que superem o do seu concorrente pelo objeto ofertado. Há, portanto, publicidade dos lances ofertados. Como se disse, há variações que admitem que esta publicidade tanto se

---

124.    Robert Wilson e Paul Milgrom, professores na Universidade Stanford, ganharam o Prêmio Nobel de Economia de 2020 Economia por trabalhos que desenvolveram a melhoria da teoria e criação de novos formatos de leilões.

125.    A respeito ver o interessante histórico trazido por Robert A. Doyle, CAI-ISA e Steve Baska. *História dos leilões da Roma antiga aos leilões de alta tecnologia*. Disponível em: https://web.archive.org/web/20080517071614/ http://auctioneersfoundation.org/news_detail.php?id=5094. Acesso em: 20 out. 2020.

dê porque o leiloeiro divulga os lances feitos que a ele são endereçados, ou porque é anunciada diretamente pelos participantes. O leilão então, termina quando nenhum outro participante decide oferecer um lance maior do que o anterior, sendo comum a frase do leiloeiro "dou-lhe uma, dou-lhe duas, dou-lhe três", momento que cessa a possibilidade de nova oferta e é anunciada a vitória do participante que fez o maior lance, caso em que deve pagar pela sua oferta que foi vencedora do certame. Como se disse, há a possibilidade de o vendedor fixar um preço de reserva, de forma que se o lance final não atingir este limite o objeto leiloado não será vendido.

O leilão holandês, também conhecido como *leilão de preço descendente aberto*, a lógica é inversa ao anterior. É apelidado com o nome de "antileilão" porque etimologicamente o vocábulo leilão (do latim augeⵉ) significa "eu aumento" e não um decréscimo. Neste tipo o leiloeiro começa com um preço alto, que vai diminuindo com as propostas eventualmente feita encerrando quando algum licitante não pretenda ofertar um lance inferior. Também aqui pode ser fixado um preço de reserva abaixo do qual não poderá ser vendido.

O leilão japonês é assim conhecido porque se iniciou nos mercados de peixe no Japão[126] e atualmente é bastante utilizado inclusive nos sítios eletrônicos de venda de mercadorias e não deixa de ser uma variação do leilão inglês onde o dono no maior lance é considerado o vencedor. A dinâmica difere-se um pouco porque os participantes ingressam numa arena/sitio e é o leiloeiro que vai aumentando/decrescendo o preço inicial e o licitante que permanecer na arena/sitio é que se sagra vencedor. Também pode ser estabelecido um preço mínimo ou de reserva e um tempo para sua ocorrência. Também é conhecido como *leilão de botão* porque muitas vezes a "saída da arena" se concretiza pelo licitante que não aperta o botão, ou seja, considera-se fora da próxima rodada aquele que não teria apertado o botão, e, uma vez que tenha saído não pode voltar a participar.

No leilão *selado ou cego* (sealed-bid auction) todos os participantes enviam ao mesmo tempo as suas propostas fechadas de forma que nenhum licitante tem conhecimento da oferta do outro e o vencedor é aquele que oferta o maior lance sobre determinado bem leiloado. Esta modalidade de leilão não se confunde com uma outra, mas é parecida, que é a *"blind bid"* (oferta fechada ou às cegas) onde a licitação é sobre um lote de bens identificados por gênero, mas sem informações e garantias sobre a espécie. Algo parecido como uma "porteira fechada" em que se compra o todo sem o preço e a individuação precisa de cada bem.

No *leilão de Vickrey* ou de *segundo preço* os licitantes ofertam lances selados de modo simultâneo, sendo que aquele que ofertar o maior preço vence o certame, mas pagará o segundo maior preço. A ideia de pagar pelo "segundo maior preço" foi

---

126. Famosa a venda de atuns no leilão do mercado de peixe no Japão como se observa na reportagem https://g1.globo.com/mundo/noticia/2019/01/05/atum-e-vendido-por-us-31-milhoes-e-bate-recorde-em-leilao--anual-no-japao.ghtml. Acesso em: 20 out. 2020.

apresentada por Vickrey,[127] daí a homenagem, como forma de evitar um fenômeno apelidado de "maldição do vencedor". Essa "maldição" é assim chamada porque aquele que vence o certame é o único que paga o preço pelo objeto leiloado, e, por isso mesmo, destoa do mercado. Ao pagar o maior preço é o vencedor, mas este valor pode não corresponder ao preço justo e ser fruto apenas da concorrência e não precisamente do valor de mercado do bem. Se duas pessoas pagariam o mesmo preço pelo referido bem, então aquele que deu a maior proposta é o vencedor, mas só precisa pagar pela segunda proposta mais vantajosa.

### 3.5.3 O leilão judicial público presencial ou eletrônico

O método padrão definido pelo legislador para que se dê a expropriação liquidativa do bem penhorado do executado é o leilão judicial público, e, a prioridade é que seja feito eletronicamente, seja pelos custos, seja probabilidade de maior êxito. A opção do Código parece-nos fruto de um axioma lógico de ordem econômica, pois o leilão judicial eletrônico não tem limites territoriais e permite que atinja um número inimaginável de pessoas que jamais poderiam ou conseguiriam comparecer ao local se fosse presencial.

A rigor, até mesmo as regras de juízo deprecante/deprecado perdem sentido, pois o juízo que está fora do local onde se situam os bens também poderia realizar o leilão virtual. Segundo o Superior Tribunal de Justiça, com acerto disse que:

> 1. Trata-se de Conflito Negativo de Competência suscitado nos autos da Carta Precatória expedida com a finalidade de que os atos processuais relacionados à alienação judicial eletrônica fossem realizados na Comarca em que se situa o imóvel penhorado.
>
> 2. Os procedimentos relativos à alienação judicial por meio eletrônico, na forma preconizada pelo art. 882, § 1º do Código Fux (CPC/2015), têm por finalidade facilitar a participação dos licitantes, reduzir custos e agilizar processos de execução, primando pelo atendimento dos princípios da publicidade, da celeridade e da segurança.
>
> 3. Tal modelo de leilão revela maior eficácia diante da inexistência de fronteiras no ambiente virtual, permitindo que o leilão judicial alcance um número incontável de participantes em qualquer lugar do País, além de propiciar maior divulgação, baratear o processo licitatório e ser infinitamente mais célere em relação ao leilão presencial, rompendo trâmites burocráticos e agilizando o processo de venda do bem objeto de execução.
>
> 4. Logo, cabe ao Magistrado atentar para essa relevante alteração trazida pelo Novel Estatuto Processual, utilizando-se desse poderoso instrumento de alienação judicial do bem penhorado em processo executivo, que tornou inútil e obsoleto deprecar os atos de alienação dos bens para satisfação do crédito, já que a alienação pela rede mundial dispensa o comparecimento dos interessados no local da hasta pública.
>
> 5. Portanto, considerando que a alienação eletrônica permite ao interessado participar do procedimento mediante um acesso simples à internet, sem necessidade de sua presença ao local da

---

127. Vickrey, W. (1961). Counterspeculation, auctions and competitive sealed tenders. *The Journal of Finance* 16(1), 8-37. Disponível em: https://www.cs.princeton.edu/courses/archive/spr09/cos444/papers/vickrey61. pdf. Acesso em: 20 out. 2020.

## CAPÍTULO 03 • FASE INSTRUTÓRIA DO PROCEDIMENTO PARA PAGAMENTO DE QUANTIA    **403**

hasta, tem-se por justificada a recusa do cumprimento da Carta Precatória pelo Juízo deprecado, ora suscitante, visto que não há motivos para que a realização do ato de alienação judicial eletrônica seja praticada em Comarca diversa do Juízo da Execução.

6. Conflito de Competência conhecido para declarar competente o Juízo de Direito da 4ª Vara de Feitos Tributários de Belo Horizonte/MG, ora suscitado.

(CC 147.746/SP, Rel. Ministro Napoleão Nunes Maia Filho, Primeira Seção, julgado em 27.05.2020, DJe 04.06.2020).

Sendo leilão judicial público na forma *eletrônica*, será realizado de acordo com a regulamentação específica do Conselho Nacional de Justiça, observando-se as garantias processuais das partes e deverá atender aos requisitos de ampla publicidade, autenticidade e segurança, com observância das regras estabelecidas na legislação sobre certificação digital. A regulamentação específica mencionada no art. 882 do CPC é a Resolução CNJ 236 que, adaptada à perspectiva eletrônica, segue boa parte da disciplina do que já dispõe o CPC em relação aos atos que compõem o itinerário do leilão judicial presencial. Já o leilão judicial público presencial é regulamentado pelos arts. 883 e ss. do CPC.

### 3.5.4    *Leilão judicial presencial: elementos necessários e dinâmica*

Como já se disse anteriormente o leilão judicial é o nome que se dá a um complexo de atos que tem por finalidade alienar o bem penhorado obtendo dinheiro dessa alienação; dinheiro este que será usado para satisfazer a execução.

Conquanto possamos identificar os elementos necessários e básicos ao leilão judicial, não há como nele se pensar numa forma estática porque a sua característica mais marcante é justamente a dinâmica de lances e propostas que são feitas pelos licitantes e administradas pelo leiloeiro até que se encontre um vencedor. Por outro lado, não há como reduzir o seu conceito àquele momento em que todos numa arena ofertam em concorrência lances sobre o bem leiloado até que saia um vencedor. Há um antes e um depois deste momento tão característico que poderão ser compreendidos a partir da identificação dos sujeitos que participam de um leilão judicial e que juntos contribuem para o funcionamento da engrenagem. Sob a batuta do juiz, mas realizado pelo auxiliar do juízo – leiloeiro –, o leilão judicial possui atos preparatórios à licitação, atos da dinâmica da licitação quando acontece os lances dos participantes e atos de documentação final desta concorrência.

A seguir veremos – sob a perspectiva estática – quais os elementos essenciais de um leilão judicial e posteriormente como se dá a sua dinâmica, o procedimento em si mesmo considerado. São elementos essenciais os sujeitos que dele participam (leiloeiro e licitantes), o objeto a ser leiloado (o bem penhorado) e o local e data de sua realização. Na análise dinâmica do leilão, veremos a publicação prévia de editais, o seu respectivo conteúdo, a forma de oferta dos lances, a arrematação, o modo de pagamento, a documentação da arrematação etc.

### 3.5.5 Os sujeitos participantes

#### 3.5.5.1 O Estado-juiz

O leilão judicial nada tem de privado, pois o que está ali em jogo é a necessidade de satisfazer o direito revelado num título executivo judicial ou extrajudicial. Não se promove um contrato de compra e venda, mas negócio jurídico público fruto de uma expropriação judicial forçada.

O leilão judicial é ato complexo integrante de uma cadeia sequencial de atos que compõem o procedimento executivo. Tem, portanto, natureza pública. Não custa lembrar que o Código Penal expressamente tipifica como crime no art. 358 o ato de "*impedir, perturbar ou fraudar arrematação judicial; afastar ou procurar afastar concorrente ou licitante, por meio de violência, grave ameaça, fraude ou oferecimento de vantagem*" e estabelece como pena a "detenção, de dois meses a um ano, ou multa, além da pena correspondente à violência".

O fato de o *leilão* ser técnica muito utilizada e conhecida pela venda/aquisição de bens e mercadorias privadas isso não significa que não possa ser utilizado pelo Poder Público, como aliás, o faz na aquisição de bens e serviços para funcionamento da sua estrutura. O leilão é "público" não apenas porque é *aberto ao público*, mas porque a sua natureza é de ato estatal processual complexo integrante da cadeia executiva.

O juízo competente da execução é o competente para a realização da alienação judicial do bem penhorado, devendo ser lembrado apenas que na execução por carta esta competência se distribui entre o juízo deprecante e deprecado e o juízo competente para a alienação do bem será o da situação da coisa (deprecado), sendo inclusive o competente para julgamento dos embargos/impugnação que verse sobre vícios dos atos que forem efetuados sob seu crivo como a alienação do bem penhorado em leilão (art. 914). Como se disse anteriormente com o leilão eletrônico esta regra perdeu muito o sentido.

Ainda que seja presencial, o leilão não acontece, como já foi outrora, no próprio átrio do Fórum ou na sede do juízo onde trabalha o juiz, onde funciona o cartório judicial e enfim, de onde emanam as ordens e atos jurisdicionais que determinaram a realização do leilão. Uma vez terminado o leilão, é preciso que se tenha um documento "auto de arrematação" cuja finalidade é consolidar a alienação judicial e só se torna perfeito e acabado depois que leiloeiro, arrematante vencedor e juiz assinam (art. 903).

#### 3.5.5.2 O leiloeiro

##### 3.5.5.2.1 Auxiliar da justiça (art. 149)

Nada obstante não conste no rol (exemplificativo) do art. 149 do CPC, o leiloeiro é um auxiliar da justiça, e, como tal exerce um múnus público quando nomeado para realizar o leilão judicial. Assim como o intérprete, o perito, o administrador, o depositário etc. o leiloeiro faz parte do grupo de auxiliares da justiça sem vínculo permanente com o Poder Judiciário, pois a sua atuação é eventual de depende de nomeação pelo juiz. Mas esta eventualidade não lhe retira, de forma alguma, a necessidade de que seja isento, imparcial e por isso mesmo contra ele se aplicam as regras de impedimento e suspeição (art. 144, 145 e 148 do CPC).[128]

Conquanto seja um auxiliar eventual da justiça o Código tenta evitar que os leiloeiros sejam escolhidos aleatoriamente sem um critério de segurança e eficiência que os qualifique, por isso estabelece regra de que a alienação deva ser feita mediante leilão realizado por um leiloeiro credenciado ao Poder Judiciário (art. 880, *caput* e § 3º), determinando que os tribunais editem disposições complementares sobre o credenciamento dos corretores e leiloeiros públicos, os quais deverão estar em exercício profissional por não menos que 3 (três) anos. Segundo o art. 10 da Resolução 236/CNJ *"os tribunais brasileiros ficam autorizados a editar disposições complementares sobre o procedimento de alienação judicial e dispor sobre o credenciamento dos leiloeiros públicos de que trata o art. 880, § 3º, do Código de Processo Civil, observadas as regras desta Resolução e ressalvada a competência das unidades judiciárias para decidir questões jurisdicionais".*

Apenas para lembrar não é possível se autointitular leiloeiro para habilitar-se em credenciamentos perante os órgãos judiciários imaginando que por ser um *bom comerciante* ou uma *pessoa de confiança* estaria habilitado para receber este múnus público. Existe uma profissão de leiloeiro que regula sua atividade e os requisitos para que se torne tal profissional estão estampados no Decreto-Lei 21981/32.

Além das exigências da própria lei, a Resolução CNJ 236 estabelece uma série de requisitos importantes que realmente são necessários para que alguém possa vir a se tornar um leiloeiro credenciado. É preciso lembrar que existem bens corpóreos de todos os tipos, formas e tamanhos e isso pode impor uma série de cuidados ligados à remoção e guarda do bem até que seja leiloado. É preciso lembrar que o leiloeiro deve ter um bom sistema de divulgação, controle e gestão de visitas e vistorias pelos interessados que podem visitar fisicamente e local onde se encontram os bens que serão leiloados para um exame mais minudente etc.

Exatamente por isso, por ocasião do seu credenciamento o leiloeiro público deverá atestar que: *"I – dispõe de propriedade, ou por contrato de locação com vigência durante o período de validade do cadastramento, de imóvel destinado à guarda e à conservação dos bens removidos, com informações sobre a área e endereço atualizado completo (logradouro, número, bairro, município e código de endereçamento postal), no qual deverá ser mantido atendimento ao público; II – possui sistema informatizado para controle dos bens removidos, com fotos e especificações, para consulta on-line*

---

128. O ato processual de realização do leilão pelo leiloeiro é exemplo, bem-sucedido, de desjudicialização de ato executivo.

*pelo Tribunal, assim como de que dispõe de equipamentos de gravação ou filmagem do ato público de venda judicial dos bens ou contrato com terceiros que possuam tais equipamentos; III – possui condições para ampla divulgação da alienação judicial, com a utilização dos meios possíveis de comunicação, especialmente publicação em jornais de grande circulação, rede mundial de computadores e material de divulgação impresso; IV – possui infraestrutura para a realização de leilões judiciais eletrônicos, bem como de que adota medidas reconhecidas pelas melhores práticas do mercado de tecnologia da informação para garantir a privacidade, a confidencialidade, a disponibilidade e a segurança das informações de seus sistemas informatizados, submetida à homologação pelo Tribunal respectivo; V – não possui relação societária com outro leiloeiro público ou corretor credenciado"* (art. 2º Resolução CNJ 236).

O procedimento de credenciamento e descredenciamento fica a cargo e responsabilidade dos respectivos tribunais como determina o § 3º do art. 880 do CPC, que, para tanto, poderá criar "Comissões Provisórias de Credenciamento de Leiloeiros" que poderão definir, analisar, fiscalizar e informar ao Tribunal sobre o cumprimento das disposições editalícias e normativas referente ao exercício da atividade. Se por um lado o credenciamento depende de provocação do interessado, o seu descredenciamento não precisa ser provocado, pois é ato de ofício da administração pública (tribunal), mas devem ser feitos (credenciamento e descredenciamento) por meio de um procedimento formal, transparente, com contraditório de todos os interessados, e, especial se se tratar de descredenciamento que deve ser assegurada a ampla defesa, não apenas porque tem por consequência a exclusão dos quadros, mas também porque afetará a sua imagem/credibilidade como leiloeiro público que é essencial para o exercício de seu mister.[129]

### 3.5.5.2.2   A indicação do leiloeiro público

O art. 883 diz que caberá ao juiz a designação do leiloeiro público, que poderá ser indicado pelo exequente. *Indicar* e *designar* não se confundem. Há uma faculdade do exequente em indicar, dar uma sugestão dentro da ideia de cooperação processual e de bom alvitre que fundamente as razões pelas quais oferta a indicação, mas ela não vincula o juiz de forma alguma. A definição cabe ao magistrado que deve proceder a escolha e designar o leiloeiro público responsável pela alienação do bem penhorado.

Obviamente que, indicados ou não pelo exequente, a escolha e designação judicial deve estar limitada àqueles que estiverem credenciados no poder judiciário e deve ser pautada numa maior expertise para alienação do bem penhorado e não em relações de coleguismo ou amizade. A eficiência e a impessoalidade devem ser

---

129. Resolução CNJ 236, Art. 4º O credenciamento de novos leiloeiros e corretores públicos será realizado por meio de requerimento dos interessados, conforme procedimento definido pelo Tribunal correspondente. Parágrafo único. O descredenciamento de leiloeiros públicos e corretores ocorrerá a qualquer tempo, a pedido da parte interessada ou pelo descumprimento de dispositivos desta Resolução, mediante ampla defesa e contraditório.

CAPÍTULO 03 • FASE INSTRUTÓRIA DO PROCEDIMENTO PARA PAGAMENTO DE QUANTIA

marcas claras e transparentes. Seja por escolha direta do juiz (art. 883) ou por sorteio eletrônico (regulamento pelos tribunais) dentre os credenciados devem ser *"feitas de modo equitativo, observadas a impessoalidade, a capacidade técnica do leiloeiro público e a participação em certames anteriores"* (art. 9º da Resolução 236 do CNJ).

### 3.5.5.2.3 Deveres do leiloeiro

Sem prescindir dos deveres inerentes ao exercício da profissão que são regulamentados no Decreto Lei 21891, diz o artigo 884 que incumbe ao leiloeiro público: I – publicar o edital, anunciando a alienação; II – realizar o leilão onde se encontrem os bens ou no lugar designado pelo juiz; III – expor aos pretendentes os bens ou as amostras das mercadorias; IV – receber e depositar, dentro de 1 (um) dia, à ordem do juiz, o produto da alienação; V – prestar contas nos 2 (dois) dias subsequentes ao depósito.

A rigor o leiloeiro não é apenas aquele sujeito que anuncia o bem, ouve as propostas e "bate o martelo" rematando a licitação. Ele faz a gestão de todo o leilão, que se inicia antes mesmo deste momento tão marcante que é aquele que as propostas são ofertadas, e, diríamos, os atos preparatórios deste momento crucial são decisivos para o seu "sucesso". Não será incomum, portanto, que existam *prepostos* do leiloeiro que atuem no procedimento de venda do bem penhorado. Tais funcionários se submetem ao mesmo regime jurídico do próprio leiloeiro em relação a necessidade da impessoalidade, isenção e imparcialidade. É dever do leiloeiro (e de seus prepostos) sempre atender aos chamados do juiz para reuniões com os órgãos judiciais onde atuem, de manter os seus dados cadastrais atualizados; de criar e manter, na rede mundial de computadores, endereço eletrônico e ambiente web para viabilizar a realização de alienação judicial eletrônica e divulgar as imagens dos bens ofertados (at. 5º da Resolução CNJ 236).

Para que existam interessados em fazer ofertas é preciso que tais pessoas tenham conhecimento prévio do leilão. A informação clara, precisa, transparente e completa sobre o que será leiloado, quando e onde será leiloado, o valor de cada lote ou cada bem, em que condições se encontra, as especificidades do bem, suas qualidades, aspectos como ano, modelo, tempo de uso entre outros dados são fundamentais para que interessados possam comparecer e ofertar um preço. Tratando-se de um bem que já pertence a uma pessoa (executado) é mister que possam ser visualizados e até vistoriados, e, por isso, tais bens – ou amostras deles – devem estar expostas para que os interessados possam confrontar as informações e decidir se vale ou não a pena oferecer o preço na data, local e hora marcada do leilão. Tudo deve ser feito com a maior transparência possível. Daí porque o art. 884 diz praticamente o óbvio nos incisos I a III em relação aos atos preparatórios.

Já os incisos IV e IV refere-se a deveres jurídicos posteriores à arrematação, pois na condição de auxiliar de justiça do Estado juiz com a incumbência de venda de bens que não te pertencem, deve depositar em juízo, na conta judicial vinculada à execução respectiva, o valor recebido na arrematação e por isso mesmo deve prestar contas de como se deu o leilão, em especial da disputa que levou a arrematação vencedora, como determina o inciso V em consonância com as regras do art. 693-709 do CCB.

Mais minudente que os dispositivos legais citados acima que estabelecem a responsabilidade do leiloeiro é o art. 5° da Resolução CNJ 236 ao determinar que *"mediante a celebração do Termo de Credenciamento e Compromisso, em modelo aprovado pelo órgão jurisdicional, o leiloeiro público assumirá, além das obrigações definidas em lei"* outras responsabilidades que são especificadas nos incisos do referido artigo.

Estas responsabilidades não são mencionadas no texto do CPC, mas são óbvias pois resultam da própria atividade desenvolvida pelo leiloeiro no exercício do leilão judicial.

Assim, justamente porque devem proceder a alienação do bem penhorado, permitindo que sejam visitados e vistoriados por interessados em participar do leilão, devem manter sob guarda e depósito os bens que foram anunciados e descritos no estados em que se encontravam, então deverá o leiloeiro proceder a *"remoção dos bens penhorados, arrestados ou sequestrados, em poder do executado ou de terceiros, para depósito sob sua responsabilidade, assim como a guarda e a conservação dos referidos bens, na condição de depositário judicial, mediante nomeação pelo juízo competente, independentemente da realização pelo leiloeiro público depositário do leilão do referido bem"*. Desta forma, nessa condição deve *"comunicar, imediatamente, ao juízo da execução, qualquer dano, avaria ou deterioração do bem removido"*. Aliás, justamente porque acaba sendo um depositário provisório do bem a ser alienado, é perfeitamente possível – *até recomendável* – que o juiz decida já por nomeá-lo como depositário quando da realização da penhora, evitando deslocamentos e remoções, como expressamente autoriza o § 5°, art. 7° da Resolução CNJ 236 ao dizer que *"os leiloeiros públicos credenciados poderão ser nomeados pelo juízo da execução para remover bens e atuar como depositário judicial"*.

Conquanto o art. 884 do CPC determine o seu dever de publicar o edital, e, o artigo 886 estabeleça o conteúdo do edital, o artigo 5° da Resolução CNJ 236 vai além ao estabelecer diretivas sobre como deve ser este dever de divulgação, ou seja, é de responsabilidade do leiloeiro a *"divulgação do edital dos leilões de forma ampla ao público em geral, por meio de material impresso, mala direta, publicações em jornais e na rede mundial de computadores, inclusive com imagens reais dos bens nesse canal de comunicação, para melhor aferição de suas características e de seu estado de conservação"*.

Ademais, como o art. 884, III do Código de Processo Civil determina o seu dever de *"expor aos pretendentes os bens ou as amostras das mercadorias"* que serão leiloados, o artigo 5°, III da Resolução CNJ 236 vai além, impondo a responsabilidade de expor os bens sob sua guarda, *"mantendo atendimento ao público em imóvel*

CAPÍTULO 03 • FASE INSTRUTÓRIA DO PROCEDIMENTO PARA PAGAMENTO DE QUANTIA | **409**

*destinado aos bens removidos no horário ininterrupto das 8h às 18h, nos dias úteis, ou por meio de serviço de agendamento de visitas".*

Na condição de auxiliar do juízo deve ainda (i) *"responder ou justificar sua impossibilidade, de imediato, a todas as indagações formuladas pelo juízo da execução";* (ii) estar presente no local do leilão com *"antecedência necessária"* para certificar se todos os aspectos estão funcionamento corretamente para evitar qualquer tipo de incidente que comprometa a realização do leilão; (iii) deve guardar, para futura comprovação de todos os recibos de *"despesas decorrentes de remoção, guarda e conservação dos bens",* posto que deverá prestar contas formalmente da sua atividade ao juiz e eventualmente ser ressarcido pelas despesas apresentadas que estiverem devidamente documentadas; (iv) *excluir imediatamente do leilão os bens quando o juiz determinar.*

### 3.5.5.2.4    Remuneração do leiloeiro

O trabalho do leiloeiro tem custo e deve ser remunerado. Não parece haver dúvidas de que realizar, com responsabilidade e competência, a tarefa de alienação do bem penhorado implica em um ônus financeiro que obviamente deve ser remunerado, daí porque o parágrafo único do art. 884 diz que o leiloeiro tem o direito de receber do arrematante a comissão estabelecida em lei ou arbitrada pelo juiz.

É incisivo o art. 901, § 1º quando diz que a ordem de entrega do bem móvel ou a carta de arrematação do bem imóvel, com o respectivo mandado de imissão na posse, só será expedida *"depois de efetuado o depósito ou prestadas as garantias pelo arrematante, bem como realizado o pagamento da comissão do leiloeiro e das demais despesas da execução".*

Na verdade, o comitente é o Estado juiz e o comissário é o leiloeiro, mas por razões simplificadoras este recebe diretamente do arrematante o percentual de sua remuneração que não deve ser "arbitrada" pelo juiz porque não há arbítrio no sentido de o magistrado poderia impor um valor e o leiloeiro ter que aceitá-lo. O art. 24, parágrafo único do DL 21981/32 diz que *"os compradores pagarão obrigatoriamente cinco por cento sobre quaisquer bens arrematados".* O valor legal definido no parágrafo único pode se mostrar exagerado na hipótese.

Nos parece, lege ferenda, que deveria haver equilíbrio na definição do valor da corretagem, pois, por exemplo, se se tratar de leilão de muitos bens imóveis que tenham um poder de atração de licitantes muito grande é justo que o valor da corretagem possa ser inferior ao legal pois o percentual sobre o bem vendido pode ser elevado e as chances de ocorrer a venda podem ser grandes. Apenas o caso concreto é que dirá se há esta margem de possibilidade de redução do percentual legal. Nem o juiz (Estado) está ali para negociar, nem o leiloeiro deve fazer da sua atividade para o poder judiciário uma oportunidade de lucro exorbitante. Por isso, acaso o juiz, segundo suas máximas de experiência entenda que o leilão tem ótima oportunidade de bons resultados pelos bens que serão leiloados, pode fixar o percentual abaixo da lei e consultar leiloeiros cadastrados para saber se se interessam em realizar a venda do bem segundo aquelas condições, que, obviamente, podem ser recusadas pelo leiloeiro consultado.

De qualquer forma nesta comissão sobre o valor da arrematação não se inclui as despesas que ele (leiloeiro) teve com a remoção, guarda e conservação dos bens, que deverão ser ressarcidas, desde que documentalmente comprovadas, na forma da lei. Esse "ressarcimento das despesas" deve ser apresentado em prestação de contas formalmente ao juízo da execução e não pode ser nem além e nem aquém do que efetivamente foi gasto.

E, *quid inde*, se todo o trabalho foi desenvolvido pelo Leiloeiro, mas não houve interessados na aquisição do bem, sendo infrutífero o leilão judicial? Obviamente que tanto nesta hipótese quanto nas situações em que o exequente desistir em tempo da execução, ou em que a arrematação for anulada ou de extinção da execução por renúncia do exequente, ou ainda por remição da execução pelo executado, ou adjudicação promovida pelos legitimados do art. 876, não será devida a comissão ao leiloeiro público pois não foi procedida nenhuma arrematação válida. Obviamente que as eventuais despesas realizadas com o leilão que não se realizou devem ser reembolsadas se devidamente comprovadas pelo leiloeiro.

> (...) 2. Em regra, a base de cálculo da comissão a ser paga pelo arrematante ao leiloeiro é o valor da arrematação, nos termos do art. 24, parágrafo único, do Decreto n. 21.981/1932 c/c o art. 705, IV, do Código de Processo Civil.
>
> 3. O direito subjetivo à comissão exsurge quando efetivamente realizada a hasta ou leilão, com a consequente arrematação do bem, cabendo ao arrematante o dever de efetuar o pagamento da referida remuneração. Inexistente a arrematação, o leiloeiro faz jus somente à percepção das "quantias que tiver desembolsado com anúncios, guarda e conservação do que lhe for entregue para vender, instruindo a ação com os documentos comprobatórios dos pagamentos que houver efetuado, por conta dos comitentes e podendo reter em seu poder algum objeto, que pertença ao devedor, até o seu efetivo embolso" (art. 40 do Decreto n. 21.981/1932). Precedentes.
>
> 4. No caso, porém, é fato incontroverso a não ocorrência de arrematação, uma vez que a dívida foi remida pelo devedor logo após a realização da primeira praça – em caráter condicional. Nessa linha de intelecção, ante a não efetivação do leilão e a inexistência de previsão expressa no edital acerca de eventual comissão devida se acaso suspensa ou anulada a hasta pública, não é devido nenhum pagamento ao pregoeiro a título de prestação de serviços.
>
> (...) (REsp 1179087/RJ, Rel. Ministro Luis Felipe Salomão, Quarta Turma, julgado em 22.10.2013, DJe 04.11.2013).

Na hipótese de arrematação feita, mas anulada ou cuja ineficácia foi reconhecida posteriormente (art. 903), o leiloeiro público (e o corretor se for o caso) deverá devolver ao arrematante o valor recebido a título de comissão, corrigido pelos índices aplicáveis aos créditos respectivos como determina o art. 7º da Resolução 236 do CNJ. Por outro lado, seguindo este mesmo dispositivo, se após a arrematação em leilão público foi realizada a *remição do bem arrematado pelo executado* na hipótese do artigo 902 o leiloeiro e o corretor público farão jus à comissão prevista no *caput*.

Nos termos do artigo 884, parágrafo único do CPC o leiloeiro tem o direito de receber do arrematante a comissão estabelecida em lei ou arbitrada pelo juiz, mas se o valor da arrematação for superior ao do crédito exequendo, tanto *"a comissão do leiloeiro público, bem como as despesas com remoção e guarda dos bens, poderá ser deduzida do produto da arrematação"*. (§ 4º do art. 7º da Resolução 236 CNJ).

### 3.5.5.2.5 O custo da remoção dos bens

Lembremos que a penhora, regra geral, pressupõe a *"a apreensão e o depósito dos bens"* (art. 831) e que os bens poderão ser depositados em poder do executado *"nos casos de difícil remoção"* (§ 2º art. 840), caso em que não perde o contato físico com a coisa, mas altera a natureza da sua relação com a mesma (de possuidor à depositário).

Assim, basta imaginarmos a hipótese de num caso em que algumas máquinas agrícolas de grande porte (arados, semeadoras, subsoladoras, pulverizadores etc.) do executado são penhoradas e valendo-se da regra do dispositivo citado acima o juízo determina que ele, executado, permaneça como depositário das máquinas. Nesta hipótese haverá um custo para transferir os bens que estão com o executado para o espaço físico do leiloeiro onde os bens serão disponibilizados à exposição dos interessados e onde possivelmente será o local do leilão. Esse custo de remoção se agrega, ainda, obviamente, o de guarda a conservação do bem durante o período em que ali estiver sob custódia do leiloeiro.

É claro que algumas situações devem ser *pensadas* porque não apenas o leilão pode ser infrutífero (ninguém arremate o bem) e o bem precise ser devolvido ao executado para que volte à condição de depositário da referida máquina. Pode ocorrer também de depois de ter ocorrido a remoção para ser anunciado o leilão seja deferida a substituição do bem penhorado, ou tenha ocorrido a adjudicação do bem ou, qualquer situação jurídica que afaste a necessidade de realização do leilão. Obviamente que este custo/despesa do leiloeiro deve ser ressarcido como expressamente determina o § 7º do art. 7º da Resolução CNJ 236 ao dizer que *"o executado ressarcirá as despesas previstas no caput, inclusive se, depois da remoção, sobrevier substituição da penhora, conciliação, pagamento, remição ou adjudicação"*.

Pensando nestas situações prescreve a Resolução CNJ 236, art. 7º diz que *"os leiloeiros públicos credenciados poderão ser nomeados pelo juízo da execução para remover bens e atuar como depositário judicial"*, o que diminuiria bastante o custo da execução se desde o início da penhora já fosse nomeado como tal. Uma vez aceito o múnus de depositário para futuro leilão se o leiloeiro/depositário se recusar injustificadamente *"à ordem do juízo da execução para remoção do bem deverá ser imediatamente comunicada ao Tribunal para análise de eventual descredenciamento"* (art.7º, § 6º da Resolução CNJ 236). Nos termos do artigo 8º *"o juízo da execução deverá priorizar* os bens removidos na ordem de designação do leilão, assim como o ressarcimento das despesas com a remoção e guarda, observados os privilégios legais".

### 3.5.5.3 Os licitantes

#### 3.5.5.3.1 Quem não pode participar como licitante

Desde que sejam maiores, capazes e estejam na livre administração dos seus bens qualquer pessoa pode ser um licitante, ou seja, pode participar do leilão judicial ofertando um preço – *fazendo um lance* – pelo bem objeto da venda.

É claro que existem exceções a esta regra, por exemplo, para preservação da segurança jurídica e da imparcialidade que alguns personagens devem ter em relação à causa ou às pessoas nelas envolvidas. Assim, determina o artigo 890 do CPC:

Art. 890. Pode oferecer lance quem estiver na livre administração de seus bens, com exceção:

I – dos tutores, dos curadores, dos testamenteiros, dos administradores ou dos liquidantes, quanto aos bens confiados à sua guarda e à sua responsabilidade;

II – dos mandatários, quanto aos bens de cuja administração ou alienação estejam encarregados;

III – do juiz, do membro do Ministério Público e da Defensoria Pública, do escrivão, do chefe de secretaria e dos demais servidores e auxiliares da justiça, em relação aos bens e direitos objeto de alienação na localidade onde servirem ou a que se estender a sua autoridade;

IV – dos servidores públicos em geral, quanto aos bens ou aos direitos da pessoa jurídica a que servirem ou que estejam sob sua administração direta ou indireta;

V – dos leiloeiros e seus prepostos, quanto aos bens de cuja venda estejam encarregados;

VI – dos advogados de qualquer das partes.

Há neste dispositivo uma louvável preocupação em deixar claro que, em razão do papel que possuem e da função que exercem, determinadas pessoas não podem "oferecer lance em leilão" seja por si mesmo, diretamente, ou por terceiros que os representem explícita ou implicitamente.

A clareza e objetividade do Código é exemplar, pois mostra claramente que estes sujeitos simplesmente não podem, por melhor que seja a intenção e ausente o dolo, ser licitante num leilão judicial. É interessante notar que o inciso III não proíbe apenas os servidores públicos que direta ou indiretamente atuaram naquele processo em que será feito o leilão, mas *"em relação aos bens e direitos objeto de alienação na localidade onde servirem ou a que se estender a sua autoridade"*. Se insere nesta hipótese também o juiz deprecante, ainda que a alienação tenha sido realizada no juízo deprecado e a ele caiba julgar os incidentes envolvendo tal ato da execução. Neste particular a redação do inciso III é bem melhor do que o texto original do inciso III do artigo 690 do Código revogado.

Da forma como é posta a exceção do inciso III parece claro que deva ter uma exegese *ampliativa*, ou seja, na dúvida não é permitido ao servidor público oferecer

CAPÍTULO 03 • FASE INSTRUTÓRIA DO PROCEDIMENTO PARA PAGAMENTO DE QUANTIA **413**

lance. Com isso o Código pretende afastar qualquer possibilidade de que informações ou facilidades possam ser dadas a tais servidores na participação do certame. Observe-se que não é apenas a proteção da isenção em relação ao objeto da causa, mas também se busca preservar a isonomia dos licitantes que devem estar em igualdade de condições para licitar.

Aquele que de alguma forma possui uma relação de guarda/administração/tutela de bens confiados à sua responsabilidade, aí incluído os leiloeiros e os seus prepostos, simplesmente não possuem, pela função que exercem, a condição de igualdade necessária para participar de uma licitação, e, mais ainda os leiloeiros, que, além disso atuam como auxiliar do juízo no processo no qual atuam, fazendo incidir a hipótese do inciso III. Assim, embora a redação original do CPC de 1973 não constasse nem o inciso IV e nem o V, parecia-nos claro que o leiloeiro e seus prepostos não poderiam participar pela relação de *comitente/comissário*, bem como por ser auxiliar do juízo especificamente para alienar o bem penhorado.

A vedação do inciso V, ao nosso ver só se encaixaria em relação ao advogado do executado, inclusive sujeito à reprimenda pelo estatuto do advogado, mas não em relação ao advogado do exequente que não exerce nenhum papel que justifique a proibição, nem mesmo acerca de informações sobre o bem penhorado, ou seja, estaria em igualdade de condições aos demais. Se o próprio exequente pode licitar, não vemos razão para que o legislador tenha impedido a sua participação. Dada a objetividade do texto do artigo 890 parece-nos que a arrematação realizada por quem não poderia licitar é causa de nulidade do referido ato (art. 903, I do CPC).

### 3.5.5.3.2    O exequente como licitante

O exequente pode ser um dos licitantes, ou seja, estando ele na livre administração dos seus bens, nada impede que seja ele um dos concorrentes a oferecer oferta pelo bem do executado que foi levado a leilão. E pode fazê-lo, inclusive usando o seu crédito como se observa no § 1º do artigo 892 quando diz que "*se o exequente arrematar os bens e for o único credor, não estará obrigado a exibir o preço, mas, se o valor dos bens exceder ao seu crédito, depositará, dentro de 3 (três) dias, a diferença, sob pena de tornar-se sem efeito a arrematação, e, nesse caso, realizar-se-á novo leilão, à custa do exequente*".

Esta regra que permite ao exequente participar do leilão e ofertar um preço pode servir de desestímulo à adjudicação do bem penhorado por ele (art.876, *caput*), pois dificilmente ele pretenderá a adjudicação pelo preço da avaliação, quando poderia participar do leilão pagando um preço inferior ao avaliado (preço mínimo fixado pelo juiz ou que não seja vil).

Assim, por exemplo, um bem imóvel penhorado que seja avaliado em 150 mil reais pode ser adjudicado pelo exequente por este valor, ou, se ele preferir, pode optar por não adjudicar e, mais adiante, ser objeto de arrematação por metade deste valor (art. 890, parágrafo único), obviamente que concorrendo com outros licitantes e sem qualquer tipo de preferência para arrematar.

É de se observar que normalmente o pagamento a ser feito pelo arrematante *deverá ser realizado de imediato pelo arrematante, por depósito judicial ou por meio eletrônico* (art. 892). Contudo, salvo pronunciamento judicial em sentido diverso ou situações especialmente tratadas pelo legislador o pagamento pode ser protraído no tempo como na hipótese do art. 895 do CPC ou ainda quando o arrematante é o exequente e for o único credor, caso em que não estará obrigado a exibir o preço, mas, se o valor dos bens exceder ao seu crédito, depositará, *dentro de 3 (três) dias, a diferença, sob pena de tornar-se sem efeito a arrematação, e, nesse caso, realizar-se-á novo leilão, à custa do exequente* (art. 892, § 1º).

### 3.5.5.3.3 Cientificar não é participar do leilão judicial como licitante

É importante não confundir que todos os sujeitos indicados nos incisos do art. 799, do art. 804, bem como no artigo 889 devem sem cientificados previamente da alienação judicial a ser realizada por meio do leilão judicial porque possuem um vínculo jurídico com o bem penhorado que lhes permite, ou exercer direito de preferência na arrematação, em igualdade de oferta (art.892, § 3º) ou então exercer o direito de preferência no concurso de créditos/exequentes após a expropriação liquidativa e antes da entrega do dinheiro ao exequente (art. 908). Isso quer dizer que serão cientificados, mas não necessariamente que devem participar do leilão. Participam se quiserem participar e desde que estejam na livre administração de seus bens. Por expressa manifestação do artigo 903, § 1º, III a arrematação será considerada ineficaz, se não observado o disposto no art. 804.

### 3.5.5.3.4 Concorrência de licitantes e preferências em caso de empate de ofertas

É da natureza dos leilões a competitividade, a concorrência e a existência de ofertas pelos licitantes para a aquisição do bem leiloado. Assim, se houver mais de um pretendente, proceder-se-á entre eles à licitação num certame competitivo. Embora seja indesejável, pode acontecer de dois ou mais lances serem iguais e, portanto, estar configurada a inusitada situação de "empate" de lances.

Para estas situações o Código cria "preferencias em caso de empate", tal como determina o artigo como a prevista no artigo 892, § 2º ao dizer que *"se houver mais de um pretendente, proceder-se-á entre eles à licitação, e, no caso de igualdade de oferta, terá preferência o cônjuge, o companheiro, o descendente ou o ascendente do executado, nessa ordem"*. Mais adiante, no § 3º ao dizer que *"no caso de leilão de bem tombado, a União, os Estados e os Municípios terão, nessa ordem, o direito de preferência na arrematação, em igualdade de oferta"*. Também no art. 893 diz o texto legal que *"se o leilão for de diversos bens e houver mais de um lançador, terá preferência aquele que se propuser*

CAPÍTULO 03 • FASE INSTRUTÓRIA DO PROCEDIMENTO PARA PAGAMENTO DE QUANTIA

a arrematá-los todos, em conjunto, oferecendo, para os bens que não tiverem lance, preço igual ao da avaliação e, para os demais, preço igual ao do maior lance que, na tentativa de arrematação individualizada, tenha sido oferecido para eles".

### 3.5.5.3.5    Licitante e arrematante: figuras distintas

Licitantes são todos aqueles que participam e oferecem lances no leilão enquanto o arrematante é, em linguagem vulgar, dentre estes, o que proporciona o remate, a conclusão, a finalização.

O sujeito que oferece a maior oferta e sagra-se vencedor permite com isso que seja feito o *remate* do leilão. A rigor, arrematante não é o lançador que oferece o maior e último lance, porque não é ele que põe o remate no leilão. Por metonímia chama-se *arrematante* aquele que, ao oferecer o último e maior lance faz com que a concorrência termine, seja rematado. Mas quem põe formalmente o fim é o juiz ao assinar e entregar a carta de arrematação ao licitante vencedor.

O Código usa a maior parte das vezes o termo de forma coloquial (v.g. art. 885) e também de modo técnico (v.g. art. 901), pois toma como *arrematante* a pessoa que dá o maior lance e sagra-se vencedora, proporcionando que seja feito o remate, como também como ato de pôr fim ao procedimento de alienação pelo leilão ao falar em *carta de arrematação*.

### 3.5.5.3.6    A participação do executado

Por expressa dicção do artigo 889 *"serão cientificados da alienação judicial, com pelo menos 5 (cinco) dias de antecedência o executado, por meio de seu advogado ou, se não tiver procurador constituído nos autos, por carta registrada, mandado, edital ou outro meio idôneo"*.

Esta regra melhorou em relação ao CPC revogado, que na sua redação original (art. 687, § 3º) previa que o próprio executado deveria ser *"intimado por mandado do dia e hora da realização da praça ou leilão"* o que sempre era uma dificuldade que acabava fazer com que o leilão fosse adiado prejudicando o exequente e a própria eficiência da prestação estatal.

Assim, atualmente, o executado deverá ser intimado, na pessoa de seu advogado, e, se não tiver, na forma descrita no artigo 889, I, lembrando que se aplica integralmente a regra do artigo 274 do CPC em relação ao endereço do executado já constante dos autos.

Mas, como se vê acima, uma coisa é ter a *ciência*, outra coisa é *participar do leilão*. Pouco importa se o executado estará ou não presente no leilão que servirá para alienar o seu bem, e, isso fica claro porque o artigo 880, § 2º menciona que "a alienação será formalizada pôr termo nos autos, com a assinatura do juiz, do exequente, do adquirente e, se estiver presente, do executado", ou seja, se estiver presente e quiser assinar, ótimo, mas se não quiser, não altera em nada.

### 3.5.6 O objeto a ser leiloado

#### 3.5.6.1 Bens e lotes

Não há leilão sem um objeto a ser leiloado. No leilão judicial o objeto a ser leiloado é o bem penhorado pertencente ao executado que não foi adjudicado. Para que alguém se interesse em arrematar o bem é necessário que saiba previamente o estado em que se encontra o bem, como adverte o art. 886, II ao dizer que o edital deve conter "a descrição do bem penhorado, com suas características, e, tratando-se de imóvel, sua situação e suas divisas, com remissão à matrícula e aos registros, o valor pelo qual o bem foi avaliado, o preço mínimo pelo qual poderá ser alienado (...), a menção da existência de ônus, recurso ou processo pendente sobre os bens a serem leiloados".

Na dinâmica dos leilões os bens a serem leiloados são separados por lotes, que podem conter um ou mais produtos. Assim, por exemplo, se o bem penhorado do executado são 30 caixas de celulares novos, estes bens podem ser separados em lotes diferentes (com numeração diferente), até porque tudo leva a crer que seja mais fácil vender em unidades separadas. Por outro lado, se o bem penhorado é um veículo, integrará sozinho um único lote.

Desta forma um lote pode conter um, ou mais de um produto, e considerando que um mesmo leilão pode ser utilizado para venda de muitos produtos, até de diferentes execuções, os lotes servem para distinguir e ao mesmo tempo identificar qual o lote interessa ao licitante. Não é necessário que se realize um leilão para cada bem penhorado de cada executado, pois isso teria um enorme custo de tempo e dinheiro.

#### 3.5.6.2 Leilões de bens de diversas execuções

Não será incomum que sejam aglutinados num mesmo leilão várias alienações diferentes de vários bens de diversos executados de distintos processos. A concentração de todas as alienações num "grande" leilão pode ser um chamariz importante para que se tenham mais interessados presentes que desejem participar. Relembre-se que uma forma de reduzir o custo da alienação por leilão judicial é, sempre que possível e viável, reunir num mesmo leilão várias alienações referentes a processos diferentes que tramitem no mesmo juízo. Tanto isso é verdade que ao tratar da divulgação prévia da alienação judicial para atrair interessados a comparecer no leilão diz o CPC no artigo 887, § 6º que *"o juiz poderá determinar a reunião de publicações em listas referentes a mais de uma execução"*.

### 3.5.6.3 Conjunto de bens e arrematação preferencial

Assim, recomenda-se que sejam os bens separados por lotes diferentes, ainda que, como se disse, um lote contenha apenas um único bem. No exemplo que demos acima, de alienação de 30 caixas de celulares novos, é possível que existam lançadores diferentes para os diversos lotes. Nesta hipótese (leilão for de diversos bens e houver mais de um lançador), o CPC estabelece uma preferência para aquele *"que se propuser a arrematá-los todos, em conjunto, oferecendo, para os bens que não tiverem lance, preço igual ao da avaliação e, para os demais, preço igual ao do maior lance que, na tentativa de arrematação individualizada, tenha sido oferecido para eles"*. O artigo 893 opta por simplificar a relação fixando a alienação em apenas um arrematante, respeitada a regra acima.

### 3.5.6.4 Bens imóveis que admitem cômoda divisão

Também é regra (art. 894) referente ao objeto do leilão as situações em que o imóvel admite uma cômoda divisão, que ele seja alienado por partes, como no exemplo de uma penhora de um prédio comercial que seja possível alienar as frações ideais das unidades que compõem o prédio em separado. Não havendo lançador das unidades separadamente, far-se-á então a alienação do imóvel em sua integridade.

Só que para proceder desta forma, é preciso que a alienação por partes seja requerida a tempo de permitir a avaliação das glebas destacadas e sua inclusão no edital, e, nesse caso, caberá ao executado instruir o requerimento com planta e memorial descritivo subscritos por profissional habilitado. Se o executado não fizer o requerimento a tempo e só vier a fazê-lo depois de marcado o leilão, mas antes de ter sido realizado, muito excepcionalmente deve o juiz admitir o eventual cancelamento do leilão e a determinação de avaliação em partes se isso se mostrar evidente na referida petição do executado (questão de ordem pública), sem prejuízo de ter que custear imediatamente os custos já ocorridos para a realização do certame que causou adiamento. Trata-se de situação excepcional – requerimento tardio de avaliação por partes – que como tal deve ser avaliada pelo juiz, sem esquecer de ofertar ao exequente o direito de se manifestar previamente, caso incline-se pelo adiamento.

É certo que a alienação por partes tende a ser mais protetiva do executado e, a priori, é ele que deve, quando o imóvel admitir cômoda divisão, proceder o requerimento ao juiz para que seja a alienação judicial de parte dele, desde que suficiente para o pagamento do exequente e para a satisfação das despesas da execução. Obviamente que diante deste pleito o exequente deve ser ouvido para expor as suas razões pela manutenção do imóvel na sua integralidade. Como existe o risco de que o leilão por partes seja negativo, diz o artigo 894, § 1º que não havendo lançador, far-se-á a alienação do imóvel em sua integridade ou seja, mesmo sendo deferida a alienação por partes, todo o imóvel continua penhorado.

### 3.5.6.5    Preço de reserva: preço mínimo judicial e legal

Todos os bens penhorados que se submetem a uma expropriação liquidativa passam por uma avaliação prévia, salvo nas hipóteses dos incisos II e III do art. 870. O ponto de partida do leilão judicial é o valor da avaliação do bem, e, a depender da concorrência e do interesse dos licitantes ele pode subir ou descer. Não existem limites para o valor acima do que foi avaliado judicialmente, mas existe o *preço de reserva* na alienação judicial por meio do leilão público.

Esse preço de reserva é o limite mais baixo, o piso, o preço, inferior ao da avaliação judicial, pelo qual ele não pode ser alienado em leilão público. O valor inferior ao preço de reserva, legal ou judicial, é considerado vil, como diz o art. 890, parágrafo único:

> Art. 890, parágrafo único
>
> Considera-se vil o preço inferior ao mínimo estipulado pelo juiz e constante do edital, e, não tendo sido fixado preço mínimo, considera-se vil o preço inferior a cinquenta por cento do valor da avaliação.

E, sendo vil o preço a arrematação pode ser invalidada como diz o artigo 903, § 1°, I do Código. O preço de reserva pode ser fixado pelo juiz, ou, na ausência deste, o fixa a lei o valor de 50% abaixo da avaliação.

O dever judicial de fixar o preço mínimo pelo qual o bem pode ser alienado, tanto no caso de alienação por iniciativa particular, quanto na pelo leilão judicial vem expresso no Código, a saber:

> Art. 880
>
> § 1° O juiz fixará o prazo em que a alienação deve ser efetivada, a forma de publicidade, o preço mínimo, as condições de pagamento, as garantias e, se for o caso, a comissão de corretagem.
>
> Art. 885. O juiz da execução estabelecerá o preço mínimo, as condições de pagamento e as garantias que poderão ser prestadas pelo arrematante.

Ademais, o tal "preço mínimo" deve constar inclusive no edital de convocação de interessados (art. 886), o que nos parece muito importante, afinal de contas todos os interessados devem saber o valor pelo qual foi avaliado, o valor do preço mínimo e a comissão de corretagem. Não apenas a transparência recomenda-se que tais informações constem do edital, mas também para que se possa estimular o interesse dos eventuais lançadores.

Todavia, o Código deixa escapar que, nada obstante esse dever judicial de fixar o *preço mínimo*, é possível que ele não seja fixado pelo juiz, e, para evitar qualquer tipo de prejuízo no itinerário executivo, deixa claro havendo esta lacuna, considera-se como preço mínimo 50% do valor pelo qual ele foi avaliado judicialmente.

O parágrafo único do art. 890 reforça, portanto, a existência de um preço mínimo judicial e um legal, sendo que este é fixado em 50% do valor da avaliação. Uma questão interessante é saber se o preço mínimo judicial pode ser abaixo deste valor do preço mínimo legal (50% do valor da avaliação). Em nosso sentir o juiz deve respeitar este limite legal, isto é, o preço mínimo a ser fixado por ele não pode ser inferior ao mínimo legal, sob pena de se criar uma regra absolutamente sem sentido, pois, por exemplo, seria como admitir que para o legislador um imóvel avaliado em 150 mil reais não pudesse ser arrematado por menos de 75 mil reais, mas pudesse ser alienado por um valor menor caso tenha o juiz fixado um mínimo abaixo disso. O valor mínimo legal é o limite para o valor mínimo judicial.

Pode-se até questionar, e, pensamos que tal questionamento é muito importante, sobre mais este limite político à execução, ou seja, qual a real necessidade de se fixar um preço de reserva para proteger o patrimônio do executado, quando se sabe que dito patrimônio responde pela dívida por ele assumida. Nos leilões privados o preço de reserva está diretamente relacionado com a proteção dos interesses econômicos do comitente ou do comissário, pois acreditam que terão prejuízo se o bem sair por um valor inferior àquele, e, por acreditar que em outra oportunidade pode ser alcançado um preço melhor do que o de reserva. Contudo, não estamos num leilão privado e não se espera que ninguém tenha lucro. A expropriação liquidativa é parte de um processo de expropriação estatal e não está ali para dar lucro ou prejuízo a quem quer que seja. O estado não está ali para fazer bons negócios, nem para ele, nem para o executado e menos ainda para o executado.

O seu patrimônio mínimo já foi protegido pela impenhorabilidade e não haveria por que existir um preço mínimo. Se o bem do executado foi a leilão e não houve interessados, partindo da premissa que todos os meios normais e típicos de divulgação tenham sido realizados, então é sinal de que pela lei da oferta e da procura o referido bem não vale o preço que foi fixado na avaliação, daí porque nesta hipótese adotamos a posição de que, se for de interesse do exequente (art. 878), poderá ser reavaliado tendo por base o leilão infrutífero para que possa novamente se submeter a novo leilão judicial.

### 3.5.6.6 Bem com mais de uma penhora

O artigo 797, parágrafo único reconhece a possibilidade de que possa recair mais de uma penhora sobre o mesmo bem, estabelecendo um "título de preferência" cronológico entre os exequentes. Assim, na execução de "A" contra "B" pode ser penhorado o imóvel "x", e, em outra execução movida por "C" contra "B" este mesmo imóvel pode ser penhorado. Para que isso aconteça é de se supor que o bem imóvel pertencente a "B" seja suficiente para satisfazer tanto o direito exequendo de "A" quanto de "C". Por isso, é possível que mais de uma penhora, oriundas de processos diferentes, recaiam sobre o mesmo bem do executado. Até aí não há problema algum, sendo relevante descobrir a ordem cronológica para fins da preferência do art. 797. A questão principal reside em saber se este único bem é suficiente para satisfazer todas as execuções. .

Assim, conquanto exista mais de uma penhora sobre o mesmo bem, mas apenas uma alienação ocorrerá. Com as sobras resultantes da execução preferencial é que será satisfeita a da segunda execução e assim em diante. Não sendo suficiente para satisfazer a todos, e, não havendo outros bens, pode-se instaurar então o procedimento de insolvência civil previsto no art. 748 do CPC de 1973 ainda vigente (art. 1052 do CPC).

Nada impede que a alienação do bem penhorado se dê no juízo onde a penhora foi realizada em segundo lugar. O itinerário executivo de onde se deu a segunda penhora pode ter sido mais rápido do que de onde existe a preferência da primeira penhora.

Como expressamente diz o artigo 889, V do CPC será cientificado da alienação judicial, com pelo menos 5 (cinco) dias de antecedência o credor com penhora anteriormente averbada, quando a penhora recair sobre bens com tais gravames, caso não seja o credor, de qualquer modo, parte na execução.

Desta forma, devidamente intimado da alienação poderá acompanhá-la e exercer o seu direito de adjudicar preferencialmente ou, se preferir, aguardar a alienação do bem em leilão e habilitar-se em concurso de *exequentes* nos termos do artigo 907 e ss. antes de o dinheiro ser entregue ao exequente cuja preferência pela penhora[130] era posterior à sua. Neste sentido o Superior Tribunal de Justiça ao dizer que *"no processo de execução, recaindo mais de uma penhora sobre o mesmo bem, terá preferência no recebimento do numerário apurado com a sua arrematação, o credor que em primeiro lugar houver realizado a penhora, salvo se incidente outro título legal de preferência. Aplicação do brocardo prior tempore, potior iure"* (...).[131]

### 3.5.6.7   Bem tombado

O artigo 889 diz que serão cientificados da alienação judicial, com pelo menos 5 dias de antecedência a União, o Estado e o Município, no caso de alienação de bem tombado. E, mais adiante o artigo 892, § 3º estabelece um regime de preferência na arrematação ao dizer que *"no caso de leilão de bem tombado, a União, os Estados e os Municípios terão, nessa ordem, o direito de preferência na arrematação, em igualdade de oferta"*.

O bem tombado que pode ser alienado em leilão judicial público é o bem pertencente ao particular, já que os bens públicos são insuscetíveis de expropriação judicial e nem poderiam ser sequer penhorados.[132] Mesmo o bem do particular que tenha sido tombado possui regime jurídico de afetação à uma finalidade pública (proteção

---

130. Havendo habilitação no referido concurso de credores com título legal de preferência que se sobreponham ao da preferência da penhora estes terão direito de receber a quantia antecipadamente.
131. (REsp 829.980/SP, Rel. Ministro Sidnei Beneti, Terceira Turma, julgado em 1º.06.2010, DJe 18.06.2010).
132. Segundo o artigo 11 do DL n25/37, *"as coisas tombadas, que pertençam à União, aos Estados ou aos Municípios, inalienáveis por natureza, só poderão ser transferidas de uma à outra das referidas entidades. Parágrafo único.*

CAPÍTULO 03 • FASE INSTRUTÓRIA DO PROCEDIMENTO PARA PAGAMENTO DE QUANTIA **421**

do patrimônio cultural) e por isso mesmo, ainda que venha a ser alienado de um particular para o outro, conserva o regime jurídico de afetação do ato público que o reconheceu como bem tombado.[133] Logo, a alienação judicial em leilão público de um bem de propriedade particular que esteja tombado conserva o regime de afetação pública que sobre ele existe. O que faz o Código é, nada mais lógico, permitir que os entes públicos tenham uma preferência na arrematação.

### 3.5.6.8  Bem gravado com ônus real

O Código não veda – e nem poderia – a possibilidade de alienação de direitos reais limitados que estejam ou não vinculados a créditos, mas impõem, sob risco de ineficácia absoluta da alienação, que os titulares desses direitos sejam cientificados previamente da alienação judicial nos termos do artigo 889 que se afina com o artigo 799, 804 e 908 do CPC.

Daí porque diz o artigo 889 determina que "o titular de usufruto, uso, habitação, enfiteuse, direito de superfície, concessão de uso especial para fins de moradia ou concessão de direito real de uso, quando a penhora recair sobre bem gravado com tais direitos reais; o proprietário do terreno submetido ao regime de direito de superfície, enfiteuse, concessão de uso especial para fins de moradia ou concessão de direito real de uso, quando a penhora recair sobre tais direitos reais; o credor pignoratício, hipotecário, anticrético, fiduciário ou com penhora anteriormente averbada, quando a penhora recair sobre bens com tais gravames, caso não seja o credor, de qualquer modo, parte na execução".

É importante saber que sobre o bem do executado que será alienado há um gravame que a ele se incorpora, mas que não pertence ao executado, mas sim a um terceiro, porque se pertencer ao exequente não há que se falar em nenhuma intimação do art. 889. O que se pretende alienar é o bem do executado e não o direito do terceiro sobre o bem.

Assim, por exemplo, usando um dos terceiros citados acima, imaginemos um Exequente "A" que encontre no patrimônio de "B" apenas um bem imóvel que seja objeto de usufruto em favor de "C". Assim, mesmo sabendo disso, "A" penhora o

---

*Feita a transferência, dela deve o adquirente dar imediato conhecimento ao Serviço do Patrimônio Histórico e Artístico Nacional".*

133. DL 25/37, Art. 13. O tombamento definitivo dos bens de propriedade particular será, por iniciativa do órgão competente do Serviço do Patrimônio Histórico e Artístico Nacional, transcrito para os devidos efeitos em livro a cargo dos oficiais do registro de imóveis e averbado ao lado da transcrição do domínio. § 1º No caso de transferência de propriedade dos bens de que trata este artigo, deverá o adquirente, dentro do prazo de trinta dias, sob pena de multa de dez por cento sobre o respectivo valor, fazê-la constar do registro, ainda que se trate de transmissão judicial ou causa mortis. § 2º Na hipótese de deslocação de tais bens, deverá o proprietário, dentro do mesmo prazo e sob pena da mesma multa, inscrevê-los no registro do lugar para que tiverem sido deslocados. § 3º A transferência deve ser comunicada pelo adquirente, e a deslocação pelo proprietário, ao Serviço do Patrimônio Histórico e Artístico Nacional, dentro do mesmo prazo e sob a mesma pena.

referido bem e pretende aliená-lo em leilão judicial. O que será alienado é o direito de propriedade de "B" sobre o referido imóvel, mas não o direito real limitado (usufruto) que "C" possui legitimamente sobre o referido bem.[134]

O mesmo se passa, por exemplo, quando "A", exequente, penhora o bem imóvel de "B" que está hipotecado em favor de um terceiro "C" para garantir uma obrigação que o segundo tinha com este último. O bem imóvel que pertence a "B" será expropriado, mas não a *garantia real* que sobre ele recai e se vincula e que pertence a "C", tanto que o produto da alienação servirá, primeiro, para responder pelo gravame do bem do qual o titular é o terceiro. A cientificação do terceiro titular de garantia real sobre o bem objeto da penhora que será alienado em leilão público não apenas permite que adjudique o bem usando o seu crédito (art. 976), como lhe garante o direito de exercer a preferência no recebimento do preço pelo qual foi arrematado em concurso de credores (art. 908 e 909), independentemente de ter penhorado o referido bem.[135] O exequente só terá direito de receber o produto da alienação do que sobrar em relação ao direito pretérito que o terceiro tinha sobre o bem.

---

134. (...) 2. O Tribunal de origem ao reconhecer a possibilidade de penhora sobre fração ideal do imóvel de propriedade do executado, ainda que gravado com usufruto, não destoou da jurisprudência do STJ, que decidiu que a alienação de bem sobre o qual recai usufruto não pode inviabilizar a penhora, sobretudo porque a Execução é feita no interesse do credor. 3. Recurso Especial parcialmente conhecido e, nessa parte, não provido. (REsp 1758076/DF, Rel. Ministro Herman Benjamin, Segunda Turma, julgado em 11.09.2018, DJe 21.11.2018); "(...) 3. A nua-propriedade pode ser objeto de penhora e alienação em hasta pública, ficando ressalvado o direito real de usufruto, inclusive após a arrematação ou a adjudicação, até que haja sua extinção. 4. A cláusula de inalienabilidade vitalícia implica a impenhorabilidade e a incomunicabilidade do bem (art. 1.911 do CC/02) e tem vigência enquanto viver o beneficiário. 5. Recurso especial desprovido. (REsp 1712097/RS, Rel. Ministra Nancy Andrighi, Terceira Turma, julgado em 22.03.2018, DJe 13.04.2018)".

135. (...) 3. Para o exercício da preferência material decorrente da hipoteca, no concurso especial de credores, não se exige a penhora sobre o bem, mas o levantamento do produto da alienação judicial não prescinde do aparelhamento da respectiva execução. 4. A jurisprudência do STJ orienta que o crédito resultante de despesas condominiais tem preferência sobre o crédito hipotecário. 5. No concurso singular de credores, o crédito tributário prefere a qualquer outro, inclusive ao crédito condominial, ressalvados apenas aqueles decorrentes da legislação do trabalho ou do acidente de trabalho. 6. Recurso especial conhecido e parcialmente provido. (REsp 1580750/SP, Rel. Ministra Nancy Andrighi, Terceira Turma, julgado em 19.06.2018, DJe 22.06.2018); "(...) I – Conforme a regra geral (CPC, art. 711), o primeiro no tempo tem preferência no direito – *prior in tempore, potior in iure* –. Ressalva foi feita, todavia, à existência de título legal à preferência, o que vale dizer que o produto da arrematação só deve ser distribuído com observância da anterioridade das penhoras (título de preferência decorrente de direito processual) se inexistir preferência fundada em direito material (como a decorrente de hipoteca ou crédito trabalhista). II – Desse modo, o credor hipotecário, embora não tenha proposto ação de execução, pode exercer sua preferência nos autos de execução ajuizada por terceiro, uma vez que não é possível sobrepor uma preferência de direito processual a uma de direito material. III – No caso em análise, a prevalência do direito de preferência do Banco Bandeirantes decorre da sua condição de credor hipotecário, independentemente da propositura de processo executivo, razão pela qual não faz sentido que, a despeito de ter assegurada a preferência de seu crédito, seja mantida a higidez da alienação promovida pelo Banco do Brasil, ora agravante, em relação ao devedor hipotecante e a terceiros, sendo acertada, pois, a conclusão do Acórdão recorrido que, ante a ausência de intimação pessoal do credor hipotecário, deliberou pela nulidade da arrematação. IV – Agravo Regimental improvido. (AgRg nos EDcl no REsp 775.723/SP, Rel. Ministro Sidnei Beneti, Terceira Turma, julgado em 20.05.2010, DJe 09.06.2010).

### 3.5.6.9 Bem de incapaz

Com intuito de proteger os interesses do incapaz – mesmo estando ele devidamente representado no processo – o Código estabelece a obsoleta regra do artigo 896, que repete o que já constava no art. 972 do CPC de 1939 e do art. 701 do CPC de 1973.

Desta forma, se o imóvel de incapaz não alcançar em leilão pelo menos oitenta por cento do valor da avaliação, então, determina o art. 896 que o juiz confie o imóvel à guarda e à administração de depositário idôneo, adiando a alienação por prazo não superior a 1 (um) ano, findo o qual, o imóvel será submetido a novo leilão, submetendo-se ao regime normal de alienação. Admite o Código a possibilidade – romântica e remotíssima – de surgir algum interessado neste período que deseje obter o bem, caso em que poderá assegurar, mediante caução idônea, o preço da avaliação. Feito isso, o juiz ordenará a alienação em leilão. Contudo, se tal pretendente se arrepender, o juiz impor-lhe-á multa de vinte por cento sobre o valor da avaliação, em benefício do incapaz, valendo a decisão como título executivo.

Além da improvável hipótese acima de surgir algum pretendente à arrematação pelo preço da avaliação durante o período de adiamento, prevê o Código a possibilidade, mais factível, de surgir algum interessado em fazer a locação do bem, caso em que o juiz poderá autorizar a locação do imóvel no prazo do adiamento, e, o valor daí auferido deverá ser depositado em, restando penhorado em favor da execução.

### 3.5.6.10 Bem com execução embargada ou impugnada

O artigo 903 do CPC é claríssimo ao reconhecer que pode ser expropriado o bem do executado ainda que penda de julgamento os embargos ou a impugnação por ele ofertada (processo de execução ou cumprimento de sentença). Segundo este dispositivo, qualquer que seja a modalidade de leilão, estando devidamente documentada a arrematação (assinado o auto pelo juiz, pelo arrematante e pelo leiloeiro), ela será considerada *"perfeita, acabada e irretratável, ainda que venham a ser julgados procedentes os embargos do executado"*.

E nem poderia ser diferente, pois se a oposição do executado não possui efeito suspensivo que se prestaria para impedir a expropriação liquidativa, não há que se cogitar em qualquer impedimento legal à expropriação do executado, ainda que esteja pendente a sua oposição (impugnação ou embargos). Mais que isso, conquanto deva ser informado no edital a *"menção da existência de ônus, recurso ou processo pendente sobre os bens a serem leiloados"*, esta regra é para proteger e dar transparência ao arrematante (art. 903, § 5º) e não ao executado. Aliás, como dito no artigo 903, *caput* ainda que a oposição do executado seja procedente isso nada altera o seu direito legitimamente adquirido em leilão público, e a eventual injustiça da execução perante o executado deve ser suportada pelo exequente (art. 776). Não fosse dessa forma não haveria arrematante em nenhum leilão judicial.

### 3.5.7 O local e a data

Para que o leilão se realize é mister que as pessoas sejam informadas previamente da sua existência, do bem a ser leiloado e suas características, do local, da data e da hora de sua realização. Ainda que seja realizado na rede mundial de computadores – eletrônico – é preciso informar em qual sítio eletrônico, qual o dia e hora de sua localização. Aliás, o Código vai além pois prevê no art. 886, V que o edital deve conter a indicação de local, dia e hora de *segundo leilão* presencial, para a hipótese de não haver interessado no primeiro.

Algum motivo pode provocar a não realização do leilão naquela data, caso em que o juiz mandará publicar a transferência (art.888), observando-se o disposto no art. 887, devendo apurar, inclusive, se o motivo da transferência – sempre muito custosa à efetividade e eficiência do processo – se deu por culpa do escrivão, do chefe de secretaria ou o leiloeiro, caso em que tais pessoas deverão responder pelas despesas da nova publicação, podendo ainda o juiz aplicar-lhe a pena de suspensão por 5 (cinco) dias a 3 (três) meses, precedida de regular procedimento administrativo.

É perfeitamente possível que o leilão não consiga terminar na data em que se iniciou. Tal situação também foi prevista pelo Código (já prevista também nos Códigos de Processo Civil de 1939 e de 1973) ao dizer que *"o leilão prosseguirá no dia útil imediato, à mesma hora em que teve início, independentemente de novo edital, se for ultrapassado o horário de expediente forense"* (art. 900).

### 3.5.8 A arrematação

#### 3.5.8.1 Conceito e características

Arrematar é colocar o remate, concluir, acabar. Assim, sob a perspectiva do leilão judicial do bem penhorado, de fato a arrematação (lance vencedor) põe o termo, termina com a licitação pública do referido bem no leilão judicial (art. 899). Contudo, sob a perspectiva do procedimento executivo para pagamento de quantia a *arrematação* não termina ali com o lance vencedor, pois ainda depende da consolidação do referido ato por meio da assinatura do auto de arrematação. Entre o momento do maior lance que encerra o leilão e a assinatura do auto, pode o executado, por exemplo, efetuar a remição do bem hipotecado que foi "arrematado" no leilão judicial impedindo a consolidação da arrematação (art. 902)

A arrematação é, portanto, um ato do processo executivo que consiste na transferência forçada de um bem que se encontra no patrimônio do executado –*administrado pelo Estado-juiz* – e que passará ao patrimônio do arrematante. Como o exequente pretende o recebimento de quantia devida pelo executado, que responde com o seu patrimônio pelo inadimplemento da obrigação, a arrematação é forma de obter a referida quantia. Assim, não sendo penhorado dinheiro, é preciso penhorar algum

CAPÍTULO 03 • FASE INSTRUTÓRIA DO PROCEDIMENTO PARA PAGAMENTO DE QUANTIA **425**

bem, ou bens, que, uma vez liquidados em leilão público, servirão para satisfazer o crédito exequendo.

A forma de se realizar esta *liquidação* se dá por um procedimento que *expropria um e apropria outro* – retira a propriedade do executado e transfere a um terceiro adquirente – com máxima segurança, isonomia, transparência e de maneira que a expropriação seja realizada com o menor prejuízo possível ao executado. Não é uma *compra e venda* porque o Estado-Juiz não está ali para "vender" o patrimônio do executado. Não é um negócio jurídico privado, mas um ato expropriatório de império estatal onde pouco importa quem adquire, desde que seja alguém que atenda as condições estabelecidas pela lei exigidas em juízo.

A arrematação é um desses atos – o culminante – que compõem a alienação liquidativa do patrimônio do executado, de forma que *desde o momento que se penhora um bem que não seja dinheiro, e, desde o momento que o exequente não deseja adjudicá-lo,* não há outra saída senão transformar o bem penhorado em dinheiro, e, a forma com que isso se realiza é por meio de uma *licitação pública* onde o sujeito que propõe o maior lance em dinheiro terá o direito de ter pra si o bem objeto da referida licitação (leilão público). As condições para a participação do certame são preestabelecidas pela lei ou pelo juiz e se forem atendidas o Estado expropriará o executado e firmará com o adquirente um negócio jurídico de direito público.

Voltando à arrematação, é preciso dizer que não há arremate se não houver leilão, e, não há leilão se o bem não tiver sido penhorado. O ato de arrematação pode ser visto sob diferentes flancos e perspectivas. Assim, para o exequente a arrematação é apenas um ato da execução que, coativamente, liquida o bem penhorado em dinheiro, tanto que nem sequer participa da assinatura do auto de arrematação.

Por sua vez, para o Estado a arrematação é ato de império da cadeia executiva onde, independentemente da vontade do executado, retira-se a sua propriedade e transfere-a ao arrematante. A realização deste ato implica em um negócio jurídico de direito público firmado entre o Estado, às expensas do executado, e o arrematante. Já sob a perspectiva do arrematante é preciso entender, primeiro, que cada um dos licitantes que participam e concorrem entre si no leilão são terceiros em relação ao processo de execução. Cada um destes terceiros faz a sua intervenção no processo executivo, por meio do seu lance, ou seja, deduzem um pedido formulado ao Estado-juiz (representado ali no leilão pelo leiloeiro) para que a sua oferta seja aceita e tomada como vencedora da licitação. Apenas um licitante, o de maior lance, terá o seu pedido aceito, deferido. Este será o arrematante, qual seja, o vencedor do certame, enfim, aquele que pagou o maior preço e que será o novo proprietário do bem que foi retirado do patrimônio do executado e lhe foi transferido por ato de império estatal.

Não há como negar que a arrematação é um ato processual da cadeia executiva (decisão interlocutória) que acontece sempre que o bem penhorado precise passar pela expropriação liquidativa. É um ato processual que faz parte do procedimento de expropriação liquidativa que começa com a afetação do patrimônio do executado por meio da penhora e culmina com a consolidação formal da melhor oferta em leilão público onde se deu a licitação para a aquisição da propriedade do bem penhorado do executado. Também não se pode negar que sob a perspectiva do arrematante--adquirente a *arrematação* é um negócio jurídico de direito público firmado com o Estado que sacramenta a aquisição de um bem adquirido em leilão judicial.

A arrematação é a epígrafe de um procedimento licitatório que é realizado pelo Estado-juiz com a finalidade de alienar o bem do executado e assim obter a quantia que servirá para satisfazer o exequente. Neste procedimento, em concorrência pública, um, dentre vários terceiros possíveis, será o *vencedor* do certame. Isso se dá mediante a formulação de *lances* (pedido, pretensão) pelos terceiros interessados ao Estado com a intenção de que a oferta seja aceita e assim possa adquirir o bem tornando-se novo proprietário do bem.

Parece – e apenas parece – com uma compra e venda, mas com ela não se confunde, pois o estado não "vende" o bem do executado, e tampouco existe um contrato de compra e venda entre o arrematante e o Estado. Por meio de ato de império o Estado expropria o executado e transfere a propriedade do bem para o arrematante.[136] O procedimento de expropriação é feito por meio de uma licitação pública[137] – leilão público judicial – com máxima transparência, isonomia (competitividade) e segurança, afinal *ninguém pode ser privado dos seus bens sem o devido processo legal*.

### 3.5.8.2 *Arrematação, auto de arrematação e carta de arrematação*

A *arrematação* ocorrida no leilão judicial será vertida e consolidada num "auto de arrematação", tanto que o art. 901 diz expressamente que "a arrematação constará de auto que será lavrado de imediato".

A confecção do documento público (lavratura) é imediata, mas normalmente o juiz não está presente no leilão e deverá ser juntado aos autos para que seja por ele assinado. No leilão colhe-se a assinatura do leiloeiro e do arrematante, ou seja, o auto é imediatamente lavrado, mas só se completa quando é assinado pelo juiz depois de já ter sido subscrito pelo leiloeiro e pelo arrematante. Daí porque o *caput* do artigo 903 é claro ao dizer que "*qualquer que seja a modalidade de leilão, assinado o auto pelo juiz, pelo arrematante e pelo leiloeiro, a arrematação será considerada perfeita, acabada e irretratável*".

Assim como uma compra e venda se sacramenta com a assinatura do contrato pelas partes envolvidas, a arrematação se completa com a subscrição pelo juiz, pelo leiloeiro e pelo arrematante, concluindo, portanto, o negócio jurídico público ini-

---

136. LIEBMAN, Enrico Tullio. *Processo de execução*. 2. ed. São Paulo: Saraiva, 1963, p. 107.
137. DINAMARCO, Candido Rangel. *Instituições de Direito Processual Civil*. 4. ed. São Paulo: Malheiros, 2019, p. 635. v. IV.

CAPÍTULO 03 • FASE INSTRUTÓRIA DO PROCEDIMENTO PARA PAGAMENTO DE QUANTIA **427**

ciado no leilão judicial. É neste momento que todas as manifestações de vontade são explicitadas, não mais havendo nenhuma dúvida quanto ao negócio jurídico firmado.

No momento em que se completa o auto de arrematação com a última assinatura então considera-se *"perfeita, acabada e irretratável"*, o que significa dizer que antes disso o ato jurídico ainda está em formação, inacabado, inconcluso.

O auto de arrematação não é mera formalidade documental, mas elemento essencial à completude do ato. O texto do Código é claro ao dizer que com a assinatura do auto pelo juiz, pelo arrematante e pelo leiloeiro, aí sim pode-se falar em *arrematação* "perfeita, acabada e irretratável".

Há uma razão para tamanha preocupação. É preciso dar *segurança jurídica* àqueles (exequente, executado e terceiros com algum vínculo jurídico com o bem arrematado) que terão as suas esferas jurídicas afetadas pelo referido ato.

Assim, por exemplo, com o marco temporal resultante da formalização da arrematação em um auto (ou termo, art. 880, § 2º), pode-se, v.g., (*i*) identificar o momento em que o exequente pode pedir a liberação da quantia obtida pela arrematação; ou ainda, (*ii*) quando os terceiros interessados poderão ingressar com pedido de concurso de credores/exequentes; (*iii*) quando cessa para o executado o direito de remir a execução (art. 826); (*iv*)quando nasce para o arrematante, por exemplo, o dever de arcar com as dívidas ou o direito de receber os alugueis do imóvel arrematado. Não se trata de *mero formalismo* a fixação de um momento para se considerar a arrematação como um "ato jurídico perfeito".

Contudo, além do auto de arrematação fala o Código em *carta de arrematação* que é, por sua vez, o *documento que oficializa a transferência da propriedade do bem arrematado ao arrematante*. O auto de arrematação é o documento judicial que fica inserto no processo judicial, e, a *carta de arrematação* é o título jurídico entregue ao arrematante que reproduz o que no auto contêm. Observe-se que o art. 902 e seus parágrafos deixam claro que o *auto de arrematação* é o instrumento público que concretiza à arrematação (proposta vencedora no leilão nas condições estabelecidas pelo juiz), pois é ele que é assinado pelo juiz, pelo leiloeiro e pelo arrematante.

Contudo, o fato de ter sido formado o *titulus adquirendi* em favor do arrematante isso não significa que já se possa considerar proprietário do bem arrematado, pois é preciso que seja confirmado o pagamento assumido e de que não exista nenhuma impugnação ao referido ato negocial.

Duas são as exigências para a expedição da *carta de arrematação* ou da *decisão que ordena a entrega do bem* móvel: a) a primeira (art. 902, § 1º) é que o arrematante tenha adimplido a obrigação assumida no auto de arrematação (efetuado o depósito do valor do lanço ou prestadas as garantias pelo arrematante, bem como realizado o pagamento da comissão do leiloeiro e das demais despesas da execução); b) a segunda exigência (art. 903, § 3º) é que se escoe o prazo de 10 dias sem que tenha havido alegação de ineficácia, invalidade ou resolução da arrematação previstas no § 1º 903, § 3º.

Apenas depois de superadas estas duas exigências (adimplemento do arrematante e inexistência de impugnação do art. 903, § 1º no prazo de 10 dias) é que será expedida a carta de arrematação e ordem de entrega do bem.

A superação destas duas condições é que garante ao arrematante a propriedade sobre o bem arrematado e isso se cristaliza na *ordem de entrega* (bem móvel) ou na *carta de arrematação* (bem imóvel), tanto que só será expedida depois de superado o prazo do art. 903, § 3º.

De posse da carta de arrematação ou da ordem judicial de entrega do bem o arrematante já é proprietário do bem *em relação aos envolvidos no negócio jurídico processual público*, mas para ter eficácia em relação a terceiros, como sói ocorrer, é necessário que realize o seu registro no órgão público, seja para bens móveis ou imóveis (v.g. veículo no Detran e Imóvel no Cartório de Registro de Imóveis).

Por se tratar de documento que será levado a registro, a *carta de arrematação* deve conter os elementos necessários para que o registrador tenha segurança necessária à sua realização. Assim, tratando-se de bem imóvel é necessária a descrição do imóvel, com remissão à sua matrícula ou individuação e aos seus registros, a cópia do auto de arrematação e a prova de pagamento do imposto de transmissão, além da indicação da existência de eventual ônus real ou gravame.

Portanto, até que se torne proprietário do bem o arrematante passa por algumas etapas. A primeira é participar de uma licitação pública e ofertar a maior proposta sagrando-se vencedor do certame. A segunda é transpor esse fato ocorrido no leilão para um documento público (termo ou auto de arrematação) que será assinado por ele, pelo leiloeiro e pelo juiz ultimando assim as condições assumidas no certame do qual saiu vencedor. A terceira é obter a *ordem de entrega* ou a *carta de arrematação* que sacramenta o cumprimento das condições assumidas no auto de arrematação e confirma a inexistência de impugnação (art. 903, § 3º). Tal título (carta de arrematação ou ordem de entrega) é que permitirá realizar a tradição (art. 1247) do bem móvel (com respectivo registro se for necessário) ou o registro do bem imóvel (art. 1247) para eficácia erga omnes da propriedade.

Nesta linha é certeira a posição do Superior Tribunal de Justiça ao dizer que:

> Não há confundir o "auto de arrematação" previsto no *caput* do art. 693 do CPC/1973, com a "carta de arrematação" vazada no parágrafo único do mesmo dispositivo legal. Auto de arrematação é o documento que registra a alienação e é lavrado de imediato, mencionando as condições pelas quais o bem foi alienado (art. 693, *caput*, do CPC/1973). Já a carta de arrematação (art. 693, parágrafo único) é o documento que transfere a posse e a propriedade do bem adquirido, e somente é expedida após efetuado o depósito ou prestadas as garantias pelo arrematante.
>
> 4. A transmissão da propriedade imobiliária do bem objeto da arrematação só se perfaz com o registro da carta, nos termos do art. 1.245 do Código Civil, razão pela qual passível de invalidação

CAPÍTULO 03 • FASE INSTRUTÓRIA DO PROCEDIMENTO PARA PAGAMENTO DE QUANTIA **429**

o auto que lhe antecede se presente algum dos vícios contidos no § 1º do art. 694 do Código de 1973.[138]

Por outro lado, é preciso não confundir a ausência de ultimação do ato pelas assinaturas do juiz, leiloeiro e arrematante com a eventual irregularidade de forma como uma *inexistência de arrematação*. Um auto de arrematação sem a assinatura dos tais sujeitos é um ato incompleto. Isso não se confunde com a possibilidade de se corrigir um auto que equivocadamente contenha uma irregularidade sem que isso implique em considerar como não *concluída* validamente a arrematação.

### 3.5.8.3    Conteúdo

Além deste papel integrativo do próprio ato jurídico, o auto de arrematação formaliza a etapa licitatória, pois é nele que contém os fatos importantes ocorridos no leilão, inclusive o lanço que saiu o vencedor.

Estabelece o artigo 901, *caput* que no auto de arrematação devem constar "*as condições nas quais foi alienado o bem*". A frase deve ser lida de forma a considerar que o auto de arrematação deve retratar todos os aspectos que tenham sido relevantes no procedimento licitatório do bem arrematado.

É, pois, de bom alvitre que nele conste os eventuais incidentes existentes no leilão, como, por exemplo, a ocorrência de empate de propostas e escolha seguindo a ordem de preferência do artigo 892, § 2º. Parece-nos óbvio que o auto de arremata-ção que retrata com fidelidade tudo que tiver ocorrido no leilão (em relação àquele bem), terá maior segurança e menor será a sua vulnerabilidade.

Ainda sobre o conteúdo do auto de arrematação diz o artigo 901 que ele "*poderá abranger bens penhorados em mais de uma execução*", ou seja, cumulação de execuções (art.780) num auto formalmente único, mas materialmente contendo mais de uma execução do mesmo exequente contra o mesmo executado.

### 3.5.8.4    Efeitos da arrematação

Como todo negócio jurídico em geral a arrematação possui um conteúdo, apresenta uma forma e é realizada para produzir efeitos no mundo jurídico.

Antes mesmo de se ultimar com a assinatura do auto de arrematação pelo juiz, pelo leiloeiro e pelo arrematante ela já começa a produzir efeitos, pois reza o artigo 899 que "*será suspensa a arrematação logo que o produto da alienação dos bens for suficiente para o pagamento do credor e para a satisfação das despesas da execução*". Obviamente que aqui neste dispositivo o legislador fala que "arrematação será sus-pensa", quando na verdade quer dizer que a *licitação, o leilão* em relação ao referido

---

138. REsp 1682079/PR, Rel. Ministro Herman Benjamin, Segunda Turma, julgado em 19.09.2017, DJe 09.10.2017.

bem será suspenso quando houver proposta vencedora que cobra tais despesas. Ainda não haverá auto de arrematação completo, perfeito e acabado, mesmo assim a *proposta vencedora* – a ser honrada – *que cubra as citadas despesas* impede que se continue o leilão sobre outros bens do executado. Entretanto é a partir do momento em que se tem um auto de arrematação perfeito e acabado que se projetam inúmeros efeitos, processuais e materiais.

Certamente que um dos mais ávidos em obter os efeitos da arrematação é o arrematante. Seu desejo é o de conseguir, o mais breve possível, o documento eu lhe permita registrar o imóvel no cartório respectivo e, conforme o caso, a obtenção da ordem de entrega.

Só que este efeito da arrematação de *transferir a propriedade do bem penhorado do executado para o arrematante* só acontece quando tiver escoado o prazo de 10 dias previsto no § 2º do art. 903 sem que tenha havido alegação de qualquer das situações previstas no § 1º do mesmo dispositivo, como expressamente menciona o art. 903, § 3º.

Se a propriedade a ser transferida continha limitações estes não desaparecem e se mantém, mesmo tendo um novo proprietário. Assim, por exemplo, se existia um vínculo de usufruto (art. 1391 do CCB), servidão de passagem (1378), direito de superfície (art. 1369) etc. sobre o imóvel arrematado, é certo que tais vínculos permanecerão mesmo após a transferência da propriedade, pois o que foi alienado em leilão público era o que pertencia ao executado e não o direito de terceiros sobre o referido bem.

Por outro lado, em se tratando de dívidas garantidas por vínculo real (penhor, hipoteca) a situação se passa de forma um pouco diversa. Se o bem adquirido em leilão público estava vinculado por garantia real (hipoteca) a uma obrigação, então é efeito da arrematação a extinção desta garantia que recaia sobre o bem, ou seja, o arrematante recebe um patrimônio sem a hipoteca ou penhor que sobre ele recaía, desde que o credor pignoratício ou hipotecário tenha sido intimado para exercer o seu direito de adjudicar (art. 876, V) ou de habilitar-se (art. 889, V) para receber a quantia obtida com a arrematação (art. 908).

Uma vez assinado o auto de arrematação cessa para o executado a possibilidade de remir a execução (art. 826), assim como a possibilidade de adjudicação (art. 876) e quaisquer de suas hipóteses (art. 876, § 5º – arrematação preferencial e remição por terceiros) e assim evitar a alienação judicial do bem penhorado.

Na medida em que negócio jurídico público da arrematação se realiza em concreto, com o ingresso da quantia em juízo do dinheiro fruto da arrematação e a transferência da propriedade para o arrematante, então a penhora que antes recaía sobre o bem arrematado passa imediatamente para o produto da arrematação (dinheiro). Eis aí uma convolação imediata da *penhora* que antes recaía sobre o bem que foi arrematado e passa a incidir sobre o produto pecuniário obtido com a arrematação.

Tornando-se ato jurídico perfeito e acabado a arrematação retira do executado o direito de propriedade do bem, e, por isso mesmo, suportará os ônus e os bônus desta perda da propriedade: i) desde então, ele executado, não terá mais direito de receber eventuais frutos e rendimentos (v.g. alugueres) que o bem possa gerar, (ii) bem como não poderá lhe ser imputada dívidas que tenham por fato gerador situação jurídica ocorrida a partir desta data.

O "novo proprietário" passa a ser o arrematante, tal como consta no auto de arrematação e é ele que se beneficia dos frutos e rendimentos do bem, bem como assume os ônus respectivos que possam sobre ele recair.

> 1. Conforme a jurisprudência do Superior Tribunal de Justiça, o arrematante de imóvel tem o direito de receber os valores relativos ao aluguel a partir da lavratura do auto de arrematação, não sendo preciso esperar o registro no cartório do registro de imóveis.

> 2. Não apresentação pela parte agravante de argumentos novos capazes de infirmar os fundamentos que alicerçaram a decisão agravada. (AgInt nos EDcl no REsp 1724168/DF, Rel. Ministro Paulo De Tarso Sanseverino, Terceira Turma, julgado em 24.08.2020, DJe 28.08.2020)".

> "3. O adquirente do imóvel sub-roga-se nos direitos decorrentes do contrato de locação relativo ao bem arrematado a partir da lavratura do auto de arrematação, sendo parte legítima para a cobrança de débitos locatícios referentes a período posterior à arrematação judicial". (REsp 1689179/SP, Rel. Ministro Ricardo Villas Bôas Cueva, Terceira Turma, julgado em 12.11.2019, DJe 22.11.2019).

É preciso ficar atento que as obrigações *proter rem*, como as despesas condominiais existentes sobre o imóvel, acompanham o bem, de forma que *"constando do edital de praça ou havendo ciência inequívoca da existência de ônus incidente sobre o imóvel, o arrematante é responsável pelo pagamento das despesas condominiais vencidas, ainda que sejam anteriores à arrematação"*.[139]

### 3.5.8.5 A ineficácia, a resolução e a resilição da arrematação

#### A. Art. 903 e segurança jurídica

Como todo ato/fato jurídico o complexo negócio jurídico da arrematação deve ser *perfeito*, ou seja, não deve conter *imperfeições* que o tornem inválido ou ineficaz. O CPC adota a nomenclatura do Código Civil Brasileiro (art. 104) que não faz a distinção dos planos da *existência*, validade e eficácia, mas apenas destes dois últimos. Parte o Código da premissa de que a arrematação imperfeita, mas existente, pode ter a sua invalidade ou sua ineficácia reconhecida posteriormente ao seu nascimento, ou

---

139. (REsp 1769443/PR, Rel. Ministra Nancy Andrighi, Terceira Turma, julgado em 1º.09.2020, DJe 09.09.2020); (AgInt nos EDcl no REsp 1864944/PR, Rel. Ministro Luis Felipe Salomão, Quarta Turma, julgado em 31.08.2020, DJe 09.09.2020); 1. "O arrematante de imóvel em hasta pública não será responsável pelo pagamento das dívidas condominiais pendentes quando omisso o edital a respeito dos débitos anteriores à praça" (AgInt no REsp 1.496.807/SP, Relatora para Acórdão Ministra Maria Isabel Gallotti, Quarta Turma, julgado em 17.11.2016, DJe 19.12.2016).

seja, ainda que ela tenha toda aparência de estar *perfeita e acabada* o negócio jurídico poderá ser desfeito ou ter a sua ineficácia reconhecida a posteriori.

É importante que o Código tenha se debruçado e que tenha sido explícito em relação ao tema, pois deixa clara a sua intenção de que *a regra* (no *caput*) é a da preservação da validade e da eficácia da arrematação e a *exceção* (parágrafos) é o seu desfazimento ou reconhecimento de sua ineficácia. Ao adotar tal postura o Código traz a necessária segurança jurídica àqueles que se de boa-fé se encorajam a adquirir bens em leilões judiciais.[140] Essa *segurança* é fundamental para que os leilões não sejam vistos com desconfiança e receio por aqueles que dele desejem participar como licitantes.[141]

### B. Os prejuízos do executado pela procedência dos embargos ou da impugnação

Assim, quando o art. 903 diz, no *caput*, que "assinado o auto pelo juiz, pelo arrematante e pelo leiloeiro, a arrematação será considerada perfeita, acabada e irretratável, *ainda que venham a ser julgados procedentes os embargos do executado ou a ação autônoma de que trata o § 4° deste artigo*, assegurada a possibilidade de *reparação pelos prejuízos sofridos*" o Código deixa clara a sua intenção de preservar a arrematação.

Ali no texto a expressão "embargos do executado" engloba também a figura da impugnação do executado, que por imperfeição legislativa não foi mencionada. Assim, como nem os embargos e nem a impugnação do executado são dotados de efeito suspensivo legal, é perfeitamente possível que os atos expropriatórios do procedimento executivo sejam realizados ainda que esteja pendente de julgamento a defesa do executado. E não poderia ser diferente, pois se fosse o contrário certamente haveria um estímulo ao exercício temerário da defesa do executado, e, nenhum terceiro se aventuraria a licitar num leilão com receio que se fosse procedente a defesa do executado, tudo poderia ser desfeito. Nesta hipótese de procedência da defesa do executado, se o que nela se acolhe é uma situação jurídica que impediria a realização do leilão judicial, então, a solução é transformar o prejuízo do executado em perdas e danos.

O prejuízo existe, *in re ipsa*, na própria expropriação judicial injusta que o executado teve que suportar. Para cômputo dos prejuízos sofridos pelo executado,

---

140. "(...) o artigo 694, *caput*, do Código de Processo Civil, estabelece que, assinado o auto pelo juiz, arrematante e serventuário da Justiça ou leiloeiro, a arrematação considerar-se-á perfeita, acabada e irretratável. É nítido que a norma busca conferir estabilidade à arrematação, não só protegendo e, simultaneamente, impondo obrigação ao arrematante, mas também buscando reduzir os riscos do negócio jurídico, propiciando efetivas condições para que os bens levados à hasta pública recebam melhores ofertas, em benefício das partes do feito executivo e da atividade jurisdicional na execução." (AgRg no AgRg no REsp 1193362/SP, Rel. Ministro Luis Felipe Salomão, Quarta Turma, julgado em 02.06.2015, DJe 09.06.2015); (REsp 1313053/DF, Rel. Ministro Luis Felipe Salomão, Quarta Turma, julgado em 04.12.2012, DJe 15.03.2013).

141. Conquanto o Código trate do desfazimento da arrematação aplica-se também à adjudicação e à alienação por iniciativa particular.

a perda indevida do patrimônio não corresponde apenas àquilo que foi pago na arrematação, pois além de esta poder ter ocorrido por preço inferior ao da avaliação, é possível também que existam outros prejuízos que devem ser demonstrados além da perda do bem em si mesmo. Não é por acaso que o texto do dispositivo coloca no plural a expressão "dos prejuízos sofridos". Tudo isso deve ser feito em *incidente de liquidação* tão logo tenha eficácia a decisão proferida nos embargos ou na impugnação do executado.

### C. Arrematação e os vícios redibitórios

É preciso partir da premissa de que não há um local mais seguro e confiável para a aquisição de um bem que em um leilão judicial. A participação e chancela estatal não permitem qualquer interpretação que não seja a de dar conforto e segurança àquele que se propõe a participar e adquirir um bem em um leilão judicial.

Ao longo do procedimento de expropriação forçada iniciado com a penhora, passando pela avaliação e culminando com a alienação judicial em leilão público o Código preocupa-se em dar máxima transparência sobre a situação que se encontra o bem penhorado que será futuramente alienado. No artigo 838 tem-se que a *"penhora será realizada mediante auto ou termo, que conterá: (...) III – a descrição dos bens penhorados, com as suas características"*.[142] Mais adiante diz o artigo 872 determina que a avaliação *"realizada pelo oficial de justiça constará de vistoria e de laudo anexados ao auto de penhora ou, em caso de perícia realizada por avaliador, de laudo apresentado no prazo fixado pelo juiz, devendo-se, em qualquer hipótese, especificar: I – os bens, com as suas características, e o estado em que se encontram (...)"*. No artigo 886, I determina o CPC que *"o leilão será precedido de publicação de edital, que conterá: I – a descrição do bem penhorado, com suas características (...)"*.

Como se observa há uma preocupação muito clara em permitir que o participante do leilão tenha, com transparência e sinceridade, o máximo acesso às informações sobre o estado que se encontra o bem, justamente para proporcionar segurança aos licitantes. Não é demais lembrar que tratando-se de bens móveis e imóveis, "usados", e que estavam sob os cuidados do executado até o momento em que lhe foi retirada a condição de possuidor direto, é sempre muito importante a minudência na descrição de como se encontram os bens.

Nada obstante esta preocupação é perfeitamente possível que o arrematante venha descobrir, depois de adquirido o bem, a existência de *"vícios ou defeitos ocultos, que a tornem imprópria ao uso a que é destinada, ou lhe diminuam o valor"* (art.

---

142. Um dos requisitos para substituição do bem móvel penhorado por solicitação do executado é que este descreva-os, "com todas as suas propriedades e características, bem como o estado deles e o lugar onde se encontram" (art. 847, II).

441).[143] O fato de não se tratar de uma compra e venda não impede que se aplique a garantia contra os vícios redibitórios na aquisição do bem em hasta pública, antes o contrário. Tratando-se de negócio jurídico de direito público, com a participação do Estado e sob batuta do Poder Judiciário, todos os aspectos que dão segurança à boa-fé daquele que é convidado a participar do certame licitatório deve ser garantido. Não é possível tratar o leilão judicial de forma pior que um negócio jurídico privado, como um ambiente inseguro, onde o arrematante deva se preocupar contra armadilhas que não teria que se preocupar numa compra e venda privada.[144]

### D. Arrematação e evicção

Imaginemos a hipótese de uma arrematação em leilão público onde o terceiro arrematante adquire regularmente a posse e a propriedade do bem e futuramente é demandado por um terceiro se afirmando dono daquele mesmo bem.

Costuma-se identificar o fenômeno da evicção sob o prisma do sujeito que *perde* um direito em razão de uma sentença que atribuiu a outrem o referido direito, mas, ao menos etimologicamente,[145] o vocábulo tem o seu sentido vinculado àquele que *triunfa, que vence completamente, que recupera*, daí porque tal sujeito é chamado de *evencente* e o que perde é o evicto.

O art. 447 e ss. do Código Civil trata da evicção e deixa claro que "nos contratos onerosos, o alienante responde pela evicção (...) ainda que a aquisição se tenha realizado em hasta pública", ou seja, se o arrematante adquiriu regularmente um bem em leilão judicial, e posteriormente perdeu tal direito sobre o referido bem em razão de sentença judicial transitada em julgado, ele terá o direito de ser ressarcido pelos prejuízos que sofreu. Mesmo sabendo que a aquisição de bem em leilão judicial não é um *contrato oneroso* o legislador civil a equiparou para fins de aplicação da responsabilidade pela evicção. E, honestamente, não poderia ser diferente, pois seria inadmissível que um negócio jurídico público fosse uma emboscada para um arrematante de boa-fé. Mais uma vez a opção do legislador – aqui no art. 447 do CCB – foi pela segurança jurídica das arrematações realizadas em leilão judicial.

No entanto, é importante ficar atento para o fato de que, nos termos do art. 457 do CPC, "*não pode o adquirente demandar pela evicção, se sabia que a coisa era alheia ou litigiosa.*" Assim, se no edital do leilão constava (art. 886, VI) a "*menção da existência*

---

143. O Código Civil anterior expressamente dizia no art. 1.106 que "se a coisa foi vendida em hasta pública, não cabe a ação redibitória, nem a de pedir abatimento no preço". Esta regra não foi mantida no atual Código abrindo espaço para que se aplique às situações envolvendo aquisição em leilão público.

144. Em sentido contrário, porém antiga, a jurisprudência do STJ: "(...) 4. A natureza da arrematação, assentada pela doutrina e pela jurisprudência, afasta a natureza negocial da compra e venda, por isso que o adquirente de bem em hasta pública não tem a garantia dos vícios redibitórios nem da evicção". (REsp 625.322/SP, Rel. Ministro Luiz Fux, Primeira Turma, julgado em 11.05.2004, DJ 14.06.2004, p. 184).

145. A evicção: evictﾋo, ﾋnis 'evicção, recuperação de uma coisa perdida', rad. de evictum, supn. de evincﾋre 'vencer completamente, triunfar'.

*de ônus, recurso ou processo pendente sobre os bens a serem leiloados"* incide o art. 457 e o adquirente não poderá invocar a garantia da evicção. Enfim, para a incidência do art. 447 do CCB combinado com o artigo 886, VI do CPC é preciso que exista uma coincidência, v.g. entre o processo informado no edital e aquele que levou a evicção.

Não constando tal informação no edital torna-se mais difícil, mas não impossível, a demonstração de que o arrematante/adquirente tinha conhecimento de que a coisa adquirida era litigiosa em outro processo. A boa-fé do adquirente/arrematante se presume nesta última hipótese, pois as informações constantes do edital do leilão é que dão segurança e transparência às informações do procedimento licitatório de aquisição do bem da alienação judicial. Para as situações em que nem sequer ainda havia processo judicial de terceiro pretendendo o bem que foi antes adquirido em leilão pelo arrematante a presunção de sua boa-fé é absoluta.

Os direitos resultantes da evicção poderão ser exercidos por meio de ação autônoma proposta pelo evicto contra o executado, porque o bem alienado não lhe pertencia e o dinheiro serviu para exonerar-se total ou parcialmente da dívida exequenda e também deve figurar no polo passivo o exequente que recebeu a quantia como forma de satisfação total ou parcial do seu direito exequendo. Não é necessário que o arrematante/adquirente aguarde o término do processo para exercer o seu direito, podendo ajuizar demanda condenatória eventual de denunciação da lide nos termos do artigo 125, I e ss. do CPC.

### E. Invalidação e ineficácia da arrematação

Como se disse anteriormente o Código permitiu, excepcionalmente, que a arrematação (e por extensão a adjudicação) seja fulminada quando houver vício de invalidade e de ineficácia do referido negócio jurídico. Antes de qualquer comentário é preciso uma advertência: *pas nullité sans grief*, ou seja, não há que se reconhecer a imperfeição da arrematação sem que esteja presente a demonstração do prejuízo. Apenas para relembrar o Código Civil no art. 104 identifica que: a validade do negócio jurídico requer: I – agente capaz; II – objeto lícito, possível, determinado ou determinável; III – forma prescrita ou não defesa em lei.

Por sua vez, segundo o art. 903, § 1º, I do CPC a arrematação poderá ser *"invalidada, quando realizada por preço vil ou com outro vício"*. Assim, embora tenha ocorrido formalmente uma *arrematação* e se apresente como um ato "perfeito e acabado", ela pode padecer de imperfeição que esteja atrelada à falta de algum elemento fundamental que comprometerá a sua validade.[146]

---

146. A invalidade no Código de Processo Civil (art. 903), harmônica com o art. 104 e ss. do CCB, engloba tanto os vícios que comprometem o plano da existência, bem como o da validade propriamente dito dos negócios jurídicos em geral.

Segundo o Código de Processo Civil, art. 903, § 1º, *"ressalvadas outras situações previstas neste Código, a arrematação poderá, no entanto, ser: I – invalidada, quando realizada por preço vil ou com outro vício"*. Portanto, o dispositivo deixa claro que existem outras hipóteses de invalidação da arrematação, além da que trata da aquisição do bem por preço vil, que é definido no art. 891 do CPC[147]. Cite-se como exemplo a aquisição por pessoa que não poderia participar do leilão como licitante, e, portanto, não poderia adquirir o referido bem (art. 890). Inválida é a arrematação quando adquirida pelos "leiloeiros e seus prepostos, quanto aos bens de cuja venda estejam encarregados" (art. 890, V). Noutro exemplo, será inválida a arrematação caso o leilão seja precedido de publicação do edital que não contenha a *"VI – menção da existência de ônus, recurso ou processo pendente sobre os bens a serem leiloados"* (art. 886, VI).

Como se disse, em respeito a instrumentalidade das formas,[148] em toda e qualquer hipótese é preciso que a imperfeição do ato ocorrido no itinerário executivo cause prejuízo àquele que postule a invalidação da arrematação.[149]

Assim, por exemplo, não tem o menor cabimento ao executado a postulação da invalidação da arrematação nesta última hipótese, assim como não é possível que o *leiloeiro* que adquiriu indevidamente o bem postule a invalidação da arrematação como mencionado na hipótese mais acima, ou ainda que o terceiro arrematante invoque o preço vil para pedir a invalidação da arrematação. Aliás, quanto a este último a arrematação é *irretratável* e por isso mesmo não se poderia travestir as hipóteses de invalidação em uma desistência enrustida por parte do terceiro adquirente.

Importa registrar que não se pode transformar o pedido de invalidação da arrematação em uma *impugnação disfarçada de vícios da execução*, ou seja, *"(...) no pertinente à anulação do auto de arrematação, a conclusão alcançada pelo Tribunal de origem encontra respaldo em precedentes desta Corte, segundo os quais, aperfeiçoada a arrematação com a assinatura do auto pelo Magistrado, pelo Escrivão, pelo arrematante e pelo Leiloeiro, o ato é considerado perfeito, acabado e irretratável, a teor do disposto no art. 694 do CPC/1973, e somente poderá ser desconstituído por vício intrínseco e insanável da própria arrematação, o que não restou demonstrado nos autos"*.[150]

---

147. Art. 891. Não será aceito lance que ofereça preço vil.

    Parágrafo único. Considera-se vil o preço inferior ao mínimo estipulado pelo juiz e constante do edital, e, não tendo sido fixado preço mínimo, considera-se vil o preço inferior a cinquenta por cento do valor da avaliação.

148. "(...) 1. Não enseja declaração de nulidade do ato a ausência de representante do Ministério Público ao leilão judicial, porquanto inexistente prejuízo às partes e ao processo, máxime diante do fato de que, em segunda instância, manifestou-se o Parquet pela convalidação da hasta pública. Incidência do princípio da instrumentalidade das formas. Precedentes. (...)" (AgRg no AgRg no REsp 1193362/SP, Rel. Ministro Luis Felipe Salomão, Quarta Turma, julgado em 02.06.2015, DJe 09.06.2015).

149. Basta imaginar a hipótese de um bem alienado em leilão público por valor acima da avaliação, ainda que dele não tenha sido intimado o executado (art. 889, I).

150. (AgInt no REsp 1462256/SC, Rel. Ministro Napoleão Nunes Maia Filho, Primeira Turma, julgado em 25.11.2019, DJe 27.11.2019).

# CAPÍTULO 03 • FASE INSTRUTÓRIA DO PROCEDIMENTO PARA PAGAMENTO DE QUANTIA 437

Isso quer dizer que não é possível invocar, por exemplo, a alegação de que o bem alienado era de família e impenhorável,[151] porque este não é vício da arrematação e deveria ter sido alegado pelo executado quando lhe cabia falar no procedimento executivo. Tanto é verdade que o Código admite a arrematação ainda que esteja pendente os embargos do executado, pois estes não são dotados de efeito suspensivo, e, eventual procedência da demanda do executado lhe dará direito apenas ao ressarcimento pela expropriação injusta.

### F. Ineficácia da arrematação

Segundo o art. 903, § 1º, II *"ressalvadas outras situações previstas neste Código, a arrematação poderá, no entanto, ser: II – considerada ineficaz, se não observado o disposto no art. 804"*. O artigo 804 diz que *"a alienação de bem gravado por penhor, hipoteca ou anticrese será ineficaz em relação ao credor pignoratício, hipotecário ou anticrético não intimado"*.

O que quer dizer o Código é de que o referido negócio jurídico da arrematação não tem aptidão para irradiar seus efeitos jurídicos àqueles que deveriam ser intimados previamente à sua realização, mas que não foram cientificados como tal. A *inoponibilidade da arrematação* a terceiros que deveriam ser intimados previamente do negócio jurídico é forma de garantir que terceiros não sejam injustamente atingidos em seu patrimônio.

Por outro lado, não se quer dizer que o negócio jurídico da arrematação seja totalmente ineficaz, mas apenas em relação a tais terceiros que deveriam ser previamente cientificados. Vale, e é eficaz a arrematação entre o executado, o exequente e o arrematante, mas, por exemplo, se o credor hipotecário não foi intimado do leilão para exercer seu direito preferencial de adjudicar (art. 876, V) ou de habilitar-se em concurso de credores (art. 908), certamente que em relação a ele a arrematação simplesmente não produz efeitos, o que implica dizer que o arrematante terá adquirido um bem que continua gravado com hipoteca em favor do terceiro que não foi intimado.

Neste particular é preciso o Superior Tribunal de Justiça ao dizer que *"a não observância do requisito exigido pela norma do art. 698 do CPC/73 para que se proceda à adjudicação ou alienação de bem do executado – prévia cientificação dos credores com garantia real ou com penhora anteriormente averbada – enseja sua ineficácia em relação ao titular da garantia, não contaminando a validade da expropriação judicial. Precedentes. 4 – O executado não possui interesse em requerer a nulidade da arrematação com fundamento na ausência de intimação de credores com garantia real ou penhora anteriormente averbada, pois a consequência jurídica derivada dessa omissão do Juízo*

---

151. Esta foi a hipótese do AgRg no REsp 1328153/SP, Rel. Ministro Luis Felipe Salomão, Quarta Turma, julgado em 25.11.2014, DJe 02.12.2014.

*é a decretação de ineficácia do ato expropriatório em relação ao credor preterido, não gerando repercussão negativa na esfera econômica do devedor*".[152]

### G. Resolução da arrematação

A arrematação poderá resolvida "*se não for pago o preço ou se não for prestada a caução*". Na medida em que o *caput* do art. 892 determina que "*salvo pronunciamento judicial em sentido diverso, o pagamento deverá ser realizado de imediato pelo arrematante, por depósito judicial ou por meio eletrônico*", então a possibilidade de que a arrematação não seja concluída – ensejando a sua resolução pelo inadimplemento do arrematante – restringe-se àquelas hipóteses em que o pagamento não seja imediato.

Nesta linha, o próprio art. 901, § 1º deixa claro que "*a ordem de entrega do bem móvel ou a carta de arrematação do bem imóvel, com o respectivo mandado de imissão na posse, será expedida depois de efetuado o depósito ou prestadas as garantias pelo arrematante, bem como realizado o pagamento da comissão do leiloeiro e das demais despesas da execução*".

Contudo, há casos, como o próprio artigo 892 prevê, que o pagamento não é imediato como na hipótese do § 1º deste mesmo dispositivo quando o exequente arrematar os bens e tiver que completar o valor até três dias depois, ou ainda, por exemplo, quando "*o interessado em adquirir o bem penhorado em prestações poderá apresentar, por escrito*" (art. 895). Inclusive, nesta hipótese o próprio Código diz que havendo mora no pagamento de qualquer das prestações, incidirá multa de dez por cento sobre a soma da parcela inadimplida com as parcelas vincendas e que o "*inadimplemento autoriza o exequente a pedir a resolução da arrematação ou promover, em face do arrematante, a execução do valor devido, devendo ambos os pedidos ser formulados nos autos da execução em que se deu a arrematação*".

### H. Desistência da arrematação pelo arrematante

Conquanto o artigo 903 fale que "*a arrematação será considerada perfeita, acabada e irretratável*", admite o Código, neste mesmo dispositivo, a possibilidade de o arrematante, e só ele, voltar atrás e pedir a *desistência da arrematação*.

Na realidade prática a situação de *desistência eficaz* deve ser rara de acontecer porque o Código estabelece um prazo para o exercício deste direito potestativo do arrematante.

Segundo o CPC, em três situações diferentes, e, portanto, *numerus clausus*,[153] o arrematante poderá desistir da arrematação, *sendo-lhe imediatamente devolvido o depósito que tiver feito*:

---

152. (REsp 1677418/MS, Rel. Ministra Nancy Andrighi, Terceira Turma, julgado em 08.08.2017, DJe 14.08.2017).
153. Não cabe aqui a invocação de desistência por vicio redibitório, por exemplo.

CAPÍTULO 03 • FASE INSTRUTÓRIA DO PROCEDIMENTO PARA PAGAMENTO DE QUANTIA | **439**

I – se provar, nos 10 (dez) dias seguintes, a existência de ônus real ou gravame não mencionado no edital;

II – se, antes de expedida a carta de arrematação ou a ordem de entrega, o executado alegar alguma das situações previstas no § 1º;

III – uma vez citado para responder a ação autônoma de que trata o § 4º deste artigo, desde que apresente a desistência no prazo de que dispõe para responder a essa ação.

A primeira situação – *se provar, nos 10 (dez) dias seguintes, a existência de ônus real ou gravame não mencionado no edital* – pode-se dar, por exemplo, quando o arrematante pretenda realizar a transferência do imóvel arrematado e encontre no registro uma hipoteca em favor de um terceiro. Neste caso, o prazo decadencial de 10 dias deve ser iniciado a partir do momento em que o arrematante poderia realizar o ato (transferência) que lhe permitiria conhecer do gravame, ou seja, quando tivesse em mãos a carta de arrematação. Antes disso não seria lícito contar o prazo, pois teria confiado no edital onde não constou referida informação.

Na situação seguinte, *se antes de expedida a carta de arrematação ou a ordem de entrega, o executado alegar alguma das situações previstas no § 1º* – ou seja, é preciso que após o leilão, mas antes da carta de arrematação ser expedida, conste nos autos a impugnação do executado alegando algum dos vícios do § 1º para o qual tenha efetivo interesse em arguir, como o preço vil, por exemplo. Portanto, é preciso que concorram duas situações: a primeira de que ainda não tenha sido expedida a carta de arrematação e que o executado tenha ofertado a impugnação do artigo 903, §§ 1º e 2º.

Na terceira hipótese pode o arrematante *desistir da arrematação no prazo da contestação* quando ele for citado para responder a ação autônoma de anulação da arrematação que trata o § 4º do art. 903.

Todas as hipóteses cuidam de direito potestativo do arrematante,[154] mas dificilmente esta *desistência* trará de volta para o arrematante "o depósito que tiver feito". As chances de isso acontecer – desistência eficaz – com retorno ao status quo ante (dinheiro de volta para o arrematante, inclusive da comissão do leiloeiro[155] e

---

154. Precisa a lição de Talamini ao dizer que "possibilidade de o adquirente desistir, quando interpostos embargos, consiste em direito potestativo seu. Vale dizer, é direito que, respeitados seus pressupostos, o adquirente exerce mediante sua simples manifestação de vontade no sentido do desfazimento do ato aquisitivo. Não é necessária nenhuma prestação de conduta, nenhuma manifestação de vontade, por parte do executado ou do exequente (quando esse não for o próprio adquirente). É preciso apenas a intervenção do juiz, deferindo a manifestação de arrependimento, para que o ato expropriatório seja juridicamente desconstituído. Nesse sentido, é direito potestativo com intervenção jurisdicional necessária. Isto é, a modificação do estado jurídico (desfazimento da aquisição) não se dá com a simples manifestação de vontade do titular do direito, mas com o pronunciamento judicial que chancela essa manifestação. Não há, contudo, nenhuma margem de discricionariedade ou mesmo de liberdade de avaliação para o juiz. Presentes os pressupostos, impõe-se-lhe o deferimento da desistência." TALAMINI, Eduardo. "Direito de desistência da aquisição de bem em execução. *Revista de Processo*. n. 155. São Paulo: Ed. RT, 2008.

155. Processual civil. Arrematação desfeita. Embargos à arrematação. Comissão do leiloeiro. Devolução.1. "Desfeita a arrematação, a requerimento do arrematante, por força da oposição de embargos, nos termos do art. 694, § 1º, IV, do CPC, é devida a devolução da comissão do leiloeiro, corrigida monetariamente" (RMS 33.004/SC, Rel. Ministro Castro Meira, Segunda Turma, DJe 06.12.2012).2. Nos termos do art. 694, § 1º,

retorno do bem arrematado à penhora na execução) não são as mesmas nos três incisos. Assim, por exemplo, na hipótese do inciso III isso dificilmente acontecerá porque o prazo para a propositura da ação anulatória da arrematação é de 4 anos (art. 178, II do CCB) e certamente que durante todo este período o valor pago não ficará depositado já que a execução terá seu curso.

Já em relação aos incisos I e II o Código estabelece o § 3º do art. 903 que *"passado o prazo previsto no § 2º sem que tenha havido alegação de qualquer das situações previstas no § 1º, será expedida a carta de arrematação e, conforme o caso, a ordem de entrega ou mandado de imissão na posse"*. Disso se conclui que a ordem de entrega e a carta de arrematação só serão expedidas, permitindo o arrematante transferir para si a propriedade do bem, depois destes 10 dias mencionados no § 2º. Recomenda-se, por isso mesmo, para eficácia completa da desistência da arrematação pelo arrematante, que o juiz não dê sequência à execução satisfazendo o direito do exequente mediante a entrega do dinheiro ou prosseguindo no concurso de credores *antes de esgotado o prazo de 10 dias para a impugnação prevista no artigo 903, §§ 1º e 2º*. O CPC é silente quanto a isso, mas de bom alvitre que uma vez realizada a arrematação só dê prosseguimento à execução quando tiver escoado o prazo de 10 dias mencionado nos referidos parágrafos, afinal de contas apenas após estes 10 dias que o arrematante poderá transferir para si a propriedade valendo-se dos títulos da carta de arrematação e da ordem de entrega do bem.

### I. Remédios contra a arrematação: impugnação e ação autônoma

O CPC estabelece duas formas de se opor à arrematação: por petição simples ou por ação autônoma. Em ambas delas a matéria alegável é exatamente a mesma (art. 903, § 1º), variando-se, portanto, a forma e o prazo de utilização.

Segundo o § 2º do art. 903 *o juiz decidirá acerca das situações referidas no § 1º, se for provocado em até 10 (dez) dias após o aperfeiçoamento da arrematação*. O Código fala em *"provocação"* dando a entender que basta uma simples petição impugnativa para arguição dos vícios da arrematação. Obviamente que o fato de ser por "simples petição" não muda em nada o exercício do contraditório, ou seja, todos os sujeitos afetados pela eventual decisão devem ser previamente ouvidos. A provocação por simples petição corresponde, no Código passado, aos *embargos de 2ª fase* ou *embargos à adjudicação ou arrematação*. O que antes era feito por meio de embargos, agora poderá ser feito por simples petição. Uma questão que nos parece importante é saber se mesmo depois do prazo de 10 dias, mas *antes* da expedição da carta de arrematação

---

IV, do CPC, a arrematação poderá ser tornada sem efeito por requerimento do arrematante, na hipótese de Embargos à Arrematação (art. 746, §§ 1º e 2º). Se o arrematante exerce essa faculdade, não há como reconhecer a existência de arrematação perfeita, acabada e irretratável.3. Uma vez frustrada a arrematação, a jurisprudência do STJ entende que o leiloeiro não faz jus à comissão.4. Agravo Regimental não provido. (AgRg no RMS 47.869/RS, Rel. Ministro Herman Benjamin, Segunda Turma, julgado em 22.09.2015, DJe 03.02.2016).

CAPÍTULO 03 • FASE INSTRUTÓRIA DO PROCEDIMENTO PARA PAGAMENTO DE QUANTIA **441**

(ou adjudicação) ou ordem de entrega seria possível a utilização da provocação por *simples petição*? A resposta parece ser positiva, porque a ação anulatória vincula-se à fulminação do ato jurídico representado pela carta de arrematação (adjudicação) ou ordem de entrega. Enquanto não tiver sido formalizado desta forma, a impugnação simples será suficiente. Embora os vícios que impregnam a arrematação possam ser de ordem pública não nos parece que pode o juiz de ofício, ainda que respeitado o artigo 10, conhecer do vício que só deve ser alegado por aquele que sofreu prejuízo. Uma vez decidida a impugnação, após regular contraditório e se necessário com produção de provas além da documental, o juiz proferirá decisão interlocutória desafiável por agravo de instrumento. Em nosso sentir o *mérito* da questão terá sido decidido com aptidão para fazer coisa julgada material. Não há limitação vertical em relação à cognição judicial e contraditório das partes pelo fato de ser feita por simples petição.[156]

A segunda forma de arguição dos vícios da arrematação é por meio de ação autônoma como determina o § 4º ao dizer que *"após a expedição da carta de arrematação ou da ordem de entrega, a invalidação da arrematação poderá ser pleiteada por ação autônoma, em cujo processo o arrematante figurará como litisconsorte necessário"*. Portanto, o limite da impugnação por simples petição não são os dez dias como mencionamos no parágrafo anterior, mas sim a *expedição da ordem de entrega ou carta de arrematação*. Este é o limite para saber se é caso de uma simples petição de impugnação ou se é caso de propositura de ação autônoma para tal desiderato (art. 178, II do CCB). Trata-se de ação incidental e conexa com a execução e que deve ser proposta no juízo onde ela tramita. É uma ação que pretende o desfazimento da arrematação, e, como tal, forma no polo passivo um litisconsórcio necessário, como expressamente menciona o § 4º, merecendo o reparo técnico de que nem sempre este cúmulo subjetivo passivo será entre o *arrematante e o exequente,* porque nem sempre a ação será proposta pelo executado, como sugere afoitamente o texto.

*J. Contempt of court pela oposição infundada contra a arrematação para forçar a desistência do arrematante*

O Código prevê três hipóteses de *desistência da arrematação* pelo arrematante. A primeira delas é por provocação dele mesmo, *se provar, nos 10 (dez) dias seguintes, a existência de ônus real ou gravame não mencionado no edital.* Nas outras duas ele poderá desistir: *II – se, antes de expedida a carta de arrematação ou a ordem de entrega, o executado alegar alguma das situações previstas no § 1º; III – uma vez citado para responder a ação autônoma de que trata o § 4º deste artigo, desde que apresente a desistência no prazo de que dispõe para responder a essa ação.*

---

156. O Código nada diz, mas tratando-se de hipótese de ineficácia da arrematação (art. 903, II) poderá o terceiro provocar por simples petição ou até mesmo por embargos de terceiro, além do que em se tratando de alegação de resolução da arrematação (art. 903, III) também poderá ser feita por simples petição nos autos.

Nestas duas hipóteses descritas no § 4º do art. 903 o arrematante poderá desistir da arrematação tendo por fundamento o receio, a insegurança de que ela poderá ser anulada pela impugnação do executado ou por ação autônoma por ele proposta. Nestas duas hipóteses o Código não descarta a possibilidade de venha ocorrer uma conduta improba do executado que pode manipular tais remédios apenas para forçar uma desistência do arrematante, tanto que expressamente prevê a regra no § 6º de que *"considera-se ato atentatório à dignidade da justiça a suscitação infundada de vício com o objetivo de ensejar a desistência do arrematante, devendo o suscitante ser condenado, sem prejuízo da responsabilidade por perdas e danos, ao pagamento de multa, a ser fixada pelo juiz e devida ao exequente, em montante não superior a vinte por cento do valor atualizado do bem".*

### 3.5.9 *O leilão na perspectiva dinâmica de sua realização*

#### 3.5.9.1 *O bem penhorado "vai" a leilão*

O bem penhorado segue o caminho do leilão judicial se não for efetivada a adjudicação (art.876) ou a alienação por iniciativa particular (art. 880), como deixa claro o artigo 881 ao revelar de modo explícito a subsidiariedade do leilão judicial.

Contudo, embora silente o Código, por razões óbvias, o bem do executado também não irá a leilão judicial acaso a execução seja extinta pela remição da própria execução (art. 826) ou pela renúncia do crédito (art.924, IV), ou quando o bem penhorado seja substituído (art. 849), quando o exequente desista da execução ou do ato executivo (art. 775), quando não se tenha dado efeito suspensivo aos embargos (art. 919, § 5º) ou a impugnação do executado (art. 525, § 6º e 7º) etc.

Não se tratando de nenhuma destas situações, e nem sendo caso de penhora de ações com cotação em bolsa de valores (art. 881, § 2º) ou penhora especial como, por exemplo, dos frutos e rendimentos (art. 867), o bem então irá a leilão judicial que, prioritariamente, deve ser feito na forma eletrônica por representar custos menores e ter uma eficiência muito maior.

Não é necessário, embora seja mais comum, que o exequente requeira expressamente o seu desejo de que o bem penhorado vá ao leilão judicial, porque, não ocorrida nenhuma destas situações excludentes, naturalmente ele seguirá este rumo.

#### 3.5.9.2 *Os primeiros passos da alienação por leilão judicial presencial: definição do leiloeiro/corretor; local; preço mínimo, as condições de pagamento e as garantias que poderão ser prestadas pelo arrematante*

##### A. *Definição do leiloeiro*

Não ocorrida nenhuma das situações anteriores e estando aberto o caminho do leilão judicial o primeiro passo é a definição do leiloeiro público (art. 883), o local

CAPÍTULO 03 • FASE INSTRUTÓRIA DO PROCEDIMENTO PARA PAGAMENTO DE QUANTIA

de sua realização (art. 881, § 3º), o preço mínimo, as condições de pagamento e as garantias que poderão ser prestadas pelo arrematante (art. 885).

No que concerne ao leiloeiro público, indicado ou não pelo exequente, deve estar *credenciado* perante o órgão judiciário. As regras de credenciamento previstas no CPC e na Resolução CNJ 236 são pautadas na eficiência, na efetividade, na segurança, na expertise e na isenção completa do leiloeiro/corretor e sua equipe. Além dos deveres estampados no artigo 884 do CPC (I – publicar o edital, anunciando a alienação; II – realizar o leilão onde se encontrem os bens ou no lugar designado pelo juiz; III – expor aos pretendentes os bens ou as amostras das mercadorias; IV – receber e depositar, dentro de 1 (um) dia, à ordem do juiz, o produto da alienação; V – prestar contas nos 2 (dois) dias subsequentes ao depósito), há uma série de outros previstos no art. 5º e seguintes da Resolução 236 do CNJ.

Obviamente, que não existem só *deveres*, mas também o correlato direito de remuneração e ressarcimento de despesas resultante deste serviço público prestado ao Estado (processo judicial). Por isso, na esteira do art. 7º da citada resolução, *"além da comissão sobre o valor de arrematação, a ser fixada pelo magistrado (art. 884, parágrafo único), no mínimo de 5% (cinco por cento) sobre o valor da arrematação (art. 24, parágrafo único, do Decreto 21.981/1932), a cargo do arrematante, fará jus o leiloeiro público ao ressarcimento das despesas com a remoção, guarda e conservação dos bens, desde que documentalmente comprovadas, na forma da lei"*.

### B. Local

No que se refere ao local de realização, normalmente, o próprio leiloeiro dispõe de espaço destinado a este fim. E a definição do local não é apenas importante porque nele será realizado o leilão, mas também porque é nele onde normalmente os bens devem estar disponíveis para vistorias e conferências dos interessados, afinal de contas, sendo um bem de propriedade de outra pessoa, é preciso saber se o estado que se encontra descrito no edital corresponde à situação concreta. O local deve também atender as expectativas gerais de deslocamento dos interessados, num ponto que seja de fácil acesso, além de que é preciso ter estrutura necessária para a remoção do bem, a guarda e a sua conservação etc.

### C. Preço mínimo judicial e legal

O preço mínimo é o preço de reserva, ou seja, valor abaixo do qual não pode ser alienado o bem. Tal preço deve constar do edital, seja para dar transparência aos eventuais licitantes, seja para que se estimulem (ou desestimulem) a participar do leilão.

Esse "preço mínimo" é, ao nosso ver, um absurdo paternalista do CPC, mais uma limitação política à responsabilidade patrimonial no meio de tantas outras. E entendemos como "absurda proteção ao executado" porque o bem levado a leilão judicial não integra o seu *patrimônio mínimo impenhorável* (art. 833), tanto que foi penhorado para ser alienado. Não é demais lembrar que não existe na teoria dos leilões a obrigatoriedade do "preço mínimo" sendo esta apenas uma opção política de quem institui o leilão, pois entende que poderia lucrar mais com o referido bem em outra oportunidade, evitando um "prejuízo" pela venda abaixo do "preço de reserva".

Também não custa lembrar que a expropriação judicial do patrimônio do executado para responder pelas suas dívidas acontece porque não adimpliu a obrigação por ele assumida. Ademais, partindo do pressuposto de que houve a ampla divulgação do leilão, então, se não houve interessados em adquirir o bem pelo valor da avaliação, e nem mesmo pelo valor mínimo, sinal de que o *mercado* compreende que nem o valor da avaliação, nem o valor mínimo fixado, correspondem àquilo que o bem vale realmente. O valor de mercado nem sempre corresponde ao valor intrínseco do bem e este é um ônus que deveria ser suportado pelo executado e não pelo exequente.

Assim, quando o art. 891 determina que *"não será aceito lance que ofereça preço vil"* e, no parágrafo único deste mesmo dispositivo diz que *"considera-se vil o preço inferior ao mínimo estipulado pelo juiz e constante do edital, e, não tendo sido fixado preço mínimo, considera-se vil o preço inferior a cinquenta por cento do valor da avaliação"*, o Código estabelece duas regras importantes: a primeira de que além do "preço mínimo judicial", há o "preço mínimo legal", para o caso de o magistrado não fixá-lo . E, a segunda de que abaixo deste valor (mínimo judicial ou legal) o preço é "vil" o valor, não podendo ser arrematado sob pena de invalidade da arrematação (art. 903, § 1°, I).

Embora o Código não diga absolutamente nada a respeito, e, muito embora dê preferência ao *preço mínimo judicial*, entendemos que não faria muito sentido admitir que o preço mínimo judicial pudesse ser abaixo do preço mínimo legal, ou seja, o parágrafo único do art. 891 serve de limitador à fixação do preço mínimo legal.

### D. As condições de pagamento

As *condições de pagamento* não se confundem com as *formas de pagamento*. Estas são, por exemplo, pagamento com cheque, por transferência eletrônica bancária, em dinheiro, PIX, por meio de boleto bancário etc. Já as primeiras correspondem se será *a prazo* ou *à vista*, se terá algum desconto ou não, se for a prazo em quantas parcelas, o valor de cada parcela etc.

Estas condições de pagamento são fundamentais que constem no edital para que os pretendentes a licitar possam conhecer previamente as condições da licitação, e, assim programarem-se para a sua eventual participação. Às vezes algum interessado

CAPÍTULO 03 • FASE INSTRUTÓRIA DO PROCEDIMENTO PARA PAGAMENTO DE QUANTIA **445**

pode não ter condições de adquirir o bem à vista, mas sim à prazo e essa informação é fundamental ser conhecida previamente.

Segundo o artigo 892 "salvo pronunciamento judicial em sentido diverso, o pagamento deverá ser realizado de imediato pelo arrematante, por depósito judicial ou por meio eletrônico", ou seja, a regra é que a *condição de pagamento* seja "à vista" e que a *forma de pagamento* é o depósito judicial do valor ou por meio eletrônico (transferência bancária). Combinando os arts. 885 com o 892 parece-nos claro que a condição *legal* de pagamento é à vista, mas admite o juiz possa fixar condições de pagamento diversas desta. E, ainda que o juiz não tenha estabelecido condições à prazo, o próprio Código admite que o bem possa ser adquirido parceladamente, por meio de proposta por escrito que deve ser formulada pelo interessado nos autos (físicos ou eletrônico) do processo seguindo as regras do art. 895 do CPC que é claro ao dizer no seu § 7º – e nem poderia ser diferente – que "*a proposta de pagamento do lance à vista sempre prevalecerá sobre as propostas de pagamento parcelado*".

### E. As garantias que poderão ser prestadas pelo arrematante

Justamente porque admite o pagamento a prazo, e, à vista sem o desembolso instantâneo da quantia (pagamento em cheque cada vez mais incomum), o Código prevê a possibilidade de que o arrematante deva prestar garantias para o cumprimento da proposta vencedora, afinal de contas, há enorme prejuízo à efetividade e eficiência do processo executivo quando a arrematação não é honrada pelo licitante vencedor.

O Código já prevê a *fiança* (art. 897) como uma destas garantias, mas não se descarta que outras como o seguro garantia ou garantias reais possam ser prestadas, especialmente quando se tratar de pagamento com prazo mais elastecido, como os 30 meses previsto no art. 895, § 1º.

### 3.5.9.3 O Edital

#### A. Antes do edital

Definido pelo juiz o leiloeiro/corretor, o local, o preço mínimo, as condições de pagamento e as garantias que poderão ser prestadas pelo arrematante, caberá ao leiloeiro proceder a publicação do edital. O Código não fala nada a respeito, mas sabemos que antes disso o leiloeiro deverá remover o bem e trazer para o seu estabelecimento, identificá-lo, cadastrá-lo em lotes e individuá-lo ainda que aproveite as descrições que já constem no auto ou termo de penhora (art. 838 e 872), afinal de contas entre a data desta e do leilão pode ter se passado muito tempo e o estado que se encontre o bem não seja o mesmo de outrora. Também terá que deixar o bem limpo e disponível (ou amostras dele) para poder ser visto durante o período posterior ao edital e antecedente ao leilão. Enfim, ficará como depositário durante este período em que ficará sob sua guarda e administração.

### B. Publicação do edital

Assim, atendendo às definições estabelecidas no art. 885 e cumprindo o mister do art. 884, I, caberá ao leiloeiro confeccionar e divulgar o edital dos leilões (quando atender a mais de um processo[157]) de forma ampla ao público em geral (art. 887), pelos meios que se mostrarem mais eficientes para o sucesso do leilão, tais como material impresso, mala direta, publicações em jornais, rádios, televisão, e na rede mundial de computadores, inclusive contendo imagens reais dos bens no sítio eletrônico, para melhor aferição de suas características e de seu estado de conservação.

É dever do leiloeiro público adotar todas as providencias necessárias para que o edital tenha a mais ampla divulgação. É de seu interesse que isso seja feito porque a sua comissão depende do sucesso do leilão. Assim, não adianta publicar o edital nem tão longe e nem tão próximo do dia do leilão. O Código diz no art. 887, § 1º que "deverá ocorrer pelo menos 5 (cinco) dias antes da data marcada para o leilão". Há um prazo mínimo, mas não máximo. Aliás, pode ser publicado mais de uma vez com "chamadas" nos veículos de comunicação. Ademais, seja pelo custo mais barato, seja pela eficiência, o edital deve ser publicado na rede mundial de computadores, em sítio designado pelo juízo da execução, e conterá descrição detalhada e, sempre que possível, ilustrada dos bens, informando expressamente se o leilão se realizará de forma eletrônica ou presencial.

Na remota hipótese de não ser possível a publicação na rede mundial de computadores ou considerando o juiz, em atenção às condições da sede do juízo, que esse modo de divulgação é insuficiente ou inadequado, o edital será afixado em local de costume e publicado, em resumo, pelo menos uma vez em jornal de ampla circulação local como determina o § 3º do art. 887.

Não necessariamente uma *maior* divulgação é sinônimo de melhores resultados, pois é preciso identificar o público-alvo para aquisição dos bens objeto do leilão. Um mesmo veículo de comunicação (TV ou rádio por exemplo) poder oferecer horários diferentes com maior penetração em segmentos diferentes de pessoas. Assim, tem também o leiloeiro esta tarefa, qual seja, de identificar qual o tipo e a intensidade da divulgação, o melhor horário, a forma de apresentação do anúncio etc.[158]

Tudo isso influencia, e muito, no resultado que é atingir o maior número de pessoas interessadas em participar do leilão. Mais licitantes, maior a concorrência,

---

157.  Art. 887, § 6º O juiz poderá determinar a reunião de publicações em listas referentes a mais de uma execução.

158.  Art. 887, § 5º Os editais de leilão de imóveis e de veículos automotores serão publicados pela imprensa ou por outros meios de divulgação, preferencialmente na seção ou no local reservados à publicidade dos respectivos negócios.

maior a chance de o bem ser alienado por um preço que atenda as expectativas do processo (exequente/executado), e, também maior o valor da comissão a que tem direito o leiloeiro (5% da arrematação).

Não por acaso o Código (art. 887, § 4º) dá mobilidade ao magistrado em considerar todos estes aspectos e *"atendendo ao valor dos bens e às condições da sede do juízo, o juiz poderá alterar a forma e a frequência da publicidade na imprensa, mandar publicar o edital em local de ampla circulação de pessoas e divulgar avisos em emissora de rádio ou televisão local, bem como em sítios distintos do que for por ele mesmo indicado anteriormente".*

### C. Conteúdo mínimo do edital

Nos termos do art. 886 o edital deverá conter, no mínimo:

I – a descrição do bem penhorado, com suas características, e, tratando-se de imóvel, sua situação e suas divisas, com remissão à matrícula e aos registros. Importante que se identifique o lote no qual se encontre o bem para que o licitante possa identificá-lo, especialmente porque num mesmo leilão são alienados vários bens de vários processos;

II – o valor pelo qual o bem foi avaliado, o preço mínimo pelo qual poderá ser alienado, as condições de pagamento e, se for o caso,[159] a comissão do leiloeiro designado, que, segundo a lei (art. 24, parágrafo único, do Decreto 21.981/1932) é de 5%. O valor da avaliação é fundamental para que o interessado possa verificar se a avaliação condiz com o preço de mercado e assim conjecturar se vale a pena ou não participar. Quando o juiz não fixar o preço mínimo, este será 50% da avaliação;

III – o lugar onde estiverem os móveis, os veículos e os semoventes e, tratando-se de créditos ou direitos, a identificação dos autos do processo em que foram penhorados. Tratando-se de bens corpóreos o lugar é fundamental não só para saber onde serão leiloados, mas também para poder vistoriá-los caso algum interessado deseje fazer a conferência física do bem. No caso de bens incorpóreos como direitos de crédito representados por ações judiciais, é preciso saber se existem autos eletrônicos ou físicos. Se forem eletrônicos é mais fácil a consulta do processo, se físicos poderá ser consultado no cartório judicial respectivo; IV – o sítio, na rede mundial de computadores, e o período em que se realizará o leilão, salvo se este se der de modo presencial, hipótese em que serão indicados o local, o dia e a hora de sua realização;

V – a indicação de local, dia e hora de segundo leilão presencial, para a hipótese de não haver interessado no primeiro, ou seja, o próprio Código admite que um

---

159. Já decidiu o Superior Tribunal de Justiça, ao nosso ver com lucidez, ao reconhecer como válida a arrematação feita com pagamento parcelado mesmo que "as condições para o pagamento parcelado não tenham sido delineadas no edital" (AgInt no REsp 1694767/SC, Rel. Ministro Napoleão Nunes Maia Filho, Primeira Turma, julgado em 17.12.2019, DJe 19.12.2019).

segundo leilão possa ser realizado caso não existam interessados no primeiro em pagar, pelo menos, o preço mínimo legal ou judicial. Não se descarta que o segundo leilão seja precedido de nova avaliação, já que a ausência de interessados pode ser (possivelmente é) indicativo de que teria havido uma falha na avaliação feita;

VI – Menção da existência de ônus, recurso ou processo pendente sobre os bens a serem leiloados, pois deve o arrematante conhecer exatamente a situação jurídica do processo e do próprio bem objeto do leilão, pois pode não desejar adquirir um bem que esteja com algum tipo de gravame ou em processo que ainda pende de julgamento de embargos ou impugnação do executado. Não que esses gravames ou restrições ou pendencias de recursos afetem a arrematação perfeita e acabada (art. 903), mas evita o dissabor de ter que ser réu em uma ação anulatória de arrematação como preveem os parágrafos do art. 903;

VII – No caso de títulos da dívida pública e de títulos negociados em bolsa, constará do edital o valor da última cotação, pois já que não há avaliação prévia deste bem (art. 871), é mister que se dê um parâmetro prévio para o interessado em adquirir o referido bem.

### 3.5.9.4 Pessoas que devem ser obrigatoriamente cientificadas da alienação judicial, com pelo menos 5 (cinco) dias de antecedência

O Código impõe (art. 889) que alguns sujeitos devem ser cientificados da alienação judicial, com pelo menos 5 (cinco) dias de antecedência, e, acaso não seja cumprida a exigência a arrematação tanto poderá ser invalidada (caso de não cientificação do executado) ou ineficaz (em relação a terceiros não cientificados). É preciso ficar atento a este prazo conjugando com o prazo do tempo mínimo de publicação do edital (art.887, § 1º) já que a publicação dos sujeitos elencados no artigo 889 não será feita no mesmo edital de convocação de interessados em participar do leilão.

São prazos e sujeitos diversos, embora ambos estabeleçam o *mínimo de 5 dias antes do leilão.*

Dentre os sujeitos que devem ser obrigatoriamente intimados do leilão está o executado e vários terceiros com diferentes vínculos com o bem penhorado. Com a intimação poderão pretender a adjudicação do bem (art. 876, § 5º) e alguns deles terão preferência na arrematação (art. 892, § 3º). De qualquer forma, todos os terceiros com algum tipo de vínculo com o bem (direito real limitado etc.) já ficam cientes que havendo adjudicação ou alienação, os créditos que recaem sobre o bem, inclusive os de natureza *propter rem*, sub-rogam-se sobre o respectivo preço, deixando o bem livre de qualquer ônus para o arrematante. É sobre o preço obtido com a arrematação que tais credores poderão exercer, quando for o caso, as suas preferências no recebimento do seu crédito nos termos do art. 908 e 909 do CPC.

Assim, deve ser cientificado da alienação o executado, por meio de seu advogado ou, se não tiver procurador constituído nos autos, por carta registrada, mandado,

CAPÍTULO 03 • FASE INSTRUTÓRIA DO PROCEDIMENTO PARA PAGAMENTO DE QUANTIA **449**

edital ou outro meio idôneo.[160] O exequente não precisa ser pessoalmente intimado da alienação do bem, embora naturalmente o seja porque as partes devem ser intimadas dos atos processuais em geral.[161] Como ele pode ser licitante, também já teria sido atingido pela publicação do edital do leilão, não havendo que se falar em nulidade da arrematação porque o exequente não teria sido intimado.

Deve ser cientificado o coproprietário de bem indivisível do qual tenha sido penhorada fração ideal, na linha do que determina o art. 843 do CPC, pois além da preferência na adjudicação (art. 876, § 5°) e na arrematação (art. 843, § 1°) terá direito de receber o correspondente à sua quota-parte calculado sobre o valor da avaliação (art. 843, § 2°), o que significa dizer, por exemplo, que se existirem dois proprietários de um bem imóvel que foi avaliado em 240 mil reais, o coproprietário terá direito de receber o valor exato de 120 mil reais acaso a arrematação se dê pelo mínimo legal (50% da avaliação) ou por qualquer valor superior a este.

Deverão ser intimados o titular de usufruto, uso, habitação, enfiteuse, direito de superfície, concessão de uso especial para fins de moradia ou concessão de direito real de uso, quando a penhora recair sobre bem gravado com tais direitos reais; o proprietário do terreno submetido ao regime de direito de superfície, enfiteuse, concessão de uso especial para fins de moradia ou concessão de direito real de uso, quando a penhora recair sobre tais direitos reais. Todos estes sujeitos terão direito de adjudicar preferencialmente (art. 876, § 5°), e, ainda que assim não fosse, teriam o direito de saber que será o novo titular do bem, sobre o qual exercem o direito real limitado.

Também deve ser intimado o credor pignoratício, hipotecário, anticrético, fiduciário ou com penhora anteriormente averbada, quando a penhora recair sobre bens com tais gravames, caso não seja o credor, de qualquer modo, parte na execução seja para ter a preferência na adjudicação, seja para estar ciente que o seu crédito se sub-roga no preço da arrematação podendo exercer o direito de receber no concurso de credores/exequentes do art. 908 e 909 do CPC.

O mesmo raciocínio se passa para os casos em que o objeto da penhora recai sobre bem do promitente comprador em relação ao qual haja promessa de compra e venda devidamente registrada; ou quando recaia sobre direito aquisitivo do promitente vendedor derivado de promessa de compra e venda registrada. Não havendo registro público do contrato de promessa de compra e venda não haveria presunção erga omnes e nem haveria que ser intimado para exercer sua preferência na adjudicação, já que o bem penhorado estaria livre e desembaraçado para ser expropriado.

---

160. Art. 889, parágrafo único: "Se o executado for revel e não tiver advogado constituído, não constando dos autos seu endereço atual ou, ainda, não sendo ele encontrado no endereço constante do processo, a intimação considerar-se-á feita por meio do próprio edital de leilão".

161. Art. 269. Intimação é o ato pelo qual se dá ciência a alguém dos atos e dos termos do processo.

Deve ser intimado ainda a União, o Estado e o Município, no caso de alienação de bem de particular que tenha sido tombado para que exerça o direito de adjudicação ou arrematação preferencial em igualdade de condições (art. 892, § 3º).

### 3.5.9.5    O adiamento do leilão

Na data, local e hora marcada deve ser realizado o leilão judicial para o qual foram tomadas as providências de confecção e publicação do edital em veículos de comunicação. Entretanto, sabemos, inúmeros motivos podem levar o adiamento do leilão – desde uma queda de transmissão da internet se for eletrônico até uma chuva muito forte no caso de leilão presencial. O fato é que adiar um leilão que estava pronto para ser realizado é sempre um estorvo que causa prejuízos àqueles que desejam que a execução seja breve e efetiva. Diz o artigo 888 do CPC que se por qualquer motivo o leilão for adiado, o juiz mandará publicar a transferência, observando-se o disposto no art. 887, ou seja, todas as regras de publicação deverão ser novamente cumpridas e, da mesma forma, as cientificações prévias.

Como o adiamento causa muitos prejuízos que não são apenas ligados a efetividade de tutela executiva, mas também prejuízos materiais quantificáveis, como por exemplo os gastos com publicação, então prescreve o parágrafo único do art. 888 que se algum dos auxiliares de justiça (*o escrivão, o chefe de secretaria ou o leiloeiro*), "*culposamente der causa à transferência responde pelas despesas da nova publicação, podendo o juiz aplicar-lhe a pena de suspensão por 5 (cinco) dias a 3 (três) meses, em procedimento administrativo regular*".

### 3.5.9.6    O leilão: do início ao fim

#### A. Cadastro dos licitantes que irão participar

Para que um sujeito possa participar do leilão como licitante apto a arrematar, terá, previamente, que apresentar alguns documentos para a realização de um cadastro. Estes documentos são os de identificação pessoa (RG ou Carteira Nacional de Habilitação, Passaporte ou Carteira de Trabalho), além do CPF, endereço com comprovação, os dados do cônjuge ou convivente e o regime de casamento. Tratando-se de pessoa jurídica, deve ter consigo os atos constitutivos da empresa e a ata da última alteração, os Estatutos Sociais, es os documentos comprobatórios de que o sujeito que está ali realmente é o representante legal da empresa, ou seja, também os documentos pessoais dele devem estar presentes. Nada impede que a participação da pessoa física ou jurídica seja feita por procuração, que além de ter que conter poderes específicos para arrematar para aquele leilão específico, deve estar com firma reconhecida em cartório, lembrando que se se tratar de pessoa jurídica representada por 3º, também os documentos constitutivos comprobatórios da empresa serão necessários. Apenas para relembrar, a regra é a de que todos que estejam na

CAPÍTULO 03 • FASE INSTRUTÓRIA DO PROCEDIMENTO PARA PAGAMENTO DE QUANTIA — **451**

livre administração de seus bens podem participar como licitante, exceto aqueles que estão descritos no art. 890 do CPC.

### B. Abertura e concorrência de lances

Aberto pelo leiloeiro o leilão no local, na data e hora marcada então este, ou seus prepostos, irá apresentar sequencialmente os lotes tal como anunciados. Todos os lotes são numerados e serão anunciados pelo número e pelo que nele contêm, ou seja, com a descrição minuciosa do bem ou do conjunto de bens que nele se inserem, o estado em que se se encontram, o preço pelo qual foram avaliados, o preço mínimo fixado pelo juiz, o local onde se encontram, o número do processo em que foram penhorados e o juízo onde tramita a execução. Havendo mais de um bem em cada lote poderá haver o desmembramento para uma arrematação individualizada se a arrematação em conjunto não foi frutífera.

Para cada lote anunciado abre-se a possibilidade de realização dos lances o que pode ser feito à viva voz levantando o dedo ou fazendo um aceno àquele que conduz a concorrência. É o momento da concorrência dos licitantes que desejam arrematar o referido bem em leilão.

De forma sucessiva e ascendente os lances devem acontecer naturalmente, de forma que chegará a um momento que o último lance não terá concorrência e vencerá a disputa, não sem antes o leiloeiro perguntar se "alguém dá mais" ou ainda "dou-lhe uma, dou-lhe duas, dou-lhe três" até bater o martelo como "vendido". Não havendo mais concorrente o licitante que ofertou o maior preço é o arrematante, pois é ele que proporcionou o remate do leilão, ou seja, deu o lance de rematação do leilão. Para preservar o patrimônio do executado que pode ter vários bens penhorados em leilão para ser alienado, não se prosseguirá com novas alienações se o produto da primeira arrematação for suficiente para o pagamento do credor e para a satisfação das despesas da execução (art. 889).

Nem sempre o leilão é simples assim, pois algumas variações e situações peculiares podem acontecer.

Uma delas é que mais de um pretendente pode oferecer o mesmo valor e nenhum deles evoluir para um lance superior. Portanto, se houver mais de um pretendente, proceder-se-á entre eles à licitação, e, no caso de igualdade de oferta, terá preferência o cônjuge, o companheiro, o descendente ou o ascendente do executado, nessa ordem (art. 892, § 2º).

Também pode acontecer de o exequente ser o arrematante (vencedor do certame) e, se ele for o único credor do executado, ele não estará obrigado a exibir o preço, "*mas, se o valor dos bens exceder ao seu crédito, terá que depositar dentro de 3 (três) dias, a diferença, sob pena de tornar-se sem efeito a arrematação, e, nesse caso, realizar-se-á novo leilão, à custa do exequente*".

É de se lembrar também que se o bem levado a leilão for de incapaz não poderá ser arrematado por preço inferior a 80% da avaliação no primeiro leilão, como determina a regra do art. 896.

Também há regra especial para as hipóteses em que o leilão é de diversos bens, pois o art. 893 dá preferência à arrematação daquele que se propuser a arrematar os bens em conjunto, oferecendo, para os bens que não tiverem lance, preço igual ao da avaliação e, para os demais, preço igual ao do maior lance que, na tentativa de arrematação individualizada, tenha sido oferecido para eles.

Lembra-se ainda que quando se tratar de bem imóvel que admita uma cômoda divisão (alienação em frações ou partes), será possível aliená-los por partes desde que o executado tenha requerido e que tenha ocorrido a avaliação dessas partes, sendo tal informado no edital. Se não for vendido em partes, poderá ser alienado na sua integridade (art. 894).

Pode acontecer também de o leilão não terminar na data em que se iniciou ultrapassando o horário de expediente forense, caso em que, sem maiores formalidades, seguindo o art. 900 do CPC, deve prosseguir no dia útil imediato, à mesma hora em que teve início, independentemente de novo edital.

### C. É considerado vil o lance abaixo do mínimo legal ou judicial

É considerado vil, ultrajante, desprezível, abjeto o lanço oferecido abaixo do *preço mínimo* fixado pelo juiz, ou, quando por este não tiver sido fixado, abaixo de 50% do valor da avaliação, nos termos do art. 891, parágrafo único do CPC. Se a arrematação for deferida com base num preço vil ela poderá ser invalidada nos termos do art. 903, § 1º, I do CPC.

### D. Proposta de pagamento parcelado

Ainda que o juiz da execução estabeleça as condições de pagamento (art.885) fixando o número de parcelas que pode ser alienado o bem em leilão, é possível que um interessado possa apresentar no processo uma proposta escrita de pagamento parcelado atendendo aos limites e regras do artigo 895 do CPC.

### E. O pagamento do lance vencedor

Declarado como vencedor o maior lance o arrematante será imediatamente procurado pelo leiloeiro ou por membro da sua equipe para que proceda o pagamento e seja lavrado o auto de arrematação. Normalmente os leiloeiros dispõem de infraestrutura organizada para que o arrematante seja conduzido pela sua equipe a escritório ou sala ou espaço ali mesmo no local do leilão só que destinado justamente a realização do pagamento e confecção e assinatura do autor de arrematação. É neste momento que deverá ser feito o pagamento do lanço por simples transferência bancária à conta do juízo da execução onde foi penhorado o bem arrematado, também deve ser paga a comissão do leiloeiro (5%), além das despesas que teve pela guarda e administração do bem.

Já vimos mais acima que a regra é do pagamento à vista, por transferência bancária. Entretanto, excepcionalmente pode ser estabelecido outras condições de pagamento (a prazo e com financiamento desde que conste no edital do leilão. Apenas para se ter uma ideia, vale lembrar o artigo 895 que admite o pagamento em até 30 vezes seguindo as regras ali descritas como já mencionamos anteriormente. É de se lembrar que no caso de incumprimento destas parcelas na forma descrita do artigo 895 determina o § 5º que o *"exequente pode pedir a resolução da arrematação ou promover, em face do arrematante, a execução do valor devido, devendo ambos os pedidos ser formulados nos autos da execução em que se deu a arrematação"*.

Justamente por causa dos pagamentos à prazo em que desembolso da quantia não é instantâneo que o artigo 897 diz que se o arrematante ou seu fiador (garantidor da obrigação assumida pelo arrematante) não pagar o preço *no prazo estabelecido*, o juiz impor-lhe-á, em favor do exequente, a perda da caução, voltando os bens a novo leilão, do qual não serão admitidos a participar o arrematante e o fiador remissos. E, prossegue o art. 898, seguindo a regra do art. 794, § 2º, que se o referido fiador do arrematante pagar o valor do lance e a respectiva multa, se sub-roga no direito do arrematante e poderá requerer que a arrematação lhe seja transferida.

### F. Documentação que consolida a arrematação

Denomina-se de *auto de arrematação* o documento que sacramenta formalmente a arrematação; tanto que será lavrado de imediato e poderá abranger bens penhorados em mais de uma execução, nele mencionadas as condições nas quais foi alienado o bem, como as parcelas, as garantias, o valor da caução, o lote que ele constava etc. Qualquer que seja a modalidade de leilão, assinado o referido auto pelo juiz, pelo arrematante e pelo leiloeiro, a arrematação será considerada perfeita, acabada e irretratável.

Pouco importa que após a assinatura do auto de arrematação venham a ser julgados procedentes a oposição do executado (embargos ou impugnação). É claro que nesta hipótese o executado terá direito a reparação pelo prejuízo sofrido (art. 776 e 903, *caput, in fine*), afinal de contas foi expropriado injustamente como se verificou depois pelo acolhimento de sua oposição.

A solução do artigo 903, caput não poderia ser diferente, pois se a arrematação fosse desfeita pelo posterior acolhimento dos embargos do executado, não haveria licitantes dispostos a correr este risco.

# CAPÍTULO 04
## FASE SATISFATIVA DO PROCEDIMENTO PARA PAGAMENTO DE QUANTIA

## 1. A FASE SATISFATIVA

### 1.1 A satisfação pela entrega do dinheiro e pela adjudicação do bem penhorado ao exequente

O procedimento executivo para pagamento de quantia contém cinco seções assim desenhado no Código: Seção I – Disposições Gerais; Seção II – Da Citação do Devedor e do Arresto Seção; III – Da Penhora, do Depósito e da Avaliação; Seção IV – Da Expropriação de Bens; *Seção V – Da Satisfação do Crédito*. Portanto, a satisfação do crédito exequendo constitui a última fase do procedimento para pagamento de quantia contra devedor solvente.

A satisfação do crédito exequendo ocorre, normalmente, por meio da entrega do dinheiro ao exequente; dinheiro este que ou foi diretamente penhorado (art. 855, I e art. 854), ou foi obtido pela expropriação liquidativa por meio de alienação judicial. A redação deste dispositivo não é perfeita, mas é melhor do que a do CPC de 1973 que continha um outro inciso que dizia que a satisfação também poderia se dar por meio da "III – pelo usufruto de bem imóvel ou de empresa". Mesmo na *apropriação de frutos e rendimentos* (art. 825, III) como passou a ser tecnicamente tratada a hipótese, é dinheiro que o exequente recebe, caindo, portanto, na hipótese do inciso I do art. 904.

Sempre que se consegue penhorar diretamente o dinheiro, então o caminho executivo fica mais simples e salta-se da seção III para a seção V, pois não é necessário liquidar o patrimônio penhorado por meio de expropriação.

Por outro lado, sempre que não se consegue penhorar diretamente o dinheiro, então a solução poderá ser dupla: ou o exequente satisfaz-se mediante o recebimento do bem penhorado, nos termos do artigo 876 do CPC, o que não é tão comum por meio de um *resultado prático equivalente*; ou então a solução é levar o bem à expropriação judicial para obter o dinheiro que será entregue ao exequente.

Assim, é acertado o artigo 904 do CPC ao dizer que "a satisfação do crédito exequendo far-se-á: I – pela entrega do dinheiro; II – pela adjudicação dos bens penhorados".

Na hipótese do inciso primeiro este dinheiro tanto pode ter sido obtido diretamente pela penhora da quantia, quanto pela situação de se ter obtido a quantia a partir da expropriação liquidativa. Já na hipótese do inciso segundo – adjudicação dos bens penhorados – é necessário fazer uma advertência. Só se pode falar em *satisfação do crédito exequendo* por meio de adjudicação quando ela englobe o valor do crédito exequendo e seja feita em favor do exequente, ou seja, melhor seria a redação se dis*sesse* adjudicação *pelo exequente* dos bens penhorados. Esse apuro técnico é importante porque o Código trata, por ficção jurídica, a adjudicação para terceiros como se vê na hipótese do artigo 876, V do CPC. Nesta hipótese o que se tem não é propriamente uma *adjudicação,* mas uma arrematação preferencial do bem por terceiros que possuem algum tipo de vínculo jurídico com o bem penhorado. Nestas situações do artigo 876, V, conquanto o Código trate como se adjudicação fosse – que na verdade é uma hipótese especial de arrematação judicial – a satisfação do crédito exequendo se dá com a entrega do dinheiro e não, obviamente, com a "adjudicação" realizada pelo terceiro. Portanto, frise-se, quando ocorre a hipótese do artigo 876, V a satisfação do crédito exequendo se dá pela *entrega do dinheiro* e não pela *adjudicação do bem penhorado*.

## 1.2    Satisfação do crédito exequendo e extinção da execução

Tudo leva a crer que depois de longo itinerário executivo, especialmente quando se faz uma expropriação liquidativa, que o dinheiro seria entregue ao exequente e a execução caminharia para seu fim, que, por sua vez, seria sacramentado pela sentença de extinção do art. 924, II do CPC. Entretanto, para desespero do exequente, não é assim que se passa. Explica-se.

É que a *fase satisfativa* não se confunde com a *satisfação da obrigação*, ou seja, a *fase satisfativa pode não levar a satisfação da obrigação* exequenda ainda que a quantia esteja penhorada, pois é neste momento, *nesta* "fase" que poderá ser instaurado o concurso de credores e exequentes (terceiros em relação a esta execução), que em razão de preferências legais do crédito, poderão receber a quantia penhorada antes mesmo do próprio exequente, frustrando a sua expectativa de satisfação do seu direito exequendo.

Logo, é impróprio que o exequente imagine que ao entrar na fase satisfativa tudo se passaria de forma simples entregando o dinheiro ao exequente com a extinção da execução.

Ademais, é preciso distinguir a *satisfação do direito do exequente* com a satisfação da execução. O crédito exequendo envolve o valor pertencente ao exequente (principal, multa processual e juros) e também as demais despesas da execução como as custas e os honorários devidos ao patrono do exequente.

## 1.3    Satisfação pela entrega do dinheiro

Numa execução para pagamento de quantia o que o exequente espera receber é o dinheiro retirado do patrimônio do executado. Infelizmente, nem sempre o numerário é obtido pela penhora direta da quantia (art. 855, I), sendo necessário liquidar algum bem do patrimônio do executado para com isso obter a quantia que servirá para satisfazer a obrigação. Esta é a primeira hipótese de satisfação do crédito exequendo nos termos do art. 904, I. o dinheiro aí, como dissemos, tanto pode advir do *adimplemento voluntário* (art. 827 e art. 523), como também pela penhora direta da quantia (art. 835, I), como por intermédio de uma expropriação liquidativa (alienação em leilão público), como pelo recebimento paulatino da quantia (apropriação de frutos e rendimentos).

Já a segunda hipótese de *satisfação do crédito exequendo* se dá pela adjudicação dos bens penhorados (art. 904, II). Já dissemos e repetimos, apenas quando o *exequente* adjudica para si os bens penhorados e o bem adjudicado corresponda ao crédito exequendo, nos termos do art. 876 do CPC é que se pode falar em satisfação do exequente. Nas hipóteses do art. 876, V o que se tem não é propriamente uma *adjudicação*, mas sim uma arrematação preferencial por terceiros que possuem algum tipo de vínculo com o bem que os qualificam ao ponto de poder "adjudicar" antes do leilão judicial. Nestas hipóteses o *dinheiro* obtido pela *arrematação preferencial* é que ficará penhorado e se tudo correr bem para o exequente lhe será entregue na hipótese do inciso I do art. 904.

## 1.4    Levantamento ou transferência da quantia

Considerando a evolução tecnológica e as facilidades que isso representa é recomendável que a *entrega do dinheiro* prevista no inciso I do art. 904 seja feita pela *transferência eletrônica do valor depositado em conta vinculada ao juízo para outra indicada pelo exequente* (art. 906, parágrafo único).

É claro que se assim desejar o exequente é possível que requeira a entrega do dinheiro pelo levantamento da quantia (sacar o valor) mediante autorização judicial.

Por razões de segurança jurídica e evitar prejuízos irreversíveis o parágrafo único do art. 905 é claro ao dizer que durante o plantão judiciário, veda-se a concessão de pedidos de levantamento de importância em dinheiro ou valores ou de liberação de bens apreendidos. Obviamente que isso serve tanto para a hipótese de *levantamento*, quanto de *transferência eletrônica*.

## 1.5    A quantia a ser entregue – atualização no momento da entrega

Em relação a quantia a ser entregue ao exequente, pouco importa que ela seja oriunda de depósito espontâneo do executado para segurar o juízo (v.g. art. 520, § 3º), ou que advenha de penhora direta da quantia (art. 854), ou que seja fruto o produto dos bens alienados, ou ainda que seja obtido pelo faturamento de empresa ou de outros frutos e rendimentos de coisas ou empresas penhoradas.

O que importa é que a entrega do dinheiro se limite a satisfação integral de seu crédito, o que pode motivar, previamente, uma atualização do valor exequendo, recomendando que isso seja feito no contador do juízo para evitar novas e intermináveis discussões promovidas pelo executado.

## 1.6 Entrega paulatina do dinheiro

Bem sabemos que o dinheiro a ser entregue ao executado deve ser no limite integral do crédito, mas isso não significa que deva ser feito de uma só fez numa única transferência ou levantamento.

Na verdade, pode acontecer de o valor obtido pela liquidação do bem do executado em leilão público ser inferior ao valor do crédito e novas penhoras e expropriações sejam necessárias para pagar o valor integral devido ao exequente.

Também sabemos que é possível que a penhora tenha recaído sobre frutos e rendimentos de coisa móvel ou imóvel quando a considerar mais eficiente para o recebimento do crédito e menos gravosa ao executado (art. 867). Relembre-se que nesta hipótese a entrega do dinheiro deve ser paulatina, à medida que os frutos e rendimentos sejam extraídos do bem penhorado. Recorde-se ainda que é direito do executado obter o termo de quitação por cada parcela que seja paga, lembrando que *"quando o pagamento for em quotas periódicas, a quitação da última estabelece, até prova em contrário, a presunção de estarem solvidas as anteriores"* (art. 322 do CCB).

Uma questão importante, que nos parece inadequada da forma como foi tratada no artigo 869, § 3º, diz respeito ao fato de que o texto menciona que *"se o imóvel estiver arrendado, o inquilino pagará o aluguel diretamente ao exequente, salvo se houver administrador"* e ainda no § 5º quando diz que *"as quantias recebidas pelo administrador serão entregues ao exequente, a fim de serem imputadas ao pagamento da dívida"*.

Ora, quem deve entregar o dinheiro ao exequente não é o "inquilino" ou o "administrador", mas sim o juiz como determina o artigo 905. Não se trata de exigência meramente formal, simplesmente porque pode acontecer de na *fase satisfativa* ter o concurso de credores e por isso é necessária a chancela judicial prévia antes de entregar o dinheiro ao exequente.

O art. 905 é muito claro ao estabelecer que como verdadeira condição para a entrega do dinheiro que: (I) a execução tenha sido movida só a benefício do exequente singular, a quem, por força da penhora, cabe o direito de preferência sobre os bens penhorados e alienados; (II) *não houver sobre os bens alienados outros privilégios ou preferências instituídas anteriormente à penhora.*

CAPÍTULO 04 • FASE SATISFATIVA DO PROCEDIMENTO PARA PAGAMENTO DE QUANTIA **459**

### 1.7 Entrega do dinheiro e termo de quitação

Da mesma forma que o exequente tem o direito de expropriar o patrimônio do executado em razão do inadimplemento, o devedor que cumpre as suas obrigações tem o direito de obter a quitação (*quietare* = deixar tranquilo), livrando-se do dever jurídico assumido. Não por acaso, quando deseja se libertar do débito e o credor recusa recebê-lo, pode promover contra este último a *execução às avessas* do art. 526 do CPC, que não passa de uma consignação do pagamento.

Assim, o devedor que paga tem direito a quitação regular (art. 319 do CCB), e, ainda que a satisfação do direito tenha sido efetuada por meio de uma expropriação judicial esse direito lhe é reconhecido pelo artigo 906 do CPC quando assevera que *"ao receber o mandado de levantamento, o exequente dará ao executado, por termo nos autos, quitação da quantia paga"*. Neste dispositivo já consta o tempo, a forma e o local da quitação, e, poderá ser utilizada pelo executado para evitar seja cobrado novamente pelo executado pela mesma dívida.

### 1.8 Entrega do dinheiro e devolução ao executado do que sobrar

Reza o artigo 907 do CPC que "pago ao exequente o principal, os juros, as custas e os honorários, a *importância que sobrar será restituída ao executado*". Essa expressão final que é destacada em itálico deixa claro que o dinheiro penhorado (fruto da penhora direta da quantia ou obtido a partir da expropriação liquidativa) pertence ao executado até que seja *transferido/entregue* ao exequente. Embora seja do executado ele não tem nenhum poder de disposição e administração que fica sob cuidado e ordem do juízo. Mas, o texto é tecnicamente perfeito ao dizer que *o que sobrar será restituído ao seu dono*, o seja, devolver-se-á ao executado a posse da quantia que sobrar penhorada após o pagamento do principal, juros, honorários e custas processuais.

## 2. O INCIDENTE PROCESSUAL DE PLURALIDADE DE CREDORES OU EXEQUENTES

### 2.1 Pluralidade de exequentes/credores X concurso de credores no processo de insolvência

No primeiro artigo que trata das disposições gerais das diversas espécies de execução deixa claro o Código (art. 771, parágrafo único) que as regras processuais que se desenvolvem nos artigos seguintes não se aplicam às situações de insolvência civil do devedor, em que tem lugar o concurso universal e segue o procedimento especial previsto no art. 758 e ss. do CPC de 1973, que neste particular não foi revogado pelo Código de 2015 (art. 1045).

Portanto, o procedimento para pagamento de quantia certa que está descrito no atual CPC, e o concurso de exequentes e credores do art. 908, serve apenas às hipóteses em que, pelo menos em tese, o devedor é e será solvente, ou seja, que o seu patrimônio tenha condições de satisfazer os débitos que assumiu.

Obviamente que se no curso deste procedimento constatar-se que o patrimônio é insuficiente, então é possível que os credores possam instaurar o procedimento de decretação de insolvência civil do executado marcado pelo concurso universal de credores (execução por quantia certa contra devedor insolvente).

Assim, o incidente processual cognitivo instaurado pela disputa promovida pelos terceiros exequentes e credores que pretendem valer os seus direitos de preferência no recebimento do crédito previsto nos arts. 908 e 909 do CPC tem lugar nas hipóteses de execução por quantia certa contra devedor solvente, não podendo ser confundido com o concurso de credores ocorrido no processo de insolvência, nos casos de execução universal (art. 748 e ss. do CPC/1973).

É importante que fique bastante clara a diferença entre ambos os institutos, que, embora de origem comum, não podem ser baralhados. Na execução singular, na qual tem lugar o instituto ora em estudo, pressupõe-se a existência de um devedor que tenha sido executado (processo de execução ou cumprimento de sentença) por credores diversos, e que nessas execuções singulares diversas um mesmo bem do devedor tenha sido penhorado mais de uma vez, quando então se verificará em qual execução a penhora foi anterior, para assim descobrir qual dos exequentes (ou credores com privilégio e preferência sobre o bem alienado) tem primazia (direito de preferência) no recebimento do dinheiro.

Como não existe, nessa hipótese dos arts. 908 e 909 do CPC, um processo de insolvência, porque o incidente tem lugar nos casos de execução contra devedor solvente, então se pressupõe que o patrimônio do executado seja bastante ou suficiente para *"satisfação integral de todos os credores concorrentes; e, se isso realmente se der, não haverá, em regra, do ponto de vista prático, diferença muito considerável entre a situação do credor preferente e a dos restantes, reduzindo-se tudo a uma questão de prioridade na obtenção do mandado de levantamento, sem que haja, porém, redução na importância devida a cada credor por insuficiência dos meios de pagamento"*.

É muito importante esse registro, porque o concurso de preferências não pressupõe que as dívidas do executado sejam antecipadas, já que não existe nenhuma declaração judicial de insolvência e nenhum de seus efeitos (vencimento antecipado das dívidas, arrecadação de todos os bens suscetíveis de penhora, execução por concurso universal de credores).

Por isso, porque fora do âmbito da insolvência civil, quando se instaura o incidente processual dos arts. 908 e 909 e ss. do CPC não ocorre uma situação de antecipação de vencimento das dívidas do executado, de forma a gerar uma execução universal e arrecadação do patrimônio em uma massa única a ser partilhada

## CAPÍTULO 04 • FASE SATISFATIVA DO PROCEDIMENTO PARA PAGAMENTO DE QUANTIA — 461

para todos os credores, mediante a classificação e verificação dos créditos (art. 748 do CPC/1973).

## 2.2 Concursos de credores exequentes e de credores não exequentes

### 2.2.1 Introito

Muito embora a técnica de intervenção desses terceiros (exequentes ou credores) seja a mesma, não são comuns as razões jurídicas que justificam a intervenção do *terceiro exequente* do *terceiro credor* em execução da qual não são partes.

Ora se todo exequente é em tese um credor do executado, por que o art. 908 fala em "*havendo pluralidade de credores ou exequentes*"? E por que o procedimento do artigo 909 limita-se a postulação dos "exequentes"?

A razão é simples: (1) há um tipo de concurso que envolve apenas *credores-exequentes* que tenham penhorado o mesmo bem do executado e (2) outro tipo – muito restrito e ocorrência incomum – que se presta para *credores não exequentes* que podem ingressar em processo alheio para postular o recebimento da quantia obtida pela arrematação/adjudicação do bem por terceiros.

No primeiro tipo, denominado de concurso de pluralidade de exequentes, é pressuposto que o mesmo devedor tenha sido executado por mais de um credor (credor-exequente) e que em cada uma destas diversas execuções o mesmo bem do executado tenha sido penhorado, ou seja, mais de uma penhora emanada de diferentes execuções que recaem sobre o mesmo bem.[1] Ora, então, o que existe no presente incidente é uma pluralidade de exequentes que pretendem ingressar em execução alheia para exigir o recebimento da quantia porque possuem alguém tipo de preferência legal no recebimento da quantia obtida com a alienação, que, obviamente, só pode acontecer uma vez. Neste tipo de disputa (art.909), resolve-se a preferência de dois modos: ou os exequentes são todos *credores quirografários*, caso em que define-se quem recebe em primeiro lugar, segundo, terceiro etc. aquele que tiver efetivado a primeira penhora (art. 797, parágrafo único e 905, I), ou entre os credores-exequentes há algum ou alguns que possuam algum tipo de privilégio legal instituído antes da penhora, ou seja, a lei de direito material prevê que determinados créditos possuem vantagem de recebimento antes de outros.

Já no segundo tipo o que se têm é exercício da sub-rogação real, ou seja, determinados credores possuem direito real limitado[2] (direito real de garantia ou

---

1. (...) 1. Essa Corte de Justiça entende ser pacífica a necessidade de pluralidade de penhoras sobre o mesmo bem para que seja instaurado o concurso de preferências. Precedentes: AgInt no REsp. 1.436.772/PR, Rel. Min. Og Fernandes, DJe 18.9.2018; AgInt no REsp. 1.318.181/PR, Rel. Min. Luis Felipe Salomão, DJe 24.8.2018.

2. Os direitos reais podem ser classificados de várias formas, mas uma delas é importantíssima para a compreensão do fenômeno executivo, pois o patrimônio do executado é *expropriado* na execução por

propriedade garantia) sobre o referido bem do executado e quando este bem é alienado em juízo (ex. bem gravado com hipoteca), o credor titular do direito real de garantia, tem o direito preferencial de receber a referida quantia ainda que a dívida não tenha vencido ainda, pois a garantia real sub-roga-se no preço da alienação.[3] Se, por acaso, existirem vários direitos reais de garantia sobre o mesmo bem alienado, então poderá haver uma disputa entre estes credores, mas receberá aquele em favor de quem a garantia foi primeiro estabelecida. Não é por acaso o texto do art. 908, § 1º quando diz que *"no caso de adjudicação ou alienação, os créditos que recaem sobre o bem, inclusive os de natureza propter rem, sub-rogam-se sobre o respectivo preço, observada a ordem de preferência"*.

Observe que a *preferência* aqui é inerente aos direitos reais de garantia, consequência direta da sua oponibilidade erga omnes e direito de sequela.[4] Se há vínculo de direito real sobre o bem que está sendo alienado, tais credores que estão vinculados à coisa tem a primazia (pela superioridade e anterioridade) no recebimento do valor, pois a coisa adquirida pelo arrematante em leilão público fica livre e desembaraçada dos direitos reais de garantia que sobre ela recaíam, não podendo os terceiros que seriam titulares destes direitos serem prejudicados, daí porque, há rigor, substitui-se o *"objeto, da coisa devida, onde a segunda fica no lugar da primeira, com os mesmos direitos e ações cabíveis"*.[5-6]

---

quantia certa, ou seja, retira-se a propriedade do executado sobre determinado bem e entrega esta propriedade ao exequente. Assim, é importante identificar as situações jurídicas em que a penhora recai sobre um bem do executado sobre o qual ele tem propriedade plena de outros onde o que se tem é apenas um direito de propriedade limitado, *"fruto do desdobramento temporário dos poderes do domínio"* (FARIAS, Christiano; ROSENVALD, Nelson. *Curso de Direito Civil*. 12. ed. Salvador: Podivm, 2018, v. V, p. 53). Nesta hipótese, penhora sobre bens sobre os quais o existem direitos reais limitados (que se tripartem em *direitos reais de gozo e fruição, direitos reais de garantia e direito real à aquisição*) é preciso identificar e compreender as peculiares características da alienação em leilão público deste bem de propriedade do devedor pois é necessário preservar os direitos reais limitados exercidos por terceiros sobre este mesmo bem.

3. Art. 1.425. A dívida considera-se vencida: (...) V – se se desapropriar o bem dado em garantia, hipótese na qual se depositará a parte do preço que for necessária para o pagamento integral do credor. § 1º Nos casos de perecimento da coisa dada em garantia, esta se sub-rogará na indenização do seguro, ou no ressarcimento do dano, em benefício do credor, a quem assistirá sobre ela preferência até seu completo reembolso. § 2º Nos casos dos incisos IV e V, só se vencerá a hipoteca antes do prazo estipulado, se o perecimento, ou a desapropriação recair sobre o bem dado em garantia, e esta não abranger outras; subsistindo, no caso contrário, a dívida reduzida, com a respectiva garantia sobre os demais bens, não desapropriados ou destruídos.

4. SERPA LOPES, Miguel Maria de. *Curso de Direito Civil*. 4. ed. Rio de Janeiro: Freitas Bastos, 1996, v. IV, p. 33. e 81.

5. GAGLIANO, Pablo Stolze e PAMPLONA FILHO, Rodolfo. *Novo Curso de Direito Civil – Parte Geral*. São Paulo: Saraiva, 2002. v. 1, p. 159.

6. Se se tratar de direito real limitado que recaia sobre a substância (uso, gozo e fruição) e não sobre o valor da coisa (direito real de garantia) então o bem alienado do devedor em hasta pública não retira do terceiro o direito de continuar a usufruir do bem pelo prazo e tempo previsto na lei ou no contrato. Em síntese, se um arrematante adquire um bem em leilão público que pertence ao executado, mas sobre este bem existe um direito real limitado de usufruto, por exemplo, este direito de usufruir persistirá mesmo que tenha sido transferida a propriedade do executado para o arrematante.

CAPÍTULO 04 • FASE SATISFATIVA DO PROCEDIMENTO PARA PAGAMENTO DE QUANTIA | **463**

### 2.2.2 A fase satisfativa e a possibilidade de pagamento de terceiros com o dinheiro penhorado do executado

É na fase satisfativa do procedimento para pagamento de quantia fundado em título judicial (cumprimento de sentença) ou extrajudicial (processo de execução) que pode existir o *incidente processual de pluralidade de credores ou exequentes*. Para desespero do exequente, que em tal momento (fase final) já percorreu uma longa e quase interminável *via crucis* até a chegada do epílogo executivo, ainda existe o risco de um novo obstáculo, que poderá impedi-lo de receber o esperado crédito.

Esse risco é causado por uma modalidade de intervenção de terceiros (um ou mais de um) que instaura um incidente processual denominado de "pluralidade de exequentes ou credores", previsto nos arts. 908 e 909 do CPC, que é caracterizado, como o nome mesmo já diz, por uma disputa entre credores/exequentes para receber a verba pecuniária oriunda da alienação dos bens.

Não se pode dizer que a instauração deste incidente nesta fase final do procedimento seja uma "surpresa" para o exequente porque em se tratando de diversas penhoras sobre o mesmo bem, sabe que, eventualmente, não tendo realizado a penhora do bem em primeiro lugar, teve conhecimento de que o referido bem já estava vinculado a outra execução (trabalhista, fiscal, consumidor), sabendo de antemão que sujeitar-se-á ao ingresso de outro exequente para postular a preferência no recebimento (penhora antecedente ou penhora em favor de crédito privilegiado).

De outra parte, também não é surpresa para ele quando realiza a penhora (e futuramente o leva à leilão), de um bem que já estava gravado com um direito real de garantia, caso em que o exequente já tinha prévio conhecimento de que quando ocorresse a alienação do bem, a garantia real sub-rogar-se-ia no preço de forma que primeiro seria entregue ao titular do direito real a quantia correspondente ao seu crédito que estava garantido por o bem alienado.

### 2.2.3 Crédito preferencial e crédito garantido por direito real: a confusão das preferências?

Não será incomum que a mesma pessoa seja devedora de vários e diferentes credores. Exatamente por isso também não será atípico que dois ou mais credores concorram para recebimento dos seus respectivos créditos. Diante deste cenário de concorrência, surge a pergunta: quem deve receber primeiro, considerando que o patrimônio do executado é um só e pode ser insuficiente para solver todas as dívidas?

Existem dois princípios que regulam o *concurso de créditos* que são: (a) *paridade de condição de todos os credores* (*par conditio omnium creditorum*) e o (b) *primeiro no tempo, primeiro no direito* (*prior in tempore, potior in jure*).

Pelo primeiro, fica estabelecida a regra geral de que todos os credores estão em pé de igualdade, ou seja, não há uma situação jurídica subjetiva que os distinga. Rico ou pobre o credor, vultuoso ou diminuto o crédito etc. estes são aspectos irrelevantes para colocar um credor numa posição de preferência de recebimento do crédito em relação ao outro credor.

Já o segundo princípio é uma exceção ao primeiro, pois desiguala os credores estabelecendo uma preferência no recebimento do crédito em caso de concorrência. Adota-se o critério objetivo temporal, ou seja, beneficia o credor mais diligente que primeiro tenha realizado a penhora do bem do executado (art. 797 do CPC). Assim, se os créditos são iguais e desde que exista um concurso de credores, terá preferência aquele que primeiro realizou a penhora do bem do executado.

Entretanto, ainda no campo do estudo das *preferências* dos créditos, há uma outra figura jurídica que se sobrepõe a ambos os princípios, apresentando-se como uma exceção a eles que são os *privilégios estabelecidos por lei*. A lei material, por razões várias, estabelece que alguns créditos são preferenciais em relação a outros, independentemente do critério temporal, ou seja, por exemplo, se o credor de um crédito trabalhista penhorou um bem do executado que já estava penhorado antes em favor de um outro credor titular de um crédito comum, então, por conta do *privilégio legal* atribuído ao crédito trabalhista, o credor que penhorou depois, receberá antes do outro que realizou a primeira penhora do único bem do executado.

O *privilégio legal* é, portanto, uma qualidade que a lei material atribui a determinado tipo de crédito, mas que só produz efeitos *se e quando houver concurso de créditos*. Havendo concurso de credores, singular ou universal, aí sim incide o benefício que permite *preferir* um ao outro segundo a ordem estabelecida pela lei material.

Fixada esta premissa podemos avançar no tema, já alertando que o Código Civil não colabora com o tema porque baralha, e coloca na mesma vala, a *preferência do crédito privilegiado* com a *preferência do direito real de garantia*. Vejamos:

Segundo o Código Civil:

Art. 957. Não havendo título legal à preferência, terão os credores igual direito sobre os bens do devedor comum.

Art. 958. Os títulos legais de preferência são os privilégios e os direitos reais.

Uma coisa é o *direito de preferência do direito real de garantia* e outra completamente diversa é o d*ireito de preferência do crédito privilegiado*.

Observe-se que quando se fala em "crédito privilegiado" há apenas um direito de crédito que a lei qualifica como privilegiado, porque lhe confere prioridade de ser solvido em caso de concurso de credores. Já no direito real de garantia estamos diante de uma situação jurídica completamente distinta, porque além do direito de crédito existe um outro direito acessório de natureza real.

Quando estamos diante de um direito real limitado, seja ele de garantia ou não, há sobre o bem um gravame; gravame este que dele retira a substância (ex usufruto) ou o valor (ex. hipoteca). Assim, por exemplo, se A promove execução contra B e sobre o bem penhorado já existe um gravame em favor de C (direito real sobre coisa alheia, ex. usufruto, hipoteca etc.), isso implica dizer tal *direito gravado sobre o bem não pode ser alienado sem que se respeite o direito real do terceiro*. O direito real sobre a coisa alheia gravado sobre o bem de B está no patrimônio do terceiro (C) e não no do executado (B).

É como se dissesse que apenas a propriedade do bem de B que estiver livre do gravame estabelecido pelo direito real de C é que pode ser expropriada, pois o direito real sobre coisa alheia pertencente ao terceiro (direitos reais de uso e fruição, direitos reais de garantia e direitos de aquisição). Não é por acaso que se um imóvel pertencente ao executado esteja gravado com usufruto em favor de um terceiro, a penhora e a alienação deste bem deve respeitar o usufruto nele existente, ou seja, o arrematante não pode ignorar o direito real sobre coisa alheia que existia previamente à constrição judicial.

Não discrepa este raciocínio quando estamos diante de um *direito real de garantia*, como a hipoteca, ou seja, se A promove uma execução contra B e bem penhorado deste último está gravado em favor de C, então o objeto da penhora é aquilo que efetivamente está no patrimônio do B, devendo excluir o direito real nele gravado. Tratando-se de direito real de garantia o que importa para o titular do direito real não é a substância do bem, mas o seu valor, e, isso está garantido desde que a hipoteca foi perfectibilizada. É perfeitamente possível penhorar e alienar o bem de B sobre o qual já incidia uma hipoteca em favor de C, mas o produto da alienação deve, antes de qualquer coisa servir a C, pois há uma sub-rogação real da coisa no seu valor. Não se trata de dizer que C tem preferência de receber em relação ao credor A que executa, mas simplesmente porque tem ele, C, um direito real antecedente, direito adquirido e ato jurídico perfeito, que lhe garante, desde a formação do direito real, o direito de sub-rogar a coisa dada em garantia no valor obtido com a alienação correspondente ao seu crédito.

Não é correto dizer que o *crédito real* prefere ao *crédito* pessoal porque no direito de crédito garantido por um direito real existem dois direitos – o de crédito e o de garantia. O direito de crédito gera para o credor contra o devedor o direito de exigir a dívida e responsabilizar o devedor pelo inadimplemento. Já o direito real de garantia proporciona ao credor o direito de exigir, de quem quer que seja, o direito de sub-rogar a coisa pelo valor caso ela seja alienada. Não importa se o bem esteja ou não em poder do devedor ou do terceiro que ofertou-o em garantia de dívida alheia, porque *todos devem respeitar o direito real* dada a relação do titular com a coisa.

Observe-se que enquanto o *privilégio legal* concedido a determinado crédito é sobre o próprio *crédito* e só produz efeitos quando existe disputa de credores sobre o patrimônio único do mesmo executado, no caso do direito real de garantia ele preexiste a qualquer disputa de credores e é direito autônomo ao direito de crédito, embora dele acessório e instrumental, podendo, inclusive, ser tutelado autonomamente. O direito real de garantia está no campo da *responsabilidade patrimonial* e o *crédito privilegiado* sobre o direito de crédito.

É importante que fique bem claro que a "vantagem" estabelecida pelo direito real de garantia (ex. hipoteca) não se equipara às preferências legais estabelecidas pelo legislador para determinados créditos (ex. trabalhista). Nas preferencias ou privilégios legais o que faz o legislador é atribuir a determinado tipo de crédito uma *prioridade* no recebimento, ou seja, *qualifica* o crédito como prioritário em caso de concurso singular ou universal. Esse privilégio legal existe sobre o patrimônio do executado de forma inespecífica e só produz efeitos no caso de concurso de credores.

Já o direito real de garantia é direito diverso do direito de crédito. O direito de crédito se volta contra o devedor, pois é a ele que pertence a dívida e todo o seu patrimônio responde. O direito real de garantia incide sobre um determinado bem, não sobre todo o patrimônio. Isso fica muito claro quando um terceiro responde por dívida de outrem hipotecando seu imóvel como garantia. O vínculo é de direito real com eficácia *erga omnes* de forma que se sujeita à *execução real* aquele sujeito em cujo patrimônio se encontrar o bem dado em garantia. Observe-se que quando se tem um direito de crédito garantido por um direito real de garantia há uma pretensão pessoal e uma pretensão real. Se o devedor é, também o dono da coisa dada em garantia, então a *execução do crédito* incide sobre todo patrimônio do executado, mas a execução real apenas sobre o bem dado em garantia. Isso fica ainda mais evidente quando um terceiro garante dívida alheia ofertando um direito real de garantia, como por exemplo a hipoteca de um imóvel.

Nesta hipótese, havendo título executivo contra ambos, uma de três: ou o exequente move a execução contra ambos os responsáveis, sendo que o devedor responde com todo o seu patrimônio e o garantidor responde pela execução real (da coisa dada em garantia); ou move a demanda apenas contra o garantidor, num típico caso de execução real (hipotecária ou pignoratícia), desde já sabendo que o bem pode não alcançar o valor da dívida quando for arrematado; ou move a ação apenas contra o devedor, caso em que não poderá pedir a execução do bem dado em garantia hipotecária sem que o garantidor participe da demanda. Melhor, portanto, para o credor, a primeira hipótese.

Se a execução é movida contra o devedor e contra um terceiro haverá aí uma execução pessoal e uma execução real, respectivamente, só que em relação a esta última apenas o bem (res) é atingido pela execução.

> "Os direitos reais não trazem consigo privilégio geral ou especial porque há titularidade sôbre bem da vida, que distingue do objeto que está com o devedor o objeto que pertence a outrem (uso, usufruto, habitação, direito real de garantia). Não se devem confundir com os direitos reais os direitos privilegiados. A êsses é que se refere, rigorosamente, a concorrência. Tanto é absurdo falar-se de garantias a respeito de privilégios como não se considerar a hipoteca e o penhor direitos reais".[7]

---

7. PONTES DE MIRANDA, Francisco Cavalcanti. *Tratado de direito privado*, São Paulo: Ed. RT, 2012, t. XXVII (Concurso de Credores em Geral), p. 86.

A rigor, não se trata de dizer que o crédito garantido por um direito real é um *crédito preferencial*, porque o direito de crédito garantido pelo direito real de garantia hipoteca pode até mesmo nem ser privilegiado pela lei, como num caso de credor de um mutuo garantido por uma hipoteca prestada por terceiro. A vantagem de direito material existe para o direito real de garantia no limite e na especificidade do valor de determinado bem, não sobre o direito de crédito. A "preferência" do direito real resulta do fato de que desde quando foi concebido, antes de qualquer constrição judicial, deve ser respeitado por todos, daí porque pode o *credor hipotecário*, ainda que não tenha promovido a sua execução contra o devedor, pode ingressar num processo alheio (movido por outro credor contra o mesmo devedor) para receber, antes de qualquer outro exequente que tenha penhorado o mesmo bem, o valor garantido pela hipoteca quando o bem do executado tiver sido alienado. E, nesta hipótese, uma vez recebido o numerário, se ainda assim existir dívida o referido credor se submeterá ao concurso nas mesmas condições que os demais pois a "preferência" do direito real de garantia já foi exercida pela sub-rogação real da coisa no preço.

### 2.2.4    *Exequentes e credores: dinâmica da intervenção na execução alheia*

O patrimônio do executado responde por suas dívidas em caso de inadimplemento. Na hipótese de o mesmo devedor ter várias dívidas inadimplidas, certamente que terá contra si diversas execuções. O fato de ter diversas execuções contra si (ex. execuções trabalhistas, fiscais, cíveis em geral etc.) proposta por diferentes exequentes não significa que ele esteja insolvente, ou seja, sujeitar-se-á a várias execuções para pagamento de quantia *contra devedor solvente*. A insolvência só existirá se o seu patrimônio não for suficiente para responder por suas dívidas o que normalmente se descobre com a frustração de não se encontrar bens disponível para expropriação. Nesta hipótese o caminho será, por requerimento do interessado, a conversão da execução para pagamento de quantia contra devedor solvente para um procedimento destinado a decretação de sua insolvência civil (art. 748 e ss. do CPC-73).

Retomando o fio da meada, com diversas execuções em curso, manejada por diversos exequentes diferentes, torna-se possível que um mesmo bem do executado seja *penhorado* mais de uma vez no procedimento executivo destes diferentes processos, ou seja, como nos alerta o artigo 797, parágrafo único, pode recair mais de uma penhora – de diferentes execuções – sobre o mesmo bem. Exemplificando esta situação basta imaginar que o mesmo imóvel do devedor X seja penhorado em três execuções diferentes: uma fiscal, uma trabalhista e uma cível. Ora, se um único bem do executado é suficiente para satisfazer diversas execuções, não há problemas de que seja penhorado várias vezes e eventual pagamento a um deles antes do outro não trará maiores problemas *se o bem realmente for suficiente para todos*.

Com a penhora, sabemos, há a afetação de bem específico do patrimônio do executado à execução de onde ela emanou. Como se fosse uma grua o ato executivo da penhora individualiza o bem do patrimônio do executado que será utilizado para satisfazer a execução. Assim, por exemplo, se tivermos quatro penhoras sobre o mesmo bem, então a quarta penhora deve respeitar a prioridade da terceira, que deve respeitar a segunda, que deve respeitar a primeira. Como diz o artigo 797, caput o exequente adquire, pela penhora, o direito de preferência sobre os bens penhorados, e, arremata o parágrafo único que *"recaindo mais de uma penhora sobre o mesmo bem, cada exequente conservará o seu título de preferência"*.

Entretanto, para colocar uma pitada de dificuldade nesta situação de um único bem sofrer sucessivas penhoras em diferentes execuções, há o problema a se considerar de que cada um desses diferentes processos pode caminhar em direção a expropriação liquidativa de forma absolutamente diferente, culminando com a inusitada situação de o processo em que foi efetivada a quarta penhora alcance mais rapidamente o estágio processual da alienação do bem penhorado em leilão público. Diante deste cenário, alienado o bem, o que deve fazer o exequente que tem o direito de receber em primeiro lugar por ter a seu favor a penhora mais antiga do referido bem (alienado em outro processo)?

Não é por acaso a regra do artigo 889, V do CPC que impõe, como condição obrigatória antecedente ao leilão, que sejam cientificados da alienação judicial, *com pelo menos 5 (cinco) dias de antecedência o credor com penhora anteriormente averbada, quando a penhora recair sobre bens com tais gravames, caso não seja o credor, de qualquer modo, parte na execução.*

Esta intimação prévia é justamente para que este exequente possa acompanhar o leilão e habilitar-se em processo do qual não faz parte, com o objetivo de postular o recebimento da quantia antes de qualquer outro exequente, com fundamento da anterioridade da sua penhora. Sendo ainda mais claro, considerando que o mesmo bem foi penhorado em quatro diferentes processos, e, que não ocorra a alienação no processo em que foi feita a primeira penhora, mas sim no último, então devem todos os demais exequentes que penhoraram o mesmo bem serem previamente intimados do leilão judicial para que possam acompanhar o referido ato e oportunamente habilitar-se neste processo para recebimento da quantia, seguindo a ordem de preferência estabelecida pela anterioridade da penhora.[8]

Entretanto, engana-se quem imagina que o problema teria acabado aí, na simples verificação da anterioridade da penhora para resolver qual o exequente deve receber em primeiro lugar. É que além da preferência estabelecida pela *anterioridade da penhora* é preciso verificar se alguns destes exequentes possuía antes da penhora

---

8.  (...) 2. Os arts. 612 e 711 do Código de Processo Civil de 1973, dispondo sobre penhora e direito de preferência, acolheram o princípio do *prior tempore, portior iure*, ou seja, a penhora anterior prevalece sobre a posterior. Contudo, esse direito de preferência cede ao crédito privilegiado de forma que, existindo pluralidade de penhoras sobre o mesmo bem, deve-se verificar a existência das preferências que, na ordem, são: créditos trabalhistas, fiscais e aqueles decorrentes de direito real de garantia (REsp. 1.278.545/MG, Rel. Min. João Otávio De Noronha, DJe 16.11.2016). (...) (AgInt no REsp 1603324/SC, Rel. Ministro Napoleão Nunes Maia Filho, Primeira Turma, julgado em 29.04.2019, DJe 10.05.2019).

um *crédito privilegiado* por expressa previsão legal,[9] pois, se isso acontecer o critério preponderante do pagamento não será o da anterioridade da penhora, mas sim do privilégio legal do direito de crédito.

É preciso observar que as preferências estabelecidas pelo direito material antes da penhora são ainda "mais preferenciais" do que a que resulta da penhora, de forma que se a disputa se trava apenas entre exequentes de processos diferentes que penhoraram o mesmo bem sem que nenhum deles tenha algum privilegio antecedente estabelecido pelo direito material, então servirá a regra da anterioridade da penhora, mas se na disputa destes dois exequentes que penhoraram o mesmo bem um deles possui um crédito legal privilegiado, então, a anterioridade da penhora não prevalecerá.[10]

Em síntese, se na execução X, na execução Y e na execução Z, propostas por diferentes exequentes contra o mesmo executado (devedor solvente) o mesmo bem seja penhorado em todas elas, ter-se-á uma pluralidade de exequentes e pluralidade de penhoras sobre o mesmo bem. Pouco importa onde será feita a alienação do bem, sendo que terá preferência em receber o *exequente* que habilitar-se no processo onde se encontra o dinheiro fruto da alienação, e invocar o seu direito de receber em primeiro lugar, seguindo esta regra: a) se não existir nenhum crédito com privilégio legal, prevalecerá a anterioridade da penhora entre os credores quirografários; b) mas, se entre os exequentes que penhoraram o mesmo, algum deles possuir crédito privilegiado (trabalhista, acidentário etc.), deve-se pagar aquele que tem o crédito mais privilegiado na ordem da preferência legal, pois estes se sobrepõem à preferência processual da anterioridade da penhora. Havendo mais de um crédito com privilégio legal, é preciso verificar na lei qual antecede o outro em prevalência.

Logo, não basta ser "credor", pois todos devem ser *exequentes* contra o mesmo *executado*, afinal de contas todos devem ter *penhorado* o mesmo bem, de forma que

---

9. Importante distinguir a *preferência* inerente aos direitos reais de garantia fruto do vínculo direto entre o titular e a coisa dos demais *privilégios legais* estabelecidos para determinados direitos de crédito nas *relações obrigacionais*, que são criados pelo legislador para atender razões de ordem social e interesse público (privilégio para crédito trabalhista, acidentário, fiscal etc.). O *direito de preferência* dos direitos reais de garantia restringe-se ao valor daquele específico bem, que se presta a garantir uma dívida inadimplida. Já os créditos privilegiados se voltam contra todo o patrimônio do executado e não sobre um bem específico. O privilégio é no crédito, não sobre a coisa específica. Certamente que pode o legislador – desconectando-se com a raiz teoria dos direitos reais e pessoais – criar prevalência do crédito privilegiado em relação à garantia real.

10. (...) 1. A regra segundo a qual a satisfação dos créditos, em caso de concorrência de credores, deve observar a anterioridade das respectivas penhoras (*prior in tempore, prior in jure*) somente pode ser observada quando nenhum desses créditos ostente preferência fundada em direito material. Isso porque impossível sobrepor uma preferência de direito processual a uma de direito material. 2. No concurso particular de credores, o crédito trabalhista prefere aos de outra natureza independentemente da data em que registradas as respectivas penhoras. 3. Não há como sustentar que a preferência do crédito trabalhista deveria observar o valor apurado com a arrematação somente até o limite da meação do cônjuge varão sem esbarrar nas Súmulas 283 e 284 do STF e 7 do STJ. (...) (REsp 1454257/PR, Rel. Ministro Moura Ribeiro, Terceira Turma, julgado em 02.05.2017, DJe 11.05.2017).

todos *os exequentes* devem ser intimados previamente para acompanhar o leilão do bem *no processo em que não são parte* e onde ocorrerá a alienação em primeiro lugar. Diante deste cenário é que tais exequentes intimados poderão intervir em processo de execução alheio para postular o recebimento do produto da alienação fincando suas pretensões na anterioridade da penhora (se todos forem apenas credores quirografários) ou no privilégio estabelecido pelo direito material para seus respectivos créditos.[11]

É exatamente isso que se extrai do artigo 905, ou seja, o juiz só autorizará que o exequente levante e satisfaça integralmente o seu crédito quando: (i) a execução for movida só a benefício do de um único exequente, a quem, por força da penhora, cabe o direito de preferência sobre os bens penhorados e alienados; ou (ii) não houver sobre os bens alienados outros privilégios ou preferências instituídas anteriormente à penhora em favor de outros exequentes que também tenham penhorado o mesmo bem.

Hipótese completamente diferente da *pluralidade de exequentes* é a que se dá quando o bem penhorado e levado a alienação possui um vínculo de direito real com outro sujeito, um terceiro na referida execução, ou seja, quando o bem do executado que será alienado já possuía um gravame decorrente de um *direito real de garantia* (direito real limitado). É também uma intervenção de terceiros, mas não guarda as mesmas razões jurídicas da anterior.

Os direitos reais de garantia gozam de uma *preferência* que não se assemelha àquela preferência mencionada nos parágrafos anteriores. É uma preferência que os direitos reais possuem que é inerente e corolário lógico da sua oponibilidade *erga omnes* do direito de sequela. Nestas hipóteses o terceiro que ingressa no processo alheio não precisa nem sequer ser um "exequente", pois por expressa dicção legal, na medida em que o seu direito real de garantia é extinto quando o bem é alienado, ele se sub-roga no preço da alienação como expressamente menciona o art. 908, § 1º.[12]

Havendo mais de um direito real de garantia sobre o referido bem (duas hipotecas, por exemplo), certamente que poderá haver uma disputa entre os titulares do direito real de garantia para identificar em favor de qual deles será realizada, primeiro a sub-rogação real da garantia no valor da coisa alienada, usando-se a máxima do

---

11. "(...) II – Havendo duas penhoras sucessivas sobre o mesmo imóvel, não tem o credor que penhorou em segundo lugar direito líquido e certo de manter a penhora que promoveu na execução movida contra o anterior proprietário, não lhe garantindo a lei mais do que recolher, do valor apurado com a alienação forçada, se algo sobejar após a satisfação do crédito do primeiro penhorante, a importância do seu crédito, ou parte dela. A penhora não constitui, por si, direito real. III – Caso concreto em que o valor da praça não foi suficiente para suprir sequer o crédito do primeiro penhorante". (RMS 11.508/RS, Rel. Ministro Sálvio De Figueiredo Teixeira, Quarta Turma, julgado em 18.05.2000, DJ 07.08.2000, p. 107).

12. Neste sentido ver GAJARDONI, Fernando da Fonseca; DELLORE, Luiz; ROQUE, Andre Vasconcelos; OLIVEIRA JUNIOR, Zulmar Duarte de. *Execução e recursos*: comentários ao CPC de 2015. 2. ed. São Paulo: Método (Grupo GEN), 2018, p. 128.

*prior tempore potior jure* (primeiro no tempo, melhor direito) que se extrai do art. 1476 do CCB.

## 2.3 Intervenção de terceiros

O incidente do art. 908 e ss., que no passado mais longínquo já foi considerado processo incidental, é modalidade atípica de intervenção de terceiros que instaura um incidente processual na fase satisfativa *antes de ocorrida a satisfação do direito exequendo*. Este incidente processual tem índole cognitiva, possui um momento adequado para sua instauração, legitimados, causa de pedir, pedido e deve ser julgado por provimento interlocutório desafiável por agravo de instrumento.

É modalidade atípica de intervenção porque não está catalogada como tal nos arts. 119-138 do CPC, embora constitua *ingresso de terceiros* que possuem interesse jurídico em intervir em processo alheio. Como diz Dinamarco *"Esse é um incidente do procedimento executivo, não um processo novo e autônomo; cada um dos terceiros que comparecem com suas pretensões à preferência é um interveniente, e, para os fins limitados nesta intervenção, torna-se parte do processo pendente e não o autor de um processo novo".*[13]

Assim, sendo didático, na fase final da execução promovida pelo exequente A contra o executado B, antes de ser feita a entrega do dinheiro penhorado para satisfação do direito de A, é aberta a possibilidade de que *terceiros*, exequentes ou credores do mesmo devedor, dependendo da hipótese, possam ingressar no referido procedimento executivo a fim de receber prioritariamente o dinheiro penhorado em razão de alguma preferência ou privilegio legalmente estabelecido.

## 2.4 Situação jurídica obstativa da entrega do dinheiro

O Código é muito claro ao dizer no artigo 905 que *o juiz autorizará que o exequente levante, até a satisfação integral de seu crédito, o dinheiro depositado para segurar o juízo ou o produto dos bens alienados, bem como do faturamento de empresa ou de outros frutos e rendimentos de coisas ou empresas penhoradas, quando: I – a execução for movida só a benefício do exequente singular, a quem, por força da penhora, cabe o direito de preferência sobre os bens penhorados e alienados; II – não houver sobre os bens alienados outros privilégios ou preferências instituídos anteriormente à penhora.*

A palavra *quando* contida no texto acima indica que os incisos constituem verdadeiros obstáculos que precisam ser enfrentados e superados para que seja feita a transferência ou o levantamento da quantia para o exequente. Primeiro exige que se trate de execução movida por apenas um exequente pretendendo o levantamento

---

13. DINAMARCO, Candido Rangel. *Instituições de direito processual civil*. 4. ed. São Paulo: Malheiros, 2019, v. IV, p. 660.

da quantia em seu favor, e, a segunda hipótese prevista no inciso II que é a que nos interessa olhar mais de perto.

Observe que o procedimento executivo relativamente apenas à entrega do dinheiro será *obstado* (causa obstativa), e não poderá prosseguir, *se houver sobre os bens alienados outros privilégios ou preferências instituídas anteriormente à penhora*. Naturalmente, que se houver a necessidade de nova penhora e nova alienação porque o valor obtido com a alienação mostra-se insuficiente para satisfação integral da execução, esta não estará obstada. O que há é um *impedimento* da entrega do dinheiro arrecadado ao exequente sem a superação deste concurso de preferências caso venha a ser instaurado pelos credores/exequentes.

## 2.5 Legitimados

Os terceiros que poderão intervir no procedimento executivo com a pretensão de receber a quantia penhorada são *exequentes* ou *credores* como diz o Código no caput do art. 908.

Os puros *exequentes* são aqueles que estão com processo em curso contra o mesmo devedor e tinham penhora efetivada sobre o mesmo bem, ou seja, sobre o bem que foi alienado existia mais de uma penhora. O *terceiro exequente* que poderá intervir na execução alheia deve ter penhorado também o mesmo bem que foi penhorado e alienado no processo no qual deseja intervir.

Os puros *credores* são aqueles que ainda não ostentam a condição de exequentes, mas em razão de preferência estabelecida pelo direito material – direito real de garantia – tem o direito de receber o dinheiro com prioridade aos demais, pois a garantia se sub-roga no preço (sub-rogação real) obtido com a alienação do bem.[14]

Assim, *terceiros exequentes* e *credores* podem requerer, em processo do qual não são parte, que lhes sejam entregues, preferencialmente, segundo os critérios da lei material e processual, que a quantia penhorada do executado lhes sejam entregues antes de satisfazer o direito do exequente.

Poder-se-ia questionar como tais sujeitos ficariam sabendo da alienação do bem em leilão público para assim poder habilitar ao recebimento do crédito no juízo onde houve a expropriação liquidativa. Não é por acaso que o art. 889 do CPC

---

14. "(...) II – Desse modo, o credor hipotecário, embora não tenha proposto ação de execução, pode exercer sua preferência nos autos de execução ajuizada por terceiro, uma vez que não é possível sobrepor uma preferência de direito processual a uma de direito material. III – No caso em análise, a prevalência do direito de preferência do Banco Bandeirantes decorre da sua condição de credor hipotecário, independentemente da propositura de processo executivo, razão pela qual não faz sentido que, a despeito de ter assegurada a preferência de seu crédito, seja mantida a higidez da alienação promovida pelo Banco do Brasil, ora agravante, em relação ao devedor hipotecante e a terceiros, sendo acertada, pois, a conclusão do Acórdão recorrido que, ante a ausência de intimação pessoal do credor hipotecário, deliberou pela nulidade da arrematação. IV – Agravo Regimental improvido" (AgRg nos EDcl no REsp 775.723/SP, Rel. Ministro Sidnei Beneti, Terceira Turma, julgado em 20.05.2010, DJe 09.06.2010).

CAPÍTULO 04 • FASE SATISFATIVA DO PROCEDIMENTO PARA PAGAMENTO DE QUANTIA **473**

determina que sejam cientificados da alienação judicial com pelo menos cinco dias de antecedência uma série de terceiros que terão seus direitos afetados pelo referido ato.[15] Pelo que se verifica deste dispositivo quando sobre o bem levado a leilão exista direito real limitado em favor de terceiro (não parte), ou quando sobre o mesmo já exista penhora anterior (terceiro exequente) etc. todas estas pessoas devem ser *cientificadas* para que possam exercer os direitos de preferência que o direito material lhes confere.

Portanto, sendo devidamente cientificado, constitui ônus do terceiro ingressar no processo alheio para receber prioritariamente, munido do seu título legal de preferência, o valor que supostamente faz jus, de forma que se não o fizer perderá a situação de vantagem que lhe conferia para aquela situação.[16]

Assim, por exemplo, o *exequente* que efetivou sua penhora em abril/2020 tem preferência de recebimento da quantia em relação ao outro *exequente* que penhorou em julho de 2020 o mesmo bem, embora neste a fase satisfativa tenha se iniciado primeiro. Deve o exequente da primeira penhora ingressar no procedimento do exequente que efetivou a segunda penhora, instaurar o incidente de pluralidade de exequentes, para receber a quantia que entende lhe ser devida.

Por outro lado, noutro exemplo, se o exequente A penhorou o bem de B que já estava gravado com hipoteca (direito real de garantia) em favor de C, poderá este credor (que ainda não é exequente) ingressar no procedimento executivo de A contra B para instaurar o incidente de pluralidade de credores para substituir a garantia pelo dinheiro correspondente ao valor do bem alienado, em típico caso de sub-rogação real.

---

15. Art. 889. Serão cientificados da alienação judicial, com pelo menos 5 (cinco) dias de antecedência: I – o executado, por meio de seu advogado ou, se não tiver procurador constituído nos autos, por carta registrada, mandado, edital ou outro meio idôneo; II – o coproprietário de bem indivisível do qual tenha sido penhorada fração ideal; III – o titular de usufruto, uso, habitação, enfiteuse, direito de superfície, concessão de uso especial para fins de moradia ou concessão de direito real de uso, quando a penhora recair sobre bem gravado com tais direitos reais; IV – o proprietário do terreno submetido ao regime de direito de superfície, enfiteuse, concessão de uso especial para fins de moradia ou concessão de direito real de uso, quando a penhora recair sobre tais direitos reais; V – o credor pignoratício, hipotecário, anticrético, fiduciário ou com penhora anteriormente averbada, quando a penhora recair sobre bens com tais gravames, caso não seja o credor, de qualquer modo, parte na execução; VI – o promitente comprador, quando a penhora recair sobre bem em relação ao qual haja promessa de compra e venda registrada; VII – o promitente vendedor, quando a penhora recair sobre direito aquisitivo derivado de promessa de compra e venda registrada; VIII – a União, o Estado e o Município, no caso de alienação de bem tombado.

16. "(...) 2. O exercício do direito de preferência, em razão da natureza do crédito, submete-se a formalidades exigidas por lei e subsume-se ao concurso singular de credores. É no ato da distribuição do dinheiro que o credor privilegiado terá preferência sobre os demais conforme a natureza de seu crédito. 3. O pedido de remição feito com base no art. 788 do Código de Processo Civil, já estando aperfeiçoado com decisão concessiva transitada em julgado e registro no cartório competente, não deve ser revogado por ter-se apurado posterior crédito privilegiado. A remição já aperfeiçoada indica que houve o depósito em dinheiro em favor do credor e nesse ato é que o exercício do direito de preferência deveria ter sido exercido. 4. Recurso especial parcialmente conhecido e provido em parte. (REsp 1278545/MG, Rel. Ministro João Otávio De Noronha, Terceira Turma, julgado em 02.08.2016, DJe 16.11.2016).

Sob a perspectiva dinâmica do incidente certamente que o exequente que esperava receber a quantia deverá ser ouvido, pois é preciso verificar não apenas a anterioridade da sua penhora em relação aos demais, ou se existe em seu favor algum privilégio legal. Também deve ser ouvido o próprio executado que ainda é o proprietário da quantia depositada – obtida pela alienação do bem – que é disputada pelos terceiros intervenientes.

## 2.6 Fundamento e pedido

O que fundamenta o ingresso dos terceiros, exequentes que penhoraram o mesmo bem ou credores, é a suposta existência de algum tipo de privilégio (privilégio legal do crédito) ou preferência (direito real de garantia), legal ou convencional, que autorize de forma preferencial o recebimento da quantia obtida com a alienação do bem em leilão público. A pretensão que determina o objeto de julgamento deste incidente é determinar qual a ordem preferencial que os exequentes/credores receberão o dinheiro que supostamente teriam o direito de receber.[17] Neste incidente não se analisa o título e nem se discute seus elementos intrínsecos ou extrínsecos, pois não há espaço para tal debate.[18]

## 2.7 Procedimento

O procedimento desse incidente processual inicia-se por provocação de qualquer exequente-credor que se encontre nas condições descritas no art. 905, I e II.

Segundo o artigo 909 do CPC "*os exequentes formularão as suas pretensões, que versarão unicamente sobre o direito de preferência e a anterioridade da penhora, e, apresentadas as razões, o juiz decidirá*". A provocação destes exequentes se faz por petições simples expondo as razões de fato e de direito que dão suporte ao pedido de recebimento da quantia com prioridade aos demais.

Não há um *prazo* definido no Código, mas um *momento* adequado para a postulação da demanda de recebimento da quantia e forma preferencial. Esse momento está embutido no procedimento executivo e situa-se entre a arrematação realizada, perfeita e acabada, e a entrega do dinheiro. Feito o pagamento, não existirá mais o momento para a realização do incidente.

Realizada a provocação por qualquer exequente, todos os demais exequentes do mesmo bem penhorado deverão ser notificados (intimação do advogado) para

---

17. São várias as leis civis que estabelecem crédito com natureza privilegiada ou preferencial, destacando-se os créditos fiscais, os trabalhistas, os decorrentes de honorários advocatícios e de direito real de garantia (hipoteca, penhor ou anticrese) etc. Também a lei processual estabelece que a penhora – ato de constrição judicial – cria um direito de preferência para o credor exequente em relação à satisfação de seu crédito.

18. "Cabe ao juiz decidir, estabelecendo a ordem dos pagamentos, de acordo com a convicção que tiver formado acerca das preferências, resultantes ou de título legal ou da prioridade da penhora. Essa, aliás, a única matéria sobre que pode versar, no concurso, a discussão entre os credores (art.712, 2ª parte)". BARBOSA MOREIRA, José Carlos. *O novo processo civil brasileiro*. 27. ed. Rio de Janeiro: Grupo Gen, 2008, p. 268.

CAPÍTULO 04 • FASE SATISFATIVA DO PROCEDIMENTO PARA PAGAMENTO DE QUANTIA

impugnar a pretensão formulada no prazo de cinco dias, pois outro não foi estabelecido nos dispositivos que cuidam do incidente. Esgotado o prazo de impugnação e havendo questões de fato a serem resolvidas, o juiz designará audiência se necessário e, em seguida, decidirá o incidente. A resolução desse incidente processual se faz por meio de decisão interlocutória cuja finalidade é identificar qual dos requerentes tem a primazia no recebimento do dinheiro.

Uma observação digna de nota diz respeito ao fato de que nada obstante os arts. 905, I e II e o artigo 908 fale em pluralidade de *exequentes e credores* o art. 909 menciona apenas que "os *exequentes* formulação as suas pretensões", alterando inclusive a redação existente no revogado artigo 712 do CPC[19] anterior que cuidava do mesmo tema e falava em "credores". Nitidamente foi intenção da lei dizer que a postulação do art. 909 deve ser feita pelos *exequentes* e não pelos credores que não sejam exequentes.

Isso parece se dar porque a lei reconhece que a razão jurídica que justifica o ingresso do credor titular de garantia real (que não seja exequente) é o fato de que ao alienar o bem gravado com o ônus real de garantia, automaticamente ocorre a *sub-rogação real legal*, ou seja, substituiu-se a garantia real pelo valor pelo qual o bem foi alienado, libertando-o de qualquer ônus para o arrematante. É isso que quer dizer o artigo 908, I[20] ao dizer que *"no caso de adjudicação ou alienação, os créditos que recaem sobre o bem, inclusive os de natureza propter rem, sub-rogam-se sobre o respectivo preço, observada a ordem de preferência".*[21]

Ora, na medida em que o arrematante/adjudicante recebe o bem adquirido na expropriação judicial livre e desembaraçado dos direitos reais de garantia que eventualmente nele estivessem gravados antes da penhora, então não é possível deixar esse credor diligente, titular com o direito real de garantia, sem a substituição da proteção convencionada pelo valor da coisa alienada. É isso que prevê o artigo 908, e, dá a entender o artigo 909 que quando o credor ingressa em processo alheio para postular o recebimento da quantia, o faz com base na sub-rogação legal ocorrida da coisa dada em garantia no seu valor.

Portanto, não estaria ingressando ali para disputar uma *distribuição prioritária ou preferencial dos créditos decorrentes do direito obrigacional*, mas sim postulando o

---

19. Art. 712. Os credores formularão as suas pretensões, requerendo as provas que irão produzir em audiência; mas a disputa entre eles versará unicamente sobre o direito de preferência e a anterioridade da penhora.

20. Tal dispositivo espelha o artigo 1.422 do CPC ao dizer que "o credor hipotecário e o pignoratício têm o direito de excutir a coisa hipotecada ou empenhada, e preferir, no pagamento, a outros credores, observada, quanto à hipoteca, a prioridade no registro. Parágrafo único. Excetuam-se da regra estabelecida neste artigo as dívidas que, em virtude de outras leis, devam ser pagas precipuamente a quaisquer outros créditos".

21. Neste sentido o Código Civil Brasileiro, precisamente no Art. 1.425. A dívida considera-se vencida: (...) V – se se desapropriar o bem dado em garantia, hipótese na qual se depositará a parte do preço que for necessária para o pagamento integral do credor. (...) § 2º Nos casos dos incisos IV e V, só se vencerá a hipoteca antes do prazo estipulado, se o perecimento, ou a desapropriação recair sobre o bem dado em garantia, e esta não abranger outras; subsistindo, no caso contrário, a dívida reduzida, com a respectiva garantia sobre os demais bens, não desapropriados ou destruídos.

cumprimento da sub-rogação legal a que faz jus. Disputa haverá se ocorrer concurso de credores com garantias reais. A sua preferência, portanto, é de ordem real, típica dos direitos reais de garantia e decorre da sua relação com a coisa específica que foi alienada, e, não de um eventual privilégio do crédito que incide sobre qualquer bem do patrimônio do executado.

## 2.8 Competência

### 2.8.1 O problema: múltiplas penhoras sobre o mesmo bem em diversos juízos com competência absoluta

Tema de extrema dificuldade refere-se à identificação do juízo competente onde será instaurado o incidente e que definirá a entrega do dinheiro objeto de múltiplas penhoras que tenham sido realizadas em juízos dotados de competência absoluta (federal comum, trabalhista e estadual).

Não estamos mais sob vigência do CPC de 1939, que no título dedicado aos *incidentes da execução*, previa no seu art. 1018 que *"havendo, em juízos diferente, mais de uma penhora contra o mesmo devedor, o concurso efetuar-se-á, naquele em que se houver feito a primeira"*. O critério adotado pelo CPC de 1939 foi *cronológico* (objetivo) em relação ao ato da penhora: aquele juízo onde houve a primeira penhora sobre o bem seria o competente e funcionaria como juízo único para processar a entrega do dinheiro.

Lamentavelmente o CPC de 1973 não reproduziu a referida regra e tampouco trouxe alguma outra deixando uma tormentosa lacuna sobre o tema, estimulando que a jurisprudência buscasse soluções jurídicas para a tormentosa questão. Nada obstante o sensível problema já detectado na vigência do CPC de 1973, e mesmo tendo um enorme aumento das situações de conflito de competência em relação a este tema, o CPC de 2015 ignorou o problema e manteve o silêncio legislativo, perdendo ótima oportunidade de definir a questão.

Vale dizer que em 2010, sob vigência do CPC de 1973 o Superior Tribunal de Justiça, em decisão paradigma sobre o tema, usou a regra do CPC de 1939 como o critério determinante de prevenção da competência para processar e julgar o concurso especial de exequentes-credores: juízo competente seria aquele que realizou a *primeira penhora*, ou seja, *prevenção cronológica da penhora*. A decisão, no entanto, com aguda sensibilidade, foi expressa ao dizer que a solução ali encontrada *só se aplicaria quando a competência fosse relativa, que admite modificação e que mesmo assim comportaria exceções*. Segundo a Min. Nancy Andrighi:

> (...)
>
> A incidência de múltiplas penhoras sobre um mesmo bem não induz o concurso universal de credores, cuja instauração pressupõe a insolvência do devedor. A coexistência de duas ou mais

CAPÍTULO 04 • FASE SATISFATIVA DO PROCEDIMENTO PARA PAGAMENTO DE QUANTIA **477**

penhoras sobre o mesmo bem implica concurso especial ou particular, previsto no art. 613 do CPC, que não reúne todos os credores do executado, tampouco todos os seus bens, consequências próprias do concurso universal. No concurso particular concorrem apenas os exequentes cujo crédito frente ao executado é garantido por um mesmo bem, sucessivamente penhorado.

– Em princípio, havendo, em juízos diferentes, mais de uma penhora contra o mesmo devedor, o concurso efetuar-se-á naquele em que se houver feito a primeira. Essa regra, porém, comporta exceções. Sua aplicabilidade se restringe às hipóteses de competência relativa, que se modificam pela conexão. Tramitando as diversas execuções em Justiças diversas, haverá manifesta incompatibilidade funcional entre os respectivos juízos, inerente à competência absoluta, inviabilizando a reunião dos processos.

– Em se tratando de penhora no rosto dos autos, a competência será do próprio juízo onde efetuada tal penhora, pois é nele que se concentram todos os pedidos de constrição. Ademais, a relação jurídica processual estabelecida na ação em que houve as referidas penhoras somente estará definitivamente encerrada após a satisfação do autor daquele processo. Outro ponto que favorece a competência do juízo onde realizada a penhora no rosto dos autos é sua imparcialidade, na medida em que nele não tramita nenhuma das execuções, de modo que ficará assegurada a total isenção no processamento do concurso especial.

– O concurso especial deverá ser processado em incidente apartado, apenso aos autos principais, com a intimação de todos aqueles que efetivaram penhora no rosto dos autos, a fim que seja instalado o contraditório e respeitado o devido processo legal, na forma dos arts. 711 a 713 do CPC. O incidente estabelece verdadeiro processo de conhecimento, sujeito a sentença, em que será definida a ordem de pagamento dos credores habilitados, havendo margem inclusive para a produção de provas tendentes à demonstração do direito de preferência e da anterioridade da penhora.

Recurso especial parcialmente provido.[22]

Logo, esta solução acima de *reunião das demandas para o juízo prevento* pela primeira penhora para que nele se processe o *incidente que definirá a ordem de preferência no pagamento da quantia* esbarra num problema que já foi alertado pela Ministra: e se a competência destes diversos juízos que penhoraram o mesmo bem for absoluta (como normalmente acaba sendo), como no caso de disputa de créditos trabalhistas, fiscais etc.? Havendo (in) competência absoluta, não se mostra possível a modificação legal.

### 2.8.2 *Primeiro, qual conexão justifica a fixação do juízo único no caso de competência relativa?*

*Prima face*, pode parecer que o fato de diversos juízos terem penhorado o mesmo bem não teria aí algum tipo de conexão tal como ela é definida no artigo 55, caput do CPC, pois aparentemente não haveria nenhum enlace de direito material que pudesse aproximar os créditos que estivessem sendo executados nos seus respectivos juízos. Num olhar rápido não se enxergaria um *fato-base comum* no direito material que amarrasse todos os créditos executados contra o mesmo devedor.

---

22. (REsp 976.522/SP, Rel. Ministra Nancy Andrighi, Terceira Turma, julgado em 02.02.2010, DJe 25.02.2010).

Entretanto, num olhar mais atento verifica-se que há sim uma conexão – emanada do direito material – que aproxima significativamente os direitos de créditos que são perseguidos separadamente. Esse elo de contato responde pelo nome de *responsabilidade patrimonial*.

O patrimônio – único – do devedor que inadimpliu as diversas obrigações é que responde por elas. A responsabilidade patrimonial – instituto de direito material – impõe que o executado submeta o seu patrimônio – bens presentes e futuros – ao pagamento dos débitos inadimplidos.

Portanto, não é a penhora sobre o mesmo bem que aproxima todos os exequentes, mas o inverso: o mesmo bem penhorado que aproximam todos os créditos inadimplidos. A penhora é ato da execução que *individualiza o bem do patrimônio do executado que servirá à execução*. A penhora é a concretização da responsabilidade patrimonial. É o bem do patrimônio do executado afetado pela constrição executiva em vários processos diversos que estabelece a conexão entre as diversas dívidas executadas contra o mesmo devedor. A garantia legal proporcionada pelo mesmo e único patrimônio do executado em todas as dívidas que assumiu que conecta todos, especialmente quando se afeta um bem do patrimônio específico. A rigor, a segunda penhora recai apenas sobre o que não se encontra afetado à primeira penhora, a terceira penhora respeita a segunda e a primeira e assim em diante. Com precisão milimétrica Pontes de Miranda ao dizer que "*Os bens já penhorados não são impenhoráveis. Penhora-se o que sobra da anterior, ou das anteriores penhoras, pois, quando arrematados os bens, se sabe quanto e o valor*".[23]

Muito bem, em casos de competência relativa, como fez questão de ressaltar a Ministra, poderia sim valer-se da regra da anterioridade da primeira penhora sobre o mesmo bem como critério definidor da reunião dos processos usando a regra, à época do art. 103 do CPC de 1973 que foi decalcado pelo art. 55, *caput* do CPC de 2015.

Há sim um elo de direito material – *o mesmo patrimônio do devedor que se sujeita à execução* – que ganha absoluta concretude e traz o risco de decisões contraditórias quando ocorre a multiplicidade de penhoras sobre o mesmo bem.

Ainda que se discuta se a fixação da prevenção pela ordem cronológica de múltiplas penhoras sobre o mesmo bem seja um critério puramente processual ou material, o fato é que hoje nem isso seria problema para – *tratando-se de competências relativas* – aplicar a reunião de demandas com base no artigo 55, § 3º tal como previsto no CPC de 2015.

O STJ não dispunha à época do § 3º do artigo 55 do atual CPC que permite a reunião das demandas "*para julgamento conjunto os processos que possam gerar risco de prolação de decisões conflitantes ou contraditórias caso decididos separadamente, mesmo sem conexão entre eles*".

---

23. C.f., Op. cit., p. 13.

# CAPÍTULO 04 • FASE SATISFATIVA DO PROCEDIMENTO PARA PAGAMENTO DE QUANTIA

Eis aí uma porta aberta para permitir a *reunião de demandas* (incidentes) mesmo que entre elas não exista conexão (vínculo com o direito material definido no caput do artigo 55) quando possa haver risco de prolação de decisões conflitantes ou contraditórias caso decididos separadamente. Como se disse a conexão não está no ato executivo em si isoladamente considerado, mas na perspectiva de que ele *concretiza* a responsabilidade patrimonial do (único) patrimônio que sujeita à todas as execuções. Para quem não pensa dessa forma, adotando uma posição puramente *processual da penhora*, também poderá permitir a reunião das demandas com base no § 3º do art. 55, elegendo como prevento o juízo onde a primeira penhora foi realizada.

Entretanto, também este dispositivo (art. 55) só se aplica quando estamos, a priori, no terreno da competência relativa que admite o deslocamento de uma demanda para outro juízo. E, bem sabemos que a chance de existir multiplicidade de penhoras sobre o mesmo bem do executado em diversos juízos com competência absoluta diversa é bem grande, como por exemplo a concomitante existência de dívidas fiscais executadas na justiça federal, dívidas trabalhistas na justiça do trabalho e outras execuções na justiça estadual (varas de consumo, varas de acidente do trabalho, varas de empresarial etc.). Imaginemos que cada um desses juízos proceda, nas suas respectivas execuções, a penhora do mesmo bem do executado. O que fazer se não é possível a modificação legal da competência em razão da *incompetência absoluta*?

## 2.8.3 Atos concertados – cooperação judiciária – realização de atos executivos num juízo único

No art. 68 e ss. do CPC, no Título III dedicado à "competência interna", e, à sombra do Capítulo II dedicado à "cooperação nacional", de saída estabelece o artigo 68 o dever de recíproca cooperação dos órgãos do Poder Judiciário, estadual ou federal, especializado ou comum, em todas as instâncias e graus de jurisdição, inclusive aos tribunais superiores, por meio de seus magistrados e servidores.

Admite o Código, em abstrato, que múltiplas podem ser as situações jurídicas envolvendo a distribuição da competência interna que justifiquem o "dever recíproco de cooperação". Razões de ordem econômica (eficiência da prestação jurisdicional) e de ordem social (efetividade da tutela prestada) podem justificar a adoção de medidas de concertação entre os diversos órgãos jurisdicionais no sentido de otimizar a realização dos atos jurídicos processuais.

Reconhece o Código a título exemplificativo as diversas situações que justificaria a operação conjunta de vários e diversos juízos no estabelecimento de procedimento para: I – a prática de citação, intimação ou notificação de ato; II – a obtenção e apresentação de provas e a coleta de depoimentos; III – a efetivação de tutela provisória; IV – a efetivação de medidas e providências para recuperação e preservação de empresas; V – a facilitação de habilitação de créditos na falência e na recuperação judicial; VI – a centralização de processos repetitivos; VII – a execução de decisão jurisdicional.

Uma das hipóteses exemplificadas no CPC é justamente a facilitação de habilitação de créditos na falência e na recuperação judicial, pois aí reconhece o legislador que um juízo universal (art. 45, I) para questões comuns podem necessitar de cooperação de outros juízos para situações particulares. Dentre os incisos contidos no art. 69, § 2º tem-se ainda a hipótese de cooperação judiciária para *execução de decisão jurisdicional* que cai como uma luva para o problema das múltiplas penhoras sobre o mesmo bem do executado em diversos juízos diferentes. É perfeitamente possível, segundo o Código, que os juízos cooperem-se entre si, valendo-se deste dispositivo para estabelecer uma regra de que em apenas um juízo será realizada a penhora ou que em apenas algum deles será expropriado o bem ou que em apenas um deles será realizado o concurso especial para verificação da ordem de pagamento dos créditos. O problema aqui é que, na teoria, este dispositivo está anos luz de resolver o problema, já que os diversos credores portadores de títulos legais de preferência, titulares de prerrogativas como juízo especial irão reagir invocando a violação do devido processo legal, juiz natural e contraditório, ante a *cooperação judiciária que flexibiliza (e desloca) a competência legal (absoluta)* para o juízo diverso daquele a que em tese deveria ser realizado o ato para atender a critérios de eficiência e efetividade da tutela jurisdicional?

Talvez este seja o caminho, e, este dispositivo seja a porta que permita avançar sobre o tema da cooperação judicial e da flexibilização da competência. É preciso, no entanto, ter critérios mais seguros e previsíveis para implementação dessa cooperação evitando que as garantias processuais das partes sejam violadas.

### 2.8.4 Os critérios: juízo da primeira penhora, da alienação ou do juízo do crédito mais privilegiado?

Caso recente de conflito positivo de competência decidido pelo Superior Tribunal de Justiça[24] revela que não houve cooperação judiciária entre juízos para *"definir o juízo competente para o recebimento de crédito objeto de múltiplas penhoras efetivadas nas esferas federal, trabalhista e estadual, visando a instauração e processamento de concurso especial de credores"*.

Como já se expos anteriormente o critério da reunião das demandas por conexão (mesmo bem penhorado) não resolve o problema quando os juízos em conflito possuem competência absoluta para a sua demanda e incompetência absoluta para as demais demandas. Daí porque acertada a observação no voto quando diz que *"eventual existência de conexão entre demandas não é causa de modificação de competência absoluta, o que impossibilita a reunião dos processos sob esse fundamento. A conexão por*

---

24. (CC 171.782/SP, Rel. Ministro Moura Ribeiro, Segunda Seção, julgado em 25.11.2020, DJe 10.12.2020).

CAPÍTULO 04 • FASE SATISFATIVA DO PROCEDIMENTO PARA PAGAMENTO DE QUANTIA **481**

*prejudicialidade prevista no art. 55, § 3º, do CPC/2015 submete-se à previsão do art. 54 do mesmo diploma processual, que limita as hipóteses de modificação de competência de natureza relativa".*

Diante da (i) inexistência de cooperação judiciária e da (ii) inviabilidade de reunião dos processos, aviva-se o problema da *"definição da competência de um único juízo para recebimento dos créditos e posterior distribuição entre os diversos credores, evitando-se decisões conflitantes e garantindo segurança jurídica".*

Segundo decidiu o Superior Tribunal de Justiça neste conflito de competência, contrariando posição anterior como já citamos acima, não se deve aplicar o critério da anterioridade da primeira penhora porque este critério não se mostraria adequado *"quando as múltiplas penhoras advém de juízos diversos pertencentes a mesma Justiça, especializada ou comum, o que não é o caso dos autos".* E emendou ao dizer que a *"solução para a entrega da prestação jurisdicional mais adequada é do juízo do crédito privilegiado, conferido por lei".*

Com o devido respeito o critério adotado pelo STJ pode ter sido utilizado para resolver o caso concreto depois do conflito positivo instaurado, mas não elimina o problema em abstrato porque o tal *critério definidor do juízo competente* por ele sugerido apresenta-se como uma *petitio principii* onde a conclusão é tomada como premissa.

Sendo mais explícito, se o mérito do incidente processual consiste na *distribuição do dinheiro entregue a cada exequente consoante a ordem das respectivas preferências,*[25] então a *verificação da anterioridade dos créditos* para fins de distribuição do dinheiro não pode ser critério para definir a competência, se será o juízo competente que irá conferir a anterioridade do crédito.

É preciso ter um critério objetivo que defina em abstrato a competência para processar e julgar o incidente para que conflitos positivos sejam evitados. Uma solução é a anterioridade da penhora, como já foi mencionado, e outra é a estabelecer a competência onde foi realizada a expropriação liquidativa do bem ou onde o dinheiro penhorado já está pronto para ser entregue ao exequente. Pode haver várias penhoras sobre o mesmo bem, mas o mesmo bem não pode ser expropriado num e noutro processo e tampouco a quantia penhorada não pode ser entregue a um sujeito e depois ao outro. Apenas as sobras do pagamento ao primeiro exequente/credor, poderão ser entregues ao segundo, e as sobras deste ao terceiro e assim sucessivamente segundo a ordem de preferência.

Exatamente por isso, pensamos que sob a perspectiva da eficiência do processo o melhor critério seria identificar o juízo competente onde está deva ocorrer a primeira alienação, com intimação dos interessados já ocorrida e edital publicado, pois

---

25. Art. 909. Os exequentes formularão as suas pretensões, que versarão unicamente sobre o direito de preferência e a anterioridade da penhora, e, apresentadas as razões, o juiz decidirá.

como já foi alertado pelo saudoso Min Zavascki[26] não faria menor sentido sobrestar todos os demais processos de execução para aguardar o andamento do processo em que a penhora foi efetuada em primeiro lugar.[27]

A questão relativa à incompetência absoluta ou impossibilidade, por exemplo, do ente federal habilitar-se seu crédito na justiça comum ou na justiça especial trabalhista não é óbice pois a Súmula 270 do STJ prevê que "o protesto pela preferência de crédito, apresentado por ente federal em execução que tramita na Justiça Estadual, não desloca a competência para a Justiça Federal", podendo ser aplicado o mesmo raciocínio no caso de concurso especial de exequentes/credores.

## 3. ADJUDICAÇÃO DO BEM PENHORADO

### 3.1 O bem-instrumento e o bem-fim na execução pecuniária

A obrigação, originária ou subsidiária, para pagamento de quantia enseja a execução por expropriação cuja finalidade é obter *dinheiro* do patrimônio do executado. Contudo, quando existe patrimônio executável, nem sempre o dinheiro está ali disponível para ser penhorado (art. 854) e posteriormente entregue ao exequente (art. 904, I). Se assim fosse a execução para pagamento de quantia teria sempre um itinerário muito mais simples.

Não raras vezes, portanto, e infelizmente, é necessário penhorar um (ou alguns) bens do patrimônio do executado para com a sua "venda" em leilão judicial, obter a quantia em dinheiro devida que servirá para pagar ao exequente. Essa a diferença entre a execução que já adentra diretamente na *expropriação satisfativa* da execução que só satisfaz após a *expropriação liquidativa*.

Parece óbvio o que vamos dizer, mas às vezes o óbvio precisa ser dito. Sempre que o bem penhorado é dinheiro o caminho executivo fica muito mais tranquilo, rápido e curto. Ao contrário, sempre que o bem penhorado não é dinheiro, o caminho executivo fica mais demorado, mais complexo, cheio de nuances e variáveis, pois o procedimento do leilão judicial é sempre um *prato cheio* para o executado encontrar chicanas e obstáculos que retardam o feito.

Neste contexto o dinheiro é o *bem fim*, pois é o que a execução persegue e o que satisfaz o exequente. Por outro lado, quando o objeto penhorado é algo diverso do dinheiro (cotas, ações, bens móveis ou imóveis, direitos etc.), então tem-se aí o que se pode denominar de *bem-instrumento*, que é assim chamado porque não é ele que será entregue ao exequente, senão porque será alienado judicialmente, e o dinheiro

---

26. ZAVASCKI, Teoria Albino. *Comentários ao Código de Processo Civil.* São Paulo: Ed. RTT, 2003, v. 8, p. 387.
27. (...) 2. Uma vez afastada a alegação de remição por preço vil, o INSS não tem interesse na anulação desse ato, devendo fazer valer a preferência atribuída a seu crédito, em relação ao da Fazenda Estadual (LEF, art. 29) diretamente sobre o valor apurado com a remição, nos autos da execução em que se realizou a alienação. 3. Recurso especial a que se nega provimento. (REsp 490.274/MG, Rel. Ministro Teori Albino Zavascki, Primeira Turma, julgado em 03.02.2005, DJ 28.02.2005, p. 191).

## CAPÍTULO 04 • FASE SATISFATIVA DO PROCEDIMENTO PARA PAGAMENTO DE QUANTIA 483

obtido com a sua alienação é que servirá para satisfazer o crédito exequendo (expropriação liquidativa para futura expropriação satisfativa).

Numa mesma execução para pagamento de quantia é possível que ocorra uma ou várias alienações de bens do patrimônio do executado. Lembra o artigo 831 que "*a penhora deverá recair sobre tantos bens quantos bastem para o pagamento do principal atualizado, dos juros, das custas e dos honorários advocatícios*" e o artigo 907 determina que "*pago ao exequente o principal, os juros, as custas e os honorários, a importância que sobrar será restituída ao executado*".

Feitas estas observações preliminares fica fácil compreender o que vem a ser a *adjudicação do bem penhorado*.

Se a *adjudicação do bem penhorado* é requerida pelo *exequente* e deferida pelo juízo, então dá-se um fenômeno de conversão do *bem instrumento* em *bem fim*, ou seja, ao invés de aguardar a alienação judicial do bem para receber o dinheiro obtido com esta "venda" o que faz o exequente é dar-se por "satisfeito" com a obtenção deste próprio bem, ou seja, *troca o recebimento do dinheiro pelo bem que seria vendido*, evitando todo o procedimento de alienação judicial e encurtando o itinerário executivo. Não por acaso o artigo 904, II do CPC diz que "*a satisfação do crédito exequendo far-se-á: (...) II – pela adjudicação dos bens penhorados*".

Por outro lado, se a adjudicação do bem penhorado não é requerida pelo exequente, mas sim por terceiros (que não fazem parte da execução) esta modalidade de *adjudicação* em nada se assemelha à hipótese anterior, pois *o exequente continuará aguardando o recebimento do dinheiro*.

Na verdade, esta "*adjudicação*" *por terceiros alheios à execução* recebe, por ficção jurídica, o mesmo regime jurídico da genuína adjudicação do bem penhorado pelo exequente. Contudo, advirta-se, é uma espécie de *arrematação preferencial do bem penhorado* que é deferida a determinadas pessoas (terceiros na execução) em razão de um vínculo que possuem com o bem que está penhorado e que será levado à leilão judicial.

### 3.2    O conceito de adjudicação

Tendo em vista a diferença de regimes jurídicos entre (1) a adjudicação do bem penhorado pelo exequente e (2) a adjudicação do bem penhorado por terceiros alheios à execução, e, considerando que ambas as figuras estão tratadas no mesmo dispositivo legal, é preciso encontrar um conceito mais amplo para adjudicação de forma que contemple as duas situações mencionadas acima, ainda que possuam genealogias diferentes e consequências diferentes no processo.

Assim, adjudicação é o ato processual expropriatório em que o órgão jurisdicional transfere o bem penhorado do patrimônio do executado diretamente *para o exequente ou para terceiros*.[28]

---

28.    Neste sentido BUENO, Cassio Scarpinella. *Manual de direito processual civil*. 2. ed. São Paulo: Saraiva, 2016, p. 624.

## 3.3 A adjudicação no CPC

O código de processo civil brasileiro trata a adjudicação como *técnica de expropriação da execução por quantia certa*, como expressamente mencionam as redações dos seus artigos 824 e 825:

> Art. 824. A execução por quantia certa realiza-se pela expropriação de bens do executado, ressalvadas as execuções especiais.
>
> Art. 825. A expropriação consiste em:
>
> I – Adjudicação;
>
> II – Alienação;
>
> III – Apropriação de frutos e rendimentos de empresa ou de estabelecimentos e de outros bens.

Mais adiante, no artigo 904, em seção intitulada "da satisfação do crédito", o Código prescreve as duas maneiras pelas quais a "satisfação" acontece, sendo uma delas a adjudicação, *in verbis*:

> Art. 904. A satisfação do crédito exequendo far-se-á:
>
> I – Pela entrega do dinheiro;
>
> II – Pela adjudicação dos bens penhorados.[29]

Por sua vez, nos artigos 876 a 878, o legislador estabelece os *requisitos* e o *procedimento* da adjudicação, que iremos analisar ao longo deste ensaio.

## 3.4 Adjudicação no cumprimento de sentença (provisório ou definitivo) e processo de execução

Apontada como técnica expropriatória da execução para pagamento de quantia, a adjudicação tanto pode ser realizada em um *cumprimento de sentença* (provisório ou definitivo) quanto num *processo de execução*.

É de se lembrar que o artigo 523, § 3º do CPC, que trata do cumprimento definitivo da sentença que reconhece a exigibilidade da obrigação de pagar quantia, menciona que "não efetuado tempestivamente o pagamento voluntário, será expedido, desde logo, mandado de penhora e avaliação, seguindo-se os atos de expropriação". Por sua vez, no cumprimento provisório, determina o § 5º do artigo 520 que "ao cumprimento provisório de sentença que reconheça obrigação de fazer, de não fazer ou de dar coisa aplica-se, no que couber, o disposto neste Capítulo".

Ora, como o cumprimento de sentença para pagamento de quantia não contém regras procedimentais suficientes para os atos de expropriação, sempre que se fizer necessária a realização desses atos executivos, instrumentais ou finais, mister será

---

29. Esta hipótese restringe-se à genuína adjudicação feita pelo exequente, pois quando a adjudicação é realizada pelo terceiro, o exequente só será satisfeito com o dinheiro obtido nesta *arrematação/adjudicação* realizada por quem não era parte da execução.

CAPÍTULO 04 • FASE SATISFATIVA DO PROCEDIMENTO PARA PAGAMENTO DE QUANTIA **485**

a utilização do Livro II da Parte Especial do Código que é destinada ao *processo de execução*. Aliás, a mesma autorização foi dada pelo artigo 771 e 513 do CPC.

### 3.5 Adjudicação e satisfação do crédito exequendo (art. 904, II do CPC)

Não é possível fixar a premissa de que a adjudicação é um ato processual reservado ao exequente, porque *"idêntico direito pode ser exercido por aqueles indicados no art. 889, incisos II a VIII"* do CPC, ou seja, tanto o exequente (876, caput), quanto terceiros que não fazem parte da execução (art. 876, § 5º), podem proceder a *adjudicação do bem penhorado*.

Disso resulta, à toda evidência, a existência de duas figuras jurídicas distintas sob o "mesmo" regime jurídico nos arts. 876 e ss. do CPC.

Uma coisa é a adjudicação do bem penhorado em prol do exequente e outra é a realizada para terceiros alheios à execução.

Na primeira hipótese, exercida pelo exequente, a adjudicação é ato processual que lhe concede, de modo imediato, e por vontade sua expressamente manifestada nos autos, um resultado prático equivalente àquele que pretendia (receber o bem penhorado ao invés da quantia). Neste aspecto, é absolutamente harmônico com o artigo 904, II quando diz que a satisfação do crédito exequendo se dá pela "adjudicação do bem penhorado".

Frise-se, só é válida a afirmação do artigo 904, II do CPC quando a adjudicação é requerida pelo exequente que pretende o recebimento do bem penhorado em substituição (total ou parcial) do crédito exequendo. Portanto, *contrario sensu*, quando a adjudicação do bem penhorado é feita por terceiros (art.876, § 5º) a satisfação do crédito exequendo se dá pela *entrega do dinheiro ao exequente*, portanto, incide a hipótese do artigo 904, II do CPC.

### 3.6 A preferência e o momento da adjudicação

Como diz o artigo 875 do CPC, *"realizadas a penhora e a avaliação, o juiz dará início aos atos de expropriação do bem"*. Ora, partindo da premissa que o objeto da penhora não tenha sido dinheiro, que não tenha sido atribuído efeito suspensivo à eventual oposição contra ela ofertada (embargos do executado ou de terceiros ou impugnação do executado), então o itinerário executivo segue em direção aos atos de expropriação como adverte o artigo mencionado acima.

Neste passo, é expressa a intenção do Código de que a técnica expropriatória da adjudicação é *preferencial* às demais formas de expropriação do bem penhorado, como se observa a redação do artigo 880 ao dizer que *"não efetivada a adjudicação, o exequente poderá requerer a alienação por sua própria iniciativa ou por intermédio de corretor ou leiloeiro público credenciado perante o órgão judiciário"*, e, mais adiante, ao dizer no artigo 881 que "*a alienação far-se-á em leilão judicial se não efetivada a adjudicação ou a alienação por iniciativa particular*".

Da leitura dos dois dispositivos extrai-se a regra de que a adjudicação precede a alienação por iniciativa particular, e, que esta precede a alienação em leilão judicial.

As razões pelas quais o legislador opta pela prioridade da adjudicação em relação às outras técnicas varia de acordo com *tipo de adjudicação*, se pelo exequente ou por terceiros.

No primeiro caso, é simples. É muito mais cômodo, rápido, efetivo e eficiente que se proceda diretamente a transferência do bem penhorado para o exequente evitando um percurso sempre cheio de percalços de uma alienação do bem (por iniciativa particular ou leilão judicial), para depois disso, com o dinheiro obtido, satisfazer o crédito exequendo. A adjudicação é, portanto, um ato judicial que imediatamente realiza esta satisfação como expressamente menciona o artigo 904, II do CPC.

No segundo caso, da alienação por terceiros, que na verdade nada mais do que uma *arrematação preferencial*, a vantagem é que pelo vínculo jurídico que estas pessoas têm com o bem penhorado, tudo indica (pelo menos no plano teórico) que podem interessar-se em adquirir o referido bem pelo preço da avaliação, proporcionando de modo mais rápido e com maior eficiência o dinheiro que irá satisfazer o crédito exequendo. Mas, neste caso, como dito, por ser requerida por terceiro e não pelo exequente, a adjudicação não promove a imediata satisfação do direito exequendo, não se aplicando a regra do artigo 904, II do CPC. É o dinheiro obtido com a "adjudicação/arrematação por terceiros" que irá ser entregue ao exequente (art. 904, I).

O *momento inicial* para a adjudicação é logo após a realização da penhora[30] e a avaliação, e, o *momento final* não é estabelecido pelo Código, de forma que pode ser feito sempre que não tiver sido realizada a alienação do bem. Relembre-se que uma vez assinado o auto pelo juiz, pelo arrematante e pelo leiloeiro, a arrematação será considerada perfeita, acabada e irretratável, sendo este o limite final para que se proceda a adjudicação.

Portanto, sendo mais claro, nada impede que seja requerida a adjudicação após o início do procedimento de alienação, desde que esta não tenha sido efetivada. Tampouco é proibitivo – antes o contrário – que se proceda a adjudicação após um infrutífero leilão, como deixa claro tanto o art. 878 (*frustradas as tentativas de alienação do bem, será reaberta oportunidade para requerimento de adjudicação, caso em que também se poderá pleitear a realização de nova avaliação*), como ainda o artigo 921, V do Código.

---

30. O pressuposto da adjudicação como técnica de satisfação do direito exequendo é que o bem tenha sido *penhorado e avaliado*. Não se adjudica bem não penhorado, e, que não tenha sido previamente avaliado, pois, estes são requisitos essenciais para a sua ocorrência. Como argutamente diz Teresa Arruda Alvim em parecer publicado "a adjudicação tem por objeto, portanto, *bem penhorado no curso da ação executiva*, que é transferido, pelo comando judicial, do executado ao exequente. A penhora precede adjudicação, não se concebendo a realização de adjudicação de bens que não tenham sido penhorados". ARRUDA ALVIM, Teresa. Fraude à execução e embargos de terceiro. *Pareceres*. São Paulo: Ed. RT, 2012, v. 2, p. 673-700.

## CAPÍTULO 04 • FASE SATISFATIVA DO PROCEDIMENTO PARA PAGAMENTO DE QUANTIA — 487

### 3.7 Legitimidade para adjudicar

Segundo o Código de Processo Civil podem adjudicar o bem penhorado tanto o *exequente*, quanto *terceiros* alheios à execução. A *legitimidade* para adjudicar do exequente e dos terceiros nascem em fundamentos jurídicos diferentes, daí a importância de se distingui-los ainda que estejam sob a mesma rubrica nos arts. 876 e ss. do CPC.

Para o exequente, até que este deseje realizar a adjudicação do bem móvel ou imóvel, o bem penhorado é tão somente um *bem-instrumento* que se converterá em dinheiro; dinheiro este que constitui o *objeto-fim* da execução instaurada. Neste particular, quando, no curso do itinerário executivo, o exequente deseja realizar a adjudicação do bem penhorado ele então realiza uma mudança da rota inicial da execução por quantia, na medida em que postula a obtenção de um resultado prático equivalente àquele originariamente pretendido. Enfim, ele troca, total ou parcialmente, o recebimento do dinheiro pretendido pelo bem penhorado. Satisfaz-se em obter o bem penhorado e não o dinheiro que adviria da sua alienação judicial.

Para os terceiros legitimados pelo artigo 876, § 5º as razões que os legitimam a postular a adjudicação são totalmente diferentes das do exequente. É que há entre esses terceiros e o bem penhorado um *vínculo jurídico*, exógeno à execução, mas por esta afetada, que lhes permite exercer um *direito de preferência na aquisição* do bem penhorado. Na verdade, na adjudicação realizada por terceiros, o que se tem é o exercício de um direito de preferência de arrematar/resgatar o bem penhorado, com os ônus e os bônus processuais de poderem fazer isso antes do leilão judicial do qual qualquer um pode participar.

Assim, determina o artigo 876, § 5º do CPC "*idêntico direito pode ser exercido*" pelo: a) coproprietário de bem indivisível do qual tenha sido penhorada fração ideal; b) o titular de usufruto, uso, habitação, enfiteuse, direito de superfície, concessão de uso especial para fins de moradia ou concessão de direito real de uso, quando a penhora recair sobre bem gravado com tais direitos reais; c) o proprietário do terreno submetido ao regime de direito de superfície, enfiteuse, concessão de uso especial para fins de moradia ou concessão de direito real de uso, quando a penhora recair sobre tais direitos reais; d) o credor pignoratício, hipotecário, anticrético, fiduciário ou com penhora anteriormente averbada,[31] quando a penhora recair sobre bens com tais gravames, caso não seja o credor, de qualquer modo, parte na execução; e) o promitente comprador, quando a penhora recair sobre bem em relação ao qual haja

---

31. Observe que só há o privilégio decorrente da penhora se esta for "anteriormente averbada". Os exequentes de outros processos que tenham penhora registrada posterior e não tenham crédito nesta lista de credores preferenciais, não se inserem no rol deste dispositivo. O registro da penhora posterior não confere legitimidade a adjudicar aos exequentes fora deste rol. Ademais, o registro deve ser da *penhora* ou *constrição* (ex. arresto cautelar) *do bem* que *garanta o juízo da execução*. A simples averbação premonitória anterior ao registro da constrição do imóvel não tem o condão de legitimar exequente de outra execução a adjudicar o bem constrito em outro processo.

promessa de compra e venda registrada; f) o promitente vendedor, quando a penhora recair sobre direito aquisitivo derivado de promessa de compra e venda registrada; g) a União, o Estado e o Município, no caso de alienação de bem tombado; h) os credores concorrentes que tenham penhorado o mesmo bem, pelo *cônjuge*, pelo *companheiro*, pelos *descendentes* ou pelos *ascendentes* do executado, i) a sociedade personificada ou os demais sócios quando as cotas ou ações do executado tiverem sido penhoradas.

Como é de se observar acima, todos estes legitimados são *terceiros* em relação a execução instaurada, mas dado o vínculo que possuem com o bem penhorado, se lhes é permitido pelo Código adjudicá-lo em situação preferencial ao leilão judicial, com o ônus de que só poderão fazê-lo pelo valor da avaliação.

### 3.8 A adjudicação no CPC e a dação em pagamento no direito privado: figuras próximas, mas diferentes

Nos termos do art. 356 do Código Civil Brasileiro o *"credor pode consentir em receber prestação diversa da que lhe é devida"*. Por sua vez, diz o artigo 876 do CPC, que no curso da execução por quantia *"é lícito ao exequente, oferecendo preço não inferior ao da avaliação, requerer que lhe sejam adjudicados os bens penhorados"*.

Eis aí a semelhança entre os institutos, pois em ambos os casos o credor/exequente satisfaz-se com o recebimento de um bem diverso daquele que constituía a obrigação/pretensão primitiva. É realmente mais fácil imaginar e até de compreender a adjudicação do bem penhorado pelo exequente como se fosse uma "dação em pagamento" dentro da execução.

Contudo, a semelhança para por aí, pois há muitos aspectos que não permitem dizer que a dação em pagamento (*datio in solutum*) seja a mesma coisa que a adjudicação.

O primeiro aspecto, fundamental, é o de que a adjudicação é um ato de império estatal praticado no curso de uma execução judicial, portanto, no curso de um processo que pretende expropriar o executado.

Em segundo lugar, ao contrário do direito privado, é absolutamente irrelevante a vontade do executado no ato de adjudicação judicial, ou seja, na posição de titular de um direito potestativo o exequente pode, preenchidas as condições objetivas, exigir a adjudicação do bem penhorado, sem que o executado possa opor-se, pois seu patrimônio *sujeita-se* em razão da *responsabilidade patrimonial*. Recorde-se que a penhora tira do executado o poder de administração sobre a coisa, de forma que sua contrariedade à adjudicação pretendida pelo exequente é absolutamente irrelevante.

Como não há liberdade para ajustar o preço da coisa dada em pagamento, tal como permite o artigo 357 do CCB, as partes da execução, exequente e executado, simplesmente submetem-se ao valor da avaliação judicial, de forma que não possuem nem de forma expressa e nem de forma tácita a possibilidade de "ajustar o preço" do objeto a ser adjudicado.

Nem se diga que as partes poderiam, em convenção processual ajustar o preço do bem para fins de uma futura adjudicação, pois é a adjudicação é ato estatal que afeta e tem repercussões sobre terceiros, como, por exemplo, os impostos devidos pela transmissão do bem imóvel adjudicado que incidem sobre o valor da avaliação judicial. É preciso que a avaliação passe pelo crivo e controle judicial. Além disso, dependendo da hipótese, porque não dizer, é possível que terceiros possuam vínculo jurídico com o bem e também possam realizar a adjudicação nos termos do artigo 876, § 5º, de forma que nenhuma *avaliação combinada entre credor e devedor*, sem a análise e chancela judicial, seria eficaz em relação a estas pessoas.

Como dito acima, a *datio in solutum* envolve apenas o credor e o devedor, e a adjudicação judicial do artigo 876 e ss. do CPC envolve outras pessoas, verdadeiros terceiros em relação a execução, e que também podem *pretender adjudicar o bem*, de forma que não se encaixam no conceito de *dação em pagamento* do artigo 356 do CCB.

## 3.9 As três modalidades de adjudicação do artigo 876 e ss.

### 3.9.1 As três figuras do artigo 876 e ss.: a genuína adjudicação, a adjudicação-arrematação e a adjudicação-remição

Se aceitarmos como *conceito de adjudicação* a "*transferência do bem penhorado por decisão judicial*" aí sim poderemos dizer que as três figuras descritas no artigo 876 e ss. podem ser acomodadas numa vala comum. Todavia, basta uma análise um pouco mais vertical e acurada sobre as situações descritas no artigo 876 e ss. para se perceber que neste dispositivo estão concentradas figuras absolutamente distintas, por qualquer ângulo que se pretenda analisá-las.

A rigor, com o perdão da palavra, a *adjudicação por terceiros* (art. 876, § 5º) nem deveria ser considerada uma *adjudicação*, pois nem sequer se afina com a previsão do artigo 904, II do CPC e tampouco, semanticamente, há um *resgate ou salvamento* do bem. Aliás, essa observação é ainda mais apropriada e certeira, quando o terceiro é o membro da família, como se verá diante. Nesta modalidade a adjudicação não é forma direta de satisfação do crédito exequendo, senão uma *arrematação preferencial* por terceiros.

Assim, pode-se distinguir no artigo 876 e ss. do CPC as seguintes figuras:[32]

A. adjudicação do bem penhorado pelo exequente, ou seja, a genuína *adjudicação expropriatória* que leva à situação do artigo 904, II do CPC;

B. adjudicação-arrematação por terceiros que possuem vínculo jurídico com o bem penhorado o que lhes garante um direito de preferência à adquirir o bem;

---

32. A respeito ver o excelente trabalho de CÂMARA, Helder Moroni. *A nova adjudicação na execução civil*. Florianópolis, Conceito, 2014.

C. adjudicação-remição do bem penhorado por membros da família do executado.

Vejamos cada um deles em tópicos seguintes.

### 3.9.2 Adjudicação do bem penhorado pelo exequente

#### 3.9.2.1 Características

A genuína adjudicação é descrita no artigo 876, caput do CPC, ou seja, a adjudicação do bem penhorado pelo exequente que possui correspondência biunívoca com o artigo 904, II do CPC. Neste caso há o exequente que expressamente manifesta sua intenção de receber o bem penhorado (bem instrumento) em troca do dinheiro que pretendeu inicialmente ao promover a execução pecuniária.

E, o faz por razões de conveniência dele mesmo exequente, que tanto pode ser um grande interesse que tenha em ter para si aquele bem penhorado, seja para evitar as delongas de uma alienação judicial, seja por temer um possível estado de insolvência do executado caso tenha que aguardar uma alienação judicial etc. As razões podem ser de várias ordens e não foram catalogadas pelo legislador.

O exequente não precisa justificar por qual motivo deseja receber o bem penhorado ao invés do dinheiro, simplesmente porque o Código lhe faculta esse direito. Como o executado sujeita-se à responsabilidade patrimonial e como a penhora de bem do seu patrimônio retira de seu poder a gestão e administração do referido bem, então, não sendo dinheiro o bem penhorado, para o Estado é sempre muito mais vantajoso e eficiente que o procedimento executivo seja abreviado pela adjudicação do bem penhorado em favor do exequente, evitando delongas desnecessárias e permitindo que a execução seja frutífera, ou pelo menos parte dela no que se refere ao montante do bem adjudicado.

Essa faculdade processual do exequente é consequência lógica do direito potestativo que lhe permite exigir do estado a expropriação do patrimônio do executado nos exatos limites do que lhe é devido. Quando a sujeitabilidade patrimonial deixa de ser abstrata e concretiza-se na individualização dos bens penhorados uma de duas: ou o bem é dinheiro e será entregue ao exequente, ou então o bem precisa ser convertido em dinheiro por meio de alienação judicial e o produto desta alienação (dinheiro) será entregue ao exequente (art. 904, I). Ocorre que esta última etapa pode ser abreviada com uma mudança de rota, caso o exequente opte por receber o próprio bem penhorado ao invés do dinheiro que seria arrecadado com a sua "venda". Trata-se de *faculdade*[33] inerente ao seu direito potestativo, e, que o Código, inclusive, prefere às demais formas de alienação, pois é bem mais eficiente e efetiva.

---

33. A adjudicação já foi *compulsória* quando regente o nosso ordenamento pelas Ordenações Filipinas, sendo o exequente obrigado a aceitar o bem com abatimento percentual do preço avaliado, sempre que não tivesse sido arrematado em hasta pública. Transformou-se em *faculdade do exequente* pelo Decreto 9.549 de 1886.

CAPÍTULO 04 • FASE SATISFATIVA DO PROCEDIMENTO PARA PAGAMENTO DE QUANTIA

Obviamente que só se pode falar em *adjudicação do bem penhorado pelo exequente* se quem pede a adjudicação é o exequente, e, desde que o bem que se pretenda adjudicar tenha sido penhorado. Na verdade, mais do que isso, como a adjudicação – nesta ou nas demais formas – só pode acontecer pelo preço da avaliação judicial do bem, então é preciso que o bem a ser adjudicado esteja *penhorado e avaliado judicialmente* (avaliação com a qual concorde o magistrado).

Isso não significa que o exequente não possa manifestar-se desde cedo no processo no sentido de que optará, quando todos os requisitos estiverem presentes, pela execução de adjudicar determinado bem do patrimônio do executado, ou seja, mesmo tendo promovido uma execução por quantia, pode indicar à penhora determinado bem do patrimônio do executado que interesse a uma futura adjudicação. Claro que não necessariamente tal bem indicado será penhorado, até porque pode o executado pode questionar a ordem de preferência, ou até mesmo segurar o juízo com a quantia, daí porque, pelo menos em tese, o desejo de receber um bem ao invés do dinheiro só nasce depois de realizada a penhora sobre o bem móvel ou imóvel do patrimônio do executado.

Uma situação interessante acontece quando se está diante, por exemplo, de uma *execução hipotecária*, onde o exequente, credor hipotecário que é, desde já indica a penhora do bem dado em garantia real. Nesta hipótese, a *penhora recairá*, preferencialmente, sobre bem dado em garantia, caso em que a figura do artigo 876, caput (exequente) e do § 5º recaem sobre a mesma pessoa. Além de ter a preferência na *adjudicação-arrematação* por causa do vínculo com o bem, o credor, nesta hipótese é também exequente, valendo-se, portanto, da regra do caput do dispositivo.

Na adjudicação do bem penhorado pelo exequente, uma vez consolidado o ato, uma de duas: imediatamente em seguida procede-se a extinção total da execução por meio de sentença com base no artigo 921, II do CPC, ou então procede-se a extinção parcial da execução por decisão interlocutória, remanescendo a tutela executiva apenas na parte que não foi contemplada pela adjudicação, fato que acontece nas hipóteses em que o valor do bem adjudicado é menor do que o valor do crédito exequendo. Não se descarta a possibilidade de que em razão das novas penhoras sobre bens móveis ou imóveis uma nova adjudicação possa vir a acontecer.

É de se notar que a *adjudicação do bem penhorado pelo exequente* promove, de imediato, a satisfação do exequente, culminando com a extinção parcial ou total da execução. O mesmo ato que expropria o executado é o ato que satisfaz o exequente, tal como quando se *entrega a quantia penhorada ao exequente*. O bem penhorado adjudicado é como se dinheiro fosse para o exequente, e daí porque se fala em caráter *pro soluto* com imediata quitação do valor correspondente à adjudicação.

### 3.9.2.2 Adjudicação do bem penhorado pelo exequente e sub-rogação decorrente da penhora de crédito (art. 857)

Neste particular é importante destacar que a figura descrita o artigo 857, § 1º que não é tratada como adjudicação de bem penhorado pelo exequente, mas sim como "sub-rogação". Segundo o dispositivo:

> Art. 857. Feita a penhora em direito e ação do executado, e não tendo ele oferecido embargos ou sendo estes rejeitados, o exequente ficará sub-rogado nos direitos do executado até a concorrência de seu crédito.
>
> § 1º O exequente pode preferir, em vez da sub-rogação, a alienação judicial do direito penhorado, caso em que declarará sua vontade no prazo de 10 (dez) dias contado da realização da penhora;
>
> § 2º A sub-rogação não impede o sub-rogado, se não receber o crédito do executado, de prosseguir na execução, nos mesmos autos, penhorando outros bens.

A *sub-rogação* aí descrita não é para o Código, uma adjudicação, porque para que esta ocorra é preciso que exista o manifesto interesse do exequente em adjudicar o bem penhorado. Aqui, como pretende o Código, a sub-rogação da penhora do crédito é efeito automático à penhora realizada, afastando-se da facultatividade da adjudicação, pois como dito acima, depende de expressa manifestação de vontade do exequente, e, além disso gera a imediata satisfação do direito exequendo que, na hipótese não acontece, como faz questão de alertar o parágrafo segundo.

Trocando em miúdos, parece-nos que a hipótese do artigo 857 só pode ser considerada como *adjudicação* do crédito penhorado pelo exequente se se considerar uma faculdade do exequente e não como uma imposição legal como sugere o art. 857, § 1º. O texto do dispositivo fala que o "*exequente ficará sub-rogado nos direitos do executado até a concorrência de seu crédito*", mas tudo leva a crer que a hipótese não é de sub-rogação, mas sim de adjudicação do crédito que só poderá ser feita se se tratar de "*penhora em direito e ação do executado*" e que ele não tenha "*oferecido embargos ou sendo estes rejeitados*". A *adjudicação do crédito penhorado* deve ser uma faculdade do exequente e permite, inclusive, que o exequente se habilite/intervenha como titular do direito de ação para defender o referido direito que agora lhe pertence com a adjudicação. Obviamente que a "sub-rogação" (rectius=adjudicação) não impede, se não receber o crédito do executado, de prosseguir na execução, nos mesmos autos, penhorando outros bens.

### 3.9.2.3 Adjudicação do bem penhorado pelo exequente e apropriação de frutos e rendimentos (art. 825, III)

Outra situação jurídica peculiar é a figura da "apropriação de frutos e rendimentos" que o Código estabelece como uma das formas de expropriação do art. 825, III e que está regulamentada no artigo 867 e ss. Por expressa dicção do legislador a apropriação dos frutos e rendimentos não se confunde com a *adjudicação do bem penhorado*.

CAPÍTULO 04 • FASE SATISFATIVA DO PROCEDIMENTO PARA PAGAMENTO DE QUANTIA **493**

No Código anterior após a modificação trazida pela Lei 1.1382/06 a *apropriação de frutos e rendimentos* já foi tratada como *usufruto de bem móvel e imóvel* e na redação original como usufruto de bem imóvel, sendo que no passado mais remoto, como se verifica na Consolidação Ribas, já foi até considerada como *adjudicação de rendimentos*.

A situação é *peculiar* e merece que seja estabelecida uma premissa inicial. A penhora de uma coisa não inclui, necessariamente, a penhora de frutos e rendimentos que tal coisa possa proporcionar. É possível penhorar a coisa e também penhorar seus frutos e rendimentos, ou penhorar apenas os frutos e rendimentos e não necessariamente a coisa principal. Tanto o artigo 834, quanto o artigo 835, X são exemplos desta distinção. O mesmo pode ser observado na redação do artigo 862 onde a distinção é ainda mais clara. Por isso, é preciso deixar claro que tanto é possível penhorar a coisa (principal), ou seus frutos e rendimentos (acessório), quanto ambos.

Estabelecida a premissa acima e atendo-nos a penhora de frutos e rendimentos algumas questões surgem em relação à possibilidade, ou não, de se tratar a *apropriação de frutos e rendimentos* como "espécie" ou uma "variante" da adjudicação, tal como se fosse uma *adjudicação de rendimentos* como um dia foi chamada.

Em primeiro lugar, há o problema desta modalidade de expropriação ser feita de modo paulatino, mediante o percebimento de frutos e rendimentos ao longo do tempo até que a dívida seja integralmente paga. Tal fato – *pro solvendo* – não se coaduna com a ideia *pro soluto* da adjudicação, até porque a *transferência do direito de receber os frutos e rendimentos* não implica em imediata satisfação do direito exequendo. Ora, tanto os frutos podem não ser colhidos e os rendimentos não serem pagos por diversas razões, inclusive alheias à vontade do exequente e do executado, e, a dada a situação de insatisfação da pretensão executiva, esta prosseguirá pelo caminho natural de penhora de outros bens do executado. Além disso, ter-se-ia que admitir uma *adjudicação temporária* e *sob condição*, o que não se coaduna com a segurança jurídica que a adjudicação do bem penhorado proporciona ao longo do Código.

Por outro lado, não nos parece que o termo *apropriação de frutos e rendimentos de empresa ou de estabelecimentos e de outros bens* como fez o Código, em substituição ao termo *usufruto de bens móveis e imóveis*. Ao nosso ver seria melhor que tivesse mesclado as duas terminologias, ou seja, falasse em *apropriação de frutos e rendimentos*, mas também que mantivesse o *usufruto de bens*, pois há hipóteses em que não se apropria de frutos e nem de rendimentos, mas permite-se *usufruir* de determinado bem. Basta imaginar, por exemplo, a hipótese em que o executado possua uma casa de veraneio e o exequente se satisfaça com o uso da casa por três verões seguidos ao invés de penhorar a renda a ser auferida pela eventual locação por temporada, ou ainda penhorar o próprio imóvel. Não se trata de *apropriar-se de frutos e rendimentos*, mas usar e fruir a coisa por período determinado que corresponda ao valor do seu crédito. Seria, portanto, um linguajar inadequado de "adjudicação de uso" e não propriamente de "adjudicação de rendimentos", mas nem mesmo nesta hipótese haveria que se falar em caráter *pro soluto*.

### 3.9.2.4 A adjudicação pelo exequente que possui garantia real sobre o bem penhorado

É possível que o exequente promova execução por quantia certa contra devedor solvente indicando à penhora o bem dado em garantia (hipoteca ou penhor) pelo executado. O fato de o devedor ter ofertado uma garantia específica e de a penhora recair sobre o referido bem, não quer dizer que o exequente deva pedir a sua adjudicação. Sendo uma execução pecuniária, é exatamente o dinheiro que o exequente visa obter. Poderá, portanto, *é uma faculdade*, pedir a adjudicação do bem dado em garantia real, mas obviamente não está obrigado a fazê-lo. A garantia específica é *instrumento* para garantir e não o *fim* da relação jurídica obrigacional. Acaso o credor hipotecário faça a cessão do crédito para terceiro, o cessionário se sub-roga nos mesmos direitos do cedente, inclusive em relação à garantia hipotecária.

### 3.9.3 A adjudicação-arrematação do § 5º, primeira parte, do artigo 876 do CPC

Como já dito acima, além do exequente, outras pessoas podem *adjudicar o bem penhorado*. Por não serem parte da relação jurídica processual executiva, são considerados *terceiros juridicamente interessados*. A rigor, tais sujeitos não possuem vínculo jurídico com o exequente, mas sim o bem objeto da penhora, e, por isso mesmo que a lei processual – em consonância com o direito material de preferência – os legitimou à adjudicação do bem.[34]

Deste rol de terceiros legitimados é possível fazer uma distinção entre os *terceiros familiares do executado*, que constam na segunda parte do parágrafo quinto e os demais casos.

É que a possibilidade de os *terceiros familiares adjudicarem* (arrematarem preferencialmente) o bem penhorado nada mais é do que, para quem estudou pelo Código de 1939 e de 1973, a antiga figura da *remição do bem* por membros da família do executado. Nos termos do antigo artigo 787 do CPC de 1973 tinha-se que era "*lícito ao cônjuge, ao descendente, ou ao ascendente do devedor remir todos ou quaisquer bens penhorados, ou arrecadados no processo de insolvência, depositando o preço por que foram alienados ou adjudicados*", o que poderia ser feito nas 24 horas subsequentes à adjudicação ou arrematação, mas antes da assinatura do respectivo auto que sacramentasse esses atos. Era, literalmente, um *salvamento* de um bem que já havia sido arrematado. A previsão do prazo em horas aumentava ainda mais essa noção de *resgate* do bem.

Por sua vez, as outras hipóteses de terceiros legitimados à adjudicação do bem penhorado consagram situações jurídicas onde existe, à toda evidência, um *vínculo jurídico*, e, não simplesmente afetivo, entre o terceiro e o bem objeto da penhora.

---

34. Mesmo quando a lei processual estabelece um regime jurídico de preferência (como no caso do art. 797 do CPC) tem-se aí uma regra de direito material.

## CAPÍTULO 04 • FASE SATISFATIVA DO PROCEDIMENTO PARA PAGAMENTO DE QUANTIA

Esse vínculo é tão proeminente que se lhes é permitido realizar uma *arrematação travestida de adjudicação*, justamente para permitir que adquiram preferencialmente o bem antes de ser levado a leilão judicial. Em tese, pelo menos no plano teórico, possuem um interesse jurídico singular que lhes concede um direito de preferência.

A ideia do legislador não foi ruim, pois, inegavelmente, os legitimados ali descritos[35] presumem-se interessados em adquirir preferencialmente o referido bem, aquiescendo com o preço fixado na avaliação judicial. Justamente por isso o legislador lhes concedeu um momento especial para exercer *o direito preferencial de arrematação travestido em adjudicação*. Nesta hipótese, por óbvio, a "adjudicação" não levará a extinção da execução (art. 904, II), justamente porque de arrematação preferencial se trata. O que será entregue ao exequente, se for o caso, é o dinheiro daí resultante (art. 904, I).

É de se observar que de certa forma esta "adjudicação disfarçada de arrematação" pode acabar se tornando uma antecipação do *concurso de credores e exequentes* previsto na hipótese do artigo 908 e 909 do CPC, só que ao invés de *concorrerem para obter o dinheiro* obtido com o leilão judicial, concorrerão pelo bem propriamente dito.

E, é de se notar que desta operação poderá não resultar dinheiro nenhum para o exequente já que o terceiro adjudicante poderá usar o seu crédito preferencial para adquirir o referido bem. Se o valor do bem for maior do que o crédito, aí sim deverá o adjudicante depositar a diferença para obter o bem que estava penhorado em execução alheia. Não se descarta a possibilidade, ainda mais remota do que a própria a adjudicação por terceiro, de que exista um concurso de adjudicantes como preveem o § 6º aplicável à adjudicação-remição e o artigo 908 aplicável analogicamente.

### 3.9.4 *A adjudicação-remição do § 5º, segunda parte, do artigo 876 do CPC*

#### 3.9.4.1 *Características*

A terceira modalidade de "adjudicação" prevista no artigo 876 do CPC é denominada de *adjudicação-remição*, assim chamada, obviamente, porque corresponde, exatamente, à antiga remição do bem arrematado ou adjudicado por membros da

---

35. São eles: (a) os credores concorrentes que tenham penhorado o mesmo bem respeitada a ordem de registro da constrição, (b) o coproprietário de bem indivisível do qual tenha sido penhorada fração ideal; (c) o titular de usufruto, uso, habitação, enfiteuse, direito de superfície, concessão de uso especial para fins de moradia ou concessão de direito real de uso, quando a penhora recair sobre bem gravado com tais direitos reais; (d) o proprietário do terreno submetido ao regime de direito de superfície, enfiteuse, concessão de uso especial para fins de moradia ou concessão de direito real de uso, quando a penhora recair sobre tais direitos reais; (e) o credor pignoratício, hipotecário, anticrético, fiduciário ou com penhora anteriormente averbada, quando a penhora recair sobre bens com tais gravames, caso não seja o credor, de qualquer modo, parte na execução; (f) o promitente comprador, quando a penhora recair sobre bem em relação ao qual haja promessa de compra e venda registrada; (g) o promitente vendedor, quando a penhora recair sobre direito aquisitivo derivado de promessa de compra e venda registrada; (h) a União, o Estado e o Município, no caso de alienação de bem tombado; (i) a sociedade e os demais sócios quando a quota ou ação do executado tenha sido penhorada.

família do executado, tal como constava no artigo 546 do Regulamento 737 de 1850,[36] art. 986 do CPC de 1939,[37] art. 787 do CPC de 1973.[38] Antes da Lei 11382/2006 que alterou o CPC de 1973 a remição do bem penhorado tinha tratamento autônomo e próprio no CPC e não se confundia com a "adjudicação do bem penhorado".

Todavia, após a Lei de 2006 a remição do bem arrematado ou adjudicado por membros da família deslocou-se para a figura da *adjudicação do bem penhorado*, trazendo não apenas alterações no nome do instituto, mas especialmente nos requisitos para que possa ser exercido. O CPC de 2015 manteve a alteração de 2006 deixando o instituto da remição do bem pela família do executado dentro do instituto da *adjudicação do bem penhorado*.

É questionável a razão pela qual ainda se sustenta em dias de hoje a possiblidade de que membros da família possam ter e exercer um direito potestativo de resgatar o bem penhorado mediante a técnica da adjudicação (art. 876, § 5º), tal como um dia isso tinha alguma razão de ser. Ao nosso ver, não há mais razão para se manter esta preferência, especialmente quando se criou o *bem de família legal* (Lei 9.008).

Na sua origem, o instituto fincava-se no elo quase espiritual que ligava a família ao bem (imóvel) penhorado e por isso mesmo, para proteção desta célula da sociedade se permitia que qualquer membro da mesma pudesse livrar o bem (imóvel) arrematado ou adjudicado nas 24 horas subsequentes à sua arrematação ou adjudicação, desde que oferecesse preço igual ao da avaliação, se não tiver havido licitantes, ou ao do maior lanço oferecido no caso de adjudicação ou arrematação.

Não nos parece crível que ainda se sustente na sociedade atual esse *elo da família com o bem penhorado a ponto de permitir que se possa resgatá-lo*, ainda que o faça por meio de adjudicação anterior à arrematação o bem em leilão e mesmo que seja depositando o preço fixado na avaliação. Considerando que o imóvel da entidade familiar é impenhorável, e, considerando ainda que o instituto foi pensado para proteger a propriedade imóvel da família, o instituto mostra-se obsoleto, mesmo que esteja sob a veste da "adjudicação".

---

36. Art. 546. É lícito não só ao executado, mas também a sua mulher, ascendentes e descendentes remir, ou dar lançador a todos ou a algum dos bens penhorados até a assignatura do auto da arrematação ou publicação da sentença de adjudicação, sem que seja necessária citação do executado para dar lançador.

37. Art. 986. Realizada a praça, o executado poderá, até a assinatura do auto de arrematação ou até que seja publicada a sentença de adjudicação, remir todos os bens penhorados ou qualquer deles, oferecendo preço igual ao da avaliação, si não tiver havido licitantes, ou ao do maior lanço oferecido. § 1º Igual direito caberá ao cônjuge, aos descendentes ou ascendentes do executado. § 2º Na falência do devedor hipotecário, o direito de remissão transferir-se-á à massa.

38. Art. 787. É lícito ao cônjuge, ao descendente, ou ao ascendente do devedor remir todos ou quaisquer bens penhorados, ou arrecadados no processo de insolvência, depositando o preço porque foram alienados ou adjudicados. Parágrafo único. A remição não pode ser parcial, quando há licitante para todos os bens.

Art. 788. O direito a remir será exercido no prazo de 24 (vinte e quatro) horas, que mediar: I – Entre a arrematação dos bens em praça ou leilão e a assinatura do auto (art. 693); II – Entre o pedido de adjudicação e a assinatura do auto, havendo um só pretendente (art. 715, § 1º); ou entre o pedido de adjudicação e a publicação da sentença, havendo vários pretendentes (art. 715, § 2º).

CAPÍTULO 04 • FASE SATISFATIVA DO PROCEDIMENTO PARA PAGAMENTO DE QUANTIA **497**

De qualquer forma a técnica da "adjudicação-remição" não tem mais, desde 2006, a regalia de ser feita no prazo de 24 horas, que mediar:

I – Entre a arrematação dos bens em praça ou leilão e a assinatura do auto;

II – Entre o pedido de adjudicação e a assinatura do auto, havendo um só pretendente; ou entre o pedido de adjudicação e a publicação da sentença, havendo vários pretendentes.

Da forma como previa o CPC de 1973 a remição do bem por membros da família era quase que uma "condição" para que se aperfeiçoasse a arrematação ou a adjudicação do bem penhorado, pois, era preciso aguardar as tais 24 horas para dar como certo o ato expropriatório.

Atualmente, a adjudicação-remição pela família do executado é uma espécie de arrematação preferencial e deve ser feita antes do leilão judicial sob a forma de *adjudicação* do artigo 876 e ss., devendo o remidor-adjudicante pagar o preço (em dinheiro) estabelecido pela avaliação judicial. A rigor, o prazo fatal para adjudicar se finda com a confecção do auto de arrematação/adjudicação quando tal ato se torna perfeito e acabado.[39] Por outro lado, se foi ignorada a petição solicitando a remição do bem antes de ter se aperfeiçoado o ato de arrematação/adjudicação, é possível que venha a ser anulado por meio de ação própria pelo terceiro que pretendia remir a execução.[40]

Nos parece que se não há mais um resgate ou salvamento do bem, nem seria adequado o uso da palavra *remição*. Se o direito potestativo de adjudicar (arrematar preferencialmente) é anterior ao leilão judicial, não há um "salvamento" nem um "resgate" propriamente dito.

É preciso deixar claro que o "pagamento do preço" mencionado no dispositivo significa que o remidor-adjudicante deve depositar o dinheiro ou realizar a transferência bancária, de forma que tão logo se realize o ato, possa-se ingressar na fase satisfativa (art. 904). É preciso deixar isso claro porque não é autorizado ao remi-

---

39. "(...) 1. O direito de remição da execução só pode ser exercido até a assinatura do auto de arrematação, momento em que a aquisição se torna perfeita, acabada e irretratável (CPC, art. 694), não havendo que se falar, portanto, na observância do prazo de 24 horas para que o interessado possa se manifestar, tendo em vista a revogação expressa do art. 788 do CPC pela Lei n. 11.382/06". AgRg no REsp 1199090/SP, Rel. Ministro Sidnei Beneti, Terceira Turma, julgado em 25.06.2013, DJe 1º.08.2013; (AgRg no Ag 1116932/RJ, Rel. Ministro Vasco Della Giustina (Desembargador Convocado Do Tj/Rs), Terceira Turma, julgado em 08.02.2011, DJe 14.02.2011).

40. (...) 1. O art. 693 do CPC, na redação anterior à Lei 11.382/2006, dispunha que o auto de arrematação deveria ser lavrado em 24 horas, após a praça ou leilão. A existência desse prazo, que mediava entre o fim da hasta e a lavratura do auto, objetivava possibilitar o exercício do direito de remição, na forma do hoje revogado art. 788, I, do mesmo diploma legal. 2. No caso dos autos, é incontroversa a não observância desse prazo, pois o auto de arrematação foi lavrado no mesmo dia da praça, uma sexta-feira, o que veio a conflitar com o pedido de remição oportunamente formulado pelos recorrentes, levando à inulidade do ato. Precedentes. 3. Recurso especial provido para reconhecer a tempestividade do pedido de remição, o qual deverá ser analisado pelo juízo da execução". REsp 691.137/RS, Rel. Ministro Raul Araújo, Quarta Turma, julgado em 04.10.2012, DJe 20.06.2013.

dor-adjudicante "depositar um crédito", ou pagar a prazo,[41] colocando o exequente numa situação de desvantagem à que existia.[42]

A possibilidade de *usar o crédito* para realizar a adjudicação é exclusiva do exequente e não de terceiros que pretendem *arrematar referencialmente* sob o codinome de *adjudicação* como fez, infelizmente, o Código.

Curiosamente, nada obstante a remição do bem penhorado por membros da família do executado ter se deslocado para o tópico da adjudicação (art. 876, § 5º, segunda parte) ainda sobrevivem duas hipóteses de remição do bem arrematado que estão previstas no artigo 902 do CPC (com redação idêntica ao art. 877, §§ 3º e 4º).

Segundo este dispositivo "no caso de leilão de bem hipotecado, o executado poderá remi-lo até a assinatura do auto de arrematação, oferecendo preço igual ao do maior lance oferecido" e ainda, no parágrafo único do mesmo dispositivo, só que no parágrafo único, tem-se que "no caso de falência ou insolvência do devedor hipotecário, o direito de remição previsto no caput defere-se à massa ou aos credores em concurso, não podendo o exequente recusar o preço da avaliação do imóvel".

### 3.9.4.2 Manutenção do direito de remir o bem arrematado em casos específicos

Os artigos 1882 e 1483 do Código Civil brasileiro, revogados pelo artigo 1072, II do CPC de 2015, tinham a seguinte redação:

> Art. 1.482. Realizada a praça, o executado poderá, até a assinatura do auto de arrematação ou até que seja publicada a sentença de adjudicação, remir o imóvel hipotecado, oferecendo preço igual ao da avaliação, se não tiver havido licitantes, ou ao do maior lance oferecido. Igual direito caberá ao cônjuge, aos descendentes ou ascendentes do executado. (Revogado pela Lei 13.105, de 2015).

> Art. 1.483. No caso de falência, ou insolvência, do devedor hipotecário, o direito de remição defere-se à massa, ou aos credores em concurso, não podendo o credor recusar o preço da avaliação do imóvel. (Revogado pela Lei 13.105, de 2015)

> Parágrafo único. Pode o credor hipotecário, para pagamento de seu crédito, requerer a adjudicação do imóvel avaliado em quantia inferior àquele, desde que dê quitação pela sua totalidade.

---

41. "(...) 1. O instituto da remição deve ser utilizado de forma a compatibilizar o interesse do credor, que não pode ser prejudicado, com o princípio da menor onerosidade ao devedor. Portanto, é cabível a remição a prazo, se realizada nos mesmos termos da arrematação e sem prejuízo para o exequente. (...) 2. A restrição disposta no art. 787, parágrafo único, do CPC, refere-se ao bem arrematado e não à forma de pagamento. (REsp 722.907/RS, Rel. Ministro Teori Albino Zavascki, Primeira Turma, julgado em 08.08.2006, DJ 17.08.2006, p. 315).

42. "(...) Admitida a remição, esta, de forma alguma, pode representar qualquer desvantagem ao exequente. Na realidade, sob o prisma deste, o pagamento ao credor, seja por intermédio do resgate do bem pelo remitente, seja por meio da venda deste ao arrematante, deve produzir os mesmos efeitos materiais, ou seja, a satisfação dos interesses do exequente. Na hipótese em foco, a remição mostrou-se, em tese, manifestamente desvantajosa ao credor, notadamente porque o respectivo depósito encontra-se simplesmente penhorado (no rosto dos autos), para garantir dívida do remitente, perante outro credor, em outra execução, obstando, até o presente momento, o efetivo pagamento do credor. (...)". AgRg na MC 21.776/SP, Rel. Ministro Marco Buzzi, Quarta Turma, julgado em 05.11.2013, DJe 12.11.2013.

CAPÍTULO 04 • FASE SATISFATIVA DO PROCEDIMENTO PARA PAGAMENTO DE QUANTIA **499**

Embora tenham sido revogados os dispositivos acima, os seus conteúdos passaram a constar nos §§ 3º e 4º do artigo 877 do CPC, *in verbis*:

§ 3º No caso de penhora de bem hipotecado, o executado poderá remi-lo até a assinatura do auto de adjudicação, oferecendo preço igual ao da avaliação, se não tiver havido licitantes, ou ao do maior lance oferecido.

§ 4º Na hipótese de falência ou de insolvência do devedor hipotecário, o direito de remição previsto no § 3º será deferido à massa ou aos credores em concurso, não podendo o exequente recusar o preço da avaliação do imóvel.

Portanto, remanesce ao devedor hipotecário executado (e à massa ou aos credores em concurso no caso de falência ou insolvência) o direito potestativo de *resgatar* o bem hipotecado até a assinatura do auto de adjudicação.

Aí sim se tem um genuíno "salvamento", e, ao contrário da hipótese do artigo 876, § 5º, segunda parte, não se confunde com a *adjudicação do bem penhorado pelos familiares* que veio substituir a antiga remição do artigo 787 do CPC de 1973. Observe-se que *adjudica-se um bem penhorado* e *redime-se o bem hipotecado que tenha sido adjudicado ou arrematado* (art. 902).

A remição do bem hipotecado pelo próprio executado até a assinatura do auto de adjudicação (ou auto de arrematação no artigo 902) nada mais é do que a substituição do bem penhorado, tardiamente, pelo dinheiro correspondente ao valor da avaliação do bem penhorado. A justificativa "pietatis causa" de proteção do bem familiar que justifica o instituto do artigo 876, § 5º, segunda parte do CPC é absolutamente irrelevante quando a remição do bem é feita pelo executado como na hipótese do artigo 877, §§ 3º e 4º do CPC. Trata-se de exercício de direito potestativo de *resgate do bem penhorado em troca do valor em dinheiro estabelecido na avaliação judicial*, afinal de contas, enquanto não assinado o auto de adjudicação (e de arrematação) tal ato (ainda em potência) não se considera perfeito e acabado.

A rigor, não deixa de ser este dispositivo uma forma peculiar e especializada da remição prevista no artigo 826 (remição do valor integral da execução) onde se lê que: "*antes de adjudicados ou alienados os bens, o executado pode, a todo tempo, remir a execução, pagando ou consignando a importância atualizada da dívida, acrescida de juros, custas e honorários advocatícios*".

### 3.9.4.3    O bem remido pode responder pela dívida?

O instituto da *remição do bem pelos familiares do executado* como medida de resgate (livramento, resgate) do bem arrematado por terceiro em leilão judicial estava previsto no art. 986, § 2º do CPC de 1939[43] e foi mantido no art. 787 do CPC

---

43.   Art. 986. Realizada a praça, o executado poderá, até a assinatura do auto de arrematação ou até que seja publicada a sentença de adjudicação, remir todos os bens penhorados ou qualquer deles, oferecendo preço igual ao da avaliação, si não tiver havido licitantes, ou ao do maior lanço oferecido.

§ 1º Igual direito caberá ao cônjuge, aos descendentes ou ascendentes do executado.

de 1973[44] que durou até a sua revogação pela Lei 11.382, de 2006 que transportou a hipótese de *remição* em *adjudicação preferencial* no art. 685-A, § 2º.

Como se observa no texto do Código de 1939 até mesmo ao *executado*, além dos seus parentes, era deferida a possibilidade de remir o bem desde que o fizesse no prazo estabelecido no dispositivo funcionando como um verdadeiro resgate do bem que por um triz não passou ao patrimônio do arrematante. É verdade que no CPC de 1973 já se passou a restringir a remição apenas aos parentes do executado, reservando para o próprio executado a hipótese específica *de bem hipotecado* como era autorizada pelo Código Civil então vigente.

As razões de existência da *remição do bem* estão ligadas à cultura da proteção da propriedade pois esta era vista como uma extensão da personalidade da própria família servindo para manutenção do núcleo familiar. Algum sentido poderia se pensar neste instituto para manutenção de um núcleo familiar enquanto não se tinha, como se passou a ter em 1990 por meio da Lei 9.008, a impenhorabilidade do bem de família (bem de família legal).

Com a remição, portanto, *"permitia-se que o bem do devedor fosse transferido para membro da família e não para estranho (terceiro arrematante ou adjudicante), mediante o pagamento do preço da avaliação constante no edital, garantindo-se, assim, a satisfação do crédito do exequente, mas, de outro lado, evitando-se a possível deterioração nas relações familiares"*.

Não mais tratada como *remição*, mas como *adjudicação preferencial* prevista no artigo 876, § 5º do CPC, restou no novo Código apenas duas hipóteses de remição do bem penhorado, no art. 902, funcionando como um verdadeiro resgate de modo a evitar a transferência do patrimônio para terceiros arrematantes. Segundo o artigo 902 *"no caso de leilão de bem hipotecado, o executado poderá remi-lo até a assinatura do auto de arrematação, oferecendo preço igual ao do maior lance oferecido"* e, segundo o parágrafo único *"no caso de falência ou insolvência do devedor hipotecário, o direito de remição previsto no caput defere-se à massa ou aos credores em concurso, não podendo o exequente recusar o preço da avaliação do imóvel"*.

Diante deste cenário, tem-se que se um daqueles parentes do executado exerceu o direito de adjudicar preferencialmente de forma evitar que o bem penhorado fosse a leilão judicial, certamente que o dinheiro que pagaram pelo bem restará penhorado

---

44. Art. 787. É lícito ao cônjuge, ao descendente, ou ao ascendente do devedor remir todos ou quaisquer bens penhorados, ou arrecadados no processo de insolvência, depositando o preço porque foram alienados ou adjudicados.

Parágrafo único. A remição não pode ser parcial, quando há licitante para todos os bens.

Art. 788. O direito a remir será exercido no prazo de 24 (vinte e quatro) horas, que mediar:

I – Entre a arrematação dos bens em praça ou leilão e a assinatura do auto (art. 693);

II – Entre o pedido de adjudicação e a assinatura do auto, havendo um só pretendente (art. 715, § 1º); ou entre o pedido de adjudicação e a publicação da sentença, havendo vários pretendentes (art. 715, § 2º)

CAPÍTULO 04 • FASE SATISFATIVA DO PROCEDIMENTO PARA PAGAMENTO DE QUANTIA **501**

em substituição ao bem que lhes foi adjudicado e em seguida será transferido ao exequente nos termos do art. 904 e ss. do CPC.

Neste passo é de se dizer que o bem adquirido pelo referido parente não poderá responder pela dívida do executado porque com a adjudicação ele passa a integrar patrimônio de terceiro alheio e estranho à execução. É claro que é recomendável que o terceiro (parente do executado), titular do auto de adjudicação, munido da respectiva carta ou ordem de entrega, efetive o mais rápido possível a transferência do domínio para evitar que outros exequentes possam acreditar que aquele patrimônio do executado ainda estaria disponível no mercado.

Com o aperfeiçoamento da adjudicação (auto de adjudicação para o parente do executado) o bem já não mais integra o patrimônio do executado de forma que tal bem, ainda que não tenha sido devidamente registrado para conhecimento de terceiros não mais pode ser penhorado outra dívida do anterior proprietário (executado).[45] Acaso seja realizada indevidamente a penhora pode o terceiro que remiu ofertar embargos de terceiro.[46]

Por outro lado, caso se venha descobrir que houve simulação entre o executado e seu parente[47]de forma que formalmente para todos o novo proprietário é um membro da família, mas materialmente o verdadeiro titular é o executado, então será possível reconhecer a simulação e permitir que tal bem, ainda pertencente ao executado, possa responder pela dívida. Certeiro o STJ ao dizer que *"o bem remido poderá ser alcançado por dívida do executado se caracterizada a chamada presunção muciana, quando, "não tendo o remidor patrimônio ou rendimentos que justifiquem a existência do dinheiro ofertado para remir, presume-se até prova contrária que ele o recebeu do próprio executado, com a consequência de que o bem remido pode voltar a ser penhorado, porque, na realidade, foi o executado que o resgatou"* (DINAMARCO, Cândido Rangel. *Instituições de direito processual civil.* São Paulo: Malheiros, 2004, v. IV, p. 576)".[48-49]

---

45. 1. Nos termos do art. 694 do CPC, "assinado o auto pelo juiz, pelo arrematante e pelo serventuário da justiça ou leiloeiro, a arrematação considerar-se-á perfeita, acabada e irretratável, ainda que venham a ser julgados procedentes os embargos do executado", somente podendo ser tornada sem efeito em situações excepcionais, como as do § 1° do mencionado artigo.

    2. Assinado o auto de arrematação de bem imóvel, não pode ele ser objeto de posterior penhora em execução fiscal movida contra o proprietário anterior, mesmo que ainda não efetivado o registro da respectiva carta no registro imobiliário. Precedentes do STJ. 3. Recurso especial a que se dá provimento. (REsp 866.191/SC, Rel. Ministro Teori Albino Zavascki, Primeira Turma, julgado em 22.02.2011, DJe 28.02.2011).

46. "(...) 3. Nos termos da jurisprudência desta Corte, "os embargos de terceiro servem para impugnar penhora sobre bem remido em execução anterior, sendo irrelevante a ausência de transcrição da carta de remição no registro de imóveis". (AgRg no Ag 1265536/RS, Rel. Ministro Raul Araújo, Quarta Turma, julgado em 07.11.2013, DJe 11.12.2013).

47. Por exemplo identificando que a origem da transferência da quantia deu-se, primeiro, do executado para o seu parente, e em seguida deste para a conta do juízo da execução.

48. (REsp 1547988/PE, Rel. Ministro Luis Felipe Salomão, Quarta Turma, julgado em 24.10.2017, DJe 30.11.2017).

49. Apenas para esclarecer o leitor a presunção *Muciana* é assim chamada em homenagem ao Jurisconsulto romano *Quintus Mucius Scaevola* afirmou que se presume advir do marido dos bens adquiridos pela mulher

Entretanto, tratando-se de remição de bem pelo próprio executado, na hipótese descrita no art. 902, caput o bem retorna então ao patrimônio do executado e, neste particular, fica livre para ser penhorado novamente para satisfação do próprio saldo devedor eventualmente existente só que nesta hipótese o crédito é quirografário e não mais hipotecário. Não tendo mais o vínculo real do bem com a dívida, nada impede que as objeções normais que poderiam ser opostas como a *impenhorabilidade do bem* sejam alegadas pelo executado.

## 3.10    Requisitos para adjudicar no artigo 876 do CPC

Existem requisitos que devem ser cumpridos para que se possa exercer o direito à adjudicação, seja pelo exequente, seja pelos terceiros legitimados no dispositivo.

O primeiro deles é diz respeito ao valor pelo qual se pode adjudicar o bem penhorado. O Art. 876 é claro ao estabelecer o valor mínimo, mas não máximo para a adjudicação. Diz o Código que "é lícito ao exequente, oferecendo preço não inferior ao da avaliação, requerer que lhe sejam adjudicados os bens penhorados". A regra do preço serve também para os demais legitimados como expressamente menciona o § 5º do mesmo dispositivo.[50]

É de observar que nem sequer poderá ser *ofertado* um preço inferior ao da avaliação, ou seja, deve ser indeferida de plano qualquer petição dos legitimados a adjudicar que pretenda a adjudicação sem ofertar, no mínimo, o preço já fixado na avaliação. Há, portanto, o piso valorativo para a adjudicação, mas não o teto, pois, bem sabemos que, embora improvável, pode haver concorrência em aquisição e neste caso o valor da adjudicação pode ser maior do que o da avaliação.

A partir desse requisito – valor mínimo para adjudicar fixado na avaliação – é preciso então perceber que sem uma *avaliação judicial* não é possível proceder a adjudicação. Apenas para recordar, a regra estabelecida no Código é de que "*avaliação será feita pelo oficial de justiça*" (art. 870) e "*se forem necessários conhecimentos especializados e o valor da execução o comportar, o juiz nomeará avaliador, fixando-lhe prazo não superior a 10 (dez) dias para entrega do laudo*" (870, parágrafo único).

O artigo 876, caput ao falar em "avaliação" refere-se à avaliação judicial. É preciso deixar isso claro para evitar que a adjudicação seja instrumento de simulação, fraude e prejuízo para terceiros, pois, admitida a hipótese do artigo 871, I (uma das partes aceitar a estimativa feita pela outra), tem-se uma porta aberta para o exequente

---

durante o casamento. Nesse sentido BERGER, Adolf. *Encyclopedic Dictionary of Roman Law*. The American Philosophical Society Independence Square Philadelphia. New Series – v. 43, Parte 2, 1053, p. 647.

50.   Nos parece injusto, neste particular, a impossibilidade de que o sócio ou quotista ou a própria sociedade personificada (art. 861) só possam exercer a preferência por meio da adjudicação (valor da avaliação) e não por meio de uma arrematação em leilão judicial pelo mesmo lance que se sagrou vencedor, cuja restrição é o de que não pode ser abaixo do preço mínimo fixado pelo juiz, ou quando não tiver sido fixado, que não seja vil.

CAPÍTULO 04 • FASE SATISFATIVA DO PROCEDIMENTO PARA PAGAMENTO DE QUANTIA **503**

e o executado possam, por exemplo, em conluio, fixar um preço baixo para o bem imóvel, com o fim de burlar terceiros credores com vínculo sobre o mesmo bem, ou até mesmo a fazenda pública, reduzindo o valor de recolhimento de impostos de transmissão de bens. Portanto, deve-se tomar a regra do artigo 876, caput do CPC como avaliação judicial. É preciso que a avaliação do bem tenha passado pelo crivo do magistrado.

Ainda sobre este preço mínimo para adjudicar é preciso fazer uma crítica ao Código porque nada impediria que tivesse adotado a regra do antigo artigo 981 do CPC de 1939 que assim dizia: "realizada a praça, ou o leilão, poderá o exequente requerer lhe sejam adjudicados os bens, devendo oferecer prego igual ao da avaliação, si não tiver havido licitante, ou *ao do maior lanço*". Fugindo à tradição e a sua origem lusitana, que oferece vantagens para o exequente proceder a adjudicação, o legislador brasileiro filiou-se ao modelo italiano fixando uma correspondência entre o valor mínimo para adjudicar e o valor fixado pela avaliação.

Da forma como se encontra no Código, dificilmente algum exequente se convencerá de que vale a pena requerer a adjudicação do bem penhorado, pois, poderá arrematá-lo, posteriormente, em leilão judicial, pelo preço mínimo fixado pelo juiz ou até por metade do valor da avaliação (art. 891, parágrafo único). Portanto, não sendo um sujeito ansioso ou afoito, ou não exista o risco de uma futura insolvência do executado, ainda que o exequente tenha interesse no bem penhorado, é fato que poderá obter uma vantagem considerável em participar do leilão como arrematante (arts. 890 e 892). Se a opção do legislador foi a de manter uma correspondência, no mínimo, entre a adjudicação e o valor da avaliação, poderia ao menos ter permitido que ela fosse feita com abatimento mínimo após um leilão fracassado e sem licitantes, mas nem isso é permitido no Código.

Outro requisito para que a adjudicação seja um ato válido e eficaz é que além do executado (art. 876, §§ 1º a 3º), também sejam intimados do pedido de adjudicação todos aqueles que têm algum tipo de preferência em resgatar o referido bem, ou seja, os legitimados do artigo 889, II a VIII) porque possuem um vínculo de direito material com o bem penhorado. Igualmente, o coproprietário do bem indivisível (art. 843, § 1º) e aos sócios da sociedade quando suas cotas forem penhoradas por exequente alheio à sociedade (art. 876, § 7º e 861).

Aplica-se, portanto, a regra do artigo 889 para a adjudicação, ou seja "*serão cientificados da alienação judicial, com pelo menos 5 (cinco) dias de antecedência: I – o executado, por meio de seu advogado ou, se não tiver procurador constituído nos autos, por carta registrada, mandado, edital ou outro meio idôneo; II – o coproprietário de bem indivisível do qual tenha sido penhorada fração ideal; III – o titular de usufruto, uso, habitação, enfiteuse, direito de superfície, concessão de uso especial para fins de moradia ou concessão de direito real de uso, quando a penhora recair sobre bem gravado com tais direitos reais; IV – o proprietário do terreno submetido ao regime de direito de superfície, enfiteuse, concessão de uso especial para fins de mo-*

*radia ou concessão de direito real de uso, quando a penhora recair sobre tais direitos reais; V – o credor pignoratício, hipotecário, anticrético, fiduciário ou com penhora anteriormente averbada, quando a penhora recair sobre bens com tais gravames, caso não seja o credor, de qualquer modo, parte na execução; VI – o promitente comprador, quando a penhora recair sobre bem em relação ao qual haja promessa de compra e venda registrada; VII – o promitente vendedor, quando a penhora recair sobre direito aquisitivo derivado de promessa de compra e venda registrada; VIII – a União, o Estado e o Município, no caso de alienação de bem tombado".* Observe que no inciso V só determina a intimação prévia do credor quirografário que seja exequente em outro processo se houver registro de penhora anterior por ele efetivado, pois do contrário a preferência é justamente do exequente da execução onde o bem será adjudicado que tenha penhora anteriormente registrada.

Também é verdadeira condição para a adjudicação que seja feita enquanto não tenha acontecido outra forma de expropriação ou que o executado não tenha remido a própria execução (art. 826).

Nas hipóteses em que o valor do crédito do requerente é inferior ao do (s) bem (ns) penhorado (s), é necessário que o requerente da adjudicação deposite de imediato a diferença, que ficará à disposição do executado. Se, porventura, ao inverso, o valor do crédito for superior ao dos bens, então a execução prosseguirá pelo saldo remanescente.

## 3.11 Documentação e o efeito de aquisição da propriedade pela adjudicação

Uma vez requerido o pedido de adjudicação e transcorrido o prazo de 5 (cinco) dias, contado da última intimação, ou, se for o caso, decididas eventuais questões que tenham surgidas como por exemplo a concorrência de licitantes, então o juiz ordenará a lavratura e a assinatura do auto pelo juiz, pelo adjudicatário, pelo escrivão ou chefe de secretaria, e, se estiver presente, pelo executado, expedindo-se desde logo: I – a carta de adjudicação e o mandado de imissão na posse, quando se tratar de bem imóvel, que poderão ser levados a registro nos órgãos públicos competentes; II – a ordem de entrega ao adjudicatário, quando se tratar de bem móvel.

Não há óbice de que a carta de adjudicação seja expedida num momento e posteriormente a ordem de imissão de posse, mormente quando o bem penhorado está sob detenção do executado (depositário), sendo perfeitamente possível que entre o registro da carta de adjudicação perante o órgão registral e o efetivo apossamento o executado possa criar embaraços ao exequente. Tratando-se de bem imóvel essa possibilidade é bastante acentuada e recomenda-se que nas hipóteses em que o bem adjudicado esteja sob custódia do executado que o mandado de imissão seja deferido junto com a carta, mas em separado pois serão direcionados a órgãos e pessoas distintas.

É a carta de adjudicação que permitirá o registro do bem no cartório competente conterá a descrição do imóvel, com remissão à sua matrícula e aos seus registros, a cópia do auto de adjudicação e a prova de quitação do imposto de transmissão. A título de ilustração, tratando-se de bem imóvel ou de veículos não será incomum que, além da dívida com o exequente o executado, existam outras que sejam até mesmo relativas ao bem penhorado (dívidas de condomínio, impostos prediais, taxas de licenciamento, multas etc.). Nestas hipóteses, sabemos, só se procede o registro se todas estas pendências estiverem devidamente quitadas. O legislador silencia a respeito do assunto, mas nos parece que tais valores destas dívidas em atraso, quitados pelo exequente podem ser exigidos do executado. Por outro lado, é importante que se diga que, ao adjudicar o bem, o adjudicante não é sucessor processual do executado em eventuais cobranças contra ele ajuizadas.

É de se dizer ainda que há consonância do artigo 877, II do CPC, citado retro, com o artigo 1.267 do Código Civil que prescreve, em linhas gerais que "a propriedade das coisas não se transfere pelos negócios jurídicos antes da tradição". Contudo, por vezes, pode ser necessário em razão de especificações do bem móvel que a tradição da coisa apenas não é suficiente, sendo mister a confecção e expedição de carta para devido registro em órgão público competente. Como dito acima, se por qualquer razão o adjudicante não conseguir tomar a posse do bem adjudicado será necessário peticionar ao juízo da execução de onde emanou o ato expropriatório para que este determine, por ordem de cumprimento nos termos do artigo 139, IV do CPC combinado com o artigo 771, a efetivação do ato.

Portanto, por aí se observa que embora "perfeita e acabada" a adjudicação quando é assinado o referido *auto de adjudicação*, só haverá propriamente o título representativo da propriedade quando o adjudicante estiver de posse da *carta de adjudicação do bem imóvel* ou da *ordem judicial de entrega* do bem móvel.

Como se observa na documentação acima a adjudicação é um ato processual que expropria o executado e confere propriedade ao adjudicante. Para o Código de Processo Civil, independentemente de considerar-se a adjudicação uma forma de aquisição *derivada ou originária* da propriedade, o artigo 908, § 1º foi claro ao dizer que "no caso de adjudicação ou alienação, os créditos que recaem sobre o bem, inclusive os de natureza *propter rem*, sub-rogam-se sobre o respectivo preço". Não por acaso o artigo 1499, VI do CCB determina que se extingue a hipoteca pela "arrematação ou adjudicação", o artigo 1436, IV em relação ao penhor, o artigo 1418 em relação ao promitente comprador. A opção do legislador parece ter sido acertada porque, do contrário, haveria um total desestímulo à licitação em adjudicar ou arrematar bens penhorados (REsp 1446249/SP, Rel. Ministro Og Fernandes, Segunda Turma, julgado em 21.09.2017, DJe 28.09.2017). Nada obstante a dicção do artigo 908, § 1º, aplica-se à adjudicação no que for possível o artigo 903 e seus parágrafos.

Fato que se mostra muito comum envolvendo a adjudicação é que uma vez realizada e feito o registro do bem em nome do adjudicante é possível que mesmo após a realização do ato no registro competente ainda persistam averbações realizadas por outros exequentes (posteriores ao registro do exequente/adjudicante), caso em que o adjudicante deverá requerer em cada um dos juízos de onde emanou a averbação que determine o referido cancelamento em respeito ao que determina o art. 908 citado acima. Não é o juízo da execução o competente para tanto, porque dele não partir as ordens ou ofícios ou autorizações de averbações no registro no bem.

### 3.12 Adjudicação e evicção

Embora o artigo 447 do CCB mencione que "nos contratos onerosos, o alienante responde pela evicção. Subsiste esta garantia ainda que a aquisição se tenha realizado em hasta pública", não se descarta a possibilidade de evicção para com o adjudicante do bem penhorado, desde que, obviamente, como alerta o artigo 457 do CCB se o adquirente (adjudicante) tivesse ciência de que a coisa era alheia ou litigiosa.[51]

Deve-se tomar como ponto de partida para entender o direito do evicto ao ressarcimento pelo prejuízo que teve o fato de que não se admite no nosso ordenamento o enriquecimento ilícito, ainda que o executado não tenha, diretamente, concorrido para tal situação.

Na hipótese do exequente ser o adjudicante a situação se torna *aparentemente* menos complexa porque, uma vez evicto, deve-se o adjudicante exequente retornar ao status quo ante ao momento anterior ao da adjudicação, reabrindo-se e prosseguindo-se a execução no estágio em que se encontrava, ainda que o restabelecimento temporal desta situação possa ser dificultoso do ponto de vista formal, afinal de contas, a execução pode ter terminado e estar arquivada quando se deu a evicção. A questão mais complexa se dá quando terceiros adjudicantes "arrematam" o bem penhorado e posteriormente são privados do referido bem em favor de terceiro.

Nestas hipóteses não vemos dificuldade, sempre com base na boa-fé e na vedação ao enriquecimento ilícito, que o adjudicante poderá se valer de demanda judicial que repare os prejuízos que teve. A priori, não nos parece que o estado, no exercício de seu dever-função de realizar os atos de expropriação, possa ser responsável solidária ou subsidiariamente pelos prejuízos suportados pelo adjudicante, como se dele se pudesse esperar um dever de vigilância ou fiscalização do bem adjudicado.

---

51. (REsp n. 1.237.703/MG, relatora Ministra Nancy Andrighi, Terceira Turma, julgado em 26.04.2011, DJe de 13.05.2011).

CAPÍTULO 04 • FASE SATISFATIVA DO PROCEDIMENTO PARA PAGAMENTO DE QUANTIA | **507**

## 4. A EXTINÇÃO DO PROCESSO OU FASE EXECUTIVA

### 4.1 Generalidades

A fase ou o processo de execução terminam por sentença (art. 925,[52] art. 203, § 1º[53]), mas se o fim deste procedimento se der no âmbito do Tribunal é de se admitir que termine por acórdão ou decisão interlocutória do relator. Como a competência originária para a execução pode ser no segundo grau, embora incomum, pode ser que a execução seja extinta de forma colegiada ou monocrática.

Nada obstante o legislador tenha elencado uma série de incisos no artigo 924 do CPC para tratar das *hipóteses* de extinção da execução, elas são absolutamente insuficientes para encampar todas as situações que levam a extinção da execução, daí porque será necessário usar subsidiariamente as hipóteses dos arts. 485 e 487 do CPC. Ora, é claro que a execução pode ser extinta com base na desistência (art. 775), na litispendência, no abandono da causa etc. Também é perfeitamente possível que a extinção da execução se dê por homologação da transação (art. 487, III, "b").

### 4.2 Extinção da execução

O inciso II do artigo 924 diz que *extingue a execução quando a obrigação for satisfeita*. Este dispositivo veio substituir o artigo 794, I do CPC revogado que previa a *extinção da execução quando o devedor satisfaz a obrigação*. A crítica que se fazia ao dispositivo revogado era que além de usar uma terminologia do direito material (devedor), a rigor, tendo sido necessária a instauração de um procedimento executivo é porque o executado não satisfez a obrigação, e, apenas os atos executivos, forçados e contra a sua vontade, é que levaram a satisfação do direito exequendo.

Contudo, se trocando as palavras (*a obrigação for satisfeita*) evitou o novo Código cair na tautologia do Código anterior, mas também não pareceu adequado ao falar que *extingue a execução* porque a *obrigação foi satisfeita*, afinal de contas o valor da execução não corresponde mais ao valor da obrigação, tanto que o artigo 826 é claro ao dizer que "antes de adjudicados ou alienados os bens, o executado pode, a todo tempo, remir a execução, *pagando ou consignando a importância atualizada da dívida, acrescida de juros, custas e honorários advocatícios*". Ademais, diz ainda o artigo 907, caput que "*pago ao exequente o principal, os juros, as custas e os honorários, a importância que sobrar será restituída ao executado*".

É importante ficar atento que a *satisfação da obrigação* aí mencionada se refere à satisfação do *crédito exequendo*, pois, ainda que a obrigação principal seja satisfeita

---

52. Art. 925. A extinção só produz efeito quando declarada por sentença.
53. Art. 203. Os pronunciamentos do juiz consistirão em sentenças, decisões interlocutórias e despachos.

    § 1º Ressalvadas as disposições expressas dos procedimentos especiais, sentença é o pronunciamento por meio do qual o juiz, com fundamento nos arts. 485 e 487, põe fim à fase cognitiva do procedimento comum, bem como extingue a execução.

o processo de execução continuará para que sejam pagas as demais rubricas que nele são devidas.

A obrigação inadimplida que deu origem à execução pode ser sim *satisfeita*, e, a satisfação pode se dar de várias formas, seja pela remição, seja por ato de terceiro que paga a dívida, seja inclusive mediante os atos de desapropriação judicial, seja pelo pagamento voluntário no prazo de 15 (art. 523) e de 3 dias (art. 827), seja pela proposta aceita de pagamento parcelado nos termos do artigo 916, seja pela transação ou conciliação etc.

O inciso II do artigo 925 é gênero do qual várias são as formas de *satisfação*, sendo a mais comum a que acontece pela imperatividade dos atos estatais que desapropriam o executado e apropriam o exequente nos limites do crédito exequendo.

Curiosamente o ato que satisfaz a obrigação – *realizado dentro ou fora do processo executivo* – não é a sentença, ou seja, a sentença apenas põe fim a relação jurídica processual executiva, certificando o motivo pelo qual o processo deve ser extinto. Nas hipóteses em que a satisfação do crédito exequendo se dá pela efetividade dos atos executivos de expropriação (art. 904, I e II) pode-se dizer que a sentença declara (certifica) que o processo ou procedimento executivo pode ser extinto porque obteve-se – por meio da desapropriação judicial – a satisfação da obrigação inadimplida. É o ato executivo que *realiza*, e, só depois a sentença declara a satisfação ocorrida.

Não há propriamente satisfação do direito exequendo quando o autor renuncia o crédito (hipótese de extinção do art. 924, IV que corresponde ao artigo 487, III "c"), e, tampouco quando a extinção se dá pela prescrição intercorrente que está tratada no inciso V do artigo 924 e ou quiçá pela prescrição do próprio crédito exequendo.

À exceção do inciso I[54] do artigo 924, absolutamente perdido no rol do artigo 924,[55] em todos os demais elimina-se a *pretensão executiva*, com tal recebe o executado a chancela de que não poderá mais ser demandado pelo exequente tendo por base aquela obrigação que *foi satisfeita* (seja lá porque forma for), *renunciada* ou esteja *prescrita*. Tanto é verdade – no caso de satisfação – que o art. 906 determina que "*ao receber o mandado de levantamento, o exequente dará ao executado, por termo nos autos, quitação da quantia paga*". A quitação é a prova do pagamento e não pode mais ser o executado demandado pela mesma dívida, de forma que nestas hipóteses em que a sentença chancela a resolução do mérito (pretensão executiva) ela faz coisa julgada material como qualquer sentença do artigo 487 do CPC.

Normalmente a discussão em torno das questões de mérito envolvendo a pretensão executiva (novação, pagamento, prescrição etc.) é transferida para a *impug-*

---

54. O indeferimento da petição inicial da execução é tratado nos arts. 798, 799 e 801 do CPC, e, no que couber as regras do artigo 330 do CPC. Não é comum, mas é possível que a petição inicial seja indeferida, respeitado o contraditório ao exequente, por motivo de mérito (ex. prescrição) levando a extinção da execução nos termos do art. 487, II do CPC.

55. Art. 925 Extingue-se a execução quando: I – a petição inicial for indeferida (...).

*nação ao cumprimento de sentença* ou para os *embargos à execução* como se observa, respectivamente no artigo 525 e 917. Assim, por exemplo, se for acolhida defesa de mérito do executado de que já teria feito o pagamento, se estivermos diante de uma impugnação ao cumprimento de sentença a decisão que acolhê-la é a mesma que extingue o procedimento executivo. Porém, se se tratar de embargos à execução, porque forma uma relação jurídica autônoma, haverá uma sentença nos embargos que levará a sua extinção nos termos do artigo 487, I, mas que também terá por consequência lógica a prolação de uma decisão que extinga a execução nos termos do artigo 924, III.

Portanto, o que precisa deixar claro é que não se pode olhar para o artigo 924 como se ele fosse suficiente para tratar das hipóteses de extinção com ou sem resolução do mérito, aplicando-se no que couber os arts. 485 e 487 do CPC. O importante é identificar as razões pelas quais a pretensão executiva foi extinta, se por aspectos materiais ou processuais. No primeiro caso, deve a decisão proporcionar uma estabilidade e segurança jurídica para fora do processo, no segundo caso não.

# BIBLIOGRAFIA

ABELHA, Guilherme. Bens e coisas. In: LIMA NETO, Francisco Vieira; SILVESTRE, Gilberto Fachetti; HERKENHOFF, Henrique Geaquinto. (Org.). *Introdução ao Direito Civil*. Vitória: Edição dos Organizadores, 2020. v. 2.

ABELHA, Marcelo. *Manual de Execução Civil*. 7. ed. Rio de Janeiro: Forense. 2019.

ABELHA, Marcelo. *Manual de direito processual civil*. 6. ed. Rio de Janeiro: Grupo Gen, 2016.

ABELHA, Marcelo. *Fundamentos da tutela executiva*. Brasília: Gazeta Jurídica, 2017.

ABELHA, Marcelo. *Responsabilidade Patrimonial pelo Inadimplemento das Obrigações*. São Paulo: Editora Foco, 2023.

AGUIAR JÚNIOR, Ruy Rosado de. Embargos de terceiro. *RT*. n. 636, p. 17-24. São Paulo: Ed. RT, out. 1988.

ALVARO DE OLIVEIRA, Carlos Alberto. Os direitos fundamentais à efetividade e à segurança em perspectiva dinâmica. *Revista da Ajuris*, Porto Alegre, n. 109, mar. 2008a.

ALVARO DE OLIVEIRA, Carlos Alberto. *Do formalismo no processo civil: proposta de um formalismo-valorativo*. 3. ed. São Paulo: Saraiva, 2009.

ALVARO DE OLIVEIRA, Carlos Alberto. Efetividade e tutela jurisdicional. In: MACHADO, Fábio Cardoso; AMARAL, Guilherme Rizzo. *Polêmica* sobre a ação: a tutela jurisdicional na perspectiva das relações entre direito e processo. Porto Alegre: Livraria do Advogado, 2006.

ALVARO DE OLIVEIRA, Carlos Alberto. *Alienação da coisa litigiosa*. Rio de Janeiro: Forense, 1984.

APRIGLIANO, Ricardo de Carvalho. *Ordem pública e processo*: o tratamento das questões de ordem pública no direito processual civil. São Paulo: Atlas, 2011.

ARMELIN, Donaldo. Tutela Jurisdicional Diferenciada. *Revista de Processo*, n.65. p. 45-55. São Paulo: Ed. RT, 1992.

ARONE, Ricardo. *Por uma nova hermenêutica dos direitos reais limitados*. Rio de Janeiro: Renovar. 2001.

ARRUDA ALVIM, José Manoel de. Fraude à execução. *Soluções Práticas*. São Paulo: Ed. RT, 2011. v. 4.

ARRUDA ALVIM, José Manoel de. *Ensaio sobre a litispendência*. São Paulo: Ed. RT, 1972. v. 1.

ARRUDA ALVIM, Teresa. Fraude à execução e embargos de terceiro. *Pareceres*. São Paulo: Ed. RT, 2012. v. 2.

ASSIS, Araken. *Manual da execução*. 16. ed. São Paulo: Ed. RT, 2013.

AZEVEDO, Álvaro Vilaça. *Teoria geral das obrigações*: responsabilidade civil. 10. ed. São Paulo: Atlas, 2004.

BARBOSA MOREIRA, José Carlos. *O novo processo civil brasileiro*. 27. ed. Rio de Janeiro: Grupo Gen, 2008.

BARBOSA MOREIRA, José Carlos. Breves observações sobre a execução de sentença estrangeira à luz das recentes reformas do CPC. *Revista de Processo*. n. 138, ano 31.

BARBOSA MOREIRA, José Carlos. O problema da "Divisão do Trabalho" entre juiz e partes: Aspectos terminológicos. *RePro* n. 41/7, jan-mar/1986, p. 10 e ss.

BARBOSA MOREIRA, José Carlos. *Comentários ao Código de Processo Civil, Lei 5.869, de 11 de janeiro de 1973*. 15. ed. Rio de Janeiro: Forense, 2010. v. V: arts. 476 a 565.

BARBOSA MOREIRA, José Carlos. Eficácia da Sentença de Interdição por Alienação Mental. *Revista de Processo*. n. 43. São Paulo: Ed. RT, 1986.

BARBOSA MOREIRA, José Carlos. Conteúdo e efeitos da sentença: variações sobre o tema. *Revista de Processo*. n. 40. p. 7-12. São Paulo: Ed. RT, 1985.

BARBOSA MOREIRA, José Carlos. Antecipação da Tutela: algumas questões controvertidas. *Revista de Processo*. n. 104. p. 101-110. São Paulo: Ed. RT, 2001.

BARBOSA MOREIRA, José Carlos. Convenções das partes em matéria processual. *Temas de direito processual civil*: terceira série. São Paulo, Saraiva, 1984.

BAUMAN, Zygmunt. *Modernidade liquida*. Rio de Janeiro: Zahar. 2001.

BERGER, Adolf. *Encyclopedic Dictionary of Roman Law*. The American Philosophical Society Independence Square Philadelphia. New Series –v. 43, Part 2, 1053.

BESSONE, Darcy. *Direitos reais*. São Paulo, Saraiva, 1996.

BETTI, E. *Teoria generale delle obbligazioni*. Milano, Giuffré, 1953. v. II, Struttura dei rapporti di obbligazione.

BEVILÁQUA, Clóvis. *Direito das obrigações*. Editado por José Luiz da Fonseca Magalhães. Bahia: Livraria Magalhães, 1896.

BEZERRA FILHO, Manoel Justino. Ação pauliana e embargos de terceiro. Fraude a credores e fraude à execução – Possibilidade ou não de discussão da fraude a credores em embargos de terceiro. *RT*. n. 581, p. 25-34. São Paulo: Ed. RT, mar. 1984.

BONÍCIO, Marcelo José Magalhães. *A averbação e a fraude de execução na reforma do CPC*. v. 4, n. 20. p. 68-69. Porto Alegre, Magister, set./out. 2004.

BONÍCIO, Marcelo José Magalhães. Arrematação: aspectos polêmicos e uma análise crítica do instituto. *Revista de Processo*. v. 104. p. 39-68. São Paulo: Ed. RT, 2001, edição eletrônica.

BRUSQUE, Gilberto. *Recuperação de crédito*. 3. ed. São Paulo: Ed. RT, 2021.

BRUSQUE, Gilberto. *Fraudes Patrimoniais e a desconsideração da personalidade jurídica no Código de Processo Civil*. São Paulo: Ed. RT, 2015.

BUENO, Cassio Scarpinella. *A nova etapa da reforma do Código de Processo Civil*. São Paulo: Saraiva, 2006.

BUENO, Cassio Scarpinella. *Manual de direito processual civil*: inteiramente estruturado à luz do novo CPC, de acordo com a Lei n. 13.256, de 4-2-2016. 2. ed. rev., atual. e ampl. São Paulo: Saraiva, 2016.

BUENO, Cassio Scarpinella. *Amicus curiae no processo civil brasileiro*: um terceiro enigmático. 3. ed. São Paulo: Saraiva, 2012.

BUENO, Cassio Scarpinella. *Execução provisória e antecipação da tutela*: dinâmica do efeito suspensivo da apelação e da execução provisória: conserto para a efetividade do processo. São Paulo: Saraiva. 1999.

BUENO, Cassio Scarpinella. *Execução Provisória*. Disponível em: http://www.scarpinellabueno.com/images/textos-pdf/012.pdf. Acesso em: 14 abr. 2020.

CABRAL, Antonio do Passo. Il Principio del Contraddittorio come Diritto D'influenza e Dovere di Dibattito. *Rivista di Diritto Processuale*. Disponível em: http://uerj.academia.edu/Antonio-Cabral/Papers/144620/Il_principio_del_contraddittorio_come_diritto_dinfluenza_e_dovere_di_dibattito. Acessado em: 10 out. 2020.

CABRAL, Antonio do Passo. *Convenções processuais*. Salvador: JusPodivm, 2016.

CABRAL, Trícia Navarro Xavier. *Dos limites da liberdade processual*. São Paulo: Foco, 2019.

CAHALI, Yussef Said. *Fraude contra credores*. 2. ed. São Paulo: Ed. RT, 1999.

CAHALI, Yussef Said. *Honorários advocatícios*. 4. ed. São Paulo: Ed. RT, 2011.

CÂMARA, Helder Moroni. A nova adjudicação na execução civil. Florianópolis, Conceito, 2014.

CARPI, Frederico. *La provisoria esecutorietà della sentenza*. Milano: Giuffrè, 1979.

CARNACINI, TITO. *Tutela guirisdizionale e tecnica del processo*, em Studi in onore de E. Redenti. Milano, Guiuffrè, 1951. v. II.

CARNACINI, TITO. *Tutela giurisdizionale e tecnica del processo*. Milano: 1965.

CARNEIRO, Athos Gusmão. *Do cumprimento de sentença*. 2. ed. Rio de Janeiro: Forense, 2010.

CARNELUTTI, Francesco. *Diritto e processo*. Napoli: Morano editore, 1958.

CARNELUTTI, Francesco. *Sistema di diritto processuale civile*. Imprenta: Padova, Cedam, 1936. v. 1 (Funzione e composizione del processo).

CARRATTA, Antonio. 2012b. Struttura e funzione dei procedimenti giurisdizionali sommari, in ID. , La tutela sommaria in Europa. Studi, Napoli, Jovene. 2012.

CARRATTA, Antonio. La scienza del processo civile in italia all'inizio del XXI secolo. *Diritto e Questioni pubbliche*, XIX, 2019. Disponí-vel em https://www.dirittoequestionipubbliche.org/page/2019_n19-1/02_mono_01_Carratta.pdf. Acesso em: 28 jun. 2024.

CAPPELLETTI, Mauro. *El Testimonio de la Parte en el Sistema de la Oralidad*: contribuición a la teoría de la utilización probatoria del saber de las partes en el proceso civil. Primeira Parte. Trad. Tomás A. Banzhaf. La Plata: Platense, 2002.

CAPPELLETTI, Mauro. *El Proceso Civil en el Derecho Comparado*. Las Grandes Tendências Evolutivas. Buenos Aires: Europa America, 1973.

CAPPONI, Bruno. Manuale di diritto dell'esecuzione civile. 6 ed. Torino: Giappichelli, 2020.

CASTELLAN, Alvaro Gamio Santiago. "Límites a la creación voluntaria de patrimonios de afectación para la salvaguarda de bienes", disponível em http://revistaderecho.um.edu.uy/wp-content/uploads/2013/02/Gamio-y-Castellana-Limites-a-la-creacion-voluntaria-de-patrimonios-de--afectacion-para-la-salvaguarda-de-bienes.pdf. Acesso em: 02 abr. 2022.

CHAKRAVARTI et al. Dipankar. Auctions: Research Opportunities in Marketing. Marketing Letters 13:3, 281-296, 2002.

CHIOVENDA, Giuseppe. Instituições de Direito Processual Civil. 2. ed. São Paulo: Saraiva, 1965. v. III.

CLAUDIO, Affonso. Estudos de Direito Romano. II Volume: Direito das Cousas. Rio de Janeiro: Pap. e Typ. Marques Araújo & C—R. S. Pedro 214 e 210, 1927.

COLIN, De Ambroise et CAPITANT, Henri. Vol 1, n. 57, Traite de droit civil. Paris, Libr. Dalloz, 1953.

COMOGLIO, Luigi Paolo. Garanzie minime del "giusto processo" civile negli ordenamenti ispa-no-latinoamericani. *Revista de Processo.* n. 112. São Paulo, out./dez. 2003, edição eletrônica.

COUTO E SILVA, Clóvis do. *Comentários ao Código de Processo Civil (LGL\1973\5).* Parte II. São Paulo: Ed. RT, [s.d.]. vol. 11, n. 491.

CUNHA, Leonardo José Carneiro da. Anotações sobre a desistência da ação. *Revista de Processo.* v. 120. São Paulo, 2005.

D'AMELIO M., Della responsabilità patrimoniale, delle cause di prelazione e della conservazione della garanzia patrimoniale: disposizioni generali. Libro della tutela dei diritti, in *Commentario del Codice civile,* diretto da D⊠Amelio-Finzi, Firenze, 1943.

DE CUPIS, Adriano. *Os direitos da personalidade.* Lisboa: Livraria Morais Editora, 1961.

DE PAGE, Henri, Traité élémentaire de droit civil belge, t. I, Bruxelles: Émile Bruylant, 1941.

DIDIER JR., Fredie. Esboço de uma teoria da execução civil. *Revista de Processo.* v. 118, p. 9-28. São Paulo: Ed. RT, 2004, edição eletrônica.

DIDIER JR., Fredie. *Fundamentos do princípio da cooperação no direito processual civil português.* Coimbra: Coimbra Editora, 2010.

DIDIER JR., Fredie; BRAGA, Paula Sarno; OLIVEIRA, Rafael. *Curso de direito processual civil.* Bahia: JusPodivm, 2009. v. 1.

DIDIER, Fredie; JORGE, Flávio; Rodrigues, Marcelo Abelha. *A nova reforma processual.* São Paulo: Saraiva, 2002.

DINAMARCO, Candido Rangel. *Instituições de direito processual civil.* 4. ed. São Paulo: Malheiros, 2019. v. IV.

DINAMARCO, Candido Rangel. *Execução civil.* 6. ed. São Paulo: Malheiros, 1998.

DINAMARCO, Candido Rangel. *Instituições de direito processual civil.* 7. ed. São Paulo: Malheiros. 2018. v. II.

DINAMARCO, Candido Rangel. *Instituições de direito processual civil.* 5 ed. São Paulo: Malheiros Ed., 2005. v. II.

DINAMARCO, Candido Rangel. Momento de eficácia da sentença constitutiva. *Revista de Processo.* v. 63. p. 7-17. São Paulo: Ed. RT, 1991.

DINAMARCO, Candido Rangel. Tutela Jurisdicional. *Revista de Processo.* v. 81, p. 54-81. São Paulo: Ed. RT, 1992.

DINAMARCO, Candido Rangel. *A reforma da reforma.* 5. ed. São Paulo: Malheiros, 2003.

DINAMARCO, Candido Rangel. *A instrumentalidade do processo.* 5. ed. São Paulo: Malheiros, 1996.

DINIZ, Maria Helena. *Curso de Direito Civil Brasileiro.* 20. ed. rev. aum. São Paulo: Saraiva, 2003. v. 1: teoria geral do direito civil.

BIBLIOGRAFIA **515**

DINIZ, Maria Helena. *Curso de Direito Civil*. 25. ed. São Paulo: Saraiva. 2009. v. 3 – Teoria das obrigações contratuais e extracontratuais.

DOYLE, Robert A.; BASKA, Steve. *História dos leilões da Roma antiga aos leilões de alta tecnologia*. Disponível em: https://web.archive.org/web/20080517071614/http://auctioneersfoundation. org/news_detail.php?id=5094. Acesso em: 20 out. 2020.

FACHIN, Luiz Edson. *Estatuto jurídico do patrimônio mínimo*: à luz do novo Código Civil brasileiro e da Constituição Federal. 2. ed. atual. Rio de Janeiro: Renovar, 2006.

FACHIN, Luiz Edson (Org.). *Repensando fundamentos do Direito Civil Contemporâneo*. Rio de Janeiro: Renovar, 1998.

FACHIN, Luiz Edson. *Teoria crítica do Direito Civil*. Rio de Janeiro: Renovar, 2000.

FARIA, Marcio Carvalho. As zonas (ainda) cinzentas sobre a penhora on-line e uma tentativa de se encontrar algumas soluções. *Revista de Processo*. v. 45. n. 305. p. 141-171. São Paulo: Ed. RT, 1976.

FARIA, Marcio Carvalho. Primeiras impressões sobre o projeto de lei 6.204/2019: críticas e sugestões acerca da tentativa de se desjudicializar a execução civil brasileira (parte um). *Revista de Processo*. v. 313. p. 393-414. São Paulo: Ed. RT, 2021, edição eletrônica.

FARIA, Marcio Carvalho. Primeiras impressões sobre o projeto de lei 6.204/2019: críticas e sugestões acerca da tentativa de se desjudicializar a execução civil brasileira (parte dois). *Revista de Processo*. v. 314. p. 371-391. São Paulo: Ed. RT, 2021, edição eletrônica.

FARIA, Marcio Carvalho. Primeiras impressões sobre o projeto de lei 6.204/2019: críticas e sugestões acerca da tentativa de se desjudicializar a execução civil brasileira (parte três). *Revista de Processo*. v. 315. p. 395-417. São Paulo: Ed. RT, 2021, edição eletrônica.

FARIAS, Cristiano Chaves de Farias. *Direito das obrigações*. 4. ed. Rio de Janeiro: Lumen Juris, 2009.

FARIAS, Christiano; ROSENVALD, Nelson. *Curso de Direito Civil*. 12. ed. Salvador: JusPodivm, 2018. v. V.

FARIAS, Christiano Chaves de. ROSENVALD, Nelson. *Curso de direito civil*. 19. ed. Salvador: JusPodivm, 2019. v. 1.

FERRARA, Francesco. Trattato di diritto civile italiano, vol.1, Roma, Athenaeum, 1921.

FIGUEROA, Gonzalo Yáñez. *Curso de derecho civil*: materiales para classes activas. Santiago: Juridica de Chile, 1991. v.1.

FREITAS, José Lebre de. *Introdução ao Processo Civil: conceito e princípios gerais*. 2. ed. Coimbra: Coimbra Editora, 2006.

FUX, Luiz. *Curso de direito processual civil*. Rio de Janeiro: Forense, 2004.

GAGLIANO, Pablo Stolze; PAMPLONA FILHO, Rodolfo. *Novo Curso de Direito Civil*. 5. ed. São Paulo/SP: Saraiva, 2004. v. 1. Parte Geral.

GAJARDONI, Fernando da Fonseca. *Flexibilização procedimental*: um novo enfoque para o estudo do procedimento em matéria processual. São Paulo: Atlas, 2007.

GAJARDONI, Fernando da Fonseca. Convenções processuais atípicas na execução civil. Disponível em: http://genjuridico.com.br/2017/10/30/convencoes-atipicas-execucao-civil/. Acesso em: 03 maio 2021.

GAJARDONI, Fernando da Fonseca; DELLORE, Luiz; ROQUE, Andre Vasconcelos; OLIVEIRA JUNIOR, Zulmar Duarte de. *Execução e recursos*: comentários ao CPC de 2015. 2. ed. São Paulo: Método (Grupo GEN), 2018.

GANGI C., Debito e responsabilità nel diritto nostro vigente. *Riv. dir. civ.*, p. 521 ss. 1927;

GIUBERTI, Santos Vander. *Impenhorabilidade e (in)efetividade da execução por expropriação*: da teoria geral ao bem de família. Dissertação de Mestrado da Universidade Federal do Espírito Santo. 2019.

GOMES, Orlando. *Transformações gerais dos direitos das obrigações*. São Paulo: Ed. RT, 1967.

GONÇALVES, Carlos Roberto. *Direito civil brasileiro*. 6. ed. São Paulo: Saraiva, 2009. 2. v.

GONÇALVES, Tiago Figueiredo. A exigência de caução em sede de execução. *Revista de Processo*. v. 169. p. 161-181. São Paulo: Ed. RTais, 2009, edição eletrônica.

GRECO, Leonardo. *Estudos de direito processual*. Imprenta: Campos dos Goytacazes, RJ: Ed. Faculdade de Direito, 2005.

GRECO, Leonardo. *Comentários ao Código de Processo Civil*: Das diversas espécies de execução. Disposições gerais até obrigação de não fazer – XVI artigos 797 a 823. São Paulo, Saraiva, 2020, edição em e-book.

GRECO, Leonardo. A execução e a efetividade do processo. *Revista de Processo*. v. 95. p. 315-364. São Paulo: Ed. RT, 1999, edição eletrônica.

GRECO. Vicente Filho. *Direito Processual Civil* Brasileiro. São Paulo: Saraiva. 1993. v. 1.

GUERRA, Marcelo Lima. Reflexões em torno da distinção entre execução provisória e medidas cautelares antecipatórias. *Revista de Processo*. n. 57. p. 208-210. São Paulo: Ed. RT, 1990.

GUERRA, Marcelo Lima. *Direitos fundamentais e a proteção do credor na execução civil*. São Paulo: Ed. RT, 2003.

GUERRA, Marcelo Lima. *Execução indireta*. São Paulo: Ed. RT, 1998.

GUERRA, Marcelo Lima. *Execução forçada*: controle de admissibilidade. São Paulo: Ed. RT, 1998.

GUIMARÃES, Rafael; CALCINI, Ricardo; JAMBERG, Richard Wilson. *Execução Trabalhista na Prática*. 3. ed. São Paulo: Mizuno Editora, 2023.

HERKENHOFF, Henrique Geaquinto (Org.). *Introdução ao Direito Civil*. Vitória: Edição dos Organizadores, 2020. v. 2: bens.

HILL, Flávia. Passado e futuro da mediação: perspectiva histórica e comparada. *Revista de Processo*. v. 303. p. 479-502. São Paulo: Ed. RT, 2020, edição eletrônica.

LEITÃO, Luís Manuel Teles de Menezes. *Direito das obrigações*. 9. ed. Coimbra: Almedina, 2014. vol. II.

LIEBMAN, Enrico Tullio. *Processo de execução*. 2. ed. São Paulo: Saraiva, 1963.

LIEBMAN, Enrico Tullio. *Embargos do executado*. São Paulo: Saraiva. 1968.

LIEBMAN, Enrico Tullio. *Manual de direito processual civil*. Rio de Janeiro: Forense, 1984. v. I.

LIEBMAN, Enrico Tullio. *Estudos sôbre o processo civil brasileiro*. São Paulo: Jose Bushatsky. 1976.

LOPES DA COSTA, Alfredo Araujo. *Direito processual civil brasileiro*. 2. ed. Rio de Janeiro: José Konfino Editor, 1947. v. II.

LOPES DA COSTA, Alfredo Araujo. *Medidas preventivas*: medidas preparatórias – medidas de conservação. 3. ed. São Paulo: Sugestões Literárias, 1966.

LOPES DA COSTA, Alfredo Araujo. Execução provisória. *Doutrinas Essenciais de Processo Civil*. São Paulo: Ed. RT, 2011. v. 08.

LUCON, Paulo Henrique dos Santos. *Eficácia das decisões e execução provisória*. São Paulo: Ed. RT, 2000.

MARINONI, Luiz Guilherme. *Tutela inibitória*: individual e coletiva. 5. ed. São Paulo: Ed. RT, 2012.

MARINONI, Luiz Guilherme. *Tutela de urgência e tutela de evidência*. 3. ed. E-book, São Paulo: Ed. RT, 2020.

MARINONI, Luiz Guilherme. Tutela antecipatória de pagamento de soma em dinheiro. *Soluções Práticas*. São Paulo: Ed. RT, v. 1.

MARINONI, Luiz Guilherme. Execução imediata de sentença. In: MARINONI, Luiz Guilherme e DIDIER JR., Fredie (Coord.). *A segunda etapa da reforma processual*. São Paulo: Malheiros, 2001.

MARINONI, Luiz Guilherme. *Novo Código de Processo Civil comentado*. São Paulo: Ed. RT, 2015.

MARINONI, Luiz Guilherme; MITIDIERO, Daniel. *O projeto do CPC*: críticas e propostas. São Paulo: Ed. RT, 2010.

MARINONI, Luiz Guilherme; ARENHART, Sérgio Cruz. *Manual do processo de conhecimento*: a tutela jurisdicional através do processo de conhecimento. São Paulo: Ed. RT, 2001.

MARINONI, Luiz Guilherme; ARENHART, Sérgio Cruz; MITIDIERO, Daniel. *Novo curso de processo civil*: tutela dos direitos mediante procedimento comum. São Paulo: Ed. RT, 2015. v. II.

MARQUES, José Frederico. *Instituições de direito processual civil*. 2. ed. Rio de Janeiro: Companhia Editora Forense, 1962. v. III.

MARTINS-COSTA, Judith. *A Boa-Fé no Direito* Privado. São Paulo: Ed. RT, 2000.

MAZZEI, Rodrigo. Art. 833 do CPC. In: CRAMER, Ronaldo; CABRAL, Antônio do Passo. *Comentários ao novo código de processo civil*. 2. ed. São Paulo: Forense, 2016.

MAZZEI, Rodrigo. *Direito de superfície*. Salvador: Juspodivm, 2013.

MAZZEI, Rodrigo e GONÇALVES, Thiago. A responsabilidade patrimonial do herdeiro: esboço sobre os principais pontos. In: ASSIS, Araken de; BRUSCHI, Gilberto Gomes (Org.). *Processo de execução e cumprimento da sentença*: temas atuais e controvertidos. São Paulo: Ed. RT, 2022. v. 3.

MEDEIROS NETO, Elias Marques de. *O procedimento extrajudicial pré-executivo*: Lei n. 32 de 30 de maio de 2014: inspiração para o sistema processual do Brasil. São Paulo, Verbatim, 2015.

MEDEIROS NETO, Elias Marques de; RIBEIRO, Flávia Pereira (Coord.). *Reflexões sobre a desjudicialização da execução civil*. Curitiba: Juruá, 2020.

MEDINA, José Miguel Garcia. *Execução civil*: teoria geral e princípios fundamentais. 2. ed. São Paulo: Ed. RT, 2004.

MENEZES CORDEIRO, António. *Tratado de Direito Civil Português*. Coimbra: Almedina, 2010. v. II, t. IV.

MITIDIERO, Daniel. *Colaboração no processo civil*. São Paulo: Ed. RT, 2009.

MITIDIERO, Daniel. Direito fundamental à tutela jurisdicional adequada e efetiva, tutelas jurisdicionais diferenciadas e multa processual para o cumprimento das obrigações de pagar quantia. *Processo civil e estado constitucional*. Porto Alegre: Livraria do Advogado, 2007.

MITIDIERO, Daniel. *Colaboração no processo civil: pressupostos sociais, lógicos e éticos*. São Paulo: Ed. RT, 2009.

MONTELEONE, Girolamo Alessandro. *Profili sostanziali e processuali dell'azione surrogatoria*. Imprenta: Milano, A. Giuffre, 1975.

MOREIRA, Camila Batista. *A (im) penhorabilidade dos fundos partidário e eleitoral*: interpretação do artigo 833, XI do CPC. Dissertação de mestrado da Universidade Federal do Espírito Santo. 06.09.2023.

NERY JUNIOR, Nelson. *Código de Processo Civil comentado e legislação extravagante*: atualizado até 1º de março de 2006. 9.ed. rev., atual. e ampl. São Paulo: Ed. RT, 2006.

NEVES, Daniel Amorim Assumpção. *Manual de Direito Processual Civil*. 7. ed. Rio de Janeiro: Forense; São Paulo: Editora Método, ano 2015.

NUNES, Dierle José Coelho. O princípio do contraditório. *Revista Síntese de direito civil e processual civil*. v. 5, n. 29. p. 72-85. Porto Alegre: IOB, 2004

NUNES, Dierle José Coelho. *Processo jurisdicional democrático*: uma análise crítica das reformas processuais. Curitiba, Juruá, 2009.

OLIVA, Milena Donato. "Indenização devida "ao fundo de investimento": qual quotista vai ser contemplado, o atual ou o da data do dano?", *Doutrinas Essenciais Obrigações e Contratos*, São Paulo: Ed. RT, jun. 2011. v. 6.

PARO, Vitor H. A Gestão da Educação ante as Exigências de Qualidade e Produtividade da Escola Pública. In: SILVA, Luiz H. da (Org.) *A escola cidadã no contexto da globalização*. Petrópolis, Rio de Janeiro: Editora Vozes, 1998.

PASSOS. J. J. Calmon dos. *Comentários ao Código de Processo Civil*. Companhia Editora Forense, s/d. Rio de Janeiro. v. III.

PARIZATTO, João Roberto. *Fraude de execução e fraude contra credores*. Ouro Fino: Edipa, 1999.

PEREIRA, Caio Mario da Silva. *Instituições de Direito Civil*. 19. ed. rev. atual. Rio de Janeiro: Forense, 2002.

PERLINGIERI, Pietro. *O direito civil na legalidade constitucional*. Trad. Maria Cristina de Cicco. Rio de Janeiro: Renovar, 2008.

PISANI, Andrea Proto. *Problemi della c.d. tutela giurisdizionale differenziata*. Appunti sulla giustizia civile. Bari: Caccuci, 1982.

PISANI, Andrea Proto. Verso la residualità del processo a cognizione piena? *Revista de Processo*. n. 131. p. 239-249. São Paulo: Ed. RT, 2006.

PISANI, Andrea Proto.Giusto processo e valore della cognizione piena. *Rivista di diritto civile*, 48, 2, 2002.

PONTES DE MIRANDA, Francisco Cavalcanti. *Comentários ao Código de Processo Civil*. Rio de Janeiro: Forense, 1976. t. X.

PONTES DE MIRANDA, Francisco Cavalcanti. *Tratado de direito privado*. Rio de Janeiro: Imprenta: Borsoi, 1970. t. I.

PONTES DE MIRANDA, Francisco Cavalcanti. *Tratado de Direito Privado*: parte especial. Rio de Janeiro: Borsoi.

PONTES DE MIRANDA, Francisco Cavalcanti. *Tratado de Direito Privado*. Parte especial. Direito das obrigações: negócios jurídicos unilaterais. Denúncia. Revogação. Reconhecimento. Promessas Unilaterais. Traspasso Bancário. Promessa de Recompensa. Concurso. 3. ed. São Paulo: Ed. RT, 1984. t. XXXI.

PONTES DE MIRANDA, Francisco Cavalcanti. *Comentários ao Código de Processo Civil (LGL\1973\5) (de 1939)*. Rio de Janeiro: Forense, 1949.

PONTES DE MIRANDA, Francisco Cavalcanti. *Comentários ao Código de Processo Civil*. 2. ed. Rio de Janeiro: Forense, t. IV.

REDENTI, Enrico. *Derecho Procesal Civil*. Trad. Santiago Sentís Melendo y Marino Ayerra Redín. Buenos Aires: EJEA. t. I.

REDONDO, Bruno Garcia; LOJO, Mário Vitor Suarez. *Penhora*: exposição sistemática do procedimento, de acordo com as leis 11.232/2005 e 11.382/2006, bens passíveis de penhoras, impenhorabilidade absoluta, relativa e o bem de residência. São Paulo, Método, 2007.

RUGGIERO, Roberto de. *Instituições de direito civil*. Trad. da 6. ed. italiana, com notas remissivas aos Códigos Civis Brasileiro e Português pelo Dr. Ary dos Santos. São Paulo: Livraria Acadêmica Saraiva Editores, 1934. v. III.

SANTOS, Ernane Fidélis dos. *Manual de direito processual civil*. 12. ed. rev., atual. e ampl.,São Paulo: Saraiva, 2008.

SANTOS, Moacyr Amaral. *Primeiras Linhas de Direito Processual Civil*. 24. ed São Paulo: Saraiva, 2010. v. 3.

SATTA, Salvatore. *Manual de Derecho Procesal Civil*. Traducción de Santiago Sentís Melendo e Fernando de La Rúa. Buenos Aires: Ediciones Jurídicas Europa-América. 1967. v. I.

SARMENTO, Daniel. A normatividade da Constituição e a constitucionalização do direito privado. *Revista da EMERJ*. v. 6. n. 23. p. 272-297. 2003.

SERPA LOPES, Miguel Maria de. *Curso de Direito Civil*. 4. ed. Rio de Janeiro: Freitas Bastos, 1996. v. II, III e IV.

SICA, Heitor Vitor Mendonça. *O direito de defesa no processo civil brasileiro*: um estudo sobre a posição do réu. São Paulo, Atlas, 2011.

SICA, Heitor Vitor Mendonça. *Cognição do juiz na execução civil*. São Paulo: Ed. RT, 2017.

SICA, Heitor Vitor Mendonça. In: MARINONI, Luiz Guilherme; ARENHART, Sérgio Cruz; MITIDIERO, Daniel (Coord.). *Comentários ao Código de processo civil*. São Paulo: Ed. RT, 2018. v. X (arts. 674 ao 718).

SICA, Heitor Vitor Mendonça. *O conceito de ação: uma síntese da doutrina clássica à concepção atual (2020)*. Disponível em: https://www.youtube.com/watch?v=BLYmWOgf4gk. Acesso em: 16 maio 2021.

SICA, Heitor Vitor Mendonça. *Cognição do juiz na execução civil*. Disponível em: https://www.youtube.com/watch?v=m0TcQt5FdFI. Acesso em: 10 abr. 2021.

SILVA, Clovis Verissimo do Couto e. *A obrigação como processo*. São Paulo: Imprenta, J. Bushatsky, 1976.

SILVA, Clovis Verissimo do Couto e. *Comentários ao Código de Processo Civil (LGL\1973\5)*. Parte II. São Paulo: Ed. RT, [s.d.]. v. 11, n. 491.

SILVA, Ovídio A. Baptista da. *Curso de processo civil*. 4. ed., rev. atual. Rio de Janeiro: Forense, 2007-2008. v. 2. Processo cautelar (tutelas de urgência)

SILVA, Ovídio A. Baptista da. *Jurisdição e execução na tradição romano-canônica*. 3. ed. Rio de Janeiro: Forense, 2007.

SILVA, Paula Costa e. Pactum de non petendo: exclusão convencional do direito de ação e exclusão convencional da pretensão material. In: CABRAL, Antonio do Passo; NOGUEIRA, Pedro Henrique Pedrosa (Coord.). *Negócios processuais*. 3. ed. Salvador: Juspodivm, 2017.

SILVA, Paula Costa e. A constitucionalidade da execução hipotecária do decreto-lei 70, de 21 de novembro de 1966. *Revista de Processo*. v. 284. p. 185-209. São Paulo: Ed. RT, 2018, edição eletrônica.

SILVA, Paula Costa e. *A nova face da justiça*: os meios extrajudiciais de resolução de controvérsias. Lisboa: Coimbra Editora, 2009;

SILVA, Paula Costa e. O acesso ao sistema judicial e os meios alternativos de resolução de controvérsias: alternatividade efectiva e complementariedade. *Revista de Processo*. v. 158. p. 93-106. São Paulo: Ed. RT, 2008, edição eletrônica.

SIQUEIRA, Thiago Ferreira. *A responsabilidade patrimonial no novo sistema processual civil*. São Paulo: Ed. RT, 2016.

SOUSA, Miguel Teixeira de. *Estudos sobre o novo processo civil*. Lisboa: Lex, 1997.

SOUSA, Miguel Teixeira de. Um Novo Processo Civil Português: À La Recherche du Temps Perdu? *Revista de Processo*. ano 33. n. 161. São Paulo: Ed. RT, 2008, p. 203-220, edição eletrônica.

SOUSA, Miguel Teixeira de. Processo executivo: a experiência de descentralização no processo civil português. *Revista de Processo Comparado*. v. 9. p. 83-97. São Paulo, 2019, versão on-line

TALAMINI, Eduardo. Direito de desistência da aquisição de bem em execução. *Revista de Processo*. n. 155. p. 27-4. São Paulo: Ed. RT, 20081.

TALAMINI, Eduardo. *Tutela relativa aos deveres de fazer e de não fazer*. São Paulo: Ed. RTnais, 2001.

TALAMINI, Eduardo. A determinação do valor do crédito por simples cálculo. *Revista de Processo*. v. 22. n. 85. p. 19-33. São Paulo: Ed. RT, jan./mar., 1997.

TALAMINI, Eduardo. A efetivação da liminar e da sentença no mandado de segurança. *Revista da Faculdade de Direito da Universidade Federal do Paraná*. v. 33. n. 36. p. 233-245. Curitiba: Síntese, 2001.

TALAMINI, Eduardo. *Revista brasileira da advocacia*. v. 1, n. 0, p. 17-43. São Paulo: Ed. RT, jan./mar. 2016.

TARTUCE, Flávio. *Manual de Direito Civil*. 6. ed. Rio de Janeiro/RJ: Forense; São Paulo/SP: Método, 2016. Volume único, edição digital.

TARUFFO, Michele. Atuação executiva dos direitos: perfis comparatísticos. *Revista de Processo*. n. 59, São Paulo: Ed. RT, 1990, edição eletrônica.

TEMER, Sofia; ANDRADE, Juliana Melazzi. Convenções processuais na execução: modificação consensual das regras relativa à penhora, avaliação e expropriação de bens. In: MARCATO, Ana et al (Coord.). *Coletânea mulheres no processo civil brasileiro* – negócios processuais. Salvador: JusPodivm, 2018.

TEMER, Sofia. *Participação no processo civil*: repensando litisconsórcio, intervenção de terceiros e outras formas de atuação. Salvador: JusPodivm, 2020.

TEPEDINO, Gustavo. Premissas Para uma Constitucionalização do Direito Civil. *Temas de Direito Civil*. Rio de Janeiro: Renovar, 2000.

THEODORO JUNIOR, Humberto. *Processo de execução e cumprimento de sentença*. 29. ed. São Paulo: LEUD, 2017.

THEODORO JUNIOR, Humberto. *Curso de Direito Processual Civil*. 41. ed. Rio de Janeiro: Forense, 2004. v. I.

THEODORO JUNIOR, Humberto. Novas perspectivas para atuação da tutela executiva no direito brasileiro: autotutela executiva e "desjudicialização" da execução. *Revista de Processo*. v. 315. p. 109-158. São Paulo: Ed. RT, 2021, edição eletrônica.

TOMMASEO, Ferruccio. *I Provvedimenti d'Urgenza-Struttura e Limiti della Tutela Anticipatoria*. Padova: Cedam, 1983.

TUCCI, José Rogério Cruz e. Desistência da ação rescisória. *Doutrinas Essenciais de Processo Civil*. São Paulo: Ed. RT, 2011. v. 7.

TUCCI, José Rogério Cruz e. *Desistência da ação*. São Paulo: Saraiva, 1988.

VARELA, Antunes. *Direito das obrigações*: conceito, estrutura e função da relação obrigacional, fontes das obrigações, modalidades das obrigações. Rio de Janeiro: Forense, 1977.

VENOSA, Sílvio. *Direito civil*: teoria geral das obrigações e teoria geral dos contratos. 3. ed. São Paulo: Atlas, 2003.

VENOSA, Sílvio de Salvo. *Direito civil*. 8.ed. São Paulo: Atlas, 2008. v.1.

VICKREY, W. (1961), Counterspeculation, auctions and competitive sealed tenders, *The Journal of Finance* 16(1), 8-37. Disponível em: https://www.cs.princeton.edu/courses/archive/spr09/cos444/papers/vickrey61.pdf. Acesso em: 20 out. 2020.

VON TUHR, Andreas. *Derecho Civil* – Teoría General del Derecho Civil Aleman. Prólogo por el Professor Tullio Ascarelli; traducción directa del alemán, Der Allgemeine Teil Des Deutschen Bürgerlinchen Rechts por Tito Ravà. Buenos Aires: Editorial Depalma, 1946. v. I.

WAMBIER, Luiz Rodrigues; WAMBIER, Teresa Arruda Alvim. Tutela Diferenciada. *Doutrinas Essenciais de Processo Civil*. São Paulo: Ed. RT, v. 1.

WATANABE, Kazuo. *Da cognição no processo civil*. 2. ed. São Paulo: Saraiva. 2012.

XAVIER, Trícia Navarro. Análise comparativa entre a lei de mediação e o CPC/15. In: ZANETI JR., Hermes; CABRAL, Trícia Navarro Xavier. (Org.). *Justiça multiportas*: mediação, conciliação, arbitragem e outros meios de solução adequada de conflitos. Salvador: Juspodivm, 2017. v. 1.

YARSHELL, Flávio Luiz. Simulação e processo de execução. In: WAMBIER, Teresa Arruda Alvim (Coord.). *Processo de execução e assuntos afins*. São Paulo: Ed. RT, 1998.

YARSHELL, Flávio Luiz e BONICIO, Marcelo. *Execução civil* – novos perfis. São Paulo: RCS Editora. 2006.

ZAVASCKI, Teoria Albino. *Comentários ao Código de Processo Civil*. São Paulo: Ed. RT, 2003. v. 8.

ZAVASCKI, Teoria Albino. *Título executivo e liquidação*. São Paulo: Ed. RT, 1999.